Harry Slapnicka
Oberösterreich – unter Kaiser Franz Joseph (1861 bis 1918)

Beiträge zur Zeitgeschichte
Oberösterreichs
8

Herausgegeben vom
Oberösterreichischen Landesarchiv

Oberösterreich –
unter Kaiser Franz Joseph (1861 bis 1918)

Linz 1982

Harry Slapnicka

Oberösterreich –
unter Kaiser Franz Joseph

(1861 bis 1918)

OLV-Buchverlag
Oberösterreichischer Landesverlag

Slapnicka, Harry:
Oberösterreich – unter Kaiser Franz Joseph:
(1861–1918) / Harry Slapnicka. – Linz:
OLV-Buchverlag, 1982.
(Beiträge zur Zeitgeschichte Oberösterreichs; 8)
ISBN 3-85214-356-X
NE: GT

Das Werk ist urheberrechtlich geschützt. Die dadurch begründeten Rechte, insbesondere die der Übersetzung, des Nachdrucks, des Vortrages, der Entnahme von Abbildungen, der Funksendung, der Wiedergabe auf fotomechanischem oder ähnlichem Wege und der Speicherung, Verwendung und Auswertung in Datenverarbeitungsanlagen, bleiben auch bei auszugsweiser Verwertung dem Autor vorbehalten.

Copyright© 1982 by Oberösterreichischer Landesverlag.
Gesamtherstellung: Oberösterreichischer Landesverlag Linz.
Gestaltung des Schutzumschlages: Herbert Friedl.
ISBN 3-85214-356-X

Inhalt

Vorwort	7
Ein paar Hinweise zu diesem Band	9
Start für eine moderne Verwaltung	11
Des Kaisers Statthalter	20
Wenig „Ortsgemeinden" anstelle zahlreicher „Ortschaften"	32
Minderheitenprobleme ohne Minderheit	41
Langes Tauziehen um die „Innviertler Schuld"	62
Eines der kleinen Länder der Monarchie	73
Ein Landtag für ein halbes Jahrhundert	77
Ineinander verzahnt: Wahlrecht für Gemeinden, Landtag und Reichsrat	84
Die Oberösterreicher im Reichsrat	97
53 Jahre Wahlreformbemühungen	116
Frühe Diskussionen um das Frauenwahlrecht	125
Wer und wieviel dürfen wählen?	131
Sieben Landeshauptleute neben 15 Statthaltern	141
Landtag unter liberaler Führung (1861 bis 1884)	152
34 Jahre unter konservativer und christlichsozialer Leitung (1884 bis 1918)	162
Die ersten, die kommen, die ersten, die gehen: die Liberalen	177
Katholischer Volksverein – von Anbeginn eine Massenbewegung	188
Bauernverein, zweitstärkste Partei ohne Mandate	202
Eine dritte nationale Partei: die Deutschnationalen	214
Sozialdemokraten – frühe Ansätze, späte Konsolidierung	225
Adel: von der Politik in die Verwaltung	240
Drei Phasen von Zeitungsgründungen	253
Analphabeten sterben nur langsam aus	262

Vom Josephinismus zum politischen Katholizismus	266
Protestanten oder evangelische Christen?	277
Im Grenzbereich von Politik und Glauben: die Altkatholiken	283
Freiheit und Organisation für die Israeliten	289
Was kostet die Bauernbefreiung Oberösterreich?	299
Die ersten Fabriken für das Bauernland	308
Bahnen verbinden die Menschen	317
Und wie leben diese Menschen?	330
Kunstszene zwischen München und Wien	339
Denkmäler – zwischen „gemütlichem Realismus" und Jugendstil	347
Mehr als nur Fassaden	360
Dichter, aber auch Denker?	367
Komponisten im langen Schatten Bruckners	377
Wissenschaft:	
Schwerpunkte Geschichte, Naturwissenschaften, Medizin	383
Am weitesten von allen Fronten entfernt	391
Oberösterreich und Kaiser Franz Joseph I.	404
Zeittafel	413
Literatur und Anmerkungen	438
Abkürzungen	495
Personen- und Ortsregister	497

Vorwort

Vor sieben Jahren ist der erste Band der Reihe „Beiträge zur Zeitgeschichte Oberösterreichs" erschienen, dem sechs weitere folgten, so daß nunmehr die Zeitspanne von 1918 bis 1945 in einer modernen Darstellung vorliegt. Ein Band über die Geschichte Oberösterreichs in der Schlußphase der Habsburgermonarchie muß, wie sich jeder überzeugen kann, kein nostalgisches Buch sein. Denn es ist die Zeit einer Demokratie im Aufbau, die Phase des modernen, gewählten Landtages, des Beginns der politischen Parteien. Es sind gleichzeitig jene Jahrzehnte, da das „Bauernland Oberösterreich" mit Adalbert Stifter und Anton Bruckner Anteil hat an der kulturellen Großmachtstellung Österreichs.

Indem wir uns unserer eigenen Aufgabe besinnen, etwa im Bereich der Geschichte der Landesgeschichte, werden wir alles andere als provinziell. Wir bringen jetzt unseren Anteil, unsere Geschichte und gewiß auch manche unserer Sonderentwicklungen in die österreichische Geschichte ein, die immer wieder ergänzt, korrigiert, umgeschrieben werden muß.

Ich freue mich, daß diese Bände geschrieben wurden, daß sie in den anderen österreichischen Ländern Anklang finden, vor allem aber, daß sie die Oberösterreicher zur Kenntnis nehmen und lesen.

Dr. Josef Ratzenböck
Landeshauptmann von Oberösterreich

Ein paar Hinweise über diesen Band

Eine Kenntnis der österreichischen Geschichte muß auch bei diesem Band vorausgesetzt werden. Die an sich reizvolle Gegenüberstellung der Entwicklung in Österreich insgesamt und in Oberösterreich hätte entweder den Umfang gewaltig ausgeweitet oder zu wenig Raum gelassen, die Geschichte Oberösterreichs ausreichend darzustellen.

★

Die Gliederung nach Sachgebieten wurde, ähnlich wie in den bisher erschienenen Bänden ,,Oberösterreich – Von der Monarchie zur Republik (1918 bis 1927)", ,,Oberösterreich zwischen Bürgerkrieg und ‚Anschluß' (1927 bis 1938)" und ,,Oberösterreich als es ‚Oberdonau' hieß (1938 bis 1945" beibehalten. Eine zeitliche Gliederung nach Jahren und Jahrzehnten, eventuell nach Legislaturperioden des Landtages, wäre verwirrend geworden. Selbstverständlich ist die zeitliche Gliederung innerhalb der Kapitel sichtbar. Auch die beigefügte Zeittafel hilft einer solchen zeitlichen Zusammenschau.

Für den Leser hat diese Art der Gliederung überdies den Vorteil, daß er bei der Lektüre bei dem ihn besonders interessierenden Kapitel beginnen und die Buchkapitel in der ihn genehmen Reihenfolge lesen kann.

Die Nachteile dieser Gliederung: bescheidene Überschneidungen und Doppelhinweise; sie wurden nicht übersehen, sondern sind zum Verständnis nötig.

★

Neuland mit zum Teil unerwarteten Ergebnissen wurden auch bei diesem Band betreten, deutlich sichtbar etwa bei der Entwicklung der Wahlberechtigten.

Für Teilbereiche, etwa Arbeiterbewegung, Eisenbahn, liberale Partei, Wirtschaft, Industrialisierung, liegen gründliche Teiluntersuchungen vor. Hier konnte auf diese Forschungen zurückgegriffen werden; aber auch hier gab es vielfach Ergänzungen, Neubewertungen, Schwerpunktverlagerungen.

★

Die Quellenlage für den Zeitabschnitt 1861 bis 1918 ist durchwegs zufriedenstellend. Am dürftigsten ist sie für die Parteiengeschichte: hier ist die Presse die fast ausschließliche Quelle, die allerdings nicht alle Hintergründe zu erhellen vermag.

★

Literaturhinweise und Anmerkungen sind diesmal für die jeweiligen Kapitel zusammengefaßt. Bei den Literaturhinweisen wird eine enge Auswahl getroffen und fast ausnahmslos sind nur Bände berücksichtigt, die Bezug auf Oberösterreich nehmen. Gelegentlich muß die Literatur für mehrere Kapitel zusammengefaßt werden („Die Oberösterreicher im Reichsrat", „Frühe Diskussion um das Frauenwahlrecht", „53 Jahre Wahlreformbemühungen"); bei weiteren Kapiteln kann auf keine Literatur verwiesen werden.

Angesichts der Zusammenfassung von Literatur und Anmerkungen konnten Hinweise auf zitierte Bücher als Kurzfassung gebracht werden.

★

Das Personenregister ist bewußt knapp gehalten, wenn es auch in dieser Form interessierten Lesern weiterhelfen wird. Ähnlich wie für die Jahre 1918 bis 1938 wird auch für die Schlußphase der Monarchie ein Band über die politische Führungsschicht mit rund 350 Biographien vorbereitet; er wird in Kürze vorliegen.

★

Das Bemühen, das geschriebene Wort mit Graphiken und zeitgenössischen Illustrationen zu ergänzen, ermöglicht es, daß der Band als Lesebuch, Handbuch, Nachschlagewerk zu verwenden ist.

★

Vielen habe ich auch bei diesem Band zu danken: den Kollegen im eigenen Haus, dem Oberösterreichischen Landesarchiv, dazu weiteren Archiven, vorweg des stets hilfsbereiten Kriegsarchivs, dazu der Redaktion des von der Akademie der Wissenschaften herausgegebenen Österreichischen Biographischen Lexikons. Besonders danke ich Frau Ingrid Maier für das Schreiben der Manuskripte. Ich danke dem Oberösterreichischen Landesverlag für die Herausgabe und liebevolle Gestaltung des Bandes. Dank gilt schließlich den Kritikern und Lesern der bisher erschienenen Bände. Ohne ihr erfreuliches und waches Interesse würden die schönsten Planungen auf Sand gebaut, blieben wichtige Forschungsergebnisse ohne Echo.

Harry Slapnicka

Start für eine moderne Verwaltung

Die Macht der Stände (Herrenstände, Ritter, Prälaten, landesfürstliche Städte) war erlahmt; sie wurden aber auch durch das Bemühen der Herrscher, die Staatsgewalt zu stärken, bewußt geschmälert. Diese Bestrebungen wurden unter Maria Theresia und Joseph II. aktiviert; auch ein verstärkter Schutz der Untertanen war im Zusammenhang mit diesen Bemühungen angestrebt und realisiert worden. Im Jahre 1848 wurden Landesregierung, die 1783 an die Stelle der Landeshauptmannschaft getreten war, dazu die fünf Kreisämter Linz, Steyr, Wels, ab 1779 auch Ried und ab 1816 Salzburg, schließlich die Distrikts-Kommissariate der neugeschaffenen politischen Landesverwaltung, der Statthalterei, einverleibt. Damit wurde der Staat einheitlich für die gesamte Verwaltung, aber auch für die Gerichtsbarkeit zuständig[1]. Erster Statthalter wurde ein Bürgerlicher, der Salzburger Rechtsanwalt Dr. Alois Fischer (1849 bis 1851), ein sehr bedeutender und kluger Mann, dem es vor allem oblag, den Aufbau der Ortsgemeinden zur Zeit des Neoabsolutismus in die Wege zu leiten, die Organisation einer modernen, sich, über ein Jahrhundert bewährenden Verwaltung hatten Fischers fünf Nachfolger aufzubauen. In dieser Phase erlebte Oberösterreich keinerlei Sonderentwicklung; es wurde in Linz das durchgeführt, was in Wien angeordnet wurde, und der Verwaltungsaufbau entsprach in Oberösterreich ziemlich genau dem von Galizien, Böhmens, des Küstenlandes oder der übrigen Länder.

Vorerst begann mit dem 1. Jänner 1850 das Wirken der Statthalterei für das Kronland Österreich ob der Enns.

Oberösterreich, das bisher in vier staatliche Kreisämter und 111 (herrschaftliche und städtische) Distriktskommissariate gegliedert war, erhält mit Wirkung vom 1. Februar 1850 zwölf Bezirkshauptmannschaften mit dem Sitz in Linz, Freistadt, Gmunden, Grein, Kirchdorf, Rohrbach, Steyr, Vöcklabruck, Wels, Braunau, Ried und Schärding, dazu die autonome Stadtverwaltung Linz. Angesichts der vergleichsweise geringen Größe von Oberösterreich verzichtet man auf Kreisregierungen; die Statthalterei übernimmt die Funktion der Mittelbehörde.

Es ist keineswegs so, daß die Ablösung von der Grundherrschaftsverwaltung einfach über die Bühne geht und die neue staatliche Verwaltung begeistert begrüßt wurde; gerade das Gegenteil ist der Fall. Ähnlich wie der Nachfolger Fischers als Statthalter, Eduard Bach, verleumdet und angeschwärzt wird, sind die Bezirkshauptleute anfänglich wenig beliebt, ebenso die 1849 nach lombardischem Vorbild eingeführte Gendarmerie[2]. Für

Österreich ob und unter der Enns und Salzburg wird ein Gendarmerieregiment (rund 1000 Mann) aufgestellt[3]. Hier kommt insbesondere noch hinzu, daß man in den einzelnen Ländern bewußt fremdsprachige Gendarmen einsetzt, in Oberösterreich vor allem tschechische. Bei dieser an sich sehr modernen Verwaltungsreform muß sich die Bevölkerung an völlig neue Zuständigkeiten, neue Orte und neue Organe gewöhnen, wobei natürlich auch die bisherigen obrigkeitlichen Verwaltungsbeamte und Richter, die ja keineswegs ausnahmslos übernommen werden, ihrerseits die Bevölkerung gegen diese neue Verwaltung einnimmt.

Durch die 1849 eingeführte Gerichtsverfassung erfolgt gleichermaßen die Trennung von Verwaltung und Rechtspflege, neuerrichtet werden Bezirksgerichte, Landesgerichte, Oberlandesgerichte bzw. der Oberste Gerichts- und Cassationshof[4]. Ihr Aufbau ist deshalb nicht schwer, weil die Bezirksgerichte an die Stelle der 1782 errichteten Appellationsgerichte treten können.

Anschließend folgt ein fast zwanzigjähriges Experimentieren; anstelle der bisherigen fast erstarrten Verwaltung kommt es jetzt, in der neoabsolutistischen Zeit, zu hektischen Reformen, wobei einmal Bürgernähe, dann wieder eine möglichst billige Verwaltung angestrebt werden.

Stadion plant einen großösterreichischen Einheitsstaat, eine starke Reichsverwaltung – mit Ministerien an der Spitze – aufzubauen, daneben aber auch eine möglichst große Anteilnahme des Volkes, ja der Völker, eine dezentralisierte Verwaltung nach folgendem System: neben den Landtagen und den Landesausschüssen als vollziehende Gewalt den Statthalter; neben dem Kreistag den Kreispräsidenten, neben dem Bezirkstag den Bezirkshauptmann und schließlich die Gemeinde. Hier, bei den Gemeinden und Kreisen, keineswegs bei den Ländern, hätte der Schwerpunkt der Verwaltung liegen sollen. Der geniale Plan Stadions, der ja auch die ungarische Ländergruppe mitumfaßt hätte, begegnet rasch der Kritik der Praktiker: daß die vielstufige und zweigleisige Verwaltung angesichts eines erst im Aufbau befindlichen Finanz- und Steuerapparates unfinanzierbar sei, aber auch, daß ein entsprechend ausgebildeter Beamtenapparat gar nicht zur Verfügung steht.

1853 geht man auf Grund des Silvesterpatents von 1851[5], das den sich schrittweise entfaltenden Neo-Absolutismus schon deutlich aufzeigt, wieder auf die alte Einteilung des Landes in Kreise zurück. Es gibt wieder die vier Kreise und 40 Bezirksämter, den Kreis Linz (Mühlviertel) mit 15 Bezirksämtern (14 Mühlviertler, dazu das Bezirksamt Linz), den Kreis Ried (Innkreis) mit neun Bezirksämtern, den Kreis Steyr (Traunkreis) mit ebenfalls neun Bezirksämtern und den Kreis Wels (Hausruckkreis) mit 13 Be-

Volksnahe Behörden

Die Kreiseinteilung der Jahre 1853–1868

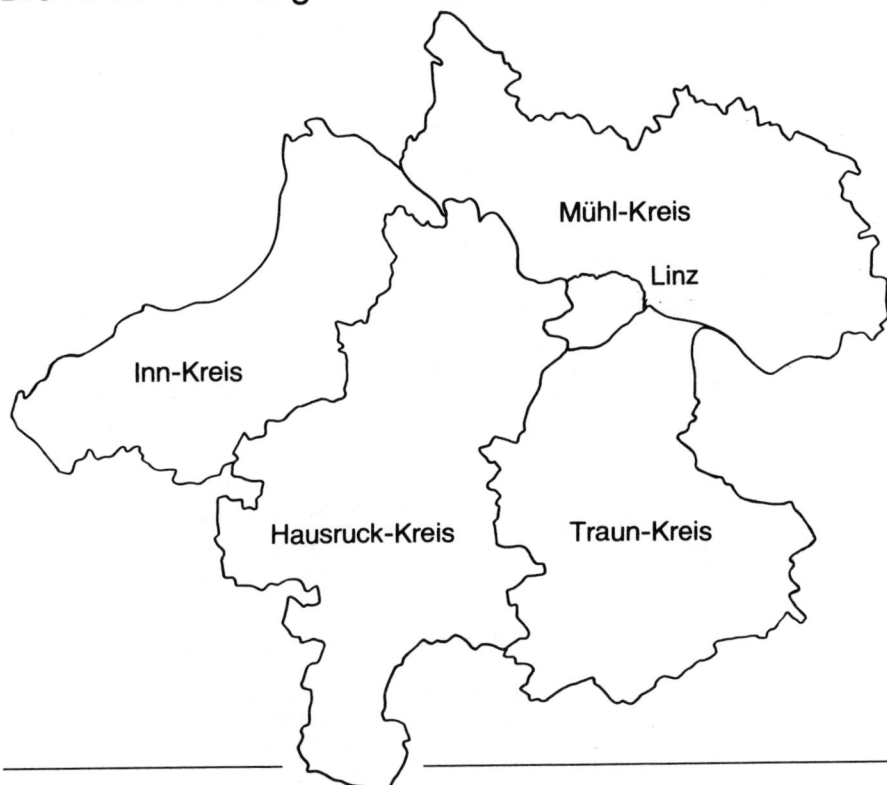

zirksämtern. Die Kreisvorsteher haben allerdings nur einen ganz kleinen Beamtenstab (einen Registranten, zwei bis drei Kanzlisten, einen Amtsdiener). Um nur einen bis zwei Bedienstete größer sind die Büros der Bezirksämter. Die Bezirksvorsteher haben teilweise die Titel „Statthalterei-Rat" (etwa in Linz), „Bezirkshauptmann", aber auch „Landesgerichtsrat".
Man wünscht, daß der einzelne Bürger sich an einem Tag zum Bezirksamt und zurück zu seinem Haus begeben kann. Gravierender Nachteil dieser so bürgernahen Regelung: Verwaltung und Justiz werden wieder zusammengelegt. Nach sieben Jahren wird diese Verwaltung vereinfacht und verbilligt, indem man die vier Kreisämter auflöst und die Agenden großteils den Bezirksämtern zuordnet[6]. Dann aber folgt der Dezember-Verfassung von 1867[7], die eine staatsrechtliche Umgestaltung Österreichs, den sogenannten „Dualismus" herbeiführt, aber auch die Reichsvertretung Zisleithani-

Gesetzgebung und Verwaltung

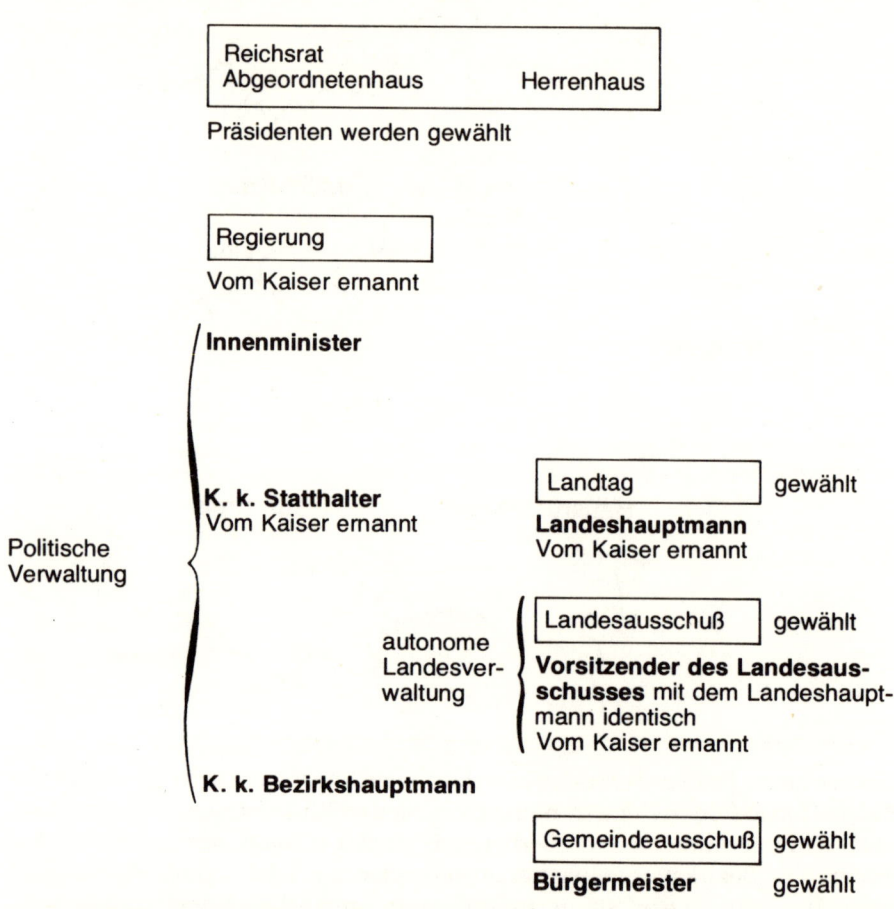

ens regelt; auch eine Neugestaltung der politischen Verwaltung, die zumindest in wesentlichen Teilen die Monarchie weit überlebt[8].
Es wird jetzt, ab 1868, die 1850 kurzfristig realisierte Form der „politischen Verwaltung" wiederhergestellt, nämlich die zwölf Bezirkshauptmannschaften mit dem Instanzenzug zur Statthalterei und dem Innenministerium. Ihr steht jetzt allerdings die 1861 eingeführte „autonome Landesverwaltung" mit Landtag und Landesausschuß, der späteren Landesregie-

rung, gegenüber. Diese Doppelverwaltung ist nicht billig und auch nicht einfach zu handhaben. Es fehlt auch bis zum Ende der Monarchie nicht an Bestrebungen, sie zu vereinfachen, zu straffen und zu verbilligen. Bezeichnenderweise tritt für eine solche Vereinfachung der langjährige Statthalter von Niederösterreich, der gebürtige Reichsdeutsche Graf Kielmannsegg, ein[9]. Angesichts der nationalen und religiösen Zerklüftung Österreichs ist diese kompliziert erscheinende Konstruktion ein fast genialer und sehr anpassungsfähiger Wurf. Er bewährt sich verständlicherweise auch in dem einsprachigen und religiös fast einheitlichen Oberösterreich. Diese Doppelgleisigkeit beruht allerdings nicht auf einem labilen Gleichgewicht: Die Machtfülle der „politischen Verwaltung" ist weit größer als die der autonomen Landesverwaltung, die auch gar nicht den dreiteiligen Instanzenzug der politischen Verwaltung kennt. Es handelt sich sozusagen um eine „Demokratie im Aufbau und unter strenger Aufsicht" (des Statthalters); doch halten sich die Statthalter im Landtag bewußt im Hintergrund, treten nur als Ratgeber bei Landesgesetzen auf, warnen vor einer möglichen Nicht-Unterzeichnung durch den Kaiser, vermitteln Meinungen und Wünsche der Regierung. Selbstverständlich spielen sie bei der Ernennung der Landeshauptleute und der Vorsitzenden des Landesausschusses, die durch den Kaiser erfolgt, als die, die die Vorschläge unterbreiten, eine gewichtige Rolle hinter den Kulissen. Später sind es auch die Statthalter, die die Vorschläge zur Ernennung von Mitgliedern des Herrenhauses machen. Im internen Schriftverkehr spürt man allerdings auch, wie sie sich der „autonomen Landesverwaltung" mit ihren noch bescheidenen Kompetenzen, wie sie sich den Parteipolitikern turmhoch überlegen fühlen, wie sie sich auch als strenge Zuchtmeister bei den Anfängen der politischen Parteien und ihren Vereinssatzungen und Vereinsversammlungen vorkommen – und zwar keineswegs nur den Sozialdemokraten gegenüber.
Die „politische Verwaltung" Oberösterreichs besteht nun bis 1918 aus dem „Landeschef", dem kaiserlichen Statthalter[10] und der Statthalterei (in Salzburg: Landespräsident und Landesregierung), aus den „Landesfürstlichen politischen Bezirksbehörden" mit dem Bezirkshauptmann an der Spitze. Es sind wieder jene zwölf politischen Bezirke, die schon 1849/50 errichtet worden waren: Linz, Freistadt, Perg (damals war es Grein), Rohrbach, Vöcklabruck, Wels, Steyr, Kirchdorf, Gmunden, Braunau, Ried und Schärding[11]. Dieses Einschwenken in die Verwaltungsorganisation der Jahre 1850 bis 1854 geht jetzt viel leichter über die Bühne, auch wenn sie für die Bevölkerung angesichts der noch schwierigen Verkehrsverhältnisse manche zusätzliche Belastung mit sich bringt und auch der Landtag seine Bedenken äußert, weil er verständlicherweise die Ansicht vertritt, daß die Wahlkreis-

Die Einteilung nach Bezirken ab 1867

einteilung im Einklang mit der Gliederung der politischen Verwaltung stehen muß. Vor allem aber sind wirtschaftliche Erwägungen ausschlaggebend. Die in der Zeit des Neoabsolutismus eingeführten 46 Bezirksämter waren natürlich für die Bevölkerung von Vorteil, die weit kürzere Wege zu diesen Bezirksämtern hatte. Diese Verwaltung der Jahre 1854 bis 1869 ist aber auch eine außerordentlich kostspielige Verwaltung, die mindestens doppelt so teuer ist, wie die vor 1854 und nach 1868. Schon 1864 werden Erhebungen angestellt, wie teuer die Verwaltung mit den zwölf Bezirkshauptmannschaften und die der 46 Bezirksämter war. Von Oberösterreich wird nach Wien berichtet, daß die zwölf Bezirkshauptmannschaften mit dem Stichtag 1853 einen Gesamtaufwand von 113.629.15 Gulden verur-

sacht hätten, wovon mehr als die Hälfte, 69.240 Gulden, reiner Personalaufwand waren. Die 46 Bezirksämter hätten mit Stichtag 1863 Gesamtkosten in der Höhe von 288.593.20 Gulden verursacht, davon Personalaufwand 188.187 Gulden. Für die künftig geplanten neuerlich zwölf Bezirkshauptmannschaften nimmt man Ausgaben in der Höhe von 110.246 Gulden an, davon Personalkosten in Höhe von 68.650 Gulden, Kosten also, die sogar unter denen des Jahres 1853 liegen[12].
Man schafft also jetzt neuerlich eine Verwaltung, die straff und billig ist. Man hatte schon 1849 relativ gleich große Bezirke geschaffen. Später schwankt allerdings die Bewohnerzahl stark. Nunmehr ist Gmunden der größte der Bezirke mit 24,6 Quadratmeilen und Ried mit 12,9 Quadratmeilen der kleinste. Was die Bevölkerungszahl anbelangt, steht Wels 1869 mit 84.146 Köpfen an der Spitze, während Kirchdorf nur eine Bevölkerungszahl von 34.665 Köpfen aufweist. Der Bezirk Gmunden besteht aus nur zwei bisherigen Bezirksämtern, Freistadt, Ried und Kirchdorf aus drei, Perg, Vöcklabruck, Steyr, Braunau und Schärding aus vier und schließlich Linz, Rohrbach und Wels aus bisher fünf Bezirksämtern[13].
Nach Übergabe der Amtsgeschäfte der bisherigen Bezirksämter in der letzten Augustwoche beginnen die neuen Bezirkshauptmannschaften am 31. August 1868 ihre Tätigkeit. Dies ist eigentlich der Stichtag für den Beginn einer modernen Verwaltung Oberösterreichs.
Neben diesen zwölf Bezirkshauptmannschaften gibt es die beiden Statutarstädte Linz und Steyr[14], wobei man als ,,Statutarstädte" oder ,,Städte mit eigenem Statut" jene Städte versteht, die nicht unter die allgemeinen Gemeindebestimmungen fallen, die auch nicht den Bezirksbehörden unterstehen, sondern über ein eigenes Statut bezüglich ihrer Organisation und Verwaltung verfügen. Die Deutschen bezeichnen diese ,,Statutarstädte" verständlicher als ,,kreisfreie Städte", ein Ausdruck, der früher auch in Österreich üblich war. Diese Sonderstellung ist bereits im Reichsgemeindegesetz von 1862, aber auch in der oberösterreichischen Gemeindeordnung von 1867 vorgesehen. In den 13 Ländern der westlichen Reichshälfte Österreichs gibt es um 1900 insgesamt nur 33 solche Statutarstädte, am meisten in Mähren (sechs), am wenigsten (eine) in Salzburg und in der Bukowina. Merkwürdigerweise hat das Land Böhmen (mit Prag und Reichenberg) gleichermaßen wie Oberösterreich nur zwei Statutarstädte; Tirol etwa hat zu dieser Zeit vier (Innsbruck, Bozen, Rovereto, Trient).
Ein grundsätzlicher Vorteil der Regelung von 1868 besteht auch darin, daß neuerlich Verwaltung und Justiz klar voneinander getrennt werden[15]. Die politischen Bezirke sind allerdings gleichzeitig Bau- und Sanitätsbezirke, dem Bezirkshauptmann untersteht das Bauamt und der Bezirksarzt.

Das Zukunftweisende dieser neuen Verwaltung besteht darin, daß sich die Größe der Bezirke und die Lage des Sitzes der Bezirkshauptmannschaft innerhalb eines Zeitraumes von mehr als einem Jahrhundert bewährt, einem Jahrhundert, das gerade im Verkehrswesen und in den Beförderungsmöglichkeiten der Bevölkerung einem mehrfachen Wandel unterworfen ist.

Der (bescheidene) Wandel, dem dieser Verwaltungsaufbau unterworfen ist, besteht in zweierlei: in einer (ebenfalls sehr bescheidenen) Ausweitung dieser politischen Bezirke und in der Zusammenlegung von Teilen der „politischen Verwaltung" mit der „autonomen Landesverwaltung" im Jahre 1918.

Vorerst die Ausweitung dieser politischen Bezirke: die erste erfolgt nach 35 Jahren durch die Errichtung des politischen Bezirkes Urfahr, der die Gerichtsbezirke Urfahr, Ottensheim (bisher Linz-Umgebung) und Leonfelden (bisher Freistadt) umfaßt; ihre Wirksamkeit beginnt mit 1. Oktober 1903. Gleichzeitig werden der Gerichtsbezirk Pregarten (bisher zum politischen Bezirk Perg) dem politischen Bezirk Freistadt und der Gerichtsbezirk Neuhofen (bisher politischer Bezirk Steyr) dem politischen Bezirk Linz-Umgebung zugewiesen. Ab 1903 besteht der politische Bezirk Freistadt aus den Gerichtsbezirken Freistadt, Pregarten und Unterweißenbach; der politische Bezirk Linz-Umgebung aus den Gerichtsbezirken Enns, St. Florian, Linz und Neuhofen; der politische Bezirk Perg aus den Gerichtsbezirken Grein, Mauthausen und Perg; schließlich der politische Bezirk Steyr aus den Gerichtsbezirken Kremsmünster, Steyr und Weyer[16].

1904 unternimmt das Innenministerium weitere Schritte zur Entlastung und Teilung von Großbezirken: Oberösterreich meldet nach entsprechenden Vorerhebungen die notwendige Errichtung eines weiteren Bezirkes in Eferding an. Nachdem die Beratungen 1906 in ein entscheidendes Stadium treten, wird mit Wirkung vom 12. August 1907 die Bezirkshauptmannschaft Eferding errichtet; hier ist die Errichtung des neuen Bezirkes insofern einfacher, als dieser zur Gänze, das heißt mit den Gerichtsbezirken Eferding und Waizenkirchen, aus dem politischen Bezirk Wels herausgelöst wird[17].

Zahlreiche Petitionen von Gemeinden, auch Bemühungen, die vorhandenen Großbezirke übersichtlicher zu machen, führen zu einer dritten und letzten Neugründung eines politischen Bezirkes, dem von Grieskirchen. Hier ist die Neuformierung die komplizierteste, denn die drei den neuen politischen Bezirk bildenden Gerichtsbezirke kommen von drei verschiedenen politischen Bezirken, so der Gerichtsbezirk Grieskirchen von Wels, der Gerichtsbezirk Haag a. H. von Ried und der Gerichtsbezirk Peuerbach

Unverändert bis 1938

Bezirkseinteilung am Ende der Monarchie

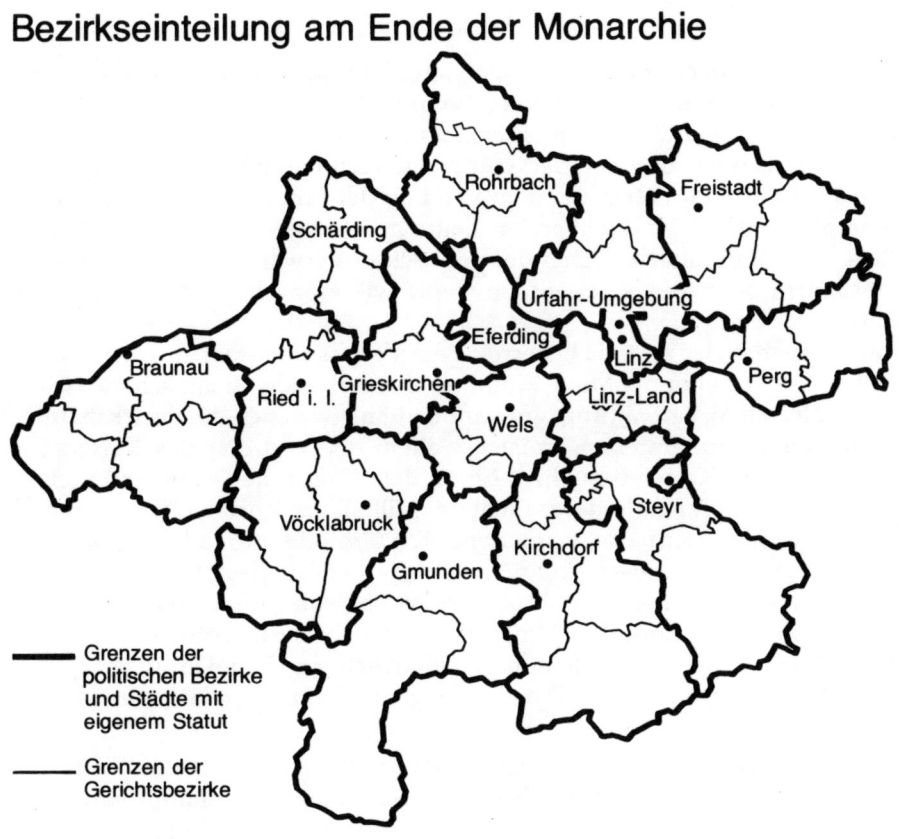

von Schärding. Die Aufnahme der Geschäfte ist für den 1. Juni 1911 vorgesehen und erfolgt schließlich am 1. Juli 1911[18].
Damit verfügt Oberösterreich nunmehr über 15 politische Bezirke und zwei Statutarstädte, und das bleibt die Situation der nächsten 27 Jahre bis 1938[19].

Des Kaisers Statthalter

Als am 8. Februar 1884 der einstige kaiserliche Statthalter von Oberösterreich, Eduard Bach, stirbt, widmet ihm die „Linzer Zeitung" einen Nachruf, der rund eine Druckseite über dem damals noch üblichen Feuilleton ausmacht. Das ist aus zweierlei Gründen ganz ungewöhnlich: einmal, weil man 1862 den Statthalter aus dem Land ob der Enns herausgeekelt hatte, dann aber auch, weil die liberalen Zeitungen der ersten konstitutionellen Phase den Statthalter als Chef der politischen Verwaltung, ob er nun sein Amt antritt oder dieses verläßt, so wenig wie möglich zur Kenntnis nehmen.

Gewiß: auch in der Zeit, da Österreich ein Verfassungsstaat geworden war, bleibt der Statthalter der Mann Nummer eins im Lande. Er ist nicht nur Chef der „politischen Verwaltung" im Lande, dem etwa auch die Bezirkshauptmannschaften unterstehen; er ist vor allem der Vertreter des Kaisers im Lande, der, bei Kaiser-Besuchen, hinter dem Kaiser die Front der angetretenen Honoratioren (allerdings nicht des Militärs) abschreitet; er sitzt neben dem Kaiser in der Kutsche, wenn der durch Linz oder durch Urfahr fährt; er begleitet meist den Kaiser, wenn dieser mit dem Zug nach Ischl fährt. Und der Statthalter erstattet dem Ministerium Vorschläge über die Besetzung der Posten eines Landeshauptmannes, eines Landeshauptmann-Stellvertreters, meist auch des Bischofs. Er, der Statthalter, geht am Fronleichnamstag in Linz an der Spitze der Prozession, gleich hinter dem Himmel – so wie in Wien der Kaiser.

Im Landtag ist die Rolle des kaiserlichen Statthalters allerdings etwas anders. Er stellt nur jeweils den vom Kaiser ernannten Landeshauptmann vor, ist im Landtag zwar anwesend und darf, ähnlich wie sein Vertreter, jederzeit das Wort ergreifen, aber nur um die Meinung der Regierung bekanntzugeben, um Fehlentwicklungen bei der Gesetzwerdung zu verhindern. Er ist sicher auch eine Schlüsselfigur in den wenigen Fällen, in denen vom Kaiser ein vom Landtag beschlossenes Landesgesetz nicht unterfertigt wird bzw. dem Kaiser von der Regierung gar nicht zur Unterschrift vorgelegt wird.

Mit Beginn des neuen Landtages vom April 1861 bis zum Oktober 1918 hat Oberösterreich 15 Statthalter – aber nur sieben Landeshauptleute. Im Durchschnitt bleibt somit ein Statthalter weniger als vier Jahre im Lande – einige noch weit kürzer. Ursache dieses raschen Wechsels ist die Tatsache, daß die Statthalter von Niederösterreich und Oberösterreich so etwas wie eine „Führerreserve" für die verschiedensten Ministerposten darstellten

und fast die Hälfte der Statthalter Oberösterreichs wird vom Linzer Statthalterposten ins Ministerium berufen, einer geht nach dem Rücktritt als Minister auch als Statthalter nach Oberösterreich. Zwei der Statthalter (Eduard Taaffe und Karl Hohenwarth) werden von Linz aus Ministerpräsidenten. Fast ausnahmslos sind die in Linz wirkenden Statthalter hervorragende und sehr erfahrene Beamte, meist solche, die ihre Erfahrungen auf exponierten Posten in Galizien und Siebenbürgen, in der Bukowina, im Küstenland, Krain und Triest gesammelt haben. Aber der Nachteil für Oberösterreich ist unübersehbar: der alles in allem unheimlich starke Wechsel. Allein neun der 15 in Oberösterreich wirkenden Statthalter verbleiben hier weniger als drei Jahre; lediglich der letzte Statthalter, Erasmus Handel, wirkt in Oberösterreich länger als zehn Jahre; daneben gewiß auch der erste, Eduard Bach. Doch entfällt bei ihm nur ein Jahr, das letzte, auf die konstitutionelle Ära. Nur zwei Statthalter wirken rund fünf Jahre im Lande.
Sämtliche dieser Statthalter der konstitutionellen Ära sind Adelige: einer ist Ritter, neun Freiherrn, fünf sind Grafen.
Keiner dieser Statthalter – und das erscheint bedeutsam – ist in Oberösterreich geboren. Lediglich der letzte, der in Bayern geborene Erasmus Handel, erblickt in Oberösterreich sein Heimatland. Man wünscht Distanz und erhofft sich durch diese Distanz Korrektheit.
Der Reigen der kaiserlichen Statthalter in der konstitutionellen Ära setzt mit Eduard Freiherrn von Bach (1814 bis 1884) ein, der allerdings diesen Posten seit 4. Mai 1851, also seit den neoabsolutistischen Anfängen, innehat. Dies und die Tatsache, daß sein Bruder Alexander Bach, ursprünglich liberal eingestellt, später sozusagen Galionsfigur des neoabsolutistischen Systems ist, führen am 22. Mai 1862 zur Abberufung des Statthalters durch die Regierung Schmerling.
In Oberösterreich war eine Fronde der „Sparmeister", allen voran das sich als Sparmeister des Landesausschusses aufspielende Mitglied des erweiterten Landesausschusses Franz Seyrl gegen den Statthalter vorangegangen. Eine an sich lächerliche Kleinigkeit, ein Streit um Räume im Landhaus, das sowohl die Statthalterei wie die autonome Landesverwaltung beherbergt, gibt dem Ministerium schließlich den gewünschten Grund für die Ablösung des Statthalters, dem liberale Kreise in Oberösterreich Verschwendungssucht, autoritäres Regieren und eine unglückliche Personalpolitik vorwerfen.
Tatsächlich gehört Eduard Bach trotz aller politischen Erschwernisse in der Übergangszeit vom Jahr 1849, zum kurzen neoabsolutistischen Zwischenspiel bis zum Beginn der Ära des Verfassungsstaates von 1861, auch angesichts des viele Kräfte bindenden Verwaltungsumbaues, zu den zwei be-

deutendsten Statthaltern, die Oberösterreich in den 57 Jahren bis 1918 aufzuweisen hat. Er beginnt mit einem großzügigen Ausbau des Straßenwesens, das damals ja auch noch eine große strategische Rolle spielt. Er erwirkt vom Kaiser Franz Joseph, daß der Kurort Bad Hall in die Kompetenz des Landes-Collegium übernommen werden kann, und veranlaßt in Bad Hall die Errichtung des Kurhauses. Er bemüht sich sehr energisch um den Ausbau des Krankenhauses der Landeshauptstadt Linz und er baut, für viele zu großzügig, das oberösterreichische Schulwesen aus, so daß der sicher kompetente Zeuge, der Schulrat Adalbert Stifter, erklärt, wäre Bach als Statthalter noch ein paar Jahre im Lande geblieben, wäre das ganze Schulwesen modern ausgebaut worden. Gerade die, zweifellos schon von Statthalter Fischer angebahnten guten Querverbindungen zu Stifter zeigen, daß es um die so kritisierte Menschenkenntnis von Eduard Bach nicht so schlecht gewesen sein muß. Dem vertrauensvollen Zusammenwirken zwischen Statthalter und Schulrat ist ja auch die Rettung des Kefermarkter Flügelaltares vor dem Verfall zu danken. Bei Eduard Bach wirkt schließlich als Präsidialist der bekannte, aus Tirol stammende Dichter Hermann von Gilm, der übrigens dem Dichter Franz Stelzhamer einen Ehrensold erwirkt und das, obwohl Stelzhamers politische Ideen denen Bachs sicherlich kaum nahestehen.

Kaum einen Vorwurf macht man damals übrigens dem Statthalter wegen seines harten Durchgreifens gegen den Bauernphilosophen Konrad Deubler in Goisern und andere ihm nahestehende republikanisch denkende Revolutionäre. Doch darf auch hier nicht vergessen werden, welche intensive Propaganda Kossuth und die ungarischen Emigranten des Jahres 1848 von London und anderen europäischen Exilorten nicht nur gegenüber Ungarn, sondern in allen anderen österreichischen Kronländern entfalten. Aber diese Aktionen Bachs sind ja von der Wiener Regierung befohlen, sie hätten demnach kaum einen Vorwand für seine Abberufung bilden können.

Einen der Vorwürfe von damals kann man jedoch nicht entkräften: den der Großzügigkeit, den man allerdings als Verschwendungssucht wertet.

Eduard Bach war schon mit 35 Jahren, wenn auch nur vorübergehend, Landeschef des größten Kronlandes der Monarchie, der Bukowina, geworden. Eine gewisse Großzügigkeit liegt ihm zweifellos. Sie tut aber auch Oberösterreich sehr wohl, einem Land, das er zweifellos auch als eine Art „Entwicklungsland" ansieht, und das sich ja noch in einer spätbiedermeierlichen Phase befindet. Aber er kennt keine Einseitigkeit; Straßen sind ihm genauso wichtig wie Schulen, die Gesundheit der Bevölkerung wie deren kulturelle Belange.

Verdient um Oberösterreich: Eduard Bach

Für das Land Oberösterreich tut Statthalter Eduard Bach viel; für Oberösterreichs Politik kann er nur in der Anfangsphase der konstitutionellen Ära in Erscheinung treten. Aber auch hier zeigt er eine starke Portion Mut, die zwar im Interesse der Sache zweckmäßig, für seinen Sturz aber vermutlich mitentscheidend ist. Er schlägt für die Leitung des ganz überwiegend liberalen Landtages keinen liberalen Politiker, sondern den Abt des Stiftes Schlägl, Lebschy, vor. Dieser hatte seit 1848 allen politischen Gremien des Landes angehört; es gibt vermutlich keinen besseren Kenner der kompliziert gewordenen politischen Situation Oberösterreichs zwischen 1848 und 1861. Er wird das, was sich der Statthalter wünscht, der ihn ja seit Beginn seines Wirkens in Oberösterreich kennt, ein Mittler und Vermittler zwischen der kleinen katholischen Gruppe um Bischof Rudigier und den mächtigen und übermächtigen Liberalen im Landtag. Dieser von Eduard Bach vorgeschlagene und durchgesetzte Lebschy bleibt noch über die Wahl von 1867 hinaus Landeshauptmann in dem noch akzentuierter liberalen Landtag. Bei all seiner fortschrittlichen Gesinnung ist Eduard Bach zweifellos kein Liberaler und kein Freund der Liberalen[1].
Nach einem langen Interregnum von rund elf Monaten folgt Eduard Bach im April 1863 Franz Freiherr von Spiegelfeld (1802 bis 1885)[2]. Der neue Statthalter ist um zwölf Jahre älter als Bach; während Bach bei seiner Übernahme der Statthalterei 37 Jahre alt ist, ist Spiegelfeld mit 61 Jahren fast pensionsreif. Spiegelfeld stammt, wie fast alle anderen Statthalter, aus einer Beamtenfamilie, der Vater ist Gubernialpräsident; für den Sohn wird der Statthalterposten in Linz, den er am 28. April 1863 übernimmt, Höhepunkt seiner beruflichen Laufbahn, nachdem er unmittelbar vorher Kreishauptmann in Tirol und Landeschef in Salzburg gewesen war. Spiegelfeld läßt sich in Linz pensionieren, unmittelbar bevor die zweiten Landtagswahlen im Jänner 1867 stattfinden. Angesichts der langen, sechsjährigen Legislaturperiode und des vielfach nur kurzen Aufenthaltes der Statthalter im Lande gibt es nicht weniger als vier Statthalter, die während ihres Wirkens in Linz nie Landtagswahlen, also das zentrale politische Geschehen, mitmachen.
Am Tag von Spiegelfelds Abgang, am 8. Jänner 1867, folgt ein Mann, der zu den wesentlichsten politischen Persönlichkeiten Österreichs jener Jahre zählt, der aber von allen Statthaltern am kürzesten in Oberösterreich bleibt: Eduard Graf Taaffe (1833 bis 1895)[3]. Immerhin erlebt Taaffe sofort Wahlkampf und Landtagswahl, die sich zwischen 28. Jänner und 4. Februar 1867 hinzieht. Er erlebt aber auch, wie die Liberalen den geistlichen Pfründenbesitzern mit landtäflichen Gütern nachträglich das Wahlrecht für den Großgrundbesitz absprechen. Das Tauziehen zwischen Statthalter und Landtag

in dieser Frage bleibt für weitere 17 Jahre bestehen: die Statthalter belassen die geistlichen Pfründenbesitzer ausnahmslos in der Wählerliste, während der mehrheitlich liberale Landtag ihnen das Wahlrecht abspricht.
Graf Eduard Taaffe, Jugendfreund des Kaisers, hatte, als er im Jänner 1867 nach Oberösterreich kommt, eine Blitzkarriere hinter sich und er hat, als er im März 1867 Oberösterreich wieder verläßt, erst recht eine große Karriere vor sich. Der Sohn des Präsidenten des Obersten Gerichts- und Kassationshofes wird Verwaltungsbeamter; nach kurzem Wirken bei den Statthaltereien von Niederösterreich, Ungarn und Böhmen, wird er 1863 Landeschef von Salzburg und 1867 mit 34 Jahren kaiserlicher Statthalter von Oberösterreich. Zwischen 1867 und 1893 Verteidigungsminister, Innenminister und rund 15 Jahre Ministerpräsident, fühlt sich Taaffe vor allem als Vertrauensmann des Kaisers, als keiner Partei zugehörig. Sein vielfaches Bemühen, die österreichische Innenpolitik in der Zeit des Nationalitätenhaders mit unterschiedlichen Methoden zu bewältigen, läßt ihn allerdings auch als prominentesten Vertreter der Methode des „Fortwurstelns" erscheinen. Immerhin setzt der konservative Staatsmann Taaffe die Grundlagen einer Sozialgesetzgebung (Sonntagsruhe, Höchstarbeitszeit, Unfall- und Krankenversicherung) durch; 1882 ermöglicht er die erste Modernisierung des bisherigen Wahlrechts durch die Herabsetzung des Steuerzensus von zehn auf fünf Gulden. Von den radikalen Nationalisten bekämpft, versucht zuletzt Graf Hohenwart, als Statthalter von Oberösterreich und übernächster Nachfolger Taaffes, ihm eine konservative Mehrheit aus allen Nationen zu sichern, mag er auch keineswegs immer die Politik des Ministerpräsidenten für die richtige halten.
Taaffe, der schon am 7. März 1867 Oberösterreich verläßt, folgt als Leiter der Statthalterei Ignaz Freiherr von Schurda (1822 bis 1879)[4]. Schurda ist das Gegenteil von Bach, der seine Erfahrungen vor allem in den Randgebieten der Monarchie, in Galizien und Siebenbürgen, gesammelt hatte; er ist ein Mann der Zentralbürokratie, der einen kurzen Exkurs nach Oberösterreich macht. Sein Werdegang: Dienst im Kriegskommissariat, bei der Polizei-Hofstelle, Hofkonzipist, Hofsekretär im Präsidialbüro des Reichsrates, Präsidialist im Staatsrat, zweiter und erster Protokollführer des Ministerrates und nach seinem Exkurs in der oberösterreichischen Statthalterei (7. März 1867 bis 24. Juli 1868) schließlich Ministerialrat im Innenministerium.
Für Oberösterreich ist Schurda nur eine Episode, ein Übergang zu einem Mann, der, ähnlich wie Taaffe, zu den profiliertesten Männern aus der Schlußphase der Monarchie zählt, gewiß auch zu den verkanntesten: Karl Graf Hohenwart-Gerlachstein (1824 bis 1899)[5]. Graf Hohenwart, unmißverständlich und unzweideutig konservativ, bleibt zwar auch nur knapp

drei Jahre als Statthalter in Linz, das aber sind sehr wichtige Jahre, mag auch nur eine Landtagswahl, die von 1870, in diese Zeit fallen. Es ist – und das scheint gewichtiger als die einer Landtagswahl – die Zeit der Bildung der ersten politischen Parteien im Lande, des liberal-politischen Vereins und des Katholischen Volksvereins; das Jahr 1870 bringt nicht nur einen beachtlichen Wahlsieg für die Katholisch-Konservativen, mit diesem Termin setzt die Bildung der beiden großen politischen Blöcke ein: die Besitzergreifung der Landgemeinden durch die Katholisch-Konservativen, während Städte und Handelskammer-Kurie fest in liberaler Hand bleiben. Aber nicht nur das. Mit dieser Zweiteilung beginnt die Schlüsselfunktion der Kurie des Großgrundbesitzes. Auch etwas, was Hohenwart keineswegs nur als Randerscheinung eingeschätzt haben dürfte.

Hohenwart, der ähnlich wie Taaffe vom Linzer Statthalterposten gleich auf den eines Ministerpräsidenten springt (mag er ihn auch nur kurz innehaben), ist entscheidend an den vorzeitigen Neuwahlen vom September 1871 in Oberösterreich beteiligt, denn er ist es, der als Ministerpräsident den Landtag auflösen läßt. In diesem Landtag von 1870 – und Hohenwart ist ja als Statthalter prominentester ,,Zuschauer" – eliminieren die Liberalen, rücksichtslos ihre Mehrheit auskostend, zahlreiche eben gewählte konservative Abgeordnete der Landgemeinden. Andererseits hofft Hohenwart mit der Landtagsauflösung, mit einem neuen, nicht mehr so liberalen Landtag und mit von diesem Landtag zu entsendenden mehr konservativen Reichsratsabgeordneten seine Position zu stärken. Das gelingt, wenn auch nur für kurze Zeit, nämlich bis zum Dezember 1871. Vorher war in Linz ein Wirbel um Statthalter Hohenwart entstanden wie mit keinem Statthalter vor oder nach ihm: in einem offenen Brief eines liberalen Wählers, den die den Liberalen zur Verfügung stehende ,,Tagespost" angesichts der sonst so konservativen Zeitungsgestaltung ungewöhnlich sensationell aufmacht, wird der Statthalter heftig angegriffen: er fördere den konservativen Grafen Falkenhayn und strebe selbst im Landtag ein Abgeordnetenmandat an. Diese Haltung entspreche nicht seinen bisherigen Äußerungen im Landtag und er möge diesbezüglich Rede und Antwort stehen. Tags darauf bedauern praktisch sämtliche liberalen Politiker des Landes diesen Angriff gegen den kaiserlichen Statthalter, der allerdings von der ,,Tagespost" erneut und verschärft vorgebracht wird. Man fragte ihn, ob er auf der Seite derer stehe, die gegen die Verfassung seien und das (liberale) politische Klima im Lande zerstören[6].

Graf Hohenwart reagiert auf diese Angriffe nicht, kandidiert allerdings bei den am 2. Juli 1870 stattfindenden Wahlen in die Kurie des Großgrundbesitzes und wird damit – als einziger kaiserlicher Statthalter Oberösterreichs

– im kurzfristigen Landtag des Jahres 1870 auch Landtagsabgeordneter. Er darf damit im Landtag sprechen, was sonst für einen Statthalter nur beschränkt möglich ist. Hohenwart bleibt also zwischen Sommer 1870 und September 1871, also für rund ein Jahr, Landtagsabgeordneter. Als kaiserlicher Statthalter tritt er mit 6. Februar 1871 zurück. Er wird anschließend Ministerpräsident und Innenminister. Ähnlich wie Taaffe ist er als einstiger Flügeladjutant des Kaisers dessen ausgesprochener Vertrauensmann und es ist glaubwürdig, daß es Franz Josephs Wunsch war, daß Hohenwart eine Sammlung der konservativen politischen Kräfte in die Wege leitete. Die Bedeutung Hohenwarts, der als geistreicher, kluger und meist verkannter Politiker gewertet wird, liegt keineswegs in erster Linie darin, daß er während des Jahres 1871 rund zehn Monate Ministerpräsident ist, sondern daß er anschließend durch mehr als ein Jahrzehnt – bis 1891 – Führer der „geeinigten Rechten", des konservativ-föderalistischen Lagers der verschiedenen Völker Österreichs ist, daß sein „Eiserner Ring" die Regierung Taaffe abschirmt, vor allem, daß er energisch versucht, die Nationalitätenprobleme der Habsburgermonarchie zu lösen, als er nach dem Ausgleich mit Ungarn auch einen solchen mit den Slawen, insbesondere mit den Tschechen, sucht. Oberösterreichs konservative Reichsratsabgeordnete, ursprünglich durch Jahre treu zu Hohenwart stehend, versagen ihm 1895 unter Dr. Ebenhoch die Gefolgschaft, was für Hohenwart angesichts seiner langjährigen guten Querverbindung zu Oberösterreich besonders schmerzlich gewesen sein muß. Aber Oberösterreichs Konservative fürchten in dieser Zeit, von der Woge des Nationalismus auch in Oberösterreich überrollt zu werden, und beginnen, vorerst mit der Übergangslösung der „Katholischen Volkspartei", ein paar Schritte näher zu den Christlichsozialen zu rücken.
Die Hauptschwierigkeit des Jahres 1871 mit seinen beiden Landtagswahlen hat im Lande selbst allerdings Statthalter Dr. Siegfried Freiherr von Conrad-Eybesfeld (1821 bis 1898) auszutragen[7]: die Schwierigkeiten bei der Handelskammer, bei der durch zahlreiche Rücktritte, insbesondere der des Präsidenten Mayr, Neuwahlen nötig geworden waren; dann aber die Realisierung der Neuwahlen des Landtages ohne die drei Kammer-Mandate, die kurzfristige, dreimonatige konservative Mehrheit im Landtag, die Neuwahlen im Dezember 1871 und eine neue liberale Mehrheit.
Conrad-Eybesfeld bleibt nur ein Jahr (19. Mai 1871 bis 9. Oktober 1872) in Oberösterreich. Er, der einer siebenbürgischen Familie entstammt, aber in der Steiermark geboren war, kommt als Finanz- und später Verwaltungsbeamter über Graz, Marburg, Temesvar und Mailand, Triest und Venedig, schließlich über Krain (Landtagspräsident 1867 bis 1871) nach Oberösterreich. Anschließend erhält er den niederösterreichischen Statthalterposten

und wird noch in der Regierung Taaffe Unterrichtsminister. Übrigens ist Conrad Landtagsabgeordneter in Krain, auch in der Bukowina wird er zum Landtagsabgeordneten gewählt.

Auf die liberale Spätphase Oberösterreichs bis 1884 entfallen noch drei Statthalter: Otto Freiherr von Wiedenfeld (1818 bis 1877), der fast fünf Jahre in Oberösterreich verbleibt, Bohuslav Ritter von Widmann (1836 bis 1888), der knapp zwei Jahre in Linz wirkt, und Felix Pino Freiherr von Friedenthal (1826 bis 1906), mit zweieinhalbjährigem Wirken im Land.

Wiedenfeld[8] hatte als einer der fähigsten Beamten der niederösterreichischen Statthalterei gegolten, wechselt ins Landwirtschaftsministerium über, wo er Sektionschef und kurzfristig Leiter des Ministeriums wird. Zwischen 9. Oktober 1871 und 5. August 1877 ist er Statthalter von Oberösterreich. In diese Zeit fällt die Wiederholung des liberalen Wahlsieges von 1871. Aber die Eroberung sämtlicher Landbezirkskreise schafft den Konservativen die Voraussetzungen für ihren Wahlsieg von 1884.

Widmann[9] bringt, ähnlich wie alle anderen Statthalter, eine umfangreiche Verwaltungserfahrung mit. 1866 ist er als relativ junger Beamter Zivilkommissar des unter General der Kavallerie von Gablenz operierenden X. Armeekorps, ist anschließend Bezirkshauptmann und wird 1872 Landeschef von Krain, wo er „die Autorität der Regierung gegenüber einer mächtigen Opposition zu wahren hat". Als Statthalter von Oberösterreich zwischen 9. Dezember 1877 und 13. August 1879 wie schließlich als Statthalter in Tirol und Vorarlberg ab 1879 wird gleichermaßen sein Verwaltungstalent wie seine Rednergabe hervorgehoben.

Felix Pino Freiherr von Friedenthal ist, bevor er nach Oberösterreich kommt, Statthalter der Bukowina und anschließend des Küstenlandes. In seine Amtstätigkeit als Statthalter von Oberösterreich (13. August 1879 bis 14. Jänner 1881) fällt keinerlei Landtagswahl. Doch scheint sich Pino nicht der Sympathien der Liberalen erfreut zu haben. Nach seinem Wirken als oberösterreichischer Statthalter wird er Handelsminister und jetzt kritisiert die Handelskammer, daß Entscheidungen des bisherigen Statthalters Pino in weiterer Instanz vom nunmehrigen Handelsminister Pino entschieden werden. Auch ist Oberösterreichs Handelskammer nicht mit der von Handelsminister Pino vorgeschlagenen Änderung der Wahlordnung der Kammer einverstanden, die dieser im Rahmen der Wahlrechtsdiskussion vorschlägt[10]. Nach seinem Ausscheiden aus dem Ministerium kehrt Pino merkwürdigerweise auf seinen ersten Statthaltereiposten, in die Bukowina, zurück.

Relativ lang, durch fast acht Jahre, ist nun Freiherr Philipp Weber-Ebenhof (1818 bis 1900) Statthalter in Oberösterreich[11]. Er gehört zweifellos, gemeinsam mit Eduard Bach und Erasmus Handel, zu den bedeutendsten Statthaltern in Oberösterreich. Nach vielseitigem Wirken, so als Polizeidirektor von Wien und als Sektionschef, war er 1869 Statthalter in Niederösterreich geworden. Wenig später wechselt er auf den Statthalterposten nach Mähren und zwei Jahre später nach Böhmen über, wo er sieben Jahre bleibt und einer der besten Kenner der schwierigen böhmischen Probleme wird. Am 5. September 1881 wird er Statthalter in Oberösterreich und verbleibt hier bis zum 8. Juli 1889. Es ist das drittlängste Wirken eines Statthalters in Oberösterreich. In Linz verbleibt Weber bis zu seiner Pensionierung, hier verbringt er seine Pension, hier stirbt er auch.

Das wichtigste Geschehen in diesen acht Jahren sind die Landtagswahlen von 1884, die den großen politischen Umschwung im Lande bringen: die Erringung einer konservativen Mehrheit im Landtag. Man darf sicher gar nicht die Frage stellen, inwieweit der Statthalter einen Anteil an diesem politischen Umschwung hatte. Gewiß sind alle Statthalter in erster Linie kaiserliche Beamte und zur Objektivität verpflichtet. Sie sind aber auch laufend gezwungen, politische Entscheidungen zu fällen, sie stehen inmitten des politischen Getriebes. Und es geht auch keineswegs nur um die Statthalter, sondern sehr oft nur um die ihnen unterstellten Beamten, die – unter Aussparung der Statthalter – bis zuletzt von den Konservativen heftigst angegriffen werden als beste Wahlhelfer und oft als letzter Hort der Liberalen. Andererseits ist es längst klargeworden, daß die Kurie des Großgrundbesitzes das Zünglein an der Waage ist. Von den Statthaltern ist nur der allergeringste Teil selbst Grundbesitzer in Oberösterreich – wie etwa Erasmus Handel –, aber eine besondere Anteilnahme an den Geschicken gerade dieser Kurie dürfte den Statthaltern durchwegs kaum abzusprechen sein.

Franz Graf Merveldt (1844 bis 1916)[12] ist, bevor er nach Oberösterreich kommt, Landespräsident von Österreich-Schlesien. In Oberösterreich wirkt er zwischen dem 24. Juni 1890 und dem 13. Februar 1902. Es ist die politisch relativ unproblematische Zeit des zweiten konservativen Wahlsieges. Von Oberösterreich geht Merveldt als Statthalter nach Tirol. Sein Nachfolger wird Freiherr Viktor Puthon (1842 bis 1919), für den Oberösterreich der erste Statthaltereiposten ist. Es ist der krönende Abschluß seiner Berufslaufbahn; er verbleibt hier bis zu seiner Pensionierung (24. Juni 1890 bis 13. Februar 1902), also durch fast zwölf Jahre[13]. Merveldt ist nach Hohenwart der Statthalter, den die Liberalen ungewöhnlich heftig angreifen, was das „Linzer Volksblatt" aber vor allem als Warnung gegenüber Merveldts Nachfolger wertet. In einer Interpellation der Deutschnationalen wird von einer „mittelalterlichen Auffassung" und vom „vormärzlichen Polizeigenie Puthons" gesprochen. Man wirft der „politischen Landesstel-

le" eine „schwächliche Haltung" vor, ein „unterthänigst geübtes Einvernehmen mit dem Bischof". Der Bevölkerung bemächtige sich bereits eine „gewisse Erregung gegen diesen ohnehin niemals in hohem Ansehen gestandenen Landeschef", der auch als „clericaler Statthalter" bezeichnet wird.
Puthons Nachfolger wird Graf Artur Bylandt-Rheidt d. J. (1854 bis 1915)[14]. Schon der Vater war Reichskriegsminister und auch der Sohn ist mehr für die ministerielle Laufbahn als die eines hohen Beamten bestimmt. Er wirkt vor allem im Unterrichtsministerium, wo er den Rang eines Sektionschefs erreicht. Kurzfristig wird er Ackerbauminister, dann Unterrichtsminister. In dieser Funktion erläßt er im Zusammenhang mit den Prager Studentenunruhen ein Farbenverbot für deutsche Studenten. Schließlich wird er Senatspräsident beim Verwaltungsgerichtshof in Wien und erbliches Mitglied des Herrenhauses. Der den Feudal-Konservativen Nahestehende wird schließlich zwischen dem 13. Dezember 1902 und dem 1. Jänner 1905 Statthalter von Oberösterreich und anschließend neuerlich Minister, nämlich Innenminister im zweiten Kabinett Gautsch. Auch Bylandt-Rheidt tritt für das allgemeine Wahlrecht ein, das jedoch erst nach seinem Ausscheiden aus dem Ministerium realisiert wird.
Dann folgt, nur für zehn Monate unterbrochen, Erasmus Freiherr von Handel (1860 bis 1928)[15] für rund 13 Jahre als Statthalter von Oberösterreich. Dies ist nicht nur die längste Wirkungszeit eines Statthalters in Oberösterreich; Handel wird auch der letzte kaiserliche Statthalter des Landes. Als Statthalter von Oberösterreich wirkt Handel zwischen dem 20. Jänner 1905 und dem 2. November 1918, unterbrochen lediglich zwischen dem 13. Jänner 1917 und dem 20. Oktober 1917, als Handel interimistisch als Innenminister wirkt. In diesen zehn Monaten, die schon in die Schlußphase des ersten Weltkrieges fallen, wirkt in Oberösterreich Statthalter Dr. jur Rudolf Graf Meran (1872 bis 1959), ein Enkel von Erzherzog Johann. Über sein kurzes Wirken in Oberösterreich kann nur gesagt werden, daß er außerordentlich realistisch und sozialdenkend ist, die Nöte der Bevölkerung, auch die der ärmsten Schichten, gut kennt. Meran, der vor seinem Linzer Wirken Landespräsident der Bukowina ist, wird der letzte kaiserliche Statthalter Tirols.
Freiherr Erasmus Handel kommt neun Jahre vor Ausbruch des ersten Weltkriegs als Statthalter nach Oberösterreich, nachdem er im Küstenland Erfahrungen gesammelt hatte. Die Jahre nach der Jahrhundertwende sind jene Jahre, in denen vor allem das allgemeine gleiche Wahlrecht zur Diskussion steht. Es sind für Oberösterreich jene Jahre, in denen sowohl die Landtags- wie vor allem auch die Gemeindewahlordnung reformiert werden muß. Gerade für diese Belange ist Statthalter Handel ein ausgezeichneter

Fachmann, der übrigens auch die letzte Verfassungsreform der Gesamtmonarchie, die nie mehr realisiert wird, entwirft.
Was Handel über seine Herkunft und sein Wirken in Oberösterreich schreibt, gilt gleichermaßen für manche seiner Vorgänger. Handel entstammt ursprünglich einer eher liberal eingestellten Familie. Sein Vater war von der Kurie des oberösterreichischen Großgrundbesitzes 1879 in den Reichsrat entsandt worden, wo er sich der deutschen Fortschrittspartei anschloß, doch war die Wahl nicht anerkannt worden. Handel schildert in seinen Erinnerungen aber sehr drastisch, wie er in der Familie seines Freundes Kriegs-Au, dessen Vater der Schwager von Alexander Bach und auch kurzfristig Finanzminister war, viel Verständnis für echte konservative Werte lernte. Schon 1896 hatte sich Erasmus Handel im Ministerium als Referent eines neuerrichteten Departements mit den Reichsrats- und Landtagswahlen, den dem Kaiser vorbehaltenen Beschlüssen der Landesvertretungen – und das für alle Länder Zisleithaniens – zu befassen. Insbesondere wendet sich Handel, und er ist hier gleicher Meinung wie der nunmehrige Tiroler Statthalter Merveldt, gegen die Zerreißung historischer Landesteile aus nationalen und anderen Motiven. Das letztere sind Probleme, die ihn ab 1905 in Oberösterreich nicht berühren, und es ist interessant, wie er dieses Oberösterreich schildert: „Ich möchte nur ganz allgemein bemerken, daß wohl in keinem anderen Lande Österreichs Besitzverteilung, berufliche und soziale Schichtung und politische Entwicklungstendenzen so glücklich äquilibriert sind wie in Oberösterreich. Rechnet man hiezu noch die nationale Einheitlichkeit des Landes und die durch Geschichte und aktuelle Interessen gegebene völlige Kongruenz des Fühlens und Wollens mit dem österreichischen Staatsgedanken, so ergibt sich von selbst, daß sich hier die Aufgabe des politischen Landeschefs in der Regel auf die rein technische Administration beschränken."
Handel hebt hervor, daß es eigentlich nur zwei wesentliche Dinge in seiner Amtszeit gibt: die Wahlreform des Landtages von 1909, die Handel eher kritisch beurteilt, weil sie seiner Meinung nach moderner hätte sein können. Hier gilt seine Kritik vor allem der „Majoritätspartei", also den Christlichsozialen. Das zweite wichtige Problem ist das der Gemeindewahlreform, die trotz Einsetzung eines Permanenzausschusses des Landtages und trotz einer 1912 ausgebrochenen „Obstruktion" der Deutschnationalen – für den oberösterreichischen Landtag ein einmaliges Ereignis – doch noch Anfang 1914 realisiert wird, ohne daß vor Kriegsausbruch die kaiserliche Sanktion erfolgen kann, so daß der letzte große Gesetzesakt des oberösterreichischen Landtages Fragment bleibt. Das ist allerdings bedeutungslos, denn eine Wahl wäre auch trotz Inkrafttretens dieses Gesetzes während des Krieges

nicht mehr erfolgt. In all diesen Dingen erweist sich Erasmus Handel als der zurückhaltende, kenntnisreiche Berater, als der diplomatische Koordinator und Gesprächspartner der politischen Gruppen im Lande.
Handels Schicksal verläuft Ende 1918 übrigens auch ganz anders als das der meisten anderen österreichischen Statthalter, die oft auch unter wenig schönen Umständen entfernt werden. Alle drei politischen Gruppen sprechen dem Statthalter ihren Dank aus; die Christlichsoziale Partei nominiert übrigens Handel als Mitglied der Provisorischen Landesversammlung und Handel hilft noch für ein halbes Jahr den Christlichsozialen und dem Lande bei der Konzipierung der legistischen Maßnahmen der Übergangszeit.
Von den 15 Statthaltern Oberösterreichs sind fünf in Wien geboren, vier in Böhmen, zwei in der Steiermark, je einer in Niederösterreich, in Mähren, in Schlesien und in Bayern.
Auch wenn der Verwaltungszweig, an deren Spitze die Statthalter stehen, den Namen „politische Verwaltung" trägt, während die Wirkungsstätte der politischen Parteien die „autonome Landesverwaltung" ist, so ist eine politische Zurückhaltung bei den meisten dieser Statthalter sichtbar, oft genug sogar eine Abneigung gegen die Niederung der Politik, über die sie sich meist erhaben fühlen.

Wenig „Ortsgemeinden" anstelle zahlreicher „Ortschaften"

Neben einer Verfassung für den ganzen Bereich der Monarchie und Verfassung für die Länder steht 1848 sofort auch eine Neuregelung für den untersten Bereich, die Gemeinde, zur Diskussion. Dies ist eine der wichtigsten Beratungspunkte des auf 72 Mitglieder verstärkten Landtages neben Landesverfassung und Ablösung der bäuerlichen Lasten. Die Materie ist schwierig. Es geht nicht nur darum, die aus dem Untertanenverband Entlassenen zu neuen Gemeinden zu formieren[1]. Man muß diese Landgemeinden mit „kaum einem Schatten von Gerechtsamen" an die Städte und Marktgemeinden angleichen, die oft schon seit langem über mancherlei Privilegien verfügen. Man spricht in Oberösterreich sogar von der „privilegierten städtischen Bürgergemeinde" und der „rechtlosen Dorfgemeinde". Jetzt ist natürlich die Stadt und deren Bürger auf Grund ihrer oft langjährigen Erfahrung gegenüber der Landbevölkerung im Vorteil, auch wenn bis dahin die Landeshauptstadt Linz nur Amtsbürgermeister hatte, die seit 1784 anstelle der gewählten Bürgermeister getreten waren.

Die Beratungen der Länder werden von denen des Reichstages, vor allem der Arbeit der Minister, überrollt und das am 17. März 1849 publizierte „provisorische Gemeindegesetz"[2] ist sofort ein großer Wurf. In diesem Gesetz findet sich einleitend der berühmt gewordene Satz von der „freien Gemeinde als Grundfeste des freien Staates" und nicht zu Unrecht wird es als das „reifste und fruchtbarste Gesetz im Reformwerk" von Graf Stadion bezeichnet, der 1848/49 Innen- und Unterrichtsminister ist und eine konstitutionelle Politik vertritt.

Der Paukenschlag, den dieses „oktroyierte Gemeindegesetz" zweifellos bedeutet, wird auch nur beschränkt dadurch herabgemindert, daß es nie im vollen Umfang wirksam wird und die Gültigkeit seiner Bestimmung auf die österreichische Ländergruppe – einschließlich Böhmen-Mähren – beschränkt bleibt[3].

Die 1848 erfolgte Aufhebung des Untertanenverhältnisses hatte in ganz Österreich den Aufbau einer neuen Verwaltungsorganisation und eines neuen Verwaltungsapparates – natürlich auch einer geänderten Gerichtsorganisation – nötig gemacht. Die Gemeindeverwaltung am Land wird vorläufig noch von den Patrimonialorganen, also von Herrschaftsbeamten, geführt. In den meisten Städten kommen 1848 Bürgerausschüsse an die Macht, meist sogar in einer relativ demokratischen Art, die anschließend in ihrer Funktion verbleiben, wenn auch deren Abhängigkeit von den Behörden neuerlich wächst.

1 Kaiser Franz Joseph etwa in dem Alter, als das Wirken des Landtages beginnt.

2 Beim Betreten Oberösterreichs wird der Eintritt in das große Kaiserreich bewußt: Der Doppeladler auf der Innbrücke zwischen Simbach und Braunau.

4 Der einzige bürgerliche Statthalter des Landes ob der Enns, der Tiroler Dr. Alois Fischer, Statthalter zwischen 1848 und 1851.

3 Hinter dem Kaiser der k. k. Statthalter Erasmus Freiherr von Handel am Linzer Bahnhof, vermutlich 1908. Die Tochter des Statthalters, Elisabeth, läuft dem Kaiser nach, um sich für den Armreifen zu bedanken, den ihr im Namen des Kaisers dessen Generaladjutant übergeben hatte.

5 Aus der Reihe der 17 Statthalter: Links: Siegmund Conrad-Eybesfeld (1871–1872), später Statthalter von Niederösterreich und Unterrichtsminister. Mitte: Philipp Weber-Ebenhof (1881–1889), vorher Statthalter von Niederösterreich, Mähren und Böhmen. Er ist der einzige Statthalter, der in Linz verstirbt. Rechts: Artur Bylandt-Rheidt d. J. (1902–1905), vorher Außen- und Kultusminister, später Innenminister.

6 Anton Hye: Die heute noch geltenden Bürgerrechte von 1867 tragen die Unterschrift des aus Gleink bei Steyr stammenden Justizministers.

7 Die letzten beiden k. k. Statthalter Oberösterreichs: Rudolf Graf von Meran (1917) und Erasmus Graf Handel (1905 bis 1916; 1917 bis 1918).

Aufbau ab 1849

Das Provisorische Gemeindegesetz von 1849 hatte vorgesehen, daß aus den bisherigen Ortschaften, Einzelhöfen, Dörfern, Märkten und Städten neue Ortsgemeinden entstehen sollten. Ab 1849 beginnt nun der Auf- und Ausbau dieser neuen Ortsgemeinden. Sie ist eine der Hauptsorgen der ebenfalls im Aufbau befindlichen und immer wieder gehemmten und umgestalteten „politischen Verwaltung", insbesondere ab 1850 der neuen Bezirkshauptmannschaften, die sich damit von Anbeginn an nicht gerade beliebt gemacht hatten. Trotz aller Einschränkungen bedeuteten die großteils bis September 1850 abgeschlossenen Gemeindewahlen und die Konstituierung der Gemeindevertretungen das Ende der Patromonialverwaltung. Eine der Schwierigkeiten bei der Bildung der neuen Ortsgemeinden ist die Eingliederung der meist adeligen Gutsbesitzer in die Bereiche der neuen Gemeinden, bis zu einem gewissen Grad auch die Unterstellung der Adeligen unter die neuen, meist bäuerlichen Gemeindevorsteher, also gerade eine Umdrehung gegenüber der bisherigen Situation.
Die Unterstellung eines größeren Gutsbesitzes unter verschiedene Ortsgemeinden bringt allerdings auch für den Gutsbesitzer manche organisatorische und wirtschaftliche Belastung. Mehr noch: der Grundbesitzer, meist der größte Steuerzahler der Gemeinde, hat nun auch für die neuen Gemeindeaufgaben mitzuzahlen.
Der Übergang zu einem neuerlichen Absolutismus, die 1851 erfolgte Aufhebung der Verfassung, insbesondere das Kabinettschreiben vom 31. Dezember 1851 „mußte nothwendig die Selbständigkeit der Gemeinde in ihren ersten Keimen unterdrücken, und wie unter dem Unterthansverband die Dorfgemeinde notwendig in der Grundherrlichkeit, so war unter der absoluten Regierung die neue Gemeinde allmählich von selbst in die Staatsherrlichkeit aufgegangen"[4]. Insbesondere die 42 gemischten Bezirksämter, die an die Stelle der zwölf Bezirkshauptmannschaften getreten waren, engen das Wirken der Gemeinden ein.
Wie sieht das aus? Der Unterschied zwischen selbständigem und übertragenem Wirkungskreis ist verwischt. Die Ergänzungswahlen (jährlich ein Drittel), werden nicht mehr durchgeführt; 1854, also nach drei Jahren, wählt man nicht mehr; Mandate werden einfach verlängert, die Gemeinden wurden Amtsstellen der Regierung, wie sie früher solche der Grundherrn waren. Sie haben nicht die Interessen der Bürger, sondern die des Staates wahrzunehmen. Das bleibt die Situation für ein Jahrzehnt. Wenn man allerdings die bis 1861 vom k. k. Statthalter ernannten Linzer Bürgermeister (Josef Jungwirth, Josef Dierzer, Ritter von Traunthal und Vinzenz Fink) betrachtet, so wird keineswegs das vor 1848 übliche System der juristisch gebildeten Amtsbürgermeister weitergeführt.

Wie gliedert sich in jenen Jahren Oberösterreich, als „Ortsgemeinden" noch nicht bestehen oder im Entstehen begriffen sind? 1847 besteht Österreich ob der Enns aus fünf Kreisen, 17 Städten und 114 Märkten, dazu 6702 Dörfern[5]. Nach der Ausgliederung Salzburgs und der ersten Errichtung von Bezirkshauptmannschaften gliedert sich Oberösterreich (1851) in zwölf Bezirkshauptmannschaften, 14 Städte, 97 Marktflecken und 6011 Dörfer[6]. Anschließend, bis 1865, sind es vier Kreise, 15 Städte, 99 Märkte und 6434 Dörfer[7].

Zehn Jahre nach dem provisorischen Gemeindegesetz erscheint 1859 ein neues Gemeindegesetz, das Bachsche Gemeindegesetz[8], das mit Ausnahme der Bestimmungen über die Gemeinde-Zuständigkeit nicht in Wirksamkeit tritt. Im Frühjahr 1861 finden dann, noch vor den Landtagswahlen, wieder Gemeindewahlen statt, die zweiten nach 1850. Als 1861 der oberösterreichische Landtag erstmals zusammentritt, findet er „auf dem Boden eines sehr freisinnigen Gemeindegesetzes eine unfreie Gemeinde"; das Gesetz von 1849 hatte „seit einem Decennium eine seinen Principien geradezu entgegengesetzte praktische Anwendung erhalten"[4].

So wie 1848 zählt es 1861, nachdem Österreich wieder ein „Verfassungsstaat" geworden war, zu den ersten und wichtigsten Aufgaben von Reichsrat und Landtag, neue gesetzliche Regelung für die Gemeinden zu schaffen. Das geschieht mit dem am 14. Juni 1861 dem Abgeordnetenhaus als Regierungsvorlage übermittelten und am 5. März 1862 publizierten Reichsgemeindegesetz[9], dem, für den oberösterreichischen Bereich relativ spät, 1864, eine „Gemeindeordnung"[10] folgt. Am gleichen Tag wird auch Oberösterreichs Gemeindewahlordnung[11] publiziert.

Bei den Gemeindegesetzen von 1849 und 1859 war eine Mitwirkung der Landtage durch Landesgesetze nicht unmöglich gewesen, aber nur auf Randprobleme beschränkt geblieben. Jetzt fällt neben der Rahmengesetzgebung Schmerlings den Gemeindeordnungen der einzelnen Länder eine große Bedeutung zu. Meinungsverschiedenheiten zwischen dem liberalen Bürgertum und dem Adel im Bereich dieser Materie sollen auf Landesebene abgeschoben werden. Durch die verschwommene Grenze zwischen selbständigem und übertragenem Wirkungskreis sollte weiterhin eine Kontrolle der politischen Behörden erhalten bleiben. Aber das überwiegend liberale Abgeordnetenhaus widmet sich gerade dem Reichsgemeindegesetz mit besonderer Gründlichkeit und Sorgfalt. Die liberalen Politiker sind natürlich gerade im Bereich der Kommunalpolitik gebrannte Kinder, sehen sie doch, welche Entwicklung dem modernen Gemeindegesetz von 1849 gefolgt war. So legt man Wert darauf, daß künftig der übertragene Wirkungskreis der Gemeinde nur durch Reichs- und Landesgesetze abgegrenzt werden dürfe.

Lange Beratung im Land 35

Um insbesondere den selbständigen Wirkungskreis der Gemeinden abzusichern, wird nicht nur, wie 1849, die Generalklausel aufgenommen – alles, was nicht anderweitig geregelt ist, fällt in den selbständigen Wirkungskreis der Gemeinden –, es werden daneben die wichtigsten Sachgebiete auch noch ausdrücklich aufgezählt. Die Agenden der Ortspolizei dürften zwar den Gemeinden entzogen werden, aber auch nur auf Grund eines Gesetzes. Schließlich sollte die Staatsaufsicht über die Gemeinden beschränkt werden.
So wird das neue Reichsgemeindegesetz von 1862, der erste gewichtige legislative Akt im Rahmen der seit 1861 im Aufbau befindlichen Demokratie, der auf verfassungsmäßigem Weg behandelt wird. Es wird seinerseits der wichtigste Impuls für den Weiterbau der Demokratie.
Man muß das neue Reichsgemeindegesetz von 1862 und die darauf basierende autonome Gemeinde auch im Zusammenhang mit der inzwischen aufgebauten „politischen Verwaltung" (Bezirkshauptmannschaft – Statthalterei – Ministerium) sehen. Die Gemeinde-Selbstverwaltung steht neben der autonomen Landesverwaltung als gewiß nicht zu stark ausgebautes Pendant zum zentral geleiteten Beamtenstaat.
Ein wenig Farbe in die einheitliche Gemeinderegelung für das ganze Reich bringen die etwas unterschiedlichen Landesgesetze – in Oberösterreich das von 1864. Völlig einheitlich sind die Organe der Gemeindeverwaltung und die auch hier sichtbare Gewaltenteilung: das beschließende und kontrollierende Organ des Gemeindeausschusses und das vollziehende und verwaltende Organ des Gemeindevorstandes. Die Aufsicht über die Tätigkeit der Gemeindeselbstverwaltung ist aufgeteilt: für den selbständigen Wirkungskreis sind Organe der höheren Selbstverwaltung (Landesausschuß) zuständig, für den übertragenden Wirkungskreis, den man auch „die Mitwirkung bei Staatsgeschäften" bezeichnet, die politischen Behörden. Ist der Einfluß der politischen Behörden (Bezirkshauptmannschaften, Statthalterei) auf die Gemeinden abgeschwächt, so kommt ein neuer durch die Möglichkeit, Gemeindevertretungen aufzulösen und Neuwahlen auszuschreiben, hinzu.
Die oberösterreichische Gemeindeordnung samt Gemeindewahlordnung wird relativ lange beraten und spät beschlossen. Vor Oberösterreich erledigen die Länder Istrien, Bukowina und Schlesien (1863) ihre Gemeindeordnung, aber auch Mähren, Kärnten, Niederösterreich, Görz, Gradiska, Böhmen und Vorarlberg (1864). Nach der oberösterreichischen Gemeindeordnung folgt noch die von Salzburg und der Steiermark (1864), von Dalmatien (1865) und Tirol, Krain und Galizien (1866). In den einzelnen Ländern gibt es nationale und religiöse Sonderprobleme zu lösen, wie in Galizien die

Regelung mit der christlichen und jüdischen Bevölkerung. In Oberösterreich mit sehr bescheidenen nationalen und religiösen Minderheiten gibt es keine besonderen Schwierigkeiten. Das scheint auch der Grund dafür zu sein, daß in Oberösterreich keine Bezirksvertretungen entstehen, wie in Böhmen, Galizien und der Steiermark.
Die Gleichberechtigung aller Gemeinden ohne Unterschied ihrer Größe trägt zwar entscheidend zur Beendigung der patrimonialen Verwaltung bei. Doch werden gleiche Befugnisse ungleichen Gemeinden erteilt, was insbesondere bei der Finanzkraft der Gemeinden sichtbar wird.
Während man in Oberösterreich die völlige Freiheit bei der Ausbildung der Gemeindegröße beschränkt, macht man in anderen Ländern später korrigierte Umwege, wie die Schaffung von „Verwaltungsgemeinden" in Niederösterreich (vor allem wegen Finanzierung der Ortspolizei) oder von Steuergemeinden in Istrien.
Es ist allerdings auch in Oberösterreich nicht leicht, aus einem Konglomerat von fast 6500 „Wohnorten" oder „Ortschaften" gesunde und lebensfähige „Ortsgemeinden" zu schaffen. Hier bieten sich drei aus unterschiedlichen Erwägungen entstandene Gebilde an, die auch durchwegs unterschiedliche Aufgaben zu erfüllen haben: die Pfarrgemeinden mit religiösen und kultischen Aufgaben, die erst beschränkt ausgebildeten Schulgemeinden und schließlich die Katastral- und Steuergemeinden, die auch als „tote Gemeinden" ohne Rechte und ohne Vertretung bezeichnet werden.
Als sich der neue Landtag ab 1861 auch mit Gemeindeproblemen befaßt, geht er pragmatisch und vernünftig ans Werk, muß allerdings nur noch bescheidene Korrekturen vornehmen.
Die Wahl liegt für diese Ortsgemeinden zwischen den rund 1200 Katastral- oder Steuergemeinden (1848: 1194; ab 1900: 1200) und zwischen rund 430 Pfarrgemeinden (1861: 428)[12]. Trotz liberaler Bedenken gegen eine Übernahme der Pfarrgemeinden als Ortsgemeinden, über die man neuerlich nach 1861 im Landtag diskutiert, orientiert man sich 1849 und 1850 überwiegend an den bewährten Pfarrgemeinden. So weist Oberösterreich 1853 563 Stadt-, Markt- und Landgemeinden auf, davon 221 im Mühlkreis, 171 im Hausruckkreis, 103 im Innkreis und 68 im Traunkreis. Es sind 14 Städte, 97 Märkte und 452 Landgemeinden[13].
Das moderne Vorgehen Oberösterreichs (oder seines Statthalters) stößt übrigens auch auf heftige Kritik. So schreibt Egbert Belcredi, der Führer der konservativen Adelspartei Mährens und Bruder des Staatsministers Richard Belcredi, in seinem Tagebuch, datiert am 9. März 1855, von seinen „Bestrebungen, den Adel wieder zu eigenem Selbstbewußtsein aufzurütteln", und erwähnt u. a. dabei eine 1851 an den Kaiser gerichtete Petition,

,,worin um Einstellung der Ernennung von Gemeindebeamten nach dem Vorrang des Statthalters von Ober-Österreich gebethen wurde. Der Erfolg war günstig und die Zahl der sich uns Anschließenden dadurch nicht unbedeutend vermehrt"[14].

Die Diskussion über eine vernünftige Gemeindegröße geht in den Gemeinden und im Landtag weiter, nachdem man schon 1858 gegen Klein- und Kleinstgemeinden eingestellt war[15]. ,,Der geringe Umlageprozent der kleineren Gemeinden beruht größtenteils auf Täuschung; denn es ermäßigt sich durch die vielen Naturalleistungen, die oft irrtümlich bei Berechnung des Umlageprozents gar nicht in Anschlag gebracht werden . . . In kleineren Gemeinden ist das Gemeindeamt im Haus des jeweiligen Gemeindevorstehers . . . Die kleine Gemeinde mag immerhin friedsamer sein, sie ist auch schläfriger als die große Gemeinde, in der sich die allgemeine Teilnahme an den Angelegenheiten der Gemeinde viel reger und stärker ausprägt, in der sich öffentliche Urteile und Meinungen bilden, wo sich Parteien gruppieren, die wohl nicht immer neben, sondern oft gegeneinander gehen, wo sich das Gemeindeleben überhaupt viel bewegungsvoller, aber auch viel fruchtbarer und ersprießlicher gestaltet⁴." Die überwiegend liberale Landesvertretung kann sich allerdings auch nicht entscheiden, in eine ,,allgemeine und ausnahmslose Umbildung der Ortsgemeinden nach den Grenzen der Pfarrsprengel" einzugehen. 1861 gibt es einen Antrag des Abgeordneten Schwarz auf Wiederherstellung der Pfarrgemeinden auf Ortsgemeinden; er wird zurückgezogen und erneuert. Auch folgt ein Antrag des Landtagsabgeordneten Wahl auf ,,Vergrößerung der Ortsgemeinden möglichst nach Pfarrsprengeln"[16].

1864 werden neuerlich Gemeindevertretungen bestellt und das Verzeichnis im Anhang an die Kundmachung des Statthalters über die volle Anwendung der Gemeindeordnung von 1864 in Oberösterreich[17] nennt 548 Ortsgemeinden. Der ,,Oberösterreicher" bringt 1864 ein ,,Alfabetisches und bezirksweises Verzeichniß sämtlicher Ortsgemeinden in Oberösterreich nach dem neuesten Bestand auf Grund verläßlicher Daten zusammengestellt von Karl von Billau"[18]. Österreichs Statistisches Jahrbuch bringt aber weiterhin nur Angaben über ,,Wohnorte"; erstmals werden 1880 auch ,,Gemeinden" angeführt, und zwar 479[19].

Inzwischen befaßt sich der oberösterreichische Landtag im Herbst 1868 neuerlich ausführlich mit dem Gemeindeproblem, auch mit einer eventuellen zwangsweisen Zusammenlegung lebensunfähiger Gemeinden, für die noch überwiegend liberale Mehrheit sicherlich eine eher bittere Notwendigkeit. Der liberale Abgeordnete Schlager meint dabei, daß es die Taktik der politischen Behörden von 1848, 1849 und 1850 gewesen sei, möglichst viele kleine Gemeinden nach dem Prinzip „divide et impera" entstehen zu lassen. Dr. Peßler verweist darauf, daß der Ausschuß festgestellt habe, es gäbe in Oberösterreich nicht weniger als 35 Gemeinden, welche nicht einmal tausend Gulden an direkten Steuern zahlen, und beispielsweise erwähnt er „Lichtenbuch mit 154 Seelen und 347 Gulden an direkten Steuern, Bergheim mit 354 Seelen und 629 Gulden an direkten Steuern . . .". Peßler meint auch, es gäbe Gemeinden, in welchem die Gemeindevorsteher nach einem Turnus abwechseln, weil nur drei Bewohner der Gemeinde das Lesen und Schreiben beherrschen. Es gibt im Landtag aber auch Verfechter unbedingter Gemeindeautonomie, so den prominenten liberalen Politiker Dr. Wiser[20].

Vier Jahre nach Erlaß der Gemeindeordnung von 1864 ändert man durch ein Landesgesetz Paragraph 2 der oberösterreichischen Gemeindeordnung – und unterscheidet sich damit sehr wesentlich von der Vorgangsweise anderer Länder. Hatte der Paragraph bisher gelautet: „Eine solche Vereinigung von Gemeinden darf wider deren Willen nicht stattfinden", so heißt es nunmehr in Paragraph 83: „Wenn einzelne Gemeinden die Mittel nicht besitzen, um den ihnen gesetzlich obliegenden Pflichten nachzukommen, so können dieselben mit anderen Gemeinden durch ein Landesgesetz zu einer einzigen Ortsgemeinde vereinigt werden[21]." Man spricht nunmehr von einer „imperativen Zusammenlegung von Gemeinden im Gesetzgebungsweg" und nach weiteren Meinungsverschiedenheiten erhält der Landesausschuß 1872[21] den Auftrag, „die Pflichterfüllung der als zu wenig leistungsfähig bezeichneten Gemeinden genau und eindringlich zu überwachen und bei den kommenden Landtagen von Fall zu Fall die imperative Vereinigung jener Gemeinden zu beantragen, deren Lebensunfähigkeit zu einer durch die Erfahrung erwiesene Tatsache geworden ist". Es kommt noch zu einem bescheidenen Auf und Ab, das heißt zu Gemeindezusammenlegungen, auch zu Gemeindeteilungen, und als das Statistische Handbuch von 1880 erstmals die Ortsgemeinden bringt[19], sind es für Oberösterreich 479. 1900[22] sind es dann allerdings wieder mehr, nämlich 502, 1910 – und bis zum Ende der Monarchie – schließlich 504[23].

Oberösterreich unterscheidet sich damit nicht unwesentlich von benachbarten und vergleichenden Ländern Zisleithaniens. So zählt etwa 1880 Niederösterreich 1626 Ortsgemeinden und die Steiermark 1346[19]. Sowenig sich die oberösterreichische Gemeindeordnung von 1864 von der anderer Länder der Monarchie unterscheidet, so groß ist der Unterschied in der Praxis der Bildung der Ortsgemeinden, ihrer Zahl, ihrer Größe und Lebensfähigkeit.

„Gemeindeumlagen" werden nötig

Ein immer wichtigeres Problem – auch im Zusammenhang mit der Erhaltung der Gemeindeautonomie – wird die Frage der Finanzierung der Ausgaben der neugeschaffenen Ortsgemeinden. Ursprünglich meint man, die Finanzierung könne aus den Erträgnissen des Gemeindeeigentums erfolgen. Deshalb ist man anfänglich gegenüber Belastung und Veräußerung von Gemeindeeigentum sehr kritisch eingestellt. Das Reichsgemeindegesetz 1862 und die oberösterreichische Gemeindeordnung von 1864 sehen aber auch „Gemeindeumlagen" vor, vorerst noch als Ausnahmeerscheinungen. Die Gemeindezuschläge zu den direkten Steuern sind innerhalb der Gemeinden Oberösterreichs stark unterschiedlich; ebensolche Unterschiede zeigen die durchschnittlichen Prozentbeträge der Länder. Darüber hinaus ist ein starkes Ansteigen schon zwischen 1862 und 1880 sichtbar. Die niedrigsten prozentuellen Zuschläge im Jahr 1862 zeigt Mähren (8,2 Prozent), Böhmen (8,7) und Triest (10,0), die höchsten Salzburg (42,2), Tirol (95,5) und Vorarlberg (103,5), Oberösterreich liegt mit 18,0 Prozent nicht ungünstig. 1880 liegt am untersten Tabellenrand Krain (13,3 Prozent), Mähren (19,5) und Böhmen (21,0), am obersten Rand weiterhin Salzburg (67,6), Tirol (146,8) und Vorarlberg (232,2). Oberösterreich steht zwar an zwölfter Stelle der 17 Länder, also im oberen Drittel, doch ist der Durchschnitts-Steueraufschlag von 34,4 Prozent weiterhin eher bescheiden[23][24]. Die in eigener Kompetenz der Gemeindeausschüsse bestimmbare Obergrenze beträgt 1849 10 Prozent, 1884 in Oberösterreich 20 Prozent – aber in Kärnten und in der Bukowina 50 Prozent, in Tirol und Vorarlberg 150 Prozent[24]. Mit einem durchschnittlichen Erfordernis der Gemeinde von 2894 Gulden steht Oberösterreich nicht unwesentlich über dem österreichischen Durchschnitt mit 2515 Gulden (1884). Extremfälle sind dabei Krain mit 542 und Vorarlberg mit 6270 und das Küstenland mit 9066 Gulden. Mit dem durchschnittlichen Erfordernis für Gemeindeaufgaben je Einwohner von 2,01 Gulden steht Oberösterreich 1884 wesentlich günstiger als die vergleichbaren Länder Niederösterreich (4,19), Salzburg (3,26), Tirol (5,75) und Vorarlberg (5,96). Hier wirkt sich die günstige Gemeindegröße positiv aus. Das fast gleichzeitig mit dem Reichsgemeindegesetz beschlossene Gesetz über das Heimatrecht[25], insbesondere aber die extrem zurückhaltende Praxis bei der Verleihung des Heimatrechts durch den Arbeitsort, führt auch in Oberösterreich dazu, daß das Mißverhältnis der tatsächlichen Einwohnerzahl und der Anzahl der Gemeindeangehörigen immer größer wird.
So sind in Oberösterreich in den Aufenthaltsgemeinden 1869 66,4 Prozent der Bewohner heimatberechtigt, 1880 weniger als 60 Prozent (56,5) und 1890 weniger als 50 Prozent (49,1). In Mähren etwa schwanken diese Prozentsätze im gleichen Zeitraum 1869 bis 1890 nur zwischen 80,0 und

61,5 Prozent[26]! Der doch sehr große Unterschied zwischen Heimatberechtigten und Bewohnern ist umso auffallender, als Oberösterreich in dieser Zeit eigentlich nur über zwei Industriezentren verfügt, Steyr und Linz. Die Novellierung des Heimatrechtsgesetzes vom Jahre 1863, 33 Jahre später[27], bringt nur eine bescheidene Milderung dieser Situation. Leidtragende dieser Entwicklung sind neben den Betroffenen selbst der Geburtsort bzw. der Ort der bisherigen Heimatzuständigkeit. Die Industriezentren können wohl darauf verweisen, daß die Arbeiter in jenen Jahren im Durchschnitt keine direkten Steuern und somit auch keine Gemeindezuschläge zahlen; andererseits zahlen sie sehr wohl indirekte Steuern. All das ist vorerst zwar nur ein wirtschaftliches, bald aber auch ein politisches Problem und die „politische Abschaffung" und das „Schubwesen" bleibt bis zum Ende der Monarchie eine sehr aktuelle – nicht erfreuliche – Angelegenheit.

Die komplizierten gesellschaftlichen Verhältnisse der Monarchie bringen dieses relativ komplizierte dualistische System der öffentlichen Verwaltung hervor. Die Schwachstellen dieses Systems – in gemischtsprachigen und stark industrialisierten Gebieten – werden in Oberösterreich nur wenig sichtbar. Hier wird das bis Ende der Monarchie beibehaltene und anschließend nur sehr geringfügig geänderte System einer organischen Ergänzung des zentralistischen bürokratischen Mechanismus, den die politische Verwaltung" darstellt, überwiegend wohltuend empfunden. Darüber hinaus beschleunigt und verstärkt es den Ausbau der Demokratie.

Minderheitenprobleme ohne Minderheit

Einer Auseinandersetzung im oberösterreichischen Landtag zwischen den oberösterreichischen Großdeutschen und dem Linzer Diözesanbischof Dr. Doppelbauer im Jahre 1903 über den Gottesdienst mit tschechischer Predigt in der Linzer Martinskirche, genauer gesagt wegen einer anberaumten Feier anläßlich des 50jährigen Bestehens dieser tschechischen Predigten in Linz, verdanken wir sehr genaue Angaben über die Anfänge einer tschechischen Minderheit in Linz[1].
Der Diözesanbischof berichtet, daß die ersten „Böhmen" anläßlich des Baues der sogenannten „Salzbahn" Linz-Budweis 1825 nach Oberösterreich gekommen seien.
Von Anbeginn an ist also bereits eine sprachliche Verwirrung („Böhmen" – „Tschechen") feststellbar und auch im Register der Landtagsprotokolle finden wir die Auseinandersetzungen, die sich vornehmlich im Jahrzehnt zwischen 1898 und 1908 hinziehen, unter den Schlagwörtern „Slawische Überflutung oberösterreichischer Märkte", „Statistische Daten über die Einwanderung von Nationaltschechen nach Oberösterreich", daneben auch über die „Deutsche Amts- und Unterrichtssprache in Oberösterreich". Wir finden in den zahlreichen Landtagsdiskussionen gewiß Hinweise auf „Czechen" oder „Slawen", aber auch den mißverständlichen Ausdruck von „Böhmen", indem man den geographischen Begriff für eine der hier wohnenden beiden Nationen verwendet. Tatsächlich aber geht man nicht fehl in der Annahme, daß mit den Hinweisen auf „Böhmen" ausschließlich „Tschechen" gemeint sind.
Neben Bahnarbeitern – so referiert der Bischof – seien schon 1825 zahlreiche tschechische Professionisten nach Oberösterreich gekommen. Ihre Zahl habe sich vor allem in Linz bedeutend vermehrt, als die sogenannten Maximilianischen Türme errichtet wurden. Gleichzeitig begannen Fabriken in Linz und Umgebung tschechische Arbeitskräfte aufzunehmen, insbesondere ab 1850 auch die Linzer „ärarische" Tabakfabrik. Im Jahre 1858 bezifferte man die Zahl der „Böhmen" auf rund 2000 – so der Diözesanbischof, der im Verlauf seiner Landtagsrede weitere Details anführt: „Die Zahl der damals in Linz anwesenden Böhmen im September 1852 wurde mit 1171 beziffert, und zwar die Schneiderinnung 229, die Schuhmacherinnung 137, Tischler 79, Weber 40, Schlosser 30, Eisenbahner 136, k. k. Tabakfabrik 36, Grillmayrsche Fabrik (Baumwollfabrik Kleinmünchen) 202, Dierzer-Fabrik (Baumwollfabrik Kleinmünchen) 79, Rädlersche Fabrik (Baumwollfabrik Kleinmünchen) 42, Fabrik Kubo und Schimak (Baumwollfabrik in Traun)

30, Fabrik Ederlin und Toricelli (Baumwollfabrik Linz) 26, Fabrik Rübsam (Bedrucken von Kattunen) 10, Fabrik Breit und Klimpfinger 56, Arbeiter beim Bau der Lagerthürme 29."

Die Zahlen für den Bereich der Landeshauptstadt sind vor allem deshalb interessant und wichtig, weil uns sonst nur Gesamtzahlen für Oberösterreich zur Verfügung stehen. So werden für das Jahr 1890 für das Erzherzogtum Österreich ob der Enns für den Sprachbereich „Böhmisch-mährisch-slowakisch" 3709, für das Jahr 1900 nur etwas weniger, nämlich 3535, für 1910 dann wesentlich weniger, nämlich 1953 Köpfe angegeben. Das entspricht 1910 trotz allem nur einem Anteil von 0,23 Prozent, neben einem solchen von 0,04 Prozent für in Oberösterreich ansässige Polen, von je 0,01 Prozent für hier ansässige Ruthenen (Ukrainer), Slowenen und Italiener einschließlich Ladinern. Insgesamt macht demnach 1910 der Anteil der in Oberösterreich lebenden fremdsprachigen Österreicher 0,3 Prozent, also nicht ganz ein Drittel Prozent aus. Immerhin kann man für diese Jahrzehnte sagen, daß etwa die Hälfte der in Oberösterreich lebenden Tschechen (Böhmen, Mährer) und Slowaken in Linz lebt und arbeitet[2]. Streiflichter auf tschechische Arbeiter in verschiedenen Landesteilen Oberösterreichs werden übrigens immer wieder sichtbar, so etwa 1877 in Steyr, als anläßlich der Konstituierung des Allgemeinen Arbeitsvereins Steyr „Genosse Günzl in tschechischer Sprache zu den anwesenden slawischen Arbeitern spricht"[3]. 1910 etwa fürchtete man in Schwanenstadt, daß die gekündigten Arbeiter der Baumwollspinnerei Kaufing durch tschechische Arbeiter ersetzt werden sollten[4].

Tschechen spielen in den Anfängen der Arbeiterbewegung Oberösterreichs, mehr in Steyr als in Linz, eine wesentliche Rolle, insbesondere in den radikalen und anarchistischen Gruppierungen[5].

Ein Antrag von Dr. Beurle und Genossen „betreffend den Gebrauch der czechischen Sprache"[6] 1903 fordert u. a. folgendes: „Der Landtag spreche den dringenden Wunsch aus, daß die hiezu berufenen kirchlichen Behörden Oberösterreichs, und zwar ebensowohl die katholische, als die evangelische Kirchenbehörde Vorsorge treffe, daß in Oberösterreich die deutsche Sprache als alleinige kirchliche Amtssprache, und zwar insbesondere für die Matrikenführung und den Gebrauch bei der Predigt erklärt und demnach auch die Übung der Abhaltung czechischer Predigten in Oberösterreich ein- für allemal abgestellt werde." Ursache dieses Antrages war ein in tschechischen Blättern erfolgter Aufruf an die Tschechen Böhmens und Mährens, sich zahlreich am 18. Oktober 1903 in Linz einzufinden, um dem Jubiläum der vor 50 Jahren erfolgten Einführung der tschechischen Predigt in der Linzer Martinskirche einen besonderen Glanz zu verleihen und „die

Linzer Tschechen zu weiterer Treue und zum Kampf für ihre nationalen Sitten anzueifern". Und im Antrag von Dr. Beurle und Genossen heißt es weiter: ,,Veranstalter dieser Feier ist der Linzer Kapuzinerpater Kašpar Jurašek, von welchem es bekannt ist, daß er bestrebt ist, in dem, Gott sei Dank rein deutschen Oberösterreich die Tschechen als ein abgesondertes, der einheimischen Bevölkerung gegenüber aggressives Element zu erhalten[1]."
Diözesanbischof Dr. Dopplbauer hatte aber keineswegs nur Angaben über die Zahl der in Linz lebenden Tschechen gemacht, er hat sehr ausführlich die nicht fünfzigjährige, wie immer behauptet wurde, sondern siebzigjährige seelsorgliche Betreuung der in Linz lebenden Tschechen ausführlich dargestellt – nicht ohne Grundsätzliches zur Frage ,,Seelsorge und Nationalität" beizufügen, vermutlich anhand des wenige Jahre vorher vom Prager Domkapitular und nachmaligen Weihbischof Dr. Wenzl Frind erschienenen Werkes ,,Das sprachliche und sprachlich-nationale Recht", das ja auch noch später für Ignaz Seipel einen unentbehrlichen Ratgeber darstellte und wesentlich für die Südtirol-Politik des Vatikans nach 1918 wurde[7]. Zur tschechischen Predigt in Linz erklärt Diözesanbischof Dr. Dopplbauer, daß diese erstmals auf Anregung von Erzherzog Maximilian d'Este, des Erbauers der Maximilianischen Türme, erfolgt sei, und zwar ,,beim Thurme Nr. 3 in der Ortschaft Niedernhart am Spallerberg". Der erste Priester, der tschechisch zu predigen in der Lage war, sei der später als Propst von Mattsee verstorbene P. Joh. Nep. Maresch gewesen. Zwischen 1833 und 1850 sei dann der Gottesdienst mit tschechischer Predigt in der Ursulinenkirche abgehalten worden, ,,vermutlich deshalb, weil Maresch Spiritual am Seminar gewesen ist und die Böhmen den Wunsch hatten, daß der Gottesdienst in der Stadt gehalten werde". Zwischen 1850 und 1852 fand die Predigt in der Seminarkirche statt. Als Maresch 1852 als Pfarrer nach Hochburg kommt, findet man kurzfristig zwischen Februar und Juli 1852 einen Ersatz im Jesuitenpater Thomas Matzura. Dann aber entsteht ein Vakuum und ein ,,Comité der Böhmen" wendet sich an Statthalter Bach mit der Bitte, wieder Gottesdienste mit tschechischer Predigt in Linz zu ermöglichen. Ein längerer Schriftverkehr des Bischöflichen Ordinariats folgt wegen der Bezahlung dieser Seelsorgetätigkeit durch den böhmischen Religionsfonds, was allerdings abgelehnt wird. Schließlich gibt die Statthalterei nach Rückfrage im Kultusministerium aus dem oberösterreichischen Religionsfonds 200 Gulden für die Honorierung des tschechischen Predigers und Seelsorgers frei[8]. Auch das Militärkommando hatte positiv zu einer tschechischen Predigt Stellung genommen: ,,Das Militärkommando verkennt keineswegs wie zweckmäßig und wünschenswert es sei, daß den in hiesiger Garnison anwesenden Militärs sowie den übrigen hiesigen Bewohnern slavischer

Zunge die Gelegenheit geboten würde, an einem wöchentlichen Gottesdienst theilnehmen zu können, bei welchem zu ihrer Erbauung und Belehrung Predigten und religiöse Gesänge in ihrer Muttersprache stattfinden[9]."
So wendet sich der Linzer Bischof an verschiedene Orden, ob nicht ein Prediger für tschechische Sprache zur Verfügung stehe. Nachdem die Karmeliten abgesagt hatten, stellen die Kapuziner den Kapuzinerpater Gamaliel Synaczek zur Verfügung, so daß diese Predigten – nunmehr in der Kapuzinerkirche – am 3. April 1853 wieder erfolgen können. „Das hohe Haus sieht also" – erklärt der Bischof im Landtag – „daß der Statthalter den Beginn des böhmischen Gottesdienstes außerordentlich urgiert, es ist dem Statthalter sehr am Herzen gelegen, daß das bischöfliche Consistorium den Gottesdienst ehestens ermögliche[1]."

Grundsätzlich erklärt der Bischof noch zur Frage, die „das Gewissen vieler Gläubiger berührt und auch das Gewissen des Bischofs selbst": „. . . es gibt keinen böhmischen Gottesdienst im eigentlichen Sinne, es gibt nur einen katholischen Gottesdienst . . ., die heilige Messe, wie die Herren ja wissen, ist immer in lateinischer Sprache. Man versteht also in der Nebenbedeutung ‚böhmischer' Gottesdienst die böhmische Predigt, dabei auch vielleicht die Litanei und einzelne Gebete, welche in böhmischer Sprache gebetet werden." Man möge mit Herz und Verstand entscheiden, ob der Bischof in der Lage und berechtigt ist, diese von 70 Jahren ganz auf „normalmäßigem" Wege eingeführte, von der Regierung, von den Parteien und vom bischöflichen Ordinariate als notwendig anerkannten Gottesdienste wieder aufzulassen, und er stellte fest: „Der Bischof kann es nicht thun und der Bischof wird es nicht thun." Er fügte noch hinzu, daß gegenwärtig in Windischgarsten viele „Croaten" arbeiten; er sei auch deren Bischof, so lange sie in der Diözese sind. Und als er vor Jahren als junger Kaplan in Steyr gewirkt habe und unter den Arbeitern auch viele Tschechen gewesen seien, habe er sich von einem tschechischen Ex-Theologen die wichtigsten Aussprüche tschechisch aufschreiben lassen, um wenigstens bescheiden seelsorglich wirken zu können.

Relativ kurz nimmt der Bischof zur Frage der Matriken Stellung, die damals ja um vieles bedeutsamer ist als heute, nach Einführung der staatlichen Standesämter. Seit 1819 befänden sich die Duplikate aller Matriken im Bischofshofe, rund vier Millionen. Er habe lediglich die 51.864 Matrikenfälle des Jahres 1902 durchsehen lassen und hier fand sich kein einziger, welcher in einer anderen Sprache als der deutschen matriculiert wäre. Der Bischof meint, daß dies bei den Evangelischen und den Juden kaum anders sein werde.

Tatsächlich stellt der vom Liberalen Dr. Jäger und dem Konservativen Dr. Esser gezeichnete Bericht des Gemeinde- und Verfassungsausschusses bezüglich der kirchlichen Sprachenfrage fest: „Der Landtag kann in dem Umstande, daß in der Martinskirche in Linz eine rein kirchliche Feier mit tschechischer Predigt veranstaltet wurde, keinen Anlaß finden, mit besonderen Wünschen an die kirchlichen Behörden heranzutreten[6]." Allerdings hatte der Bischof im Landtag auch erklärt: „Übrigens bin ich es gewesen, Herr Doktor, der sogleich denjenigen, die den Gottesdienst veranstaltet hätten, erklärte, weil man eine Demonstration machen wollte, so darf am fixierten Demonstrationstage der Gottesdienst nicht abgehalten werden, damit niemand Veranlassung zu Demonstrationen habe. Er wurde auch an diesem Tage nicht abgehalten."
Trotz der sehr durchdachten Rede des Bischofs vermag der Antragsteller Dr. Beurle bei Schwachstellen sofort einzuhaken. Nicht die Antragsteller hätten das „Spektakel" angefangen, sondern die, die die Abhaltung der tschechischen Predigt dazu verwendet hätten, „um in die Stadt Linz eine tschechisch-nationale Bestrebung hineinzutragen", die naturgemäß eine Stellungnahme provoziert hätte, auch sei die Notwendigkeit der Gottesdienste von 1830 eine andere gewesen als heute. „Dasjenige, wogegen wir uns verwahren, ist die Nichtassimilierung und die Unterstützung dieser Nichtassimilierung durch den Gottesdienst in der St.-Martins-Kirche und die Förderung jener Bestrebungen, welche auf die Zerreißung der nationalen Einheitlichkeit des Landes gerichtet sind ... Es gehen in diesen Gottesdienst Leute, die meines Wissens ganz gut deutsch können und nur bestrebt sind, die Erhaltung eines nationalen Centrums sich zu sichern. Der Unterschied dieser beiden Fälle ist wohl ein sehr großer!"
Beurle zeigt auch neben dieser Entwicklung in Oberösterreich die gegenteilige in Böhmen auf[1].
Übrigens ist Dr. Dopplbauers Rede im Landtag nicht seine erste Stellungnahme zur Nationalitätenfrage. Im Hirtenbrief von 1898, in dem er sich mit der Stellung des Christen zum Landesfürsten, dem Verhalten der Staatsbürger gegeneinander und dem Verhalten des Katholiken zum Fortschritt befaßt, geht Dopplbauer auch auf die Nationalitätenfrage, das „starre" und das „gemilderte Nationalitätenprinzip" ein[10].
Der Diskussion im Landtag war eine Debatte im Linzer Gemeinderat vorausgegangen, die durch Eingaben des „Deutschen Volksvereins", des „Alldeutschen Vereins", der „Deutschen Arbeiterschaft" und des „Bundes der Deutschen in Böhmen" ausgelöst worden war. In der Gemeinderatssitzung vom 14. Oktober 1903 begründete Gemeinderat Böheim den Dringlichkeitsantrag folgendermaßen: „... Nur dem übereifrigen Werben

der tschechischen Presse ist es zu danken, daß die Einwohnerschaft von Linz noch rechtzeitig von dem geplanten Überfall in Kenntnis gesetzt wurde; daß man der deutschen Einwohnerschaft von Linz solche Demütigungen durch den Vorwand eines kirchlichen Festes weniger schändlich machen wollte, ändert nichts an der Sache. Es steht fest, daß die Tschechen in Linz einen nationalen Agitationsherd schaffen wollen, welcher naturgemäß die Quelle steter Mißhelligkeiten geworden wäre."

Der einstimmig angenommene Dringlichkeitsantrag hat schließlich folgenden Wortlaut:

1. Der Gemeinderat der Landeshauptstadt Linz protestiert gegen die Absicht, Linz zum Schauplatz einer tschechischnationalen Demonstration zu machen.

2. Der Gemeinderat spricht den Wunsch aus, daß die Linzer Geschäftsleute in Hinkunft nur deutsche Gehilfen und Lehrlinge aufnehmen und insoferne die Aufnahme von Hilfsarbeitern anderer Nationalität im einzelnen nachweislich ist, darauf gesehen wird, daß keine solchen Personen aufgenommen werden, welche sich vornehmen, die bisherige Ruhe und Eintracht der Stadt durch deutschfeindliche Agitation zu stören.

3. Der Gemeinderat ersucht die Kirchenbehörde, den zu tschechischen Demonstrationen mißbrauchten tschechischen Gottesdienst einzustellen.

4. Der Gemeinderat ersucht den Bürgermeister, Erhebungen über die tschechischnationale Agitation in Linz zu pflegen und hierüber dem Gemeinderat zu berichten[11].

Diese 1903 in Linz hochgehende Woge ist allerdings nicht die einzige in dem sonst vom Nationalitätenstreit fast verschonten Land und sie ist auch keineswegs die erste.

Als Ministerpräsident und Innenminister Kasimir Graf Badeni 1896 nicht nur die Wahlrechtsreform mit der Schaffung einer allgemeinen Wählerklasse realisiert, sondern auch die sogenannte „Badenische Sprachenverordnung" für Böhmen und Mähren im Jahre 1897 erläßt, streift der Sprachenstreit auch das praktisch hundertprozentig deutschsprachige Oberösterreich.

Der erste Hinweis reicht mehr als fünf Jahre zurück. Unmittelbar, nachdem die Badenische Sprachenverordnung erlassen war, in der 1. Sitzung der II. Session der IX. Wahlperiode, am 10. Jänner 1898, bringen die deutschnationalen Landtagsabgeordneten unter Führung von Dr. Beurle den Drei-Zeilen-Antrag ein, „der hohe Landtag beschließe, die k. k. Regierung zur sofortigen Zurücknahme der Sprachenverordnung aufzufordern"[12].

Der Bericht des Gemeinde- und Verfassungsausschusses zu diesem Antrag[13], der deutlich die Handschrift der konservativen Majorität dieses Ausschusses mit seinem Berichterstatter Dr. Ebenhoch trägt, rückt zwar teilweise von diesem Antrag ab, bringt aber erstmals Oberösterreich ins Spiel, indem im zweiten Teil des Antrages gefordert wird: „Der Landesausschuß wird beauftragt, dem nächsten Landtage einen Gesetzentwurf wegen Einführung der deutschen Sprache als alleiniger Unterrichtssprache in den öffentlichen Schulen Oberösterreichs vorzulegen." Ebenhoch, der als gebürtiger Vorarlberger der Sprachen- und Nationalitätenfrage ursprünglich eher fernsteht, wird nun zu einer der Schlüsselfiguren in der Auseinandersetzung mit den Deutschnationalen. Schon in der Landtagssitzung vom 26. Jänner 1898[14] beantragt er, dem Antrag die Dringlichkeit zu verleihen, um die Beschlußfassung vor der Sitzung des Landtages des Königreiches Böhmen zu realisieren. Mag auch der Bericht weithin für Oberösterreich nicht wesentlich und nur eines der vielen Dokumente zum österreichischen Sprachenstreit ganz allgemein sein, so ist doch ein Passus auch für Oberösterreich von Bedeutung: „Die sprachlichen Wirren, welche gegenwärtig Böhmen und Mähren sosehr beunruhigen, haben dem Gemeinde- und Verfassungsausschusse auch die Gefahr vor Auge gestellt, welche daraus entstehen könnte, wenn in die rein deutsche Bevölkerung unseres Landes jemals ein größeres Prozent Angehöriger nichtdeutscher Nationalität treten würde." In dieser ersten Phase kommt es auch schon zu Fühlungnahmen in dieser Angelegenheit mit den Landtagen und Landesausschüssen von Niederösterreich, Salzburg und Vorarlberg[15].

Die deutsche Unterrichtssprache, zu der dann noch die deutsche Amtssprache für Oberösterreich tritt, sind Themen, die von der Tagesordnung des Landtages bis zum Ausbruch des ersten Weltkrieges nicht mehr verschwinden.

Die Schwierigkeiten, die deutsche Sprache als alleinige Unterrichtssprache für die Schulen Oberösterreichs zu bestimmen, scheinen schon in dieser Anfangsphase sichtbar geworden zu sein, denn bei wichtigen Landesgesetzen wurde vor der Beschlußfassung über die k. k. Statthalterei beim Ministerium rückgefragt[16]. So stoßen, nachdem der Landesausschuß keinerlei Initiative ergreift und keinen Gesetzentwurf vorlegt, die deutschnationalen Landtagsabgeordneten – diesmal ist der liberale Dr. Jäger federführend – nochmals vor und beantragen ein vier Artikel umfassendes Landesgesetz, diesmal allerdings über die Einführung der deutschen Sprache als der alleinigen Amts- bzw. Unterrichtssprache[17]. Dieser Antrag erfolgte zwar ebenfalls im Jahre 1898, und zwar am 28. Dezember, aber bereits in einer neuen, der dritten Session der IX. Wahlperiode. Inzwischen war auch noch ein weiterer Wechsel vor sich gegangen: der maßgebliche Sprecher der Konservativen, Dr. Ebenhoch, war als Nachfolger von Kast von Ebelsberg Landeshauptmann für Oberösterreich geworden und als Sprecher in der Sprachen- und Nationalitätenfrage tritt neben Dr. Beurle, Dr. Jäger und gelegentlich auch Poeschl, für die Konservativen Ignaz Huber und Dr. Bsteh und später Dr. Schlegel auf.

Ende 1898 kommt es im Zusammenhang mit der Sprachenfrage im oberösterreichischen Landtag zu heftigen Auseinandersetzungen zwischen Deutschnationalen (im Landtag sprechen Dr. Jäger, Böheim, Erb und Dr. Beurle) und den Katholisch-Konservativen (mit Huber als Hauptsprecher, Pfarrer Niedermayr und Abt Grasböck als weiteren Sprechern). Die Diskussion am 28. Dezember 1898 und am 30. Dezember 1898, die sich außerordentlich lange hinzieht und von den prominentesten Rednern der beiden Parteien bestritten wird, klingt wie eine Fortsetzung, wie ein Abklatsch der Reichsrats- und Pressediskussionen, was nicht verwunderlich ist, weil die meisten Redner auch Reichsratsabgeordnete sind. Die Diskussion enthält viel Kluges und viel Dummes, ist gelegentlich erfüllt von heftigsten Beschuldigungen, nimmt aber nur sehr gelegentlich auf Belange von Oberösterreich oder die der nächsten Umgebung Bezug: „. . . Daher kommt es", erklärt etwa Dr. Beurle, „daß die Czechen sogar schon in Niederösterreich beginnen czechische Schulen zu fordern und zu errichten; so kommt es, daß die czechischen Behörden mit deutschen Ländern anfangen, lediglich czechisch zu verkehren . . ." Der deutschnationale Böheim verweist auf den Expansionsdrang der nahe der oberösterreichischen Grenzen gelegenen Stadt Budweis, „das vor zehn Jahren noch fast rein deutsch war, und in der heute die Deutschen alle Noth haben, sich etwas über Wasser zu halten". Böheim verweist anschließend darauf, daß die Frage auch für die bäuerliche Bevölkerung Oberösterreichs von Bedeutung sei, weil die tschechische Živnostenská banka bei Feilbietungen und Liquidationen Bauernhöfe kaufe. „Nun meine Herren, das hätte vielleicht nicht viel zu bedeuten, so lange ein einzelner Bauernhof, umgeben von lauter deutschen Ansässigen, in czechische Hände kommt. Das eine ist naturgemäß, daß die von dieser genannten Bank erstandenen Höfe ganz gewiß nicht an deutsche Pächter, aber immer sicher an czechische Pächter verpachtet werden. Denken Sie aber, daß diese Vorfälle sich vermehren, daß in einem solchen Besitzstande ein zweites, drittes, viertes oder fünftes Bauerngut in die Hände dieser Bank kommt, so werden Sie das Weitere finden müssen, daß dann auch eine czechische Schule hinzukommen wird . . . und Sie werden sehen, daß inmitten unserer deutschen Lande sich czechische Sprachinseln bilden. Das, was ich berührt habe, ist keine Phantasie, sondern sind Vorgänge, die sich in Wirklichkeit abspielen, und Sie werden merkwürdigerweise dabei bemerken, daß gerade solche Ankäufe häufiger stattfinden, seitdem diese

Die nicht vorhandene Staatssprache 49

Sprachenverordnungen erlassen worden sind . . ." Schließlich erklärt Erb: „Es wurde geschildert, wie Orte czechisch gemacht werden. Es kommt ein czechischer Advocat, es kommt ein czechischer Lehrer, es kommen czechische Beamte; die bilden eine Beseda. Diese Beseda zieht czechische Handwerker heran, sie bilden einen czechischen Sparverein und im Handumdrehen haben sie eine starke Minorität und diese starke czechische Minorität wächst fortwährend . . . Meine Herren, wo werden wir hinkommen, wenn z. B. Prag und Linz miteinander correspondieren? Jetzt haben die czechischen Städte beschlossen, mit den deutschen Städten nur czechisch zu correspondieren. Die deutschen Städte werden dann beschließen, mit den slavischen Städten nur deutsch zu correspondieren. Was wird die Folge sein?"
Obwohl die alte Monarchie praktisch kein Minderheitenproblem, sondern nur Sprachenprobleme kennt, zeigt diese Landtagsdebatte das ganze Elend der – nicht vorhandenen – Staatssprache bei einer deutschen Verhandlungssprache im Reichsrat und der deutschen Militärsprache. Am Ende der Diskussion verlangen die Deutschfreiheitlichen eine namentliche Abstimmung, wobei der konservative Antrag mit den Stimmen der Konservativen (28) gegen 13 Deutschfreiheitliche bei acht Abwesenden und Kranken angenommen wird: „Indem der Landtag auf seinem in der 13. Sitzung am 26. Jänner d. J. gefaßten Beschlusse betreffs Anbahnung der gesetzlichen Regelung der Sprachenfrage beharrt, geht derselbe in der Erwägung, daß die Forderung der Festsetzung der deutschen Sprache als Staatssprache unter den gegenwärtigen Verhältnissen einerseits die parlamentarische Situation in jeder Beziehung nur verschärfen und die Arbeitsfähigkeit des Abgeordnetenhauses auch in Zukunft verhindern würde, andererseits auch, für den Fall des Zusammengehens aller deutschen Abgeordneten im Parlament eine Majorität in demselben nicht finden würde, über den Dringlichkeitsantrag der Abgeordneten Dr. Jäger und Dr. Beurle zur Tagesordnung über."
Schon während der Diskussion hatte der konservative Abgeordnete Huber Dr. Jäger beschuldigt, wegen der Urgenz des Landesausschußberichtes nur propagandistisch vorzugehen. „Nun, als Mitglied des Landesausschusses weiß Herr Dr. Jäger recht gut, warum das (die Vorlage des Landesausschuß-Berichtes über die deutsche Schul- und Amtssprache) nicht geschehen ist." Und die nachfolgende Erklärung zeigt die bescheidene, halb-souveräne Stellung des Landtages: „Der Landesausschuß pflegt nämlich immer, bevor er Gesetzesentwürfe vorlegt und verfaßt . . . Erhebungen zu pflegen . . ., es ist auch die k. k. Regierung gefragt worden . . . Und die Antwort ist größtenteils ablehnend mit Berufung auf die bestehenden Gesetze . . . Übrigens bin ich der Meinung, daß deswegen noch nicht soviel

versäumt ist; daß eine Gefahr in Oberösterreich noch nicht in Verzug ist . . ." Nach der Abstimmung, aber auch nachdem der konservative Abgeordnete Dr. Bsteh einen neuen, etwas abgeänderten, alles in allem aber doch sehr ähnlichen Antrag eingebracht hatte, meldet sich am 24. März 1899 zu dieser Frage der kaiserliche Statthalter zu Wort und wendet sich gegen den neuerlichen Antrag bezüglich der Deutschen als der alleinigen Unterrichtssprache an den verschiedenen Schultypen in Oberösterreich[18]. Auf Grund § 6 des Reichs-Volksschulengesetzes von 1869 entscheidet über die Unterrichtssprache die Landesschulbehörde nach Anhören des Schulerhalters. Durch eine landesgesetzliche Bestimmung, die für alle Volks- und Bürgerschulen gilt, wird das Recht der Schulerhalter beschränkt. „Demgemäß erscheint auch eine Erlassung einer solchen gesetzlichen Bestimmung für die Volks- und Bürgerschulen Oberösterreichs unzulässig." Die Unterrichtssprache der Lehrerbildungsanstalt aber werde auf Vorschlag der Landesschulbehörde vom Unterrichtsminister festgesetzt, doch ist es ganz selbstverständlich, daß die Unterrichtssprache an einer Lehrerbildungsanstalt mit der Unterrichtssprache in den Schulen des Landes übereinstimmen muß.

Der am 23. Februar 1899 vorgelegte „Bericht des Landesausschusses in Betreff der Einführung der deutschen Sprache als alleinigen Unterrichtssprache in den öffentlichen Schulen Oberösterreichs"[19] informiert übrigens, daß man sich in dieser Angelegenheit auch an die Landesausschüsse von Niederösterreich, Salzburg und Vorarlberg, also jene Kronländer mit dem größten Anteil deutscher Bevölkerung, gewandt habe. In jener Zeit wird der Anteil der deutschen Bevölkerung Zisleithaniens folgendermaßen angegeben:

Salzburg	99,5 Prozent	Bukowina	22,0 Prozent
Oberösterreich	99,4 Prozent	Ungarn	13,0 Prozent
Niederösterreich	95,0 Prozent	Siebenbürgen	10,0 Prozent
Vorarlberg	94,6 Prozent	Krain	6,0 Prozent
Steiermark	79,0 Prozent	Slawonien	5,5 Prozent
Kärnten	75,0 Prozent	Galizien	3,0 Prozent
Tirol	56,0 Prozent	Küstenland	2,7 Prozent
Schlesien	45,0 Prozent	Dalmatien	0,4 Prozent
Böhmen	37,0 Prozent		
Mähren	28,0 Prozent	Österreich-Ungarn	36,0 Prozent

In keinem der drei Kronländer (Niederösterreich, Salzburg, Vorarlberg) bestand ein Landesgesetz über die deutsche Unterrichtssprache. Doch sollte

dies in Vorarlberg im Zusammenhang mit der geplanten Änderung der Landesschulgesetze eingebaut werden.
Der oberösterreichische Landesausschuß hat sich schließlich an den k. k. Statthalter gewandt, der seinerseits in dieser grundsätzlichen Angelegenheit das Kultusministerium befragte, das über die Volks- und Bürgerschulen hinaus Stellung nahm und erklärte, daß die Unterrichtssprache an den Gymnasien ebenfalls nicht durch ein Landesgesetz „normiert werden kann"; da dies zum Wirkungskreis des Reichsrates gehöre, „lediglich wäre gegen die eventuelle Festsetzung der Unterrichtssprache für die Realschulen in Oberösterreich durch eine landesgesetzliche Bestimmung eine Einwendung nicht zu erheben". Abschließend heißt es in dem von Ignaz Huber gezeichneten Bericht: „Nachdem die Erlangung der Allerhöchsten Sanction für einen im Sinn des hohen Landtagsbeschlusses vom 26. Jänner 1898 ausgearbeiteten Gesetzentwurf mit Rücksicht auf die in oberwähnter Statthaltereinote enthaltenen Ausführungen aussichtslos erscheint, glaubt der Landesausschuß von der Vorlage eines derartigen Gesetzentwurfes Umgang nehmen zu können und gewärtigt in dieser Angelegenheit weitere Weisungen des hohen Landtages."
In einem Bericht des Gemeinde- und Verfassungsausschusses vom Jahre 1898 (Ezdorf als Obmann und Dr. Bsteh als Berichterstatter) wird ein Gesetzentwurf vorgelegt, „womit die deutsche Sprache als alleinige Amtssprache bei allen autonomen Behörden Oberösterreichs eingeführt wird"[20].
Der nur drei Artikel umfassende Landesgesetzentwurf sieht vor: „Die Sprache der autonomen Behörden im Erzherzogtum Österreich ob der Enns ist ausschließlich die deutsche. Dieses Gesetz tritt sofort mit dem Tage seiner Kundmachung in Wirksamkeit. Mit der Durchführung dieses Gesetzes ist Mein Minister des Inneren beauftragt."
Ein zweiter Gesetzentwurf „womit die deutsche Sprache als einzige Unterrichtssprache in allen in diesem Gesetz näher bezeichneten öffentlichen Schulen Oberösterreichs eingeführt", wird eingebracht, dessen Artikel I lautet: „Die Unterrichtssprache an den öffentlichen Realschulen, Lehrerbildungsanstalten und Volks- und Bürgerschulen im Erzherzogtum Österreich ob der Enns ist ausschließlich die deutsche."
Anders als der eher zurückhaltende „Bericht des Landesausschusses" lesen wir in diesem das Sprachgesetz begründenden Bericht des Landtagsausschusses: „Der Antrag entspricht dem Bestreben, unserem Heimatland die nationale Einheit und Reinheit zu erhalten, und es dadurch vor Zuständen und Verhältnissen zu bewahren, welche nur schädigend auf dessen Wohlfahrt zurückwirken könnten." Der Bericht spricht von den „verschiedenen historisch-politischen Individualitäten", deren jede in ihrem Landtag die

Fortsetzung und Erhaltung ihres nationalen, politischen und wirtschaftlichen Lebens erblickt. Unter den Rechten einer jeden dieser historisch-politischen Individualitäten nimmt das nationale Recht einen hervorragenden Platz ein. Oberösterreich hat als historisch-politische Individualität das unabänderliche und unveräußerliche Recht aus den Jahrhunderten der Geschichte geschöpft, und hat die Aufgabe, dieses Recht auch den künftig dieses schöne Land bebauenden und bewohnenden Geschlechtern ungeschmälert zu erhalten. Der Landtag übt daher nicht bloß ein Recht, sondern auch eine Pflicht aus, wenn er daran geht, die nationale Einheit des Landes sicherzustellen. Der Bericht verweist darauf, daß das Land auf wirtschaftlichem Bereich keine Kompetenz habe, wohl aber an dem der autonomen Gemeinden und der Schule. „Es ist daher gerechtfertigt, wenn der Landtag die Sicherung der nationalen Einheit des Landes zunächst und vor allem auf diesen Gebieten anstrebt." Was das Gebiet der autonomen Gemeinde betrifft, so könnte durch Einwanderung nichtdeutscher Bewohner im Laufe der Zeit sehr leicht eine Gemeinde ihren deutschen Charakter dadurch verlieren, daß die Eingewanderten, sei es durch ihre Zahl, oder durch ihren wirtschaftlichen und anderen Einfluß, die Majorität in der Gemeindevertretung erlangen, wodurch wenigstens die Möglichkeit eingetreten wäre, daß in deutschem Gebiet in nichtdeutscher Sprache autonom amtiert würde. Diese Thatsache würde eine Reihe solcher Mißstände nach sich ziehen, daß es geboten erscheint, dagegen rechtzeitig vorzugehen. Das Gebiet der Schule hängt mit dem vorigen fast unzertrennlich zusammen; nur ist die damit verbundene Gefahr ungleich größer, als auf dem Gebiet der autonomen Verwaltung, weil in der Schule die künftige Generation herangezogen wird . . ."

Nach diesem ersten Vorstoß bezüglich der deutschen Amts- und Unterrichtssprache in den Jahren 1889, 1899 und 1900 tritt für reichlich drei Jahre Ruhe ein. Die Auseinandersetzung um die geplanten tschechischen Feierlichkeiten anläßlich des angeblich 50jährigen Bestehens tschechischer Predigten in Linz läßt im Jahre 1903 Debatten und Auseinandersetzungen neuerlich aufflackern – und dies eigentlich bis zum Ausbruch des ersten Weltkrieges.

In der Zwischenzeit hatte der Kaiser dem Landesgesetz seine Sanktion nicht erteilt, der Landesschulrat hat auf Grund der entsprechenden Note des Landesausschusses die von ihm erwarteten Beschlüsse nicht gefaßt[21], aber auch bezüglich der Unterrichtssprache an Realschulen hatte der Landtag in der Novelle zum oberösterreichischen Realschulgesetz nichts vorgesehen[22]. In der Angelegenheit der Unterrichtssprache erklärt eine vom kaiserlichen Statthalter gezeichnete Note des k. k. Landesschulrates vom 7. Juli

1909, daß auf Grund der gegenwärtigen Rechtslage er „nicht in der Lage sei, dem eingangs erwähnten Landtagsbeschlusse zu entsprechen". Statthalter Puthon kann es jedoch nicht unterlassen, im Schlußsatz die nicht folgerichtige Haltung des Landtages aufzuzeigen: „Der Landtag hat jedoch von diesem Gesetzgebungsrecht (bezüglich der Unterrichtssprache an Realschulen) anläßlich der in der 25. Sitzung des Landtages vom 28. April 1900 beschlossenen Novelle zum oö. Realschulgesetz keinen Gebrauch gemacht."
So legt der Gemeinde- und Verfassungsausschuß des Landtages 1903 (unterzeichnet von Obmann-Stellvertreter Dr. Jäger und dem Berichterstatter Dr. Esser) einen neuerlich modifizierten Antrag vor: 1. Ein Landesgesetz bezüglich der deutschen Unterrichtssprache an Realschulen zu erlassen; 2. eine Aufforderung an die Regierung, das Gesetz über die Amtssprache dem Kaiser zur Sanktion vorzulegen; 3. den Landesausschuß zu beauftragen, nur solche Schulen aus Landesmitteln zu erhalten, „an welchen die Unterrichtssprache die deutsche ist"; 4. mit keinen besonderen Wünschen bezüglich Predigten an die kirchlichen Behörden heranzutreten[23].
In diesem Ausschußbericht kann man unter anderem lesen: „Im Grunde genommen hat sich bisher auch niemand um die tschechische Predigt gekümmert und niemals sich eine Beunruhigung gezeigt. Eine solche ist auch heute nicht vorhanden, am allerwenigsten kann ein Zeitungsartikel einen Anlaß zu einer Beunruhigung bieten, denn sonst müßten alle Menschen in beständiger Unruhe leben." Bezeichnend ist auch das Schlußwort des konservativen Berichterstatters Dr. Esser, der erklärt: „Ich habe es gern, ich sage es offen, daß hier in der tschechischen Sprache gepredigt wird, ich habe es gern, daß den Tschechen in ihrer Muttersprache gesagt wird, daß sie Frieden halten sollen. Ich habe es gern und begrüße es, daß den Tschechen in der tschechischen Sprache gesagt wird, daß man die Fackel der Zwietracht nicht in das Heiligste hineinwerfen soll und daß man das religiöse Gebiet verschont lassen soll mit einer nationalen Agitation[24]."
1906 erfolgt ein neuer Vorstoß der Abgeordneten Dr. Jäger und Beurle zur Realisierung der Sprachgesetzentwürfe von 1899, 1900 und 1903. („Im Hinblick darauf, daß die Czechen allen Ernstes in dem urdeutschen Erblande Niederösterreich tschechische Schulen verlangen und in Erwägung des Umstandes, daß nicht bloß eine immer größere Anzahl tschechischer Arbeiter in Oberösterreich Arbeit sucht und findet und hier auch heimatberechtigt wird, sondern auch mehrfach Bauerngüter von Czechen in den Grenzgebieten angekauft werden[25].")
1907 bringt dann der Abgeordnete Dr. Beurle den Antrag ein, „die k. k. Regierung wird ersucht, statistische Daten über die Einwanderung von Nationaltschechen nach Oberösterreich unter Anführung der Berufskategorien

zu erheben und dem Landtag Bericht zu erstatten"[26]. Der Bericht des Gemeinde- und Verfassungsausschusses schließt sich diesem Antrag an. Der von Dr. Esser als Obmann und Dr. Beurle als Berichterstatter gezeichnete Bericht erklärt u. a.: „Die tschechische Einwanderung zeigt sich nun in der Richtung als nicht unbedenklich, als die eingewanderten Tschechen die Neigung haben, ihre Nationalität im Gegensatz zu der Nationalität des Landes, dessen Gäste sie sind, zu erhalten. In diesem Sinne hat sich in Linz ein tschechischer Arbeiterverein gebildet und haben in anderen Orten tschechische Versammlungen stattgefunden, welche das gleiche Ziel verfolgt haben." „Neuerdings wird die (Wiener) Regierung 1907 aufgefordert, die Entwürfe der Sprachgesetze von 1899 und 1903 zur Allerhöchsten Sanktion vorzulegen" (Antrag Abg. Böheim)[27]. Als in der Frage der Statistik tschechischer Einwanderer durch das Ministerium keine Antwort erfolgt, stellt der Abgeordnete Winter und Genossen an den k. k. Statthalter eine neuerliche Anfrage. („Ist die Regierung in der Lage, dem Landtag noch in dieser Session diesen Bericht zu erstatten, und wenn nicht, hat die Regierung bis heute etwas getan, um der einstimmigen Aufforderung des oberösterreichischen Landtages nachzukommen[28]?")

Im folgenden Jahr sind es dann wirtschaftliche Akzente der nationalen Frage, die ein Antrag des Mühlviertler großdeutschen Abgeordneten Poeschl auslöst[29]. Ähnlich wie in Schwanenstadt hatte die Gemeindevorstehung von Rohrbach am Jahrmarkt vom 5. Oktober 1908 ein Plakat angebracht, in dem die Käufer angesichts der deutschfeindlichen Ausschreitungen in Bergreichstein und Laibach aufgefordert werden, nicht die Feinde des deutschen Volkes zu unterstützen und nur bei Deutschen zu kaufen. Die Plakatierung wird durch die Bezirkshauptmannschaft Rohrbach wegen Feindseligkeit gegen slawische Volksstämme im Sinne des § 302 des allgemeinen Strafgesetzes verboten. Auf Grund des Antrages des Abgeordneten Poeschl „betreffend Schutz unserer Märkte gegen slawische Überflutung" und eines Berichtes des Gemeinde- und Verfassungsausschusses[30] wird dann angesichts des noch schwebenden Verfahrens gegen die Bezirkshauptmannschaft vom Landtag nur der eher farblose Antrag angenommen, „die k. k. Regierung wird aufgefordert, die bestehenden Gesetze in gleicher Weise und gegen alle Staatsbürger anzuwenden". In der Landtagsdebatte selbst greift erstmals der in Böhmen geborene christlichsoziale Landtagsabgeordnete Dr. Schlegel ein, spricht maßvoll, aber klar. Der großdeutsche Erb, der den oberösterreichischen Landtag als „einen rein deutschen, ruhigen und gewiß national nicht exzessiven Landtag" bezeichnet, spricht von einer „schleichenden Völkerwanderung der slawischen Nationen". Der Antragsteller, Poeschl, sagt von sich, er sei „kein nationaler Heiß-

Oberösterreich wird unruhig 55

sporn", müsse aber doch über Geschehnisse rings um Rohrbach berichten, wo „tschechische Güterschlächter" wieder ein deutsches Bauernhaus aufgekauft hätten, das in tschechische Hände übergegangen sei, „auch landtäfliche Güter in unserer Nähe sind bereits im Besitz von Tschechen". Und schließlich erklärt auch Poeschl: „Die slawische Flut steigt immer höher und höher, und vom bedrängten Budweis her, da kommen die Wogen auch heran zu uns ins Mühlviertel . . ."
Im selben Jahr, 1908, scheint man, vor allem im Hinblick auf die Entwicklung in Niederösterreich, auch in Oberösterreich nervös geworden zu sein. Im oberösterreichischen Landtag nimmt vor allem der Liberale Dr. Jäger auf die Entwicklung im Nachbarland Bezug. („. . . Wir haben gewiß alle Ursache, dafür zu sorgen, daß Zustände, wie sie im benachbarten Niederösterreich vorhanden sind, bei uns nicht Platz greifen[31].") Bedingt durch wenige tschechische Ansiedler hatte in drei niederösterreichischen Gemeinden, in Unter-Themenau, in Ober-Themenau und in Bischofswarth auch das Tschechische neben dem Deutschen als interne Amtssprache zu gelten. Jetzt aber werden zahlreiche Details – wenn auch teilweise in kontroversieller Darstellung von Deutschnationalen und Christlichsozialen – aus Oberösterreich bekannt. So berichtet der Abgeordnete Erb, daß sich die tschechischen Ansiedlungsversuche keineswegs auf das Mühlviertel beschränken; ihr Vorrücken sei auch stark im Kremstal, insbesondere bei Nußbach, in Wolfern und in Gleink bei Steyr spürbar, so daß wir sehr besorgt sein müssen, daß sogar eine Vertschechung unseres Bauernstandes rasch vor sich gehen könne. In Gleink habe ein eingewanderter Tscheche einen Radfahrverein „Sokol" mit fast ausschließlich deutschen Mitgliedern gegründet. Im Mühlviertel seien vor allem in Perg „Abstauber" tätig, die Bauernhöfe bis hinein nach Ernsthofen in Niederösterreich aufkaufen. Der frühere Landwirtschaftsminister habe in Steyr bei der Ausstellung Medaillen mit tschechischen Inschriften verteilt und nachher lächelnd erklärt, daß man dies „übersehen" habe. Immer mehr kämen rein tschechische Formulare, insbesondere bei Bahn und Post, nach Oberösterreich – zweifellos eine gezielte Aktion tschechischer Beamter in den Ministerien. Die Staatsbahndirektion Linz – so Erb weiter – habe unter ihren 2000 Beschäftigten nicht weniger als 600 Tschechen. „Das Zugangstor von Südböhmen nach Oberösterreich beziehungsweise in das Mühlviertel bildet Budweis und mit dem Fall von Budweis ist das oberösterreichische Mühlviertel, insbesondere auch Freistadt, schon auf das allerschwerste bedroht". Oberösterreich, so erklärt Erb schließlich, „müsse sich vor der Verslawisierung wehren oder zumindestens davor, daß es nicht nach und nach gemischtsprachig wird". Der großdeutsche Abgeordnete Winter erwähnte zwei Großgrundbesitzer aus

Oberösterreich, die zunehmend Tschechen aufnehmen und ansiedeln, Graf Arco in St. Martin (veranlaßt von seiner Frau) und Graf Strachwitz in Mamling. Später verweist der Christlichsoziale Dr. Schlegel darauf, daß der eine Großgrundbesitzer nicht auf der rechten, sondern der linken Seite des Hauses zu finden sei; der andere sei ein Reichsdeutscher, „der uns Deutschen in Oberösterreich mit solchen Mitteln zu Hilfe kommen will, ein deutsches Kronland zu vertschechen". Schlegel ging aber auch ausführlich auf den Kauf deutscher Bauernhöfe in Oberösterreich ein. Tschechische Geldinstitute, so das von Wittingau, gäben auch dort noch Kredite, wo seriöse oberösterreichische Institute keine mehr geben könnten. Manche dieser tschechischen Banken seien wohl zugrundegegangen, vorher hätten sie aber zahlreiche deutsche Bauernhöfe an tschechische Käufer vermittelt. Dr. Schlegel verweist auch darauf, daß am Prager Franz-Josefs-Bahnhof auf den für Oberösterreich und Salzburg bestimmten Waggons ausschließlich tschechische Namensaufschriften für deutsche Städte stünden, so Solnohard für Salzburg, Išl für Bad Ischl, Linec für Linz usw. Diese Tafeln würden zwar an der böhmischen Grenze gegen deutsche umgetauscht, doch würden von Oberösterreich auch keine Namen wie Hochburg für Vyšehard erfunden werden. Trotz allem endet Schlegel – inzwischen Mitglied des Landesausschusses und eine maßgebliche Persönlichkeit der Christlichsozialen geworden – versöhnlich: „Wenn die Angehörigen anderer Nationalitäten nach Oberösterreich kommen und sich vertragen wollen, so sind sie willkommen, sie sollen nur hereinkommen, aber den deutschen Charakter unseres Kronlandes wollen wir wahren und das geschieht am besten, wenn die deutsche Sprache im Amte, in der Schule für alle Zeiten festgelegt wird." Übrigens verwendeten die Tschechen auch tschechische Namen für Mühlviertler Orte, vor allem für Schlägl und Freistadt (Cáhlo); Waidhofen an der Thaya in Niederösterreich nannten sie Bejdov.

Dr. Schlegel, Berichterstatter des Gemeinde- und Verfassungsausschusses, findet auch die bislang klarste und gegenüber der Wiener Regierung schärfste Formulierung. „Österreich ob der Enns gehört zu den wenigen glücklichen Kronländern der Monarchie, deren einheimische Bevölkerung durchwegs dem gleichen Sprachstamm angehört", heißt es einleitend und im weiteren Verlauf: „eine namhafte Verstärkung erfuhr das nichtdeutsche Element durch die Versetzung nichtdeutscher Eisenbahnbediensteter nach Oberösterreich, durch den Zuzug nichtdeutscher Arbeiter in verschiedene industrielle Unternehmungen, endlich durch die Tätigkeit tschecho-böhmischer Geldinstitute, welche die von ihnen belehnten und nicht selten im Exekutionswege entstandenen Realitäten zumeist mit Nichtdeutschen besiedelten." In dem vom Ausschuß vorgeschlagenen und vom Landtag einstimmig gefaßten Beschluß bringt der Landtag seine Sprachengesetze „nachdrücklichst" in Erinnerung . . . „und erwartet, daß die k. k. Regierung den genannten Gesetzentwurf der Allerhöchsten Sanktion unterbreitet oder dem Landtage bekanntgibt, aus welchen Gründen sie etwa nicht in der Lage wäre, dies zu tun". In der Begründung zu diesem Antrag hatte es überdies geheißen: „Es scheint daher geboten, die k. k. Regierung etwas deutlicher als bisher an die wiederholt einstimmig gefaßten Landtagsbeschlüsse zu erinnern. Sollte die k. k. Regierung auch darauf in keiner Weise reagieren, so bliebe nichts übrig, als ein Akt der Selbsthilfe, welcher etwa in der Weise vollzogen werden könnte, daß der Landtag durch Beschluß den Landesausschuß beauftragt, nur in deutscher Sprache verfaßte Aktenstücke in Verhandlung zu ziehen und die Gemeinden anzuweisen, in gleicher Weise vorzugehen[32]."

Der kaiserliche Statthalter nimmt zu diesem Antrag, aber auch zur Diskussion im Landtag diesmal nicht Stellung.

In einem neuerlichen Antrag an den Landtag in der 1. Session der folgenden, XI. Wahlperiode im Jahre 1909, erklären die deutschnationalen Abgeordneten u. a., daß keine der oberösterreichischen Gesetze dem Kaiser zur Sanktion vorgelegt wurden; die k. k. Regierung habe dem oberösterreichischen Landtag über das Schicksal ihrer Gesetzentwürfe keine Mitteilung gemacht[33]. Dr. Schlegel informierte noch, die k. k. Regierung habe unter Berufung auf die Bestimmungen des § 6 des Reichsvolksschulgesetzes im niederösterreichischen Landtag Bedenken geltend gemacht. Bedenken, welche im Gemeinde- und Verfassungsausschuß auch von Sr. Exzellenz, dem Herrn Statthalter von Oberösterreich – Statthalter war inzwischen Baron Handel geworden – in gleicher Weise wiederholt werden. Die Landtagsdebatte hätte ebensogut im Reichsrat durchgeführt werden können. Einzige Neuerung: der erste und einzige im Landtag vertretene Sozialdemokrat, Hafner, greift in die Diskussion ein, wobei Hafner eher die Deutschnationalen angreift, aber auch Dr. Schlegels neue Parteigründung, die „Ostmark"[34], ein wenig glossiert. Hafner befürchtet Sanktionsmaßnahmen gegen Deutsche auf Grund des oberösterreichischen Gesetzes und meint vor allem, daß die Länder ein permanentes Hindernis für die Lösung der nationalen Frage seien. Hafner stimmte aber schließlich doch mit den Anträgen der beiden anderen Parteien.

Für Oberösterreich sind einige Zahlen wesentlich, die Dr. Beurle in dieser Diskussion erwähnt. Nach einer statistischen Tabelle, die sich mit dem Ankauf oberösterreichischer (Bauern-)Güter durch Tschechen beschäftigt, gebe es im Bezirk Grein 36, im Bezirk Mauthausen 28, im Bezirk Pregarten 16, im Bezirk St. Florian 19 Güter, die durch Tschechen angekauft wurden.

Übrigens legt auch für die christlichsoziale Partei im Jahre 1909 der Abgeordnete Dr. Schlegel einen Gesetzentwurf „betreffend Festlegung der deutschen Amts- und Unterrichtssprache" vor[35].
Die neuerlichen Anträge und Gesetzesvorlagen werden mit den übrigen „deutschen" Bundesländern, Niederösterreich, Salzburg und Vorarlberg, abgesprochen, die dortigen Landtage behandeln sie am selben Tag in gleichlautenden Gesetzentwürfen. Oberösterreich glaubt aus Gründen einer Realpolitik viel Wasser in ihren Wein eingießen zu müssen. So wird etwa die „Festlegung der deutschen Sprache als allein landesüblich" erwähnt. Im geplanten Gesetz über die Amtssprache ist auch der Passus vorgesehen: „Der Landesausschuß wird beauftragt, darüber zu wachen, daß beim Verkehr der autonomen Behörden in Oberösterreich ausschließlich die deutsche Sprache zur Anwendung kommt." Die Landtagsbeschlüsse in der Schulfrage sehen schließlich noch vor: „Der Landesausschuß wird beauftragt, an den öffentlichen Volks- und Bürgerschulen nur solche Lehrkräfte anzustellen, welche deutscher Nationalität sind und an einer deutschen Lehrerbildungsanstalt herangebildet wurden und an einer solchen die Lehramtsprüfung abgelegt haben[36]." Inzwischen ist es bereits der neue Landeshauptmann von Oberösterreich, Hauser, der die Verhandlungen mit Statthalter Handel führt.
In diesem Jahr 1909, also zehn Jahre, nachdem erstmals die Sprachenfrage in Oberösterreich diskutiert wird, erhält das Landesgesetz über die deutsche Amtssprache im Lande Österreich ob der Enns die kaiserliche Sanktion, wobei jetzt mehr, als ursprünglich angestrebt, erreicht wird, nämlich die Festlegung der deutschen Sprache als Verhandlungssprache im Landtag. Mit Schreiben vom 12. November 1909 an das Präsidium des oberösterreichischen Landesausschusses schreibt Statthalter Handel u. a.: „Seine k. u. k. Apostolische Majestät haben mit Allerhöchster Entschließung vom 1. November l. J. dem von Landtage des Erzherzogthumes Österreich ob der Enns beschlossenen Gesetzentwurfe, betreffend die Unterrichtssprache an Realschulen und an Lehrer- und Lehrerbildungsanstalten in Oberösterreich die Allerhöchste Sanktion allergnädigst zu erteilen geruht[35]."
Das Landesgesetz (Stück XXXVI, Nr. 57) vom 1. November 1909 ist kurz gehalten und umfaßt fünf Paragraphen. Wesentlichster Inhalt: „Die Verhandlungen des Landtages werden in deutscher Sprache geführt" (§ 1); „Die Amts- und Geschäftssprache des Landesausschusses und der demselben unterstehenden Organe und Anstalten sowie der Gemeindevertretungen und deren Organe und Angestellten ist die deutsche Sprache. Diese Bestimmung hat auch auf die Städte mit eigenem Statut Anwendung zu finden" (§ 2). Wesentlich ist schließlich, daß dieses Landesgesetz eine Art Ver-

Erst 1909 erfolgt kaiserliche Sanktion

fassungsgesetz darstellt, denn § 3 lautet: „Für einen Beschluß des Landtages über beantragte Änderungen dieses Gesetzes gelten dieselben Vorschriften wie für einen Beschluß auf Änderung der Landesordnung[37]."
Am gleichen Tag wird das Gesetz über die deutsche Amtssprache mit gleichem Wortlaut für die Länder Salzburg und Vorarlberg sanktioniert. Sie werden gewöhnlich als „nationale Schutzgesetze"[38] bezeichnet. Lediglich in Niederösterreich wird bezüglich der Amtssprache der Gemeinden (mit Ausnahme der Städte mit eigenem Statut) ein komplizierter Paragraph eingefügt, der lautet: „Hinsichtlich der Amts- und Geschäftssprache der übrigen Gemeindevertretungen und deren Organe und Anstalten hat es bei jenem Gebrauche zu verbleiben, der von der Gemeindevertretung in der ersten Hälfte des Jahres 1909 eingehalten wurde[39]." Diese Sonderregelung für das Erzherzogtum Österreich unter der Enns erfolgt deshalb, weil man für drei niederösterreichische Dörfer in der nordöstlichen Ecke Niederösterreichs, Ober- und Unter-Themenau und Bischofswarth, wo eine „Landesüblichkeit" der kroatischen bzw. slowakischen und tschechischen Sprache besteht und die auch wiederholt vom Reichsgericht anerkannt worden war, nicht antasten will[40]. Diese drei Dörfer müssen übrigens nach 1918 an die Tschechoslowakei abgetreten werden.
Neben dem von Kaiser Franz Joseph und Innenminister Freiherr von Haerdtl unterzeichneten Landesgesetz[36] erscheint am gleichen Tag ein Landesgesetz „betreffend die Unterrichtssprache an Realschulen und an Lehrer- und Lehrerinnenbildungsanstalten" (Stück XXXVI, Nr. 59)[41]. Der Inhalt auch dieses Landesgesetzes ist weitreichender als der ursprüngliche Entwurf. So lautet § 1: „Die Unterrichtssprache an den Staats- und Realschulen ist die deutsche. Privatschulen können das Recht zur Ausstellung staatsgültiger Zeugnisse (§ 26 des Gesetzes vom 30. April 1869, G. u. V. Bl. Nr. 15) nur dann erhalten, wenn deren Unterrichtssprache die deutsche ist. § 2 schließlich lautet: Die Unterrichtssprache an den staatlichen und an den vom Lande erhaltenen privaten Lehrer- und Lehrerinnenbildungsanstalten können das Recht zur Ausstellung staatsgültiger Zeugnisse (Öffentlichkeitsrecht) in Gemäßheit des § 69 des Reichsvolksschulgesetzes nur dann erhalten, wenn deren Unterrichtssprache die deutsche ist." Unterzeichnet ist dieses Gesetz vom Kaiser und von Unterrichtsminister Karl Graf Stürgkh. Hinsichtlich der Volksschulen bleibt also § 6 des Reichsvolksschulgesetzes von 1869 unverändert („Über die Unterrichtssprache und über die Unterweisung in der zweiten Landessprache entscheidet nach Anhörung derjenigen, welche die Schule erhalten, innerhalb der durch die Gesetze gezogenen Grenzen die Landesbehörde"). Hinsichtlich der Unterrichtssprache der Mittelschulen gibt es keine einheitlichen Bestimmungen,

weil die Gymnasien der Reichsgesetzgebung und die Realschulen der Landesgesetzgebung unterliegen. Auf diese Rechtslage mußte also das Landesgesetz Rücksicht nehmen. Nachdem kein Reichsgesetz über die Unterrichtssprache an Mittelschulen existiert, entscheidet die Regierung jeweils nach Ermessen. Fast alle Länder erlassen Landesgesetze für die Unterrichtssprache an Realschulen, die sich großteils den Bestimmungen des Reichsvolksschulgesetzes für die Pflichtschulen anschließen. Lediglich Niederösterreich, Oberösterreich, Salzburg und Vorarlberg lassen bloß die deutsche Unterrichtssprache zu. Niederösterreich übrigens, das noch über die oberösterreichischen Maßnahmen hinausgeht, erklärt in einem Landesgesetz vom Jahre 1907 Deutsch als alleinige Unterrichtssprache an den allgemeinen gewerblichen und fachlichen Fortbildungsschulen Niederösterreichs.

1913 ergreift der niederösterreichische Landtag neuerlich die Initiative zum weiteren Ausbau der ,,nationalen Schutzgesetzgebung" in den vier ,,reindeutschen Kronländern", der Beschluß des niederösterreichischen Landtages in seiner 7. Sitzung vom 20. Oktober 1913 hat folgenden Wortlaut: ,,Der Landesausschuß des Erzherzogtumes Österreich unter der Enns wird beauftragt, sich bezüglich des weiteren Ausbaues der nationalen Schutzgesetzgebung für die vier reindeutschen Kronländer Niederösterreich, Oberösterreich, Salzburg und Vorarlberg mit den Landesausschüssen dieser Kronländer ohne Verzug ins Einvernehmen zu setzen und darüber dem Landtag ehestens Bericht und Anträge zu erstatten[42]. Über einen gegenseitigen ersten Schriftverkehr kommt man jedoch vor Beginn des ersten Weltkrieges nicht mehr hinaus.

Das ist und blieb die Situation bis zum ersten Weltkrieg, wobei das unübersehbare Absinken des Anteils der Bevölkerung mit tschechischer Muttersprache bei der Volkszählung von 1910 auf die Hälfte des langjährigen Ausmaßes wichtigstes Faktum darstellt. Die starke Ausweitung des den Christlichsozialen nahestehenden Vereins ,,Ostmark", die Tatsache, daß vom Verkauf oberösterreichischer Bauernhäuser an Tschechen oder die Ersteigerung von Höfen durch tschechische Banken nicht mehr berichtet wird, aber auch die Tatsache, daß der Anteil der tschechoslowakischen Bevölkerung an der Gesamtbevölkerung Zisleithaniens stagniert, deutet eine Konzentration der Tschechen auf die böhmisch-mährische Ländergruppe an[43].

★

Das ,,Tschechische Problem" ist damit für Linz und Oberösterreich nicht völlig abgeschlossen. Inmitten des ersten Weltkrieges gibt die Deutschnationale Geschäftsstelle in Wien in ihrem Band ,,Das Verhalten der Tsche-

chen im Weltkrieg" einen bemerkenswerten Vergleich des Verhaltens tschechischer und österreichischer Banken, insbesondere wird die Živnostenská banka mit der Bank für Oberösterreich und Salzburg verglichen. Der russische Zar empfängt am 17. September 1914 eine tschechische Delegation, die für den künftigen Staat die Südgrenze entlang der Donau mit Teilen von Oberösterreich und Niederösterreich verlangt, daneben die Lausitz, den Glatzer Kessel, Teile von Schlesien mit Breslau und einen Korridor nach Jugoslawien. Der Zar, der diese Forderungen nicht ganz ernst nimmt, fragt, vermutlich ironisch, ob man auch Wien beanspruche, was von der tschechischen Delegation bejaht wird[44].
Der teilweise theoretische, teilweise gewiß auch praktische Anschluß des deutschen Böhmerwaldgaues läßt natürlich besorgt vor allem die Frage nach dem Anteil der Tschechen in diesem Gebiet stellen. Bei den Friedensverhandlungen forderten die Tschechen übrigens über die „historische Grenze" hinaus oberösterreichisches Gebiet im Raume von Kefermarkt. Nach 1918 wird schließlich Linz für 17 Jahre Sitz eines tschechoslowakischen Konsulats. Linz aber wurde in der Zwischenzeit auch Sitz von nicht weniger als drei tschechischen Vereinen, so daß noch in der Zwischenkriegszeit der Gedanke aufkommen kann, in Linz ein Narodní dum, ein [tschechisches] „Nationales Haus", zu errichten.

Langes Tauziehen um die „Innviertler Schuld"

Als der oberösterreichische Landtag am 8. Februar 1894 – es war die 22. Sitzung der vierten Session der VIII. Legislaturperiode – die „Liquidierung und Entfertigung der sogenannten Innviertler Schuldenforderung an Bayern" nicht nur genehmigt, sondern auch die langwierigen Verhandlungen des Landesausschusses, also der damaligen Landesregierung, „mit Befriedigung zur Kenntnis nimmt[1], da weiß, abgesehen von den direkt Betroffenen, 114 Jahre nach der Angliederung des Innviertels kaum noch jemand, worum es sich bei diesen „Innviertler Schulden" überhaupt handelt.
Das war nicht ganz unverständlich, denn diese „Innviertler Schulden" werden bis zuletzt mit anderen Forderungen des Landes Österreich ob der Enns an die Wiener Regierung, den sogenannten „Invasionskosten", „Etappenforderungen" und „Spitalsforderungen" der Jahre 1800, 1801, 1805 und 1809 und diese mit Gegenforderungen der Regierung an Oberösterreich vermischt. Mit Recht kann man also von einer „leidigen Angelegenheit" sprechen[2], von einer „Seeschlange, die sich schon durch das ganze Jahrhundert hindurchzieht"[3]. Anläßlich der Feiern zum hundertjährigen Gedenken der Abtretung des Innviertels an Österreich wird diese Frage neuerlich an Kaiser Franz Joseph herangetragen und dann nach langwierigen Verhandlungen immerhin in einem Jahrzehnt bis zum Jahre 1895 einer Lösung zugeführt.
In einem außerordentlich gründlichen Bericht des obderennsischen Landesausschusses an das hohe k. k. Finanzministerium aus dem Jahre 1886 wird einleitend festgestellt, daß die Städte Braunau, Ried und Schärding, der Markt Mattighofen, dazu verschiedene Stiftungen, Corporationen und Private im Innviertel Forderungen, die sogenannten „Innviertler Schulden", hätten, die mehr als ein Jahrhundert „und zum theil zwei Jahrhunderte" hinaus „vollständig zu Recht bestehen"[4].
Es handelte sich dabei vorwiegend um Darlehen und „Anleihen", die von den bayrischen Kurfürsten während des Zeitraumes von 1620 bis 1740 „theils zur Kriegsführung und zur Landesvertheidigung, theils zum Landesbesten, theils zur Regulierung des Schuldwesens, sohin nur zu Staatszwecken aufgenommen und worüber Schuldurkunden von den damaligen Fürsten oder der Landesvertretung Bayerns ausgestellt worden waren"[4].
Ein wenig deutlicher und drastischer – oder auch opportunistisch? – drückt sich über diese Schulden im Landtag der Abgeordnete Kyrle aus Schärding aus: „Unter der Regierung der bayrischen Herzöge hatte die Stadt Schärding keine glückliche Zeit. Die vielen und langjährigen Kriege, in welche die

Schulden gehen auf 1620 zurück

Herzöge verwickelt waren, waren Ursache von Geldverlegenheiten und infolge dessen mußten Darlehen aufgenommen werden, welche aus dem Lande genommen werden mußten. Diese Darlehen wurden im Wege der Contingentierung eingetrieben[5]." Man ging dabei so vor, daß Städte, Märkte und Stifte Zwangsdarlehen auferlegt erhielten, für welche sie aufzukommen hatten – wie etwa im ersten Weltkrieg die nicht ganz freiwillige Zeichnung von Kriegsanleihe durch die Städte. Die Stadt Schärding hatte zuletzt 1735 ein solches Zwangsdarlehen zu leisten, wobei sich die Gesamtdarlehenssumme allein dieser Stadt auf 35.000 Gulden (rheinisch) erhöhte. Nun wurden tatsächlich die Zinsen dieser Schuldforderungen bis zum Jahre 1778 von der kurfürstlich bayrischen Regierung bezahlt. Aber schon in den letzten fünfzig Jahren, zwischen 1749 und 1779, wurden die Innviertler Gläubiger durch den sogenannten „Umtritt" der bayrischen Renterei geschädigt. Dieser Umtritt bestand darin, daß die bayrischen Herzöge seit 1749 nur noch die halben Zinsen zahlten, während die Gläubiger selbst für die aufgenommenen Darlehen natürlich die gesamten Zinsen zu zahlen hatten. Allein für die Stadt Schärding machte dies für die dreißig Jahre bis 1779 27.000 Gulden aus.
Nach dem Teschner Frieden vom 13. Mai 1779 kommt nun das Innviertel durch Hofkammerdekret vom 9. Juni 1779 an das Kaisertum Österreich, jetzt erst erhält das Viertel seinen Namen; von dieser Stunde an hört auch die Verzinsung der Staatsgläubiger zur Gänze auf. Freiher von Pocksteiner berechnet damals, daß sich die Innviertler Schulden auf 848.143 Gulden belaufen. Beim Teschner Frieden bringt sowohl Bayern wie Österreich bewußt nicht die Sprache auf diese alten Innviertler Schulden; Bayern, weil es unterstellt, daß es das ganze Innviertel mit allen seinen Einkünften und Erträgnissen – und natürlich auch mit allen seinen Lasten – an Österreich abzutreten habe; Österreich seinerseits will die Innviertler Schulden nicht erwähnen, um nicht durch klare Vertragsbestimmungen verpflichtet zu werden, diese Schulden zu bezahlen.
Als dann in den Napoleonischen Kriegen 1809 das Innviertel wieder an Bayern kommt – es kommt tatsächlich am 14. Oktober 1809 an die Franzosen und am 28. Februar 1810 an Bayern –, machen die Innviertler Staatsgläubiger ihre Forderungen zwar in energischer Weise geltend; innerhalb dieser chaotischen und kriegserfüllten Jahre können sich die Innviertler jedoch München gegenüber nicht durchsetzen. Bayern verfolgt – ähnlich wie später Österreich – eine hinhaltende Strategie, eine Verzögerungstaktik. Bei der Wiedervereinigung des Innviertels mit Österreich am 14. April 1816 werden ebensowenig wie beim Teschner Frieden von 1779 die Innviertler Schulden erwähnt.

Laut Kyrle wird bei den österreichisch-bayrischen Gesprächen im April 1816 in München das Problem der Innviertler Schulden österreichischerseits absichtlich übergangen. Allerdings werden zwischen 1816 und 1839 die diplomatischen Verhandlungen mit Bayern fortgesetzt, bis 1840 Bayern erklärt, diese Verhandlungen nicht mehr weiterzuführen, und jede Verpflichtung ablehnt.
Die Folge dieses Tauziehens sind unterschiedlich. Die meisten Innviertler Gläubiger bleiben nun die Zinsen schuldig. Das kann allerdings nicht die Stadt Schärding, die in besonderer finanzieller Bedrängnis ist. Sie muß auf die vorhandenen wohltätigen Stiftungen, wenn auch nur kurzfristig, zurückgreifen. Diese wohltätigen Stiftungen wären nun insolvent geworden, wenn ihr die Zinsen nicht regelmäßig zugeflossen wären. Die Stadt Schärding ist auf der anderen Seite naturgemäß stark daran interessiert, diese wohltätigen Stiftungen zu erhalten. So zahlt Schärding an Zinsen jährlich 800 Gulden, insgesamt 65.000 Gulden, eine für jene Jahre enorm hohe Summe. Das aber sind keinesfalls alle Schwierigkeiten für diese Grenzstadt in den Jahren des Überganges an Österreich: der unter Bayern bestandene Bierpfennig wird in Österreich aufgehoben, wodurch Schärding 1500 Gulden verliert; ebenfalls aufgehoben wird der „Pflasterzoll", was für Schärding einen weiteren Ausnahmeentfall von 700 Gulden jährlich bedeutet. Aufgehoben wird das „Niederlagsrecht", das Schärding in den letzten hundert Jahren Vorteile und Steuern einbringt. Für Schärding und Obernberg wird die „Getreide-Aufschlagsgebühr" gestrichen; auch die „Bürgeraufnahmetaxe", die je nach dem Einkommen des Betroffenen zwischen 5 und 40 Gulden liegt, wird einheitlich mit 6 Gulden festgelegt. (Bei allen momentanen Schwierigkeiten für die Stadt Schärding muß man allerdings sagen, daß in der Erfindung von Steuern Bayern scheinbar erfinderischer ist als Österreich und diese Maßnahmen andererseits die Wirtschaftskraft der einzelnen Bürger stärkte.) Vorher und zwischendurch hatten allerdings die Franzosen 1809 Schärding beschossen – es ist damals eine „österreichische Stadt", stellten die Schärdinger fest, die dem „nachdringenden Feinde geopfert werden müßte". Die sechstägige Plünderung, die den französischen Soldaten bewilligt wurde, verursachte Schäden „an Gebäuden und sonstigen Eigenthume" von weiteren 800.000 Gulden. Die Bitterkeit Österreich wie Bayern gegenüber demonstrierte Kyrle, indem er erklärt: „Nun hat allerdings Österreich gegenüber Schärding sich eben seiner Verpflichtung schnell entbunden, nachdem bekanntlich im Herbst 1809 das Innviertel an Bayern zurückfiel. Unter Maximilian Josef hatte auch Schärding sich keines glücklichen Zustandes zu erfreuen. Es wird immer als feindlich gesinnte Stadt behandelt."

Interventionen bei Reichskanzler Fürst Metternich führen zwar zum Hofkanzleireskript vom 27. September 1829, nach dem die Landesregierung und das k. k. Pfleggericht angewiesen werden, die finanzielle Lage der Stadt Schärding zu erheben und einen Sanierungsplan vorzulegen. Diese Vorschläge bestehen im wesentlichen nur darin, die Steuerbemessungen durch 20 Jahre um das Doppelte anzuheben und die Umlagen danach zu bemessen. Diese einseitige, nur für Schärding vorgesehene Steuererhöhung ist untragbar und die ganze Angelegenheit ruht bis 1832.
Nun greift der österreichische Kaiser, zuerst Franz I., dann Franz Joseph, mehrmals ein, wenn auch die Planungen nicht befriedigen. Auf Grund Allerhöchster Entschließung vom 16. November 1832 und vom 15. März 1833 sollen jene Schulden, für die im Innviertel eine „Specialhypothek" bestellt worden war, sowie für jene, welche für administrative Zwecke des Innviertels „contrahirt" wurden, vom österreichischen Ärar übernommen werden; alle übrigen Schulden und Forderungen sollten auf diplomatischem Weg bei Bayern geltend gemacht werden. 1887 erwähnt überdies der Abgeordnete Kyrle im Landtag ein Hofkanzleidekret, welches allen denjenigen Gläubigern, welche von der bayrischen Krone ein Guthaben hatten, bei Strafe verbietet, dieses Guthaben gegenüber der Krone Bayerns geltend zu machen. Die ältesten Innviertler Schulden waren zwischen 1592 und 1595 von Kurfürst Wilhelm aufgenommen und lauteten „zu unserem Nutzen und Frommen". Die zweite Serie von Schulden fällt in die Jahre 1620 bis 1649; Begründung: „Zur Deffendierung von Land und Leuten." Bei der dritten Schuldenaufnahme der Jahre 1728 bis 1750 war zur Begründung angeführt: „Zum gedeihlichen Landesschulden-Tilgungswerke." Lediglich die letzten beiden Schuldenaufnahmen entsprächen dem „administrativen Zweck".
Der auf Grund der kaiserlichen Entschließung „in Bewegung gesetzte Liquidierungsapparat" erfüllt die Hoffnungen der Innviertler Staatsgläubiger nur in geringem Maße. Von einer von der oberösterreichischen Landesregierung auf 800.000 Gulden R. W. geschätzten Schuld werden nur 18.708 Gulden 20 Kreuzer C. M. nebst Zinsen „auf das k. k. Ärar übernommen. Es kommt – und zwar genau dreißig Jahre später – am 9. Februar 1863 zu einer zweiten Allerhöchsten Entschließung, die auf der von 1833 basiert, dann aber versucht, den Schwarzen Peter dem oberösterreichischen Landtag zuzuschieben: „. . . Forderungen aber, welche sich als eigentlich Innviertler, von der damaligen Landesregierung aufgenommene oder garantierte Landesschulden darstellen, (seien) an den competenten Landtag zu verweisen." Der Landtag existiert in diesem Jahr 1861 genau drei Jahre und nimmt sich von Anbeginn an dieser „Innviertler Schulden" an; zweimal

empfängt auch Kaiser Franz Joseph in dieser Angelegenheit eine Delegation des oberösterreichischen Landesausschusses. Alles in allem dauert es aber wieder fast 20 Jahre, bis eine neuerliche kaiserliche Entschließung, und zwar vom 13. September 1881, eine völlige Klarstellung der Innviertler und der oberösterreichischen Forderungen und ärarischen Gegenforderungen anbefiehlt. Ursache dürften die Feiern anläßlich der hundertjährigen Zugehörigkeit des Innviertels zu Österreich im Jahre 1879 gewesen sein. 1882 finden nun im Wiener Finanzministerium Verhandlungen statt, bei denen recht respektable Forderungen an das k. k. Ärar vorgelegt werden:

1. Aus gegenseitigen Forderungen ein Guthaben des Landes von 87.130 Gulden C. M.

2. Invasionskosten-Forderungen des Landes von 762.574 Gulden ö. W.

3. Invasionskosten-Forderungen der Städte und Märkte von 196.520 Gulden ö. W.

4. Invasionskosten-Forderungen der übrigen Contribuenten von 2,756.132 Gulden ö. W.

5. Etappenforderungen von fünf Städten von 11.969 Gulden ö. W.

6. Spitalsforderungen des Invalidenfonds und der Stadt Steyr von 4.599 Gulden ö. W.

7. Innviertler Schuldforderungen mit einer Kapitalsforderung von beiläufig 800.000 Gulden R. W.

Der staatliche Ärar stellte Gegenforderungen und behauptete seinerseits, ein Guthaben an das Land in der Höhe von 915.180 Gulden zu haben. Völkerrechtliche Bestimmungen werden von beiden Seiten ins Treffen geführt, so wird vom Finanzministerium erklärt, daß nach den Bestimmungen des Preßburger Friedens die Franzosen sich aus ihren Magazinen zu verproviantieren hätten, daß also für einen Ersatz der französische Staat und nicht der österreichische verantwortlich sei. Oberösterreich wieder erklärt, daß nach Abschluß des Preßburger Friedens die französische Armee aufgehört habe, eine für Österreich feindliche Macht zu sein. Die Ende März 1806 in Oberösterreich zusammengezogenen Massen der Französischen Armee seien also Truppen eines befreundeten Staates gewesen, Lieferungsforderungen seien keine Kriegskontributionen gewesen. Wenn nun der eine Friedenskontrahent, Frankreich, seine Verpflichtungen nicht erfüllte, müsse dies der zweite, Österreich, tun. Dies umso mehr, als die Wiener Regierung die obderennsischen Stände schutzlos gelassen habe. Zumindest beim Friedensschluß von 1814 hätte Österreich Entschädigung für die Verletzung des Preßburger Friedens verlangen müssen.

Bezüglich der Innviertler Schulden forderte das Finanzministerium, diese seien ,,gegen Vergütung von nicht ganz einem Dritttheil der Verzinsung durch den Staat als Landesschuld" zu übernehmen.

Von seiten Oberösterreichs wird dies energisch abgelehnt und dabei weitere Details bekanntgegeben: so habe das ,,französische Revolutionsheer" 1800 von Oberösterreich eine Kontribution in Höhe von acht Millionen französischen Livres gefordert; 1809 habe erst das österreichische Heer unter Erzherzog Carl ernährt werden müssen; die am 28. Juli 1809 von Napoleon ausgeschriebene Kriegskontribution habe 38 Millionen Francs ausgemacht und den in Oberösterreich anwesenden französischen Marschällen habe man 1809 ,,für Geschenke, um eine schonende Behandlung zu erwirken" 5696 Gulden 40 Kreuzer Silber, dann 627.830 Gulden, nochmals 63.507 Gulden Silber übergeben müssen.

Bezüglich der Innviertler Schulden erklärt das Finanzministerium, sie sei eine Domesticalschuld geworden, ,,zumal ja auch die Gefälle des Innviertels den Ständen zugeflossen sind". Dem widerspricht Oberösterreich ganz energisch: ,,(ab 1816) bezogen die obderennsischen Stände keine Gefälle und Einkünfte, das Innviertel war für Oberösterreich ein passiver Zuwachs . . . Zum alleruntertänigsten Vortrag des Herrn Finanzministers vom 17. November 1818 wird ausdrücklich bemerkt, daß alle Landeseinkünfte in das Camerale einfließen." Übrigens sei es auch merkwürdig, daß man, gewiß mit Unterbrechungen, seit 1779 über diese Innviertler Schulden verhandle, aber erst 1863 ,,die theilweise Zuziehung des Landes in das Auge gefaßt habe".

Abschließende Formulierungen im Bericht des Landesausschusses fanden übrigens sofort eine Zustimmung im Innviertel: ,,Wenn der Innviertler Gläubiger mit seiner Forderung in der alten Heimat nur verschlossene Thüren und keinen Richter findet und sich von da vertrauensvoll und bittend an die Regierung seiner neuen Heimat wendet, so kann diese seine Forderungen nicht mehr allein vom Standpunkt des strengen Rechtes, sie muß das Gesetz der Billigkeit im weitesten Sinne walten lassen, soll nicht das Recht zum schweren Unrechte werden. Der Innviertler hat sich dem österreichischen Staatskörper vollständig assimiliert, er ist einer der treuesten und loyalsten österreichischen Staatsbürger geworden und er hat dies oft und am deutlichsten durch die am 13. und 14. Mai 1879 begangene schöne Festfeier der hundertjährigen Vereinigung des Innviertels mit Österreich gezeigt."

Es fehlen in diesem Jahr 1887 allerdings auch nicht bittere Worte, so wenn der Rieder Abgeordnete Kränzl im Landtag erklärt[6]: ,,So sind die Städte des

Innviertels stets, um mich dieses Ausdruckes zu bedienen, zwischen zwei Stühlen sitzen geblieben."

Immerhin spürt man jetzt, daß das Eis zu schmelzen beginnt, und daß man sich einer Lösung nähert.

Im Bericht des Finanzausschusses des Landtages von 1886 heißt es deshalb auch, „es sei der Erwartung Ausdruck zu geben, daß von seiten der hohen Regierung den gerechten, auf das Mindest-Maß herabgedrückten Ansprüchen des Landes ob der Enns, sowie der zahlreichen Gemeinden, Privaten, insbesondere des Innviertels, worunter die Ansprüche der Stadt Schärding wegen der hiebei obwaltenden eigenthümlichen Verhältnisse einer besondern Würdigung empfohlen werden, die wenigstens gleiche Würdigung zutheil werde, wie sie den Kronländern Steiermark und Salzburg bezüglich ihrer Forderungen zuerkannt worden ist"[7].

Dieser versöhnliche Ton ist auch in der nächsten, der vierten Session der VII. Landtags-Periode zu spüren. Der Landtag dankt dem Finanzministerium für das mit Schreiben vom 11. November 1887 Z. 5127/F. M. ausgedrückte „bereitwillige Entgegenkommen" weiterzuverhandeln, auch wird „das Vertrauen ausgesprochen, daß das hohe Finanzministerium durch ein conciliantes Eingehen in die gerechten, nur zu lange schon hinausgeschobenen Forderungen des Landes die Verhandlungen in einer den huldvollsten Intentionen der Allerhöchten Entschließung vom 15. September 1887 entsprechenden Weise zum Abschlusse bringen werde"[8].

1888 versteift sich wieder die Haltung von Land und Finanzministerium, nachdem der Kompromißvorschlag des Landes Oberösterreich „vom Standpunkte des allerhöchsten k. k. Ärars als unannehmbar bezeichnet wurde"[9]. Oberösterreich hatte vorgeschlagen, auf die „gegenseitigen Forderungen" zu verzichten, doch solle der Ärar dem Lande Oberösterreich für die Kosten der französischen Invasion 150.000 Gulden und den Städten bzw. Märkten Braunau, Schärding, Enns, Freistadt, Gmunden, Linz, Steyr, Wels, Perg und Weyer eine Barsumme von 50.000 Gulden leisten. Bezüglich der „Innviertler Schuld", die nach sorgfältiger Erhebung 525.000 Gulden ausmacht, ist folgende komplizierte Lösung vorgesehen: „Das k. k. Ärar verpflichtet sich, von den sogenannten Innviertler Schuldforderungen, deren Rechtsbestand sich nachweisen läßt, die Hälfte mit Aussschluß der Zinsenschuld, und wenn hiedurch die Leistung des Ärar die Summe von 400.000 Gulden überschreiten sollte, die auf diese Summe entfallende Antheilquoten unter der Bedingung der Verzichtleistung der Innviertler Gläubiger, welche diesen Vergleich acceptieren, auf weitere, aus dem Innviertler Forderungen an Bayern abgeleiteten Ansprüche an den österreichischen

Staat oder an das Land Österreich ob der Enns als Staatsschuld zu übernehmen."
Klingt der Bericht des Finanzausschusses noch eher sachlich-kühl, so ist die Diskussion im Landtag neuerlich emotionsgeladen. ,,Es ist kein Zweifel" – erklärte der Abgeordnete Kyrle – ,,daß das Land Oberösterreich um das Resultat der definitiven Verhandlungen, die in Aussicht stehen, nicht zu beneiden sein wird, denn aus alldem wird nur eines hervorgehen, nämlich daß die Staatsverwaltung in dieser verwickelten Angelegenheit, in welcher sie schon manches Unrecht gethan hat, ein neues Unrecht hinzuzufügen im Begriffe ist; das Unrecht, daß an Stelle des schuldigen Staates das Land die Schulden zu übernehmen verpflichtet wird, und daß es den Gläubigern, den Bewohnern des Landes, erlaubt werden wird, diese Schulden aus eigenem Säckel zu berichtigen." – ,,Wenn nun das Land Oberösterreich", so erklärt Kyrle abschließend, ,,welches gewiß in dieser kritischen Zeit ebenso kaisertreu und reichstreu gewesen ist, als die übrigen Kronländer, wenn dieses Kronland, welches unter allen Ländern unsäglich mehr durch den Krieg gelitten hat, demüthig bittend an die hohe Regierung herantritt, sie möge endlich dem Lande entgegenkommen, damit die Sache zur Austragung gebracht werde, und wenn dann die Antwort des Finanz-Ministeriums dahin lautet, daß diese Ansinnen ein unstatthaftes sei, so erlaube ich mir die Frage, ob eine solche Antwort mit der wohlwollenden Intention in Einklang steht, für die man glaubte, sich schon im voraus bedanken zu müssen."
Immerhin billigt der Landtag noch den Zusatzantrag des Abgeordneten Prechtl: ,,. . . Der Landesausschuß werde ferner beauftragt, mit den Gläubigern in Verhandlungen zu treten, inwieferne selbe geneigt wären, zu einer eventuellen Austragung dieser Angelegenheit beizutragen[10]."
Der Landtag der nachfolgenden sechsten Session von 1889 befaßt sich neuerlich mit den Innviertler Schulden. Die Diskussion ist die bisher längste und das war nicht unverständlich, denn erstmals gibt es keine Einstimmigkeit. Die anderen oberösterreichischen Abgeordneten sind anderer Meinung als die Innviertler, und diese sind untereinander nicht einig[11]. Ausgangspunkt ist der neuerliche Bericht des Landtags-Finanzausschusses und der vom Finanzausschuß vorgeschlagene Antrag[12]. Die schon bisher tonangebenden Innviertler Landtagsabgeordneten Prechtl und Kyrle – insgesamt wird das Innviertel durch sechs Vertreter der Landgemeinden und drei Vertreter der Industrialorte vertreten – verfolgen im Gegensatz zum Finanzausschuß die Meinung, die Situation sei vor allem deshalb günstiger geworden, weil einerseits die Invasions-, Etappen- und Spitalsforderungen von den Innviertler Schulden getrennt wurden; vor allem aber deshalb, weil

die Regierung die bisherige Ansicht, das Land Oberösterreich müsse zur Schuldentilgung in gleicher Weise beitragen wie das Finanzministerium, aufgegeben habe und nach nunmehriger Ansicht das Land „auch theilweise beizutragen habe". Erschwert wird die Situation allerdings durch die Tatsache, daß die Gläubiger der Innviertler Schuld, also die Gemeinden, Klöster, Kirchen, Pfarrpfründen und Armenstiftungen, den vom Landesausschuß erbetenen Revers, auf die Hälfte der Guthaben zu verzichten, unterschrieben und überwiegend eingesandt haben. Lediglich die kirchlichen Gläubiger haben sich um eine Genehmigung an das Bischöfliche Ordinariat gewandt, worauf das k. k. Ministerium für Cultus und Unterricht mit Erlaß vom 19. Juni 1889 eröffnet habe, daß sich eine „solche Erklärung nicht zur Genehmigung eigne". Trotzdem hofft man, auch ohne diesen Revers kirchlicher Stellen zu einem Kompromiß zu gelangen.
Nachdem sich der Berichterstatter des Finanzausschusses, Baron Hayden, dem Vorschlag der Innviertler Abgeordneten nicht anschließen kann, wird der erste Zusatzantrag, in Vergleichsverhandlungen 400.000 Gulden zu erzielen, mit 19 zu 23 Stimmen abgelehnt. Der zweite Zusatzantrag, aus Landesmitteln jenen Betrag beizusteuern, der über jenen 400.000 Gulden liege, findet nur 15 „Ja"-Stimmen – immerhin mehr, als Innviertler Abgeordnete im Landtag sitzen. Der dann vom Plenum gebilligte, recht farblose Antrag des Finanzausschusses spricht den Wunsch aus, daß „ungeachtet der vermehrten Schwierigkeiten es gelingen werde, die Angelegenheit endlich einer gerechten und befriedigenden Lösung zuzuführen"[11], [12].
Die neue VIII. Landtagsperiode (1890) behandelt in ihrer ersten Session neuerlich die Schuldenfrage. Ohne Diskussion wird wieder Einstimmigkeit erzielt[13], weil es inzwischen – 111 Jahre nach der Eingliederung des Innviertels an Österreich – zu einer Einigung zwischen den Vertretern des Landesausschusses und des Finanzministeriums gekommen war. Der Bericht des Finanzausschusses zeigt nochmals das völlige finanzielle Durcheinander zwischen dem Land Österreich ob der Enns und der k. k. Hofkammer bzw. dem staatlichen Ärar bzw. dem „Staate" auf. Die immer wieder überprüften und korrigierten Abrechnungen schwanken zwischen einem Guthaben des Landes gegenüber dem Staat Österreich in Höhe von 317.051 Gulden (unmittelbar nach 1830) und einem Guthaben des Staates gegenüber Oberösterreich in Höhe von 915.180 Gulden ö. W. Erschwert und verstärkt wird dieses Durcheinander noch durch die Tatsache, daß anstelle der Stände bzw. des vereinigten Landeskollegiums der Landesausschuß getreten war[14].
Dieses am 24. Juli 1890 geschlossene Abkommen, das noch der oberösterreichische Landtag und der Reichsrat zu billigen hatten, war nun für Ober-

Österreich eine bittere Angelegenheit, und der Bericht des Finanzausschusses des Landtages kann in weiten Passagen nichts anderes tun, als die Rechtsmeinung des Finanzministeriums wiederzugeben.
Einmal verzichteten der k. k. Ärar und das Land Oberösterreich auf alle gegenseitig vorgebrachten Forderungen aus der Zeit der ständischen Verfassung.
Dann hatte das Land Oberösterreich alle erhobenen Entschädigungsansprüche, die unter dem Titel „Invasionskosten" der Kriegsjahre 1800/1801, 1805, 1809/1810 liefen, zurückzuziehen. Bezüglich der Salzburg und Steiermark gewährten Kosten wird ausdrücklich erklärt, daß die mit Salzburg ausgehandelten 100.000 Gulden ausschließlich für die Verpflegung österreichischer Truppen in den Jahren 1800 bis 1806 bezahlt werden. Die mit der Steiermark ausgehandelten 300.000 Gulden seien eine teilweise Begleichung der seinerzeit in der Steiermark aufgenommenen Zwangsanleihe in Höhe von neun Millionen B. Z.
Es verbleiben also die „sogenannten Innviertler Schuldenforderungen an Bayern", für die der Ärar einen Pauschalbetrag von 260.000 Gulden „mit Ausschluß jeder eventuellen Erhöhung" gewährt, also rund die Hälfte des errechneten Betrages.
Von vornherein hatte das Finanzministerium kategorisch erklärt, daß Oberösterreich jede Erörterung der Invasionskosten aufgeben müsse, wenn ein Kompromiß bei den Innviertler Schulden ermöglicht werden solle. Der Staat könne einem Land nicht bewilligen, was es dem anderen verweigere, und Oberösterreich etwas geben, Böhmen und Mähren aber nicht. Ausdrücklich heißt es im Bericht des Finanzausschusses bezüglich der Innviertler Schulden, dem Land wurde ein Staatsbeitrag mit der Hälfte der erhobenen Forderungen zugesichert, jedoch müsse das Land die Befriedigung der Innviertler Gläubiger selbst in die Hand nehmen. Die Verpflichtungen des Staates seien „weder privat-rechtlicher, noch öffentlich-rechtlicher Natur, sie ist nur eine streng moralische Verpflichtung". „Das Land übernimmt somit gegen die Innviertler Gläubiger weder eine privat-, noch öffentlich-rechtliche Verpflichtung, sondern nur eine moralische Verpflichtung, und hiedurch ist der Weg vorgezeichnet, den das Land zu gehen hat, der Weg der *Billigkeit*[14]."
In der nachfolgenden zweiten Session der VIII. Landtagsperiode im Frühjahr 1892 werden nicht nur das Abkommen des k. k. Finanzministeriums „im Namen der k. k. Staatsverwaltung" mit dem Landesausschuß veröffentlicht[15], der „Bericht des Landesausschusses"[15] informierte auch über die abschließenden Maßnahmen: Das k. k. Cultusministerium hat bezüglich der Herabsetzung kirchlicher Forderungen auf die Hälfte keine Schwie-

rigkeiten gemacht, was immerhin 104 Forderungen betraf. Die Verzichterklärungen von zehn Innviertler Gemeinden lagen bereits vor. Die Billigung des Kaisers für dieses Abkommen erfolgt am 29. November 1891, die „verfassungsmäßige Behandlung" durch den Reichsrat am 30. Jänner 1892 in seiner 107. Sitzung, die des Herrenhauses am 19. Februar 1892. Der oberösterreichische Landtag, der den Entwurf schon am 28. November 1890 gebilligt hatte, genehmigt nunmehr das Abkommen einstimmig in seiner Sitzung vom 12. April 1892. In dieser Legislaturperiode legt der Landesausschuß schließlich noch den „Bericht betreffend Modalitäten der Durchführung der Endfertigung der Innviertler Schuldenforderungen" vor[16].

Was nun folgt, sind nur noch Nachklänge. Ziemlich genau ein Jahr später, in der Landtagssitzung vom 28. April 1893, billigt das Landesplenum die Anträge der Innviertler Abgeordneten Kyrle, Prechtl, Kränzl und Genossen, wonach der Landesausschuß ersucht wird, „die Liquidierung und Endfertigung der Innviertler Schuldenforderungen thunlichts zu beschleunigen und der baldmöglichsten Vollendung zuzuführen". Gleichzeitig wird der Landesausschuß ermächtigt, „zunächst alle jene Schuldenforderungen, welche mit rechtsgiltigen Originalbelegen ausgestattet sind, nach vorausgegangener Prüfung derselben, mit der Hälfte des liquidierten Capitalbetrages zu entfertigen"[17].

Im folgenden Jahr 1894 wird schließlich einstimmig und ohne Debatte der „Bericht des Finanzausschusses über den Bericht des Landesausschusses in Angelegenheit der ‚Liquidierung der sogenannten Innviertler Schuldforderungen an Bayern'" angenommen. Die Liquidierungs-Kommission, bestehend aus Landeshauptmann-Stellvertreter Karl von Billau, dem Landesausschußmitglied Julius Strnad, dem Domscholasten Anton Pinzger, dem Reichsrats- und Landtagsabgeordneten Eduard Kyrle, dem Landesrat im Ruhestand Julius Scheda, dem beamteten Referenten Landesrat Anton Franke und dem Schriftführer Dr. Franz Frisch, konnte in vier Sitzungen zwar das Gesamtproblem erst zu zwei Drittel lösen, immerhin spricht der Bericht abschließend davon, „daß die so viele Decennien anhängig gewesene Angelegenheit der Innviertler Schuldenforderungen an Bayern dem erwünschten baldigen Ende entgegengeführt wird"[18].

Mag die Gesamtlösung der finanziellen Flurbereinigung zwischen dem Staat Österreich und dem Erzherzogtum Österreich ob der Enns für Oberösterreich kaum befriedigend gewesen sein, so dürfte die Tatsache, daß ausschließlich die Innviertler Schuldenfrage gelöst wurde – wenn auch nur mit der Hälfte der eigentlichen Summe –, mit dazu beigetragen haben, die Eingliederung des Innviertels in Österreich nicht übermäßig zu erschweren.

Eines der kleinen Länder der Monarchie

Für den Beginn des „Verfassungsstaates", für das Jahr 1861, liegt eine ausgezeichnete Momentaufnahme vor, die 150 Seiten des „Statistischen Handbüchleins für die Österreichische Monarchie 1861"[1]. Es zeigt, daß das Erzherzogtum Österreich ob der Enns zu den kleinen Ländern der Monarchie zählt. Es wirft aber auch einen kurzen Blick auf die damalige Zeitgeschichte und verweist, wie man zur Gesamtfläche der Monarchie von 11.252,88 Quadratmeilen gekommen war: durch die Wiener Congreß-Akte waren italienische, dalmatinische, Tiroler, Kärntner und polnische Gebiete im Ausmaß von über 2000 Quadratmeilen „erworben und rückerlangt"; durch den „Münchner Tractat von 1816 wurde Salzburg, für Oberösterreich besonders wichtig der Inn-Kreis, der „halbe Hausruckkreis", dann das Ziller- und Brixental im Gesamtausmaß von 212,02 Quadratmeilen „rückgegeben". 1846 wurde Krakau und sein Umland (21,33 Quadratmeilen) durch das Übereinkommen mit Preußen und Rußland einverleibt, schließlich war 1859 durch den Frieden von Zürich die „größten Theile der Lombardei", 353 Quadratmeilen, von Österreich abgetreten worden. Jeweils im Fettdruck wird beigefügt: „Besitzstand beim Regierungsantritt Kaiser Ferdinands I.", „Besitzstand beim Regierungsantritt Kaiser Franz Josephs I.". Was entfällt nun von den 11.252,88 Quadratmeilen auf Österreich ob der Enns? 208,47 österreichische Quadratmeilen (das sind 217,90 geographische Quadratmeilen) oder 1,85 Prozent der Gesamtfläche der Monarchie. In dem damals noch ungeteilten Reich und seinen 19 „Königreichen und Ländern" – also einschließlich Ungarn, Kroatien und Slawonien, Siebenbürgen und Militärgrenze, liegt das Land ob der Enns genau an 13. Stelle. Über eine kleinere Fläche verfügen nur die Länder Kärnten, Krain, Görz-Gradisca--Istrien-Triest, Salzburg und Schlesien.
Auf der anderen Seite ist das damals noch zu Österreich gehörige Lombardisch-venetianische Königreich, aber auch Tirol mit Vorarlberg, reichlich doppelt so groß wie Oberösterreich; Böhmen, aber auch Siebenbürgen mehr als viermal so groß; Galizien sechsmal so groß; Ungarn ist achtzehnmal so groß wie Oberösterreich. Es ist also buchstäblich eines der kleinen Länder der Monarchie.
In diesem Erzherzogtum Österreich ob der Enns leben 1861 688.294 „Einheimische", die „effective Bevölkerung im Ganzen" beträgt 707.450. Das sind 1,98 bzw. 2,02 Prozent der Gesamteinwohnerzahl von 34,7 bzw. 35,0 Millionen Bewohnern. Bei der Bevölkerungsdichte (3,394 Personen je österreichischer Quadratmeile) schneidet das Land ob der Enns nicht un-

günstig ab. Hier, bei der Bevölkerungsdichte, liegt Oberösterreich nicht an 13., sondern an siebenter Stelle. Dichter besiedelt ist das Lombardisch-venetianische Königreich (5,598), Böhmen, Schlesien, Mähren, Niederösterreich (einschließlich Wien). Eine dünnere Besiedlung aber weist die Ländergruppe Görz-Gradisca-Istrien-Triest, Galizien, die Steiermark, Ungarn, Kroatien und Slawonien, Krain, Kärnten, die Militärgrenze, Dalmatien, Tirol mit Vorarlberg und Salzburg (1,179 je Quadratmeile) auf.

Die Bevölkerungszahl Oberösterreichs hatte in den letzten Jahren stagniert, sie blieb fast gleich bzw. war auch gelegentlich abgesunken. „Berechnet für das Ende des Solar-Jahres" betrug sie 1857 707.904; 1858 707.036; 1859 708.330 und 1860 711.136².

Nach der Neugliederung des Reiches im Jahre 1868, also nach Einführung des Dualismus, verfügt die westliche Reichshälfte (offiziell: „die im Reichsrathe vertretenen Königreiche und Länder", inoffiziell: Zisleithanien) über 15 solcher Länder mit einer Gesamtfläche von etwas mehr als 5216 österreichischen Quadratmeilen oder 5452 geographischen Quadratmeilen. Jetzt nimmt das Land Österreich ob der Enns zwar den neunten Platz ein; kleiner sind nur noch die Bukowina, Kärnten, Krain, Triest-Görz-Gradisca-Istrien, Salzburg und Schlesien. Acht Länder sind aber größer als Oberösterreich. Böhmen ist etwa viermal so groß, Galizien sogar reichlich sechsmal so groß. Sogar die beiden „Militärgränzen", die statistisch Zisleithanien einbezogen werden, die „serbisch-banatische Gränze" und die „kroatisch-slavonische Gränze" sind jeweils nicht unerheblich größer als das Land ob der Enns. Oberösterreichs Anteil am Flächenausmaß der westlichen Reichshälfte (ohne die beiden Militärgrenzen) macht fast genau vier Prozent aus.

Bei der Bevölkerungszahl steht Oberösterreich 1868 zwar an siebenter Stelle dieser 15 zisleithanischen Länder; der Bevölkerungsanteil erreicht aber nur 3,62 Prozent. Insgesamt verfügt die westliche Reichshälfte über 20,217.531 Bewohner, die Militärgrenze zusätzlich über 1,195.033. Oberösterreichs Bevölkerung wird zu diesem Stichpunkt mit 731.579 angegeben. Waren beim Flächenausmaß der Länder Galizien, Böhmen, Tirol-Vorarlberg, Steiermark, Mähren, Niederösterreich und Dalmatien vor Oberösterreich gelegen, so sind es nun nach der Bevölkerungszahl Galizien, Böhmen, dann aber schon Mähren, Niederösterreich (mit Wien), die Steiermark und Tirol-Vorarlberg. Auch bei den acht Oberösterreich folgenden kleineren Ländern hat sich eine Verschiebung ergeben. Nach der Bevölkerungszahl ist etwa Niederösterreich fast dreimal so groß, Böhmen siebenmal so groß und Galizien fast achtmal so groß wie Oberösterreich.

Bescheidenes Anheben der Bevölkerungszahl

Das Durcheinander, bedingt durch Staatsumbau und Neugestaltung der politischen Verwaltung, erkennt man aus der Tatsache, daß bei der territorialen Gliederung noch die Flächen der vier (alten) Kreise Oberösterreichs gebracht werden, bei der Bevölkerungszahl des Landes aber die Einwohnerzahlen der (neuen) zwölf Bezirke[3].

Oberösterreichs Fläche und Flächenanteil ändert sich bis 1918 nicht, auch wenn man sie nicht mehr in österreichischen oder in geographischen Quadratmeilen anführt. Bei einem gleichbleibenden Flächenanteil von 3,99 Prozent sind es nun 11.984 von den insgesamt 300.011 Quadratkilometern. Die Einwohnerzahl ist natürlich im steten Wandel. Nach der Volkszählung vom 31. Dezember 1900 hat Oberösterreich zwar mehr Einwohner (810.246), der Anteil an der Gesamteinwohnerzahl Zisleithaniens ist aber auf 3,098 Prozent abgesunken. Auf einen Quadratkilometer kommen in Oberösterreich im Jahre 1900 68 Einwohner (in Schlesien mit 132 fast die doppelte Anzahl, in Salzburg mit 27 weit weniger als die Hälfte).

Auch sonst berichtet die Statistik der Jahrhundertwende manches Wesentliche über Oberösterreich: es verfügt über zwölf Bezirkshauptmannschaften und zwei Städte mit eigenem Statut. Neben vier Gerichtshofsprengeln (Kreisgerichte) gibt es 46 Gerichtsbezirke und gleichviel Steueramtsbezirke, aber nur einen Finanzbezirk. Es gibt auch nur 14 Schulbezirke, 12 Sanitätsbezirke. Gemeinsam mit dem Land Salzburg verfügt Oberösterreich über zwei Heeres-Ergänzungsbezirke und einen Landwehr-Ergänzungsbezirk. Oberösterreich ist ein Handelskammerbezirk, es verfügt über 12 Reichsratsbezirke (5 städtische, 7 Land- und 3 allgemeine Bezirke). Neben 502 Ortsgemeinden gibt es in Oberösterreich 1198 Katastral- (Steuer)-Gemeinden und 6160 Ortschaften[4].

Daran ändert sich bis zum Ende der Monarchie nicht mehr viel. Vor allem gibt es eine bescheidene Aufwärtsentwicklung bei den Bevölkerungszahlen. Der Flächeninhalt Oberösterreichs erscheint (auf Grund genauerer Messungen) geringfügig kleiner: 1,198.163 Hektar. Mit 853.006 von insgesamt 28,571.034 Bewohnern ist Oberösterreichs Anteil an der Gesamtbevölkerung der westlichen Reichshälfte neuerlich auf 2,986 Prozent gesunken. Auf einen Quadratkilometer entfallen in Oberösterreich 71 Menschen – und das bei einem gesamtösterreichischen Durchschnitt von 95. Noch zeigt die Bevölkerungszahl bis zum Ausbruch des ersten Weltkrieges eine leicht steigende Tendenz (1914: 857.807).

Über die bisherigen Angaben hinaus erfahren wir weiteres über die Gliederung des Landes: Neben nunmehr 15 Bezirkshauptmannschaften und zwei

Statutarstädten hat Oberösterreich 504 Ortsgemeinden, 1200 Katastralgemeinden, 6276 (plus 106) Ortschaften, 16 Städte und 92 Märkte. Es gibt nunmehr neben der unveränderten Gerichtseinteilung 5 Baubezirke, 17 Sanitätsbezirke, 35 katholische Dekanate, 17 Schulbezirke; neben dem einen Finanzbezirk und den 46 Steueramtsbezirken gibt es nun 16 Vermessungsbezirke in Oberösterreich, 21 Finanzwachekontrollbezirke. Das ganze Land ist ein Gewerbeinspektoratsbezirk. Neben 2 Heeresergänzungsbezirken (mit Salzburg) gibt es nun 2 Landwehrergänzungsbezirke, 4 Gendarmerieabteilungen, 22 Reichsratswahlbezirke (nach Einführung des allgemeinen gleichen Wahlrechts) und 38 Landtagswahlbezirke.

Ein Landtag für ein halbes Jahrhundert

Als am 6. April 1861 der kaiserliche Statthalter den neugewählten oberösterreichischen Landtag begrüßt, der anschließend von Landeshauptmann Prälat Lebschy eröffnet wird[1], beginnt damit die Geschichte des modernen Landtages, der bis 1914 ununterbrochen durch elf Gesetzgebungsperioden und 53 Jahre, also rund ein Menschenalter, wirkt. Als „modern" wird der erstmals auf Grund demokratischer Prinzipien gewählte Landtag bezeichnet, mag es sich auch vorerst um einen stufenförmigen Ausbau der Demokratie handeln.
Mehr als ein Jahrzehnt nach dem Revolutionsjahr von 1848 ist Kaiser Franz Joseph aus vielerlei Gründen gezwungen, zu „konstitutionellen Einrichtungen" zurückzukehren, Volksvertretungen in drei Instanzen zu errichten, einer kommunalen und bescheidenen Landes-Autonomie zuzustimmen. Das ist anfänglich ohne gewisse Experimente nicht möglich, die sich im wesentlichen auf die Jahre zwischen 1859 und 1868 erstrecken[2]. Das Tauziehen zwischen Zentralisten und Föderalisten ist dabei deutlich spürbar, wobei die einen Vertreter in einem zentralistischen Aufbau, die anderen in einer föderalistischen Gestaltung die größere Sicherheit für die Monarchie erblicken, in der die ersten Schatten des Nationalitätenproblems schon unübersehbar sind.
Zu diesem Tauziehen gehört auch die Tatsache, daß Anfang 1861 Salzburg noch zu Oberösterreich gehört, aber durch das kaiserliche Handschreiben vom 29. März 1861 und mit Wirkung vom 15. Mai 1861 eine selbständige Landesbehörde (samt Landtag) für das „Herzogthum Salzburg" errichtet wird[3].
Merkwürdigerweise bringt das eher zentralistische Februarpatent die Grundlage für die neuen Landtage und damit den Grundstein für den österreichischen Föderalismus bis zur Gegenwart. Dieses kaiserliche Patent vom 26. Februar 1861, ein Mantelgesetz über die Reichsvertretung, enthält auch 15 Landesordnungen, 15 Landtagswahlordnungen und 15 Anhänge. Damit werden sozusagen oktroyierte, also aufgezwungene Landesverfassungen durch den Kaiser verordnet; gewiß durch den Druck der öffentlichen Meinung, nicht auf Grund einer Abstimmung einer verfassunggebenden Körperschaft.
Es stehen auch keine politischen Parteien an der Wiege dieses Landtages; die ersten dieser Parteien entstehen erst sieben und acht Jahre später. Aber immerhin gehen schon die ersten Landtagsabgeordneten von 1861 aus Wahlen hervor, haben dann vorerst die kaiserliche Landesordnung so wie

sie ist zu akzeptieren; geändert werden im Verlauf der nächsten 53 Jahre weniger die Landesordnungen als die Wahlgesetze. Vieles von diesem Landtag der ersten Stunde bleibt erhalten, bis in die dreißiger Jahre, teilweise bis in die Zeit nach dem zweiten Weltkrieg[4].

Dieser erste Landtag besteht aus 50 Landtagsabgeordneten, 49 gewählten und der Virilstimme des Linzer Diözesanbischofs. Andere Länder haben bis zu drei Virilstimmen, etwa Länder mit einem katholischen und griechisch-unierten Bischof oder dem Rektor einer Universität, dem ebenfalls eine Virilstimme im Landtag zusteht.

Die Landtage der einzelnen österreichischen Länder sind naturgemäß unterschiedlich groß. Kompetenz und Organisation sind allerdings völlig einheitlich, insbesondere auch die sechsjährige Legislaturperiode. Lediglich die Chefs der autonomen Landesverwaltung tragen unterschiedliche Titel, nämlich ,,Landeshauptmann" (neben Oberösterreich, Salzburg, Tirol, Vorarlberg, Steiermark, Kärnten, Krain, Görz, Gradiska, Istrien, Mähren, Schlesien und Bukowina), ,,Oberstlandmarschall" in Böhmen, ,,Landmar-

Die Zusammensetzung des oberösterreichischen Landtages nach Kurien

1861 bis 1909

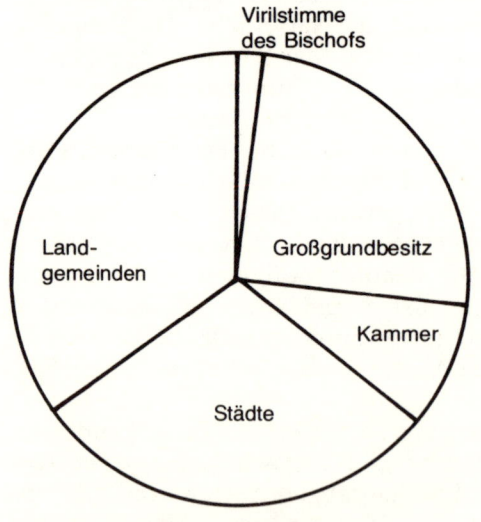

1 Virilstimme

10 Großgrundbesitz
3 Handelskammer
17 Städte und Industrieorte
19 Landgemeinden

50

schall" in Niederösterreich und Galizien und „Präsident" in Dalmatien. Mit ursprünglich 50 Mitgliedern gehört der oberösterreichische Landtag zu den mittelgroßen. Der größte ist der böhmische, mit 242 fast fünfmal so groß wie der oberösterreichische. Größer sind auch die Landtage von Galizien (151), Mähren (100), Niederösterreich und Tirol (jeweils 68), der Steiermark (63). Kleiner als der oberösterreichische Landtag sind die von Dalmatien (43), Kärnten und Krain (jeweils 37), Istrien (33), Schlesien und Bukowina (jeweils 31), Salzburg (26), Görz und Gradiska (22) und Vorarlberg (21). In Triest fungiert der Stadtrat als Landtag[5].

Die Zahl der Landtagsabgeordneten ändert sich mehrmals. Ab 1909 besteht der oberösterreichische Landtag aus 69 Abgeordneten. Nach Ende der Monarchie besteht die Provisorische Landesversammlung (Provisorischer Landtag) aus 101 Mitgliedern. Dann hat jeder Landtag der Zwischenkriegszeit eine andere Größe. Der von 1919 zählt 72, der von 1925 60 und der von 1931 48 Mitglieder. Er ist somit kleiner als der erste Landtag seit 1861. Der berufsständische Landtag von 1934 zählt 36 Mitglieder. Nach Abschaffung

1909 bis 1914

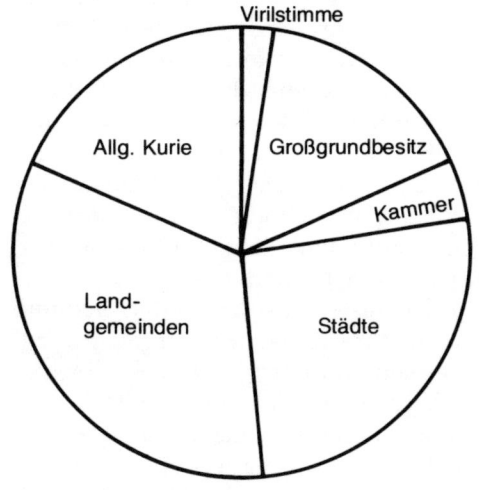

des Landtages in den Jahren 1938 bis 1945 haben die ersten fünf Landtage nach 1945 48 Mitglieder und seit 1973 56 Mitglieder[6].
Entsendet werden diese Abgeordneten, da es noch keine politischen Parteien gibt, von den Wählerklassen. Zehn werden vom großen Grundbesitz gewählt, 20 von den Städten und Industrialorten und der Handels- und Gewerbekammer und 19 Abgeordnete von den „übrigen Gemeinden", die man normalerweise „Landgemeinden" nennt. Mag dies äußerlich wie ein ständisches Wahlrecht aussehen, so ist es doch vor allem ein Wahlrecht auf Grund des Einkommens bzw. der Steuerleistung, wozu noch das Wahlrecht der Intelligenz (Akademiker, Lehrer) kommt.
Die Einführung einer neuen, der „allgemeinen Wählerkurie", für die 14 Abgeordnete vorgesehen sind, bringt die einzige größere Ausweitung der Zahl der Wahlberechtigten und der Abgeordneten.
In einer Hinsicht hat der Landtag eine Bedeutung, die weit über die aller späteren Landtage hinausgeht: er bildet, wenn auch nur für zwölf Jahre, von 1861 bis 1873 den Wahlkörper für die Wahlen in das Abgeordnetenhaus des Reichsrates. Das sollte allerdings keineswegs eine besondere Hervorhebung oder Bevorzugung der Landtage darstellen. Man sieht ganz einfach im Gemeindewahlrecht, Landtagswahlrecht und dem Wahlrecht für das Abgeordnetenhaus eine Einheit: auf den Wählerklassen der Städte und Landgemeinden und auf dem Gemeindewahlrecht beruht das Wahlrecht der Landtage und des Abgeordnetenhauses.
Aber auch die Schwäche des Landtages von 1861 ist augenfällig: die bescheidene Kompetenz der autonomen Landesverwaltung gegenüber der „politischen Verwaltung", also der wesentlich größere Machtbereich eines kaiserlichen Statthalters gegenüber dem Chef der autonomen Landesverwaltung, dem Landeshauptmann. Dann die Tatsache, daß dieser und sein Stellvertreter in der Doppelfunktion als Vorsitzender des Landtages und Chef der Landesregierung nicht gewählt, sondern vom Kaiser ernannt wird – gewiß aus der Reihe der Landtagsabgeordneten. Den Vorschlag zur Ernennung eines Landeshauptmannes macht, ähnlich wie bei den Bischofsernennungen, übrigens der kaiserliche Statthalter. Schließlich ist ebenso gravierend, daß die vom Landtag beschlossenen Landesgesetze nicht der Landeshauptmann, sondern Kaiser und Ministerpräsident unterzeichnen. Wenn ein solches Gesetz dem Kaiser nicht zur Unterschrift vorgelegt wird, erlangt ein solches vom Landtag beschlossenes Landesgesetz keine Rechtskraft – wofür es auch in Oberösterreich gewichtige Beispiele gibt[7].
Eine Schwäche des Landtages besteht natürlich auch in der Tatsache, daß er „in der Regel jährlich einmal" einberufen wird. So dauert etwa die erste Session des oberösterreichischen Landtages vom 6. April 1861 bis 20. April

1861; man hält insgesamt zehn Landtagssitzungen ab. 1862 wird der Landtag – trotz Protestes – überhaupt nicht einberufen und die zweite Legislaturperiode des oberösterreichischen Landtages reicht vom 8. Jänner bis 28. März 1863. Die dritte Session dieses ersten Landtages beginnt am 2. März 1864 und endet am 29. April. Die vierte Session schließlich dauert vom 23. November 1865 bis 15. Februar 1866. Hier gibt es eine Pause zwischen 20. Dezember und 3. Jänner, sonst werden teilweise täglich, teils auch jeden zweiten Tag, gelegentlich am Vormittag und Nachmittag Landtagssitzungen abgehalten.

Diese einmal jährlich stattfindende Monstertagung des Landtages ist bis zum ersten Weltkrieg üblich. So tagt der letzte Vorkriegslandtag (zweite Session der XI. Legislaturperiode) zwischen 29. Dezember 1911 bis zum 26. Jänner 1912 und vom 3. Februar bis zum 27. Februar 1914.

Das also ist der Landtag mit ausschließlichen Nebenberufspolitikern, wobei lediglich die Mitglieder des Landesausschusses eine Residenzpflicht am Sitz des Landtages, also in Linz, haben. Es ist ein Landtag, der den noch relativ bescheidenen Verkehrsverhältnissen angepaßt ist. Eine Beeinträchtigung der Betätigung des Landtages besteht aber auch – und zwar bis zum Ende der Monarchie – darin, daß der Landtag nur vom Kaiser einberufen und geschlossen werden kann. Er kann aber auch vom Kaiser, wenn auch unter gleichzeitiger Anordnung neuer Wahlen, aufgelöst werden. Alle eingebauten „Notbremsen" sind vor allem für die zwei- und mehrsprachigen Länder mit ihrem zusätzlichen Nationalitätenzwist zu den normalen politischen Auseinandersetzungen insbesondere über die Ausweitung des Wahlrechts, die man ja auch im oberösterreichischen Landtag beobachtet, wichtig.

Nichts Außergewöhnliches ist es, daß der Statthalter und die „von ihm abgeordneten Commissäre" im Landtag, der ja normalerweise öffentliche Sitzungen abhält, „erscheinen dürfen". Statthalter und Kommissäre haben auch das Recht, jederzeit im Landtag das Wort ergreifen zu können. An der Abstimmung des Landtages kann sich ein Statthalter nur dann beteiligen, wenn er selbst Landtagsabgeordneter ist, was in Oberösterreich zwischen 1861 und 1914 ein einzigesmal vorkommt.

Das demokratische Prinzip ist im Landtag weithin realisiert. Zu einer gültigen Beschlußfassung des Landtages ist die Anwesenheit von mehr als der Hälfte der Gesamtzahl aller Mitglieder und die absolute Stimmenmehrheit aller Anwesenden erforderlich – also in unglücklichster Konstellation 13 Stimmen.

Die Landesordnung von 1861 behält übrigens in Oberösterreich über das Jahr 1918 hinaus bis zur neuen Landesverfassung von 1930 Gültigkeit[8].

Bedeutsam gleich für den ersten Landtag von 1861 ist seine Transparenz und die tatsächlich weitgehende Möglichkeit für Abgeordnete und politisch Interessierte, Einblick zu gewinnen. Schon die Landesordnung von 1861 verfügt, daß die Sitzungen des Landtages öffentlich sind. Nur ausnahmsweise können vertrauliche Sitzungen durchgeführt werden, wenn dies entweder der Vorsitzende oder fünf Abgeordnete verlangen. Tatsächlich wird von dieser Möglichkeit fast nie Gebrauch gemacht. Für den Landtag werden nicht nur Sitzungsprotokolle, sondern auch stenographische Berichte erstellt, die gedruckt werden. Wesentlich aber sind – im Gegensatz zu späteren Jahren – die hervorragenden Register dieser Jahrzehnte, die die Protokolle erst erschließen und ihre Auswertung ermöglichen. Übrigens werden auch die Protokolle der Sitzungen des Landesausschusses – ebenfalls im Gegensatz zu späteren Jahren – gedruckt. Bei vertraulichen Landtagssitzungen hat ein eigener Beschluß gefaßt zu werden, ob die Protokolle dieser Sitzungen gedruckt werden sollen. In Druck vorliegen müssen auch Regierungsvorlagen und Berichte der Ausschüsse – diese so, daß sie 24 Stunden vor der Beratung im Landtag in den Händen der Abgeordneten sein können.

Ursprünglich werden die Landesgesetze im „Gesetz- und Verordnungsblatt für das Erzherzogthum Österreich ob der Enns", das im wesentlichen ein Organ des kaiserlichen Statthalters ist, veröffentlicht. Übrigens trägt dieses „Gesetz- und Verordnungsblatt für das Erzherzogthum Österreich ob der Enns" bis 1863 noch den Titel „Verordnungen der Landesbehörden für das Erzherzogthum Österreich ob der Enns", hier die Priorität des Statthalters und der Statthalterei noch stärker betonend.

Das erste vom Landtag beschlossene Landesgesetz, eine Bauordnung für die Landeshauptstadt Linz, erscheint erst 1863, also zwei Jahre nach Konstituierung des ersten Landtages. Bis dahin werden im Gesetz- und Verordnungsblatt ausschließlich Verordnungen des kaiserlichen Statthalters publiziert[9].

Relativ stark ist nach der Landesordnung von 1861 – und zwar unverändert bis zum Ende der Monarchie, ja darüber hinaus – die Stellung der Exekutive im Bereich der autonomen Landesverwaltung, also der Landesregierung oder, wie sie damals genannt wird, des Landesausschusses. Er besorgt die gewöhnliche Landesverwaltung einschließlich der Finanzverwaltung, er vollzieht die Landtagsbeschlüsse bzw. bereitet diese vor. Er übernimmt von den „vormaligen Ständen" deren Aufgaben, vor allem die immer bedeutungsloser werdenden Stipendienvergabe und die Vergabe von Heim- und Stiftsplätzen. Der Landesausschuß ist in allen Rechtsfragen die Landesvertretung; der Landeshauptmann und zwei Mitglieder des Landesausschusses haben die Urkunden des Landes zu fertigen. Schließlich kann der Landesausschuß Vorlagen im Landtag einbringen. In der Praxis wird die Bedeutung des Landesausschusses laufend insbesondere durch die Tatsache gestärkt, daß der Landtag nur einmal jährlich zusammentritt, so daß die Kontinuität in Landesproblemen nur durch diesen Landesausschuß gewahrt wird, wobei allerdings die starke Rolle des kaiserlichen Statthalters und seiner ,,politischen Verwaltung" bis herunter zu den Bezirkshauptmannschaften berücksichtigt werden muß[10].

Ineinander verzahnt: Wahlrecht für Gemeinden, Landtag und Reichsrat

Die Demokratisierungsphase des Jahres 1848 war rasch in sich zusammengebrochen. Die auf Grund der April-Verfassung erlassene provisorische Wahlordnung vom 9. Mai[1] war ein nicht vollständig entwickeltes, jeder Abstufung der politischen Rechtsfähigkeit vermeidendes Wahlrecht aller großjährigen männlichen Staatsbürger. Allerdings wirkte noch die Montesquieuesche Idee, ,,Arbeiten gegen Tag- und Wochenlohn und Dienstleuten", schließlich Personen, ,,die aus öffentlichen Wohltätigkeitsanstalten Unterstützung genießen" kein Wahlrecht einzuräumen. Nachträglich wurden ,,selbständige Arbeiter" das Wahlrecht zugestanden und das Wahlalter von 30 auf 24 Jahre herabgesetzt. Wegen der ,,Unbekanntschaft der Mehrzahl der Bevölkerung mit der Natur des Wahlgeschäfts" wurde indirekt über Wahlmänner, gewählt wozu das ganze Staatsgebiet in 383 Wahlbezirke gegliedert wurde.

Aber schon dieser auf Grund allgemeiner, gleicher Wahlen hervorgegangene Reichstag befaßte sich mit einem neuen Wahlrecht, das einen Bildungs-Steuerzensus vorsieht – und sich damit schon entscheidend von den Prinzipien von 1848 entfernt. Aus all diesen Planungen wurde nur das provisorische Gemeindegesetz von 1849 Realität[2].

Der Reichstag der März-Verfassung von 1849 wurde nie Wirklichkeit; der verstärkte Reichsrat von 1860 bestand aus Männern, die der Kaiser ernannt hatte[3]. Der Gesamtreichsrat des Oktoberdiploms[4] trat nie ins Leben und der Reichsrat nach dem Februarpatent von 1861[5] wurde weder von Ungarn (mit Ausnahme von Siebenbürgen) noch von den Italienern beschickt und 1865 durch den Kaiser wieder sistiert[6].

Die sich 1861 anbahnende Entwicklung, die in den letzten 67 Jahren der Monarchie zum stufenweisen Ausbau der Demokratie führt, sieht das ganze Wahlrecht als eine Einheit an und verzahnt bewußt das Gemeindewahlrecht mit dem Landtagswahlrecht und mit dem für den Reichsrat. Diese Absicht der Staatsmänner von 1861 wird allerdings dadurch abgeschwächt, daß sich die Wahlordnung der Länder, die noch 1861 weithin einheitlich ist, innerhalb der folgenden Jahrzehnte stark auseinanderentwickelt und bis 1909 extreme Unterschiede zeigt. Hinzu kommt, daß nur anfänglich (ab 1861) die Reichsratsabgeordneten durch die Landtage nominiert werden, seit 1873 aber aus direkten Wahlen hervorgehen. Diese Reichsratswahlordnung wird schrittweise rascher und moderner umgestaltet als die Landeswahlordnungen – bis hin zur Einführung des allgemeinen

gleichen Wahlrechts 1907, wobei hier weder Länder noch Gemeinden bis zum Ende der Monarchie folgen.
Das komplizierte österreichische Wahlrecht hat ja nicht nur auf die einzelnen Bevölkerungsgruppen und die politischen Gruppen und Parteien Rücksicht zu nehmen, sondern in den meisten Ländern auch auf die verschiedenen Nationen, in einzelnen Ländern auch auf die religiöse Zusammensetzung. Oberösterreich wird von den beiden letzten Problemen nicht berührt. Trotzdem müssen auch für Oberösterreich die drei Bereiche Gemeinderatswahlen (mit den beiden Varianten für die Statutarstädte Linz und Steyr), die Landtagswahlen und die Reichsratswahlen ausgeleuchtet werden, ihre Verzahnung untereinander, die ihrerseits mit den politischen Verhältnissen im Lande eng verbunden sind.
Nach dem provisorischen Gemeindegesetz von 1849 werden[2] im Sommer 1850 Gemeindeausschüsse und Gemeindevertretungen gewählt, seit dem Silvesterpatent vom 31. Dezember 1851[7] finden keine Wahlen mehr statt, die meisten Mandate werden nach Ablauf der Wahlperiode bis zum Erlaß eines Gemeindegesetzes verlängert[8]. Acht Jahre später wird mit dem kaiserlichen Patent von 1859 eine neue Entwicklung im Bereich der Gemeinde angebahnt. Das Reichsgemeindegesetz von 1862[9] gibt aber nur Grundsätze an, denen in den Ländern – in Oberösterreich erst 1864[10] – Gemeindeordnungen und auch Gemeindewahlordnungen mit maßvollen Varianten folgen. Es besteht kein Unterschied zwischen Städten und Landgemeinden, wohl aber zwischen den Gemeinden und den beiden Statutarstädten Linz und Steyr, aber auch innerhalb dieser beiden Städte.
Alles in allem ist in diesen Anlaufjahren der Demokratie vorerst nur ein sehr beschränkter Teil von Bürgern wahlberechtigt und nur in wenigen österreichischen Ländern haben vorerst alle Personen mit Bürgerrecht – ohne daß ein Zensus vorgeschrieben wäre – das Wahlrecht (Mähren, Istrien). In Oberösterreich gibt es wie in den anderen Kronländern der westlichen Reichshälfte zwei Klassen von Wahlberechtigten: die, die das Wahlrecht auf Grund ihrer Steuerleistung besitzen (,,Steuerwahlrecht'') und jene, denen es auf Grund ihrer persönlichen Stellung zusteht (,,Intelligenzwahlrecht''). Das für Wien und Niederösterreich vorgesehene ,,Wohnsitzwahlrecht'' wird in Oberösterreich nicht realisiert[11].
Nie geht man in Oberösterreich auf die Möglichkeit ein, die im Reichsgemeindegesetz von 1862 vorgesehene Möglichkeit zu realisieren, das ,,bestimmt zu qualifizierende Personen'' ipso jure Mitglieder der Gemeindevertretung werden können (Virilisten). Die hätten, ohne gewählt zu werden, automatisch der Gemeindevertretung angehört – wie etwa im Bereich der Landtagswahlordnung der nicht zu wählende Diözesanbischof mit Viril-

stimme dem Landtag angehört. Dieses letzte Zugeständnis für die bisherige Grundherrschaft wird also für Oberösterreich nicht realisiert, es war auch nicht beantragt worden.

Wahlberechtigt sind alle jene Staatsbürger, die aus einem Realbesitz, Gewerbe oder Einkommen seit wenigstens einem Jahr der Gemeinde Steuer entrichten und älter als 24 Jahre sind.

Ohne Rücksicht auf die Steuerleistung sind Personen wahlberechtigt, die im Besitz einer „höheren gesetzlich qualifizierten Bildung" stehen (Doktoren), dann Ehrenbürger der Gemeinde, schließlich solche, die ein öffentliches Amt bekleiden – sie werden immer wieder „Honorationen" genannt[11]. In Oberösterreich sind dies die Geistlichen der Ortsseelsorge, die Beamten (Hof-, Staats-, Landes- und öffentliche Fondsbeamte), Offiziere und Gleichgestellte im Ruhestand – Offiziere und Soldaten sind für die Dauer ihrer Dienstzeit nicht wahlberechtigt –, Vorsteher und Oberlehrer der in der Gemeinde befindlichen Volksschule, dazu Direktoren, Professoren und Lehrer von „höheren Lehranstalten" in der Gemeinde.

Ab 1861 sind auch Bemühungen im Gange, „graduierte Apotheker" in die Gruppe der Doktoren einzubeziehen, was vom Landtag vorerst mit der Begründung zurückgewiesen wird, daß sie als Steuerzahler sowieso schon zum Kreis der Wahlberechtigten gehören; es ginge lediglich um eine Überführung vom dritten oder zweiten Wahlkörper in den ersten und hiefür habe man kein Verständnis. Bei der ersten größeren Novellierung dieser oberösterreichischen Gemeindewahlordnung, 1893 und 1894[12], also immerhin erst nach rund 30 Jahren, wird die Gruppe der Intelligenz ergänzt und präzisiert: so wird die Gruppe der Lehrer in drei Kategorien gegliedert: neben den Direktoren der Volksschule (wie bisher) scheinen auch die „Lehrer und Direktoren der Bürgerschulen" auf und, ebenfalls wie seit 1864, die an den höheren Lehranstalten in der Gemeinde angestellten „Lehrer, Professoren und Direktoren". Eingefügt wird nunmehr auch noch die Gruppe der „Patrone und Magister der Chirurgie und Geburtshilfe" sowie die „Magister der Pharmacie", auch die der „diplomierten Techniker" und „mit der gleichen Beschränkung hinsichtlich der Staatsprüfungen behördlich autorisierte Privattechniker und behördlich autorisierte Bergingenieure".

Wahlberechtigten „einzelnen Staatsbürgern" sind jetzt auch inländische Corporationen, Stiftungen, Vereine und Anstalten gleichgestellt, soweit sie Steuerzahler sind.

Die Zugehörigkeit zu den einzelnen Wahlkörpern ist insbesondere in den Städten mit eigenem Statut (Linz, Steyr) sehr unterschiedlich geregelt. So gehören in der Landeshauptstadt Linz zum ersten Wahlkörper nur die Ehrenbürger und die Bürger mit einer Steuerleistung von mehr als 200 Gulden, nicht aber Doktoren, Klerus, Beamte, Offiziere im Ruhestand. Zweihundert Gulden ist übrigens die doppelte Steuerleistung, die etwa bei Landtagswahlen für den Großgrundbesitz für das Wahlrecht vorgeschrieben ist! In den zweiten Wahlkörper fallen Bürger mit einer Steuerleistung zwischen 50 und 200 Gulden, dann jene Gruppe, die in den sonstigen oberösterreichischen Gemeinden in den ersten Wahlkörper fallen, nämlich Beamte, Offiziere im Ruhestand, dazu in Linz die Mitglieder des Domkapitels und die Mitglieder des katholischen Pfarrklerus und „geistliche Amtsträger der evangelischen Gemeinde (mit Ausschluß der nicht-ständigen Pfarrvikare). Nicht erwähnt ist für Linz wie in anderen Wahlordnungen der Rabbiner der israelitischen Kultusgemeinde. Es folgen Doktoren aller Fakultäten, Lehrer, Professoren und Vorsteher der öffentlichen Lehranstalten „einschließlich der theologischen Lehranstalt in Linz", schließlich Mitglieder, die – auch hier ein Unterschied zu den anderen Gemeinden – mindestens fünf Gulden Steuer an die Gemeinde abliefern[13].

Wieder anders ist die Regelung in Steyr: hier gehören dem ersten Wahlkörper Bürger mit einer Steuerleistung von mindestens 40 Gulden an, „die beiden katholischen Pfarrer", also nicht der gesamte Seelsorgeklerus, die Ehrenbürger und schließlich die Doktoren und Beamten. Zum zweiten Wahlkörper gehören in Steyr Bürger mit einer Steuerleistung zwischen 10 und 40 Gulden und schließlich im dritten Wahlkörper Steuerpflichtige mit einer jährlichen Steuerleistung bis zu 10 Gulden[14].

Eine „Ungerechtigkeit", „Ungleichheit" oder ungleiche Gewichtigkeit betrifft aber nicht nur die beschränkte Auswahl der Wahlberechtigten, sie bezieht sich gleichermaßen auf das so unterschiedliche Gewicht in den drei Wahlkörpern jeder Gemeinde bzw. in den zwei Wahlkörpern der Kleingemeinden mit weniger als 100 Wahlberechtigten.

Der komplizierte Wahlmodus sieht bei den Gemeinderatswahlen folgendes vor: Erstellung eines einheitlichen Verzeichnisses aller Wahlberechtigten in folgender Reihenfolge: Ehrenbürger, die Geistlichen der Ortsseelsorge, die Doktoren („unter Angabe ihrer allfälligen in der Gemeinde vorgeschriebenen Jahresschuldigkeit in direkten Steuern"), dann die Beamten, die Offiziere im Ruhestand und die Lehrer (gereiht „nach der Höhe und unter Beisetzung ihrer Begründung und Ruhegenüsse") und letztlich die Steuerzahler (gereiht „nach der Höhe der auf jeden entfallenden, in der Gemeinde vorgeschriebenen Jahresschuldigkeit an direkten Steuern in absteigender Ordnung"). So entsteht, zumindestens in den Städten, eine „Prominentenliste", gereiht nach Würden, Einkommen und Steuer.

Die Verzahnung des Wahlrechts

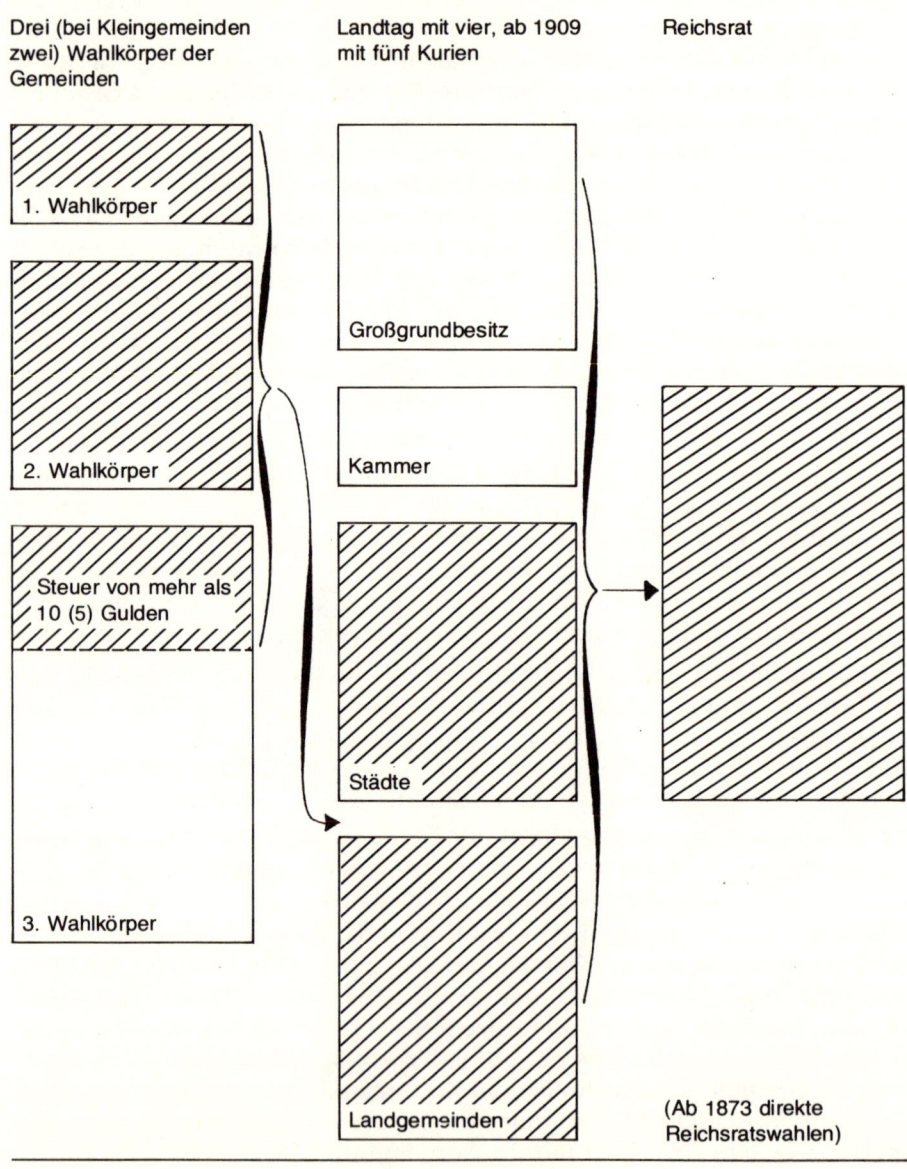

An der Spitze: die Ehrenbürger

In der Masse der Gemeinden mit ihrer hauchdünnen Intelligenzschicht (Pfarrer, Schuldirektor, Arzt) spielen die Steuerzahler die entscheidende Rolle. In Oberösterreich steht vielfach ein Bräuer oder Brauereibesitzer an der Spitze, gefolgt von Gastwirten, Gewerbetreibenden und wohlhabenden Bauern. Man geht bei den Vorschriften übrigens stark ins Detail: bei gleicher Steuerleistung entscheidet der höhere Rang, Dienstalter und schließlich das physische Alter. Auf das Steuergeheimnis hat man bei Erstellung dieser Liste der Wahlberechtigten keinen Wert gelegt. Die meisten Bürger sind ja stolz auf ihre Steuerleistung. Es kommt bei diesem System übrigens auch vor, daß Bürger mehr Steuern zahlen als sie müssen, um wahlberechtigt zu werden oder um in einen höheren Wahlkörper zu kommen.

Nach Erstellung dieser Liste teilt man die Gesamtsteuersumme in drei gleiche Teile, womit drei – in Kleingemeinden zwei – Wahlkörper entstehen, die zwar die gleiche Steuersumme, aber eine stark unterschiedliche Zahl von Wahlberechtigten aufweisen. In Oberösterreich müssen sämtliche ,,Honoratioren" (Ehrenbürger, Beamte, Doktoren) dem ersten Wahlkörper angehören – anders etwa als in der Steiermark, wo sämtliche Honoratioren nur nach ihrer Steuerleistung eingereiht werden, anders auch als in Böhmen und in Reichenberg, wo Honoratioren ohne Steuerleistung in den dritten Wahlkörper kommen.

Besteht der erste Wahlkörper aber nicht mindestens aus doppelt so vielen Wahlberechtigten, als er Ausschuß- und Ersatzmänner zu wählen hat, so muß dieser erste Wahlkörper durch die Hinzunahmen von Wahlberechtigten aus dem zweiten Wahlkörper ergänzt werden. Es ist also durchaus die Norm, daß jeder dritte Wahlberechtigte des ersten Wahlkörpers auch als Gemeindemandatar gewählt wird. Da jeder der drei Wahlkörper die gleiche Anzahl von Ausschuß- und Ersatzmitgliedern zu wählen hat, ist es keine Seltenheit, daß beim zweiten Wahlkörper auf dreißig Wahlberechtigte ein Gewählter und beim dritten auf dreihundert Wahlberechtigte ein Gewählter entfällt. Die Bevorzugung bzw. Benachteiligung ist demnach beim passiven Wahlrecht noch auffallender als beim aktiven.

In den Wahlkörpern darf allerdings nicht getrennt nach Ausschuß- und Ersatzmitgliedern abgestimmt werden, die mit den meisten Stimmen werden Ausschußmitglieder, die mit weniger Stimmen Ersatzmitglieder. Ist ein Kandidat bereits im ersten Wahlkörper gewählt, kann er natürlich nicht vom zweiten oder dritten neuerlich gewählt werden. Wird jedoch ein Kandidat im ersten Wahlkörper nur Ersatzmann, kann er vom zweiten oder dritten zum Ausschußmitglied gewählt werden, muß aber seine Ersatzmannfunktion dem Nachfolgenden überlassen.

Die Zahl der zu wählenden Ausschußmitglieder schwankt in Oberösterreich zwischen sieben (bei Gemeinden unter 100 Wahlberechtigten und zwei Wahlkörpern) und 30 (bei Gemeinden mit mehr als 1000 Wahlberechtigten und drei Wahlkörpern).
Trotz der relativ geringen Steuerhöhe bleibt auch bei Gemeinderatswahlen das Gros der Gemeindebürger ohne Wahlrecht. Das ändert sich übrigens auch später nicht wesentlich. 1908 etwa verfügt die Stadt Schwanenstadt, um nur ein Beispiel herauszugreifen, über rund 1800 Einwohner, wahlberechtigt ist aber nur jeder sechste Bürger, insgesamt 296. Von diesen Wahlberechtigten befinden sich 20 im ersten Wahlkörper, 46 im zweiten und 230 im dritten Wahlkörper. Im ersten Wahlkörper wählen also 20 und im dritten 230 Wähler gleichermaßen sechs Mandatare und drei Ersatzmänner[15].
Eine neuerliche Änderung der Gemeindewahlordnung der Statutarstädte Linz und Steyr im Jahre 1894[16] bringt nur kleine Korrekturen, eine grundsätzliche Änderung tritt bis Ende der Monarchie nicht ein.
Die Tatsache, daß die Bürger mit dem größten Steueraufwand auch im politischen Bereich die gewichtigsten sind, führt zweifellos zu einer sorgfältigen Gebarung der Gemeindeverwaltung, oft genug allerdings auch zu einer übertriebenen Sparsamkeit. Immerhin fällt die moderne Entwicklung vieler Städte und Gemeinden, etwa der Bau einer Wasserleitung, die Einführung der Gasbeleuchtung, die Errichtung der Kanalisation, schließlich der Aufbau verschiedener Kommunalbetriebe, gerade in diese Jahre.

★

Die Verzahnung des Gemeindewahlrechts, das also ein durch Steuer- und Bildungszensus beschränktes ungleiches Wahlrecht ist, mit dem Landtagswahlrecht besteht insbesondere darin, daß nur eine beschränkte und klar abgegrenzte Gruppe der bei Gemeindewahlen Wahlberechtigten auch für Landtagswahlen zugelassen ist[17]. Denn nur die Wahlberechtigten des ersten und zweiten Wahlkörpers der Gemeinde besitzen für die Kurie der Städte und die Kurie der Landgemeinden des Landtages das Wahlrecht. Damit ist die Zahl der Wahlberechtigten bei Landtagswahlen bewußt um etwas mehr als ein Drittel kleiner gehalten.
Anders als bei den Gemeinden mit ihren drei Wahlkörpern (bzw. den zwei bei den Kleingemeinden) wird bei Landtagswahlen nach Wählerklassen gewählt, die im Landtag vier, später fünf Kurien bilden. Der Gesetzgeber – so wird dieses Landtagswahlrecht kommentiert – sei bestrebt gewesen, „jeder Gruppe eine ihrer materiellen und geistigen Bedeutung oder ihrer wirklichen Macht entsprechende Vertretung zu sichern".
„Die erste Gruppe soll die höheren ideellen Interessen repräsentieren", welche „nicht durch Wahl, sondern vermöge ihrer amtlichen Stellung zum

Landtag gehören." In Oberösterreich ist dies ausschließlich der Diözesanbischof, der auf Grund einer „Virilstimme" im Landtag vertreten ist. In größeren Ländern sind dies alle Bischöfe ohne Unterschied der Konfession und die Rektoren der Universitäten (Niederösterreich mit Wien verfügt etwa über drei „Virilstimmen", Böhmen über sechs, Galizien über zwölf!). Der Bischof und die bischöfliche Stimme ist verständlicherweise in der Landtagswahlordnung gar nicht erwähnt, die sich (1861) ausschließlich mit den zu wählenden 49 Landtagsabgeordneten befaßt. Diese werden aus vier Wahlkörpern sehr unterschiedlicher Größe und in verschiedener Art gewählt[18].

Der erste Wahlkörper besteht aus der „Klasse des großen Grundbesitzes". Wahlberechtigt sind hier Besitzer landtäflicher Güter, „deren Jahresschuldigkeit an landesfürstlichen Realsteuern einhundert Gulden beträgt". In Oberösterreich ist also landtäflicher Besitz und Steuerleistung entscheidend. In Salzburg und Istrien ist etwa nur die Höhe der Grundsteuer maßgeblich. Diese Gruppe besteht 1861, also beim ersten Landtag, aus 111 Wahlberechtigten und ändert sich bis zum Ende der Monarchie nur geringfügig. 1914 etwa sind es 123. Der Adel dominiert in dieser Kurie hier übrigens weder 1861 noch 1914. 1861 sind unter den Wahlberechtigten 45 Adelige (unter diesen 24 Mitglieder des Hochadels), 1914 sind es 48 (unter ihnen 25 Mitglieder der Hocharistokratie), jeweils also weniger als die Hälfte. Später scheint an der Spitze der Wahlberechtigten dieser Kurie Kaiser Franz Joseph für seinen Besitz im Kobernaußerwald auf; den Kaiser hätte man also theoretisch zum oberösterreichischen Landtagsabgeordneten wählen können. 1861 verfügte das Bistum Linz über zwei Stimmen, 1914 über eine, 1861 waren zwei katholische Orden, 13 Pfarreien und neun Stifte für ihren Besitz wahlberechtigt, 1914 sind es 26 Pfarrhöfe und acht Stifte. 1861 besitzen schließlich eine Brauerei, eine Bank und zwei Stiftungen je ein landtäfliches Gut, 1914 sind es zwei Brauereien, zwei Banken (unter ihnen eine böhmische). Bürgerliche Wähler dieser Gruppe gibt es 1861 28 und 1914 29. Um die Wahlberechtigten dieser Wählerklasse gibt es das größte Tauziehen; ununterbrochen wird hier beantragt, einzelnen das Wahlrecht abzusprechen bzw. andere in die Wählerliste aufzunehmen. Regelmäßig erfolgen auch Rückfragen bei den Finanzämtern wegen der Steuerleistung. Stark unterschiedlich ist beim großen Grundbesitz allerdings die Zahl der wahlberechtigten Frauen. 1861 sind es acht, 1914 aber 18, dazu weitere 18 gemeinsam mit ihrem Mann[19]. Für diese Kurie des großen Grundbesitzes ist ganz Oberösterreich ein Wahlkreis; es wird direkt gewählt. Dem großen Grundbesitz stehen zehn Abgeordnete zu, so daß man leicht errechnen kann, daß

anfänglich jeder zwölfte Wahlberechtigte auch tatsächlich als Landtagsabgeordneter gewählt werden kann.
Die Wählerklasse der Städte und Industrieorte faßt 14 Städtegruppen mit jeweils drei bis vier Städten zusammen, die einen Abgeordneten stellen; dem Wahlbezirk Linz stehen drei Abgeordnete zu. Das sind insgesamt 17 Abgeordnete. Drei weitere Landtagsabgeordnete werden von den Mitglie-

Die Wahlkreise für Landtagswahlen ab 1861

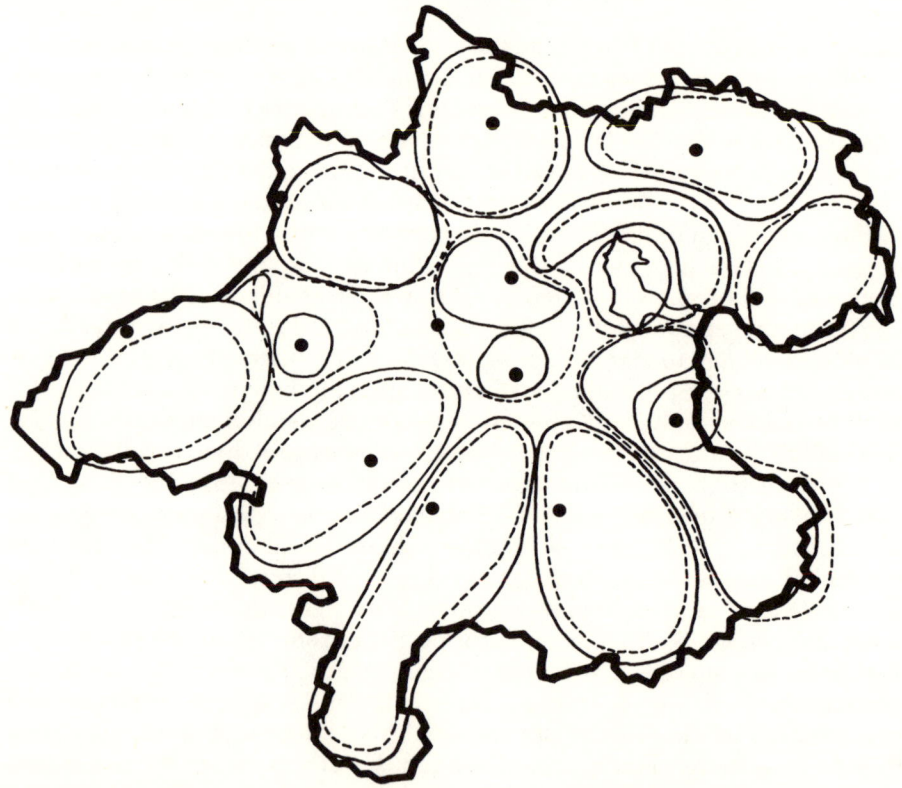

Großgrundbesitz (ganz OÖ. ein Wahlkreis):	10 Landtagsabgeordnete
15 Wahlbezirke der Städte und Industrialorte (—):	17 Landtagsabgeordnete
Handels- und Gewerbekammern	3 Landtagsabgeordnete
12 Wahlbezirke der Landgemeinden (– – –):	19 Landtagsabgeordnete

dern der Handels- und Gewerbekammer gewählt. Bei der geringen Mitgliederzahl von knapp mehr als 30 ist hier die Chance, gewählt zu werden, größer als beim Großgrundbesitz.
Auch bei den Städten und Industrieorten und der Kammer gibt es direkte Wahlen, wahlberechtigt sind in den Städten aber nur jene, die in Gemeinden mit drei Wahlkörpern zum ersten oder zweiten Wahlkörper zählen. Aus dem dritten Wahlkörper sind für Landtagswahlen nur jene mit einem Mindeststeuersatz von zehn Gulden an direkten Steuern wahlberechtigt. In Gemeinden mit weniger als drei Wahlkörpern sind die ersten zwei Drittel der Wahlberechtigten für die Landtagswahlen wahlberechtigt.
Die Wählerklasse der Landgemeinden besteht aus 19 Wahlbezirken, sie umfassen im Durchschnitt je vier ,,politische Bezirke" der alten Verwaltungsgliederung, also etwa Grein, Pregarten, Mauthausen und Perg. Die Landgemeinden werden in der Landesordnung auch als ,,übrige Gemeinden" bezeichnet, und stellen 19 Abgeordnete. Hier gibt es allerdings keine direkte, sondern eine indirekte Wahl durch Wahlmänner. Im Durchschnitt wird für je 500 Bewohner ein Wahlmann gewählt, die Wahlmänner ihrerseits wählen erst den Abgeordneten. Bei der großen Zahl der damaligen Analphabeten ist dies anfänglich nicht ganz unverständlich.
Die Landtagswahlen finden übrigens bewußt nicht gleichzeitig für sämtliche Wählerklassen statt, Oberösterreichs erste Landtagswahl etwa zeigt folgenden Terminkalender: 19. März 1861 Wahl der Landgemeinden; 19. März Wahl der Handels- und Gewerbekammer; 21. März Wahl der Städte und Industrialorte; 23. März 1861 Wahl des großen Grundbesitzes[20]. Die Wahlen sind auch keineswegs geheim, sondern öffentlich, in keiner Wählerklasse wird vorerst mittels Stimmzettel gewählt. Wahlberechtigt sind großjährige österreichische Staatsbürger nach Vollendung des 24. Lebensjahres.
Die Wahlausschreibung erfolgt auch in späteren Jahren keineswegs durch den scheidenden Landtag oder den Landeshauptmann, sondern durch den Statthalter.
Der Weg einer demokratischen Ausweitung des Wahlrechts wird insgesamt nur zögernd beschritten. Erstmals unter den Konservativen erfolgt 1891 eine relativ umfangreiche Änderung der Landtagswahlordnung. Dies geschieht immerhin neun Jahre nach der entsprechenden Regelung für Reichsratswahlen[21]. Hauptinhalt: Herabsetzung des Steuerzensus auf fünf Gulden; geheime Wahl mittels Stimmzettel. 1902 erfolgt neuerlich eine Änderung der Landtagswahlordnung[22]. Jetzt ist jede Ortsgemeinde Wahlort; direkte Wahlen erfolgen auch bei den Landgemeinden und der Steuerzensus wird mit acht Kronen festgelegt. Die größte Wahlrechtsänderung führt

man 1909 durch. Es wird nicht mehr ergänzt, sondern die neue „Landtagswahlordnung 1909" beschlossen[23]. Sie zeigt eine drastischste Loslösung des Landtagwahlrechtes vom Gemeindewahlrecht. Auch jetzt gibt es noch keinen Durchbruch zum allgemeinen gleichen Wahlrecht. Für den großen Grundbesitz ist nun eine Gesamtsteuerleistung von 200 Kronen bei der Grundsteuer von mindestens 160 Kronen vorgesehen. Die für das Wahlrecht vorgesehene Steuerleistung in den Städten und Industrieorten wird mit acht Kronen festgelegt, die Gruppe der Intelligenz, die „ohne Rücksicht auf eine Steuerleistung" wahlberechtigt ist, wird leicht ausgeweitet. Schließlich wird eine „allgemeine Wählerklasse" – wie 1896 für die Reichsratswahlen – eingeführt. Damit erreicht man das allgemeine, gewiß nicht gleiche Wahlrecht (für Männer), wenn erklärt wird: „In der allgemeinen Wählerklasse ist jeder physisch großjährige österreichische Staatsbürger männlichen Geschlechts wahlberechtigt, der zur Zeit der Wahlausschreibung in Oberösterreich ein öffentliches Amt oder eine erwerbssteuerpflichtige Beschäftigung oder Unternehmung betreibt oder ein einem Zweig der Landeskultur gewidmetes Anwesen oder ein Haus besitzt, sofern hiermit die persönliche Ansässigkeit in Oberösterreich verbunden ist." Ausschließungsgrund bleibt neben den üblichen Gründen (Militärdienst, Kuratel usw.) die „Armenversorgung".

Den großen – und letzten – Wandel, den das neue Landtagswahlrecht von 1909 für Oberösterreich bringt, dokumentiert vorerst die Vergrößerung des Landtages[24]. Hatte der Landtag in den 48 Jahren zwischen 1861 und 1909 50 Mitglieder umfaßt, so sind es nunmehr 69. Neben der Virilstimme des Bischofs bleiben zwei Kurien (Großgrundbesitz mit zehn und Kammer mit drei) unverändert. Man nimmt ihnen zwar nichts, läßt aber die Mandatszahl sozusagen „einfrieren". Um zwei Mandate wird die Wählerklasse der Städte vergrößert (von 17 auf 19), um drei die der Landgemeinden, von 19 auf 22. Hinzu kommt die „allgemeine Kurie", die 14 Mandate erhält. (In anderen Ländern bringt die etwa gleichzeitig durchgeführte Wahlreform sehr unterschiedliche Ergebnisse; so wird in Niederösterreich die jetzt einheitliche Wählerklasse der Städte und Landgemeinden von 55 auf 46 herabgesetzt. In der Steiermark erhalten die Städte neun und die Landgemeinden fünf zusätzliche Mandate und werden gleich stark.)

Die Zahl der Mitglieder des Landesausschusses werden mit sieben festgelegt. Der Vorsitzende des Landesausschusses, das ist der vom Kaiser ernannte Landeshauptmann, ernennt „für Verhinderungsfälle einen Stellvertreter zur Leitung des Landesausschusses aus dessen Mitte".

Mit dieser Wahlrechtsänderung von 1909 macht man – für den Bereich der Landtagswahlen – den Schritt zum „allgemeinen Wahlrecht", der bei den

Reichsratswahlen schon 1896 realisiert worden war. Oberösterreich verfügt bei 840.909 Einwohner (1908) über 176.746 Wahlberechtigte (21,02 Prozent der Gesamtbevölkerung). Nicht realisiert aber wird der Schritt zum ,,gleichen" Wahlrecht: Von der Gesamtzahl der Landtagsmitglieder fielen bei den letzten Landtagswahlen 20 Prozent auf den Großgrundbesitz, 1909 nunmehr 14,5 Prozent. Die drei Abgeordneten der Handels- und Gewerbekammer hatten bisher einen Anteil von 6,0 Prozent, nunmehr einen solchen von 4,3 Prozent. Das waren ja die beiden Kurien, deren Mandatszahl bei einer Erhöhung der Gesamtzahl der Mandate zwar gleichgeblieben war, deren Anteil aber bescheidener wurde. Der Anteil der 17 Städte-Vertreter betrug bisher 34,0 Prozent, der nunmehrige der 19 Abgeordneten trotzdem nur 27,5 Prozent. Die Landgemeinden hatten mit 19 Sitzen einen Anteil von 38 Prozent; auch sie fielen trotz Erhöhung der Mandatszahl von 19 auf 22 auf 31,9 Prozent. Ein Fünftel der Wähler (20,3 Prozent) entfallen nun seit 1909 auf die ,,Allgemeine Kurie"[25].

Ein anderes Bild aber zeigt die noch immer vorhandene Ungleichheit deutlicher: 1909 verfügt die neugeschaffene ,,allgemeine Kurie" über 176.746 Wahlberechtigte: in den Landgemeinden gibt es 64.726 Wahlberechtigte, in den Städten 15.015, beim Großgrundbesitz 123. Auf einen Abgeordneten der neugeschaffenen allgemeinen Wählerklasse entfallen in Oberösterreich 1909 57.161 Einwohner, auf einen der Landgemeinden 27.970 und auf einen der Städte 9722 Wähler.

Trotz allem prellt Oberösterreich (neben Mähren) bei dieser Wahlrechtsreform gegenüber allen anderen Ländern vor, auch wenn das gleichzeitig eingeführte Proportionalwahlsystem zu kompliziert ist, um Wirkungen zu zeigen. Überdies wird dieses Verhältnissystem gegenüber dem sonst vorherrschenden Majoritätsprinzip nur für den neuen, das ganze Kronland umfassenden städtischen Wahlbezirk der allgemeinen Wählerklasse realisiert (in Mähren wird es wieder nur für den Großgrundbesitz und die Kammer angewendet). Auf dem Wahlvorschlag können auch Kandidaten anderer Parteilisten aufscheinen, nicht aber ,,Wilde". Kompliziert ist auch die Mandatsverteilung nach dem sogenannten ,,Hagenbach-Bischofschen-Verfahren".

Überdies finden in Oberösterreich die Bestimmungen des Gesetzes vom 11. April 1907[26], das die Wahlpflicht für die Reichsratswahl regelt, auch für die Landtagswahl Anwendung.

Auch der jahrelange Streitfall über die Wahlberechtigten im Großgrundbesitz wird klargestellt. (,,Als wahlberechtigte Besitzer sind auch die Inhaber solcher geistlicher Pfründen anzusehen, welche mit dem Genusse eines zur Wahl berechtigten landtäflichen Gutes dotiert sind, sofern die Pfründe nicht einem Kloster oder einer sonstigen geistlichen Kooporation oder Stiftung inkorporiert ist.")

★

Die Querverbindung zwischen Landtags- und Reichsratswahlrecht ist für die ersten zwölf Jahre außerordentlich eng: Zwischen 1861 und 1873 werden die Reichsratsabgeordneten (Haus der Abgeordneten des Reichsrates) vom Landtag gewählt.

Anschließend entwickeln sich beide Wahlrechte, das Landtags- und das Reichsratswahlrecht, immer weiter auseinander – bis hin zum allgemeinen gleichen Wahlrecht für das Abgeordnetenhaus des Reichsrates, wohin der Landtag, angesichts einer dafür nicht zu gewinnenden Zweidrittelmehrheit, bis zum Beginn des ersten Weltkrieges nicht mehr folgen kann.

Der aus zwei getrennten Kollegien, dem Herrenhaus und dem Haus der Abgeordneten, bestehende Reichsrat soll bewußt eine Einheit darstellen; so müssen sich beide Häuser jeweils gleichzeitig versammeln, Einberufung, Vertagung und Schließung erfolgt immer gemeinsam.

Neben den gewählten Mitgliedern des Abgeordnetenhauses werden die des Herrenhauses ausschließlich durch den Kaiser ernannt. Hier kann besonders schwer gesagt werden, wie groß der Anteil der oberösterreichischen Herrenhausmitglieder ist[27]. Geburtsort und langjährige Wirkungsstätte sind nur zwei Kriterien. Trotzdem kann gesagt werden, daß Oberösterreich gerade im Herrenhaus stark unterrepräsentiert ist.

Die Oberösterreicher im Reichsrat

Die ersten, 1861 und 1867 vom Landtag entsandten oberösterreichischen Reichsratsabgeordneten, jeweils zehn, sind durchwegs Liberale. 1870 stellen dann die Liberalen sieben und die Konservativen drei Reichsratsabgeortnete. Der kurzfristige Landtag mit konservativer Mehrheit vom Herbst 1871 nominiert acht konservative Reichsratsabgeordnete und zwei Liberale, der vom Dezember 1871 zwei Konservative und acht Liberale.
Während durch das Grundgesetz über die Reichsvertretung von den 343 Abgeordneten etwa Böhmen 54, Galizien 38, Siebenbürgen und Mähren jeweils 26 stellt, entfallen auf Oberösterreich zehn Reichsratsabgeordnete[1]. Der Anhang zur Landesordnung des Erzherzogthums Österreich ob der Enns bestimmt die Verteilung der vom Landtag zu wählenden Reichsratsabgeordneten. Großgrundbesitz und Virilstimme (Bischof) wählen zwei, die drei Abgeordneten der Landeshauptstadt Linz, die drei Abgeordneten der Handels- und Gewerbekammer, die sieben Abgeordneten der Städtewahlkreise Steyr, Urfahr, Grein, Freistadt, Rohrbach, Kirchdorf und Enns und die sieben Landtagsabgeordneten der Städtewahlkreise Wels, Ried, Eferding, Vöcklabruck, Gmunden, Braunau und Schärding wählen jeweils einen Reichsratsabgeordneten. Die sieben Abgeordneten der Landgemeinden Linz, Grein, Freistadt, Rohrbach, Wels, Steyr und Kirchdorf wählen jeweils zwei und die fünf Landtagsabgeordneten der Landgemeinden Vöcklabruck, Gmunden, Ried, Schärding und Braunau wählen ebenfalls zwei Reichsratsabgeordnete[2].
Insgesamt nominiert der oberösterreichische Landtag fünfmal (1861, 1867, 1870, September 1871, Dezember 1871) die oberösterreichischen Abgeordneten für den Wiener Reichsrat, doch kann dieser nur sehr beschränkt in Funktion treten, weil sich eine Reihe von Landtagen weigern, Abgeordnete in ein gemeinsames Parlament, ab 1867 in ein Parlament Zisleithanien, zu entsenden.
Ab 1873 werden dann von den Liberalen direkte Reichsratswahlen durchgesetzt – gleichfalls – innerhalb der vier Wählerklassen (Großgrundbesitz, Städte, Handelskammer, Landgemeinden). Dies wird übrigens von den Katholisch-Konservativen Oberösterreichs, die sich mit Recht durch die Wahl der Reichsratsabgeordneten durch den Landtag benachteiligt fühlen, ebenfalls begrüßt. Felix Kern bezeichnet dies sogar als eine der vorrangigsten Forderungen des damaligen katholischen Volksvereins[3]. Beide politische Gruppen, Katholisch-Konservative und Liberale, gehen dabei opportunistisch vor und wollen nicht die damit verbundene starke Entmachtung

des Landtages sehen; sie stellen auch gar nicht die Frage, ob der Landtag nicht eine andere Nominierung der Reichsratsabgeordneten hätte durchführen können.

Klar sieht diese Situation ein Mann, der zwischen 1868 und 1871 Statthalter von Oberösterreich gewesen war, anschließend 1871 Ministerpräsident wird und nun, 1873, Organisator und Führer der „rechten" Opposition, Graf Hohenwart. Er schreibt: „Die Bahn des Rechts (die Abschaffung des Reichsratswahlrechts der Landtage war formell ein neuer Verfassungsbruch der ‚verfassungstreuen' Regierung) ist einmal verlassen . . .[4]." Schaeffle, Handelsminister unter Hohenwart, an den dieser Brief gerichtet ist, informiert weiter sehr drastisch über die Machinationen der Liberalen bei der Mandatsverteilung des Großgrundbesitzes, die auch die oberösterreichische Landespolitik durch ein Vierteljahrhundert berühren. Er berichtet über diese Auswirkungen auf die Wiener Politik im Zusammenhang mit diesen ersten direkten Reichsratswahlen von 1873: „Schlimmer als die Börsenorgien der [liberalen] Parteiangehörigen war das Ansehen der Regierung [Auersperg] durch die Art des *Ankaufes* von Stimmen für die Mehrheit im Parlament bloßgestellt worden. Die Regierung hatte bei der Neuwahl im Herbst 1873 gesiegt. Aber sie hatte dadurch gesiegt, daß sie durch ihre Geldmänner eine Anzahl mit Stimmrecht ausgestatteter Güter des Land- und Lehenstäflichen Großgrundbesitzes hatte erwerben und dabei eine geradezu gaunerisches Treiben gewähren lassen . . .[5]."

Ab 1873 sind es nicht mehr zehn, sondern 17 Reichsratsabgeordnete, die Oberösterreich stellt. Die Reichsratswahlordnung von 1873 sieht vier Wahlkörper vor: den des Großgrundbesitzes, bei dem ganz Oberösterreich einen Wahlkreis bildet und der drei Reichsratsabgeordnete stellt. Für die städtischen Wahlkörper gibt es fünf Wahlkreise (Linz, Freistadt, Steyr, Wels, Ried), wobei Linz zwei, die übrigen vier Städte-Kreise je einen Abgeordneten stellen. Einen stellt die Kurie der Handels- und Gewerbekammer. Die Landgemeinden stellen in sieben Wahlbezirken (Linz, Freistadt, Rohrbach, Schärding, Ried, Wels, Gmunden) je einen Reichsratsabgeordneten[6].

Die Katholisch-Konservativen erringen auf den ersten Anhieb sechs dieser 17 Reichsratsabgeordneten und bezeichnen dies als „herrlichen Sieg"[7]. Nun ist dies zwar eine stärkere Reichsratsvertretung der Konservativen als 1871 (damals 2:8) und das Verhältnis 11:6 scheint nicht ungünstig. Gewiß war es auch den Katholisch-Konservativen auch bei den Reichsratswahlen gelungen, die Landgemeindebezirke bis auf eine zu gewinnen; aber die Wählerklassen der Städte, der Handelskammer und des Großgrundbesitzes entsenden ausschließlich liberale Reichsratsabgeordnete[8].

Auch weiterhin bleibt – und zwar auch nach Einführung direkter Reichsratswahlen – sehr oft die Ämterkumulierung von Landtag- und Reichsratsabgeordneten bestehen. Doch ist es keine solche Selbstverständlichkeit mehr wie zwischen 1861 und 1872.
Es bleibt weiterhin so, daß während der Tagungen des Reichsrates Sitzungen der Landtage nicht stattfinden dürfen. Die Kombination von Landtags- und Reichsratsabgeordnetenmandate bewährt sich übrigens bei zahlreichen Sachfragen – wie sehr allerdings die Betroffenen überansprucht werden, zeigt etwa der frühe Tod mancher Spitzenpolitiker, so der von Dr. Beurle.
Für den Bereich des Reichsrates können die Konservativen 1879[9] ihre Position gegenüber 1873 ausbauen, so daß vorerst neun Liberale und acht Konservative gewählt werden. Die Konservativen erringen das siebente Landgemeindemandat und erstmals ein Städtemandat – und zwar das von Wels, das Graf Falkenhayn, 1871 kurzfristig Landeshauptmann von Oberösterreich und nunmehr Landwirtschaftsminister in wechselnden Regierungen, gewinnt[10]. Nun aber bahnt sich eine Umkehr der Mandatszahlen zwischen Liberalen und Katholisch-Konservativen auch bei der Reichsratsvertretung an: die Wahl der liberalen Dehne, Dr. Groß und Freiherr von Handel wird 1880 vom Reichsrat für ungültig erklärt und Neuwahlen ergeben drei konservative Vertreter (Dürckheim-Montmartin, Haydn und Abt Moser). Freiherr von Handel, übrigens der Vater des nachmaligen letzten kaiserlichen Statthalters von Oberösterreich, Erasmus Freiherr von Handel, scheint die Aberkennung so geschockt zu haben, daß er politisch nie mehr in Erscheinung tritt[11].
Endergebnis von 1880: Elf Konservative und sieben Liberale. Damit wird der konservative Durchbruch, der im Landtag 1884 erfolgt, vorweggenommen.
1881 hatte der Volksvereinsausschuß die Bildung des neuen „Zentrumsklubs" im Wiener Reichsrat gebilligt und den Beitritt der oberösterreichischen Volksvereins-Abgeordneten zu diesem Klub beschlossen[12].
1882 wird im Rahmen verschiedener Änderungen der Reichsratswahlordnung auch die Wählerklasse der Städte in Oberösterreich geändert[13], allerdings bleiben die bisherigen Wahlkreise im wesentlichen erhalten.
1885, ein Jahr nach dem Durchbruch der Konservativen im Landtag, kann das Ergebnis von 1879/1880 durch die Konservativen nicht gehalten werden, immerhin stehen sieben Liberale bzw. Deutschliberale (sechs Städtemandate und das Mandat der Handelskammer) zehn Konservativen (sieben Landgemeindemandate, drei des Großgrundbesitzes) gegenüber. Das Welser Städte-Mandat geht wieder an die Liberalen.

Die Oberösterreicher im Reichsrat 1861 bis 1918

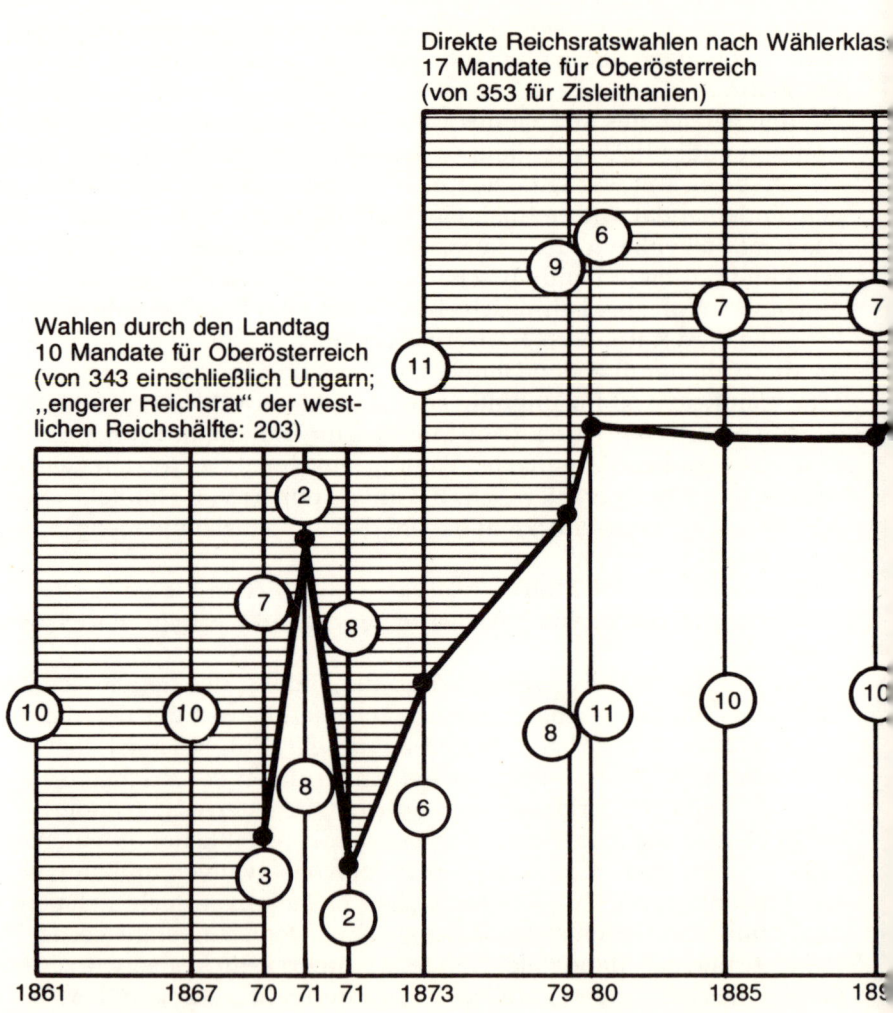

Die Oberösterreicher im Reichsrat

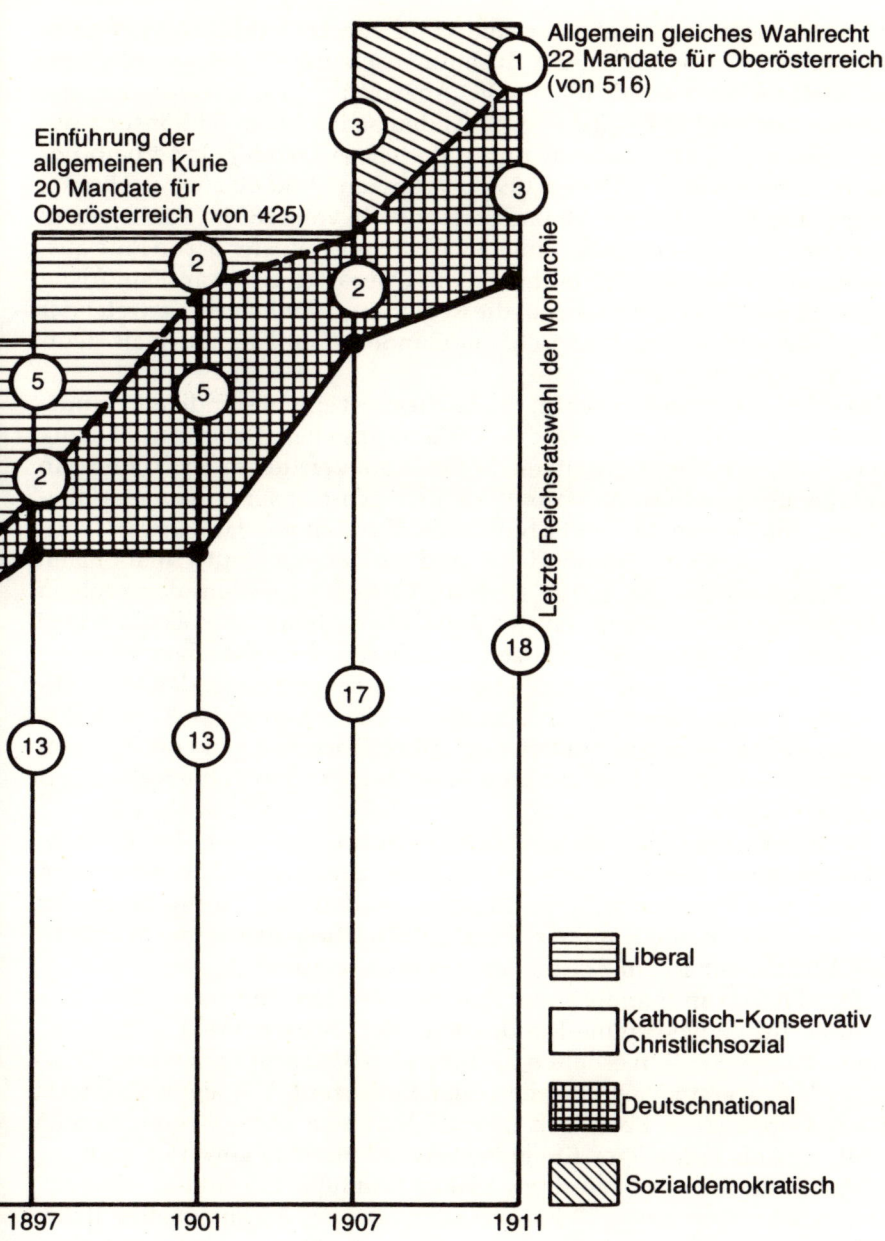

Gesamtösterreichisch bringt schon die Wahl von 1885 eine Festigung der Konservativen. Die komplizierte Zusammensetzung des Abgeordnetenhauses zeigt folgendes Bild: 185 der 353 Abgeordneten sind Deutsche; von den Deutschen sind 114 (– 31) liberal, 23 deutschnational, 38 konservativ, 2 christlichsozial, 2 Demokraten und 6 Parteilose (Wilde). Innerhalb der deutschen Abgeordneten zählen 139 zur ,,Linken" und 40 zur ,,Rechten". Die Regierung Taaffe kann auch nach dieser Wahl von 1885 im Amt bleiben; aus der Regierung scheidet allerdings 1886 Handelsminister Baron Pino aus, der zwischen 1879 und 1881 Statthalter von Oberösterreich war. Kurzfristig tritt ein anderer Oberösterreicher in die Regierung, nämlich als Vertreter der ,,Linken" der Linzer Landesgerichtsrat Gandolf Graf Kuenburg als deutscher Landsmannminister.

Der Begriff ,,Linke" und ,,Rechte" im Reichsrat ist einem ständigen Wandel unterworfen: Nach Wiederkehr des Verfassungslebens, also nach Einzug der verschiedenen Nationen, sitzen die Polen auf der äußersten Rechten, an die sich die übrigen Slawen, dann die Katholisch-Konservativen anschließen. Ganz links sitzen die Deutschliberalen. Zur Zeit von Hohenwarts ,,Eisernem Ring" sitzen die Schönerianer und die übrigen Deutschnationalen auf der äußersten Linken, später auch die Christlichsozialen, dann folgen die übrigen deutschen Gruppen, während die Katholische Volkspartei bei der Rechten sitzt. Von 1897 an sitzen zwischen den Christlichsozialen die Sozialdemokraten, wogegen die Schönerianer schon fast in der Mitte sitzen. Ab 1907 nimmt die mit den Christlichsozialen vereinigte Katholische Volkspartei ebenfalls auf der äußersten Linken Platz, während die in einem national gemischten Klub vereinigten Sozialdemokraten in die Mitte übersiedeln[14].

Auch bei den Wahlen von Februar/März 1891 können die Konservativen ihren Mandatsstand halten, aber nicht erweitern und immer deutlicher wird der erstarrende Proporz sichtbar: Landgemeinden und Großgrundbesitz konservativ, Städte und Kammer liberal (10:7). Übrigens war der Wahlaufruf des Volksvereins vom Statthalter verboten worden[15].

Von den 1416 Wahlmännern der Landgemeinden stimmen 1208 oder 85 Prozent für Volksvereins-Kandidaten; der Bauernverein erhält 208 Stimmen. In den Städten erhalten die Liberalen 5283 Stimmen oder 57 Prozent, der Volksverein 3968 Stimmen oder 43 Prozent. Vor allem aber wird Volksvereinspräsident Ebenhoch mit 187 Stimmen ohne Gegenstimmen gewählt, was als einmaliges Ereignis in der Monarchie gewertet wird.

Von den 353 Reichsratsabgeordneten fallen nunmehr 119 auf die ,,Rechte" (30 Deutsch-Konservative, 57 konservative Slawen, 3 konservative Italiener, 15 Christlichsoziale, 8 Ruthenen und 6 ,,Wilde"), die ,,Linke" zählt 176

Entscheidender Durchbruch: allgemeine Wählerklasse 103

Abgeordnete (109 Deutsch-Liberale, 20 Deutsch-Nationale, 32 Jungtschechen, 8 liberale Slawen und Italiener, dazu 7 „Wilde")[16]. Ein Teil der „Rechten" hatte sich im „Klub der Konservativen" zusammengeschlossen, der 74 Abgeordnete zählt. Unter diesen befinden sich sämtliche zehn konservativen Abgeordnete aus Oberösterreich.
Schon 1893 war Ministerpräsident Taaffe und sein Finanzminister Steinbach mit dem Plan einer Reform der Reichsratswahlen gescheitert, doch bleiben die Probleme einer solchen Wahlreform die nächsten 14 Jahre aktuell.
1896 wird ein erster Erfolg dieser Bestrebungen durch die Einführung der „Allgemeinen Wählerklasse" durch Ministerpräsident Badeni sichtbar. Wenn auch noch nicht das „gleiche" Wahlrecht eingeführt wird und die Wählerklassen bestehen bleiben, so werden erstmals alle Männer unabhängig von ihrer Steuerleistung wahlberechtigt, es sind also schon „allgemeine" Wahlen, wenn auch nur für Männer[17]. Mit diesen Wahlen wird übrigens die höchste Zahl der Wahlberechtigten (257.153) in Oberösterreich bis zum Ende der Monarchie erreicht.
Die Mitgliederzahl des Abgeordnetenhauses wird von 353 auf 425 erhöht; Oberösterreich stellt künftig nicht mehr 17, sondern 20 Reichstagsabgeordnete. Die Katholisch-Konservativen sind in Oberösterreich die einzigen Gewinner der Wahl von 1897: neben den sieben Mandaten der Landgemeinden und den drei des Großgrundbesitzes, erobern sie sämtliche drei neuen der allgemeinen Wählerklasse. Die Deutsch-Liberalen bekommen nur noch vier Städtemandate. Und die Deutschnationalen triumphieren über zwei erreichte Städtemandate (die begehrten Linzer) und das Kammermandat. Die „Tagespost" kommentiert die Wahl mit dem Hinweis, die Wähler hätten „nunmehr den Deutschnationalen die Führung im „Kampf gegen den Klerikalismus" übertragen. Gesamtergebnis: 13 Katholisch-Konservative, 5 Liberale und 2 Deutschnationale[18]. Gesamtösterreichisch erzielten aber auch die Deutschnationalen (plus 26), Christlichsoziale (plus 20) und Sozialdemokraten (erstmals 14) Erfolge.
1901 bringt ein ähnliches Bild wie 1897: die Katholisch-Konservativen beherrschen die drei Kurien: Großgrundbesitz (3), Landgemeinden (7) und allgemeine Kurie (3). Der Vertreter der Handelskammer, Dierzer, und der gegen Prof. Erb in Steyr gewählte Redl schließen sich der Deutschen Fortschrittspartei an, die restlichen fünf Städtevertreter sind Deutschnationale (Deutsche Volkspartei). Hier steht es also 2:5, bisher 5:2.
Optisch aber geht die Katholische Volkspartei aus diesen Reichsratswahlen vom Jänner 1901 als Verlierer hervor, denn Landeshauptmann Ebenhoch verliert im Städtewahlkreis Wels gegen den deutschnationalen Holter[19] und

Stimmenanteil und Mandatsverteilung bei den Reichsratswahlen in Oberösterreich nach Einführung des allgemeinen Wahlrechts

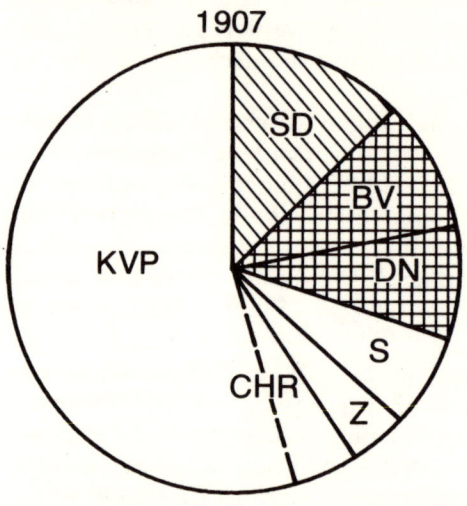

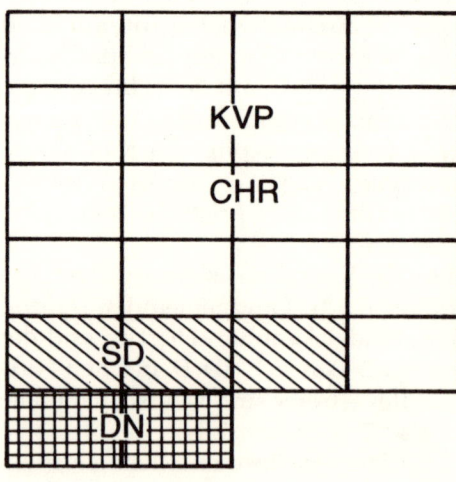

Katholische Volkspartei		60,12 %
Christlichsoziale		3,94 %
Sozialdemokratische Arbeiterpartei		12,74 %
Bauernverein		9,13 %
Deutschnationale (= Deutsch-Freiheitliche)		8,56 %
Selbständige Kandidaten		4,26 %
Zersplitterte		1,25

Die Oberösterreicher im Reichsrat

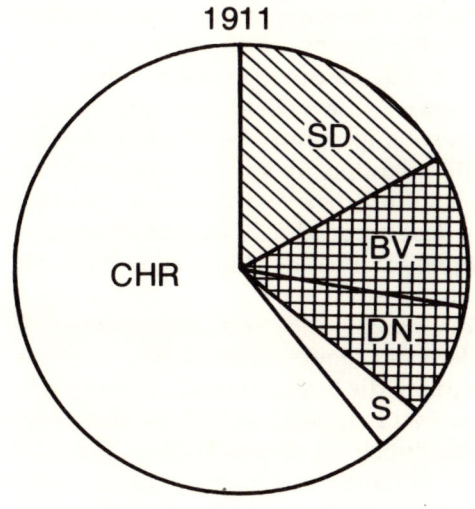

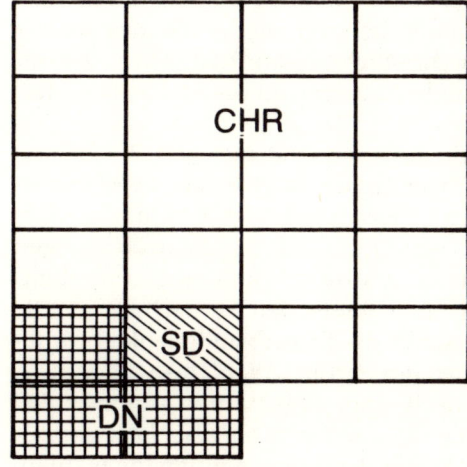

Christlichsoziale	61,10 %
Sozialdemokratische Arbeiterpartei	14,40 %
Bauernverein	11,45 %
Deutschnationale (= Deutschfreiheitliche)	8,50 %
Selbständige Kandidaten	4,55 %

Dr. Beurle siegt im schwierigen Mühlviertler Städtewahlkreis; dagegen fällt die Niederlage des deutschnationalen Erb gegenüber dem mit katholischen Stimmen gewählten maßvollen Liberalen Redl in Steyr weniger ins Gewicht.

Die Einführung einer allgemeinen Wählerklasse kann den Wunsch nach Einführung des allgemeinen, gleichen Wahlrechts nicht verdrängen, das zehn Jahre später, 1907, wenn auch nur für Männer, realisiert wird[20].

Von Anbeginn an waren verständlicherweise die Sozialdemokraten für das neue Wahlrecht, frühzeitig auch Landeshauptmann Ebenhoch und seine Katholische Volkspartei. Die Sozialdemokraten übergeben noch im November 1905 eine entsprechende Resolution den verschiedenen Bezirkshauptleuten und unterstützen diese Resolution durch Demonstrationen. Ende November 1905 spricht sich schließlich auch der Linzer Gemeinderat für das allgemeine und gleiche Wahlrecht aus[21].

Das uneingeschränkte „Ja" von Volksverein und Sozialdemokraten ist ebenso verständlich wie die Bedenken der Deutschnationalen. Gewisse Sorgen der Volkspartei versucht man durch die Einführung der Wahlpflicht für Reichsratswahlen in Oberösterreich zu beheben[22]; rund die Hälfte der Länder der westlichen Reichshälfte führt noch vor diesen Wahlen von 1907 die Wahlpflicht ein[23]. Der Wahlkampf ist länger und farbiger als je zuvor. Insbesondere reklamiert der sozialdemokratische Parteisekretär Kollinger viele als wahlberechtigt, beantragt gleichzeitig aber noch mehr Streichungen aus den Wählerlisten. Die Volkspartei bereitet wieder für ihre Wähler gummierte Zettel mit den Namen der christlichen Kandidaten vor, die nur auf die Wahlzettel zu kleben sind. Erregte Anfragen an die Statthalterei folgen, ob dies statthaft sei[21].

Welches sind 1907, vor den ersten allgemeinen und gleichen Reichsratswahlen, die Parolen der drei Parteien? Der gesamtösterreichische Wahlaufruf der Deutschnationalen, der auch in Oberösterreich groß gebracht wird, spricht davon, es müsse verhindert werden, „daß in Österreich gegen Deutsche regiert werde". „Jeder Deutsche würde es fühlen, wenn der deutsche Teil Österreichs zugunsten des nicht-deutschen vernachlässigt, die Geltung der deutschen Sprache und somit die Erwerbsmöglichkeit für jeden Deutschen eingeengt würde." Nach der Parole „Wählt also deutschgesinnte Männer" folgt die Forderung nach einer allgemeinen Altersversorgung und einer Festigung des Mittelstandes. In einem kurzen Nachwort für Oberösterreich heißt es: „nach dem Wahlpflichtgesetz müßt Ihr wählen. Aber Ihr könnt frei nach Eurer Überzeugung wählen. Und wenn Ihr Euch vor Augen haltet, daß Ihr Deutsche seid und daß die klerikale Partei Euer Vertrauen nicht verdient, werdet Ihr freie und deutschgesinnte Kandidaten

wählen . . ., auch noch die nahestehenden Kandidaten der unabhängigen Bauernschaft unterstützen[24]."
Ein Stück Wahlpropaganda besteht schon allein darin, daß die Deutsch-Liberalen sowohl „Katholische Volkspartei" wie „Christlichsoziale" grundsätzlich nur als „Klerikale" bezeichnen. Ebenso unsinnig werden die Deutschfreiheitlichen vom „Linzer Volksblatt" fast ausnahmslos als „Judenliberale" bezeichnet.
Dem 13-Punkte-Programm von Landeshauptmann Ebenhoch beim Parteitag der Katholischen Volkspartei sind drei Schwerpunkte vorausgestellt: I. Wir stehen auf dem Boden des positiven Christentums, wollen die Rechte und die Freiheit der katholischen Kirche erhalten wissen, wie wir unsererseits jene der anderen Konfessionen nicht antasten. Die Gebote des Christentums sind für uns der Leitstern im privaten und öffentlichen Leben. II. Wir sind schwarzgelbe Österreicher durch und durch und dem geliebten Kaiserhause mit unverbrüchlicher Treue ergeben. III. Wir sind treue Söhne der deutschen Nation, werden ihre Rechte verteidigen, wann und wo sie gefährdet sind. Wir werden aber auch den anderen Nationen unseres Vaterlandes die Gerechtigkeit halten, die ihnen staatsgrundgesetzlich gewährleistet ist." Gegenüber konservativen Absplitterungsversuchen wird ausdrücklich auf eine notwendige „gewissenhafte Einigkeit" verwiesen[25]. Ein letzter Aufruf Ebenhochs beginnt mit „Seid einig!" und endet mit „Bleibt einig!"
Und in einem Schreiben an den Parteitag der Katholischen Volkspartei erklärt Diözesanbischof Doppelbauer, er wünsche, daß sich die Einigkeit im katholischen Oberösterreich wie in vergangenen Zeiten so auch an diesem hochwichtigen Tage zur Freude aller Guten bewähre[26].
Während die lang zersplitterten sozialistischen Gruppen 1907 einig in die Wahl gehen, müssen beide anderen Parteien mit Splittergruppen und abgesplitterten Einzelkandidaten rechnen. Bei den Deutschnationalen liegt der Streit mit den Liberalen, ähnlich wie bei den Sozialdemokraten mit den radikalen Gruppen, rund ein Vierteljahrhundert zurück. Dennoch kandidiert im Wahlkreis 4 (Steyr) – mit dem bescheidenen Ergebnis von 368 erzielten bei 9050 abgegebenen Stimmen – der „liberale Kandidat" Mitterberger. Im Wahlkreis 12 (Landgemeinden Urfahr-Leonfelden) kandidiert Schmidinger für die „Deutsche Volkspartei" und erhält 968 Stimmen, dazu Zellinger für den „Fadinger-Bund", erhält aber nur 132 Stimmen. Schon gefährlicher ist ein Inserat mit einer Erklärung des „Alldeutschen Vereins für Oberösterreich", unterzeichnet vom Obmann Sepp Melichar und vom „Schriftwart" Sepp Steurer mit folgendem Inhalt: „Als unbedingte Gegner der deutschfeindlichen Wahlreform, durch die das Deutschtum Österreichs an einen

brutalen Gegner ausgeliefert wird, empfiehlt der ‚Alldeutsche Verein für Oberösterreich' seinen Mitgliedern für die morgige Wahl die Abgabe leerer Stimmzettel[27]."

Schwerer hat es die Katholische Volkspartei, am Vorabend ihrer Vereinigung mit den Christlichsozialen, mit alten Konservativen. Dabei geht die Partei nochmals, ein letztesmal, als „Katholische Volkspartei", aber in den drei Linzer Wahlkreisen und in Wels als „Christlichsoziale Partei" in die Wahl, nachdem schon 1902 eine kleine christlichsoziale Splitterpartei in Erscheinung getreten war. Diese Taktik wird im Linzer Bereich vom Wähler zwar nicht honoriert, interessanterweise treten aber konservative Einzelkandidaten gerade hier, bei der wahlwerbenden Gruppe der Christlichsozialen, nicht auf. Der Boden dürfte zu schwierig gewesen sein. Ein solcher „Selbständiger Konservativer" ist etwa im Wahlkreis 12 der Landgemeinden Eferding-Waizenkirchen-Neufelden der Gutsbesitzer Botho Graf Coreth – der hier 2397 Stimmen erringt, ohne den Sieg des Volkspartei-Kandidaten Schachinger im ersten Wahlgang verhindern zu können. Im Wahlkreis 21 (Landgemeinden Lambach-Haag, Schwanenstadt) erringt der „selbständige Klerikale" Gastwirt Wagner 1040 Stimmen, ohne den Spitzenkandidaten der Volkspartei, Abt Baumgartner, verhindern zu können. Der relativ hohe Stimmenanteil Coreths ist vor allem durch die Tatsache erklärbar, daß in diesem Wahlkreis der (nationale) Bauernverein nicht kandidiert. Eine Kandidatur des Bezirkshauptmannes von Urfahr, Hermann Graf Attems, kann die Katholische Volkspartei nur mit Mühe verhindern. Daneben gibt es in fünf weiteren Wahlkreisen selbständige Kandidaten, die nicht weiter ins Gewicht fallen.

Von diesen Selbständigen und Splittergruppen abgesehen kandidiert die Katholische Volkspartei in allen 22 Wahlkreisen, die Sozialdemokratische Partei in 16 Wahlkreisen, der Bauernverein in elf ländlichen und die Deutschfreiheitlichen in den sechs städtischen Wahlkreisen.

Bei der Wahl am 14. Mai 1907 erringt die Katholische Volkspartei die absolute Mehrheit in allen ländlichen Wahlkreisen und somit 16 Reichsratsmandate, die Sozialisten den Wahlkreis Linz 3 (Vororte), der Bauernverein keinen (und kann auch an keiner Stichwahl teilnehmen) und die Deutschfreiheitlichen vorerst auch keinen. Stichwahlen finden in fünf der sechs Städtewahlbezirke statt, wobei die Deutschfreiheitlichen an allen fünf, die Katholische Volkspartei an drei und die Sozialdemokraten an zwei beteiligt sind.

War schon der Wahlkampf heftig gewesen, so wird erst recht hektisch zwischen beiden Wahlen vom 14. und 23. Mai agiert. Es entstehen keinerlei Koalitionen, es ist ein Kampf aller drei gegen alle, wobei noch am ehesten antiklerikale Propaganda von Deutschnationalen und Sozialdemokraten dominiert. In den zwei Linzer Wahlkreisen stehen sich Deutschnationale und Sozialdemokraten gegenüber. Das zeigt die Schwäche der Christlichsozialen in Linz, die nur im Wahlkreis Linz-Vororte zweitstärkste Partei geworden war. Aber hier wird der Sozialist Weiguny gleich bei der ersten Wahl gewählt. In Ried, Wels und merkwürdigerweise auch in Steyr stehen Deutschnationale der Katholischen Volkspartei gegenüber. Denn trotz ihrer Erfolge in Linz werden die Sozialdemokraten in Steyr drittstärkste Partei und kommen gar nicht zur Stichwahl.

In Linz, wo die beiden deutschnationalen Kandidaten im ersten Wahlgang die meisten Stimmen auf sich vereinigen, siegen im zweiten Wahlgang die beiden sozialdemokratischen Kandidaten, die also auch die Mehrzahl der christlichsozialen Stimmen an sich gezogen haben. Damit erringen die Sozialdemokraten auf Anhieb alle drei Linzer Reichsratsmandate. In allen drei anderen Stichwahlen scheint das Gros der sozialdemokratischen Stimmen zu den Deutschnationalen abgeschwenkt zu sein. In Wels langen sie allerdings nicht, um den Sieg des Volksparteikandidaten Zaunegger zu verhindern, der sich als Mann „bescheidener Herkunft" sozialistischen Wählern gegenüber empfiehlt. Dafür gewinnen die Deutschfreiheitlichen die beiden Stichwahlen in Ried und in Steyr. In Steyr stimmt das Gros der Sozialdemokraten gegen den christlichen Arbeiter Kletzmayr und für den deutschnationalen Professor Erbs, etwas, was die christlichen Arbeiter nicht so rasch vergessen. „Volksblatt"-Kommentar zu Steyr: „Es muß ein erhabenes Gefühl für die rote ‚Arbeiter-Partei' sein, einen Arbeiterkandidaten totgeschlagen zu haben[28]." Bei einer Koalition zwischen Katholischer Volkspartei und Sozialdemokraten, die sich angeboten hätte (denn in Linz waren die Christlichsozialen bei der Stichwahl chancenlos, in den drei übrigen Wahlkreisen die Sozialdemokraten) hätten die Deutschnationalen kein einziges Mandat in Oberösterreich erreicht. Bei einer wesentlich schwierigeren Koalition von Deutschnationalen und Sozialdemokraten hätte die Volkspartei vermutlich das einzige bei der Stichwahl errungene Mandat in Wels verloren und die Deutschnationalen zumindest drei Mandate erringen können. Eine deutschnationale Zusammenarbeit mit der Volkspartei wäre kaum denkbar gewesen. Für eine Schützenhilfe der Christlichsozialen in Linz hätten die Deutschnationalen eigene Kandidaten in Steyr oder Ried opfern müssen.

So bringt Hauptwahl und Stichwahl für die Sozialdemokraten den Triumph, alle drei Linzer Mandate zu erobern – einen Erfolg übrigens, den sie 1911, und damit bis zum Ende der Monarchie, keinesfalls mehr wiederholen können. Die Deutschnationalen haben bei der ersten und zweiten

Wahl eher Pech; bei noch mehr Pech wäre auch die Möglichkeit bestanden, kein einziges Mandat zu erhalten. Der (nationale) Bauernverein mit mehr Stimmen als die Deutschfreiheitlichen schneidet noch schlechter ab und erhält kein einziges Mandat. Die Katholische Volkspartei (resp. die Christlichsozialen in Linz) hält sich in den Landgemeinden gegen alle Angriffe sehr gut und schneidet eher bei den Stichwahlen schlecht ab und gewinnt von fünf Mandaten nur das Welser.

Das Endergebnis der ersten Reichsratswahl von 1907 mit 17 Mandaten für die Katholische Volkspartei/Christlichsoziale Partei, mit drei für die Sozialdemokratische Partei und zwei für die Deutschfreiheitliche Partei gibt aller-

Die Mandatsverteilung nach den Reichsratswahlen 1911

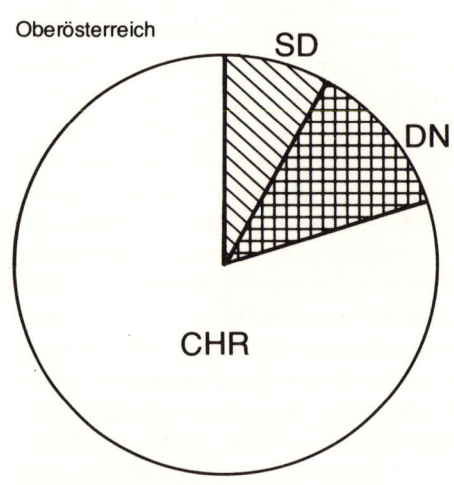

18 Christlichsoziale
3 Deutschnationale
   (Deutsche Volkspartei)
2 Sozialdemokraten
23 Mandate

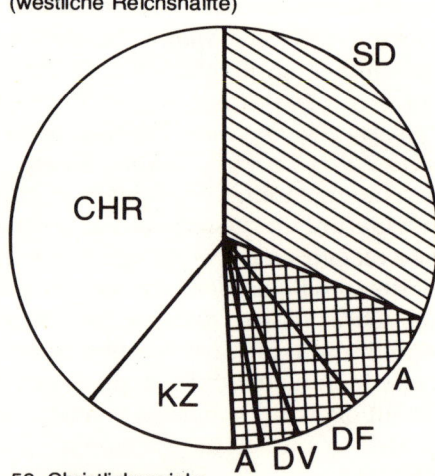

59 Christlichsoziale
28 Katholisches Zentrum
58 Sozialdemokraten
9 Deutsche Agrarier
8 Deutschfortschrittliche
7 Deutsche Volkspartei
2 Freie Alldeutsche
1 Deutschliberaler
172 deutsche Mandate

Triumph für Volkspartei und Sozialisten 111

dings kein ausreichendes Bild der politischen Landschaft Oberösterreichs. Beim ersten Wahlgang – die Gesamtergebnisse nach den Stichwahlen sind nur für die Einzelvergleiche von Interesse – werden in Oberösterreich bei einer Einwohnerzahl von 1,198.161 nur 178.933 Stimmen abgegeben. Das ist übrigens weniger als die Zahl der Wahlberechtigten vor Einführung des allgemeinen gleichen Wahlrechts (1901: 256.668). Von den abgegebenen gültigen Stimmen entfallen 64,06 Prozent auf die Katholische Volkspartei, die allerdings in den drei Linzer Wahlkreisen und im Wahlkreis 5 (Wels) als „Christlichsoziale Partei" kandidiert hatte. Auf die Katholisch-Konservativen kommen 60,12 Prozent und auf die Christlichsozialen 3,84 Prozent. Damit liegt die Katholische Volkspartei unter der Zweidrittelgrenze.
Die zweitstärkste Partei ist 1907, nicht nur nach Mandaten, sondern auch nach der Zahl der abgegebenen Stimmen, die Sozialdemokratische Partei, die einen Anteil von 12,74 Prozent erreicht. Es folgt an dritter Stelle der Oberösterreichische Bauernverein, der mit 9,13 Prozent der abgegebenen Stimmen kein Mandat erzielt, und schließlich als vierte politische Gruppe die Deutschnationalen mit 8,56 Prozent der Stimmen. Zählt man beide liberal-nationalen Gruppen zusammen, so kommt man auf einen Anteil von 17,69 Prozent. Auf selbständige Kandidaten entfallen 4,1 Prozent der Stimmen, auf zersplitterte 1,25 Prozent[29].
Alles in allem bedeutet das Wahlergebnis nach den ersten allgemeinen und gleichen Wahlen für die Katholische Volkspartei, die 17 der 22 Oberösterreich zustehenden Reichsratsmandate erhält, einen Triumph, ebenso auch für die Sozialdemokraten, die mit drei Mandaten sicher mehr als erträumt gewinnen. Herb ist die Enttäuschung für die Deutschnationalen – und das aus vier Gründen: einmal, weil sie nur zwei Mandate erzielen und damit nur drittstärkste Partei werden (stimmenmäßig ist sie übrigens nur viertstärkste Partei nach dem Bauernverein). Sie verliert ein Linzer Mandat und nach der Stichwahl zwei weitere. Sie verliert bei der Stichwahl auch das Welser Mandat und behält – ebenfalls nach Stichwahl – nur die Mandate von Steyr und Ried. Vor allem wird der Berichterstatter der Partei im Reichsrat, Dr. Löcker, nicht wiedergewählt.
Dementsprechend ist der Kommentar nach den Wahlen. Gleich nach dem ersten Wahlgang schreibt die „Tagespost": „Die ersten Wahlen unter dem allgemeinen Stimmrecht sind vorüber und haben denjenigen Recht gegeben, die mit dem größtmöglichen Pessimismus diesem Wahlgang entgegensahen. Wir unsererseits haben uns nie darüber getäuscht, daß das allgemeine Wahlrecht in Österreich zumindestens am Beginn seiner Wirksamkeit vor allem den Gegnern der deutschbürgerlichen Parteien, der roten Sozialdemokratie auf der einen, dem schwarzen Klerikalismus auf der an-

deren Seite Erfolge bringen muß, die naturgemäß auf Kosten der deutschfreiheitlichen bürgerlichen Parteien errungen werden[30]." Die „Tagespost" verweist darauf, daß nur ein einziger städtischer Wahlkreis im ersten Wahlgang besetzt wurde – und zwar vom Sozialisten Weiguny. Und selbstkritisch: „Der große Fehler der freiheitlichen bürgerlichen Parteien angesichts des allgemeinen Wahlrechts bestand darin, daß sie immer noch im Kuriendenken befangen waren und in erster Linie die sogenannten privilegierten Wähler in Betracht zogen[31]." Aber die Deutschnationalen machen es sich vor der Stichwahl wieder zu leicht, wenn sie schreiben: „Es ist ausschließlich Sache der Klerikalen und Christlichsozialen zu überlegen, ob Linz durch drei Sozialdemokraten vertreten werden soll, ob das vollständig rote Linz das erstrebenswerte Ideal der Christlichsozialen sei[31]."

Das „Linzer Volksblatt" stellt zur Stichwahl fest: „Es wird natürlich von uns erwartet, daß wir für die freisinnigen Kandidaten eintreten. Das ist uns aber aus sachlichen und persönlichen Gründen fast unmöglich . . . Sooft wir den Freisinnigen Wahlhilfe gewährt haben, haben wir von ihnen nur Hohn und Spott geerntet. Es ist uns niemals anders als durch Fußtritte gelohnt worden, zuletzt bei den Linzer Gemeinderatswahlen. Niemals wurde die Wahlhilfe durch Gegenhilfe gelohnt[32]."

Entsprechend wird dann nach der Stichwahl erklärt: „Die Deutsch-Freiheitlichen Kandidaten unterlagen einer rot-schwarzen Koalition, die vielleicht aus keinen geschriebenen oder verabredeten Pakt, aber doch auf sichtbaren Tatsachen beruht[33]." Und weiter: „Die Politik, die die Klerikalen bei der letzten Stichwahl verfolgten, war nicht die Politik einer ernsthaften Partei, es war eine Gassenbubenpolitik[34]." Alle weiteren Ausdrücke, wie die von einer „schamlosen Paarung" oder die Bezeichnung des aufstrebenden Politikers Johann Nepomuk Hauser als „Defizientenpriester"[35] beeinflussen die oberösterreichische Landespolitik zweifellos weit über die nächste Umbildung des Landesausschusses (1908 wird Hauser Landeshauptmann!), die nächsten Reichsratswahlen von 1911, ja über das Jahr 1918 hinaus.

Die zweiten – und letzten – Reichsratswahlen nach Einführung des allgemeinen und gleichen Wahlrechts finden 1911 statt. In den 22 oberösterreichischen Wahlbezirken gehen angesichts der Wahlpflicht von 185.109 Wahlberechtigten 172.701 zur Wahlurne (93,9 Prozent).

Das Trommelfeuer der vier politischen Parteien im Lande entspricht der Propaganda vor der Stichwahl 1907. Vor allem versuchen die Deutsch-Freiheitlichen unter dem Hinweis auf eine angeblich christlichsoziale-sozialistische Übereinkunft und angesichts einer für die zweifellos wieder sehr problematischen Stichwahl, die beiden Linzer Wahlkreise der Innenstadt

Die Mandatsverteilung nach den letzten drei Wahlen 1907, 1909, 1911

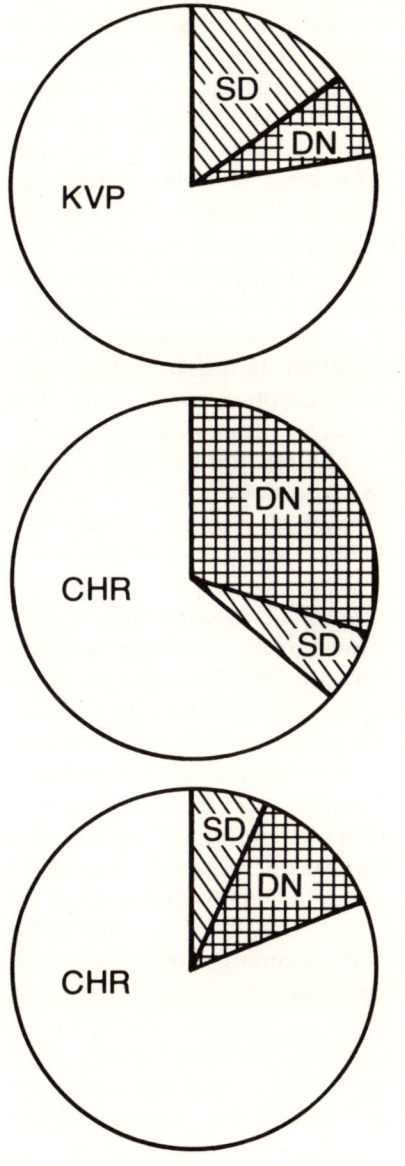

Reichsratswahlen 1907
  (Allgemeine, gleiches Wahlrecht):
Katholische Volkspartei 17
Sozialdemokraten 3
Deutschnationale
  (Deutschfreiheitliche) 2
22

Landtagswahlen 1909
  (Kurien, erstmals allg. Kurie):
Christlichsoziale 47
Deutschnationale
  (Deutschfreiheitliche) 20
Sozialdemokraten 1
68

Nationalratswahlen 1911
  (Allgemeine, gleiches Wahlrecht):
Christlichsoziale 18
Deutschnationale
  (Deutschfreiheitliche) 3
Sozialdemokraten 1
22

gleich im ersten Wahlgang zu erobern, was ihnen gelingt und worüber sie zu Recht triumphieren können. Sie sprechen und schreiben nur von ihrem Linzer Sieg und der beträchtlichen Niederlage der Christlichsozialen in Wien – aber kaum vom Gesamtwahlergebnis in Oberösterreich.
Hier hatten die Christlichsozialen – die erstmals unter diesem Namen in ganz Oberösterreich kandidieren – neuerlich im ersten Wahlgang die 16 Reichsratsabgeordneten in den Landgemeinden erobert. Direktmandate auf Grund der absoluten Mehrheit werden noch in Linz vergeben, und zwar zwei an die Deutschfreiheitlichen und eines an die Sozialdemokraten. Die Sozialdemokraten, die 1911 in Wien ihren Durchbruch erzielen, sonst aber in Zisleithanien eher schlecht abschneiden, sind in Linz die Verlierer des ersten Wahlganges (in dem sie zwei der drei Linzer Mandate verlieren). Die Stichwahl wird nur in den drei Städtewahlkreisen Steyr, Wels und Ried-Urfahr nur noch zwischen Christlichsozialen und Großdeutschen durchgeführt. Entsprechend sind auch die Wahlparolen vor dieser Stichwahl nicht mehr so emotionsgeladen wie 1907. Wenn es auch dem deutschfreiheitlichen Kandidaten Erb gelingt, sich in Steyr zu behaupten, so gelingt es den Christlichsozialen nicht nur, das Welser Mandat mit Zaunegger zu halten, sondern von den Deutschfreiheitlichen den Wahlkreis Ried-Urfahr (für die Christlichsozialen jetzt Bäckermeister Brandl) zu erobern.
Endresultat: von 22 Mandaten entfallen 18 (bisher 17) auf die Christlichsozialen, 3 (bisher 2) auf die Deutschfreiheitlichen und 1 (bisher 3) auf die Sozialdemokraten.
Hinter diesem doch stark gewandelten Kräfteverhältnis steht eine an sich nur geringfügig geänderte politische Situation; auf die Christlichsozialen entfallen 98.554 Stimmen und nach der Stichwahl 102.119, das sind 57,06 bzw. 59,25 Prozent der Stimmen. Ein Großteil der „unabhängigen Kandidaten" ist dabei der christlichen, gewiß konservativen Gruppe zuzurechnen, die zusammen über 6000 Stimmen und 3,65 Prozent erreichen. Mehr als 1907 kann man jetzt nach der Namensänderung darauf verweisen, daß man die Schwenkung zu den Christlichsozialen nicht mitmachen wolle. Der Hauptexponent von 1907, Coreth, erhält zwar nur noch 292 Stimmen (1907 noch 2397 Stimmen), aber Ludwig Ritter von Polzer-Hoditz erringt im Wahlkreis 14 (Freistadt, Pregarten, Unterweißenbach) als Gegenkandidat von Landeshauptmann Hauser immerhin 2453 Stimmen, wenn auch Hauser mit 5435 Stimmen gleich im ersten Wahlgang die absolute Mehrheit und das Reichsratsmandat erringt.
Nach der Zahl der abgegebenen Stimmen sind die Sozialdemokraten, ähnlich wie 1907, die zweitstärkste Partei, mögen sie auch zwei der drei Mandate verlieren. Bei der ersten Wahl erreichen sie 23.362 Stimmen (oder 13,53

Prozent), bei der zweiten 17.170 Stimmen oder 9,96 Prozent. Die Sozialdemokraten sind zwar in Niederösterreich (mit Wien) die großen Gewinner der Wahl, sie verlieren aber insgesamt in Zisleithanien fünf Mandate und ihr Anteil an den für deutsche Parteien abgegebenen Stimmen sinkt zwischen 1907 und 1911 von 31,2 auf 29,0 Prozent.
Die sozialdemokratische „Wahrheit" kommentiert ihr Wahlergebnis in Oberösterreich mit der Feststellung, daß man zwar Mandate verloren, aber Stimmen gewonnen habe, insbesondere habe man in den 16 ländlichen Wahlkreisen 10.847 Stimmen (plus 2141 gegenüber 1907) erhalten und sei am Lande eine „ansehnliche Minderheit" geworden.
Übrigens kandidieren 1911 nur die Christlichsozialen und Sozialdemokraten in allen 22 oberösterreichischen Wahlkreisen. Die Deutschfreiheitlichen (Deutsche Volkspartei) kandidieren nur in sechs Wahlkreisen (1, 2, 3, 4, 5, 6), der Oberösterreichische Bauernverein in elf Wahlkreisen (7, 8, 9, 10, 11, 12, 15, 16, 19, 20, 22). In fünf Wahlkreisen kandidieren weder Deutschfreiheitliche noch Bauernverein, und zwar im Wahlkreis 13 (Ottensheim, Urfahr, Leonfelden, 14 (Freistadt, Pregarten, Unterweißenbach – hier vermutlich um Hausers Gegenkandidaten, Ritter von Polzer, zu fördern), 17 (Steyr-Weyer), 18 (Windischgarsten, Grünburg, Kremsmünster, Kirchdorf) und 21 (Schwanenstadt, Haag, Lambach).
Der Oberösterreichische Bauernverein bleibt drittstärkste Partei, erhält in beiden Wahlgängen 22.011 Stimmen und hat damit einen Anteil von 12,77 Prozent, aber neuerlich kein einziges Reichsratsmandat. Die Deutschfreiheitlichen (Deutschnationalen) bleiben zahlenmäßig viertstärkste Gruppe, erzielen 13.813 und im zweiten Wahlgang 15.960 Stimmen und einen Anteil von 8,0 bzw. 9,96 Prozent und drei Mandate – gewiß die wichtigen beiden von Linz und das von Steyr.
Aus Freude über das Ergebnis der Linzer Wahl wird der Linzer Kaiser-Franz-Joseph-Platz gleich mit schwarz-rot-goldenen Fahnen beflaggt. Auch das Ergebnis in Zisleithanien, wo die verschiedenen deutschnationalen Parteien, die allerdings nicht unter einen Hut gebracht werden können, 104 Mandate erreichen, stärkten diesen Optimismus. In Linz kommentieren die Deutschnationalen das Ergebnis, daß man künftig wieder von „Sieg zu Sieg" marschieren werde[36]. Beurle berücksichtigt bei seinem Optimismus nicht, daß er zu keiner Stunde über das seinerzeitig liberale Potential hinausgekommen war.
Tatsächlich werden die Wahlergebnisse von 1911 für eine Übergangszeit hochbedeutsam. Als nach Ende des ersten Weltkrieges neue provisorische politische Gremien, vorerst ohne Wahl, entstehen müssen, greift man nach dem Parteiproporz von 1911!

53 Jahre Wahlreformbemühungen

Mehr als bei der Landesordnung von 1861 und der Gemeindeordnung von 1864 versuchen die Abgeordneten und politischen Gruppen von Anbeginn an, von der ersten Session des Landtages an, verschiedene Bestimmungen des Wahlrechts zu ändern, ja nach Möglichkeit das Wahlrecht völlig neu zu gestalten. Nach Ausklammerung des Reichsratswahlrechts beschränken sich die Bemühungen auf das Landtags- und Gemeinderatswahlrecht – aber diese bis zum Ende der Monarchie, also durch volle 53 Jahre sichtbaren Bestrebungen sind interessanter als die Wahlrechtsänderungen selbst, für die, von der Anfangszeit abgesehen, eine Zweidrittelmehrheit nötig ist.
Die Schlußbestimmungen der Landtagswahlordnung von 1861 sehen vor, daß Änderungen der Wahlordnung für die erste Legislaturperiode, also für die ersten sechs Jahre, mit einfacher Stimmenmehrheit beschlossen werden können. 1867 verlängert ein Landesgesetz[1] diese Bestimmung für weitere sechs Jahre. Angesichts der kompakten Mehrheit der Liberalen bildet dies für sie keinerlei Risiko. Ab 1873 ist dann eine Abänderung nur noch bei Anwesenheit von drei Viertel der Abgeordneten mit Zustimmung von zwei Dritteln der Anwesenden möglich.
Schon wenige Wochen nach der ersten Landtagssitzung bringen die liberalen Abgeordneten Dr. Groß und Dr. Kremer im Landtag den Antrag nach Novellierung und Revision von Landesordnung und Landtagswahlordnung „im Sinne einer freiheitlichen Entwicklung" ein[2] und am 11. Mai 1861 beschließt der Landesausschuß, in diese Revision einzugehen, aber erst in der Landesausschußsitzung vom 27. November 1862, also eineinhalb Jahre später, werden Verfassung und Wahlordnung diskutiert, ohne daß die Antragsteller in der Zwischenzeit konkrete Vorschläge gemacht hätten. Dafür engagiert sich vor allem das Mitglied des Landesausschusses Dr. Figuly[3]; es geht vor allem um eine andere Art der Bestellung des Landeshauptmannes, wobei interessanterweise der am weitestgehende Vorschlag vom konservativen Landesausschußmitglied Ritter von Haydn kommt, der meint, es sei besser, seiner Majestät die Bitte zu unterbreiten, dem Landtag das Recht zu bewilligen, den Vorsitzenden selbst zu wählen. Haydn macht diesen Vorschlag, obwohl er damit rechnen muß, daß die konservative Gruppe den gegenwärtigen Landeshauptmann, Lebschy, verliert und in absehbarer Zeit kein Mann ihrer politischen Anschauung Landeshauptmann werden kann.
Für den Bereich der Landtagswahlordnung wird vorgeschlagen, den Kreis der beim Großgrundbesitz Wahlberechtigten einzuengen (durch die Voraussetzung von 100 Joch Grund und 200 Gulden an landesfürstlicher Real-

Liberale mit der Wahlordnung zufrieden 117

steuer). Die landtäfliche Eigenschaft eines Grundbesitzes – so die liberale Meinung – „qualifiziere denselben noch nicht zum großen Grundbesitz".
Nicht so sehr in den Bereich einer Wahlrechtsänderung wie in den seiner Auslegung fällt das ab 1868 sichtbare Tauziehen um jene rund 15 Wahlberechtigten für den Großgrundbesitz, die Geistliche sind. Das juristische Tauziehen, ob diese „Besitzer" oder „Inhaber" landwirtschaftlicher Güter sind, wäre an sich kaum interessant, hinge nicht von dieser kleinen Gruppe die Mehrheit in der Kurie des Großgrundbesitzes und letztlich die Landtagsmehrheit ab[4].
Nicht realisiert wird wegen des liberalen Widerstandes der Vorschlag des konservativen Ministerpräsidenten Graf Hohenwart vom Jahre 1871, der in einer Reihe von Ländern, so auch in Oberösterreich, als Statthalter manche Erfahrungen gesammelt hatte. Hohenwarts Vorschlag sieht vier Wählerklassen vor: Großgrundbesitz mit wenigstens 300 Gulden Steuer; Großindustrie mit mindestens 400 Gulden; Erwerbs- bzw. Einkommensteuer (und damit Wegfall der Handelskammer-Kurie); Stadtbewohner mit mindestens 8 (Linz 10) Gulden an direkten Steuern; Landbewohner, ebenfalls mit 8 Gulden Steuer. Beamte wären wie aktive Soldaten und Offiziere von der Wahl ausgeschlossen geblieben[5].
Alles in allem aber wird nur diskutiert – und die Liberalen scheinen mit der Wahlordnung durchaus zufrieden zu sein, denn sie ändern an ihr nichts, obwohl sie dies bis 1873 unschwer und jederzeit hätten tun können.
Im Oktober 1878 beauftragt der Landtag den Landesausschuß, Erhebungen über eine Änderung von Landesordnung und Landtagsordnung zu pflegen und dem Landtag in der nächsten Session Bericht zu erstatten. Ein 1880 vorgelegtes umfangreiches Operat des Landesausschusses empfiehlt, in eine Revision „dermalen nicht einzugehen". Am 7. Juli 1880 beschließt dann der Landtag, die Beratungen über eine Wahlrechtsänderung „auf unbestimmte Zeit zu vertagen". Insbesondere der katholisch-konservative Parteiobmann Brandis hatte eine Vermehrung der Wahlorte in den Industrialorten beantragt. Aber in dieser letzten Landtagsperiode mit liberaler Mehrheit spürt man anhand zahlreicher Petitionen, wie umfangreich innerhalb von 20 Jahren die Wünsche nach einer Wahlrechtsänderung geworden waren: der Superintendentialausschuß der oberösterreichischen evangelischen Diözese fordert „eine Vertretung der evangelischen Kirche im Landtag"; die Gemeinde Schörfling und Industrielle aus Kleinmünchen forderten die Eingliederung dieser Gebiete in die Wahlkreise der Städte und Industrialorte; die Wundärzte verlangten das aktive und passive Wahlrecht; ebenso die „akademisch gebildeten Techniker". Der Bauernverein verlangte direkte Wahlen und geheime Stimmabgabe auch in den Landgemeinden.

Immerhin faßt der Landesausschuß – wieder einmal für die nächste Session – folgende Grundsätze ins Auge: direkte und geheime Stimmabgabe in allen Wahlkörpern; angemessene Vermehrung der Landgemeindewahlkreise – „unbeschadet der Aufrechterhaltung des Interessengleichgewichts"; Herabsetzung des Steuerzensus in den Stadt- und Landgemeindewahlkreisen auf fünf Gulden.

Die Wahl mittels Stimmzettel hatte schon 1869 der liberale Verein in Wels, 1878 das katholisch-patriotische Casino in Linz, dann 349 Steuerträger der Landeshauptstadt, schließlich 1882 der Bauernverein gefordert – es ist somit

Die Berufe der Abgeordneten, Landtag 1867

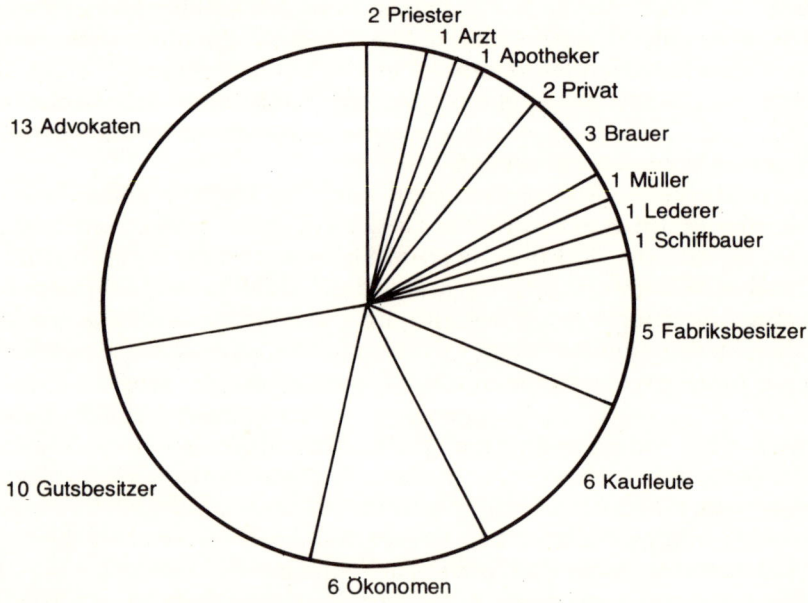

Advokaten	25,49 %	Priester	3,92 %
Gutsbesitzer	19,61 %	Privat	3,92 %
Kaufleute	11,76 %	Arzt	1,96 %
Ökonomen	11,76 %	Apotheker	1,96 %
Fabriksbesitzer	9,80 %	Müller	1,96 %
Brauer	5,88 %	Lederer	1,96 %

Wunsch aller politischen Gruppen des Landes. Anders ist dies bei der Forderung direkter Wahlen – also von Wahlen ohne Wahlmänner – bei den Landgemeinden. Dies war zwar schon 1862 in einer Petition des Abgeordneten Dr. Schlager, dann 1868 vom liberalen Verein in Wels, vom constitutionellen Volksverein in Ried und schließlich 1882 in einer umfangreichen Petition vom Bauernverein gefordert worden. Inzwischen aber waren die Landgemeinden fester politischer Besitzstand des Katholischen Volksvereins geworden; die Katholiken waren anfänglich, insbesondere 1868 auf manche vorerst nicht-deklarierte liberale Wahlmänner hereingefallen. Dann aber hatten sie die Institution der Wahlmänner geschickt auszunützen gelernt. Während der Klerus im Landtag selbst nur vereinzelt eine maßgebliche Rolle spielt, wirkt er hier im Bereich der Wahlmänner intensiv und umfangreich mit. So hängen vorerst die Konservativen am indirekten Wahlrecht der Landgemeinden und an den Wahlmännern. Die Ausweitung der Mandatszahlen der Landgemeinden hatte das katholische Casino in Atzbach, dazu 155 Landgemeinden schon 1875 gefordert; 1876 folgte eine Petition von 138 Landgemeinden und den katholischen Casinos in Ried, Wartberg und Zwettl; 1878 die von weiteren 222 oberösterreichischen Gemeinden. 1882 folgte der Bauernverein.

Gerade das angestrebte „Interessen-Gleichgewicht" zwischen Stadt und Land führt zu sehr sorgfältigen Untersuchungen über die Verteilung der direkten Steuern, gegliedert nach Gerichtssprengeln, nach städtischen und ländlichen Wahlkreisen, die Steuern des Großgrundbesitzes, die Auswirkungen einer Herabsetzung des Wahlzensus auf fünf Gulden u. a.

Die Ausweitung des Wahlrechts auf Bürger, die mehr als fünf Gulden Steuern zahlen, ist das Anliegen aller politischen Gruppen. 1868 beantragt dies der liberale Verein Wels und der constitutionelle Verein Ried (hier ausgeweitet auf alle Steuerzahler), 1875 155 Landgemeinden und das katholische Casino Atzbach, Wartberg und Weyer, 1876 dann 138 Landgemeinden und die katholischen Casinos zu Ried, Wartberg und Zwettl; 1878 fordert dies das katholisch-patriotische Casino Linz, dann 349 Steuerträger von Linz, die Gemeinden Atzbach und Maning.

Die Änderung der Wahlorte und die Ausweitung der Zahl der Wahlorte wird immer wieder (1864, 1866, 1871, 1876, 1878) angestrebt.

Der Landesausschuß legt im September 1883 eine neue (nie verwirklichte) Landtags-Wahlordnung vor, die durchaus nur die liberalen Forderungen zu realisieren versucht: direkte Wahlen bei den Landgemeinden; Stimmenabgabe durch Stimmzettel, also geheime Wahl; Vermehrung der Abgeordneten der Landeshauptstadt Linz um einen und der Landgemeinden des Wahlbezirkes Linz-Umgebung um einen Sitz (so daß künftig die Städte 21, die Landgemeinden 20 Abgeordnete stellen sollen); Ausdehnung des Wahlrechts auf Steuerzahler von mehr als fünf Gulden; Einreihung einer Reihe bisheriger Landgemeinden in die Wählerklasse der Städte; Erhöhung des Steuerzensus beim Großgrundbesitz auf 200 Gulden; Beschränkung des Wahlrechtes auf Männer; Beschränkung der Regierungsbefugnis bei der Wählerliste des Großgrundbesitzes (wo die Statthalter den Klerus immer wieder in die Wählerliste aufgenommen hatten, während bislang der Landtag anschließend den gewählten Landtagsabgeordneten ihr Mandat abspricht)[6].

Aber die Konservativen, bisher nun Motor der wesentlichen Wahlrechtsänderung, treten nach dem Wahlsieg von 1884 und nach Erlangung der Mehrheit im Landtag kurz. Der Landtag beschließt am 17. Oktober 1884[7], die geplante Änderung der Landtagswahlordnung neuerlich dem Landesausschuß zu weiteren Beratungen zu übergeben. Insbesondere soll geprüft werden, ob die Einführung von direkten Wahlen in den Landgemeinden ohne große Schwierigkeiten möglich sei; auch seien die Erfahrungen bei der geplanten Ausweitung des Wahlrechts bei den Reichsratswahlen abzuwarten. Der um Rat gefragte Statthalter Weber antwortete nur teilweise: die Vermehrung der Wahlorte und die Herabsetzung des Wahlzensus habe bei Reichsratswahlen zu keinen Schwierigkeiten geführt; auf die Frage, ob die Einführung direkter Wahlen bei den Landgemeinden zu Schwierigkeiten führe, erklärte der Statthalter, er sei ,,in Festhaltung des von der Regierung in dieser Richtung bereits wiederholt zum Ausdruck gebrachten, ablehnenden Standpunktes nicht in der Lage, sich in irgendwelche Erörterungen dieser Frage einzulassen"[8].

Nachträglich wird dem Statthalter noch die Frage gestellt, ob gegen ein Frauenwahlrecht außerhalb der Wählerklasse des Großgrundbesitzes Bedenken bestehen, und die prompte Antwort des Statthalters, daß ,,von seiten der Regierung kein Anstand erhoben wird", wobei beim Statthalter allerdings wieder nur von einer Wahl ,,durch einen Bevollmächtigten" die Rede ist[9].

In dem ersten Bericht des nunmehr unter konservativer Führung stehenden Landesausschusses von 1888, mit dem gleichzeitig der Entwurf einer ,,revidierten Landeswahlordnung" dem Landtag übergeben wird, heißt es, daß die ,,seit dem Jahre 1861 fast ohne Unterbrechung geführten Verhandlungen betreffs Änderung des Landesstatuts, mit Ausnahme weniger sehr dürftiger Ergebnisse, theils wegen Einsprache der hohen Regierung, theils wegen Mangels der nöthigen Majorität im hohen Landtage ohne Erfolg geblieben sind". Man habe die Reform auf jene Anträge beschränkt, ,,für welche die Zustimmung der hohen Regierung und beider Parteien des hohen

Erste Reform unter den Konservativen 121

Hauses mit einiger Sicherheit voraussetzen konnte"[10]. Dieser Bericht aus dem Jahre 1888, gefertigt vom Berichterstatter, dem konservativen Abgeordneten Josef Kaiser, zitiert allerdings sehr offene Worte des Landesausschusses zum Wahlrechtsproblem: „Und nach welchen politischen Rechtsgrundsätzen blieben [beim Wahlrecht] die besitzlosen Arbeiter ausgeschlossen, die dem Staate ebenso wie die Steuerträger, die Blut- und Consumtionssteuer bezahlen? Wie, kann man fragen, läßt sich mit dem Grundsatze der Gleicheberechtigung der Staatsbürger die Bevorzugung des landtäflichen Großgrundbesitzes rechtfertigen, den fünften Theil der Landtags-Abgeordneten zu wählen, während die Steuer desselben zu den Staats- und Landesumlagen nur mit den achtunddreißigsten Theile der gesamten Steuerschuldigkeit des Kronlandes concurrirt? Mit welchem Rechte ferners gibt das Landesstatut den Industrialorten eine größere Landtagsvertretung als den Landgemeinden mit einer nahezu viermal höheren Steuercontribution?"

Insgesamt werden immerhin acht Vorschläge zur Änderung des Landtagswahlrechts gemacht: Ausweitung des Wahlzensus auf fünf Gulden; jeder Ort der Städtewahlkreise ist Wahlort; Einreihung von bisher den Landgemeinden zugehörigen neun Orten (Schwertberg, Neuzeug, Sierninghofen, Riedau, Frankenburg, Schörfling, Kleinmünchen, Ebelsberg, Uttendorf) in die Wählerklasse der Städte und Industrialorte; die Zulässigkeit von Reklamationen gegen die Wählerliste der Städte und Landgemeinden; Beschränkung der Regierungs-Befugnis bei diesen Wählerlisten; Ausübung des Wahlrechtes der Frauen durch Bevollmächtigte; Stimmabgabe durch Stimmzettel, also erstmals geheime Wahl; engere Wahl unmittelbar nach dem ersten Wahlgang. Es wäre nach dem Entwurf von 1888 also eine wesentliche Demokratisierung erfolgt, wobei die Herabsetzung des Steuerzensus auf fünf Gulden schon bei den Reichsratswahlen von 1882 erfolgt war. Das Frauenwahlrecht wäre gegenüber den Reichsratswahlen modern gelöst worden; ein Fortschritt wäre die geheime Wahl gewesen. Hauptnachteil: Weiterbestehen der indirekten Wahlen bei den Landgemeinden, wo die Katholisch-Konservativen Sorgen wegen des Landbundes haben. Die Wahlrechtsänderung von 1902 zeigt dann, daß diese Sorgen unberechtigt sind.

Diese Wahlrechtsänderung wird zwar nicht zu den Akten gelegt; aber man will nochmals die Erfahrungen anderer Länder sammeln und veraltete statistische Unterlagen durch neue ersetzen[11]. 1888 machen die Liberalen Schwierigkeiten und erklären, ohne Änderung beim Großgrundbesitz überhaupt keiner Wahlrechtsänderung zuzustimmen. Aber gerade der Großgrundbesitz hatte den Katholisch-Konservativen 1884 zur Mehrheit im

Landtag verholfen, so daß den Katholisch-Konservativen vorerst die Hände gebunden sind. Doch die Wiederholung des konservativen Wahlsieges im Jahre 1890 bringt die Wahlrechtsreform doch in Fluß – wenn auch bescheidener als geplant: Herabsetzung des Steuerzensus auf fünf Gulden; kein direktes Wahlrecht in den Landgemeinden; geheime Wahl mittels Stimmzettel; neuerlich kein Frauenwahlrecht (auch nicht in der abgeschwächten Form über Bevollmächtigte)[12].

Bei den Konservativen scheint nun 1890 erstmals Dr. Ebenhoch als Berichterstatter des Gemeindeausschusses auf; in dem von ihm erstellten Bericht[13] wird nachdrücklich aufmerksam gemacht, daß andere Länder schon zahlreiche dringend notwendige Änderungen realisiert hätten. Bezüglich der Wahlen in den Landgemeinden erklärt er, daß direkte Wahlen keine Verschlechterung der Chancen der Landbevölkerung bedeuten dürften; man werde sie nur dann realisieren, wenn jede Ortsgemeinde zugleich Wahlort sein kann; es sei untragbar, daß 70.000 ländliche Wahlberechtigte stundenlang zu den Bezirkshauptmannschaften wegen der Stimmabgabe wandern. Neuerlich hatte die Regierung erklärt, derart viele Wahlorte nicht realisieren zu können. Auf das Frauenwahlrecht geht der Ausschußbericht von 1891 neuerlich mit keinem Wort ein, ebenso wie die nachfolgende Änderung des Landtags-Wahlrechts. In scharfen Zeitungsattacken beschuldigt der Abgeordnete Ebenhoch, das Frauenwahlrecht werde durch die Liberalen verhindert[14].

Eine unerwartete Gegenoffensive der Liberalen von 1890 bzw. 1895, im Interesse der „sogenannten besitzlosen Classe", im Interesse derer, die vielleicht keine direkte, aber eine indirekte Steuer zahlen, entweder zur Einführung des allgemeinen und gleichen Wahlrechts oder zur Einführung einer allgemeinen Kurie führen. Der Antrag der Abgeordneten Ritter von Dierzer-Traunthal[15] und Dr. Bahr[16] wird von der konservativen Landtagsmehrheit vorerst abgetan, denn: offen sei eine neuerlich beantragte Beschickung des Reichsrates durch die Landtage; dann müsse das Landtagswahlrecht mit jenem des Reichsrates „ziemlich gleichen Schritt halten"; auch seien die Wahlreformgespräche im Reichsrat noch nicht abgeschlossen[17].

In den ersten dreißig Jahren – also über das Jahr 1890 hinaus – gehen die Meinungen über eine Reform des Landtagswahlrechtes zwischen Liberalen und Katholisch-Konservativen weit auseinander. Das ist nicht unverständlich, denn beim Wahlrecht handelt es sich um das zentrale politische Anliegen. Ungelöst bleiben deshalb in diesem Menschenalter: Frauenwahlrecht, das direkte Wahlrecht in den Landgemeinden, Beseitigung des extrem ungleichen Wahlrechts (insbesondere bei der Handelskammer und beim

Großgrundbesitz). Andere Dinge werden einer Lösung zugeführt: geheime Abstimmung mittels Stimmzettel; Herabsetzung der Steuerleistung für das Wahlrecht (ab 1891: fünf Gulden; ab 1902: zehn Kronen).

Jetzt aber kommen sich die Wünsche nach mehr Demokratie und mehr Gerechtigkeit und die schrittweise Realisierung immer näher. Daran ist einmal die fortschrittlichere Reichsratswahlordnung schuld; dann aber auch, daß die Liberalen immer bedeutungsloser werden und die Deutschnationalen in manchen Wahlrechtsangelegenheiten anderer Meinung sind als die Liberalen. Schließlich prellen andere Länder vor und Oberösterreich kann nicht nur die Erfahrungen dieser Länder abwarten und auswerten. Während es also volle dreißig Jahre dauert, bis die erste Landtagswahlreform erfolgt (1861 bis 1891, immerhin aber auch sieben Jahre nach dem konservativen Wahlsieg von 1884), geht es jetzt schlagartig mit den Wahlrechtsänderungen (1891, 1902, 1909), wenn auch weiterhin manche Wünsche Wünsche bleiben.

So bemüht sich der Landtag seit 1901, eine „allgemeine Wählerklasse" einzuführen, in der Männer ohne Rücksicht auf ihre Steuerleistung wahlberechtigt gewesen wären, und ersucht den Landesausschuß, die entsprechenden Statistiken über die Steuern unter verschiedenen Gesichtspunkten zusammenzutragen[18]. Weitere Erhebungen sollen die Verteilung der direkten und erstmals auch der indirekten Steuern und die Verteilung der nunmehrigen Bevölkerung nach den bisherigen Wahlkreisen betreffen. Aber kein Wort über eine Einführung des Frauenwahlrechtes, auch nicht über ein mögliches allgemeines, gleiches Wahlrecht, wie dies für Reichsratswahlen schon lebhaft diskutiert wird.

Das Ergebnis der Wahlrechtsreform von 1902[19] ist entsprechend mager: direktes Wahlrecht in den Gemeinden und damit im Zusammenhang, daß in den Landgemeindebezirken jede Ortsgemeinde Wahlort ist. Der Steuerzensus wird mit acht Kronen festgelegt. 1905 legt dann der katholisch-patriotische Arbeiterverein für Oberösterreich zwei mit 18.885 Unterschriften versehene Petitionen zur Einführung des allgemeinen, gleichen Wahlrechts für den Landtag und den Reichsrat vor. Seit Schaffung des Kurienwahlrechts hätten sich zahlreiche Veränderungen ergeben; die indirekten Steuern seien unverhältnismäßig hoch, ebenso die Hauszinssteuer und die Blutsteuer (Wehrdienst). Auch auf die politische Reife der Arbeiterklasse wird verwiesen[20]. Im Bericht des Gemeinde- und Verfassungsausschusses zur Wahlreform wird aber nur allgemein erklärt, der Landtag möge die „Grundzüge" kennzeichnen, die die weitere Wahlrechtsreform bringen solle.

Immerhin kommt es vorerst zur Einsetzung eines „permanenten Wahlreformausschusses"[22], sehr bald aber auch zum Grundsatzbeschluß „am System der Interessenvertretung", also am Kuriensystem, das man allerdings als solches nur noch ungern bezeichnet, festzuhalten[23]. Es geht also in dieser vorletzten Wahlrechtsetappe nur noch um einen Nachvollzug der Reichsratswahlreform von 1897, also um eine vierte oder allgemeine Kurie, um deren Größe, um das Größenverhältnis zu den anderen Kurien – aber kaum noch um die Tatsache, daß praktisch alle erwachsenen Männer wahlberechtigt sind. Mit der Einführung dieser allgemeinen Kurie wird der Landtag von 50 auf 69 Mitglieder vergrößert. Der kaiserliche Statthalter, Erasmus Handel, den man sehr stark in die Wahlrechtsreformdiskussion einschaltet und der dies auch gern tut, will schon jetzt das Proportionalwahlrecht durchsetzen; es erhöhe die Autorität der Parteileitung, fördere die Parteidisziplin und verhindere die „vergiftende Institution der Stichwahlen". Insbesondere der Mangel an Parteidisziplin sei das größte Hindernis einer ersprießlichen Führung der Parlamentsgeschäfte[24].

So kommt es 1909[25] nicht nur zur Errichtung der allgemeinen Wählerklasse, sondern auch zur Einführung des Proportionalwahlsystems, wenn auch nur in der allgemeinen Wählerklasse der aus Städten, Märkten und Industrialorten gebildeten Wahlkreise. Statthalter Handel geißelt in seinen Erinnerungen[24] die regierenden Christlichsozialen, die aus Sorge wegen möglicher Erfolge des Bauernvereins dies am Lande verhindert hätten. Man müßte allerdings gerechterweise hinzufügen, daß es einen einfacheren Weg gegeben hätte – eben die Einführung des allgemeinen gleichen Wahlrechts; aber da wären alle Kurien, auch die des Großgrundbesitzes, verschwunden.

Die eigentlichen Differenzen zwischen Christlichsozialen und Deutschnationalen brechen 1912 auf und führen zu einer in Oberösterreich ungewohnten Obstruktion der Deutschnationalen im Jänner 1912, die erst im September 1913 beendet wird.

Frühe Diskussionen um das Frauenwahlrecht

Obwohl es sich bei der ersten Wahlrechtsdiskussion von 1864 fast ausschließlich um eine Diskussion innerhalb liberaler Funktionäre und Mandatare handelt, gehen die Meinungen gelegentlich weit auseinander. Verständlicherweise stehen keineswegs Fragen eines gewiß problematischen Gleichheitsprinzips im Vordergrund, auch nicht der Versuch, ein möglichst „gerechtes" Wahlsystem zu schaffen. Ganz eindeutig zieht sich wie ein roter Faden durch die Debatten die Meinung, „wer mitzahlt, soll auch mitreden können". Ein Großteil der Politiker jener Jahre huldigt aber zweifellos auch dem Gedanken: Wer mehr zahlt, soll mehr zu reden haben. Eine „höhere Mittelklasse" hat die Macht erobert und ist bemüht, diese Machtstellung zu zementieren. Im übrigen hält man sich beim Wahlrecht enger an den Stadionschen Entwurf von 1849 als in anderen Bereichen.
Nachdem das Wahlrecht aufs engste mit der Steuerleistung zusammenhängt, ist die Benachteiligung der Jugend auf Schritt und Tritt sichtbar. Bauernsöhne sind erst dann wahlberechtigt, wenn sie den Hof übernehmen und Steuern zahlen. Nicht anders ist es bei Gewerbetreibenden. Und auch bei weiteren Berufsgruppen jener Jahre, „Hausbesitzer", „Rentier" dürfte Jugend nicht vertreten gewesen sein. Aber über diese Benachteiligtengruppe wird nie gesprochen, vermutlich deshalb, weil im Laufe der Jahre ein Wahlrecht auf jeden Fall ins Haus steht.
Anders steht es um das Wahlrecht der Frau und hier wird schon frühzeitig, 1863, eine ausführliche Diskussion – unter Männern, versteht sich – durchgeführt. Sie füllt im stenographischen Landtagsprotokoll nicht weniger als zehn Seiten. Und diese Diskussion über das Frauenwahlrecht reißt bis zum Ende der Monarchie nicht ab.
Ausgangspunkt ist natürlich auch hier die Tatsache, daß Frauen Steuern zahlen, ja daß vereinzelt Frauen sogar die größten Steuerzahler einer Gemeinde sind. Und nach der üblichen Meinung, „wer zahlt, schafft an" steht somit auch das Frauenwahlrecht zur Diskussion, das an sich schon zu diesem Zeitpunkt bejaht wird. Der ursprünglich vorgeschlagene Gesetzestext hat folgenden Wortlaut: „Nicht eigenberechtigte Personen üben durch ihre Vertreter, die in ehelicher Gemeinschaft lebende Gattin durch ihren Ehegatten das Wahlrecht aus." Der endgültige Text, der übrigens bis zum Ende der Monarchie in Gültigkeit bleibt, lautet dann: „Nicht eigenberechtigte Personen üben durch ihre Vertreter, eigenberechtigte Frauenspersonen durch einen Bevollmächtigten das Wahlrecht aus." Was aber wird zwischen beiden Formulierungen diskutiert? Der Abgeordnete Dr. Groß ist der Mei-

nung, daß nach der ursprünglichen Formulierung die Ehefrau, die sich bei der Wahl nur durch ihren Ehemann vertreten lassen darf, gegenüber Witwen oder ledigen Frauen benachteiligt sei. Ob ehrlich gemeint oder scheinheilig – wer könnte es nach mehr als hundert Jahren sagen – wird dann überwiegend die Ansicht vertreten, daß das Wahlrecht der Frau an sich außer Diskussion stehe; man wolle die Frau aber nicht in schwierige Situationen bringen und ihr das „Privileg" geben, sich vertreten zu lassen. Allerdings nimmt der Landtag auch nicht die am weitesten gehende Kompromißformel des Abgeordneten Karlsberger an, der folgenden Satz vorgeschlagen hatte: „Wahlberechtigte Frauenspersonen können durch einen Bevollmächtigten die Wahl ausüben." Dr. Kremer erklärte in der Diskussion: „Wahlrecht ist durchaus kein Ausdruck männlicher Kraft und es ist nicht notwendig, es dem starken Geschlecht vorzubehalten." Auch juristische Randprobleme werden in diesem Landtag mit starker Juristen-Schlagseite unter seinen Abgeordneten angeführt, so die Tatsache, daß der Ehemann nur in gewisser Beziehung der Verwalter des Vermögens seiner Frau sei, weshalb er auch nicht automatisch die mit dem Vermögen und der Steuer der Frau verbundenen politischen Rechte wahrnehmen könne. Für die Regierung meint der dienstlich anwesende Statthalterei-Rat und Nicht-Abgeordnete Kutschera, „daß es Rücksichten der Zartheit waren, welche die Regierung bestimmt haben, die Frauen von der aktiven, von der persönlichen Ausübung des Wahlrechtes fernzuhalten". Ganz ähnlich äußert sich auch Bischof Rudigier, der auf das mehrmals zitierte Wort „mulier taceat in ecclesia" korrigierend eingeht, sich dem Vorschlag des Abgeordneten Karlsberger anschließt und meint, „daß den Frauen gestattet werden möge in derjenigen Weise, welche da angetragen worden ist, von den Wahlverhandlungen sich ferne zu halten und vertreten zu lassen . . ., es läßt sich auf der einen Seite allerdings nicht recht erkennen, warum eine in ehelicher Gemeinschaft lebende Frau weniger Rechte haben soll als eine Frau, die keinen Mann hat, oder keinen Mann hatte . . ." Mit 30 zu 13 Stimmen beschließt der Landtag, den Passus „in ehelicher Gemeinschaft lebende Gattin durch ihren Ehegatten" auszulassen und dafür einzuschalten: „Frauenspersonen können durch einen Bevollmächtigten das Wahlrecht ausüben." Doch muß letztlich der Passus gewählt werden „eigenberechtigte Frauenspersonen [üben] durch einen Bevollmächtigten das Wahlrecht aus".
Wenig später erkennt man natürlich, daß das aktive Wahlrecht für Frauen aufs engste auch mit deren passiven Wahlrecht zusammenhängt. Und zu § 9 erklärt Dr. Groß: „Aus dem Regierungs-Entwurf wurden die zwei Worte gestrichen ‚männlichen Geschlechts'. Es hat der Ausschuß die Inten-

tion an den Tag gelegt, keinen Unterschied zu machen zwischen dem Geschlecht. Der früher gefaßte Beschluß in Betreff der Ausübung des aktiven Wahlrechtes konstatiert auch die Ansicht des hohen Hauses, daß bei Ausübung der politischen Rechte zwischen dem Geschlecht kein Unterschied begründet sei . . ." Anders ist die Meinung des Abgeordneten Seyrl, der meint, der Passus über die Wahlbarkeit [nur] des ,,männlichen Geschlechts" sei nur deshalb weggelassen worden, ,,weil der Beisatz sich von selbst versteht". ,,Der Ausschuß" – so Seyrl weiter – ,,hat den Frauen das passive Wahlrecht nicht zugestanden . . ." Die Diskussion geht weiter hin und her, wobei vor allem Dr. Groß auf die Unlogik aufmerksam macht, Frauen das aktive, nicht aber das passive Wahlrecht zuzugestehen. Im oberösterreichischen Landesgesetz fehlt zuletzt zwar der ursprüngliche Passus: ,,Wählbar als Ausschuß- und Ersatzmänner sind nur diejenigen Gemeindemitglieder männlichen Geschlechts . . ." Die mit 23 ,,Ja"- und 19 ,,Nein"-Stimmen herbeigeführte Kompromißlösung lautet dann folgendermaßen: ,,Unerläßliche Eigenschaften zur Wählbarkeit in die Gemeindevertretung sind das zurückgelegte 24. Lebensjahr und der Vollgenuß der bürgerlichen Rechte. Wer nicht wahlberechtigt ist, ist nicht wählbar." Für die Frauen Oberösterreichs ändert sich nichts, immerhin zeigt sich das sonst so konservative Oberösterreich im Bereich des Frauenwahlrechts keineswegs konservativer, wenn nicht sogar fortschrittlicher als die Reichsgesetzgebung[1].

Der ,,Bericht des Landesausschusses, womit der Entwurf einer revidierten Landtags-Wahlordnung überreicht wird"[2], sieht zwar keine Änderung vor, klärt aber eindeutig die unterschiedliche Auffassung von Landtag und Ministerium und bezeichnet das indirekt auszuübende Frauenwahlrecht beim Großgrundbesitz als Privilegium. Der entsprechende Passus des vom liberalen Abgeordneten und Berichterstatter Dr. Peßler gezeichneten Berichts vom 20. September 1883 hat folgenden Wortlaut: ,,Bezüglich der Frauenspersonen ist es zweifelhaft, ob dieselben für die Wahlen zum Landtage wahlberechtigt seien oder nicht, da nach § 4 der Gemeinde-Wahlordnung vom Jahre 1864 eigenberechtigte Frauenspersonen das Wahlrecht für die Gemeindewahlen nur durch einen Bevollmächtigten ausüben können, nach § 15 der Landtags-Wahlordnung aber bei den Landtagswahlen die Ausübung des Wahlrechtes durch einen Bevollmächtigten nur ein Privilegium des Großgrundbesitzes, für die übrigen Wählerclassen aber gesetzlich ausgeschlossen ist.

Der Landesausschuß hat sich bisher im Festhalten des Grundsatzes, in zweifelhaften Fällen dem Gesetze eine das Wahlrecht begünstigende Aus-

legung zu geben, für das Wahlrecht der Frauenspersonen, und zwar für dessen persönliche Ausübung ausgesprochen.
Die hohe Regierung war der gegentheiligen Anschauung und der hohe Landtag ist hierüber noch nicht schlüssig geworden.
Nun hat die Reichsraths-Wahlordnung vom 2. April 1873 in § 9 den Frauenspersonen bei den Reichsrathswahlen ausdrücklich nur in der Wählerclasse des Großgrundbesitzes ein Wahlrecht zugestanden und es hat der Landesausschuß in gleichem Sinne zur Behebung jeden Zweifel bezüglich des Wahlrechtes der Frauenspersonen im § 12 der revidierten Landtags-Wahlordnung das Wahlrecht der Wählerclasse der Industrialorte und der Landgemeinden nur auf männliche Wähler beschränkt."
Nun steht man im Herbst 1883 bereits am Vorabend der Landtagswahlen und man kann, muß in diesem Gerede, durch das letztlich 22 Jahre nach Erlaß der ersten Landtagswahlordnung bezüglich des Frauenwahlrechts nicht das geringste geändert wird, als Alibi-Aktion werten können. Für die Katholisch-Konservativen, die dann 1884 die Landtagsmehrheit erringen, treten 1883 zweimal für das Frauenwahlrecht bei Landtagswahlen ein[3].
1887 fragte der Landesausschuß beim Statthalter an, ob „gegen die Aufnahme einer dem § 4, Punkt 1 der Gemeindewahlordnung, analogen Bestimmung in Betreff des Wahlrechtes der Frauen ... von seiten der hohen Regierung ein Anstand erhoben werde oder nicht", und der Statthalter antwortet, daß „gegen die Aufnahme einer mit dem § 4, Punkt 1 der Gemeindeordnung analogen Bestimmung in der Landtagswahlordnung, wonach eigenberechtigte [also steuerzahlende] Frauenspersonen durch einen Bevollmächtigten das Wahlrecht in den Landtag nicht nur in der Wählerklasse des großen Grundbesitzes, sondern auch in den Wählerclassen der Städte und der Landgemeinden ausüben können ..., von Seite der Regierung kein Anstand erhoben wird"[4].
In dem Bericht des Landesausschusses über die geplante Wahlrechtsreform (1888) werden die bisherigen Stellungnahmen zum Frauenwahlrecht wiederholt, aber hinzugefügt: „Der Landesausschuß erachtet jedoch, daß die Ausschließung der Frauenspersonen vom Wahlrechte in der Wählerclasse der Industrialorte und Landgemeinden durch einen berechtigten Zweifel in deren Beurtheilungsgabe und Unabhängigkeit nicht begründet werden kann.
Und wenn noch ein solcher Zweifel bestünde, so kann doch den Frauenspersonen das Wahlrecht durch die Beschränkung in der Gemeinde-Wahlordnung bezüglich der Theilnahme an der Abstimmung durch einen Bevollmächtigten mit Beruhigung eingeräumt werden.

8 Der vermittelnde Abt Dominik Lebschy, Landeshauptmann der Jahre 1861–1868; Julius Graf Falkenhayn unterbricht 1871 für wenige Monate die liberale Ära der Jahre 1861–1884; Abt Leonhard Achleuthner, konservativer Landeshauptmann nach dem Wahlsieg von 1884 (bis 1897); Michael Kast von Ebelsberg (1897–1898).

9 Der einzige Landeshauptmann der liberalen Gruppe, Dr. Moriz Ritter von Eigner (1868–1871 und 1871–1884), wie ihn der Pressezeichner jener Jahre sieht.

11 Dr. Ebenhoch mit den oberösterreichischen Reichsratsabgeordneten, die sich 1907 dem christlichsozialen Reichsratsklub anschließen.

10 Der Landtagssitzungssaal in der Schlußphase der Monarchie; am Präsidentenpult (Mitte rechts) Hauser.

12 Die christlichsozialen Landeshauptleute Dr. Alfred Ebenhoch (1898–1907) und Johann Nepomuk Hauser (1908–1918 und 1918–1927).

13 Präsidialsekretär Dr. Kreuzbauer berichtet Landeshauptmann Dr. Ebenhoch.

14 Die ersten sozialdemokratischen Politiker Oberösterreichs (von links: Gruber, Plöckinger, Hafner, Euller, Weiguny, Siegl, Thaler, Spielmann, Dametz, Weiser, Kollinger).

Nachdem auch von Seite der hohen Regierung gegen das Wahlrecht der Frauenspersonen mit der angedeuteten Beschränkung kein Bedenken obwaltet, so dürfte auch der hohe Landtag keinen Anstand nehmen, einem so wichtigen bürgerlichen Rechte der Frauenspersonen, auf das dieselben dem vollsten natürlichen Anspruch haben, durch Aufnahme einer positiven Bestimmung in die Landtagswahlordnung mit der nötigen Cauthel gesetzliche Kraft zu geben."
Der revidierte § 14 dieser neuerlich nicht realisierten Landtagswahlordnung hätte folgendermaßen gelautet: ,,Wahlberechtigt in der Wählerklasse der Städte und Industrialorte und der Landgemeinden sind alle zur persönlichen Ausübung des Wahlrechtes für die Wahl der Gemeindevertretung einer oberösterreichischen Gemeinde berechtigten männlichen, sowie die zu dieser Wahl berechtigten weiblichen Gemeindemitglieder, deren Jahresschuldigkeit an landesfürstlichen directen Steuern mit Einschluß der Staatszuschläge in dieser Gemeinde mindestens fünf Gulden beträgt, oder die nach ihrer persönlichen Eigenschaft das active Wahlrecht in der Gemeinde besitzen[5]."
Mit Datum vom 12. Oktober 1888 wird auf Wunsch des Landtages ein neuerlicher Bericht des Gemeinde- und Verfassungsausschusses zur Wahlrechtsabänderung gegeben[6]; es folgt ein weiterer Bericht des Landesausschusses über eine Änderung der Landtags-Wahlordnung aus dem Jahre 1890[7].
Auf das Frauenwahlrecht als solches wird nicht mehr eingegangen, allerdings wird als erste und wichtigste Forderung angeführt: ,,Die Ausdehnung des activen Wahlrechts in der Wählerclasse der Städte und Industrialorte und Landgemeinde auf alle Gemeindewähler welche eine Jahresschuldigkeit an directen Steuern von mindestens fünf Gulden entrichten."
Nach den Landtagswahlen von 1890 wird neuerlich an die Änderung der Landtagswahlordnung eingegangen und ein weiterer Bericht des Gemeinde- und Verfassungsausschusses[8] vorgelegt, in dem das Frauenwahlrecht neuerlich nicht erwähnt wird; auch sieht der vorgelegte Gesetzentwurf, der 1891 Gesetz wird – es ist die erste Wahlrechtsänderung seit 1861 – das Frauenwahlrecht nicht vor. Bezeichnenderweise befaßt sich aber der Berichterstatter jenes Landtagsberichtes, der Abgeordnete und spätere Landeshauptmann Ebenhoch, zwar nicht in diesem Bericht, aber in der ihm und seiner Partei nahestehenden Tageszeitung, dem ,,Linzer Volksblatt", ausdrücklich mit dem Frauenwahlrecht und tritt nachdrücklich dafür ein.
Nur die Liberalen – so Ebenhoch – würden auch heute noch das Frauenwahlrecht verhindern. Ebenhoch nennt erstmals auch genaue Zahlen über möglicherweise wahlberechtigte Frauen in Oberösterreich. Es hätte 1882 in

den Städten und Industrialorten Oberösterreichs 2531 und in den Landgemeinden 5247, zusammen also 7778 weibliche Steuerträger von fünf und mehr Gulden gegeben, eine Zahl, die sich seither sicher vermehrt habe. „Warum sollen nun die Steuergulden dieser Frauenspersonen weniger zur Wahl für den Landtag berechtigen, als die Steuergulden der Männer?" fragt Ebenhoch. Er erklärt aber auch u. a. folgendes: „Heute muß das Wahlrecht der Frauen besprochen werden, damit es nicht den Anschein habe, als ob auch die conservative Partei principiell gegen dasselbe sei. Kommt Zeit, kommt Rath. Es ist ja nicht unmöglich, daß es einmal eine Majorität im oberösterreichischen Landtag geben wird, welche den eigenberechtigten Frauenspersonen das aktive Wahlrecht in den Landtag zuerkennen wird. Einem solchen Antrag soll hiemit das Wort geebnet sein, welchen diesmal das rücksichtslose Entweder-Oder der Liberalen versperrt hat." Ebenhoch verweist darauf, daß die Frauen in Mähren, Schlesien, in Salzburg, Tirol und Vorarlberg schon das Wahlrecht bei Landtagswahlen hätten. „Gerade die Oberösterreicherin soll nicht imstande sein zu entscheiden, ob im öffentlichen Leben liberale Mißwirtschaft oder conservative Sparsamkeit vonnöthen sei? Da muß ein Merkzeichen eingelegt werden, auf daß das Volk sich immer an die liberale Freundschaft erinnere." Und im Sperrdruck: „Die conservative Partei hält demnach fest an dem Grundsatz, daß die eigenberechtigten Frauenspersonen wahlberechtigt seien[9]."

Die Reform der Landtagswahlordnung von 1909 bringt wohl den größten Schritt nach vorn durch die Einführung einer allgemeinen Wählerklasse – aber noch nicht das allgemeine gleiche Wahlrecht. Es bleibt beim Wahlrecht nur für männliche Wähler; diese Beschränkung wird sogar auf die neueingeführte Wählerklasse ausgedehnt. In einem Bericht des Wahlreformausschusses werden 14 nicht-berücksichtigte Reformwünsche ausdrücklich aufgezählt –, das Frauenwahlrecht befindet sich nicht darunter[10].

Mehr als die Erneuerung der Landtagswahlordnung hatte eine Änderung der Gemeindewahlordnung die Gemüter erregt; die Beratungen führen zur Arbeitsunfähigkeit des Landtages – der ersten und einzigen während des bis dahin mehr als 50jährigen Wirkens des Landtages[11]. Die letztlich zustandekommende Gemeindewahlordnung wird vom Landtag zwar noch 1914 beschlossen – angesichts des ausgebrochenen Ersten Weltkrieges aber vom Kaiser nicht mehr unterzeichnet. Der Gesetzentwurf wird damit nie mehr Gesetz. Ohne daß der Ausschußbericht näher darauf eingeht, sieht dieses letzte große Wahlgesetz das Frauenwahlrecht ohne Einschränkung in Paragraphen 3, Absatz 3, vor: „Auch Frauenspersonen üben ihr Wahlrecht persönlich aus[12].

Wer und wieviel dürfen wählen?

Für die Zahl der Wahlberechtigten und die Zunahme dieser Zahl liegen – zumindest für die ersten dreißig Jahre nach 1861, genaue Zahlen nur bruchstückhaft vor. Eifersüchteleien innerhalb der Länder und Nationen und innerhalb der Länder natürlich auch zwischen den Wählerklassen, dazu ein Anfangsfanatismus der österreichischen Statistik dieser Jahre führen schließlich dazu, daß wir auf Teilgebieten über hervorragendes Zahlenmaterial und über ausgezeichnete Vergleichsmöglichkeiten verfügen.
Vorerst müssen wir zwei Phasen unterscheiden: die Jahre zwischen 1861 und 1873, als nur Landtagswahlen durchgeführt werden und die Reichsratsabgeordneten vom Landtag gewählt werden. Für diese Phase gibt es naturgemäß nur Wahlberechtigte für Landtagswahlen. Angesichts der Verzahnung mit den Gemeinderatswahlen liegt die Zahl der Wahlberechtigten um mehr als die Hälfte niedriger als bei den Gemeinderatswahlen. In dieser Phase dürfte es bei einer Bevölkerungszahl von rund 725.000 und knapp 39.000 Landtagswählern 110.000 Wähler bei Gemeinderatswahlen gegeben haben; die Zahl der für den Landtag Wahlberechtigten liegt bis 1879 durchwegs unter 40.000.
Dann laufen ab 1873 Landtags- und Reichsratswahlen nebeneinander her. Zwischen 1873 und 1891 ist die Zahl der Wahlberechtigten noch ähnlich, bis dann ab 1882, vor allem aber ab 1897, angesichts des unterschiedlichen Wahlrechts, die Zahl der Wahlberechtigten bei den Landtags- und Reichsratswahlen weit auseinanderklaffen, um ab 1907 für die drei letzten Wahlen wieder ähnlich zu sein.
Ab 1861[1] ist neben den sonstigen Voraussetzungen (insbesondere eine Steuerleistung von zehn Gulden und mehr) die Großjährigkeit, die österreichische Staatsbürgerschaft und in den Wählerklassen der Städte und Landgemeinden das männliche Geschlecht Voraussetzung. Der Wähler muß seit wenigstens einem Jahr in seiner Gemeinde Steuern zahlen[2].
Auch für die Reichsratswahlen von 1873 gelten gleiche Vorschriften: 24. Lebensjahr, männliches Geschlecht (mit Ausnahme der Großgrundbesitzer) und österreichische Staatsbürgerschaft[3]. So bleiben die Zahlen der Wahlberechtigten zwischen 1861 und 1885 für Landtags- wie Reichsratswahlen ähnlich.
Für die Landtagswahlen von 1867 liegen erstmals genaue Zahlen über Oberösterreichs Wahlberechtigte vor: 38.974. Im selben Jahr hat Oberösterreich 722.701 Bewohner, so daß in den Anfängen dieser „Demokratie im Aufbau" 5,39 Prozent der Bevölkerung wahlberechtigt sind. Die Zahl steigt

Wer und wieviel dürfen wählen?

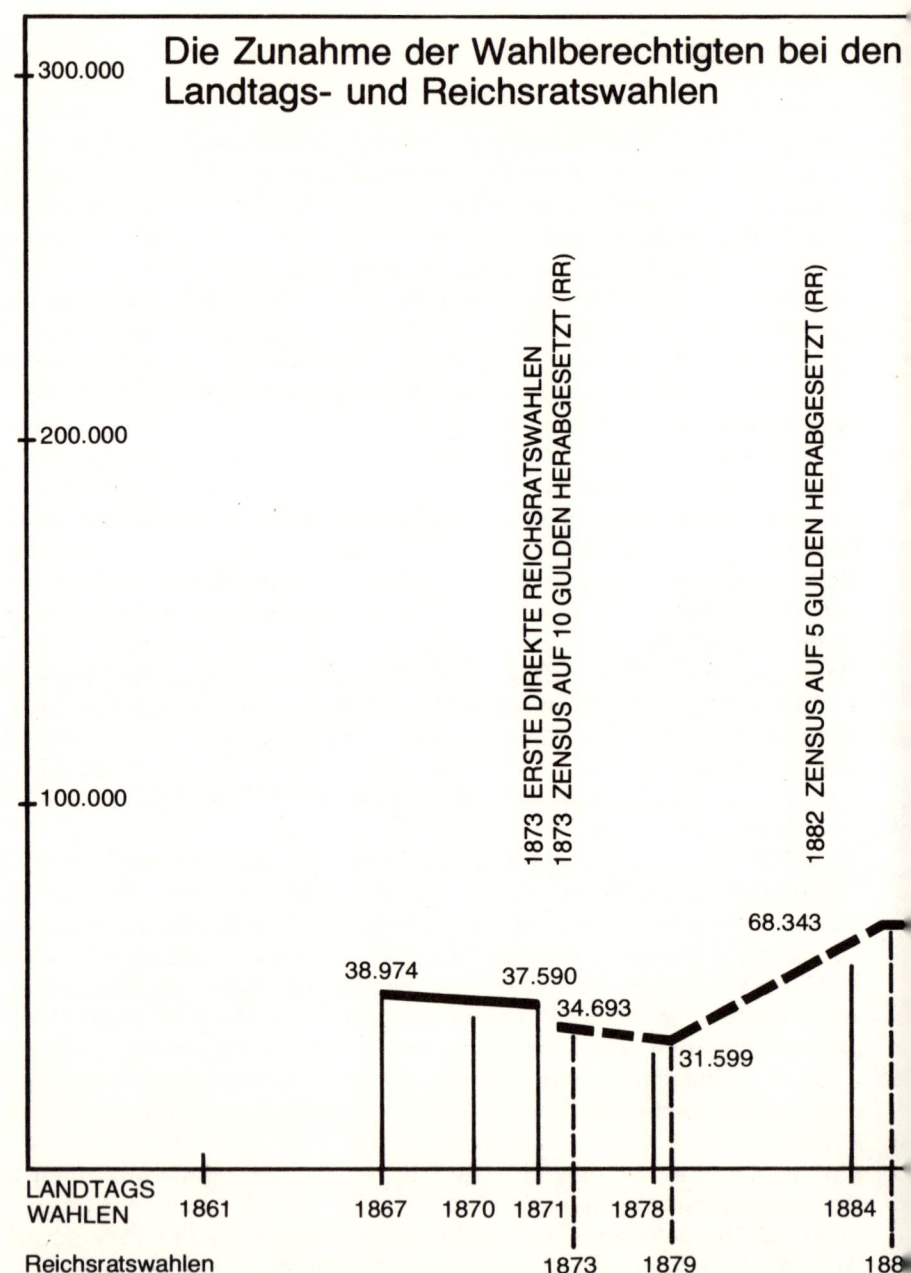

Wer und wieviel dürfen wählen?

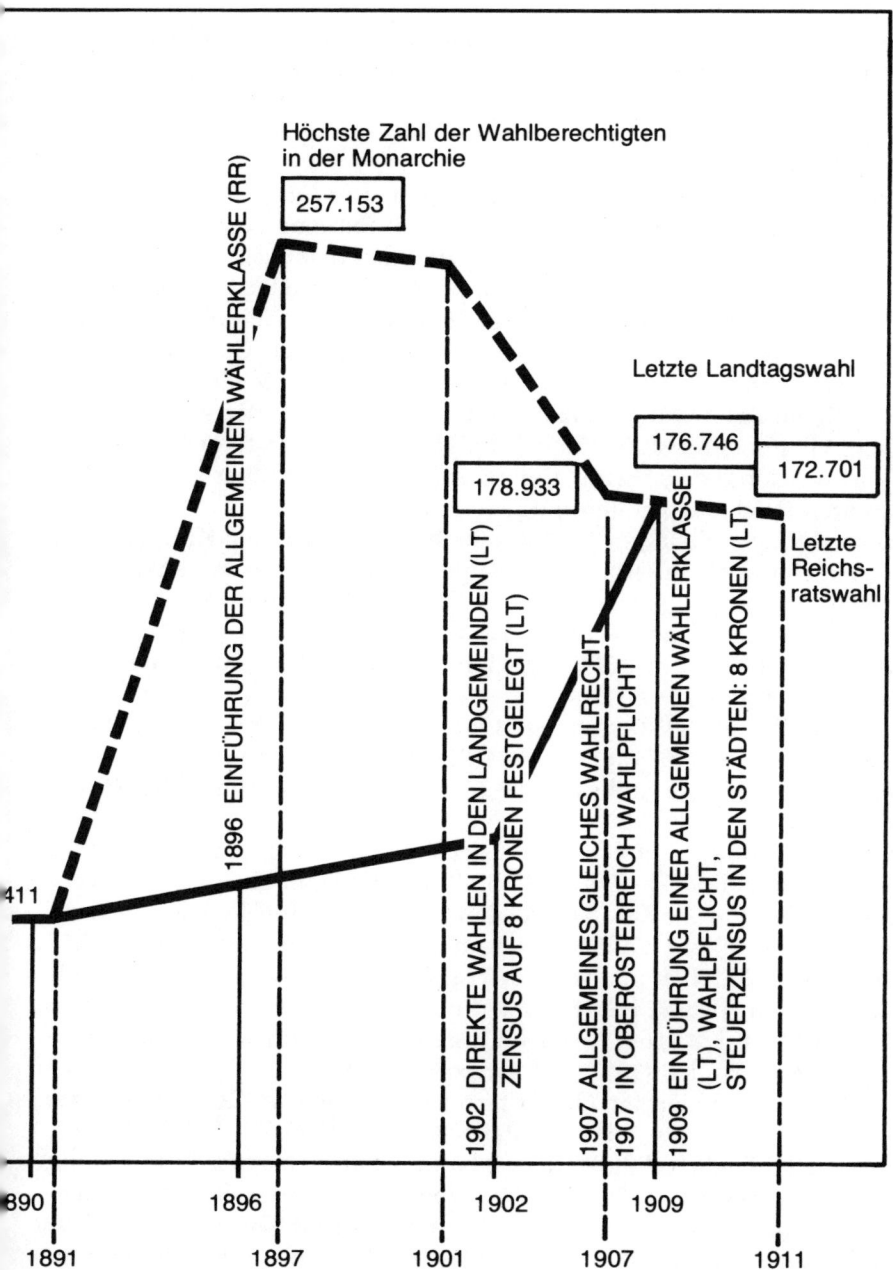

dann sehr langsam auf 9,39 Prozent unmittelbar vor der Jahrhundertwende (1896) und 9,92 Prozent unmittelbar nach der Jahrhundertwende (1902). Bei den letzten Landtagswahlen der Monarchie, 1909, macht der Anteil der Wahlberechtigten an der Gesamtzahl nach Einführung der allgemeinen Kurie 21,49 Prozent aus[4].

1867 entfallen auf einen Reichsratsabgeordneten in Oberösterreich 73.158 Personen, in ganz Zisleithanien sind es 99.593. Extreme Positionen nimmt das Land Salzburg ein, wo auf 50.470 Bewohner ein Abgeordneter kommt und Galizien, wo es 142.579 Personen sind. Gleichzeitig kommt 1867 in Oberösterreich auf einen Abgeordneten 3987 Wahlberechtigte, in Zisleithanien 6139; auf 1000 Einwohner kommen in Oberösterreich 53,3 Wahlberechtigte, in Zisleithanien 61,6[5]. Am ungünstigsten stehen die kleinen Länder, wie etwa Schlesien, wo auf 1000 Einwohner 42 Wahlberechtigte kommen, in der Bukowina aber auf 1000 Einwohner 101,5 Wahlberechtigte.

Übrigens werden die starken Unterschiede, die hier sichtbar sind, 1873 in die direkten Reichsratswahlen mitgenommen.

Aber es geht nicht allein um die Ungleichheit zwischen den Kronländern, sondern auch um die innerhalb der Wählerklassen. 1867 kommen in Oberösterreich auf einen Abgeordneten 10 Wähler des Großgrundbesitzes (1871: 11), 10 Wähler der Handels- und Gewerbekammer (1871: 10), 447 Wähler der Städte (1871: 503) und 1644 (1521) Urwähler und 182 (198) Wahlmänner der Landgemeinden.

Zwischen 1873 und 1901 kommen in Oberösterreich auf einen Abgeordneten zwischen 43.034 (1873) und 47.344 Bewohner (1897) in den vier ersten Kurien, in der V. Kurie sind es (1901) 267.820, im Durchschnitt aber 40.173 (1901).

Beim Großgrundbesitz sinkt die Zahl der Wahlberechtigten zwischen 1873 und 1901 auf 107 (höchste Zahl 1897: 137), bei der Handels- und Gewerbekammer auf 29 (höchste Zahl 34). Bei den Städten und Industrialorten steigt sie von 8279 (1873) auf 17.494 (1901), in den Landgemeinden von 26.267 (1873) auf 60.872 (1901); in allen vier Wählerklassen von 34.693 (1873) auf 78.502 (1901). In der V. Kurie sinkt die Zahl der Wahlberechtigten von 181.717 (1897) auf 178.166 (1901). Damit steigt die Gesamtwählerzahl Oberösterreichs von 257.153 (1897) auf 256.668 (1901)[6].

In den Städten und Märkten Oberösterreichs kommen auf 1000 Einwohner 1873 44 Wahlberechtigte, 1879 ebenfalls 44, dann 1885 63, 1891 sind es 62, 1897 69 und schließlich 1901 94. In den Landgemeinden ist die Entwicklung stürmischer, wenn sie auch keinesfalls vollends gerecht wird: 48 Wahlberechtigte je 1000 Einwohner (1873), dann 42, 101 (1885), 99, 106 und 99 (1901). In den vier ersten Wählerklassen steigt die Zahl der Wahlberechtigten je 1000 Einwohner in diesem Zeitraum von 47, 42, 91, 90, 94, 98. In der allgemeinen Wählerklasse sind es 225 (1897) und 222 (1901). In sämtlichen Wählerklassen fallen auf 1000 Einwohner 1897 320 Wahlberechtigte, 1901 319.

Fast aussagekräftiger sind die Zahlen der Wahlberechtigten, die auf einen Abgeordneten kommen. Beim Großgrundbesitz ist die höchste Zahl 45, im Jahre 1897 erreicht, die niedrigste, 36, im Jahre 1901. Bei der Handels- und Gewerbekammer fallen 1885, 1891 und 1897 34 Wähler auf einen Abgeordneten, 1901 sind es nur 29. In den Städten und Industrieorten Oberösterreichs entfallen 1873 1379 Wahlberechtigte auf einen Abgeordneten, 1901 sind es 2916, in den Landgemeinden entfallen 1873 3752 auf einen Abgeordneten, ab 1891 sind es jeweils mehr als 8000. In der V. Kurie sind es 1897 60.572, 1901 aber etwas weniger, 59.389. Im Durchschnitt aller fünf Kurien sind es 12.857 (1897) bzw. 12.833 (1901).

Das Ansteigen der Zahl der Wahlberechtigten zeigt aber nur die eine Phase im Aufbau der Demokratie in Oberösterreich. Kaum weniger entscheidend ist der Anteil der Bevölkerung am politischen Geschehen, dokumentiert durch die Wahlbeteiligung.

Bei den Reichsratswahlen von 1885 gehen von den Mitgliedern der Handels- und Gewerbekammer 33 zur Wahl, in der Kurie des Großgrundbesitzes 72. In den Städten und Industrieorten 8748 und in den Landgemeinden 25.764 (die ihrerseits 1436 Wahlmänner wählen). Die Wahlbeteiligung erreicht in den einzelnen Kurien 1885 folgenden Prozentsatz: 97,1 bei der Handels- und Gewerbekammer, 56,2 Prozent beim Großgrundbesitz, 69,2 Prozent in den Städten und nur 46,4 Prozent bei den Landgemeinden. Verständlicherweise ist die Wahlbeteiligung der Wahlmänner der Landgemeinden 99,4 Prozent.

Bei den Reichsratswahlen von 1891 gehen die Vertreter der Handels- und Gewerbekammer hundertprozentig zur Wahl; die Wahlbeteiligung beim Großgrundbesitz erreicht nur 56,7 Prozent, dafür in den Städten und Industrieorten 73,9 Prozent, in den Landgemeinden aber nur 36 Prozent.

1887 ist erstmals die Wahlbeteiligung in allen Kurien relativ hoch, bei der Handels- und Gewerbekammer 94,1 Prozent, beim Großgrundbesitz 75,9 Prozent, in den Städten 78,0 Prozent und in den Landgemeinden 53,4 Prozent. In der neugeschaffenen V. oder allgemeinen Kurie erreicht die Wahlbeteiligung immerhin 43,2 Prozent[7].

Unmittelbar nach Einführung des allgemeinen gleichen Wahlrechts beschließt der oberösterreichische Landtag die Wahlpflicht bei Reichsratswahlen.

Die Angaben über die – zum Teil erschreckend niedrige – Wahlbeteiligung sind allerdings zum Teil irreführend. Es kommt beim Großgrundbesitz relativ häufig vor, daß jene Gruppe, die fürchtet in der Minderheit zu bleiben, erst gar nicht wählt. Das sind anfänglich die Katholisch-Konservativen, später die Verfassungstreuen (liberalen). Noch relativ lang ist in der Wählerklasse der Städte sichtbar, daß die Katholisch-Konservativen erst gar keinen Kandidaten aufstellen, auch wenn sie eine nicht unbedeutende Minderheit darstellen würden. Sie tun dies vermutlich, um ihre dünne Führungsschicht in den Städten nicht zu verbrauchen. Diese Praxis führt zu Aufrufen, nicht zu wählen, und zu der teilweise sehr schlechten Wahlbeteiligung. Anders geht seit 1880 der Bauernverein vor, der regelmäßig kandidiert, laufend seine Wähler mobilisiert und das, obwohl er nie ein Mandat erhält und in den allermeisten Fällen auch gar keine Chance hat, ein Mandat zu erringen. Aber man kann dadurch die zum Teil recht starke Opposition gegen die Katholisch-Konservativen am Land erkennen. Ähnlich gehen auch die Sozialdemokraten seit Anbeginn an vor: sie kandidieren grundsätzlich, wo immer sie können, auch wenn sie nicht die geringste Chance haben. So kann man ihr langsames Wachsen in den Städten und das noch viel langsamere in den Landgemeinden genau verfolgen. Vor allem aber aktivieren sie ihre Wähler. Die Herabsetzung des Wahlzensus, also der Leistungen an direkten Steuern je Jahr auf fünf Gulden (später zehn Kronen), im Jahre 1882[8] bringt schlagartig eine Verdopplung der Zahl der Wahlberechtigten (1879: 31.599; 1885: 68.343). Die 1896 erfolgte Minderung des Wahlzensus auf acht Kronen bringt nur eine sehr bescheidene Ausweitung. Immerhin wird jetzt erstmals sichtbar, daß Bürger bei Reichsratswahlen wahlberechtigt sind, nicht aber bei Landtagswahlen und teilweise auch nicht bei Gemeinderatswahlen. Dies wird noch wesentlich deutlicher erkennbar als 1896, erstmals praktiziert 1897, die allgemeine Wählerklasse eingeführt wird. Die Zahl der Wahlberechtigten wird jetzt gegenüber 1896 mehr als dreimal so groß; auch die Diskrepanz der Wahlberechtigten bei Reichsrats- und Landtagswahlen unübersehbar. Hatte es bei den Landtagswahlen von 1896 73.227 Wähler gegeben und 1902 80.745, so sind bei den dazwischenliegenden Reichsratswahlen von 1897 und 1901 jeweils mehr als 250.000 Oberösterreicher wahlberechtigt. Also keineswegs die Einführung der allgemeinen, gleichen und geheimen Wahlen, sondern die Einführung der allgemeinen Wählerklasse bringt den großen Durchbruch. Jetzt schon sind sämtliche Männer wahlberechtigt, das allgemeine, gewiß noch nicht das gleiche Wahlrecht, ist seit 1897 realisiert.

Allmählich werden nicht nur die Ergebnisse der Reichsratswahlen gründlich und nach allen Richtungen hin durchleuchtet. Es folgen Untersuchun-

Bezeichnende Details 137

gen auch bei den Landtagswahlen, wobei die Bemühungen um eine Landtagswahlreform ebenso eine Rolle spielen wie die Tatsache, daß sich die österreichischen Länder ihre statistischen Jahrbücher geschaffen haben[9].
Es geht dabei fast ausschließlich um die Zusammenhänge von Wahlberechtigung und Steuerleistung. So verweist etwa der Landesausschuß 1884 darauf hin, daß der Städtewahlbezirk Linz 44.000 Seelen umfaßt, die 196.229 Gulden an direkten Steuern zahlen, der Städtewahlkreis Steyr aber zahle mit 72.139 Seelen 409.041 Gulden Steuern. Es wird aber bei dieser liberalen Argumentation auch darauf verwiesen, daß die Bevölkerung von Linz etwa viermal so groß sei, wie die von Urfahr aber den siebenfachen Steuerbetrag erbringe. Es sei aber auch fünfmal so groß wie Freistadt und erbringe die 21fache Steuerleistung oder sei siebenmal so groß wie Rohrbach und erbringe die 27fache Steuerleistung.
Für dieses Jahr 1883 werden aber auch bezeichnende Detailzahlen über die Diskrepanz der Zahl der Wahlberechtigten bei Gemeinderats- und Landtagswahlen angegeben. In den Städten und Industrialorten sind bei Gemeinderatswahlen 17.389 wahlberechtigt, bei Landtagswahlen aber 8819; in den Landgemeinden sind bei den Gemeinderatswahlen 92.548 wahlberechtigt, für Landtagswahlen aber nur 26.551. So seien im Vergleich zu den Gemeinderatswahlen 8570 in den Städten und 65.997 am Land von den Landtagswahlen ausgeschlossen[10].
In diesem Jahr 1883 berät man auch die Herabsetzung des Wahlzensus auf fünf Gulden – was für die Landtagswahlen erst 1891 realisiert wird – und berechnet, daß damit in den Industrialorten 15.987 und in den Landgemeinden 73.707 wahlberechtigt sein würden. Die hier genannten Zahlen werden allerdings in Oberösterreich weder bei der Einführung der 5-Gulden-Männer für die Reichsratswahlen (1882) noch für die Landtagswahlen (1891) erreicht.
Für das Jahr 1883 ist auch von Bedeutung, daß in den Städten 150.403 Menschen leben, wovon 17.389 (bei Gemeinderatswahlen) und 8819 bei Landtagswahlen wahlberechtigt sind. Diese zahlen insgesamt 1,063.838 Gulden Steuern und stellen 17 Abgeordnete. Die Landgemeinden Oberösterreichs umfassen 610.097 Menschen, 92.548 bzw. 26.551 Wahlberechtigte, zahlen fast das Dreifache, nämlich 2,846.035 Gulden Steuern und stellen nur 19 Abgeordnete. Vergleichsweise dazu die Grund- und Gebäudesteuer des Großgrundbesitzes: 193.981 Gulden[10].
1888 wird etwa festgestellt, daß von den Wahlberechtigten bei den Gemeinderatswahlen in den Städten 8570 und in den Landgemeinden 65.997 bei Landtagswahlen ausgeschlossen sind, in den Städten also die Hälfte der Gemeinderatswähler, am Land mehr als zwei Drittel. Die Zahl der ,,Steuer-

contribuenten" mit einer Steuerleistung von mehr als fünf Gulden belaufe sich in den Städten auf 15.987 und in den Landgemeinden auf 73.707. Hätte es das damals laufend diskutierte Frauenwahlrecht gegeben, wären noch 2531 und 5247 „weibliche Contribuenten" hinzugekommen. Aus dem Jahr 1888 wissen wir auch, wieviel lediglich auf Grund des Intelligenzwahlrechtes wahlberechtigt sind: 1799 in den Städten und 1321 in den Landgemeinden. Diese 3111 Männer machen Oberösterreichs Intelligenz im Jahre 1888 aus (Doktoren, Priester, Lehrer, Ehrenbürger).

In diesem Jahr 1888 entfallen auf die städtische Bevölkerung 150.403 Köpfe, die 1,063.838 Gulden an direkten Steuern zahlen und 17 Landtagsabgeordnete stellen. Auf die Landgemeinden entfallen 610.097 Köpfe und eine Steuerleistung von 2,846.035 Gulden an direkten Steuern und 19 Abgeordnetensitze[11].

Die Wahlregelung von 1873 bringt für den Bereich der Reichsratswahlen eine bedeutende Besserung der Stellung des städtischen Wählers. 1873 fällt eine städtische Stimme mehr als fünfmal so stark ins Gewicht, wie eine ländliche. Bis 1901 hatten jedoch die städtischen Wähler so stark zugenommen, daß ihre Vertretung nur noch dreimal so günstig ist, wie die ländliche. Durch die wirtschaftlich günstige Lage der Städte kommen viel mehr Bürger zu jenem Steuerzensus, also zu jener Steuerleistung, mit der das Wahlrecht verbunden ist; schließlich nützte auch die Herabsetzung des Steuerzensus von zehn auf acht Kronen den städtischen Bewohnern mehr als den ländlichen. Es ändert sich allerdings auch schrittweise die Struktur der städtischen Wähler, die längst nicht mehr nur liberale Großbürger sind.

Jede Reform und Teilreform des Wahlrechts wird ein Schritt zum allgemeinen und gleichen Wahlrecht. Die sehr komplizierten Maßnahmen zur Absicherung der Rechte der verschiedenen Nationen der Monarchie berühren Oberösterreich erfreulicherweise nicht. Dafür werden die städtischen und ländlichen Mandate verschoben.

Bis 1906 verfügte Oberösterreich über 20 Reichsratsmandate, ab 1907 über 22; bis 1906 sind es 6 städtische und 16 ländliche. Diese Entwicklung in Oberösterreich ist aber keineswegs typisch, gesamtösterreichisch kommt es in diesem Zeitraum zu einer Verstärkung der städtischen Mandate. Bis 1906 kommen in Oberösterreich auf 100 Mandate 35 städtische und 65 ländliche, ab 1907 sind es 27,3 städtische und 72,7 ländliche (in Niederösterreich ist es gerade umgekehrt; hier steigt der städtische Anteil von 65,6 auf 67,2, während der ländliche von 43,5 auf 32,8 sinkt). In ganz Zisleithanien stiegt der Anteil der städtischen Mandate von 35,3 auf 38,2 Prozent, der ländliche Anteil sinkt von 64,7 auf 61,8 Prozent[6].

Mag auch der „Steuervergleich nach dem nationalen Charakter der Wahlbezirke" für Oberösterreich weniger ergiebig sein als für zweisprachige Länder, so sind die hier gemachten Angaben alles in allem nicht uninteressant. So werden [1904] in Oberösterreich 10,1 Millionen Kronen an direkten Steuern, 19,8 Millionen an indirekten, insgesamt an Steuern und Abgaben 29,9 Millionen Kronen bezahlt (das sind im Durchschnitt 32 von 1000 in Zisleithanien erbrachten Steuermillionen). Auf den Kopf der oberösterreichischen Bevölkerung sind dies im Durchschnitt 37,4 Kronen (Zisleithanien 36,6). Man berechnet aber auch, wieviel Steuern auf ein Mandat (Reichsratsabgeordneter) entfallen. Das sind in Oberösterreich 1,3 Millionen Kronen, in Zisleithanien 1,8 Millionen, in Wien-Niederösterreich 4,2 Millionen und lediglich in der Bukowina und in Dalmatien weniger als eine Million. Während verständlicherweise in Oberösterreich von 1000 Steuerkronen 1000 Steuerkronen auf Deutsche entfallen, sind es in Böhmen 455 auf Deutsche und 545 auf Tschechen, in Tirol 784 auf Deutsche und 216 auf Italiener usw. Es kommen in Oberösterreich auf einen Reichsratsabgeordneten 512.115 Steuerkronen, in Niederösterreich auf 1,8 Millionen, in Böhmen auf ein deutsches Mandat 646.000 und auf ein tschechisches Mandat 567.000 Kronen usw. Kommen in Oberösterreich auf den Kopf der Bevölkerung 14,2 Steuerkronen, so sind es in Niederösterreich-Wien 42,6, in Böhmen auf einen Deutschen 15,2, auf einen Tschechen 10,8, in Tirol auf einen Deutschen 12,8, auf einen Italiener 4,4 Steuerkronen.
Je mehr aber auch die indirekte Besteuerung – im Zusammenhang mit der Einführung einer allgemeinen Wählerklasse – ins Spiel gebracht wird, umso mehr muß auch die Steuerstatistik ausgeweitet werden. Aber gerade bei der indirekten Besteuerung gibt es von Anbeginn an Schwierigkeiten, weil die Landbevölkerung vielfach in den Städten einkauft und somit indirekte Steuer nur für größere Bereiche korrekt anzugeben ist. Für 1900 wird für Oberösterreich bei einer Einwohnerzahl von 809.918 an direkten Steuern (nach Abzug der gesetzlichen Steuernachlässe) 9,495.864 Kronen angegeben, aber an indirekter Steuer 15,503, 697[12].
Das Auseinanderklaffen der Wahlberechtigten in den fast 20 Jahren zwischen den Landtagswahlen von 1890 und den Landtagswahlen von 1909 ist angesichts des sich unterschiedlich entwickelnden Reichsrats- und Landtagswahlrechtes verständlich. Nicht ganz so verständlich ist die Tatsache, daß im Bereich der Reichsratswahlen nach Einführen des allgemeinen gleichen Wahlrechts 1907 um 78.220 weniger wahlberechtigt sind als nach Einführung der vierten Kurie 1897. Die damals erreichte Zahl von 257.153 Wahlberechtigten ist übrigens die höchste Zahl von Wahlberechtigten, die in der Monarchie erreicht wird. Bei den Reichsratswahlen von 1907 gibt es

aber auch um 77.735 Wahlberechtigte weniger als bei den Reichsratswahlen von 1902. Erwähnenswert wäre auch, daß bei den letzten Landtagswahlen der Monarchie, bei der noch nicht das allgemeine gleiche Wahlrecht eingeführt worden war, um 4045 Köpfe mehr wahlberechtigt sind als bei den letzten Reichsratswahlen von 1911.
Hier spielt die Erhöhung des Rekrutenkontingents im Jahre 1903 eine nur bescheidene Rolle[13]. Eine weit größere Rolle spielen das Wahlrecht und die Bestimmungen über den Kreis der Wahlberechtigten.
Die Abänderung der Reichsratswahlordnung von 1896 (Einführung einer allgemeinen Wählerklasse) sieht als Voraussetzung der Wählbarkeit neuerlich das 24. Lebensjahr, die österreichische Staatsbürgerschaft und das männliche Geschlecht voraus, daneben, daß er wenigstens sechs Monate in jener Gemeinde seßhaft ist[14].
Die Reichsratswahlordnung von 1907 sieht im § 6 jedoch vor, daß in jener Gemeinde das Wahlrecht auszuüben ist, in dem der Bürger „seit wenigstens einem Jahr" seinen Wohnsitz hat[15]. Die oberösterreichische Landtagswahlordnung von 1909 kennt unterschiedliche Voraussetzungen: Zahlung der Grund- oder Erwerbssteuer (mindestens acht Kronen) seit mindestens einem Jahr; oder der Wohnsitz seit mindestens einem Jahr in der Gemeinde und ein Personaleinkommen von mindestens 20 Kronen; schließlich ununterbrochener Wohnsitz seit mindestens einem Jahr und Zugehörigkeit zur Gruppe der Intelligenz[16]. Da das Wahlrecht in den Wählerklassen des Großgrundbesitzes, der Handels- und Gewerbekammer, der Städte und der Landgemeinden das Wahlrecht in der allgemeinen Wählerklasse nicht ausschloß, konnten alle bisher Wahlberechtigten nun doppelt wählen – wenn auch nur einmal in ihrer und in der allgemeinen Kurie. All das führte dazu, daß die Zahl der Wahlberechtigten nach Einführung des allgemeinen gleichen Wahlrechts geringer war als nach Einführung der allgemeinen Kurie.

Sieben Landeshauptleute neben 15 Statthaltern

Es erscheint merkwürdig genug: die Statthalter des Kaisers in den Ländern werden „Landeschefs" genannt und die Chefs der „autonomen Landesverwaltung tragen den an die alte, vorwiegend militärische Funktion gemahnenden Titel „Landeshauptmann"[1]. Dieses Mißverständnis entspricht durchaus dem ungleichen Dualismus zwischen diesen beiden Funktionen, der starken Position eines Statthalters und der ursprünglich recht dürftigen Rolle eines Landeshauptmannes. Auch die Doppelfunktion des Landeshauptmannes als Vorsitzender der Legislative, also des Landtages und Chefs der Exekutive, also des Landesausschusses, die von Anbeginn an gegeben ist, verstärkt seine Position nur bescheiden. In Oberösterreich bleibt diese Koppelung beider Funktionen, die allmählich mit der Gewaltenteilung in der Demokratie unvereinbar erscheint, ungewöhnlich lang bis zur Verfassung von 1934 erhalten, wobei Oberösterreich nur noch von Vorarlberg übertroffen wird.

Anfänglich wird der Name „Landeshauptmann" nur für die Funktion verwendet, die man heute als „Landtagspräsident" bezeichnet; als Chef der Exekutive trägt er den Titel als „Vorsitzender des Landesausschusses". Aber die Landeshauptleute werten ihre Funktion Schritt für Schritt auf; nicht zuletzt wird dies auch dadurch verstärkt, daß sie in ihrer Funktion im Durchschnitt länger verbleiben, als die beamteten Statthalter – wenn es auch vereinzelt Gegenbeispiele gibt, etwa der letzte kaiserliche Statthalter Erasmus Handel, der mit kurzer Unterbrechung 13 Jahre Statthalter ist. Aber schon der zweite Landeshauptmann von Oberösterreich, Eigner, erlebt während seines Wirkens nicht weniger als sieben Statthalter, insgesamt zählt Oberösterreich zwischen 1861 und 1918 15 Statthalter, aber nur sieben Landeshauptleute. Die Aufwertung der Funktion eines Landeshauptmannes hat seinen Grund auch darin, daß in Oberösterreich fast immer die vitaleren Politiker im Lande bleiben, mögen sie auch zur Zeit der Monarchie meist gleichermaßen die Funktion eines Reichsratsabgeordneten innehaben. Auch hier gibt es Ausnahmen: drei Landeshauptleute, Falkenhayn, Kast und Ebenhoch, gehen, nachdem sie schon Statthalter gewesen waren, gern in die Reichspolitik und werden Minister. Interessanterweise werden alle drei anschließend Landwirtschaftsminister. Aber gerade mit diesem Sprung in die „große Politik", mit ihrem Übertritt ins Wiener Kabinett, treten sie in Konkurrenz mit den Statthaltern; aus Oberösterreich werden nicht weniger als sechs Statthalter Minister oder Ministerpräsidenten, in dieser letzten Funktion Taaffe und Hohenwart[2].

Vermutlich die schwierigste Aufgabe wird gleich dem ersten Landeshauptmann Dominik Anton Lebschy (1799 bis 1884) zuteil, der diese Funktion für die ersten sieben Jahre zwischen 1861 und 1868 auszufüllen hat. Der Abt von Schlägl (in den Jahren 1838 bis 1884) bringt zwar die größtmögliche Erfahrung in den verschiedenen landständischen Gremien der Jahre ab 1838 mit; jetzt muß er sich als Vorsitzender eines ganz überwiegend liberalen Landtages mit vermutlich 42 liberalen und 8 konservativen Abgeordneten bewähren. Er tut dies als Mann des Ausgleiches, als Priester und Abt, der mit dem wesentlich jüngeren und kämpferischen Diözesanbischof Rudigier nie in Konflikt kommt und auch den Liberalen gegenüber sein Gesicht nicht verliert[3].

Von Anfang an ist das (meist) maßvolle Klima kein Zufall, denn die Landeshauptleute werden ja nicht vom Landtag gewählt, sondern vom Kaiser auf Vorschlag des kaiserlichen Statthalters ernannt. Und wen schlägt der Statthalter vor? Männer des Ausgleiches, Männer, die auch mit der „Minderheit" sprechen und umgehen können, Männer, mit denen er zusammenarbeiten kann; Männer, die „der Regierung (in Wien) entgegenkommen und natürlich Männer, die kaisertreu sind. Das sind Formulierungen, die in dieser oder ähnlicher Form immer wieder bei den Vorschlägen der Statthalter vorkommen. Die Landeshauptleute sind in den Jahren zwischen 1861 und 1918 auch nicht unbedingt die von der Partei vorrangig gewünschten Männer, die Spitzenfunktionäre der politischen Gruppen, auch wenn sich die Statthalter selbstverständlich bemühen, keine Männer zu nominieren, die die Parteien nicht wünschen würden.

Immerhin ist dies 1861 noch etwas anders, denn ein gewiß sehr maßvoller Konservativer, Lebschy, steht einem zu weit mehr als zwei Drittel liberalen Landtag vor.

Es ist aber auch noch eine Zeit, da die oberösterreichische Politik nicht von Oberösterreich gemacht wird. Oberösterreich ist, merkwürdig genug, so etwas wie ein „politisches Entwicklungsland". So ist Landeshauptmann Lebschy Wiener; Diözesanbischof Rudigier, der mit Virilstimme im Landtag sitzt, Vorarlberger, der nachfolgende Landeshauptmann Dr. Eigner Niederösterreicher und diese Liste könnte reichlich fortgesetzt werden[4].

Lebschy ist 1861 62 Jahre alt, also schon ein alter Mann, nachdem man ihn einst mit 33 Jahren zum Abt gewählt hatte. Der kaiserliche Statthalter jener Jahre, Eduard Bach, berichtet nach Wien, daß die Aufgaben für den Posten eines Landeshauptmannes derart groß und gewichtig seien, daß „eine größere Auswahl hiezu geeigneter Persönlichkeiten nicht zu Gebote stehen wird" und er meint, daß die geforderten Eigenschaften eigentlich nur ein Mann besitzt, Lebschy. Abt Lebschys anfängliche Absage kreuzt sich übrigens mit der Bestellung durch Ministerpräsident Schmerling vom 31. März 1861. Auch nach der zweiten Landtagswahl von 1867 wird Lebschy durch kaiserliche Entschließung vom 15. Februar 1867 zum Landeshauptmann ernannt. Inzwischen ist kurzfristig Eduard Taaffe kaiserlicher Statthalter. Aber es ist ein Landtag mit einer eher noch verstärkten liberalen Mehrheit, wenn man auch am Vorabend der Gründung politischer Parteien noch immer keine klaren Parteilinien ziehen kann. Lebschy, fast 70 Jahre alt, war müde geworden und legt schon zu Beginn dieser zweiten Legislaturperiode, am 26. März 1868, seine Funktion als Landeshauptmann zurück, auch auf sein Abgeordnetenmandat verzichtet er am 28. August 1868. So verständlich der Rücktritt des 68jährigen ist, so ist es doch für die Gruppe der Katholisch-Konservativen ein schwerer Schlag, müssen doch sowohl die Funktion eines Landeshauptmannes wie die des Landeshauptmann-Stellvertreters und die Führung des Landesausschusses den Liberalen überlassen werden.

So bringt dieses Jahr 1868 die zweite liberale Machtübernahme in Oberösterreich.

Der Nachfolger Lebschys als Landeshauptmann von Oberösterreich wird Dr. Moriz Eigner. Für die 23 Jahre am Schalthebel der Macht stehenden Liberalen bleibt er der einzige Landeshauptmann aus ihrer Mitte. Dafür behält er bis Ende des ersten Weltkrieges den Rekord, durch 16 Jahre am längsten Landeshauptmann von Oberösterreich gewesen zu sein. Er wird später nur von Hauser und Gleißner übertroffen[5].

Eigner ist in seiner Partei ein Mann der Mitte. Nach seinem Tod wird davon gesprochen, er gehörte der ,,conservativen Schattierung der liberalen Partei" an. Man kann ihn weder zum betont deutschnationalen Flügel, wie etwa einen anderen oberösterreichischen Spitzenpolitiker, Freiherr von Weichs, zählen; er gehört auch keineswegs zur radikalen anti-kirchlichen Gruppe um Figuly von Szep. Aber er ist doch als Parteiobmann und Landeshauptmann der Steuermann jenes Kurses, der die Konservativen im Bereich des Großgrundbesitzes rücksichtslos aus ihren Positionen drängt – und dies mit Mitteln, die man kaum als liberal bezeichnen kann. Dabei hätte ein Kurs, der einem Emanzipationsbestreben von Kirche und Katholiken aus dem Josephinismus Verständnis entgegengebracht hätte, die Machtposition dieses maßvollen Liberalismus zweifellos nicht nur für 23 Jahre, sondern für einen weit längeren Zeitraum abgesichert. Eigner gehört aber auch nicht nur zu den ,,Verfassungstreuen", sondern auch zu den Kaisertreuen. Er ist auch der einzige liberale Politiker Oberösterreichs, der während seiner Funktionsperiode geadelt wird und diesen Adel nicht ablehnt. Allerdings wird er vom Kaiser erst acht Jahre nach seiner Abwahl als Landeshauptmann ins Herrenhaus berufen.

Dr. Moriz Eigner (1822 bis 1900), gebürtig aus Retz in Niederösterreich, kommt unmittelbar nach Absolvierung seines juridischen Studiums nach Linz; Oberösterreich wird „seine zweite, seine eigentliche Heimat". Er wird Rechtsanwalt und das ist ja die fast normierte Vorbildung aller liberaler Politiker, die damit tatsächlich zwei der wichtigsten Voraussetzungen für eine politische Funktion besitzen: Gesetze auslegen und Gesetze selbst machen zu können; daneben aber auch argumentieren und reden können. Bei Eigner wird diese letzte Fähigkeit allerdings immer mit Einschränkung erwähnt: er habe „mehr mit dem Gewicht seiner Argumente als der Gewalt seiner Worte" gewirkt. Sein politisches Wirken ist aber nicht nur umfangreich, es ist auch vielseitig: er ist durch 15 Jahre Gemeinderat der Landeshauptstadt Linz; für 30 Jahre (!) vertritt er die Stadt im oberösterreichischen Landtag (1861 bis 1891), er ist, mit kurzer Unterbrechung, 16 Jahre Landeshauptmann. Mit kaiserlicher Entschließung vom 24. Juni 1868 wird er erstmals, im Alter von 48 Jahren, zum Landeshauptmann ernannt; 1870, im Dezember 1871, schließlich 1878 wird diese Ernennung wiederholt. Ab 1885 ist Eigner auch Reichsratsabgeordneter und zur Krönung seiner politischen Laufbahn (ab 1892) Mitglied des Herrenhauses.

Neben diesen zahlreichen Höhepunkten fehlt es auch nicht an Tiefpunkten. So geht den Liberalen 1884, auch unter Eigner, die Landtagsmehrheit verloren; noch zu Lebzeiten erlebt er das schrittweise Abbröckeln der liberalen Ideen, die Überalterung und das Zusammenschrumpfen seiner Partei und auch die ersten Triumphe der die Liberalen beerbenden Deutschnationalen. Schließlich wird ein Mann aus Eigners Rechtsanwaltskanzlei, der spätere Landeshauptmann-Stellvertreter Dr. Ernst Jäger, nicht nur der letzte liberale Parteiobmann, sondern auch jener, der die Fusion mit den Deutschnationalen herbeiführt und 1909, neun Jahre nach Eigners Tod, die Liberale Partei (die sich jetzt Deutschfreiheitliche nennt) aus dem Vereinsregister streichen läßt.

Eine vorübergehend konservative Mehrheit im Jahre 1871 führt dazu, daß, 13 Jahre vor der eigentlichen politischen Machtübernahme durch die Konservativen in Oberösterreich, Julius Graf Falkenhayn (1829 bis 1897) als Exponent der katholisch-konservativen Gruppe für drei Monate Landeshauptmann von Oberösterreich wird (14. September 1871 bis 18. Dezember 1871). Auch der dritte Landeshauptmann von Oberösterreich ist kein gebürtiger Oberösterreicher, sondern, wie Lebschy, Wiener. Mit Oberösterreich ist er durch sein Besitztum in St. Wolfgang verbunden. Durch dieses landtäfliche Gut wird er für den Großgrundbesitz im Landtag wahlberech-

tigt. Falkenhayn ist aber nicht nur kurzfristig Landeshauptmann. Auch als Landtagsabgeordneter wirkt er nur zwischen 1868 und 1870 und 1871.
Natürlich bieten die drei Monate seines Wirkens als Landeshauptmann keine großen Entfaltungsmöglichkeiten, doch wehrt Falkenhayn die vehementen liberalen Angriffe vom September 1871 geschickt und maßvoll ab. Die kurze Regierungszeit ist auf vorzeitige Ausschreibung von Neuwahlen durch das liberale Ministerium Auersperg zurückzuführen; Falkenhayn erlebt allerdings auch eine persönliche Niederlage, als er, der Landeshauptmann von Oberösterreich, 1871 im Landbezirk-Wahlkreis Gmunden einem liberalen Gegenkandidaten unterliegt. Sein nachfolgendes Wirken im Kabinett und im Rahmen der konservativen Reichspolitik ist weit länger und umfangreicher, als in der Landespolitik[6].
Nach weiteren 13 Jahren liberaler Landtagsführung (mit Landeshauptmann Eigner) erfolgt der katholisch-konservative Wahlsieg von 1884. Aber überraschend schnell wird der anfänglich zögernde Abt von Kremsmünster, Leonhard Achleuthner (1826 bis 1905), zum Landeshauptmann von Oberösterreich ernannt. Das Zögern Achleuthners, der erst 1881 Abt von Kremsmünster geworden war, ist nicht unverständlich, denn er war ja eben erst 1884, also unmittelbar vor seiner Bestellung zum Landeshauptmann, Landtagsabgeordneter geworden; Landtag und die Arbeit im Landesausschuß sind für ihn völliges Neuland. Achleuthner bewältigt aber nicht nur den Übergang von den Liberalen zu den Konservativen; er sichert im Verlauf der nächsten zwölf Jahre – er bleibt bis 1897 Landeshauptmann – auch die Macht der Konservativen im Lande. Erstmals ernennt ihn Kaiser Franz Joseph mit Dekret vom 10. September 1884 zum Landeshauptmann. Eine neuerliche Betrauung erfolgt nach der Wahl von 1890.
Ähnlich wie Eigner ist der nunmehrige konservative Landeshauptmann ein Mann der Mitte, ein Befürworter und Praktiker der Zusammenarbeit. Und doch hat auch Achleuthner eine völlig neue Politik einzuleiten, eine Politik mit anderen Grundsätzen und vorwiegend auf andere Zielgruppen ausgerichtet. Dafür ist Achleuthner der richtige Mann, denn er ist ja nicht nur Prälat und Vertreter des Großgrundbesitzes; er ist auch Bauernsohn. Der Katholische Volksverein hatte seinen Sieg gewiß in erster Linie einem Umschwung in der Kurie des Großgrundbesitzes zu danken, seit 1870 aber ist seine sicherste und stärkste politische Wählergruppe die der Landgemeinden, also vorwiegend die Bauern und die ländlichen Gewerbetreibenden. Und gerade diese Wählergruppe war bisher von den Liberalen, den Großbürgern, wenig fürsorglich behandelt worden. Das Auslaufen der Grundentlastung nach fast 40 Jahren und die Verschuldung der Landwirtschaft fordern direkt Gegenmaßnahmen heraus, etwa die Gründung der Landes-

hypothekenanstalt, die Errichtung eines Landeskulturrates als Vorläufer der späteren Landwirtschaftskammer. Der Mangel von Lehrern und Ärzten am Land sind weitere Sorgengebiete. Aber auch wichtige Wirtschaftsprobleme stehen im Vordergrund: der weitere Ausbau des Bahnnetzes durch Vicinal-, Flügel- und Lokalbahnen; Hilfsmaßnahmen für die notleidende Messerindustrie. Nötig wird der Ausbau von Fach- und Fortbildungsschulen. An Sozialmaßnahmen stehen die für Taubstumme und Blinde im Vordergrund. Schließlich wird unter Achleuthner 1891 erstmals die Landtagswahlordnung geändert[7].
Nach seinem Rücktritt als Landeshauptmann am 17. Jänner 1897 wird Achleuthner zum Mitglied des Herrenhauses ernannt.
Die angebahnte Kontinuität kann unter Achleuthners Nachfolger, Michael Freiherrn von Kast (1859 bis 1932), nicht fortgesetzt werden; er ist zwar länger als Falkenhayn Landtagsabgeordneter, aber Landeshauptmann von Oberösterreich nicht einmal 15 Monate, und zwar zwischen 17. Jänner 1897 und 7. März 1898. Kast stürzt nicht auf Grund interner politischer Schwierigkeiten innerhalb der Konservativen oder infolge eines Wahlergebnisses; ganz im Gegenteil führen die für die Konservativen günstigen Reichsratswahlergebnisse von 1897 dazu, daß Kast ins Ministerium berufen wird. Aber auch sein Wirken als Ackerbauminister währt nicht lange; er stürzt nach 17 Monaten mit dem Kabinett Thun-Hohenstein.
Mag auch Kast, ähnlich wie Falkenhayn, zu den wenigen Landeshauptleuten Oberösterreichs mit ausgesprochen kurzer Wirkungszeit zählen, so stellt er doch einen Rekord auf, der später von keinem anderen Landeshauptmann erreicht wird: er wird im Alter von nur 38 Jahren vom Kaiser zum Landeshauptmann ernannt. Kast ist übrigens auch der Landeshauptmann, der, wie Lebschy, Falkenhayn und Achleuthner, der Kurie des Großgrundbesitzes entnommen wird.
Dem ursprünglich aus Mittelfranken stammenden Geschlecht war 1826 der Titel „von Ebelsberg" verliehen worden. Der juristisch vorgebildete Beamte der Statthalterei hatte 1895, nach dem Tode des Vaters, die elterlichen Güter Ebelsberg und Sierning übernommen; im selben Jahr 1895 wird er, ein Jahr vor seiner Ernennung zum Landeshauptmann, Mitglied des oberösterreichischen Landtages. In der kurzen Zeit als Landeshauptmann muß Kast natürlich vieles vollenden, was sein Vorgänger eingeleitet hatte; andererseits hat sein Nachfolger Ebenhoch manches zu realisieren, was von Kast ausgegangen war. Und wenn der kaiserliche Statthalter Viktor Freiherr von Puthon unmittelbar vor dem Abgang Kasts nach Wien von einer „an Arbeit und Erfolgen ganz ungewöhnlich reichen Session des oberösterreichischen Landtages" spricht, so fällt zweifellos sehr viel von diesem Lob auf den ju-

gendlichen Landeshauptmann. Das sind etwa erste Maßnahmen zugunsten einer systematischen Förderung des Fremdenverkehrs; die Förderung des Kleingewerbes; schließlich Bemühungen um den Aufbau einer Arbeiter-Unfall-Versicherung im Lande[8].

Mit Dr. Alfred Ebenhoch (1855 bis 1912) tritt erstmals ein Exponent der jungen im und mit dem Katholischen Volksverein groß gewordenen Intelligenz in Erscheinung. Allerdings ist auch Ebenhoch kein gebürtiger Oberösterreicher. Doch der geborene Vorarlberger kommt, ähnlich wie Eigner, bald nach Beendigung seines Studiums nach Oberösterreich. Auch er ist Rechtsanwalt, gehört also jener Berufsgruppe an, aus der fast alle liberalen Spitzenpolitiker kommen und die der Katholische Volksverein bis zuletzt wenig freundlich behandelt. Der Sohn eines Spediteurs war nach juridischem Studium und nach der Teilnahme am Feldzug gegen Bosnien in die Reichsanwaltskanzlei von Dr. Naschberger nach Linz gekommen, der, ähnlich wie die Kanzlei von Dr. Eigner, auch ein politisches Zentrum bildet. Hier in Linz lernt Dr. Ebenhoch gerade noch seinen großen Landsmann, Bischof Rudigier, kennen. Er engagiert sich sofort politisch, nimmt Niederlagen hin – so bei den Gemeinderatswahlen von 1887 in Linz und bei den Reichsratswahlen von 1901 in Wels –, erringt aber noch größere Erfolge; 1888 wird der 33jährige erstmals zum Reichsratsabgeordneten gewählt und kandidiert hier ein letztesmal 1911, ein Jahr vor seinem Tod. Im gleichen Jahr, 1888, wird er Landtagsabgeordneter und verbleibt in dieser Funktion durch 21 Jahre bis 1909. Eine Schlüsselposition erhält er 1891, als er zum Präsidenten des Katholischen Volksvereins für Oberösterreich gewählt wird. Schon in dieser Funktion, vergleichbar mit der eines Landesparteiobmannes, vereinigen sich alle Fäden der konservativen Politik Oberösterreichs. Er wird damit Nachfolger des Gründungsobmanns Graf Brandis und der erste Nicht-Adelige in dieser Funktion. Auch diese Aufgabe übernimmt er im jugendlichen Alter von 36 Jahren; er behält sie nur sieben Jahre, bis 1898. Im selben Jahr, am 6. Mai 1898, ernennt ihn Kaiser Franz Joseph zum Landeshauptmann von Oberösterreich. Er verbleibt in dieser Funktion bis nach den Reichsratswahlen von 1907, als er als Landwirtschaftsminister ins Kabinett eintritt. Aber diese eher kurze Zeit in der Funktion eines Landeshauptmannes, diese neun Jahre, sind erfüllt mit vielen Aktivitäten. Ebenhoch war auf diesen Posten gut vorbereitet; nicht nur auf Grund eines achtjährigen Wirkens als Parteiobmann. Er war 1890 Landesausschuß-Ersatzmann geworden und 1897 Mitglied des Landesausschusses. Das Wirken als Landeshauptmann bleibt die Krönung seines politischen Wirkens, mag er auch anschließend Ackerbauminister und damit „Exzellenz" geworden sein. Dr. Ebenhoch setzt mehr neue Akzente in der Landespolitik, als die meisten seiner Vorgänger. Er war im Interesse der Bauern des Mühlviertels gegen die geplanten niedrigen Grundablösen anläßlich des Baues der Mühlkreisbahn eingetreten; er hatte um die Anpassung der Servitute im Salzkammergut gekämpft. Er sieht die sozialen Probleme des Bauernstandes, insbesondere die vielfach kaum tragbaren Belastungen des Hofübernehmers. Mehr als alle anderen bemüht er sich um das Kleingewerbe. Er nimmt in der sogenannten „tschechischen Frage" den Deutschnationalen Oberösterreichs den Wind aus den Segeln. Er tritt für den Rhein-Main-Donau-Kanal ein, er wird Organisator des Fremdenverkehrs und erster Präsident des „Landesverbandes zur Hebung des Fremdenverkehrs in Oberösterreich". Er führt im Lande die Bürgermeisterkonferenzen ein. Zu seinen Schattenseiten zählt ein, gewiß maßvoller, Antisemitismus. Der Sozialdemokratie, die ihn später für sein Eintreten für das allgemeine gleiche Wahlrecht lobt, tritt er mit relativ primitiven Argumenten entgegen.

Insgesamt aber gehört er zu den vielseitigsten Begabungen auf dem Posten eines Landeshauptmanns von Oberösterreich. Er ist nicht nur buchstäblich ein „homo politicus" und geschickter Taktiker. Er ist der Autor von Bühnenstücken, die in Linz und Wien aufgeführt werden, und er ist vor allem wie wenig andere publizistisch tätig.

Trotz seiner großen Bedeutung für Oberösterreich liegt der Schwerpunkt im Wirken Ebenhochs auf einer höheren Ebene: Schon frühzeitig ein Freund Dr. Luegers, des nachmaligen Wiener Bürgermeisters geworden, löst er Oberösterreichs Konservative – im Zusammenhang mit dem schwelenden Nationalitätenhader – aus dem „Hohenwart-Klub", realisiert die Übergangslösung der Katholischen Volkspartei, ohne Diözesanbischof Doppelbauer und den konservativen Adel zu vergrämen. Er verhindert auf der anderen Seite eine Zerreißprobe zwischen den Konservativen, der Katholischen Volkspartei und den aufstrebenden, teilweise überheblich gewordenen Christlichsozialen und wird schließlich nach der alles in allem langen Übergangszeit von 17 Jahren 1907 einer der Brückenbauer zwischen Katholisch-Konservativen und Christlichsozialen. Mit Ebenhoch an der Spitze bringen die Konservativen die großen Wahlsiege bei den Reichsratswahlen von 1897 und 1907 und der Landtagswahl von 1902 ein.

Fast ein Epilog zu Ebenhochs politischer Tätigkeit ist das Wirken als Minister. Immerhin ist es bezeichnend, daß er ursprünglich Ressortchef eines neu zu schaffenden Arbeitsministeriums hätte werden sollen. Er wird schließlich am 9. November 1907 Landwirtschaftsminister, stürzt fast genau ein Jahr später gemeinsam mit dem Kabinett am 7. November 1908 und stirbt drei Jahre später, nachdem er noch den Tod seines Freundes Lueger und die Wiener christlichsoziale Wahlniederlage von 1911 erlebt hatte[9].

Ebenhochs Nachfolger, Johann Nepomuk Hauser (1866 bis 1927), ist nach Abt Achleuthner der zweite gebürtige Oberösterreicher unter den sieben Landeshauptleuten. Zwei sind Wiener, zwei Oberösterreicher, einer stammt aus Niederösterreich, einer aus Vorarlberg und einer (Kast) ist in Böhmen geboren. Nach ihrem Beruf sind drei Priester bzw. Äbte (Lebschy, Achleuthner, Hauser), zwei adelige Gutsherrn (Falkenhayn, Kast), zwei Rechtsanwälte (Eigner, Ebenhoch), einer (Eigner) liberal, sechs katholisch-konservativ bzw. christlichsozial.

Der Gastwirtssohn und katholische Priester Hauser ist vermutlich der kraftvollste und volksverbundenste Politiker, den der Katholische Volksverein hervorgebracht hat. In seiner Person vereinigen sich in den Jahren 1918 und 1919 so viele Spitzenfunktionen wie bei wenig anderen. Er ist es, der den Übergang von der Monarchie zur Republik fast reibungslos meistert. Er wird allerdings auch nur 61 Jahre alt, von denen 29 vorwiegend oder ausschließlich der Politik gewidmet sind.

1899 wird Hauser bei einer Ersatzwahl erstmals in den Landtag gewählt – er ist eben 33 Jahre alt. Mit 36 Jahren wird er Mitglied des Landesausschusses – und ist damit ihr jüngstes Mitglied. Unmittelbar vorher hatte der schlichte Landtagsabgeordnete Hauser einen sehr kritischen und selbstkritischen Epilog zu den Landtagswahlen gesprochen. Er ist der aufstrebende Mann der Konservativ-Christlichsozialen in der Zeit des Überganges. Er ist aber auch der Mann, der wie kein anderer die gegnerischen Pfeile von Anbeginn an auf sich zieht, wenn man Landeshauptmann Ebenhoch nicht treffen will – dies insbesondere nach den Reichstagswahlen von 1907, als die Sozialdemokraten zumindest zwei ihrer drei Linzer Reichsratsabgeordneten christlichsozialer Beihilfe verdanken. Die Angriffe kommen aber nicht nur aus der deutschnationalen Ecke, sie kommen gleichermaßen vom Adel, der 1907 und 1911 „unabhängige christliche bzw. konservative Kandidaten" aufstellt; auch im Mühlviertler Wahlkreis von Hauser und natürlich gegen Landeshauptmann Hauser gerichtet.

Der Aufstieg Ebenhochs zum Ackerbauminister ins Kabinett soll nicht ohne Mitwirkung Hausers erfolgt sein. Und Hauser ist, inzwischen 41 Jahre alt, der gewachsene, der natürliche Ebenhoch-Nachfolger für den Posten eines Landeshauptmannes von Oberösterreich. Es folgt seine erste Periode als Landeshauptmann bis zu den letzten Landtagswahlen von 1909 und nach diesem fast triumphalen Wahlsieg, das durch den Krieg verlängerte Wirken bis 1918. Er ist insgesamt also elf Jahre Landeshauptmann, vom Kaiser ernannter Landeshauptmann, in der Monarchie und anschließend bis zu seinem Tod 1927 durch neun Jahre gewählter Landeshauptmann in der Republik[10].

Hauser ist also nach der Parteifusion von 1907 erster Landeshauptmann der Christlichsozialen; das ist nur ein neuer Name für eine unveränderte politische Gruppierung. Der Katholische Volksverein von 1869 bleibt die von Bauern stark dominierte Massenbewegung, zu der gewiß starke Gruppen der christlichen Arbeiterpartei, aber eher schwache Gruppen des Gewerbes gestoßen sind. Es ist also eine ganz andere Gruppe, als die Wiener Christlichsozialen und die Eigenart und Eigenwilligkeit von Oberösterreichs Katholischem Volksverein spürt man bis zuletzt, bis 1933. Hauser ist in dieser Phase nie Landesparteiobmann bzw. Volksvereinspräsident – das wird Dr. Mayr und später Dr. Aigner –, er kann sich vorerst ganz der Funktion eines Landeshauptmannes widmen. Die Hauser-Politik wird trotz der vor allem von deutschnationaler Seite gegen ihn als „Defizientenpriester" gerichteten Angriffe die Politik eines möglichst weitgehenden Konsenses. Hauser bringt als wichtigste Gabe eine fast unerschöpfliche Geduld mit. Es geht vor allem um die – nie ganz erreichte – Anpassung des Gemeinde- und Landtagswahlrechtes an das Wahlrecht des Reichsrates. Stellenweise kommt es sogar zu einer sonst nur in anderen Ländern üblichen Aktionsunfähigkeit des Landtages. Dann aber unterbricht der ausbrechende erste Weltkrieg das Wirken des Landtages und das seines Vorsitzenden, des Landeshauptmannes, nicht aber Hausers Wirken als Vorsitzender des Landesausschusses. Und gerade hier kann Hauser sich gegenüber den Übergriffen von Beamten und Militärs profilieren. Er versteht es mit den beiden Statthaltern, Handel und Meran, umzugehen, auch wenn Erasmus Handel – 1916 auch Innenminister – und Hauser jeweils zu starke Persönlichkeiten sind, als daß ihre Beziehungen immer ungetrübt gut wären[11]. In den Wahlrechtsdebatten war es zu einer starken Annäherung von Hauser zum einzigen sozialdemokratischen Landtagsabgeordneten (ab 1909), Hafner, gekommen. Das spielt dann 1918 und später eine nicht zu unterschätzende Rolle. Gleichzeitig verstärken sich die schon 1907 und 1911 sichtbaren Antipathien von Teilen des Adels gegenüber Hauser, dem auch vorgeworfen wird, trotz seines Kaiser Karls abgelegten Eides auch in der Republik Landeshauptmann geblieben zu sein. Für Oberösterreich wird Hauser als „Mann des Überganges" von einer nicht hoch genug einzuschätzenden Bedeutung. Er meistert den Übergang vom alten zum neuen Landesausschuß; der Abgang des kaiserlichen Statthalters Erasmus Handel erfolgt reibungslos, ja fast freundschaftlich – sehr zum Unterschied von anderen Ländern. Einmütig erfolgt die Bildung der „provisorischen Landesversammlung", also der von den drei politischen Gruppen nominierten und ernannten Abgeordneten des provisorischen Landtages. Einmütig erfolgt schließlich der Übergang zu einem neuen Wahlrecht, wobei das Frauenwahlrecht als selbstverständlich überhaupt nicht mehr diskutiert wird. Mag auch Hauser als Reichsparteiobmann der Christlichsozialen, als Mitglied des Vollzugsausschusses der Provisorischen Nationalversammlung (Staatsrat) und als Zweiter Präsident der Provisorischen Nationalversammlung in kritischen Stunden oft in Wien weilen, das Gremium der „drei Stellvertreter" (Mayr, später Schlegel, dann Gruber und Langoth) funktioniert fast reibungslos – sicher auch ein indirektes Verdienst Hausers. So wird Johann Nepomuk Hauser der letzte der sieben Landeshauptleute Oberösterreichs – und bildet doch nicht den Abschluß, sondern Übergang.

Landtag unter liberaler Führung (1861 bis 1884)

Die beiden ersten Landtagswahlen von 1861 und 1867 werden durchgeführt, ohne daß es politische Parteien gegeben hätte. Erst bei der Wahl von 1870 bestehen im Lande politische Gruppen bzw. Parteien. Bis 1880 ist es, vorerst ohne und dann mit Parteien, ein Zweikampf zwischen Liberalen und Konservativen, mag dieser auch durch wechselnde Parteinamen und weitere Bezeichnungen, die sich die Parteien aus propagandistischen Gründen gegenseitig geben, noch verwirrender erscheinen. Ab 1880 kommt der oberösterreichische Bauernverein hinzu, der aber, weithin antikirchlich und national, den Zweifrontenkampf nur noch unterstreicht. Die Landtagswahlen von 1890, 1896 und 1902 sind durch das Tauziehen im liberal-nationalen Lager gekennzeichnet. Der katholisch-konservativen Gruppe stehen durch zwölf Jahre drei liberal-nationale Parteien gegenüber. Erst bei der letzten Landtagswahl der Monarchie (1909) sind jene drei Gruppen ausgebildet, die die politische Landschaft in den nächsten Jahrzehnten prägen: neben den Christlichsozialen die Deutschnationalen und die Sozialdemokraten; die Liberalen sind verschwunden, der Bauernverein bleibt unbedeutend.

Es ist vorerst kaum möglich, einen Landtag nachträglich nach Parteien gliedern zu wollen, die es noch gar nicht gibt. Man wird aber kaum fehlgehen, wenn man vom ersten Landtag der Jahre 1861 bis 1867 annimmt, daß hier 42 liberale Abgeordnete, acht katholisch-konservativen gegenüberstehen. Es handelt sich dabei um jene Abgeordnete, die normalerweise mit den Anträgen des einzigen Virilisten im Landtag, mit Bischof Rudigier, stimmen[1]. Das Neue und Ungewohnte dieses Landtages erkennt man etwa auch an der Tatsache, daß ungewöhnlich viel gewählte Abgeordnete während dieser ersten Legislaturperiode zurücktreten, daß auch viele der Gewählten überaltert sind und während der zwei ersten Perioden sterben. Insgesamt gibt es in diesen sechs Jahren für die 50 Landtagssitze 75 Abgeordnete.

An der politischen Zusammensetzung ändert sich auch im nachfolgenden Landtag der Jahre 1867 bis 1870 nicht viel, denn nach der Landtagswahl erklären die Liberalen, die Wahl sei für die Konservativen im Lande noch schlechter als die von 1861 ausgegangen. Der spätere Landeshauptmann-Stellvertreter Kern erwähnt, daß die (nur für die Landgemeinden vorgeschriebenen) Wahlmännerwahlen stark dem Zufall überlassen waren. „Ohne daß man die Kandidaten näher kannte, schenkte man ihnen großes Vertrauen. Das wurde sehr bald zum Verhängnis ... So bildeten dann manche Gewählte für das christliche Volk eine herbe Enttäuschung[2]."

Die hohe Zeit der Liberalen 153

Der Trend – hier liberale Städte und dort konservative Landgemeinden – zeichnet sich bereits bald ab; ebenso, daß die Kurie des Großgrundbesitzes bei 19 Landgemeinden und 20 städtischen Stimmen (einschließlich der Kammer) meist das Zünglein an der Waage sein würde.
Und gerade hier, bei der Liste der Wahlberechtigten des Großgrundbesitzes, schalten sich die Liberalen 1867 hart ein – und entscheiden damit die nächsten vier Landtagswahlen für sich. Die liberale Landtagsmehrheit, die über die Gültigkeit und Ungültigkeit von Stimmen und Gewählte entscheidet, setzt es vorerst durch, daß der Bischof, der, ohne gewählt zu werden, dem Landtag angehört, für sein Gut Gleink für die Klasse des Großgrundbesitzes nicht wählen darf, ebenso nicht auf Grund einer Vollmacht, die ihm die Gräfin von Chambord ausgestellt hatte. Vor allem aber werden 17 Stimmen von ,,Korporationen", die im Besitz landtäflicher Güter sind, für ungültig erklärt; von ihnen muß man annehmen, daß sie katholisch-konservative Stimmen abgeben: die Pfarrämter Aistersheim, Gurten, Hartkirchen, Hohenzell und Steyr-Stadt; die Dechanteien Enns und Mannernberg, das Chorherrenstift St. Florian, die Benediktinerstifte Kremsmünster und Lambach, das Prämonstratenserstift Schlägl und die Zisterzienserstifte Schlierbach und Wilhering. Insgesamt werden gleich 23 der 92 abgegebenen Stimmen in der Klasse des Großgrundbesitzes für ungültig erklärt[3]. Trotzdem gelingt es vorerst 1867 nicht, aus dem Kreis der Gewählten Landeshauptmann Lebschy (Probst von Schlägl, ab 1861 Landeshauptmann) zu entfernen, auch nicht den Abt von Kremsmünster, Reslhuber, oder Graf Falkenhayn, der 1871 kurzfristig erster konservativer Landeshauptmann wird und anschließend langjähriger Ackerbauminister; auch ohne jene 23 Stimmen hatten sie in ihrer Kurie die absolute Mehrheit der verminderten Stimmenzahl erhalten[3]. Bald aber verhärten sich die politischen Fronten gerade beim Großgrundbesitz.
Insgesamt bringen die Konservativen für den Landtag von 1867 nur sieben Kandidaten durch, denen 32 liberale gegenüberstehen, wobei sich insbesondere die Zusammensetzung der Kurie des Großgrundbesitzes nur schwer parteipolitisch werten läßt. Immerhin setzen sich die Liberalen, oder wie sie sich vorwiegend nennen, die ,,Verfassungstreuen" bei der Wahl der Reichsratsabgeordneten durch den Landtag hart durch, wo sie 1861 und 1867 alle zu vergebenden zehn Sitze belegen[4].
Der Beruf der Landtagsabgeordneten – unter den 50 befinden sich 20 neue – zeigt die schon 1861 sichtbare einseitige Zusammensetzung der liberalen Zeit. Bewußt legt die ,,Tagespost" ,,Großgrund- und Bauerngutbesitzer" zusammen, auf die nunmehr 19 (bisher 16) entfallen – und das bei zehn Mandaten für den Großgrundbesitz und 19 der Landgemeinden. Die Zahl

der „Doktoren der Rechte" ist von acht auf elf angestiegen. Zählt man noch den einen Notar hinzu, ist dies fast ein Viertel aller Abgeordneten. Privatagenten und Kaufleute sind mit zehn ebenfalls stark vertreten. Beamte stellen keine Abgeordnete (bisher vier); neu hinzugekommen ist ein Arzt; auch ein Apotheker gehört dem Landtag an. Schließlich sind drei Priester (bisher fünf) vertreten[5].

Im übrigen ist der Landtag von 1867, der mit den interessantesten Persönlichkeiten: neben Landeshauptmann Prälat Lebschy findet sich der liberale Rechtsanwalt Dr. Eigner, der nachfolgende Landeshauptmann der Jahre 1868 bis 1884, und schließlich Graf Flakenhayn, der für einige Monate im Jahre 1871 erster konservativer Landeshauptmann in Oberösterreich wird. Aber auch der Steyrer Industrielle Werndl gehört diesem Landtag an.

Bei der Kandidatennominierung von 1867 war aber keineswegs von Liberalen oder Konservativen gesprochen worden. Es heißt lediglich, „das Central-Wahl-Comité für die Landtagswahlen in Oberösterreich empfiehlt . . . mit den aus verschiedenen Theilen des Landes bekannten Wünschen die Wahl folgender Männer"[6]. Auch der liberale Wahlaufruf an die Linzer „Mitbürger" wird lediglich von einem „Wahl-Comité" unterzeichnet[7]. Und im Wahlaufruf an die „Wähler Oberösterreichs"[8] wird lediglich erklärt, man trete „offen und entschieden für den Fortschritt" ein, stehe „treu zur Verfassung und den Volksrechten". Im letzten Aufruf eines „Mitgliedes der Verfassungspartei" heißt es allerdings: „Auch für uns alle gilt die Regel, zuerst vor allem laßt und einig sein, die Verfassung und die bürgerliche Freiheit wahrhaft zu gewinnen, alles übrige, was vonnöthen ist, wird leicht zu erlangen sein und uns gegeben werden[9]."

In einer Zeit ohne politische Parteien ist etwa die Stellungnahme des Steyrer Industriellen Werndl von Interesse, mit der er sich der liberal-verfassungstreuen Wahlgruppe zur Verfügung stellt: er sei verfassungstreu, sei für die Nicht-Beschickung des außerordentlichen Reichstages, wolle gleich allen Genossen der deutschen Partei eine freiheitliche Entwicklung der Februar-Verfassung auf legalem Wege und pflichte voll der Bestrebungen der Autonomisten bei"[10]. Im übrigen nennen sich die Liberalen nicht nur „Verfassungstreue", sondern auch gern „liberal-patriotische Partei". Andererseits bezeichnet man den konservativen Gegner grundsätzlich nur als „klerikal", seine Gruppierung als „klerikale Partei" – und das für Jahrzehnte.

Bei der nächsten Landtagswahl von 1870 sprechen die Liberalen vorwiegend von „Ultramontanen" und der „ultramontanen Partei", also jener, die ihre Weisungen von „ultra montes", jenseits der Berge, aus Rom, erhält. Nach Gründung des „Linzer Volksblattes" spricht man gelegentlich von der „Volksblattpartei". Für die Liberalen ist es mehr als nur ein Presti-

ge-Gewinn, als nach dem Rücktritt des vermittelnden Abtes Lebschy als Landeshauptmann, ein prominenter Liberaler, der Rechtsanwalt Dr. Moriz Eigner, vom Kaiser zum Landeshauptmann von Oberösterreich ernannt wird.
Der „Protest einer Anzahl katholischer Männer von hier und vom Lande", der die am 5. Dezember 1866 von der Landtagsmehrheit beschlossene „Adresse" an den Kaiser ablehnt und insbesondere zu den liberalen Forderungen nach der Konkordatskündigung Stellung nimmt, wird zum Schwerpunkt der Vorwahlpropaganda von 1870.
Das Jahr 1870 bildet allerdings eine klare Trennungslinie in der Landespolitik. Die beiden bisherigen Landtagswahlen waren ohne politische Parteien, wenn auch von parteiähnlichen Gruppen, geschlagen worden. Jetzt, 1870, besteht der liberal-politische Verein bzw. die Verfassungstreue Partei fast zwei Jahre; der Katholische Volksverein, die Gesamtorganisation der Katholisch-Konservativen war kürzlich gegründet worden. Beide politische Gruppen verfügen über ihnen nahestehende Tageszeitungen, die „Tagespost" (gegründet 1865) und das „Linzer Volksblatt" (1869).
Die Wahlen von 1870 beginnen mit einem Eklat, einem durchaus ungewohnten und von der „Tagespost" groß aufgezogenen offenen Brief eines „freisinnigen Wählers" an den kaiserlichen Statthalter Graf Hohenwart-Gerlachstein, daß er den konservativen Kandidaten Graf Falkenhayn empfohlen habe und selbst beim Großgrundbesitz als Kandidat auftreten wollte. „Ziehen Sie die Maske ab, ehe es zu spät ist", heißt es in diesem Aufruf pathetisch[11]. Nachdem sich in einer umfangreichen Stellungnahme fast alle liberalen Landespolitiker von diesem offenen Brief distanzieren[12] greift anschließend noch die „Tagespost" diese liberalen Politiker an und erklärt, „keiner Partei irgendwie abligiert zu sein" und erklärt „niemand zu fürchten heiße er wie immer"[13].
Der außerordentlich heftige Wahlkampf hat mehrere Ursachen: erstmals treten zwei Parteien als solche offiziell auf, beide verfügen über ihnen nahestehende Tageszeitungen; dann sind es die hochgehenden Wogen in der Zeit des Vatikanischen Konzils und der Konkordatskündigung. Kirchliche und innerkirchliche Probleme, dazu das Verhältnis Kirche–Staat, beherrschen durchaus diesen Wahlkampf.
Die Landtagswahlen werden vorerst für die Konservativen ein großer Erfolg, wenn auch kein Durchbruch: sie erobern alle Landgemeinden bis auf eine, dazu ein Mandat der Städtewahlkreise. Aber neuerlich schlagen die Liberalen zu. Hatte 1867 die liberale Landtagsmehrheit rund 15 Prozent der Wahlberechtigten aus dem Kreise des Großgrundbesitzes gestrichen, so erklärt man jetzt die Wahl von fünf konservativen Kandidaten für ungültig,

u. a. die von Viktor Weiß von Starkenfels, einem Mitbegründer des Katholischen Volksvereins, der sogar in zwei Wahlkreisen, in Ried und in Schärding gewählt worden war. Auch den einzigen in einem Städtewahlkreis gewählten Landtagsabgeordneten, den Pfarrer Kornseis, will man eliminieren, weil man Sierninghofen und Neuzeug streichen will, worauf der Statthalter zu bedenken gibt, daß damit diesen beiden Gemeinden nachträglich ihr Wahlrecht genommen werde. In der Minderheit bleibt natürlich auch eine Beschwerde von Bischof Rudigier, der für die Herrschaft Gleink und Garsten das Wahlrecht für sich beansprucht; die Nutznießung dieser Herrschaft sei ihm durch einen Akt der Gewalt entzogen und dem Religionsfonds gegeben worden. Von Rechts wegen stehe ihm und nicht dem Religionsfonds das Wahlrecht zu[14].

Ohne den großen Grundbesitz ist ursprünglich das politische Verhältnis im Lande 19 Konservative (mit Bischof 20) zu 20 Liberale, demnach eine sehr knappe liberale Mehrheit und der Großgrundbesitz erstmals entscheidend als Zünglein an der Waage.

Aber gerade jetzt tun sich die Liberalen schwer, denn sie selbst hatten in unzähligen Aufrufen an das oberösterreichische „Landvolk" Klerus und Adel von einst als Ausbeuter des Bauernstandes in einen Topf geworfen[15], hatten von einer „feudal-ultramontanen Clique"[16] gesprochen. Und sogar noch nach dem ersten Wahlgang in den Landgemeinden war erklärt worden: „Eines jedoch ist und bleibt unbegreiflich, wie eine Landbevölkerung, deren Väter zu vielen Tausenden den Boden Oberösterreichs mit ihrem Blut getränkt haben, um die unerträglichen Lasten, welche der Adel und die Geistlichkeit auf ihren Rücken gelegt haben, von sich abzuwälzen, unbedenklich, ja mit einer gewissen Schadenfreude, sich bereiterklärt haben, ihre Geschicke neuerdings den Nachkommen der Schlächter ihrer Väter anzuvertrauen[17]." Jetzt muß man in einem „Wort an die Wähler des Großgrundbesitzes"[18] erklären, daß die Schlappe der Verfassungspartei in den Landgemeinden durch die Intelligenz, die zu Verfassung und Reich steht, so halbwegs wettgemacht sei. „Die gleiche Gesinnung, wie sie selbst in den Städten und Industrieorten in so glänzender Weise manifestiert, hofft Oberösterreich auch von seinem Großgrundbesitz bestätigt zu sehen. Der Großgrundbesitz hat besonders im gegenwärtigen Moment eine großartige, entscheidende Mission, in seine Hände ist es gelegt, ob der oberösterreichische Landtag in seiner Majorität im klerikal-reaktionären und verfassungstreuen Fahrwasser sich bewegen wird." Und ausdrücklich wird erklärt: „Der Großgrundbesitz ist der Träger der Intelligenz."
Tatsächlich werden die zehn Stimmen des Großgrundbesitzes den Libera-

len bzw. Verfassungstreuen zugerechnet – das ergibt wieder eine kompakte Majorität für die Liberalen im Landtag.
Die Parteienverhältnisse werden aber nicht nur im Landtag korrigiert, sondern auch bei den Reichsratsabgeordneten, die der Landtag 1870 nominiert. Das sind vorerst sieben Liberale und drei Konservative[19], von denen sich aber zwei später im Reichsrat, angeblich unter dem Einfluß des Salzburger Prälaten Probst Halter, vorübergehend den Liberalen anschließen[20].
Die Wahlen von 1870 sind aber nur die turbulente Ouvertüre des noch verworreneren Jahres 1871, in dem in Oberösterreich nicht weniger als zwei Landtagswahlen durchgeführt werden.
Hatte merkwürdigerweise der preußisch-österreichische Krieg von 1866 kaum einen Einfluß auf den Wahlkampf von 1867, so nimmt der französisch-deutsche Krieg von 1870/71 in der liberal-nationalen Presse einen breiten Raum ein – so sehr, daß eigentlich alle bisherigen klerikalen und antiklerikalen Wahlparolen, also die Kirche und Staat gleichermaßen berührenden Probleme (Konkordat, Schule, Ehe) stark in den Hintergrund treten.
War 1870 der Landtag und Reichsrat nicht erst nach sechs, sondern schon nach drei Jahren aufgelöst worden, so wird nun der Landtag, gemeinsam mit dem Reichstag, im August 1871 neuerlich aufgelöst. Die Liberalen beschuldigen die Regierung des konservativen Hohenwart, daß nur Landtage mit liberaler Majorität aufgelöst wurden[21]. Unmittelbar vorher hatte der schon als Statthalter von Oberösterreich von Teilen der Liberalen und von der „Tagespost" heftig angegriffen worden war, einen Regierungsentwurf für eine Änderung der Landtagswahlen den Landtagen zugehen lassen, die u. a. eine Beseitigung der Kurie der Handels- und Gewerbekammer vorgesehen hätte[22].
Der Katholische Volksverein, der gleichzeitig das Führungsgremium der Katholisch-Konservativen ist, die sich gelegentlich auch „Conservative Rechtspartei" und nunmehr, bei den Landtagswahlen von 1871 vorübergehend auch „Katholische Volkspartei" nennen, macht in der Vorwahlzeit eine unerwartete Wende. Nur drei Jahre nach den liberalen „Religionsgesetzen", nach dem Streit um das Konkordat und die „Rudigier-Affäre" wird über all diese Dinge kaum gesprochen. Man erwähnt gewiß auch die schwierige Wirtschafts- und Steuersituation, wendet sich aber vorwiegend der Außenpolitik und ihrer Rückwirkung auf die Innenpolitik zu. Angesichts der zahlreichen Kommentare zum deutsch-französischen Krieg und zu den deutschen Siegen von 1870/71 charakterisiert das „Linzer Volksblatt" die liberale Partei als eine, „welche sich von Tag zu Tag mehr zu einer ausgesprochenen deutschnationalen (d. i. großpreußischen) heranbildet"[23]. Und weiter: „Unsere Städte ... und Märkte ... sind keineswegs

hoffnungslos einem glaubensfeindlichen Liberalismus und einem vaterlandsverräterischen Großpreußentum verfallen." Dann weiter: „wollt Ihr Eure Söhne als Krüppel oder todgeschossen im Krieg bloß deswegen, weil so mancher Liberale vor lauter Bewunderung für Preußen vergessen, daß sie Österreicher sind?" Schließlich: „Wählt katholische Männer, die nicht zu Preußen, sondern zu Österreich halten und die unser Vaterland glücklich, aber nicht preußisch sehen wollen!" Vom ersten Tag an reißt die konservative Propaganda die Initiative an sich und schlägt den interessantesten Wahlkampf der ersten 23 Jahre – und das fast ohne „klerikale" Themen. Ein zweites kommt den Konservativen gelegen, mag es auch nicht entscheidend in seinen Auswirkungen sein. Sozusagen als Nachbeben zur Anti-Rudigier-Kampagne war es in der Handelskammer zu heftigen Auseinandersetzungen gekommen, die zum Rücktritt von Kammerpräsident Ignaz Mayr, der seinerzeit Mitbegründer der liberal-politischen Vereins war, und zur Selbstauflösung der Kammer führte[24]. Obwohl sich der Statthalter um rasche Neuwahlen im Kammerbereich bemüht, sind diese noch nicht über die Bühne gegangen, als Landtagswahlen stattfinden, so daß die drei Kammer-Vertreter vorerst noch nicht gewählt werden können.

Bei der Wahl vom August/September 1871 erringt die „Katholische Volkspartei" 18 der 19 Landgemeindemandate (alle mit Ausnahme von Kirchdorf), dazu zwei Mandate der 17 Mandate umfassenden Städtekurie. Ohne die drei Handelskammermandate ist das Verhältnis 21 Konservative zu 16 Liberale, die zehn Mandate des Großgrundbesitzes fallen diesmal zur Gänze den Konservativen zu, wobei das „Linzer Volksblatt" über die Umstände dieser Wahl folgendermaßen berichtet: „Nach der bei der ultraliberalen Partei des Großgrundbesitzes eingetretenen Spaltung bildete sich eine Mittel-Partei in derselben, welche mit den Conservativen einen Kompromiß schlossen, worauf die kleinere Anzahl der Ultras, ohne sich an der Abstimmung zu beteiligen, das Wahllokal verließ[25]."

Bei der Konstituierung des Landtages, bei der Graf Falkenhayn zum Landeshauptmann gewählt wird, erklärt Dr. Wiser für seine (liberalen) Gesinnungsgenossen, daß man den Landtag als nicht legal betrachte und den Beschlüssen des Landtages alle Gültigkeit abspreche. Der Statthalter erwidert, daß dieser Landtag und seine Beschlüsse legal seien. Spätere liberale Vorwürfe beantworteten die nunmehr regierenden Konservativen damit, daß sogar der Kaiser durch die Unterfertigung von Landesgesetzen die Rechtmäßigkeit dieses konservativen Landesausschusses anerkannt habe. Die Konservativen verweisen auch darauf, daß 1871 vorerst durch die Selbstauflösung der Kammer drei von der Kammer zu wählende Abgeordnete vorübergehend noch nicht zur Verfügung standen, während beim letzten

Landtag die Liberalen nicht weniger als elf gewählte Abgeordnete ausschließen wollten, dies aber immerhin bei fünf realisierten und der Landtag während längerer Zeit ein Rumpflandtag geblieben sei[26].
Übrigens wird auch die Numerierung der Landtagsperiode (IV. Landtagsperiode für die Monate September bis Dezember 1871) normal durchgeführt.
Nach der Kammerwahl vom 26. September 1871 ziehen die neu gewählten drei (liberalen) Kammervertreter in den Landtag ein und mit ihnen die 16 liberalen „Landtagsflüchtlinge"[26]. Gegenüber einem neuerlichen Protest, der als „Rechtsverwahrung" bezeichnet wird, verweist Landeshauptmann Falkenhayn auf Paragraph 40 der Geschäftsordnung („Proteste einzelner oder mehrerer Landtagsmitglieder wider vom Landtag gefaßten Beschlüsse sind unzulässig") und läßt auch keine Diskussion darüber zu[27].
War es den Liberalen nicht gelungen, den Landtag von September 1871 und seine Beschlüsse als illegal werten zu lassen, so gelingt es ihnen immerhin beim neuen Wiener Kabinett des liberalen Auersperg, Neuwahlen in Oberösterreich durchzusetzen. Das Ringelspiel um die Landtagsauflösung findet also seine Fortsetzung, wenn auch unter anderen Vorzeichen und in umgekehrter Richtung. Jetzt meint das „Linzer Volksblatt", daß nur Landtage mit konservativer Mehrheit (neben Oberösterreich Vorarlberg, Krain, die Bukowina und Mähren) aufgelöst wurden. Und da noch bis 1873 der Reichsrat aus den Landtagen beschickt wird, ist natürlich auch die Zusammensetzung der Landtage für den jeweiligen Regierungschef und seine Mehrheit wichtig[28].
Der Katholische Volksverein erkennt sofort die Gefahr und appelliert, man möge nicht müde werden, auch wenn dies innerhalb von 17 Monaten die dritte Wahl und innerhalb von drei Monaten die zweite Landtagswahl ist. Er verweist darauf, daß dies inmitten des beginnenden Winters „ein Riseopfer" für die Landbevölkerung bedeute, kaum aber eine Belastung für die Städte. So haben die „liberale Sippschaft" die „Flucht in den Winter" angetreten. Das katholische Volk solle „blutenden Herzens" den Weg zur Wahlurne antreten und zeigen, daß es keine Windfahne sei, die seine Überzeugung nach drei Monaten ändere[30]. Irgendwelche Wahlparolen kommen angesichts der kurzen Vorwahlzeit, auch angesichts der Tatsache, daß erst vor drei Monaten gewählt worden war, kaum zum Tragen – am ehesten noch das von den Konservativen beklagte Unrecht der Wahlordnung!
Tatsächlich verliert die Katholische Volkspartei die Neuwahl auf allen Ebenen: bei den Landgemeinden erreicht sie nur 17 von 19 Mandaten (bisher 18), bei den 17 Städtemandaten nur eines (bisher 2). Die Liberalen erringen wieder alle drei Kammermandate, 16 der 17 Städtekreise und 2 der 19 Land-

gemeinde-Wahlkreise. Es steht also 18 zu 21. Neuerlich kommt es auf den Großgrundbesitz an, dessen Mandate jetzt wieder den Liberalen zufallen. Jetzt protestiert die Katholische Volkspartei, diese Wahl sei „gegen die Bestimmungen der Wahlordnung" durch den Kommissär der Statthalterei zustandegekommen, weil dieser zu spät gekommen war und im Interesse der liberalen Mitglieder die Wahlhandlung noch weiter bewußt verzögert und überdies „abwesende Vollmachten", was bisher nie der Fall war, anerkannt habe[29].

Nun steht es 19:31. Natürlich fehlen von konservativer Seite nicht Beschwerden über die schlechte Wahlbeteiligung mit der Folge, daß keiner der liberalen Städtevertreter die absolute Mehrheit der Wahlberechtigten erreicht habe, was gewiß moralisch, nicht aber rechtlich bedenklich ist[30].

Die Konservativen, die 1871 kurzfristig Mehrheit und Macht erhalten hatten, müssen jetzt nochmals eine lange Durststrecke durchhalten und zwei Wahlperioden oder insgesamt 13 Jahre warten, denn nach der Landtagswahl vom Dezember 1871 bringt auch noch die Landtagswahl von 1878 eine liberale Mehrheit – wenn auch zum letztenmal.

Die Wahlen von 1878 sind keine Überraschungswahlen; die Legislaturperiode läuft normal aus. Die Liberalen haben längst nicht mehr den Elan der späten sechziger Jahre, aber die Konservativen schlagen bestenfalls eine Abwehrschlacht. Das zeigt der Aufruf an die Wähler und alle ihn begleitenden Kommentare: „Die katholisch-conservative Partei will nicht zum Absolutismus zurückkehren ... Wir sind nicht Feinde der Freiheit und einer Verfassung ... Wir wollen nicht die feudale Herrschaft wieder herstellen mit Diensten und Zehent und Robot ... Wir wollen nicht Intoleranz und Unterdrückung Andersgläubiger ..." Und auch in dem wenig attraktivem Dreipunkteprogramm ist weiterhin Negatives verpackt wie bei der geplanten Förderung des „productiven Mittelstandes" die „Einschränkung der Schulpflicht mit einer mehrjährigen Feiertagsschule; Einschränkung der unnöthigen und luxuriösen Schulbauten und Schulausgaben"[31].

Das Ergebnis: die Landtagswahlen von 1878 bringen nur bescheidene Änderungen. Immerhin erringt die Katholisch-Konservative Partei erstmals alle 19 Mandate der Landgemeinden, dazu zwei Städtemandate. Vielleicht hat es auch eine bescheidene Wirkung, daß in Linz die Katholische Volkspartei leicht variiert als „Wahlcomité der Bürger- und conservativen Partei" in Erscheinung tritt.

Über die Wahl beim Großgrundbesitz schreibt das „Linzer Volksblatt" lapidar: „die gestrigen Wahlen im Großgrundbesitz sind natürlich liberal ausgefallen[32]." Unter den 31 Unterzeichnern des konservativen Wahlaufrufes war nur Parteiobmann Heinrich Graf Brandis, daneben der altgediente De-

Die Wende von 1884

chant von St. Georgen, Albert Edler von Pflügel, und schließlich Karl von Jäger („Gemeinderath und Bräuer in Steyr") mit Adelsprädikat aufgeschienen[33].

Wieder ist der Landtag aus 22 Konservativen und 28 Liberalen zusammengesetzt; läßt man die zehn Mandate des Großgrundbesitzes beiseite, dann stünde es 21 bzw. 22 (mit Bischof) zu 18. Nur so ist der Optimismus der Konservativen nach den Wahlen verständlich: „Der Stern der großen oberösterreichischen Volkspartei ist im mächtigen Aufgange begriffen. Zum ersten Male traten sämtliche Vertreter der Landgemeinden, verstärkt mit den Abgeordneten zweier bedeutender bürgerlicher Wahlbezirke, in vollständig geschlossener Einheit, stramm und zielbewußt, in die Arena[34]."

Auf heftige Vorhalte der Konservativen im Landtag wegen Benachteiligung in der Besetzung der Landtagsausschüsse, antworten die Liberalen neuerlich damit, daß sie sämtliche Obmannposten besetzen und der liberale Sprecher Dr. Wiser erklärt nur, „daß die linke Seite des Hauses faktisch im Besitz der Landtagsmehrheit und nicht gewillt sei, dieselbe aufzugeben; sie habe ihr Programm offen dargelegt und verfolge ihre Ziele unbekümmert um Seelenzahl und Steuerleistung, zumal sich die Ansichten über Majoritäten und Minoritäten sehr verschieden gestalten"[34].

Das also ist die ausklingende liberale Zeit. Insgesamt zeigt Oberösterreichs Landtag der ersten 23 Jahre folgendes Bild: anstatt von vier Legislaturperioden, die es bei einer sechsjährigen Dauer gegeben hätte, gibt es sechs. Nur drei Landtage, der von 1861, vom Dezember 1871 und der von 1878 haben die vorgesehene sechsjährige Tagungsdauer. Der von 1867 wird nach drei Jahren, der von Juni/Juli 1870 nach einem reichlichen Jahr und der vom September 1871 bereits nach drei Monaten aufgelöst.

In den ersten sieben Jahren dieses Landtages gibt es überhaupt keine politischen Parteien und nach den Parteigründungen von 1868 und 1869 gibt es ein Zweiparteiensystem, das, abgesehen von knapp drei Monaten im Herbst 1871, durchwegs eine liberale Mehrheit zeigt.

34 Jahre unter konservativer und christlichsozialer Leitung (1884 bis 1918)

Nach weiteren sechs Jahren ist Oberösterreichs politische Landschaft neuerlich gewandelt; neben die bürgerliche, liberale Partei tritt eine überwiegend nationale und antikirchliche Bauernpartei, der oberösterreichische Bauernverein, in die politische Arena. Vielleicht ist es gerade diese Tatsache, die die Konservativen zu einer neuen Aktivität und wieder zu einer nicht nur abwehrenden, Wahlpropaganda führt. Erstmals ist die Gefahr eines Zweifrontenkrieges für die Konservativen gegeben. Anderseits haben sie nun, 1884, den Vorteil, daß ihre Reichsratsabgeordneten in Wien seit fünf Jahren zur „Mehrheitspartei", also zur Regierungskoalition gehören. Sie sind keineswegs mehr eine ausschließliche Oppositionspartei, als die sie in Oberösterreich seit 23 Jahren zu agieren gezwungen waren.

Die neue Partei, der oberösterreichische Bauernverein, war 1880 gegründet worden; dabei hatte die Statthalterei anfänglich ähnliche Schwierigkeiten gemacht wie bei den übrigen Parteien und zahlreiche Bestimmungen der Vereinsstatuten beanstandet[1]. Als Partei eines einzigen Standes – ähnlich wie später die Sozialdemokratie – ist sie ein Novum und bedeutet von vornherein in erster Linie eine Bedrohung der Konservativen, die zwar von Anbeginn an eine Art Volkspartei aller Stände sein wollen, in der aber das Landvolk stark dominiert.

Der Wahlkampf von 1884 wird sozusagen auf zwei Ebenen geführt, einer kirchlich-klerikalen und einer politisch-wirtschaftlichen. Die kirchlich-klerikale wird durch eine Fülle von Zeitungsartikeln dokumentiert[2], verstärkt durch den Hirtenbrief von Diözesanbischof Doppelbauer, der diesmal maßvoll und fast vermittelnd wirkt („Oberösterreich ist ein gutes, ein katholisches Land. Wäre der Landtag ein Abbild des Landes, ein treuer Ausdruck desselben, wie glücklich wären wir[3]!") In die Diskussion „Klerus und Politik" wird übrigens auch Kaiser Franz Joseph mit einbezogen: gegen den liberalen Wahlaufruf über die Vermengung von Religion und Politik und den Mißbrauch von Kanzel und Beichtstuhl für Parteizwecke protestieren zahlreiche Dekanate und Dechanten, u. a. der von Steyr, Dürrnberger, der darauf verweist, daß anläßlich des Kaiser-Besuches 1884 in Steyr der Kaiser dem Klerus seine „allerhöchste Befriedigung über die politische Haltung und gute Disziplin des oberösterreichischen Klerus in huldvollster Weise auszusprechen geruht habe"[4] – ein Hinweis, der von den Liberalen damit beantwortet wird, auch der Kaiser werde in den Landtagswahlkampf mit einbezogen.

Vor allem aber bemühen sich die Katholisch-Konservativen im wirtschaftlichen Bereich zu profilieren. Sie greifen nicht nur die Finanzverwaltung der liberalen Landtagsmehrheit an, wie insgesamt die Liberalen seit dem Börsenkrach von 1873 im wirtschaftlichen Bereich viel an Ansehen verloren haben. Die Konservativen verlangen gewerbliche Reformen, damit im Zusammenhang „eine ausgiebige Besteuerung der Börse und des übermächtigen Kapitals". Im Bereich der Landwirtschaft wird nicht nur die Einschränkung des Wuchers, sondern vor allem Maßnahmen zur Verhinderung der Zerstückelung bäuerlichen Grundes gefordert[5]. Wenig zimperlich wird der Bauernverein als „Soldknecht des Liberalismus" bezeichnet, der „die Fakkel der Zwietracht in die Landgemeinden trage". Der Geist von Fadinger und Kudlich werde in Bauernvereinskreisen „eben so häufig als leichtfertig citiert"[6]. Angesichts der in die Vorwahlzeit einbezogenen Errichtung eines Kaiser-Joseph-Denkmals in Wels durch den Bauernverein schreibt das „Linzer Volksblatt", der Kaiser „muß sich die Rolle eines liberalen Kriegsgottes gefallen lassen, wofür sich wahrlich niemand bedanken würde als gerade der absolute, autokratische Joseph" selbst[7].
Im Wahlkampf scheint auch erstmals die „soziale Frage" auf. Der konservative Wahlaufruf von 1884 fordert etwa ein Gesetz „zum Schutz der Gewerbe und der Arbeiter in den Bergwerken und Fabriken"[8]. Auch die „nationale Frage" spielt eine zunehmende Rolle. So wenden sich die Konservativen gegen die Feststellung des Bauernvereinsboten, die konservativen Führer im Reichsrat hätten sich „um einiger Pfründen und Orden willen den Tschechen und Polen ausgeliefert", „gleichzeitig die armen oberösterreichischen Bauern ohne Erbarmen mit der unerschwinglichen Grundsteuer überhäuft", selbst sogar „unsere deutschen Namen und unsere deutsche Sprache dem Slawentum untergeordnet"[9]. „Am allerwenigsten" – so in einer Antwort des „Linzer Volksblatt" – „wird sich ein vernünftig denkender Österreicher daran stoßen, daß in den Reihen der gegenwärtigen Reichsratsmajorität sich auch conservative Abgeordnete czechischer und polnischer Nationalität befinden, denn der Reichsrat ist eben für alle Völker Österreichs da und nicht bloß für den deutsch-liberalen oberösterreichischen Bauernverein. Beim Streit der Völker kann das Wohl des Volkes nicht gedeihen[10]." Im konservativen Wahlaufruf für die Stadt Linz wird auf diese Frage neuerlich eingegangen: „Da sich nur in Österreich der Liberalismus als letzten Hoffnungsanker an die Nationalitätenfrage anzuklammern sucht, somit durch Nationalitätenhetze und gegenseitigen Hader zwischen den Völkern Österreichs im Trüben fischen will, zeigt zur Genüge, wie wenig inneren Gehalt derselbe hat und wie er nur auf krummen Wegen sein Ziel erreichen will[11]."

Sozusagen gegen den permanenten „Antiklerikalismus" wird von den Konservativen zunehmend ein „Antisemitismus" praktiziert, wenn auch nicht annähernd so intensiv wie bei den aufkommenden Wiener Christlichsozialen. Auch finden wir nichts in Wahlprogrammen und Wahlaufrufen, sondern nur in der Pressepolemik, wobei die liberale Presse meist als jüdisch-liberal bezeichnet wird. Stärker wird diese antisemitische Propaganda sechs Jahre später nach dem Bündnis von Liberalen und Nationalen im Lande sichtbar[12].

Die Konservativen, die sich 1884 wieder nur als „Konservative Partei" bezeichnen, wissen trotz ihres offensiven und selbstbewußten Wahlkampfes, daß die Landtagswahlen nur über die Kurie des Großgrundbesitzes bzw. über die Wahlberechtigten dieser Kurie gewonnen werden kann. Die Liberalen hatten es ja seit Jahrzehnten verhindert, daß die Pfründen katholischer Pfarreien, soweit es sich um landtäfliche Güter mit einem entsprechenden Steuerbetrag handelte, zum Wahlrecht für den großen Grundbesitz zugelassen wurden. Unter Statthalter Weber und vielleicht unter Mithilfe der nun wohlgesonnenen Regierung gelingt jetzt nicht nur die Anerkennung dieser Pfarrer und Dechanten beim Großgrundbesitz, sondern gleichzeitig auch die Streichung des Wahlrechts der landtäflichen Häuser in den Städten[13].

Die Konservativen erzielen nun im September 1884 ihren Durchbruch, einen Erfolg, der erst nach Einführung der „allgemeinen Kurie" 1909 übertroffen wird: sie gewinnen alle 19 Landgemeindemandate (wie 1878), dazu drei städtische Mandate (Vöcklabruck, Gmunden und Enns), mit dem Bischof also 23 Stimmen, denen 17 liberale gegenüberstehen. Trotzdem bleibt auch jetzt die Kurie des Großgrundbesitzes entscheidend, dessen zehn Sitze jetzt zur Gänze den Konservativen zufallen, so daß das Endergebnis 33 Konservative zu 17 Liberalen lautet. Der Bauernverein hatte nicht nur kein Mandat errungen; er hat schon bei den Wahlmännerwahlen der Landgemeinden denkbar schlecht abgeschnitten.

Noch gibt es 1884 ein propagandistisches Nachspiel im Zusammenhang mit der Ernennung des neuen Landeshauptmannes durch den Kaiser. Das liberale Sprachrohr, die „Tagespost", schreibt, daß von maßgeblicher Seite an Dr. Eigner, den bisherigen liberalen Landeshauptmann, die Anfrage ergangen sei, ob er nicht geneigt sei, die Landeshauptmannstelle abermals anzunehmen – nicht ohne hinzuzufügen, daß unter den Konservativen keine geeignete Persönlichkeit für den Posten vorhanden sei[14]. Die Zeitung muß aber schon am nächsten Tage die Berichtigung Dr. Eigners bringen, daß an ihn keine diesbezügliche Frage gerichtet wurde[15]. Und das konservative Sprachrohr „Linzer Volksblatt" ergänzt: „Aus sicherster Quelle wird

Eine dritte politische Kraft 165

uns mitgeteilt, daß der Hochwürdigste Herr Prälat Leonhard Achleuthner von Kremsmünster auf besonderen Wunsch seiner Majestät des Kaisers die angebotene Landeshauptmannstelle angenommen habe[16]."
„Im verlassenen Luftschloß der Liberalen" – so meint die Zeitung weiter ironisch – „werden ihren traurigen Einzug halten all jene Dunkelmänner, Finsterlinge, Römlinge, Lichtscheue, welche sich vor dem Tageslicht der ‚Tagespost' ihre Augen verhüllen . . .[17]." Trotzdem können die Christlichsozialen, gerade bei der Nominierung ihrer ersten beiden Landeshauptleute (Achleuthner, Kast), nicht ganz den Mangel eigener Führungspersönlichkeiten überdecken – mag es auch gerade die Zeit des großen Generationswechsels sein und mögen diesen auch die Liberalen bald ähnlich deutlich spüren.
Immerhin werden 1884 die Weichen für die nächsten sechs Jahre gestellt, in Wirklichkeit aber für die letzten 34 Jahre der Monarchie und für fünf Landtage – mag sich auch schrittweise die Parteistruktur ähnlich ändern wie die Parteiennamen, vorerst im liberal-nationalen Lager, dann bei den Konservativen. Unter neuem Namen der Christlichsozialen bleiben sie, was sie seit 1869 waren: eine Massen- und Volkspartei mit dem Schwerpunkt im bäuerlichen Lager.
Als dritte politische Kraft und als fünfte politische Partei im Lande kommt schließlich die der Sozialdemokraten hinzu. Danach ändert sich im Parteiengefüge Oberösterreichs bis zum ersten Weltkrieg nichts mehr. Kleine Splittergruppen, wie die Alldeutschen, treten bei Wahlen bestenfalls mit einem Aufruf an die Wähler in Erscheinung, nicht zu wählen.
Nach dem Verlust der Mehrheit für die Liberalen im Jahre 1884, der sich immer mehr als ein endgültiger abzeichnet, bringen die wieder völlig normal nach sechs Jahren durchgeführten Landtagswahlen die erste Bewährungsprobe für die Konservativen als führende und verantwortliche Landespartei. Inzwischen bleibt Österreichs Innenpolitik weiter in Bewegung. Im März 1887 war die Gründung des Christlichsozialen Vereins für Wien erfolgt, dazu der Partei der „Vereinigten Christen", der Einigungsparteitag der Sozialdemokraten in Hainfeld vom Dezember 1888 und Jänner 1889. Schließlich führt der um 1889/1890 deutlich sichtbare Aufstieg der liberal-nationalen Partei der „Jungtschechen" zum Niedergang der „Alttschechen", was, neben anderen Aktionen, bald zum Zerfall der Regierungsmehrheit des Grafen Taaffe, bestehend aus den konservativen Parteien der Deutschen, Tschechen und Polen, führt.
In Oberösterreich spürt man von all dem wenig – dafür hatte nach der 1882 erfolgten Gründung des „Deutschnationalen Vereins" Schönerers und des gemeinsam mit Viktor Adler, Pernerstorfer und Friedjung erarbeiteten

Unter konservativer Leitung

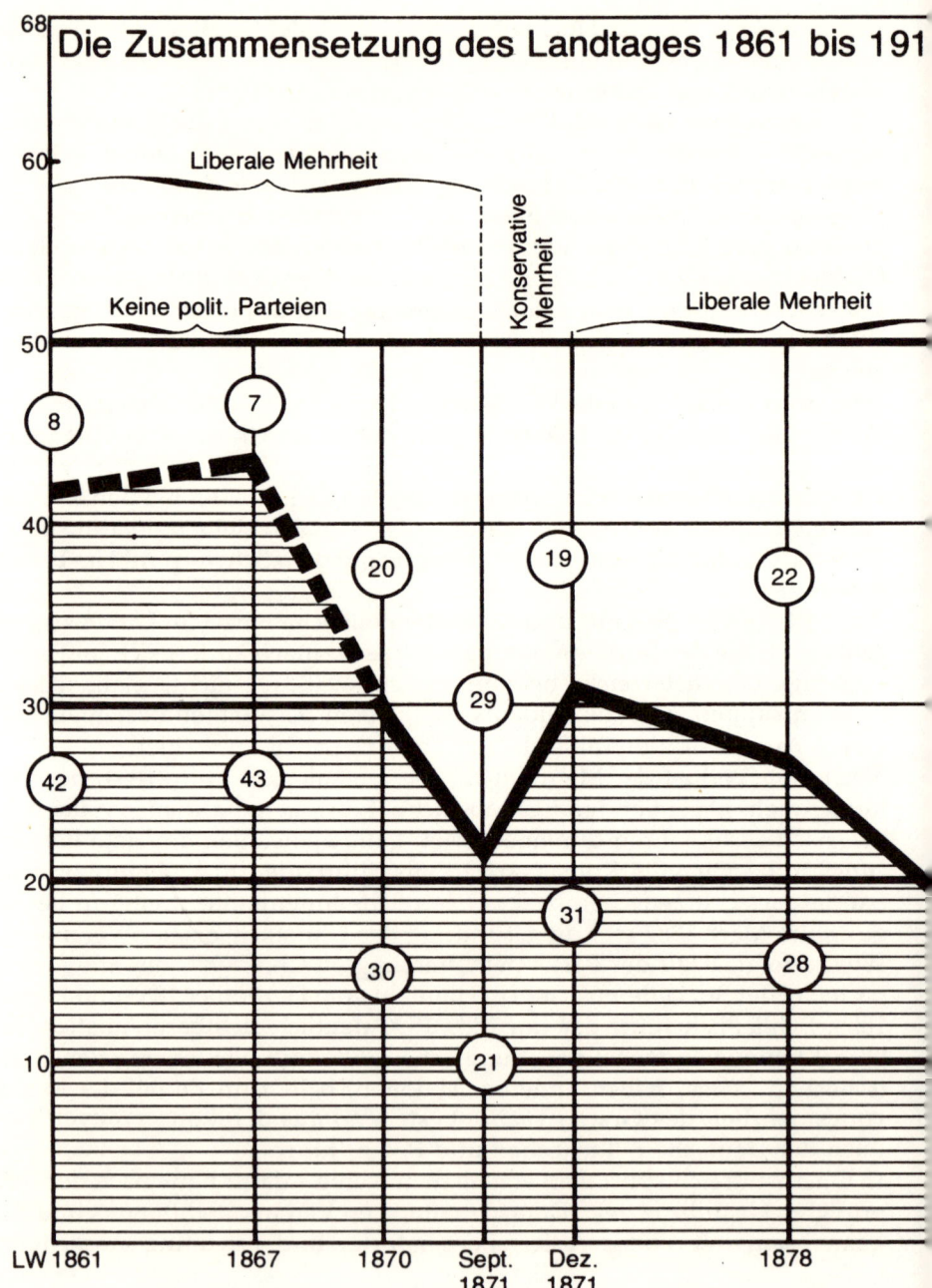

Unter konservativer Leitung

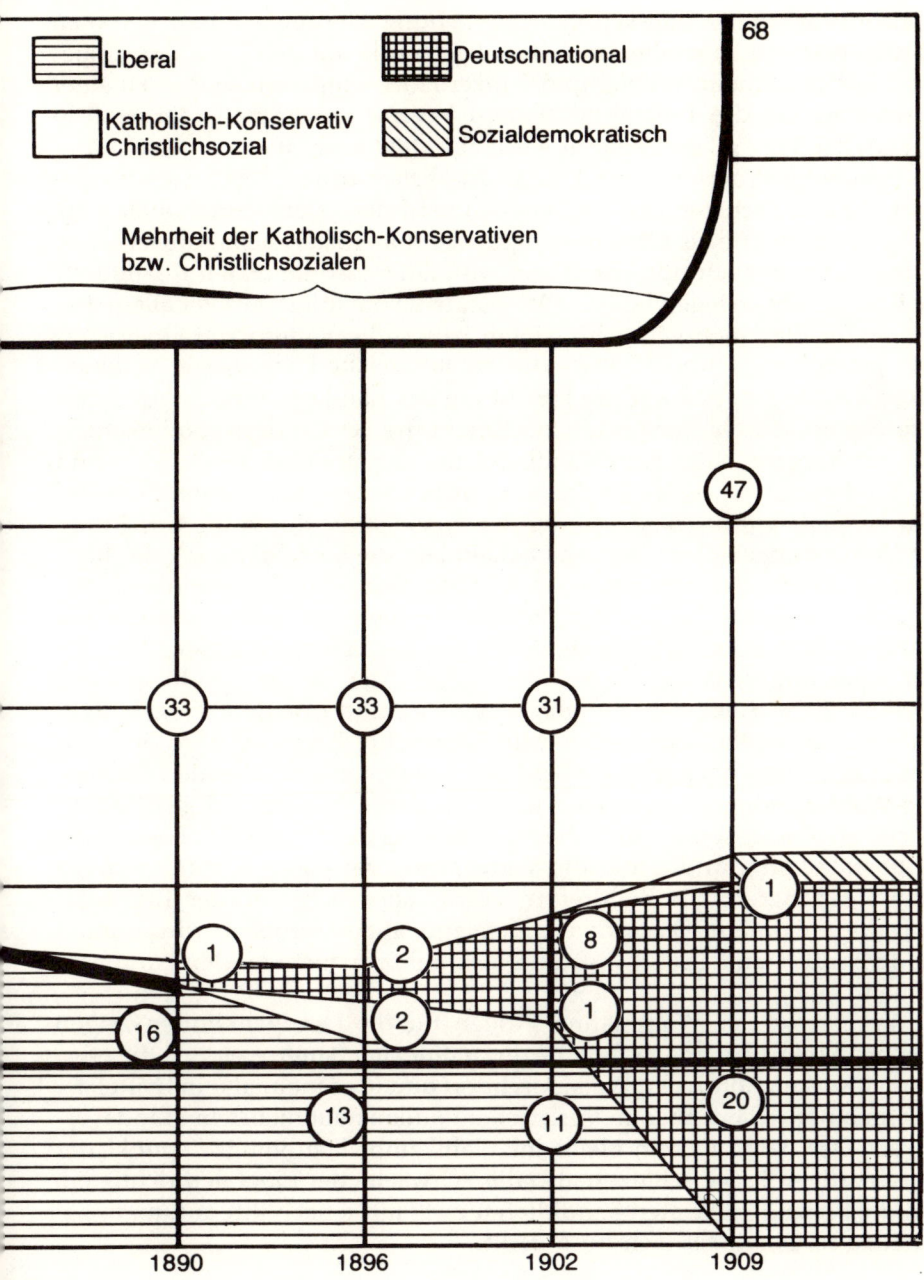

„Linzer Programms", dessen Veröffentlichung allerdings in Linz verboten worden war, ein Tauziehen zwischen Dr. Beurle mit den Liberalen eingesetzt. Beeinflußt vom Wiener und Grazer Hochschulklima war es zu einer Durchdringung des Liberal-politischen Vereins gekommen, der 1885 in „Deutscher Verein" umbenannt wird, aber 1886 kommt es zur Ablehnung des Schönerer Programms und zum neuerlichen Bruch. 1888, noch zeitgerecht vor den nächsten Landtagswahlen wird der „Deutschnationale Verein" mit Dr. Beurle als Obmann gegründet. Oberösterreichs Konservative träumen, wenn auch nur kurzfristig, von einer „antiliberalen Koalition". Die Konservativen legen in ihrem Wahlaufruf vom Juli 1890[18] vor allem dar, was sie für die lange vernachlässigten Bauern im Bauernland Oberösterreich getan haben, und können eine umfangreiche Liste dieser Aktionen aufstellen – beginnend mit der Errichtung des Landeskulturrates und den Bezirksgenossenschaften bis hin zur Errichtung der Landeshypothekenanstalt zur Vergabe billiger, unkündbarer und langfristiger Realkredite und zur Förderung der Raiffeisenkassen, insbesondere für Personalkredite. Man verweist auf die Bekämpfung der Prozeßsucht durch die Errichtung von Vermittlungsämtern bei den Gemeinden, die Einschränkung der Bettlerplage durch die Errichtung von Naturalverpflegungsstationen. Beschränkter sind die Landeskompetenzen bei dem ebenfalls umworbenen Gewerbe. Man habe sich um die Regelung des Hausiererwesens bemüht und sogenannte „Wanderlager" verhindert. Man sei im Lande sparsam gewesen, habe Steuererhöhungen vermieden und trotzdem mitgeholfen, das Verkehrswesen auszubauen (Mühlkreisbahn, Kremstalbahn, Steyrtalbahn, Linie Wels–Aschach). Ihr Bestreben, die „von den Liberalen geschaffene Wahlordnung" zu verbessern, sei an deren Widerstand gescheitert, welche als Voraussetzungen „die Auslieferung des Großgrundbesitzes an die liberale Partei und damit die Vernichtung der eigenen konservativen Partei" verlangten. Die Wahlreform werde aber nicht von der Tagesordnung verschwinden. Das schwelende Nationalitätenproblem wird nur am Rande berührt und erklärt, „diese Dinge gehören nicht zu den Landtagswahlen".
Die Ergebnisse der Wahlmännerwahlen für die Landgemeinden zeigen 1890 nicht unerhebliche Einbrüche des nationalen Bauernvereins, die etwa in den Bezirken Rohrbach, Wels, Kirchdorf und Ried mehr als ein Drittel der Wahlmänner stellen, aber im Verlauf der Wahlen neuerlich kein Mandat erringen. Der Bauernverein bleibt im Wahlkampf Hauptangriffspunkt der Konservativen[19]. Sie schätzen also die Schwäche der Liberalen richtig ein und die Sozialdemokraten kandidieren zwei Jahre nach ihrem Einigungsparteitag in Oberösterreich noch nicht.

Die Konservativen können übrigens im September 1890 ihren Besitzstand nicht ganz halten. Sie behalten die 19 Landgemeindenwahlkreise, verlieren aber den Stadtwahlkreis Gmunden und behalten in der Klasse der Städte nur zwei, nämlich Enns und Vöcklabruck. Die Liberalen wieder halten die drei Kammermandate, erobern von den 16 Stadtwahlkreisen aber neuerlich nur 13, gewinnen das Gmundner und verlieren das Linzer Mandat an den Deutschnationalen „Antisemiten" Dr. Beurle, der im zweiten Wahlgang, wenn auch mit massiver konservativer Hilfe durchkommt[20]. Das „Linzer Volksblatt" feiert ein wenig voreilig diesen „Sieg der vereinigten Antiliberalen" und meint nicht ganz unrichtig, dieser Wahlsieg sei „von weitreichender Bedeutung". Übrigens bedankt sich der neue Landtagsabgeordnete Dr. Beurle bei seinen Wählern in einem halbseitigen Inserat eben in diesem Sprachrohr der Konservativen[21].

Jetzt steht es 1890 also 32:1:16.

Anstelle eines Epilogs zu diesen Wahlen setzten sich die Landtagsparteien sehr bald nach der Wahl zur Fortsetzung der Gespräche über eine Änderung der Wahlordnung zusammen und einigten sich rasch, so daß schon 1891 ein acht Druckseiten umfassendes Landeswahlgesetz erscheinen kann. Wichtigstes Ergebnis: Ausweitung der Wahlberechtigten bis zu einem Steuerzensus von fünf Gulden[22]. Die Konservativen, die zumindest in den beiden ersten Landtagswahlen 1861 und 1867 bei den indirekten Wahlen und den Wahlmännerwahlen von den Liberalen übertölpelt worden waren, hatten sich inzwischen nur zu sehr an diese Institution der Wahlmänner gewöhnt und sind jetzt an der Beibehaltung der indirekten Wahlen in der Klasse der Landgemeinden interessiert[23].

Nach der neuerlich normalen Legislaturperiode des Landtages von sechs Jahren finden im September und Oktober 1896 Landtagswahlen statt. In Niederösterreich, wo die parteipolitische Entwicklung völlig andere Wege nimmt als in Oberösterreich, hatten sich die Vereinigten Christen und die Deutschnationalen und Antisemiten zusammengetan. 1895 hatte die neuformierte Christlichsoziale Partei im Wiener Gemeinderat 92 von 128 Sitzen und damit die Zweidrittelmehrheit errungen. Und schon 1892 hatte Kunschak den Christlichsozialen Arbeiterverein gegründet.

Unmittelbar vor den oberösterreichischen Landtagswahlen hatte der neue österreichische Ministerpräsident, der Pole Badeni, eine Wahlrechtsreform durchgesetzt und durch die Einführung einer „allgemeinen Wählerklasse" nur für Reichsratswahlen praktisch das allgemeine, wenn auch noch keineswegs gleiche Wahlrecht der Männer eingeführt. 5,5 Millionen neue Wähler waren zu den bisher 1,7 Millionen Wahlberechtigten hinzugekommen.

Für welche der politischen Parteien Oberösterreichs sollte angesichts der Landtagswahlen vom September 1896 diese politische Entwicklung von Vorteil sein? Das Aufkommen und Erstarken der Christlichsozialen bringt für Oberösterreichs Konservative vorerst einige Gefahrenmomente mit sich. Sie fallen aber angesichts der zerfallenden liberalen Partei wenig ins Gewicht. Von den altgedienten Liberalen war ihr Ideologe, Figuly, schon 1875 gestorben – vor seinem Schwiegervater Dr. Wiser. Und schon bei den letzten Landtagswahlen von 1890 war Ex-Landeshauptmann Dr. Eigner 68 und Moser 65 Jahre alt. Jetzt resignieren weitere Liberale wie Dr. Bahr und Kyrle, dafür scheint Dr. Ernst Jäger auf, den man später, bei seinem Tod, als „letzten Liberalen Oberösterreichs" charakterisiert.
Andererseits war auch bei den Konservativen – erstmals anläßlich ihres Reichsparteitages 1880 in Linz – der Name Deutsch-Konservative geprägt worden, der allerdings anschließend in Oberösterreich kaum mehr und nur bei gesamtösterreichischen Statistiken verwendet wird. Bei diesen Konservativen wird übrigens 1890 erstmals der aus Vorarlberg stammende Linzer Rechtsanwalt Dr. Ebenhoch als Landtagsabgeordneter gewählt – sozusagen als Vorhut der neuen Führungsschicht. 1897 scheint erstmals der Rechtsanwalt Dr. Esser auf. Die Zeit, da die Konservativen die Juristen und Rechtsanwälte im politischen Bereich beschimpfen, ist jetzt vorbei. 1902 folgen dann Dr. Max Mayr, der spätere Landeshauptmann-Stellvertreter – und Johann Nepomuk Hauser, Ebenhochs Nachfolger als Landeshauptmann. Und im selben Jahr 1902 wird Dr. Josef Schlegel erstmals zum Reichsratsabgeordneten gewählt – 1927 Hausers Nachfolger in der Funktion des Landeshauptmannes von Oberösterreich.
Das entscheidende Vorwahlergebnis ist 1896 das Bündnis zwischen Liberalen und Deutschnationalen, nachdem 1889 ein Bündnis von Deutschnationalen mit den Katholisch-Konservativen anläßlich von Ergänzungswahlen in den Linzer Gemeinderat ein Mißerfolg geworden war[25].
Das „Linzer Volksblatt" kommentiert ein wenig resigniert, es stünden also wieder zwei Lager gegenüber und das sei besser, als die Zerrissenheit in anderen Ländern: „Die Deutschnationalen haben bei uns ihre wahre Natur schnell geoffenbart. Sie sind unverfälschte Liberale und werden nun, nach ein paar antisemitischen Flegeljahren ‚abgeklärt'". Die Wiener „Neue Freie Presse" habe über eine ähnliche Einigung in Mähren gejubelt; „umso mehr wird das Hauptjudenblatt erfreut sein, daß auch in Oberösterreich sich die streitenden Brüder gefunden haben"[26]. Und noch ein wenig bösartiger spricht man von einer „Deutsch-liberalen-jüdischen Compromiß-Partei"[27] oder von den „Vereinigten Schönerianern, Juden, Liberalen und Kirchmairianern [Bauernverein]"[28].

Großgrundbesitz wahlentscheidend 171

Das konservative Lager Oberösterreichs hatte sich 1895, geschickt geführt von Dr. Ebenhoch, der ,,Katholischen Volkspartei" angeschlossen, jener ,,Zwischenpartei" zwischen den Konservativen und den Christlichsozialen. Name und Inhalt waren ja nichts Neues, insbesondere den Namen ,,Katholische Volkspartei" hatte man ja schon 1870 vorübergehend geführt. Man legt aber auch den Namen ,,konservativ" nicht ganz ab, benützt ihn bis zur letzten Landtagswahl von 1909 noch gelegentlich, insbesondere in den Städten und beim Großgrundbesitz. Sprecher der Partei und ihres Wahlkomitees und somit Wahlkampfleiter und Unterzeichner des Wahlaufrufes ist erstmals Ebenhoch, der zwei Jahre später, 1898, Landeshauptmann von Oberösterreich wird. Sichtbar treten in der konservativen Wahlpropaganda von 1896 agrarische Probleme in den Hintergrund; man unterstreicht neuerlich, daß die Landesumlage nicht erhöht werden mußte, trotzdem sei in keiner Weise die Volksbildung vernachlässigt worden. Und nach dem Jagdgesetz habe man auch ein Sanitätsgesetz geschaffen. Dann neu: die Industrie und gleichzeitig die Industriearbeiterschaft findet gerechte Berücksichtigung, indem der Landtag Neubauten und Arbeiterwohnungen von der Landes- und Gemeindeumlage befreite. Ausdrücklich verweist man auf das kleine Gewerbe, die ,,kostspielige Action für die Messerindustrie" und das stete Bemühen, das ,,Wahlrecht im Land und in den Gemeinden zu erweitern und zu erleichtern"[29].

Inzwischen hatten aber auch die Liberalen längst eingesehen, daß sie ohne die Kurie des Großgrundbesitzes immer stärker ins Hintertreffen geraten, und immer nachdrücklicher wird für diese Wählerklasse von einem ,,von der Regierung gewünschten Kompromiß" berichtet[30]. ,,Die conservative Partei des Großgrundbesitzes kann gleichgültig abwarten, ob der Compromiß zustandekommt oder vereitelt wird. Im letzten Falle könnten gleichwohl die beiden jetzt vorgeschlagenen Kandidaten der Minderheit acceptiert werden, wenn diese an der Bedingung, die Autorität der Katholischen Kirche stets zu wahren und den Conservativen in confessionellen Fragen nicht entgegenzutreten sich entschließt[31]." Natürlich warnt die ,,Tagespost" vor einem solchen Kompromiß, der , ein Verzicht auf alle bisherigen Traditionen"[23] wäre, und das ,,Volksblatt" repliziert, daß gerade die Deutsche Fortschrittspartei unter Abstoßung des rechten (aristokratischen) Flügels eine scharf oppositionelle Volkspartei sein wollte[33].

Bei den Landtagswahlen von 1896 verbessert die Katholische Volkspartei ihre Position in den städtischen Wahlkreisen auf vier Mandate, das beste, später nie übertroffene Ergebnis (zu Enns und Vöcklabruck kommen Freistadt und Eferding); mit 19 Stimmen der Landgemeinden und acht des Großgrundbesitzes sind es 32, wozu die Virilstimme des Bischofs kommt.

Die Liberalen erhalten diesmal zwei Stimmen des Großgrundbesitzes, die als „Verfassungstreu" bezeichnet werden. Ein einzigesmal erreichten sie 1896 bei der Kammer nur zwei Sitze, während einer der „Gewerbepartei" zufällt. In den Städten gewinnen sie nur oder auch immerhin fünf Sitze, zwei fallen auf die Deutschnationalen (Deutscher Volksverein) und bei den Städten fällt auch einer auf die Gewerbepartei.
Angesichts der neuen Landtagszusammensetzung (32 Katholischer Volksverein bzw. Deutsch-Konservative, 11 Deutsch-Liberale, 2 Deutsch-Nationale, 2 Gewerbepartei, 2 Verfassungstreue) ergibt sich folgendes differenzierteres Bild:
In der Wählerklasse des Großgrundbesitzes werden 1030 Stimmen abgegeben, von denen 206 auf die Verfassungstreuen und 824 auf die Katholisch-Konservativen entfallen, 20 Prozent stehen also 80 Prozent gegenüber.
Von 83 Stimmen in der Wählerklasse der Handelskammer entfallen 56 auf die Deutsch-Liberalen (67,4 Prozent) und 27 (oder 32,6 Prozent) auf die Gewerbepartei. Im Bereich der Städte und Industrialorte werden von 11.893 Stimmen 3930 (oder 33 Prozent) für die Deutsch-Liberalen abgegeben, fast gleichviel, nämlich 3880 (32,7 Prozent) für die Deutsch-Konservativen bzw. den Katholischen Volksverein, 2436 für die Deutsch-Nationalen (deutsche Volkspartei), das sind 20,4 Prozent, und schließlich 1482 für die Gewerbepartei (12,5 Prozent). Die Sozialdemokraten, denen die Wahlordnung in keinem Bereich entgegenkommt, erhalten 159 Stimmen oder 1,4 Prozent. Von den 1982 Stimmen der Wahlmänner der Landgemeinden, wo es noch bis 1902 kein direktes Wahlrecht gibt, entfallen sämtliche auf die Katholische Volkspartei[34].
Die Kommentare nach der Wahl verweisen auf manche Details. So meint das „Linzer Volksblatt", Dr. Jäger, der neue liberale Chef, habe Dr. Beurle den „höchsten Germanen unseres Landes" bei der Verteilung der Wahlkreise zwischen Liberalen und Nationalen übers Ohr gehauen[35]. Der von den Christlichsozialen später so bekämpfte Steyrer Professor Erb, der diesmal im Wahlkreis Kirchdorf gewählt wird, wird als „Antiliberaler" gefeiert, ähnlich wie 1890 Dr. Beurle. Alles in allem sind die Parolen über die Niederlage der „Schönerianisch-jüdisch-liberalen Kompromißpartei"[35] teils von vorgestern und teils unrichtig, denn Beurle hatte sich schon längst von seinem alten Freund Schönerer gelöst. Vor allem aber erkennt man den Triumph der Katholischen Volkspartei in folgender Feststellung, die auch in späteren Jahren, über 1918 hinaus, oft wiederholt wird: „Die Virilstimme, die 19 katholisch-konservativen Abgeordneten der Landgemeinden und die fünf antiliberalen Vertreter der Industriebezirke (hier zählt man Erb hinzu) bilden, da der Landeshauptmann aus dem Großgrundbesitz ent-

Direkte Wahlen in den Landgemeinden

nommen wird, die Majorität des zukünftigen Landtages, welche durch die conservativen Abgeordneten des großen Grundbesitzes erfreulicherweise zu einer unerschütterlichen Macht verstärkt wird[35]!"

Badenis Wahlrechtsreform von 1896 führt in den folgenden sechs Jahren zu keiner entsprechenden Reform der oberösterreichischen Wahlordnung. Der Mißerfolg der Deutsch-Liberalen bei den Reichsratswahlen von 1897 macht sie gegenüber jeglicher Änderung von Wahlordnungen mißtrauisch. Die Sprachenverordnung von 1897, die im selben Jahr zum Rücktritt Badenis führt, bleibt auch im „rein deutschen Kronland" Oberösterreich nicht ohne Wirkung, trotz einer auffallenden Kehrtwendung der Katholischen Volkspartei in Wien und in Oberösterreich[36]. Trotzdem wird von liberaler und nationaler Seite der Kampf gegen den „Ultramonatanismus" erneuert, ebenso die „Los-von-Rom-Bewegung" aktiviert, die allerdings den evangelischen Christen bescheidene Erfolge bringt – und kaum politische.

Die Aufhebung der Badenischen Sprachenverordnung bringt 1899 aber kaum eine Beruhigung und auch die Regierung Körbers stürzt über die Nationalitätenfrage.

Beim Landtagswahlkampf 1902 weist die seit 18 Jahren führende Katholische Volkspartei auf die bescheidene Wahlrechtsreform (Herabsetzung des Wählerzensus auf fünf Gulden, direkte Wahlen in den Landgemeinden)[37]. Für die Bauern wird auf den Ausbau der Raiffeisenkassen und die Errichtung der Zentralkasse verwiesen, die Aktivierung der Feuer- und Viehversicherung, die rasche Beseitigung der Überschwemmungsschäden von 1897 und die verstärkte Flußregulierung, für das Gewerbe auf die Einführung von Fach- und Meisterkursen und auf die Hilfsaktion für die Mühlviertler Leinenweber[38]. Nicht ganz in den Hintergrund tritt die Propaganda mit dem „Klerikalismus", in die sich jetzt vor allem der „Deutsche Michel" einschaltet[39]. Auch antisemitische Parolen sind an der Tagesordnung, so wird weiterhin von einem „volksfeindlichen Judenliberalismus" gesprochen[40]. Erstmals findet man bescheidene Ansätze einer Auseinandersetzung mit der Sozialdemokratie[41] und damit im Zusammenhang auch die Diskussion über das allgemeine, gleiche Wahlrecht.

Die Einführung des direkten Wahlrechts in den Landgemeinden, bei dem die Katholische Volkspartei zuletzt ein wenig gezögert hatte, bringt ihr keinen Nachteil. Sie gewinnt unschwer wieder die 19 Landgemeindemandate. Die „unabhängigen Kandidaten", denen nach der Wahl Dr. Beurle für den „Deutschen Volksverein" den Dank ausspricht, erringen lediglich im Bezirk Gmunden rund ein Drittel der Stimmen der Katholischen Volkspartei, sonst wesentlich weniger. Von seiten der Deutschen Volkspartei wird allerdings von einer „achtungsgebietenden Minorität" gesprochen⁴². Aber der Hinweis des „Linzer Volksblattes" auf die „unerhörte Niederlage der Deutschen Volkspartei in Oberösterreich und Niederösterreich"⁴³ ist doch voreilig, denn in den Städten muß die Katholische Volkspartei eine empfindliche Schlappe hinnehmen. Man tröstet sich damit, daß in den Städten – und man erwähnt ausdrücklich Gmunden und Ried – das liberale Mandat „nur mit den Stimmen der k. k. Beamten gerettet werden konnte"⁴⁰.

Alles in allem zeigt das Jahr 1902 das farbigste politische Bild mit den meisten politischen Parteien. Die Handels- und Gewerbekammer wählt drei Deutsch-Fortschrittliche. In den Städten gelingt der Deutschen Volkspartei der Durchbruch und sie erzielt acht Mandate; die deutsche Fortschrittspartei sechs und neben einem Parteilosen werden wieder nur zwei Konservative gewählt. Die Zersplitterung des national-liberalen Lagers bringt also der Katholischen Volkspartei keinen Vorteil, sondern nur Nachteile. Beim Großgrundbesitz wird der Kompromiß von acht Konservativen zu zwei Verfassungstreuen (die jetzt allerdings einstimmig gewählt werden) praktiziert⁴⁴. Das Endergebnis lautet: 30 Katholische Volkspartei, 11 Deutsch-Liberale, 8 Deutsche Volkspartei und ein Unabhängiger.

Am begeistertsten sind nach diesen Wahlen die Deutschnationalen, die ihre Zukunft in den rosigsten Farben sehen⁴⁵. Die Liberalen, die sich in wenigen Jahren, 1909, selbst auflösen, erleben trotz allem keinen katastrophalen Abschluß ihrer politischen Tätigkeit. Bei der Katholischen Volkspartei klingt vor allem ein Epilog über den Kompromiß beim Großgrundbesitz bitter: „Einen unwillkommenen Abschluß der Landtagswahlen bildet das im Großgrundbesitz abgeschlossene Kompromiß, wodurch den Verfassungstreuen zwei Mandate überlassen wurden. Wir haben unseren Standpunkt in dieser Frage neuerlich gekennzeichnet und fügen heute hinzu, daß wir der Anschauung der ganzen Partei Ausdruck geben und daß der unerwartete Abschluß des Kompromisses in den Augen der Katholischen Volkspartei Enttäuschung und Mißstimmung hervorrufen wird. Man wird begreifen, daß die Katholische Volkspartei, die ihre Mandate im härtesten Kampfe erobern mußte, es schwer empfindet, wenn im Großgrundbesitz Mandate sozusagen weggeschenkt werden⁴⁶."

Hatte man durch reichlich 40 Jahre das Wahlrecht für Landtagswahlen nicht geändert, so werden jetzt zweimal hintereinander Änderungen durchgeführt und bei zwei aufeinanderfolgenden Wahlen, 1902 und 1909, wird nach einem jeweils anderen Wahlrecht gewählt. 1902 hatte man sich noch nicht zu der bei Reichsratswahlen seit 1896 üblichen „allgemeinen Kurie", aber immerhin zu den Fünf-Gulden-Männern und zu Direktwahlen in den

Erstmals unter dem Namen ,,Christlichsoziale" 175

Landgemeinden durchringen können (das erste vor allem eine Forderung der Katholiken, das zweite insbesondere der Nationalen und Liberalen); jetzt, 1909, führte man zwar noch nicht das allgemeine und gleiche Wahlrecht, wie bei den Reichsratswahlen seit 1907, ein, immerhin aber mit der ,,allgemeinen Kurie" schon fast das allgemeine, wenn auch nicht das gleiche Wahlrecht. Darüber hinaus gibt es den Ansatz zu einem Proportionalwahlrecht, wenn auch dieses Landeswahlrecht für seine Zeit und die Menschen dieser Zeit sicher zu kompliziert ist. Aber noch immer bleiben Wählerklassen und Kurien bestehen. Auch ist der Landtag vergrößert worden und besteht im Gegensatz zu den bisherigen 50 Landtagsabgeordneten aus 68 gewählten Abgeordneten und der Virilstimme des Bischofs[47].

Im Gegensatz zum komplizierter gewordenen Wahlrecht ist die Parteienstruktur einfacher geworden.

Die erstmals bei Landtagswahlen unter dem Namen ,,Christlichsoziale" auftretende Katholische Volkspartei erreicht jetzt wieder alle zehn Mandate des Großgrundbesitzes (die nicht ausgeweitet wurden) und alle – nunmehr 22 – Mandate der Landgemeinden. Von den nunmehr 19 Städtemandaten gewinnt sie jedoch nur drei, dafür 12 der 14 Mandate der neugeschaffenen allgemeinen Kurie. Die Deutsch-Freiheitlichen erreichen alle drei Mandate der Handelskammer, 16 der 19 Städtemandate, aber nur ein Mandat der allgemeinen Kurie. Die Sozialdemokraten erringen erstmals eines der 14 Mandate dieser allgemeinen Kurie.

Hinter dieser wieder schlicht gewordenen Fassade ergibt sich folgendes Bild: Im Großgrundbesitz erringen die Konservativen 98,2 Prozent, die Verfassungstreuen 1,8 Prozent. Die Reaktion der Katholischen Volkspartei aus dem letzten Kompromiß bei den Landtagswahlen von 1902 (8:2) ist demnach verständlich. In der Kammer erzielen die Deutsch-Freiheitlichen 82,2 Prozent, die Christlichsozialen aber nur 17,8 Prozent. In den Städten dominieren die Deutsch-Freiheitlichen mit 67,8 Prozent, die Christlichsozialen erreichen 31,1 und die Sozialdemokraten 0,9 Prozent. Bei den Landgemeinden kandidieren wie in der ,,allgemeinen Kurie" fünf politische Gruppen. Auf die Christlichsozialen entfallen 83,5 Prozent, den Bauernverein 15,0 Prozent. In der ,,Allgemeinen Wählerklasse" dominieren, wenn auch knapp, die Christlichsozialen (56,0 Prozent), gefolgt von den Deutsch-Freiheitlichen (17,9 Prozent) und den Sozialdemokraten (10,4 Prozent). Der Bauernverein erringt keine Stimme, unabhängige Kandidaten 0,9 Prozent.

Wie bei manchen anderen Wahlen sind alle im Landtag vertretenen Parteien zufrieden. Die Sozialdemokraten, weil sie erstmals in den Landtag gekommen sind, mag auch hier ihr Erfolg weit bescheidener sein als bei den Reichsratswahlen von 1907. Die Deutsch-Nationalen sind nach der Selbstauflösung des Liberal-politischen Vereins die einzige Partei im liberal-nationalen Bereich mit starker Schlagseite im Nationalen. Die Christlichsozialen schließlich haben nicht nur ihre absolute Mehrheit verstärkt, sie verfügen auch über eine absolute Mehrheit ohne die zehn Stimmen des Großgrundbesitzes.

Landtags-Saal.

Landtags-Abgeordnete.

1. Doppelbauer Franz Maria, Dr., Bischof.
2. Baumgartner Cölestin, Abt.
3. Weinmayr Franz.
4. Wagner Josef.
5. Schönlechner Erasmus.
6. Roitinger Johann.
7. Mayr Ferdinand.
8. Huemer Franz.
9. Grubauer Sebastian.
10. Baumgartner Johann.
11. Ebenhoch Alfred, Dr.
12. Plaß Johann.
13. Rammer Mathias.
14. Leitgöb Franz.
15. Wührer Max.
16. Zehetmayr Johann, Schärding.
17. Lachinger Johann.
18. Jäger Anton, v.
19. Strnadt Julius.
20. Salm-Reifferscheid Siegfr., Altgraf.
21. Gagern Karl, Freiherr v.
22. Pachta Alfons, Graf.
23. Billau Karl, v.
24. Beurle Karl, Dr., deutsch-nationaler Antisemit.
25. Doblhamer Gregor.
26. Zehetmayr Johann, Wels.
27. Huber Ignaz.
28. Rogl Johann.
29. Brandis Heinrich, Graf.
30. Hayden Eduard, Freiherr v.
31. Zaunegger Josef.
32. Doppler Franz.
33. Wenger Josef.
34. Pöschl Rudolf.
35. Obermayr Paul.
36. Moser Philipp.
37. Haar Josef.
38. Edlbacher Max, Dr.
39. Bahr Alois, Dr.
40. Eigner Moriz, Ritter v., Dr.
41. Kränzl Josef.
42. Dierzer Emil, Ritter v.
43. Sitz des Landeshauptmannes, wenn er als Abgeordneter in die Debatte eingreift.
44. Schauer Johann, Dr.
45. Kaltenbrunner Alois.
46. Kyrle Eduard.
47. Wimhölzel J. E.
48. Prechtl Josef.
49. Heindl Leopold.
50. Berger Josef.
51. (Landeshauptmann.)
52. (Vertreter der h. Regierung.)
53.)
54.) Schriftführer (sind Abgeordnete.)
55. Stenographen.

☐ Conservative, ◪ deutsch-nationaler Antisemit, ✠ Liberale.

Eine erhalten gebliebene Landtags-Sitzordnung nach den Landtagswahlen von 1890

Die ersten, die kommen, die ersten, die gehen: die Liberalen

Die durch die kurze, rund ein Jahrzehnt währende Phase des Neoabsolutismus zurückgehaltenen Liberalen haben 1861 zwar nicht mehr den Elan von 1848, dafür gehen sie nach dieser Denk- und Aktionspause überlegter und vorbereiteter an ihre große und langersehnte Aufgabe: die Übernahme der politischen Macht, nachdem sie im wirtschaftlichen Bereich schon längst dominieren und in der schon vor einem Jahrzehnt errichteten Handelskammer ein wertvolles wirtschaftspolitisches Instrument besitzen.
Die Übernahme der politischen Macht war in den Gemeinden Oberösterreichs schon 1849 und 1850 erfolgt. Mag auch das Gemeindewahlrecht mit dem für den Landtag und bis 1873 sogar noch für den Reichsrat gekoppelt sein, so ermöglicht es doch den Liberalen, die Position vor allem im Bereich der Städte und Märkte länger zu halten als im Bereich des Landes und des Landtages – vielfach bis 1918. So etwa vor allem in Linz, Ried und Steyr.
Die sofort sichtbare übergroße Mehrheit der Liberalen im neuen Landtag, die zweifellos über der Zweidrittelgrenze liegt, führt zu einer gewissen Sorglosigkeit gegenüber den aufkommenden Massenparteien und zu einer Mißachtung einer eben nun einmal nötigen Parteiorganisation. Immerhin ermöglicht ein außerordentlich gutes und breites Führungsteam ein 16jähriges Regieren im Landesausschuß und die absolute Mehrheit im Landtag für 23 Jahre. Gerade aber dieses liberale Führungsteam läßt eine gewisse Überheblichkeit gegenüber den Bauern und gegenüber dem Klerus, weniger gegenüber Bischof Rudigier aufkommen. Und man übersieht dabei, wie der vorerst einzige politische Gegner, die Katholisch-Konservativen, überraschend schnell ihre Organisation aufbauen und mühsam, aber systematisch Führungskräfte auswählen oder auch erst ins Land berufen.
Das Paradoxe dieser Zeit besteht in der Tatsache, daß in den ersten sieben Jahren (1861 bis 1868) zwar liberale Politiker im Landtag dominieren, aber eine liberale Partei noch gar nicht existiert. Diese Partei wird erst 1869 gegründet, als erste Partei Oberösterreichs. Die Wählerklassen bzw. Kurien (Großgrundbesitz, Städte und Industrialorte, Handels- und Gewerbekammer, Landgemeinden) sind weder Parteien noch Parteienersatz. Sie sind auch nur teilweise ständische Gliederungen. Und die Grenzen der nachfolgenden Parteigruppierung gehen buchstäblich quer durch die meisten Kurien: die Liberalen dominieren natürlich unter den Vertretern der Handels- und Gewerbekammer, überwiegend auch in den Städten, aber gelegentlich gelingt es auch den Konservativen, hier einzudringen. Der ursprünglich fast völlig liberale Großgrundbesitz wird später überwiegend,

Das Übergewicht der liberalen (verfassungstreuen) Reichsratsabgeordneten 1867

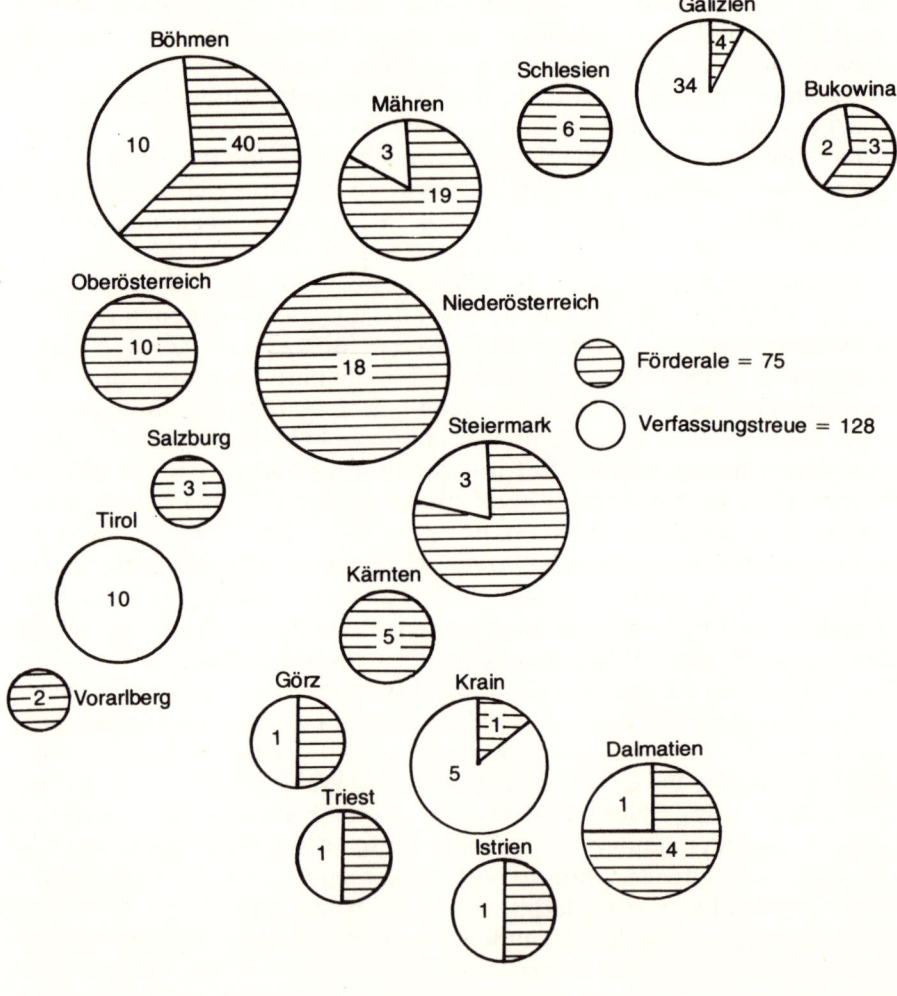

zuletzt fast ausschließlich konservativ. Lediglich die Kurie der Landgemeinden geht den Liberalen rasch, im wesentlichen schon 1870, verloren. Übrigens haben sämtliche Parteien in ihrer Frühzeit – und das ist das zweite Paradoxe dieser „Demokratie im Aufbau" – mit mancherlei politischen Schwierigkeiten zu kämpfen: die Parteienversammlungen werden ausnahmslos überwacht, Politikern und Presse werden oft empfindliche Geldbußen auferlegt – und zwar keineswegs nur die sich in Oberösterreich sehr langsam formierende und angesichts mancher anarchistischer Tendenzen besonders beobachtete und auch härter angefaßte Sozialdemokratie. Mehr noch: Im Zeitraum zwischen 1861 und 1867, also in der Zeit vor der Gründung politischer Parteien, können die Liberalen, obwohl sie die überwiegende Mehrheit darstellen, noch nicht den Landeshauptmann stellen – der Kaiser hatte für die Übergangszeit den vermittelnden Abt von Schlägl Lebschy[1] zum Landeshauptmann bestellt, die Liberalen besetzten nur den Posten des Landeshauptmannstellvertreters. Man kann sich aber nicht nur den Mißmut der Liberalen, sondern auch die Schwierigkeiten dieses ersten oberösterreichischen Landeshauptmannes leicht vorstellen, der mit einer übergroßen liberalen Mehrheit die Landesgeschäfte zu führen hat. Trotzdem ist dies die Zeit der kraftvollsten liberalen Politik im Lande. 1870 erobern die Konservativen fast die gesamte Wählerklasse der Landgemeinden, 1871 erzielen die Konservativen, wenn auch nur für wenige Wochen, die Mehrheit im Landtag. Und die letzten dreizehn Jahre der liberalen Herrschaft sind durch Abwehr und Verteidigung und sehr oft wenig liberale Reaktionen gekennzeichnet.
Also insgesamt 23 Jahre liberale Politik und liberale Herrschaft in Oberösterreich! Die vorerst bescheidenen Aufgabenbereiche des 1861 geschaffenen Landtages, dazu der wenig produktive Kirchenkampf und ein zu geringes und nur theoretisches Verständnis für die große Masse der damaligen Bevölkerung, die bäuerliche, bringt es mit sich, daß die liberale Landtagspolitik eher bescheidene Spuren zurückläßt. Entscheidend prägen die Liberalen allerdings zeitweise Bereiche der Reichspolitik und die Kommunalpolitik. Der Durchbruch zur modernen Gemeinde, insbesondere zur modernen Stadt, ist im wesentlichen liberale Leistung.
Liberale politische Vereine, die unmittelbaren Vorläufer der Partei, entstehen sporadisch in Städten und Märkten, wo gerade initiative Persönlichkeiten vorhanden sind: in Perg, Ebensee, Wels, Ried und schließlich 1869 in Linz. Ursache dieser neu aufflammenden liberalen Initiativen sind die antikirchlichen Maigesetze von 1868 und die katholische Reaktion darauf in Oberösterreich, insbesondere das Verhalten von Diözesanbischof Rudigier. Der „Liberale Verein in Linz", für dessen Gründung die erste Vorbespre-

chung am 21. Juni 1869 stattfindet, dessen Statuten am 26. Juni von der Statthalterei umgehend gebilligt werden und der sich schon am 14. Juli konstituiert, wird verständlicherweise Kristallisationspunkt für ganz Oberösterreich[2].

Nach Gründung des Katholischen Volksvereins nimmt er dann 1870 die Bezeichnung „für Oberösterreich" hinzu. Der Aufruf zum Eintritt in diesen neuerrichteten Verein, der die erste politische Partei Oberösterreichs wird, enthält schon all jene Hinweise, die das politische Leben der letzten acht und der nachfolgenden fünfzig Jahre beherrschen. Es wird von der „verfassungsmäßigen Freiheit für Österreichs Bevölkerung" gesprochen und – anläßlich des Wahlrechts merkwürdig genug – auch von den „Feinden der staatlichen und religiösen Gleichberechtigung". Die liberalen Politiker bezeichnen sich als „verfassungstreu", als freisinnig, Vorkämpfer des Fortschritts, Männer einer neuen, einer zweiten „Aufklärung" und selbstverständlich sind die politischen Gegner vor allem „Feinde des Fortschritts". Insgesamt sollten alle „Freunde der Verfassung" dem neuen Verein beitreten[2].

Man ist stolz auf die 526 Mitglieder, die der Verein bei der konstituierenden Sitzung aufweist. Bald bilden sich ähnliche Vereine in Gmunden (1869), in Engelhartszell (1870). In Mauerkirchen entsteht ein solcher Verein gleich für den ganzen Bezirk Braunau, dann einer in Steyr. Man verweist auf die sechs Versammlungen im ersten Jahr des Bestehens und bedenkt dabei nicht, daß man dabei kaum ein Prozent der sowieso noch sehr bescheidenen Wählergruppe anzusprechen vermag.

Die Parteigründung der Liberalen, wie insbesondere auch der Katholisch-Konservativen (die des Katholischen Volksvereins im Jahre 1870), ist gewiß durch das Vereinsgesetz von 1867, aber auch durch die Mai-Gesetze von 1868 und die gerade in Oberösterreich ungewöhnlich starken Reaktionen ausgelöst. Bald aber bilden die Landtagswahltermine die entscheidenden Markierungen. Und die erste dieser Wahlen nach den Parteigründungen von 1869 und 1870, die dritte insgesamt, findet noch im Jahre 1870 statt. Und es sind tatsächlich Überraschungswahlen. Der Katholische Volksverein stellt 16 der 17 Abgeordneten der Landgemeinde-Kurie und erobert sogar ein Mandat (Enns) der Städtekurie. Liberale Domäne bleiben die Kurien der Städte, die der Landeshauptstadt und die der Handelskammer. Auch das Gros der Vertreter des Großgrundbesitzes ist noch liberal. Der Katholische Volksverein dankt seinen Sieg den zahlreichen Wanderversammlungen, die Liberalen können das vorerst auf Grund ihrer Vereinsstatuten nicht nachmachen; außerhalb der Städte und Märkte fühlen sie sich auch am Land unwohl: ihr wichtigstes Anliegen, das einer freien Wirtschaft, ist mit

Liberale Politik und nationaler Pathos 181

den Interessen des Bauernstandes nur schwer in Einklang bringen. Aber auch jetzt noch, Jahre nachdem die Liberalen ab 1868 den Landeshauptmann von Oberösterreich stellen, werden manche ihrer Versammlungen auf Weisung des Innenministers durch den Statthalter verboten. Der Rekurs des Vereines etwa gegen das Verbot der Versammlung in Bad Ischl im Jahr 1870 spricht eine deutliche Sprache über die vielfältigen Schwierigkeiten auch der führenden Partei[4].
Im Jahrzehnt von 1870 bis 1879 verfügen die Liberalen im Landtag zwar nicht mehr über eine Zweidrittelmehrheit, sie verfügen aber über eine stark gepolsterte absolute Mehrheit. Sie bemühen sich auch, eine gewisse Organisation aufzubauen – ganz gelingt es ihnen nie – und propagandistisch stärker in Erscheinung zu treten. Hier haben es die Liberalen leicht, denn eine ganze Reihe liberal gesinnter Drucker geben auf eigenes Risiko liberale Wochenzeitungen heraus und auch die 1865 gegründete und den Liberalen nahestehende „Tages-Post" ist ein Privatunternehmen, das meist getreulich mithilft und nichts kostet. Auf dem Gebiet der Presse hinkt der Katholische Volksverein stark nach und holt erst in den drei letzten Jahrzehnten des Bestandes der Monarchie auf – jetzt allerdings so, daß die Katholischen Preßvereine einen Großteil der bisher liberal redigierten Wochenzeitungen übernehmen oder aufkaufen. Oft erscheinen unter dem alten liberalen Zeitungstitel Blätter mit katholischem Inhalt[5].
Der Liberalismus auch der ersten Jahre ist aber nicht lupenrein. Der nationale Pathos des Jahres 1848 flackert immer wieder auf, so 1871 nach dem deutschen Sieg über Frankreich. Nur fünf Jahre nach der österreichischen Niederlage von Königgrätz wollen die Linzer Liberalen eine „Sieges- und Friedensfeier" durchführen. Nach dem Verbot des Statthalters entschließt sich der Verein zu einer Veranstaltung im privaten Rahmen, die sich dann allerdings zu einem Volksfest und Marsch durch Linz mit Turnern, Sängerbund und „Frohsinn" ausweitet – und zu drastischen Geldstrafen für die maßgeblichen Vereinsfunktionäre führt[6]. 1872 wird dann eine Feier für Kaiser Joseph II. mit einem „Hoch" auf die Märzgefallenen von 1848 und mit dem Absingen der „Wacht am Rhein" – den Antrag stellt der Landtagsabgeordnete Friedrich Baron Weichs – abgeschlossen[7]. Noch nimmt übrigens ein „sehr großer Teil von Israeliten mit ihren Familien" an der Veranstaltung teil. Kaiser Franz Josef reagiert gerade auf diese Linzer Feier sehr heftig. In einem Schreiben an den (liberalen) Ministerpräsidenten Adolf Auersperg billigt er dessen Maßnahmen in Böhmen, fügt aber hinzu, er erwarte eine ähnlich feste Haltung gegenüber Vorgängen deutscher Vereine. „Ich mache z. B. auf die Feier des 13. März im politischen Vereine in Linz aufmerksam, wo ein mehr oder minder verschleierter Hochverrat unter

Mitwirkung des Landesschulinspektors gesprochen wurde und auf Begehren des Barons Weichs die ‚Wacht am Rhein' von der Versammlung gesungen wurde. Nun kann ich das demonstrative Absingen dieses Liedes durchaus nicht anders betrachten, als wenn in Prag die russische Volkshymne gesungen würde, was meines Wissens dort in letzter Zeit nicht vorgekommen ist[8]."

1873 führt der Verein in Neumarkt bei Grieskirchen eine Gedenkfeier anläßlich der vor 25 Jahren erfolgten Aufhebung der bäuerlichen Untertanenverhältnisse durch und gedenkt dabei besonders des im amerikanischen Exil lebenden Dr. Hans Kudlich. Das Jahr 1873 bringt übrigens den Höhepunkt an Parteimitgliedern, nämlich 2606 (1870: 1857, 1871: 2117); nicht recht zur Kenntnis will man die doch sehr ungleichmäßige Verteilung der Mitglieder im Lande nehmen. 1873 kann auch der liberale Verein die hundertste Versammlung durchführen – im Durchschnitt hatte man also 20 je Jahr abgehalten[9].

Die inzwischen in Wien installierte liberale Regierung Auersperg erleichtert überdies der oberösterreichischen Mehrheitspartei das Leben. Auch das neue Reichstagswahlrecht von 1873 – bis dahin hatten die Landtage die Reichsratsabgeordneten aus ihrer Mitte nominiert – entspricht den Forderungen der Liberalen und Zentralisten. In Oberösterreich gewinnen sie aus dem Bereich der Landgemeinden trotzdem nur einen Reichsratsabgeordneten.

Im zehnten Vereinsjahr wird erstmals eine Krise sichtbar. 1879 sinkt die Mitgliederzahl wieder unter 2000; das politische Wirken der christlichen Bauern und Kleingewerbetreibenden, aber auch der um ihre politische Anerkennung ringenden Sozialdemokraten wird stärker. Die Gründung eines nationalen Bauernvereins steht vor der Tür und erfolgt 1880. Vor allem aber sind es die internen Schwächen der Partei, die den Ausschlag geben.

Diese Krise hat viele Gründe: einmal kann sich die „Honoratiorenpartei" innerhalb eines Vierteljahrhunderts nicht eine auch nur halbwegs intakte und das ganze Land umfassende Organisation schaffen. Die Städte und Märkte zu beherrschen – und zwar bis zuletzt –, sichert keine Mehrheit im Lande mehr. Und das gegen eine und bald schon zwei Massenparteien. Dazu kommt die Überlastung der führenden Mandatare mit einer heute unglaublich erscheinenden Ämterkumulierung (meist hauptberuflich Advokat + Landtagsabgeordneter + Reichsratsabgeordneter). Dies führt wieder dazu, daß die besten nicht in der Lage sind, auch noch die Führung der Partei zu übernehmen. Nach dem bedeutenden Gründungsobmann Dr. Karl Wiser (Obmann für vier Jahre) übernimmt die Obmannsfunktion Friedrich Freiherr von und zu Weichs (ein halbes Jahr), August Göllerich (vier Jahre),

Eine breite Palette von Persönlichkeiten 183

Dr. Franz Edler von Benak (acht Jahre), Emil Dierzer Edler von Traunthal (fünf Jahre), Gustav Bancalari (ein Jahr) und als letzter Dr. Ernst Jäger (13 Jahre) – der dann als Politiker noch in der Ersten Republik innerhalb der Großdeutschen wirkt und bei seinem Tod als „letzter Liberaler Oberösterreichs" gewertet und gewürdigt wird.
Die Palette liberaler Politiker aber hat zahlreiche prominente politische Persönlichkeiten aufzuweisen: Dr. Alois Bahr und Dr. Karl Beurle, Adolf Dürrnberger und Moriz Ritter von Eigner – der einzige Landeshauptmann Oberösterreichs aus dem Kreis der Liberalen –, Karl Ritter von Görner, Raphael Ritter von Kremer, Gandolph Graf Kuenberg, Franz Melichar, Wilhelm Schaup und andere. Bei dieser bürgerlichen Führungsschicht spielt ebenfalls der Adel keine untergeordnete Rolle, wenn auch meist der niedere Adel. Eigner wird erst wegen seiner politischen Funktion geadelt.
Schließlich aber trägt an dem so raschen Niedergang der Partei auch die Tatsache Schuld, daß die führenden Männer des Jahres 1848 alt werden oder sterben, so Weichs 1873, dann Figuly im Jahre 1875, Melichar 1881, Parteiobmann Göllerich 1883. Schon nach der Niederlage der Partei von 1884 sind es Wiser (1889), Peßler (1889), Edlbacher (1893), Dürrnberger (1896) und Bahr (1898). Für die neue Generation aber treten liberale Gedanken gegenüber den nationalen deutlich in den Hintergrund. Einer der maßgeblichen Akteure beim Übergang von den Liberalen zu den Großdeutschen, Dr. Karl Beurle, charakterisiert die Situation folgendermaßen: „Der stolze Prachtbau des Liberalismus war zerfallen, als letzter Bestand auf dem Lande blieb ihm der Landbezirk Kirchdorf übrig, den der letzte Liberale, der Linzer Advokat Dr. Edlbacher, bis anfangs der achtziger Jahre im Landtag vertrat . . . Nachdem nach dem Tode Dr. Edlbachers auch das Kirchdorfer Landgemeindeamt von den Klerikalen erobert worden war, begann der Kampf um die liberalen Städte. Bei diesem endete der schier unaufhaltsame Siegeslauf der konservativen Partei." Allerdings geht die Umkrempelung der überalteten Liberalen zu den Deutschnationalen weder einfach noch ohne Rückschläge über die Hürden.
Warnende Stimmen gegenüber dieser Parteiumgestaltung hört man in Oberösterreich übrigens schon wesentlich früher. Im Zusammenhang mit dem vierten Deutsch-österreichischen Parteitag von 1880 in Wien schreibt etwa die nicht parteigebundene „Linzer Zeitung" unter dem bezeichnenden Titel „Nicht national, sondern österreichisch" in einem nicht gezeichneten Kommentar folgendes: „. . . Wenn es richtig ist, was die Oppositionsorgane behaupten, daß nämlich der Parteitag maßgebend für die fernere Entwicklung der Partei sein werde, dann hat diese ihren Charakter geändert, sie ist aus einer politischen in eine nationale verwandelt worden. Ob

diese Umwandlung für die Partei ein Gewinn ist, möchten wir stark bezweifeln; daß sie aber für das Reich keinen Gewinn involviert, das steht einmal fest . . . In Österreich kann es keine nationale Regierung geben, da kein Stamm das Recht hat, noch weniger aber die Macht hat, über die anderen zu herrschen; in unserem großen Vaterlande muß jede Regierung eine österreichische sein. Indem die deutsche Partei sich auf den rein nationalen Standpunkt stellt, leistet sie Verzicht auf die Möglichkeit, zur Regierung zu gelangen, denn an und für sich ist sie nicht stark genug, die Herrschaft zu erkämpfen, und mit einer deutschnationalen Partei ist eine Verständigung seitens der anderen Nationen nicht möglich. Die Deutschen in Österreich haben es übrigens gar nicht nötig, sich auf den engherzigen nationalen Standpunkt zu stellen; sie verleugnen ihre eigene Geschichte, wenn sie statt des Reichsbanners die nationale Flagge aufziehen . . . Das gute Drittheil, welches den conservativen Führern folgt, will nichts davon (Einigung auf dem Boden der nationalen Idee) wissen; aber das selbst bleibt fraglich, ob der verfassungstreue Großgrundbesitz und die gemäßigten Liberalen den Deutsch-Nationalen blindlings folgen werden. Vielleicht eher, als man glaubt, wird sich zeigen, daß das Aufhissen der nationalen Flagge der Partei, anstatt sie zu stärken, geschwächt hat. In einer liberalen Partei, die ein festes politisches Programm aufgestellt hätte, wäre Raum gewesen für verwandte Elemente der anderen nationalen Parteien; eine solche Partei hätte Chancen gehabt, allmählich sich zu verstärken. Einer deutsch-nationalen Partei sind enge Grenzen gesteckt . . . Jenen Elementen, die nicht gewillt sind, den auf dem vierten deutsch-österreichischen Parteitag eingeschlagenen Weg zu betreten, wird daher nichts anderes übrig bleiben, als Fühlung zu suchen mit jenen, denen der Rahmen ihrer nationalen Partei auch zu eng ist und so die Bildung einer politischen Partei anzustreben, die nicht national, sondern österreichisch ist[10]."

Der mit deutschnationalem Gedankengut aus den Universitätsstädten kommenden jungen Intelligenz sind die altgewordenen Liberalen trotz ihres gelegentlichen nationalen Pathos ein Greuel. Sie sind sich zwar im Antiklerikalismus einig – aber eben fast nur in diesem Punkt. Hier gibt es ja auch sachliche und personelle Querverbindungen zur aufstrebenden Sozialdemokratie. Insbesondere ist der Antisemitismus den alten Liberalen einfach unverständlich, auch die zunehmende antiösterreichische Haltung der Jungen.

Das liberal-nationale Tauziehen, vorwiegend ein Generationsproblem, das nicht innerparteilich gelöst werden kann, dauert ein reichliches Vierteljahrhundert.

Umklammerung durch die Deutschnationalen 185

Ein erster Fanal bildet das Ringen um das „Linzer Programm" von 1882 und die Gründung der „Deutschen Volkspartei". 1883 folgen erste Bemühungen, den politisch-liberalen Verein umzubenennen. Die liberale Wahlniederlage von 1884 wird dann tatsächlich der Anfang vom Ende der liberalen Partei. 1885 werden drei Anhänger Schönerers (Dr. Beurle, Dr. Hoke, Abg. Haslinger) in den Vereinsausschuß gewählt, doch im folgenden Jahr 1886 distanziert sich der Verein von den Ideen Schönerers und die Vertreter der deutschnationalen Richtung werden nicht wiedergewählt. Desinteresse der alten Liberalen führt 1887 allerdings dazu, daß der Vereinsausschuß nicht neu gewählt werden kann, weil nur 19 Mitglieder erscheinen, und 1888 wird der „Deutschnationale Verein für Oberösterreich" mit dem Gründungsobmann Dr. Beurle errichtet. Die erste Kraftprobe zwischen beiden Gruppen bringt die Landtagswahl von 1890. Diese werden trotz allem zu einem liberalen Erfolg. Von den Deutschnationalen wird nur Dr. Beurle, wenn auch auf dem so begehrten Linzer Mandat – und mit Hilfe der Katholisch Konservativen – gewählt.
1893 hat der liberal-politische Verein 3739 Mitglieder – ein Zehntel der Mitgliederzahl des Katholischen Volksvereins (37.802). Aber der Deutschnationale Verein weist gar nur 172 Mitglieder auf. Der Überalterungsprozeß bei den Liberalen schreitet aber weiter fort.
Anders als in Wien kommt es in Oberösterreich aber nicht zu einem engeren Bündnis von Konservativen, die schon in der Übergangsphase zu den Christlichsozialen sind, und den Deutschnationalen, sondern nur zu einer sehr kurzfristigen Liierung; bald aber zu einer Umklammerung der Liberalen durch die Deutschnationalen. Aber das ist keine Liebesehe, sondern eine weitere Form eines gar nicht so liebevollen und liberalen Tauziehens. Und die gehässigen Bemerkungen der enttäuschten Konservativen schüren zusätzlich das Feuer. So spricht das „Linzer Volksblatt" in einem Leitartikel von der „Deutsch-liberal-jüdischen Compromiß-Partei"[11]. Unmittelbar davor hatte das „Volksblatt" allerdings berichtet, die Führer der Deutschnationalen hätten „wegen der Stimmung im eigenen Lager nicht den Mut gehabt, das Wahlbündnis [mit den Liberalen] abzuschließen"[12]. Die Landtagswahlen von 1896 bringen das bunteste Ergebnis aller Landtagswahlen zwischen 1861 und 1909: 32 Konservative, 11 Liberale, 2 Deutsch-Nationale, 2 Gewerbepartei, 2 Verfassungstreue (liberale Großgrundbesitzer). Auch das nachfolgende Rätselraten der Zeitungen, wer liberal und wer von den Abgeordneten national sei, ändert letztlich an dem noch immer eindrucksvollen Halten der Position durch die Liberalen nichts. Und der Kommentar des „Linzer Volksblattes", „Ohne Kompromiß [mit den Deutschnationalen] hätte das letzte Stündlein der liberalen Partei geschlagen[13]", ist sicher-

lich unzutreffend. Hier spielt zweifellos die Animosität gegen den langjährigen politischen Hauptgegner mit, gewiß auch der Triumph, daß der liberal-nationale Kompromiß nichts eingebracht habe.
Auch mit dem vor der Wahl gebrachten Hinweis, die liberale Partei sei ein „politisches Invalidenhaus", arbeitet das „Linzer Volksblatt[14]" den Deutschnationalen in die Hände, die um diese Zeit allerdings noch nicht ihr Bündnis mit den Liberalen abgeschlossen hatten. Vielleicht hoffen die Katholisch-Konservativen noch immer, es werde, ähnlich wie in Wien, eine christlich-nationale, antisemitische Parteiengruppierung entstehen.
Nach den Wahlen wendet sich allerdings auch die „Tages-Post" gegen einen Wahlbericht der Wiener „Neuen Freien Presse", die die in Oberösterreich gewählten Liberalen der „deutschen Fortschrittspartei" zurechnen will. „Sie sind Mitglieder der deutsch-liberalen Partei in Oberösterreich und haben mit der neuesten politischen Gründung, die erst jüngst in Prag das Licht der Welt erblickte, gar nichts zu tun[15]."
Es war inzwischen allerdings ein fast unentwirrbares Durcheinander von Parteinamen entstanden. So hatte sich der liberal-politische Verein 1885 in „Deutschen Volksverein" umbenannt; üblich wird der Name „Deutsch-Liberale", schließlich wird „Deutsche Fortschrittspartei" verwendet. Eigene Wege geht dabei die „Steyrer Fortschrittspartei" des Prof. Erb, die vorerst, wie 1890 Dr. Beurle, unter konservativer Mithilfe gewählt wird. Später ist er bestgehaßter Mann der Christlichsozialen, weil die Sozialdemokraten in Steyr für den „Professor" und gegen einen christlichen Arbeiter (Kletzmayr sen.) stimmen. Schließlich spricht man, sicherlich ebenfalls zu Unrecht, von „Alt- und Jungliberalen"[15].
Die 1888 erfolgte Gründung des Deutschnationalen Vereins bedeutet vorerst einmal die brüske Trennung, das Ende des Experiments der Durchdringung der Liberalen durch die Großdeutschen. Es ist gleichzeitig der Beginn Dr. Beurles, durch eigene Stärke die Liberalen in die eigene Partei zu holen. Das geschieht durch verschiedene neue Parteinamen, die einigendes Dach von den Liberalen bis zu den Alldeutschen sein soll. Ein völliger Zusammenschluß aber ist weder 1896 noch 1902 sichtbar, er gelingt erst bei den letzten Landtagswahlen der Monarchie im Jahre 1909 und bei den Reichsratswahlen nach Einführung des allgemeinen gleichen Wahlrechts 1907 und 1911.
Gewiß: Nach dem hektischen Wechsel der Parteiobmänner entsteht durch die Wahl Dr. Jägers für die letzten Jahre eine gewisse Kontinuität. Aber dieser Dr. Jäger steht altersmäßig Dr. Beurle nahe – der Altersunterschied beträgt 13 Jahre, doch überlebt Jäger Beurle um zehn Jahre – und wird später eine der Zentralfiguren der Vereinigung beider Parteien. Er, der ähnlich

Ein stiller Abschluß

ausgezeichnete volkswirtschaftliche Kenntnisse wie Dr. Beurle hat, wird Landeshauptmann-Stellvertreter und in den letzten Jahren vor 1918 auch Klubobmann der deutschnationalen Landtagsfraktion.
1897 muß wegen zuwenig anwesender Mitglieder die Hauptversammlung des Vereins wiederholt werden; Beurle beobachtet diese Vereins-Malaise mit wachen Augen und bemüht sich, Brücke um Brücke zu bauen. So wird im selben Jahr 1897 der „Deutsche Volksverein" anstelle des „Deutschnationalen Vereins" geschaffen, in die die Liberalen eintreten, ohne vorerst ihre eigene Organisation aufzulösen. Annäherung und neue Spannungen lösen einander ab, so als 1897 der liberale Kandidat Bancalari nicht mehr gewählt und zwei Deutschnationale die einst liberale Hochburg Linz vertreten. 1898 begrüßt dann Dr. Jäger beim „Deutschen Volkstag" für Oberösterreich und Salzburg in Linz die „Einigkeit der fortschrittlich gesinnten Deutschen", aber die Liberalen wahren, nunmehr als „Deutsche Fortschrittspartei", weiterhin ihre Eigenständigkeit. Im selben Jahr geben die Liberalen ihren letzten Volkskalender heraus. So wird Schritt für Schritt der alte liberale Verein zu Grabe getragen. Beim Begräbnis Bancalaris, 1900, wird etwa noch ein Kranz des „Deutschen Volksvereins" niedergelegt und als 1904 ein weiterer liberaler Kämpfer, der einstige Vereinsobmann Dierzer, stirbt, ziert nur noch ein Kranz mit der Schleife der „treuesten Gesinnungsgenossen" das Grab. 1899 hatte die letzte öffentliche Veranstaltung des Vereins zum dreißigjährigen Jubiläum des Reichsvolksschulgesetzes stattgefunden. 1901 wird Dierzer als letzter liberaler Abgeordneter in den Reichsrat gewählt. Aber so rasch stirbt die Partei trotz allem nicht: noch werden die Landtagswahlen von 1902 selbständig geschlagen und auch diese bedeuten kein Desaster: man gewinnt elf Mandate (unter ihnen zwei Verfassungstreue des Großgrundbesitzes), die Deutschnationalen nur acht. Aber 1904, inmitten der Legislaturperiode des Landtages, kommt es dann zu einem Bündnis der beiden im Landtag vertretenen Parteien, zur Gründung des „Verbandes der deutsch und freiheitlich gesinnten Abgeordneten des oberösterreichischen Landtages".
1907, bei den ersten Reichsratswahlen nach dem allgemeinen gleichen Wahlrecht, treten in Oberösterreich die „Deutschfreiheitlichen" einheitlich, wenn auch wenig erfolgreich, in Erscheinung. Unmittelbar vor den Landtagswahlen von 1909 wird ein neuerliches Sammelbecken für alle nationalen Vereine und Parteien, der „Deutsche Volksbund in Oberösterreich", geschaffen; in ihn treten die Liberalen nicht mehr ein, sie waren schon stillschweigend in die deutschnationale Organisation aufgegangen. Den Schlußstrich setzt Parteiobmann Dr. Ernst Jäger, als er am 3. Mai 1909 der Statthalterei die freiwillige Auflösung des Vereins anzeigt.

Katholischer Volksverein – von Anbeginn eine Massenbewegung

Eine katholische Volksbewegung war in weiten Teilen Oberösterreichs schon 1848 sichtbar geworden, eine Bewegung, die gleichermaßen von den Kreisen um Görres und Ketteler in Deutschland wie von der Wiener katholischen Romantik, also den Gruppen um den heiligen Klemens Maria Hofbauer, beeinflußt war. Aber schon 1848, erst recht in den folgenden Jahren, war hier eine Skepsis gegenüber politischen Aktionen vorhanden, zumindest sollte eine innerkirchliche Erneuerungsbewegung den Vorrang haben[1]. Diese Bestrebungen erleichterten zwar ein Überleben der Organisation in den Jahren des Neoabsolutismus, verursachten aber dann in den Anfängen des Verfassungsstaates, also ab 1861, eine fast völlige Absenz der katholisch-konservativen Gruppen im politischen Raum, insbesondere im Landtag und fast mehr noch im Rahmen der Oberösterreich-Vertreter des Reichsrates.
Wenn es auch vorerst nur einen Landtag, aber keine politischen Parteien gibt, so erkennt man doch weltanschaulich orientierte Gruppen, die sich insbesondere ab 1867 vor allem im Zusammenhang mit den immer schärfer werdenden antikirchlichen Gesten und Maßnahmen der Liberalen abzeichnen. So nominiert der oberösterreichische Landtag 1861 und 1867 jeweils zehn ausschließlich liberale Reichsratsabgeordnete.
Das spürt natürlich in erster Linie ein Mann, der es sich gar nicht aussuchen kann, ob er dem Landtag angehören will oder nicht, ein Mann, der auch gar nicht gewählt wird, sondern auf Grund einer Virilstimme dem Landtag angehört: der Diözesanbischof. Und Bischof Rudigier[2] ist nicht der Mann, der wie viele andere österreichische Bischöfe resigniert oder sich mit den Liberalen arrangiert. Im ersten Landtag der Jahre 1861 bis 1867 bilden die Liberalen die große Mehrheit im Landtag mit seinen 50 Abgeordneten und zur Gruppe im Bischof Rudigier kann man auf Grund der verschiedenen Abstimmungsergebnisse nur sehr wenig Abgeordnete einer katholisch-konservativen Gesinnung, höchstens acht, zählen. 1867 zeichnen sich die politischen und weltanschaulichen Trennungslinien noch deutlicher ab. Exponenten eines sich seiner Macht immer mehr bewußt werdenden Liberalismus treten nicht nur hart gegen den Bischof auf; sein Hirtenbrief wird beschlagnahmt, er selbst vor Gericht gestellt und verurteilt. Die Liberalen bauen vor allem ihre Macht im Landtag, Landesausschuß und Reichsrat rücksichtslos auf, insbesondere nimmt der liberal beherrschte Landtag jenen Pfarren und kirchlichen Institutionen das Wahlrecht, die über landtäfliche Güter verfügen und damit in der Kurie des Großgrundbesitzes wahlbe-

rechtigt wären. Damit können die Liberalen zwar für 23 Jahre ihre Macht im Landtag erhalten, sie mißachten aber dabei weitgehend ihre eigenen Ideen und Prinzipien. Sie schweißen aber vor allem Diözesanbischof, Klerus (einschließlich des von den Liberalen noch Jahrzehnte umworbenen „niederen Klerus"), dazu die Stiftsprälaten und die Ordensangehörigen von Anbeginn an zu einer Einheitsfront zusammen, was nicht selbstverständlich gewesen wäre und was auch in anderen Ländern Zisleithaniens keineswegs immer der Fall ist. So sind es eigentlich die Liberalen, die 1869, unmittelbar nach der Gründung des politisch-liberalen Vereins, gewiß indirekt und ungewollt auch den Anstoß zur Gründung des Katholischen Volksvereins geben[3].

Es sind vier Männer, die an der Wiege dieses Katholischen Volksvereins stehen, wobei sie von vornherein des großen Wohlwollens von Bischof Rudigier sicher sind. Neben dem Redakteur des „Linzer Volksblattes" Michael Dörr, einem kämpferischen und sehr begabten Journalisten aus der Frühzeit der Presse in Oberösterreich, finden wir den aus Bayern stammenden Priester Ferdinand Scheiblhuber, der bis zu seinem Tod im Jahr 1891 die damals sehr bedeutsame Funktion eines Schriftführers dieses Volksvereins inne hat. Vor allem seine Rolle kann nicht hoch genug eingeschätzt werden. Dazu kommen zwei Adelige: der aus Südtirol stammende Graf Brandis, Volksvereinspräsident für das erste Menschenalter des Vereins (1869 bis 1891), dazu der Legationsrat a. D. Weiß von Starkenfels, der die ersten Statuten und Aufrufe entwirft und schließlich so etwas wie ein Wahlleiter der Konservativen wird. Die ersten beiden, Augustiner-Chorherr und Weltpriester, übernehmen keine politische Funktion, und auch der Volksverein bleibt, ähnlich wie der Vorgänger, der Katholikenverein, zweigeteilt: eine innerkirchliche Organisation, der späteren Katholischen Aktion vergleichbar; aber auch eine politische Organisation, einer Landesparteileitung vergleichbar. Gegenüber den Vorgängerorganisationen, Katholikenverein und katholisch-konservative Casinos, wird im Katholischen Volksverein die Politik nicht geringgeschätzt, sie steht sogar unzweifelhaft im Vordergrund. Dabei wird die Problematik „Kirche und Politik" übrigens von Anbeginn an erkannt – dafür sorgen schon die liberalen Angriffe – und durch Jahrzehnte in allen nur möglichen Variationen öffentlich behandelt. Und Diözesanbischof Rudigier wird bei aller Zurückhaltung in gewissen politischen Belangen zum großen Erzieher des katholischen Volkes zur politischen Aktivität[2].

Die beiden Adeligen in der Führungsspitze sind durchaus unbegütert und der große Adel des Landes steht Katholiken wie Liberalen vorerst fern. Die schwersten liberalen Angriffe der Frühzeit richten sich merkwürdigerweise nicht gegen den Volksvereinspräsidenten Graf Brandis, sondern gegen Weiß von Starkenfels, der, 1868 in zwei Wahlkreisen gewählt, als angeblich nicht wahlberechtigt rücksichtslos aus dem Landtag entfernt wird.

Die Gründer des Volksvereines machen sich vorerst wenig Illusionen bezüglich kurzfristiger Erfolge; sie gehen aber sehr überlegt einen Weg, der sich durch Jahrzehnte bewähren sollte. Gegen die relativ kleine, politisch aber stark überlegene Gruppe der liberalen Honorationen wird der Volksverein von Anbeginn an als Massenpartei organisiert, der auch im Handumdrehen die Zahl der Mitglieder des liberal-politischen Vereins überrundet, mag die auch angesichts des herrschenden Wahlrechts noch lange nicht wahlentscheidend sein. Dann wenden sich die führenden Männer des Katholischen Volksvereins bewußt an die von den Liberalen sowohl geringgeschätzten wie vernachlässigten Bauern. Als die Liberalen ab 1880 auch den Oberösterreichischen Bauernverein zu fördern beginnen und die einstigen revolutionären oberösterreichischen Bauernkriegsführer, ferner Kaiser Joseph II. und Hans Kudlich sozusagen als Ahnherrn eines bäuerlichen Freisinns und dieses Bauernvereins feiern, beherrschen die Katholisch-Konservativen die Landgemeinden derart, daß ein Einbruch in diese Kreise nicht mehr realisiert werden kann.

Vorerst geht es aber gar nicht um eine bäuerliche Interessensvertretung. Der Katholische Volksverein und im politischen Bereich die Katholisch-Konservativen sind, ähnlich wie der Katholikenverein von 1848, nichts anderes als eine Organisation zur Verteidigung kirchlicher Interessen, es ist sozusagen eine politische Wehr- und Abwehrorganisation der Kirche. Durch die Mißachtung der Bauern durch die liberalen Advokaten, die eigentliche Führungsschicht während des gesamten Bestehens der liberalen Partei, und die oft maßlosen Angriffe gegen den Klerus werden diese beiden Gruppen derart zusammengeschweißt, daß in Oberösterreich die oft liberalen Lehrer, anders als in Niederösterreich, kaum jemals eine entscheidende Rolle spielen. Später bemüht sich allerdings der Katholische Volksverein recht geschickt auch um die Gruppe der Volksschullehrer – während die von auswärtigen Hochschulen kommenden Mittelschullehrer überwiegend liberal bzw. im deutschnationalen Lager beheimatet sind.

Diese Situation zeigt aber auch die große Schwäche des Katholischen Volksvereins bei seiner Führungsschicht. Dies ist – auch hier ist das Schlagwort und das politische Schimpfwort „klerikal" und „ultramontan" anfangs keineswegs unrichtig – vor allem der katholische Klerus, verstärkt durch einige wenige konservative Adelige, die allerdings auch in ihrem eigenen Bereich, in der Kurie des Großgrundbesitzes, mühevoll um eine

Schwäche der Führungsschicht

Mehrheit ringen bzw. angesichts ihrer Besitzlosigkeit gar nicht dieser Kurie angehören.
Das bleibt unverändert, bis eine dritte Intelligenzgruppe, vorerst einmal repräsentiert durch Dr. Naschberger, Dr. Esser und Dr. Ebenhoch, später insbesondere auch durch Landeshauptmann Dr. Schlegel, in die politische Arena tritt, die aus katholischen Verbindungen hervorgegangenen Akademiker[4]. Der Deutschnationale Dr. Beurle bezeichnet diese Gruppe in einer Studie über die politische Situation Oberösterreichs nach 1909 als „Bauern-Advokaten"[5], wobei die alte liberale Überheblichkeit noch mitschwingt.
Die Schwäche der Katholisch-Konservativen erkennt man aber nicht nur bei der einseitigen Struktur der Führungsschicht. Die Konservativen sind noch Jahrzehnte nach der Übernahme der Macht im Landtag, 1884, relativ hilflos in den Städten, vor allem aber in der Wählerklasse der Handels- und Gewerbekammer. Bis zuletzt, bis 1909, sind sie nicht in der Lage, in allen Städtewahlkreisen geeignete Kandidaten aufzustellen; gelegentlich wollen sie sich sicherlich nur einer politischen Niederlage entziehen. Da gehen später die Sozialdemokraten viel couragierter ans Werk und kandidieren grundsätzlich, mögen sie auch 1902 und 1909 in den einzelnen Kurien oft nur wenige Stimmen erreichen.
Trotz mancher späteren Versuche Ebenhochs, sich um das Gewerbe anzunehmen, bleibt aber auch die Schwäche der Konservativen und später der Christlichsozialen beim Handel und Gewerbe spürbar. Zu keiner Zeit gelingt den Katholisch-Konservativen ein ähnlicher Durchbruch im Gewerbe, wie dies in Wien sichtbar wird. Es gibt allerdings in Oberösterreich auch keine politische Katastrophe wie für die Christlichsozialen in Wien im Jahr 1911.
Größer sind die Erfolge der Katholisch-Konservativen und später der Christlichsozialen im Bereich der Arbeiterschaft, wenn auch hier – etwa ab 1870 – das alte katholische Tauziehen zwischen „unpolitischen" und „politischen" Arbeitervereinen spürbar ist[6], und das in einer Zeit, da die verfassungskonforme Gründung politischer Gruppen schon fast unproblematisch ist.
Einen gewissen Minderwertigkeitskomplex zeigen die Katholisch-Konservativen sicherlich auch in ihrer lang anhaltenden Gegnerschaft gegenüber den Advokaten und Beamten. Ihre (teilweise nicht unverständliche) Advokatenbeschimpfung wird aber noch in einer Zeit praktiziert, in der der erste katholische Rechtsanwalt, Dr. Esser, für die Katholisch-Konservative Gruppe in den Landtag einzieht. 1909 drücken gerade christliche Arbeiter zwei ihrer Vertrauensmänner, Dr. Salzmann und Dr. Schwinner – zum

Unbehagen der Parteileitung –, durch, weil gleichzeitig Vertreter des Gewerbes durchfallen. Fast öfter und massiver bekämpfen die Katholisch-Konservativen die Beamten, die in ihrer Mehrheit tatsächlich nahtlos eine Schwenkung vom Josefinismus zum Liberalismus mitgemacht hatten. Bis zuletzt meinen die Christlichsozialen, daß das Halten gewisser liberaler Bastionen in den Städten Oberösterreichs nur durch die Beamten ermöglicht würde.
Trotz der nur kurzfristigen Wirkungsmöglichkeit von der Gründung des Katholischen Volksvereins bis zu den Landtagswahlen von 1870, die an sich erst 1873 hätten stattfinden sollen, ist jetzt der erste große und entscheidende Erfolg sichtbar; es werden 18 der 19 Landgemeindemandate erobert, die künftig die wichtigste politische Domäne des Volksvereines darstellen. Darüber hinaus gewinnen die Katholisch-Konservativen einen Städtewahlkreis, den von Enns[7].
Schon jetzt zeichnen sich gewisse neuralgische Wahlkreise für die Katholisch-Konservativen wie für die Liberalen ab, so haben anfänglich die Liberalen noch in den Landwahlbezirken von Gmunden und Kirchdorf gewisse Chancen, während der Katholische Volksverein gelegentlich die Städtewahlkreise Enns, Sierning, Eferding, Vöcklabruck, sogar Wels, Urfahr und Freistadt erobert – gewiß nie alle gleichzeitig. Aber bis zu den letzten Landtagswahlen von 1909 erringen die Katholisch-Konservativen und später die Christlichsozialen nie ein Mandat in den Städtewahlkreisen Kirchdorf, Steyr, Ried und Linz.
Eigentlich erst 14 Jahre später, bei der Erringung der Landtagsmehrheit durch die Konservativen, spürt man, wie wichtig und wie entscheidend dieser konservative Wahlsieg von 1870 ist und wie groß dementsprechend die liberale Niederlage. Die rücksichtslose Ungültigkeitserklärung von Stimmen und Mandaten im Bereich des Großgrundbesitzes im Jahr 1867 und dann nach den Landtagswahlen von 1870, als die Liberalen die Ungültigkeitserklärung von zwölf Landtagsmandaten beantragen, davon elf der 19 Landgemeinden, zeigt gleichermaßen Schwäche und Inkonsequenz des Liberalismus, womit sie allerdings nur kurzfristig die Konservativen zu schädigen vermögen.
Man stellt 1870 die Wahlpropaganda stark auf politische und wirtschaftliche Fragen um. Konservative und Liberale scheinen froh zu sein, die rein „weltanschaulich" ausgerichteten Wahlkämpfe von 1861 und 1867 hinter sich gebracht zu haben. Aber noch immer zeigt die Gruppe der konservativen Landtagsabgeordneten, die unter 21 Mann sieben Priester zählen (vom Bischof über den Stiftsprälaten zu den Pfarrern), einen starken klerikalen Anteil. Übrigens sagt die Zahl der gewählten Geistlichen noch nicht alles.

Kooperator gegen Grafen

Auch die jeweils nichtgewählten Kandidaten müßten einbezogen werden. Im Städtewahlkreis Eferding unterliegt etwa 1870 Kooperator Trauner mit 141 Stimmen gegenüber Kamillo Heinrich Graf Starhemberg, der 168 Stimmen erzielt. Später wird der Anteil des Klerus nicht mehr so deutlich sichtbar, aber seine indirekte Bedeutung im politischen Bereich nimmt eher noch zu. So sind es künftig vor allem außerordentlich viele Kapläne und Pfarrer, die in den Landgemeinden als „Wahlmänner" in Erscheinung treten und die hier die „Königsmacher" für die künftigen Landtagsabgeordneten sind. Das geht allerdings nicht immer ohne Schwierigkeiten und auch nicht ohne kleine interne Revolten ab.
Im September 1871 gewinnen die Katholisch-Konservativen zwar nur 18 der 19 Landgemeindemandate – Kirchdorf geht verloren –, dafür werden die beiden Städtewahlbezirke Enns und Eferding gewonnen. Alles in allem bleibt der Mandatsstand fast unverändert, wenn nicht durch einen Streit innerhalb der Handelskammer diese aufgelöst worden wäre. Handelskammerneuwahlen und die Nominierung der drei Landtagsabgeordneten durch die Handelskammer – all das erfolgt erst, nachdem der Landtag, und zwar mit konservativer Mehrheit, konstituiert ist. Vor allem aber bekennt sich der Großgrundbesitz vorübergehend mehrheitlich zu den Konservativen.
Bei einem nur unwesentlich geänderten politischen Kräfteverhältnis stehen 1870 21 konservative 29 liberalen Abgeordneten gegenüber, im September 1871 ist das Verhältnis 29 zu 21 und im Dezember 1871 19 zu 31.
Die trotz allem so unterschiedlichen Wahlergebnisse zeigen folgendes: In den Anfängen der Demokratie vermag man sich durch politische Tricks leicht zu arrangieren. Einmal ist es die Aberkennung von Wahlberechtigten im Großgrundbesitz, dann die gewählter Landtagsabgeordneter der Landgemeinden.
1871 ist es zweifellos eine gewisse Mithilfe von Statthalter Hohenwart, der im selben Jahr Ministerpräsident und anschließend Organisator einer konservativen Mehrheit im Reichsrat wird, der die kurzfristige Machtübernahme der Katholisch-Konservativen zumindest inspiriert und durch Ausschreibung von Landtagswahlen erleichtert. Anschließend wird eher noch deutlicher sichtbar, wie das liberale Kabinett Auersperg nach wenigen Monaten die Auflösung des Landtages mit konservativer Mehrheit aus politischen Motiven verfügt und damit die liberale Mehrheit in Oberösterreich für die nächsten 13 Jahre sichert.
Im Dezember 1871 ist der tiefste Einbruch der Liberalen seit 1867 im Bereich der Landgemeinden sichtbar. Die Katholisch-Konservativen verlieren in diesem dritten Wahlgang innerhalb von eineinhalb Jahren ihr zweites

Landgemeindemandat und ein Städtemandat und behalten nur noch ein einziges Städtemandat, während der Großgrundbesitz neuerlich völlig liberal besetzt wird. Besonders tragisch wird aber für die Konservativen, daß eine Reihe ihrer Führerpersönlichkeiten bei der Landtagswahl durchfällt, so insbesondere im Landgemeindewahlbezirk Gmunden der bisherige Landeshauptmann von Oberösterreich, Graf Falkenhayn.

War die erste Phase der politischen Auseinandersetzungen zwischen 1861 und 1869 fast ausschließlich von kirchlichen Problemen und antikirchlichen Schlagworten geprägt worden – sie verschwinden eigentlich bis zuletzt nie, treten aber mehr oder weniger gegenüber den politischen und wirtschaftlichen Problemen teilweise in den Hintergrund –, so folgt beim Katholischen Volksverein nach 1869, aber auch noch nach 1884, eine Phase, in der ganz eindeutig bäuerliche Fragen und bäuerliche Sorgen im Vordergrund stehen. Das ist bei der liberalen Vernachlässigung bäuerlicher Probleme nicht nur ein Akt ausgleichender Gerechtigkeit, sondern gleichzeitig politischer Zweckmäßigkeit und Klugheit. Und zu diesen Agrarproblemen gesellen sich bald Fragen des Kleingewerbes, bei denen sich die Katholisch-Konservativen allerdings nie so durchsetzen wie in Wien – gewiß auch deshalb, weil Oberösterreichs Liberale nicht so vom Großkapital geprägt sind wie die Wiener. Man erkennt gleichzeitig eine Abneigung gegen Parteiprogramme und skizziert nur vor den Wahlen Absichtserklärungen für den politischen, weltanschaulichen und wirtschaftlichen Bereich.

Unmittelbar nach dem deutsch-französischen Krieg und den deutschen Siegen von 1870/71 zeigen die oberösterreichischen Liberalen eine derartige nationale Begeisterung, die auf der einen Seite dazu führt, daß sich später Dr. Beurle und seine Deutschnationalen erst nach drei Landtagswahlen durchsetzen und endgültig Fuß fassen, weil sie kein echtes Kontrastprogramm haben. Sie können, was den deutsch-nationalen Gedanken betrifft, gar keinen echten Kampf mit den Altliberalen ausfechten. Auf der anderen Seite machen die Katholisch-Konservativen Front gegen ein „Großpreußentum" und sie bemühen sich noch stärker als bisher, als österreichische (und wenn möglich als einzige) und kaisertreue Partei dazustehen.

Nach den zwei hektischen Wahlgängen der Jahre 1870 und 1871 folgen ab Dezember 1871 nur noch solche mit einer normalen Legislaturperiode von sechs Jahren. Auch 1878[8] erringen die Katholisch-Konservativen nicht die Macht im Landtag, aber sie erzielen doch eine sehr günstige Ausgangsposition. Noch immer stehen im Landtag 22 Konservative 28 Liberalen gegenüber; es sind nunmehr sämtliche Landgemeinden, dazu zwei Städtewahlbezirke von den Katholisch-Konservativen besetzt – und das trotz eines sie stark benachteiligenden Wahlmodus. Das erstmals sehr klare Bekenntnis

zum Verfassungsstaat, das allerdings gekoppelt ist mit einer herben Kritik an der Verfassungspraxis der Liberalen, bringt den Konservativen zwar keinen Wahlerfolg; sie stehen aber nunmehr unangefochten als Demokraten, als kritische Demokraten da.
Aber zwischen diesem Jahr 1878, jenem Wahljahr, in dem der letzte Landtag mit liberaler Mehrheit gewählt wird, und dem konservativen Durchbruch von 1884 liegt etwas, was einen konservativen Wahlsieg endgültig hätte verhindern können: die Gründung des Oberösterreichischen Bauernvereins, also einer Partei, die sich – und das ist das Neue – ausschließlich auf einen Berufsstand konzentriert. Dies wäre ein entscheidender Stoß gegen die Haupt- und Hausmacht der Konservativen, hätte sie nicht so am Rande liberale, mehr noch nationale Tendenzen, die bald zum Hauptangriffsziel der Konservativen werden. Viel entscheidender aber wird, daß ein an sich für die Liberalen maßgeschneidertes Wahlrecht im Bereich der Landgemeinden den Katholisch-Konservativen als der stärksten Gruppe nützt, nicht aber dem Bauernverein. Überdies haben die Konservativen in den Landgemeinden das Mittel der Wahlmänner virtuos zu handhaben gelernt, während sie etwa noch bei den Landtagswahlen von 1867 relativ hilflos zusahen, wie unbekannte Wahlmänner unbekannte Abgeordnete wählten und die „katholischen Blätter" erst nach Wochen die Haltung der Abgeordneten zu werten vermögen. Und wenn nun, Schritt für Schritt, am Land mehr Stimmen für den liberal-nationalen Bauernverein als in den Städten für die liberale Partei abgegeben werden, so erringt sie doch bis zum Ende der Monarchie nie ein einziges Mandat, ja es kommt nicht einmal zu einer Stichwahl.
Immerhin steht der Katholische Volksverein ab 1880 zwei politischen Gegnern gegenüber, denen er, obwohl beide liberal, mit unterschiedlichen Argumenten entgegentreten muß. Das zwingt zweifellos zu größerer Wendigkeit, bringt aber gelegentlich auch zusätzliche Schwierigkeiten. Wenn der Katholische Volksverein ab und zu nichtbäuerliche Vertreter in den Wahlkreisen aufstellen muß, so organisiert der Bauernverein geschickt eine bäuerliche Konkurrenz und unterstützt gelegentlich konservative „adelige Bauern" allein dadurch, daß er keine eigenen Bauernvereinskandidaten aufstellt, um die konservative Konkurrenz gegen den Volksvereinskandidaten zu stärken. Der Wahlaufruf von 1884[9] wendet sich auch insbesondere gegen den Bauernverein, der „die Fackel der Zwietracht in die Landgemeinden geworfen" habe.
Der konservative Durchbruch von 1884, also die neuerliche und nunmehr endgültige Eroberung der Mehrheit im Landtag, ist eigentlich weder ein „Durchbruch" noch ein „Erdrutsch". Hinter dem gewiß imponierenden

Gesamtergebnis von 33 konservativen zu 17 liberalen Abgeordneten zeigt sich, daß die Konservativen, nicht anders als 1878, die 18 Landgemeindebezirke erobern (worauf sie angesichts des neugegründeten Bauernvereins allerdings besonders stolz sind), dazu immerhin drei Städtemandate, hier also um ein Mandat mehr. Dieses einzige zusätzliche Mandat hätte allerdings den Durchbruch nicht zustandegebracht, wäre nicht in der Wählerklasse des Großgrundbesitzes eine konservative Mehrheit zustande gekommen.
Inzwischen hatten die Statthalter die 1867 vom liberalen Landtag herausgestrichenen Pfarren, in deren Besitz sich landtäfliche Güter befinden und die die entsprechende Steuerquote zahlen, weiterhin in der Wählerliste des Großgrundbesitzes belassen. Angesichts der Steuererhöhungen der Liberalen waren inzwischen aber noch weitere Pfarren wahlberechtigt geworden. Die nunmehrige konservative Mehrheit des Landtages kann nicht nur die Wahlberechtigten und Gewählten absichern, sie veranlassen gleichzeitig, daß Besitzer landtäflicher städtischer Häuser, die meist über gar keinen Grundbesitz verfügen, aus der Liste des Großgrundbesitzes gestrichen werden – und das sind überwiegend liberale Rechtsanwälte oder Kaufleute. Es zeichnet sich in der Kurie des Großgrundbesitzes im Verhältnis vom Adel zum Klerus ein sich einpendelnder Proporz von 4 zu 3 ab, der vor allem dadurch erleichtert wird, daß man ja kaum noch Rücksicht auf bürgerliche, liberale Großgrundbesitzer nehmen muß. Allerdings gibt es bei zwei Wahlen, 1897 und 1902, bei Beibehaltung der konservativen Mehrheit im Landtag, im Großgrundbesitz, angeblich auf Wunsch des Kaisers, einen Kompromiß, wonach neben acht Konservativen auch zwei liberale bzw. „verfassungstreue" Vertreter des Großgrundbesitzes der Kurie angehören. Damit wird übrigens die Position des Adels in dieser Kurie über die Maßen aufgewertet.
Die innerparteiliche Entwicklung des Katholischen Volksvereins hatte sich übrigens in den 23 Jahren bis zur Machtübernahme im Landtag nicht völlig reibungslos abgespielt, so war schon 1870 einer der maßgeblichen Männer der Volksvereinsführung, Karl Freiherr von Weichs, ein Bruder des liberalen Politikers Friedrich Freiherr von Weichs, wegen politischer Differenzen zurückgetreten. 1874 trennt sich dann der Volksverein von einem Mann, der die Satzungen des Volksvereins erstellt hatte, dem eigenwilligen Landtags- und Reichsratsabgeordneten Weiß von Starkenfels.
Der Katholische Volksverein hatte sich schon in den ersten Jahren mit der Gründung des Katholischen Preßvereins (1870) und des „Oberösterreichischen Volkskredits" (1872/73) geschickt eine Machtbasis geschaffen; sie kann durch den schrittweisen Ankauf der liberalen Wochenzeitungen, deren an-

fänglich private Herausgeber kaum noch über liberale Leser verfügen, systematisch erweitert werden[10].
Trotz allem sind die politischen Fronten im Land ziemlich festgefahren. Es geht um die Eroberung oder Wiedereroberung vereinzelter städtischer Wahlkreise – aber kaum um mehr. 1890 erringen die Katholisch-Konservativen wieder 33 Mandate; neben den 16 Liberalen aber setzt sich erstmals ein Deutschnationaler, Dr. Beurle, durch. Die Konservativen sind jetzt vorübergehend in der glücklichen Lage, einem neunzehn Jahre dauernden Freistilringen zwischen Deutschnationalen und Deutschliberalen zusehen zu können; trotzdem erleichtert das ihre Situation keineswegs, denn das Wahlrecht wirkt doch wie ein enganliegendes Korsett, das am Land den Bauernverein, in der Handelskammer und den Städten die Katholisch-Konservativen, hier auch die Sozialdemokraten, behindert.
Immerhin stehen den Katholisch-Konservativen 1890 drei liberalnationale Gruppen gegenüber. Das von den Konservativen ersehnte Arrangement mit Dr. Beurle und den Deutschnationalen, das man nach Wiener Muster in die Wege leiten möchte, geht sehr bald schief. Für die Katholisch-Konservativen ist dies aber nur vorübergehend ein Nachteil, die Distanz von den Deutschnationalen ist auf Dauer ein Vorteil. In diesem Jahr 1890 zeigt ein Nachruf des aufstrebenden Nachwuchspolitikers Dr. Ebenhoch, der acht Jahre später Landeshauptmann wird, für den eben verstorbenen katholischen Sozialpolitiker Baron Vogelsang[11] die sich anbahnende Wende – hin zu den Christlichsozialen – an.
Das erste Auftreten der Sozialdemokraten bei den Wahlen von 1896 bedeutet noch keineswegs ihren Durchbruch. Es dauert noch zwei weitere Legislaturperioden, bevor sie 1909 ihren ersten Kandidaten im Landtag durchbringen. 1896 verliert die nunmehrige „Katholische Volkspartei" ein Mandat, aber 32 unter 50 Abgeordneten ist noch immer eine solide Mehrheit. Ihr gegenüber stehen getrennt marschierende Gegner, elf liberale (oder Deutschfreiheitliche, wie sie sich jetzt nennen), dazu je zwei Mandate der Deutschnationalen, der Gewerbepartei und der „Verfassungstreuen" des Großgrundbesitzes. Ohne Mandat bleibt weiterhin der Bauernverein. Erstmals wird der jetzt von der Katholischen Volkspartei bekämpfte Kompromiß beim Großgrundbesitz im Verhältnis acht Konservative zu zwei Verfassungstreuen praktiziert. Endgültig zeichnet sich eine Abkehr der Deutschnationalen von der Katholischen Volkspartei und ihre Hinwendung zu den Deutschfreiheitlichen ab, wenn auch noch keineswegs das endgültige Ende der Liberalen.
Inzwischen hatte auch Dr. Ebenhoch 1891 den Posten eines Volksvereinspräsidenten übernommen, nachdem durch ein volles Menschenalter Graf

Brandis diese Aufgabe erfüllt hatte. Die große Kontinuität beim Katholischen Volksverein erkennt man auch in seiner Führungsspitze, in den letzten fünfzig Jahren der Habsburgermonarchie gibt es nur drei Präsidenten (Brandis, Ebenhoch, Mayr), während es in derselben Zeit in Oberösterreich immerhin sieben Landeshauptmänner (Lebschy, Eigner, Falkenhayn, Eigner, Achleuthner, Kast von Ebelsberg, Ebenhoch, Hauser) gibt. Trotzdem scheint es, als hätte die Katholische Volkspartei ihren politischen Plafond erreicht; 1902 kann sie sogar ihren bisherigen Stand nicht mehr halten. Zwar bleiben alle 19 Landgemeinden in konservativer Hand, von den Städten aber statt vier nur mehr zwei, dazu kommen die acht Kompromiß-Kandidaten des Großgrundbesitzes. Der Wahlaufruf von 1902 hatte sich überwiegend mit wirtschaftlichen Problemen befaßt[12]. Dafür triumphieren die Deutschnationalen und sehen eine neue Morgenröte kommen. Denn neben den 30 Katholisch-Konservativen stehen elf Liberale, acht Deutschnationale und ein Unabhängiger. Aber auch die Katholische Volkspartei hat ihre Sorgen, denn eine christlichsoziale Partei ist auch schon in Oberösterreich angemeldet, ein Zweikampf im christlichen Lager scheint nicht ausgeschlossen. Die „Tages-Post" unterscheidet unter den konservativen Abgeordneten bereits zwischen „klerikalen" und „konservativen".

Hinter der festgefügten Fassade des Katholischen Volksvereins zeichnen sich also schon die Umrisse der neuen Gruppierung der Christlichsozialen ab, aber nicht nur eine neue Gruppierung, sondern auch neue Männer. Und in der Volksvereinsversammlung vom Spätherbst 1902 nach der nicht gerade glorreichen Landtagswahl hält diesen Wahlen ein Mann „eine kleine Nachrede", der dann sieben Jahre später das Ruder in die Hand nehmen wird: Johann Nepomuk Hauser. Seine Rede ist volkstümlich, demagogisch, aber durch und durch selbstkritisch[13].

Dann aber wird bei den Reichsratswahlen das Ghetto des bisherigen Kurienwahlrechts gesprengt. Nach Einführung des allgemeinen gleichen Wahlrechts erringt 1907 die Katholische Volkspartei 17 der 22 Oberösterreich zustehenden Reichsratsmandate, die Sozialdemokraten drei und die Deutschnationalen zwei. Das ist zwar ein großer Triumph; in der Zusammenarbeit mit anderen Partnern bei der Stichwahl operiert die Katholische Volkspartei wie schon seinerzeit bei der Wahl des Deutschnationalen Dr. Beurle, dann bei Prof. Erb in Steyr unbeholfen und erntet für ihre Mithilfe erst von den Deutschnationalen (gegen die Liberalen) und dann von den Sozialdemokraten (gegen die Deutschnationalen) nur Hohn und Spott. Aber das sind nur Randerscheinungen. Die Deutschnationalen sprechen jetzt schon in Linz von einer rot-schwarzen Koalition, für die man nicht Ebenhoch, sondern Hauser verantwortlich macht[6].

Längst eine Massenpartei

Angesichts des Triumphes der Christlichsozialen beachtet man das oberösterreichische Ergebnis nur wenig. Es ist aber vor allem für den raschen Übergang zur Christlichsozialen Partei wichtig. Bedeutet diese Vereinigung, die unmittelbar nach den Reichsratswahlen von 1907 erfolgt, viel oder wenig für Oberösterreichs christliches Lager?
Es ändert sich eigentlich gar nichts als der Name. Weiterhin bestehen der Katholische Volksverein, dessen eine Spitze nunmehr nicht mehr die Parteileitung der Konservativen bzw. Katholischen Volkspartei, sondern die der Christlichsozialen Partei ist. Die Mitglieder und Abgeordneten bleiben weiterhin „Volksvereinsmänner" – bis zum Jahr 1934. Der nunmehr seit 40 Jahren bestehende Volksverein hat weiterhin in der bäuerlichen Bevölkerung Oberösterreichs seine Hauptstütze und sein hauptsächliches Wählerreservoir. Hinzugekommen ist allerdings eine erstarkende christliche Arbeiterbewegung, diese gewiß noch in mehrere Organisationen zersplittert. Immerhin, das Werden einer christlichen Massenpartei, wie diese unter Dr. Lueger in Wien geschaffen wird, muß in Oberösterreich erst aber nicht nachvollzogen werden. Sie besteht hier seit 1870. Und dieser Katholische Volksverein verfügt bereits seit 1884 über die Mehrheit im Landtag, stellt hier seit 1884 den Landeshauptmann. Und diese neue christlichsoziale Partei Oberösterreich ist auch nicht jenes merkwürdige Wiener Konglomerat von „vereinten Christen", Deutschnationalen und Antisemiten. Es übernimmt auch nicht den massiven Wiener Antisemitismus, es bleibt bei dem schematischen Schlagwort von den „Judenliberalen", zu denen, nicht gerade geistvoller, das Wort von den „Judensozialisten" hinzukommt. Oberösterreichs Christlichsoziale bleiben, wieder im Gegensatz zu Wien, in den meisten oberösterreichischen Städtewahlkreisen, insbesondere in Linz, schwach, oft hilflos. Sie können auf Grund ihrer Zusammensetzung und ihrer Führer das Gewerbe nicht in einem Maß mitreißen, wie dies in Wien der Fall ist. Sie erleben anläßlich der letzten Reichsratswahl von 1911, also nach Luegers Tod, kein solches „Tief" wie in Wien, sondern einen weiteren Erfolg.
Die Landtagswahlen von 1909 sind aber vor allem deshalb so bedeutsam, weil sie, was damals niemand ahnt, die letzten der Monarchie werden. Für die Menschen von damals sind sie vor allem deshalb ein entscheidender Test, weil sich auf Grund des reformierten Wahlrechts die Zahl der Wahlberechtigten gegenüber 1902 mehr als verdoppelt hat. Statt 80.000 sind nun fast 180.000 wahlberechtigt, eine Zahl, die sogar höher liegt als die Zahl der Wahlberechtigten der letzten Reichsratswahl von 1911, also der zweiten nach Einführung des allgemeinen gleichen Wahlrechts.
Diese Wahl von 1909 zeigt die übliche Schwäche der Christlichsozialen in

Der Anteil der Christlichsozialen bei den letzten Reichsratswahlen 1911

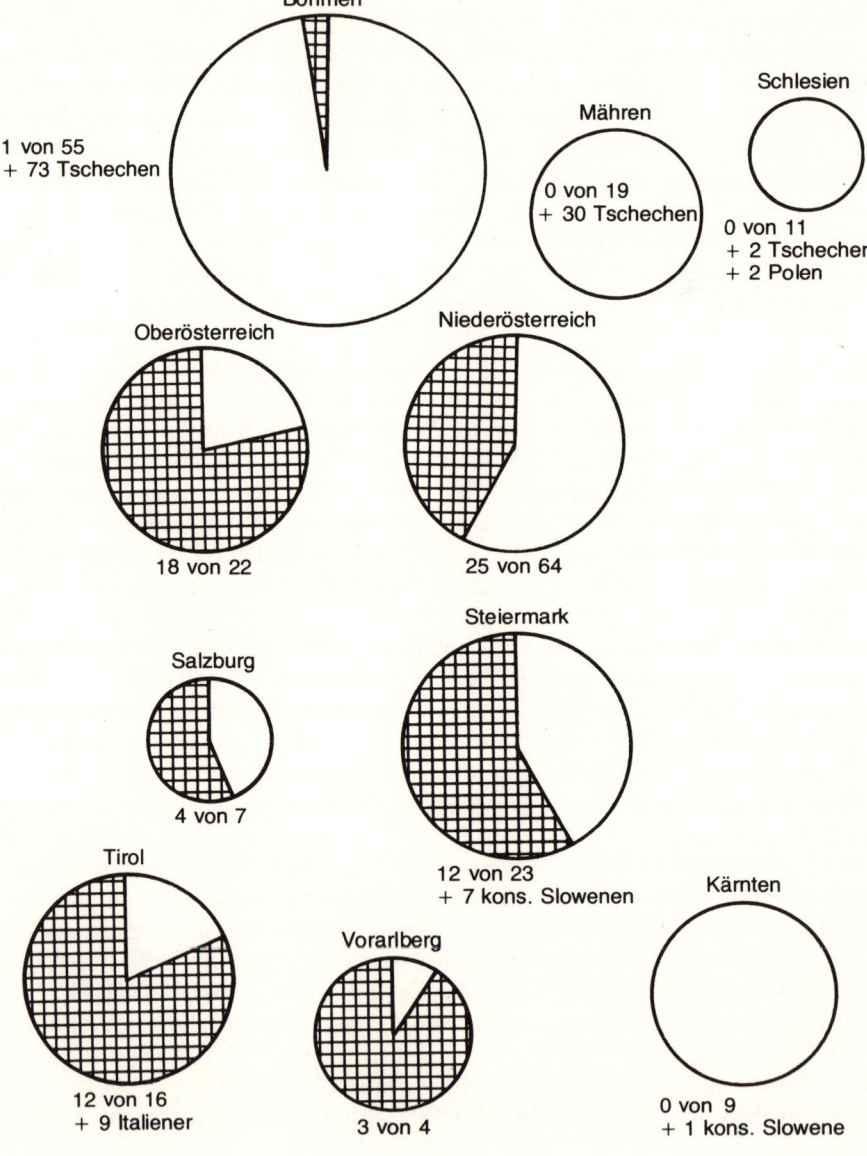

den Städten (drei von 16) und bei der Handelskammer (null von drei), aber einen Triumph bei den Landgemeinden (sämtliche 22 der erweiterten Kurie) und vor allem bei der allgemeinen Kurie (zwölf von 14). Der christlichsoziale Wahlsieg wird übrigens von allen politischen Gruppen anerkannt. Es ist in Wahrheit der zweite große Wahlsieg nach 1870, als erstmals die Landgemeindekurie erobert wird. Beide Wahlsiege, die von 1870 und 1909, sind größer als die vom September 1871 und vom Jahr 1884, als eine konservative Mehrheit im Landtag entsteht.

Die Christlichsozialen haben erstmals breite Massen, weit über die bäuerliche Bevölkerung hinaus, anzuziehen vermocht. Sie haben – und darauf sind sie besonders stolz – erstmals die Mehrheit im Landtag ohne die zehn Stimmen des Großgrundbesitzes. Und sie verfügen mit dem konservativen Großgrundbesitz, der diesmal keinen Kompromiß mit den ,,Verfassungstreuen" abschließt, über eine Zweidrittelmehrheit.

Es wird vor Beginn des ersten Weltkrieges noch einmal gewählt. Die Landtagswahl von 1909 hatte nach Einführung der allgemeinen Kurie praktisch schon ein allgemeines Wahlrecht der Männer gebracht, wegen Weiterbestehen der Kurien aber kein gleiches Wahlrecht. Dieses allgemeine und gleiche Wahlrecht wird nur bei den Reichsratswahlen von 1907 und 1911 durchexerziert.

Die Reichsratswahl von 1911 bringt für Oberösterreichs Sozialdemokraten eine herbe Enttäuschung; sie fallen von drei auf einen Sitz zurück. Die Deutschnationalen gewinnen einen und verfügen nun über drei. Aber während die Christlichsozialen in Wien eine kleine Katastrophe erleben, gewinnen die Christlichsozialen in Oberösterreich sogar noch ein weiteres Mandat und erringen sogar 18 von 22 Sitzen. Aber wie man 1907 nur den christlichsozialen Triumph in Wien gesehen hat, so sieht man auch jetzt, 1911, nur die christlichsoziale Katastrophe in Wien. Und man wertet kaum das extrem gute, ja verbesserte Wahlergebnis in Oberösterreich.

Dieses Wahlergebnis von 1911 wird noch nach Ende der Monarchie bedeutsam, denn nach diesem Schlüssel konstituiert man die Zusammensetzung der Provisorischen Landesversammlung. Aber mehr noch: das christlichsoziale Führungsteam Oberösterreichs mit Hauser, Dr. Mayr und Dr. Schlegel führt Land und Partei durch die ganze Kriegszeit. Es ist das Team, das in harten Auseinandersetzungen um die Wahlrechtsreform Zusammenarbeit gelernt hat und die Jahre nach 1918 meistert. Sie sind, wie die von ihnen geführte Partei, gewiß stark ideologisch ausgerichtet; sie sind aber gleichermaßen pragmatisch. Die Christlichsoziale Partei hat sich in den letzten Jahren zu einer bewußt demokratischen Partei entwickelt; der Ausbau der Demokratie hat ihr große Wahlerfolge verheißen und gebracht.

Bauernverein, zweitstärkste Partei ohne Mandate

Die Geschichte, genauer gesagt die Vorgeschichte des Oberösterreichischen Bauernvereines beginnt ungewöhnlich: Am 1. Jänner 1881 empfängt der österreichische Ministerpräsident Eduard Taaffe um 11 Uhr vormittags eine Linzer Bauerndeputation, geleitet von dem Initiator, damals „Faiseur" genannt, Redakteur Kirchmayr und Bürgermeister Hubmer; sie beschwert sich über den k. k. Statthalter von Oberösterreich, daß er eine für Linz geplante Bauernversammlung verboten habe, auch, daß man von seiten der Statthalterei dem geplanten „Bauernverein" gegenüber ungewöhnliche Schwierigkeiten mache. Das Verbot der Bauernversammlung habe große Aufregung verursacht, die durchaus „keine künstliche" sei; dabei seien Veranstalter wie Geladene durchaus keine Revolutionäre, sondern patriotische Männer.
Ministerpräsident Taaffe meinte, daß er am Vorhandensein einer Aufregung nicht zweifle, „dieselbe werde aber künstlich vermehrt" und dies sei überall dort der Fall, wo in Steuerfragen die Parteien hineinzuspielen versuchen"[1].
Tatsächlich gehen in diesen Jahren die Wogen über die angeblich ungerecht in den einzelnen Kronländern verteilte Grundsteuer hoch und Ministerpräsident Taaffe meint auch, er könne erst eingreifen, wenn die Zentral-Kommission in der Grundsteuerfrage ihr Gutachten abgegeben habe.
In den siebziger Jahren war es zu einer Neuregelung des zisleithanischen Grundkatasters gekommen, weil die 1844 vorgenommene Regulierung, d. h. die Einteilung des Grundes nach Güteklassen, die für die Festlegung der Steuer wichtig war, unklar und auch ungerecht war. Das Problem ist äußerst schwierig und auch die Bauern selbst sind unterschiedlicher Meinung. Die meisten wünschen natürlich, daß die Bonität des Grundes schon wegen der Steuern so niedrig wie möglich angesetzt wird. Es gibt aber auch Bauern, die auf ihren Grund besonders stolz sind oder auf Grund und Boden Geld aufnehmen wollen; diese sind wieder an einer möglichst hohen Einstufung interessiert. Dann aber werden Vergleiche von Ort zu Ort und schließlich solche von Land zu Land gezogen. Liberale, aber auch der in Gründung befindliche Bauernverein bemühen sich, aus dieser gewiß komplizierten Situation politischen Nutzen zu ziehen. Die Angelegenheit berührt tatsächlich fast die gesamte Bauernschaft und es handelt sich dabei auch um gewaltige Beträge. So werden allein in Oberösterreich gegen die Neueinteilung des Bodens 404.036 Reklamationen gegen die Erkenntnisse der Ortskommissionen eingebracht. Von 29.186 Reklamationen im Linzer

Bezirk etwa werden 16.329 als unbegründet abgewiesen. Von den von den Bezirkskommissionen eingebrachten 246.021 Reklamationen werden 60 Prozent abgewiesen oder kommen gar nicht an die Wiener Zentralkommission. Immerhin wird in Oberösterreich auch 158.015 Reklamationen aus den zwölf Bezirken zur Gänze oder teilweise stattgegeben. Insgesamt erhöht sich der Steuerreinertrag in ganz Österreich im Zusammenhang mit der Neuregelung des Grundkatasters von 140 auf 169,9 Millionen Gulden, wird dann um 5,5 Millionen ermäßigt und beläuft sich schließlich auf 164 Millionen Gulden, wovon auf Oberösterreich 11,880.224 Gulden entfallen. Auf 100 Gulden Reinertrag muß der Bauer 22 Gulden 10 Kreuzer an Staats-Grundsteuer abliefern.
All das ist natürlich ein beachtliches Politikum, und der Katholische Volksverein kann nur relativ mühsam die Vorwürfe von Liberalen und Bauernvereinsseite abwehren, vor allem natürlich mit dem Hinweis, daß das entsprechende Gesetz im Mai 1869 beschlossen worden sei, also zu einer Zeit, da es noch gar keinen Katholischen Volksverein gab, und daß damals aus Oberösterreich nur zehn liberale, aber kein einziger katholisch-konservativer Abgeordneter im Abgeordnetenhaus des Reichsrates gesessen ist.
Auch aus der sogenannten ,,Welser Lehenslösung" wird ein Politikum ersten Ranges. Die 1848 beschlossene Grund- und Lehensablösung der Bauernschaft ist 1880 noch nicht zur Gänze abgeschlossen; einzelne Adelige betreiben eine Verzögerungstaktik, so auch der einstige Lehensherr und Eigentümer der Herrschaft Burg Wels, Fürst Auersperg. Gerade diese Verzögerung wird propagandistisch gegen die Konservativen ausgenützt, die mit dem Adel verbündet seien – und dies, obwohl gerade die Familie Auersperg zu den prominentesten liberalen Politikern Österreichs zählt. Hier können die Konservativen zuletzt durchsetzen, daß der Innenminister rasch und energisch eingreift[2].
All dies nützt vor allem ein Mann sehr geschickt aus, der ein abenteuerliches Leben hinter sich hat: der Bauernsohn Hans Kirchmayr aus Hörsching. Student und Milchkutscher, Faßzieher, nach Einheirat in den Gasthof ,,Zur Stadt Budweis" in Urfahr vorübergehend Gastwirt, dann Redakteur, Zeitungsherausgeber des ,,Linzer Sonntagsblattes"[3]. Er ist auch als Redner begabt, gewiß auch skrupellos, und wird Manager dieses ,,Oberösterreichischen Bauernvereins", gelegentlich auch ,,Vater" dieser neuen politischen Gruppe im Land genannt[4], auch wenn sich der Bauernverein später von ihm distanziert und erklärt, er sei nie Mitglied oder Ehrenmitglied gewesen[5]. Kirchmayr übt auch auf die schwer gegen ihre radikalen Konkurrenten ringende Sozialdemokratie lasallscher Prägung eine Anziehungskraft aus, und Anton Weiguny berichtet in seinen Lebenserinnerungen, Kirch-

mayr sei „bei den Bauern eine ungemein populäre Persönlichkeit" gewesen, daß er zu einem „kleinen Bauernherrgott" herangewachsen war. Insbesondere ein Prozeß gegen den Linzer Rechtsanwalt Dr. Max Wellner[6], der bei den Ablöseverhandlungen zahlreiche Großgrundbesitzer vertrat und den Kirchmayr einen „modernen Raubritter" genannt hat, nach einer Klage Wellners aber freigesprochen worden war, hatte ihm viel Popularität gebracht. „Um sich Geltung zu verschaffen, wollte sich Kirchmayr die zerrütteten Parteienverhältnisse der Arbeiter zu nutze machen", schreibt zwanzig Jahre später der Sozialist Weiguny. Er nimmt in seine Zeitung Nachrichten auf, die die Arbeiter berühren, ermäßigt den Bezugspreis seines „Sonntagsblattes" für Arbeiter um 50 Prozent. „So erschien er auch den Arbeitern in Linz und Oberösterreich als ein Vertreter ihrer Interessen." Als Kirchmayr eine Volksversammlung mit Dr. Kronawetter organisiert, dieser aber – über die zwielichtige Person Kirchmayrs informiert – im letzten Augenblick absagt, springt sogar Weiguny als Redner dieser Kirchmayr-Versammlung ein.

Weiguny bezeichnet Kirchmayr schießlich als „leichtfertigen Menschen", der „den klerikalen Gegnern einen Angriffspunkt um den anderen bot"[7]. Vorerst gibt sich Kirchmayr in Wien als Graf Blanck von Wisenfeld-Blanckburg aus, schwindelt ein holländisches Millionenerbe vor[4], kommt ins Gefängnis und stirbt schließlich im Zuchthaus Suben, wo er eine mehrjährige Zuchthausstrafe wegen Militärbefreiungsschwindeleien zu verbüßen hatte[7].

Eine Bemerkung von Ministerpräsident Taaffe beim Empfang der oberösterreichischen Bauerndelegation hatte übrigens ein starkes Echo weit über Oberösterreich hinaus gefunden: „Der Kaiser werde gewiß einen Bauern, nie aber einen Journalisten in dieser Angelegenheit empfangen." Und das deutsch-böhmische „Leitmeritzer Wochenblatt" schreibt dazu: „Es ist nicht Pflicht, noch eigentlich Berufssache der Presse oder deren Vertreter, für eine Sache in Action zu treten, die sie nur objektiv beurteilen und besprechen soll – das heißt, den Zwist in die Schicht des erregten Volkes par force hineinzutragen. Oder wollen die Redakteure die abgenützte Erbschaft der aus der Mode gekommenen Advokaten-Demagogie übernehmen?[8]" Aber die Audienz dieser liberal-nationalen oberösterreichischen Bauerndelegation bei Kaiser Franz Joseph – wenn auch ohne Redakteur Kirchmayr – wird auch in späteren Jahren immer wieder zitiert und als „denkwürdig" bezeichnet.

Inzwischen nimmt auch die oberösterreichische Statthalterei gegen die Behauptung Stellung, sie habe mehrmals den eingebrachten Statuten für den „Oberösterreichischen Bauernverein" die Genehmigung versagt und damit die Bildung einer weiteren, einer dritten Partei im Land ob der Enns verhindert. Die Statuten seien nur einmal vorgelegt worden, ,,es konnte aus den nämlichen Gründen eine Untersagung der Bildung des politischen Vereins auf Grundlage der Statuten auch nur einmal erfolgen". Insbesondere § 1 der Statuten habe die ,,Aufrechterhaltung der verfassungsmäßigen Rechte des Bauernstandes" als Vereinszweck angegeben. Tatsächlich aber hätten die Bauern keine verfassungsrechtlichen Rechte, solche hätten nur die Staatsbürger ganz allgemein. Deshalb sei der Zweck des Vereins gesetzwidrig. Auf Grund der eingegebenen Statuten, Paragraphen 5 und 6, hätten auch minderjährige Ehrenmitglieder des Vereins mit allen Rechten sonstiger Mitglieder werden können, was mit dem Vereinsgesetz unvereinbar sei. Schließlich hätten Vereinsmitglieder ohne Angabe von Gründen, auch ohne Berufungsmöglichkeit, aus dem Verein ausgeschlossen werden können. Beanstandet wurde durch die Statthalterei auch der in jeder Gemeinde vorgesehene ,,Vertrauensmann des Bauernvereins", der über die Angelegenheiten des Bauernstandes in der Gemeinde von Zeit zu Zeit zu berichten hätte. ,,Mit Rücksicht auf die hervorgehobenen Unklarheiten", wird abschließend erklärt, ,,können die Statuten und damit der Verein selbst nicht gebilligt werden"[9].

Nach Beseitigung dieser Bedenken kann am 1. März 1881 der ,,Oberösterreichische Bauernverein" in Wels gegründet werden, erster Vereinsobmann wird Leopold Krennmayr aus Hörsching und Stellvertreter Josef Mayrzedt aus Breitbrunn[10].

Die Querverbindungen zum liberal-politischen Verein, der sich in der Schlußphase seiner Macht befindet, werden aus manchen Dokumenten deutlich, mehr noch solche zu nationalen Gruppen; so wird schon anläßlich der ersten Generalversammlung des Bauernvereins in Wels am 18. März 1882 der Abgeordnete Schönerer zum Ehrenmitglied ernannt – und Kirchmayr, der dem Bauernverein sein ,,Sonntagsblatt" fast wie ein Vereinsorgan zur Verfügung stellt und dessen Vater, Hans Kirchmayr, erster Kassier des Bauernvereins wird, wird Dank und Anerkennung des Vereins ausgedrückt.

Trotzdem bemüht sich der Verein immer wieder, sich als reine politische Standesorganisation ohne weltanschaulichen Hintergrund darzustellen (,,weder liberal noch klerikal"). Es kommt zu einem Schriftverkehr mit den Linzer Bischöfen, aber noch Bischof Rudigier wertet den Bauernverein im ,,Diözesanblatt" von 1882 als ,,vollständig liberal", der ,,nach Kräften für die Zwecke des Liberalismus wirkt". ,,Durch die Arbeit dieser Partei ist eine Unruhe in unser Oberösterreich gekommen, die durch einige Zeit bedenklich war, nunmehr sehr abgenommen hat, aber immerhin noch zu beklagen ist[11].

Nun sieht man von seiten der Katholisch-Konservativen und von der des Bischofs den Bauernverein doch kaum im richtigen Licht: der trotz aller Beteuerung keineswegs nur berufsständisch, sondern sehr deutlich politisch ausgerichtete Verein ist gewiß kirchenfeindlich, in der Sprachregelung jener Jahre „antiklerikal", aber er ist nur beschränkt liberal; ganz im Gegenteil ist der Bauernverein, Jahre vor dem Entstehen der Deutschnationalen, weit mehr deutschnational als liberal, und dies in sehr radikaler Ausprägung; der Bauernverein ist gewiß auch antisemitisch. Es ist kein Zufall, daß gleich bei der ersten Generalversammlung Schönerer zum Ehrenmitglied gewählt wird. Dieser Schönerer tritt in unzähligen Versammlungen des Bauernvereins als Festredner in Erscheinung; seine Reden im Abgeordnetenhaus werden von dem „Sonntagsblatt" weit größer gebracht als die aller anderen Politiker. Auch das Nahverhältnis Kirchmayrs zu Schönerer scheint beachtlich gewesen zu sein. Nicht zufällig werden Versammlungen des Bauernvereins auch in späteren Jahren nur allzu oft als „Schönererversammlungen" bezeichnet. Dieser Bauernverein mit seinen Mitgliedern, die überwiegend Großbauern sind, ist weit mehr als die Liberalen gegen den Adel eingestellt und es kommt erst 1907 zu einem gewissen Arrangement mit einzelnen konservativen Adeligen, als diese Gegenkandidaten zu den Christlichsozialen werden. Dieser Kompromiß beschränkt sich aber nur darauf, daß der Bauernverein in diesen Wahlbezirken keine eigenen Gegenkandidaten aufstellt. Wenn die späteren Beziehungen der Deutschnationalen zum Bauernverein kühler sind als zu den Liberalen, rührt dies daher, weil sie sich zu ähnlich sind. Dieser Oberösterreichische Bauernverein bzw. dessen Initiator Kirchmayr geben die Initialzündung für die 1884 gegründeten Bauernvereine in Salzburg – hier werden die Oberösterreicher Krennmayr und Mallinger gleich zu Ehrenmitgliedern des Salzburger Schwesternvereins – und in Niederösterreich.

Die erste große Bewährungsprobe, die Landtagswahlen von 1884, besteht der Bauernverein nicht; er erhält Stimmen, aber kein Mandat. Dabei geht er, wohlwollend unterstützt von den Liberalen, nicht ungeschickt vor. Insbesondere wird die Errichtung und Enthüllung eines Denkmals für Kaiser Joseph II. in Wels, der eigentlichen Bauernvereinsstadt, geschickt in den Wahlkampf von 1884 eingefügt[12]. Aber die Freundschaft zwischen Liberalen und Bauernverein kann naturgemäß nicht allzu eng werden, denn das für die Liberalen maßgeschneiderte Wahlrecht ist im ländlichen Bereich für den Bauernverein von Nachteil und jede Änderung zugunsten des Bauernvereins – also etwa ein Proportionalwahlrecht – wäre ein Schlag gegen die

Liberalen. So schreibt das „Linzer Volksblatt", Kirchmayr scheine gar nicht zu wissen, „wie engherzig die Liberalen gerade das Wahlrecht der Bauern zugestutzt haben"[13]. Dazu kommt ganz allgemein Verachtung und Unverständnis der liberalen Großbürger gegen Bauern und deren Probleme (etwa Erbteilung, freie Veräußerung von Grund und Boden), die primär den Katholischen Volksverein, natürlich aber auch den Bauernverein treffen.
Wie national und radikal die Töne dieser neuen politischen Gruppe im Land sind, zeigt ein von Vereinsobmann Leopold Krennmayr gezeichneter Artikel im Wahljahr 1884: „Es ist Zeit, unseren bisherigen Landtagsabgeordneten, deren Führer uns im Reichsrathe um einiger Titel, Pfründen und Orden willen den Czechen und Polen ausgeliefert haben, welche die armen oberösterreichischen Bauern ohne Erbarmen mit der unerschwinglichen Grundsteuer überhäuft und die in maßloser Herrschsucht aus lauter Feilschen und Handeln um Standesvorrechte und Privilegien für sich selbst sogar unseren deutschen Namen und unsere deutsche Sprache dem Slaventhum untergeordnet haben: – es ist hohe Zeit, allen diesen Stuhl vor die Thüre zu setzen[14]." Unmittelbar anschließend erklärte allerdings Krennmayr, daß er weder diesen noch sonst einen Artikel im „Bauernvereinsboten" geschrieben habe[15].
Der Bauernverein kann, solange bei den Landgemeinden mittels Wahlmännern gewählt wird, nur bei diesen in Erscheinung treten. Hier kommt er 1884 nur bescheiden zum Zug; in den wenigen Gemeinden, in denen er kandidiert – das „Linzer Volksblatt" bezeichnet sie allerdings als „liberal" und nicht als Bauernvereinsvertreter[13] –, erreicht er allerdings manche, teilweise erhebliche Erfolge. So gibt es etwa in Pichl bei Windischgarsten, Kematen (Bezirk Steyr), Neukirchen bei Lambach, Baumgartenberg, Abstorf, Bachmanning, Lambrechten, Ampflwang, Fraham, Ort im Innkreis, Pennewang, Hallstatt, Steinerkirchen am Innbach jeweils keinen konservativen, sehr wohl aber einen „liberalen" Wahlmann, in Goisern sogar acht „liberale", aber keinen konservativen, in Eberschwang vier, in Timelkam, Gunskirchen, Grünau drei, in Gosau, Laakirchen, Marchtrenk je zwei liberale, aber keinen konservativen Wahlmann. Und das ist immerhin jene Zeit, in der die Enthüllungen über Kirchmayr erfolgen. Mit 633 Wahlmännern erreichten die Katholisch-Konservativen alle Landgemeindemandate, der Bauernverein gewinnt 224 Wahlmänner, aber kein einziges Mandat[10].
Es kommt also weder 1884 noch auch später zu einem Höhenflug dieses Bauernvereins, es verbleibt aber doch – auch nach der katholisch-konservativen Machtübernahme von 1884 im Landtag – eine relativ konstante Wählerschicht, die im Durchschnitt zwischen zehn und 25 Prozent schwankt – trotz allem bis zum Ende der Monarchie nie ein einziges Landtagsmandat

und erst recht nie ein Reichsratsmandat – auch nicht nach Einführung des allgemeinen gleichen Wahlrechts 1907 – erringt. Es ist immerhin bemerkenswert, daß diese kleine Wählergruppe, trotz aller ihrer internen Streitigkeiten, zusammengehalten werden kann. Denn auch nach allen Wahlreformen in der Monarchie bleibt ihre Situation hoffnungslos, so daß die Partei durch volle 38 Jahre in Opposition verbleibt – und erst nach 1919 als „Landbund" vereinzelt Abgeordnete in den Landtag und den Nationalrat bringt. Dabei stellt sich bald heraus, daß der Bauernverein bald stimmenstärker als die Liberalen und stärker als die Deutschnationalen ist. Erst 1907, nach dem ersten erfolgreichen Auftreten der Sozialdemokraten im Lande, wird er vor den Deutschnationalen die drittstärkste politische Gruppe im Land – und das bleibt er auch, mag auch der Parteiname nach 1918 in FOP (Freiheits- und Ordnungspartei) und Landbund geändert werden – zwischen 1919 und 1933.

Welches sind nun die Anhänger dieses Bauernvereins? Zweifellos eine gewisse Gruppe „Antiklerikaler" im Ort, wie Lehrer, Notar, Arzt. Dann sind es weithin die Bauern evangelischer Konfession[10], die sich vom Katholischen Volksverein nicht angesprochen, zum Teil sogar abgestoßen fühlen. Die Wahlmänner des Jahres 1884 in Goisern, Gosau, Hallstatt sprechen eine deutliche Sprache. Der Katholische Volksverein bemüht sich übrigens auch gar nicht, die evangelischen Bauern an sich zu ziehen[14], muß aber seit 1880 doch einen Zweifrontenkrieg gegen Liberale und Bauernverein mit Hauptfrontrichtung gegen den Bauernverein[16] führen.

Eine Zusammenstellung der Wahlmänner der Landgemeinden Oberösterreichs zeigt 1884, daß der Bauernverein mit 328 Wahlmännern zwar wesentlich besser abschneidet als die Liberalen 1878, die damals 172 Wahlmänner stellen, aber wesentlich weniger aufbringen als die Liberalen 1871. Damals hatte es in Oberösterreich allein 484 liberale Wahlmänner gegeben. Bei allen drei Landtagswahlen (1871, 1878, 1884) können aber die Katholisch-Konservativen mit 1112, 1449 und 1237 Wahlmännern alle Landtagssitze der Landgemeinden besetzen[17].

Bei den Landtagswahlen von 1890 nützt der Bauernverein ein Schreiben von Rudigier-Nachfolger Bischof Ernst Maria Müller aus dem Jahr 1887[18] aus, in dem der inzwischen verstorbene Bischof erklärt hatte: „Die Versicherung, daß der ‚Oberösterreichische Bauernverein' keine katholisch- oder kirchenfeindliche Tendenzen verfolgt, gereicht mir zur großen Freude und Befriedigung . . . Ich segne alle katholischen Mitglieder des Bauernvereins aus vollem Herzen." Andererseits wird vom „Linzer Volksblatt" eine Stellungnahme Dr. Bahrs für den liberal-politischen Verein ausgeschlachtet: „Das Landwahlkomitee der liberalen Partei glaubt sich auf die

kräftige Unterstützung des Oberösterreichischen Bauernvereins beschränken zu sollen[19]."
1896 kommt es in Oberösterreich zu einem liberal-nationalen Wahlkompromiß, aber die in Salzburg unter dem Einfluß des Reichsratsabgeordneten Lienbacher sichtbare Hinwendung des Bauernvereins zur ,,conservativen Volkspartei", die auch für Oberösterreich angedeutet und angekündigt wird[21], findet nicht statt. Ganz im Gegenteil werden frühere Reminiszenzen an Schönerer wachgerufen, und die am 10. November 1896 in Ried abgehaltene ,,79. Versammlung des Bundes deutscher Landwirte in der Ostmark" wird von der deutschnationalen Presse neuerlich als ,,Schönerer-Versammlung" bezeichnet; Vereinsobmann Hermann Oehn aus Attersee verweist hier auf seine Kämpfe in der österreichischen Legion von 1848, auf die Zusammenarbeit mit Kirchmayr, beschwört aber auch Bauernkrieg und Stefan Fadinger[22].
Bei den Reichsratswahlen von 1901 erscheinen Kandidaten des Bauernvereins meist als ,,unabhängige Candidaten", als ,,unabhängige Bauern", als ,,selbständige Candidaten" – insgesamt mit bescheidenem Erfolg bei jenen Wahlen, bei denen auch die Katholische Volkspartei nicht gerade gut abschneidet. Gegen den vom Bauernverein so bekämpften Rentmeister Doblhamer vom Stift Reichersberg, der 160 Stimmen erhält, gewinnt Ferdinand Grahamer, einer der maßgeblichen Männer des Bauernvereines, immerhin 74 Stimmen[23].
Ähnlich ist die Situation bei den Landtagswahlen von 1902 – nur mit dem Unterschied, daß auf Grund einer Änderung der Wahlordnung für die Landgemeinden die Wahlmänner verschwunden sind und uns effektive Zahlen vorliegen. Von den 63.596 Wahlberechtigten der oberösterreichischen Landgemeinden gehen nur 39.216 tatsächlich zur Wahl, hievon entfallen 4320 auf den Bauernverein, 953 auf die Deutschfortschrittlichen (die einstigen Liberalen) und 1459 auf die Deutschnationalen. Im Zusammenhang mit einem Dank Dr. Beurles ,,namens der Deutschen Volkspartei" an die ,,sogenannten unabhängigen Kandidaten", meint die Katholische Volkspartei, sei die ,,Fabel" der Unabhängigkeit der Kandidaten bestätigt; die Unabhängigen seien das ,,Kanonenfutter" der Deutschen Volkspartei geworden; es handle sich überdies um keinen ,,Achtungserfolg", sondern um ein ,,vernichtendes Fiasko dieser Deutschen Volkspartei" bei den Wahlen in den oberösterreichischen Landgemeinden[24].
Bei den letzten Landtagswahlen der Monarchie wird zwar noch immer nach Wählerklassen gewählt; es war aber auch hier eine ,,allgemeine Wählerklasse" hinzugekommen, so daß sich die Zahl der Wahlberechtigten gegenüber 1902 (80.745) verdoppelt (176.746). Jetzt, 1909, erreicht der Bauernverein

Die ersten direkten Wahlen in den Landgemeinden ohne Wahlmänner 1902

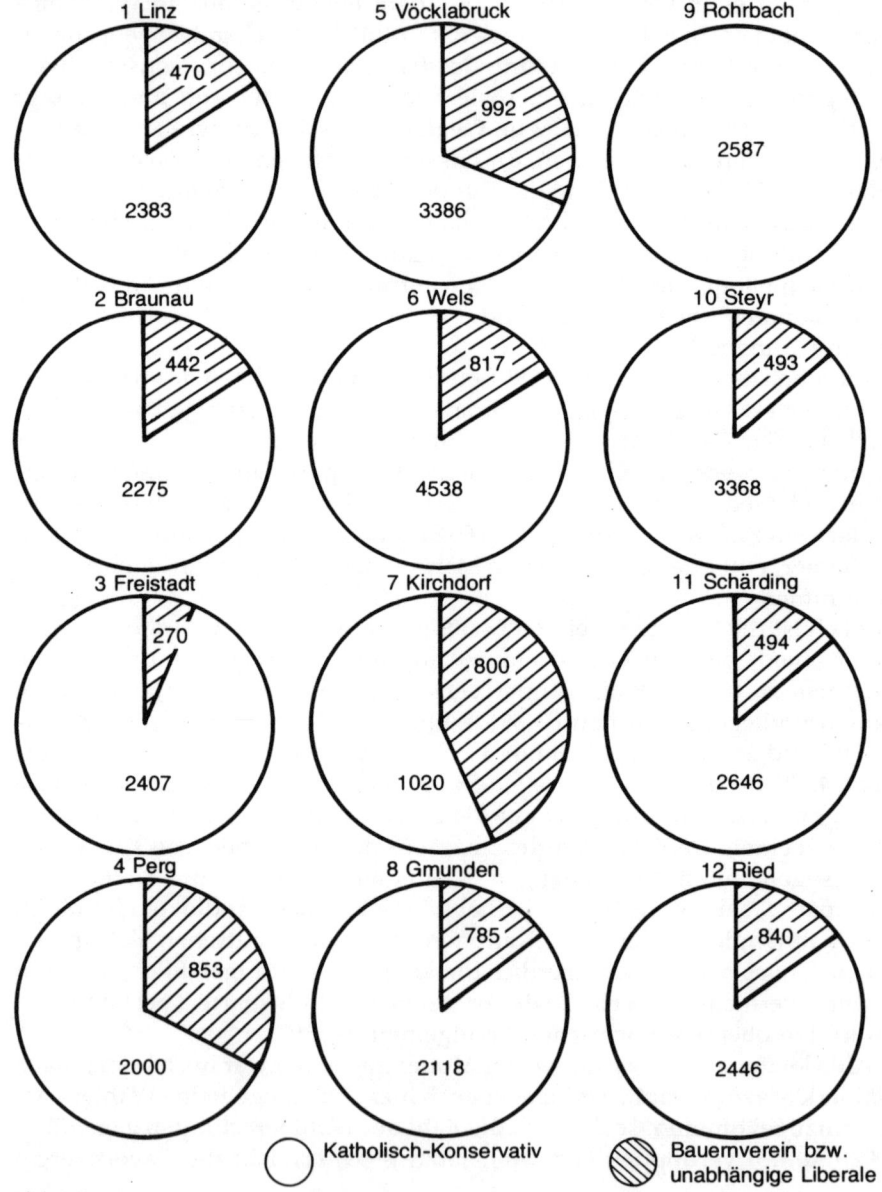

wieder kein Mandat; mit 15,0 Prozent der abgegebenen Stimmen ist es aber das beste Ergebnis, das der Bauernverein je erreichen sollte. Ein Abkommen mit den Deutschnationalen führt dazu, daß der Bauernverein in den städtischen Wahlkreisen, aber auch in der neuen, allgemeinen Wählerklasse nicht aufscheint; dafür kandidieren die Deutschnationalen nicht am Land, ihr Stimmenanteil ist hier auch unbedeutend (Deutschnationale: 0,2 Prozent, Unabhängige Kandidaten: 0,1 Prozent). Das Potential der erstmals als Christlichsoziale kandidierenden Katholisch-Konservativen bzw. der Katholischen Volkspartei bleibt bei den Landgemeinden mit 83,5 Prozent der Stimmen unangetastet.

Nach Einführung des allgemeinen, gleichen Wahlrechts (nur für Männer!) ist das Bild bei den Reichsratswahlen von 1907 noch klarer. Hier sind nach der Katholischen Volkspartei zwar die Sozialdemokraten zweitstärkste Partei geworden. Mit 15.414 Stimmen ist aber der Bauernverein nicht nur die drittstärkste Partei im Land, er liegt auch sehr klar vor den Deutschnationalen. Mit 21.528 Stimmen erringen die Sozialdemokraten erstmals drei Reichsratsmandate, der Bauernverein mit 15.414 kein Mandat, die Deutschnationalen mit 14.459 Stimmen immerhin ein Mandat. Allerdings geht dem Bauernverein eine Rechnung nicht auf: Dort, wo konservative, von der Katholischen Volkspartei abgesplittete Kandidaten aufgestellt werden, wie etwa Graf Coreth im Wahlbezirk Eferding, werden sie vom Bauernverein insofern unterstützt, als dieser hier keinen eigenen Kandidaten aufstellt. Und ähnlich geschieht dies – ebenfalls ohne Erfolg – 1911 neuerdings mit Coreth im Eferdinger Wahlbezirk und im Mühlviertler Wahlbezirk von Landeshauptmann Hauser mit dem ebenfalls konservativen unabhängigen adeligen Kandidaten Polzer-Hoditz. Tatsächlich bringt das „Linzer Volksblatt"[25] diese adelig-konservativen Kandidaten in der Rubrik „Deutschnationale, Bauernvereinler und von ihnen unterstützte Sonderkandidaten". Diese Taktik von 1907 und 1911 bringt dem Bauernverein nicht nur keine Vorteile, sondern eher Nachteile. Während er bei diesen ersten allgemeinen und gleichen Wahlen nur 9,13 Prozent der Stimmen erhält, entfallen auf „selbständige Kandidaten" immerhin 4,26 Prozent[26]. „Die Bauernvereinler sind wieder einmal in sämtlichen von ihnen bestrittenen Bezirken glatt durchgefallen", schreibt das „Linzer Volksblatt"[27]. „Ihre Minoritäten sind fast durchwegs klein und sehr klein, bloß Krötzl und Rumpelmayr haben eine größere Stimmenzahl erreicht, dieser, weil die Bezirke Kirchdorf und Windischgarsten von altersher stark von Gegnern durchsetzt sind, jener, weil er Gegenkandidat eines Großgrundbesitzers war. Es half dem Bauernverein auch nichts, daß er in einem Bezirk einen Grafen und in einem anderen einen städtischen Bürger gegen Bauern Vor-

spann leistete. Das Ende war: tutti perduti[27]." Dabei sind dies Wahlen, bei denen die „Deutschen Agrarier" in der westlichen Reichshälfte von vier auf 21 Abgeordnete emporschnellen!
Die Reichsratswahlen von 1911 – die letzten der Monarchie – bringen dem Bauernverein zwar ein besseres Ergebnis als 1907, aber doch ein wesentlich ungünstigeres als bei den Landtagswahlen von 1909. Er erreicht 18.240 Stimmen und liegt damit um reichlich 5000 Stimmen vor den Deutschnationalen. Das ist ein Anteil von 11,46 Prozent gegenüber einem solchen von 8,5 Prozent der Deutschnationalen. Trotzdem erobern die Deutschnationalen drei Reichsratsmandate, der Bauernverein aber wieder keines. Der deutschfreiheitliche Wahlaufruf[28] bringt diesmal nach Aufzählung der Kandidaten der Städtewahlkreise folgenden Hinweis: „In den übrigen Bezirken (Landgemeindewahlkreisen), ausgenommen im Wahlbezirk 19, Gmunden-Bad Ischl, wo Herr Zimmermann Josef Putz in Goisern auf das deutschfreiheitliche Programm kandidiert, haben die deutschfreiheitlichen Parteien keine eigenen Kandidaten aufgestellt. Wir bitten unsere Gesinnungsgenossen in diesen Wahlbezirken, ihre Stimmen den unten angeführten Kandidaten des Oberösterreichischen Bauernvereines oder unabhängigen selbständigen Kandidaten zuzuwenden" (unter denen auch der katholisch-konservative Einzelkandidat Ludwig Ritter von Polzer-Hoditz im Wahlkreis XIV Freistadt-Pregarten, Unterweißenbach erwähnt wird).
Die relative Stärke des Oberösterreichischen Bauernvereins, die allerdings im Widerspruch zur Präsenz in den politischen Gremien steht, beruht in erster Linie darauf, daß es eben in fast allen Gemeinden eine bescheidene, allerdings auch nicht zu erschütternde national-liberale Gruppe gibt, die vom Katholischen Volksverein nicht angesprochen wird; darüber hinaus ist der Anteil der evangelischen Christen mit rund 2,5 Prozent, verglichen mit dem der meisten anderen österreichischen Länder, nicht gering. Dann zeigt anfänglich die reichlich vorhandene liberale Wochenpresse ihre Auswirkungen, später die dem Bauernverein nahestehende Presse, auch die eigene Parteipresse.
Neben dem schon erwähnten „Linzer Sonntagsblatt" in den Jahren 1880 bis 1887 gibt es seit 1884 als eigentliches Parteiorgan den „Oberösterreichischen Bauernfreund", der ab 1885 den Titel „Österreichischer Bauernfreund" trägt. Die meist nicht gerade freundschaftlichen Beziehungen zwischen Deutschnationalen und Bauernverein spürt man auch auf dem Gebiet der Presse, als die Deutschnationalen 1902 diesen „Österreichischen Bauernfreund" ankaufen, um ihn ihrer eigenen Bauernzeitung, dem „Deutschen Michel", einzugliedern; später (1925) wird der „Deutsche Michel" mit dem „Welser Anzeiger" fusioniert. Der Oberösterreichische und Niederöster-

reichische Bauernverein gründen sich schließlich einen eigenen „Preßverein der ober- und niederösterreichischen Bauern" zur Herausgabe des neuen Organs „Bauern-Zeitung" (1907 bis 1934) mit Karl Itzinger als Redakteur[29].
Aber auch die sichtbare Kontinuität der Vereinsführung (Leopold Krennmayr, Andreas Mallinger, Georg Schamberger, dann zwischen 1870 und 1897 Josef Krötzl und schließlich ab 1898 bis zum Ende der Monarchie Hermann Oehn) spielen zweifellos eine überwiegend positive Rolle.

Eine dritte nationale Partei: die Deutschnationalen

Als am 16. Juli 1888 in Linz der „Deutschnationale Verein für Oberösterreich und Salzburg" mit Dr. Beurle und Dr. Sylvester als Obmann und Obmann-Stellvertreter gegründet wird, ist dies nach dem liberal-politischen Verein und dem Oberösterreichischen Bauernverein die dritte bürgerlich-nationale Gruppe des Landes, wobei das Nationale bzw. Deutschnationale ausgeprägt ist, das Liberale später mehr propagandistischer Aufputz ist. Mag auch die Geschichte dieser Partei 1888 in Oberösterreich beginnen, so reichen die Anfänge zumindest bis zum Jahr 1882 zurück, als in Linz zur Vorbereitung der Gründung einer „Deutschen Volkspartei" am 24. August 1882 das sogenannte „Linzer Programm" beschlossen wird, das dann allerdings auf Weisung des Statthalters nicht in Linz veröffentlicht werden darf. Die Mitwirkenden an der Erstellung dieses Programmes, neben Schönerer, Dr. Sylvester, Dr. Pattai, der Oberösterreichische-Bauernvereins-Obmann Leopold Krennmayr und der Welser Advokat Dr. Smrzka, schließlich die späteren Sozialdemokraten Engelbert Pernerstorfer und Dr. Viktor Adler, dazu der Historiker und Publizist Dr. Heinrich Friedjung, spielen in den kommenden Jahrzehnten in der österreichischen Politik – wenn auch in verschiedenen Parteien – eine entscheidende Rolle. Aber schon am 31. August und 1. September 1879 hatte in Linz der deutsch-österreichische Parteitag stattgefunden, der die Differenzen zwischen Schönerer und der Verfassungspartei deutlich erkennen ließ.
Es ist die Jugend, die eben von den Universitäten gekommenen Akademiker, die diese neue, nationale Politik macht; die Liberalen sind die „Alten". Diese Jugend ist vor allem von Schönerer beeinflußt. Und der langjährige Führer der oberösterreichischen Deutschnationalen, Dr. Karl Beurle[1], kommt direkt aus Schönerers Freundeskreis.
Die Stärke der aufstrebenden Deutschnationalen besteht aber nicht nur in der Kontinuität der politischen Führung im Gegensatz zu den kurzfristigen liberalen Obmännern – Beurle bleibt durch rund 30 Jahre an der Spitze! – sondern auch in der politischen Wendigkeit Beurles. Dieser trennt sich nicht nur bald von Schönerer und seiner Politik. Nach anfänglichen Bemühungen um eine Durchdringung des liberal-politischen Vereins ab 1885 und um einer Annäherung nach Wiener Vorbild an die Katholisch-Konservativen im Wahljahr 1890 macht Dr. Beurle dann 1896 die endgültige Kehrtwendung zu den Liberalen. Aber das keineswegs immer amicale Ringen mit den Liberalen dauert ein Vierteljahrhundert und betrifft nicht weniger als drei Landtagswahlen, die von 1890, 1896 und 1902. Diese Auseinandersetzung ist

Die Wurzeln 215

deshalb so langwierig, weil Oberösterreichs Liberale ja auch betont national sind, vor allem 1870 und 1871 eine ausgeprägt preußenfreundliche Haltung zeigen und eine deutschnationale Schlagseite unverkennbar ist. Aber das ist zwölf Jahre später weithin vergessen, und jetzt wird der „Deutsche Klub" in Linz ein geselliges und bald auch politisches Zentrum, ähnlich wie in vielen anderen zisleithanischen Ländern. (Der Name darf nicht mit dem gleichnamigen Parlamentsklub verwechselt werden.) Insgesamt spielt das Vereinswesen für die Deutschnationalen eine weit größere Rolle als für die Liberalen. Nach dem schon 1860 in Wien gegründeten Turnverein (in Linz 1862!) ist es bald ein ganzes Konglomerat der mit der Partei sympathisierenden Vereine und Organisationen. Im Jahr nach dem „Linzer Programm" sind die ersten Bestrebungen sichtbar, den liberal-politischen Verein zu durchdringen und ihn umzubenennen und umzugestalten. Das wird 1885, ein Jahr nach dem Verlust der liberalen Herrschaft im Landtag, neuerlich angegangen, die liberale Wahlniederlage ist ausschlaggebender Grund. Dr. Nicoladoni meint, die Idee des Liberalismus sei im Verblassen, „die nationale Idee hat den Liberalismus in den Hintergrund gedrängt"[3]. Schon in den Anfängen des liberal-politischen Vereins war etwa Friedrich Freiherr von Weichs ein besonderer Exponent deutschnationaler Gedanken gewesen. Gegen ihn wird 1871 wegen Mißachtung des Verbotes von Siegesfeiern ein Strafverfahren eingeleitet. Zum betont deutschnationalen Flügel gehört neben Weichs, dem zweiten liberalen Parteiobmann, auch der dritte der Jahre 1874 bis 1878, August Göllerich, der 1871 erklärt, „das österreichische Nationalbewußtsein mußte erst gefunden werden. Wir haben höchstens ein gemeinsames Büro- und Kasernenbewußtsein". Der liberal-politische Verein wird 1885 in „Deutscher Verein für Oberösterreich" umbenannt und drei Schönerer-Anhänger, Dr. Beurle, Dr. Hoke und Haslinger, in den Vereinsvorstand aufgenommen. Das Vereinsprogramm wird dem „Linzer Programm" von 1882 angepaßt.

Hatten die Statuten des liberalen politischen Vereins in Linz von 1869 als Zweck des Vereins erst an dritter Stelle „Die Wahrung deutscher Nationalität" angeführt[4], so beginnt das Programm des nunmehrigen „Deutschen Vereines für Oberösterreich" folgendermaßen: „In allen politischen Fragen ist in erster Linie auf das Wohl des deutschen Stammes in Österreich, auf seine Erhaltung und sein Gedeihen Rücksicht zu nehmen, und haben sich alle anderen Rücksichten der Wahrung der Interessen des deutschen Volkes in Österreich unterzuordnen, dies in der Erwägung, daß sowohl die geschichtliche Entwicklung des Kaiserstaates Österreich die Führung durch den deutschen Stamm verlangt, als auch, daß die Erhaltung dieses Staatswesens nur unter der Führung des deutschen Stammes möglich ist. Damit

nun den Deutschen Österreichs die ihnen durch Geschichte und Politik gebührende Stellung gewahrt werde, ist es notwendig, daß die deutsche Sprache als Staatssprache erklärt werde, daß das Bündnis mit dem Deutschen Reiche eine staatsrechtlich pragmatische Feststellung finde . . .[5]."
So stark also der deutschnationale Gedanke im Vereinsprogramm verankert wird, so begrenzt bleiben die Erfolge der Jugend im Verein und Vereinsausschuß. Schon 1886 kommt es nach einem Referat Dr. Steinwenders zu heftigen Auseinandersetzungen zwischen den Deutschliberalen und den Deutschnationalen. Das Programm Schönerers wird mit 38 gegen 50 Stimmen abgelehnt und die drei Deutschnationalen werden in den Vereinsausschuß nicht wiedergewählt. Damit wiederholt sich in Linz jenes Tauziehen, das vorher schon in Wien zu beobachten war[6]. Hier war am 21. Mai 1887 die ,,Deutschnationale Vereinigung" gebildet worden. Zu dieser neuen nationalen Bewegung waren von der älteren Generation Dr. Hoke und der Welser Landtagsabgeordnete Haslinger zugestoßen; führende Männer sind neben Dr. Beurle Dr. Sylvester, der allerdings bald nach Salzburg geht, ferner Dr. Katzer, Dr. Crippa, Dr. Peßler, Richter, Sames, Dr. Ruckensteiner und Eder[7]. Inzwischen stagniert der liberal-politische Verein, mehr noch: prominente Vereinsmitglieder, wie der Verleger Wimmer, Dr. Nicoladoni, Dr. Dürrnberger, verlassen den Vereinsausschuß. Immerhin verbleiben noch manche Prominente, wie Dr. Alois Edler von Stourzh, Karl Reininger, der nachmalige Kammerpräsident, Josef Kaar, der Bürgermeister von Urfahr, und Notar Dr. Alois Bahr.
Die erste Landtagswahl nach der Parteiumbenennung in ,,Deutscher Verein" und dem nachfolgenden Ausscheiden der jungen deutschnationalen Exponenten, die von 1890, bringt dem ,,Deutschnationalen Verein" nur einen sehr bescheidenen Erfolg, ein einziges Mandat. In dem allerdings sehr begehrten Linzer Wahlkreis wird Dr. Beurle Landtagsabgeordneter – und das mit katholisch-konservativer Hilfe. Dr. Beurle bedankt sich auch in einem großen Inserat im ,,Linzer Volksblatt" für die Wahl; im Landtag sitzt er auch im Anschluß an die ,,Katholische Volkspartei"[9]. Zwölf Jahre später, 1912, skizziert Beurle die Situation allerdings folgendermaßen: ,,Die Gesinnungstüchtigkeit der Deutschnationalen und ihr politischer Eifer bewahrte Linz vor dem Schicksal der Reichshauptstadt: von klerikaler Seite wurde den Deutschnationalen damals nahegelegt, sich mit ihnen zu einer christlichsozialen Partei zu verbinden, wie dies in Wien der Weg Luegers und Pattais wurde. Die Linzer Nationalen blieben dem nationalen Programm treu, mit Josef Böheim, dem Führer der gewerblichen Bewegung, welcher sich ebenfalls der nationalen Richtung anschloß, bewahrten sie Linz vor dem Schicksal, der christlichsozialen Partei zuzufallen[7]."

Noch immer schlagen die Deutschnationalen wild um sich. Relativ liebevoll berichten sie über sozialdemokratische Partei- und Wahlversammlungen[10]. Relativ hart gehen sie gegen die „Klerikalen" vor, denen sie ja ihren ersten Wahlerfolg verdanken und deren Antisemitismus sie bald mit Elan überrunden[11]. Noch immer aber schießen sie die Breitseiten ihrer Angriffe gegen die Liberalen, die „Herren von Fortschritt und Geldsack". Worte wie „erbgesessene Protzen", „Börsengauner" und „gesinnungsverwandte Abstauber" sind im Wahljahr 1896 keine Seltenheit[12] – und dies wenige Wochen vor einem Wahlkompromiß mit eben diesen so beschimpften Liberalen[13]. Sie wehren sich energisch dagegen, vom „Linzer Volksblatt" als „Jungliberale" bezeichnet zu werden[14] und wehren sich gleichermaßen dagegen, wenn Deutschnationale, „Vereinigte Linke" und „Deutsche Volkspartei" in einen Topf geworfen werden[15]. Rascher als bei der Partei selbst gelingt der deutschnationale Durchbruch bei Vorfeldorganisationen, etwa beim „Oberösterreichischen Lehrerverein", wo man 1896 schon rund die Hälfte dieses Vereins an sich gezogen hat, jenem Verein, „dem mit nur wenigen Ausnahmen fast sämtliche Lehrer unseres Kronlandes angehören"[16]. Nach diesem persönlichen Wahlerfolg Beurles bleibt vorerst noch das Pendeln zwischen Konservativen und Liberalen bestehen – und das bis zum Vorabend der Landtagswahlen 1896. Eine gemeinsam von Liberalen und Nationalen 1895 geplante Bismarckfeier hatte allerdings zu neuen Spannungen bei den Liberalen und zum Rücktritt von Obmann Bancalari geführt. Inzwischen hatte Beurle mit großen persönlichen Opfern ein eigenes Organ, die „Linzer Montagspost"[17], geschaffen, nachdem die „Tages-Post" anfänglich nur liberale Interessen vertritt und später, sicher auch aus Geschäftserwägungen, einen vermittelnden Standpunkt einnimmt, um schließlich ab 1897 überwiegend dem deutschnationalen Lager zur Verfügung zu stehen.
Gespräche über einen Wahlkompromiß zwischen Liberalen und Deutschnationalen verlaufen schwierig. Auf der einen Seite schreibt die „Morgenpost" von der „notorischen Gefährlichkeit der clericalen Partei", andererseits ermuntert sie auch die Liberalen nicht mit dem Hinweis, die Deutschnationalen hätten die „aus dem liberalen Lager vertriebenen Ideale aufgenommen"[18]. Als dann aber ein solcher Kompromiß doch zustandekommt, lösen sich die Konservativen vom Hauptgegner der letzten 33 Jahre, den Liberalen, und wenden sich vorwiegend gegen die Deutschnationalen. In der Artikel-Serie „‚Nationale' oder ‚clericale' Landesvertretung"[19] schreibt etwa das „Linzer Volksblatt" nach dem Hinweis, Oberösterreich sei glücklicherweise ein „spracheiniges deutsches Kronland": „Es liegt darum für Oberösterreich nicht das mindeste Bedürfnis vor, Abgeordnete zu wählen,

welche ein parteipolitisches Vergnügen darin finden, die kostbare Zeit, die ihnen das Land mit theuren Diäten bezahlen muß, mit unnötigen und unwirksamen deutschnationalen Debatten und Demonstrationen zu vertrödeln, da jedenfalls der oberösterreichische Landtag nicht der Ort ist, den bedauerlichen Nationalitätenstreit auszufechten." Im Leitartikel „Deutsch-Liberal jüdische Compromiß-Partei"[20] kommt allerdings klar die Verärgerung über den Frontwechsel der Deutschnationalen zum Ausdruck: „Daß es den deutschnationalen Parteiführern überhaupt niemals Ernst war mit der Bekämpfung des Liberalismus und mit der von mancher Seite vermuteten Annäherung an die Conservativen, wofür allerdings in dem beiderseitigen volkswirtschaftlichen Problemen ein Annäherungspunkt lag, sondern daß es ihnen von allem Anfang an darum zu tun war – Mandate zu gewinnen, mit Hilfe der Conservativen, wenn es geht, mit Hilfe der Liberalen, wenn es anders nicht geht." Vorher hatte schon der Leitartikel „Alt- und Jungliberal"[21] die sich ändernde politische Landschaft Oberösterreichs beleuchtet, nicht ohne der schon verwirrenden Parteinamen-Vielfalt neue Verwechslungsmöglichkeiten beizufügen. Denn schon im Wort „Alt-Liberal" steckt ein Stück abwertender politischer Propaganda.

Die Landtagswahlen von 1896 bringen den Deutschnationalen zwei Landtagsmandate von 50, nach dem einen von 1890. Die Alt-Liberalen oder Deutsch-Liberalen hatten es auf elf Sitze gebracht, wozu noch die zwei Verfassungstreuen des Großgrundbesitzes zu zählen sind. In dem „Epilog zu den Wahlen" schreibt das „Linzer Volksblatt"[22] nicht ganz verständlich: „Ohne Compromiß hätte das letzte Stündlein der Liberalen geschlagen. Es wären nur mehr Fragmente in den Landtag zurückgekehrt. So aber sind die Liberalen – freilich in sehr reduciertem Zustande – wieder die zweitstärkste Partei im Landtage, während die Partei des Herrn Dr. Beurle eine ohnmächtige Fraktion bildet." Und die Zeitung meint, Dr. Beurle sei von Dr. Jäger übers Ohr gehaut worden, weil dieser den Deutschnationalen die schwierigen Städtewahlbezirke Freistadt, Enns, Eferding und Vöcklabruck überlassen habe. Und weiter: „Es dürfte auch für Herrn Dr. Beurle schwerlich mehr eine andere Wahl übrigbleiben, als sich vollständig mit den Liberalen zu verschmelzen." Übrigens: wie 1890 Dr. Beurle mit konservativer Hilfe sein Mandat erringen kann, so glückt diesmal Prof. Erb die Wahl in Kirchdorf.

Aber auch weiterhin ist ein Auf und Ab sichtbar: die Deutschnationalen sind stolz darauf, Gustav Eder, den späteren (ab 1900) Linzer Bürgermeister, 1894 als ersten Deutschnationalen in den Gemeinderat gebracht zu haben; man freut sich nachträglich, dem späteren Landeshauptmann Dr. Ebenhoch 1887 bei seinem ersten politischen Auftreten, im 3. Wahlkörper des Linzer Gemeinderates eine Niederlage zugefügt zu haben. Und mit Recht triumphieren die Deutschnationalen, bei den Reichsratswahlen von 1897 Böheim und Peßler für Linz durchgebracht zu haben, vor allem Böheim, der die Schwenkung von der Gewerbepartei zu den Deutschnationalen macht – auch hier anders als in Wien, wo das Gewerbe Hauptbollwerk der Christlichsozialen wird.

Alles in allem ist die Abkehr Dr. Beurles und der Deutschnationalen von der Katholischen Volkspartei für diese und die nachfolgenden Christlichsozialen von Vorteil; auch das Antisemitismus-Problem, das im übrigen Österreich hohe Wellen schlägt, spielt in Oberösterreich weiterhin eine untergeordnete Rolle.

Für die Liberalen bedeutet die anfängliche Umarmung, die spätere Durchdringung, dann die Bekämpfung durch die Deutschnationalen und letztlich die sich hinziehenden Kompromisse kein Vorteil: es kann im Land kaum eine liberale Tradition entstehen bzw. gefestigt werden.

Beurles politisches Wirken, insgesamt für Oberösterreich nicht so bedeutend wie sein wirtschaftliches, zeigt für Oberösterreich den Vorteil, daß die echten Schönerianer kaum in Erscheinung treten, auch nicht die anderen Gruppierungen wie Alldeutsche, Deutschradikale, Freialldeutsche u. a. Nun aber beginnt Beurle, der nun schon 15 Jahre für die Deutschnationalen führend tätig ist, den Liberalen ihre Eingliederung in die Gruppe der Deutschnationalen schmackhaft zu machen. Er gründet den „Deutschen Volksverein", der an die Stelle des „Deutschnationalen Vereins" tritt und alle nationalen und liberalen Gruppen sollen in der „Deutschen Volkspartei" zusammengefaßt werden. Deren Programm, unterfertigt von Bärenreither, Beurle, Derschatta und Steinwender, wird 1896 veröffentlicht, da, wie man erklärt, das „Linzer Programm" von 1882 überholt sei. Diese neue Gruppierung, die in verschiedenen Ländern, vorerst in Böhmen und Galizien, anschließend in Kärnten, Ober- und Niederösterreich, in der Steiermark, Mähren und Schlesien entsteht, kann aber die Zersplitterung des nationalen und liberalen Lagers nicht beseitigen; in Wien waren die sich hier bildenden Gruppen zu den Christlichsozialen übergegangen[23]. In Oberösterreich ist die Vereinigung nach Beurles Worten[24] „fast zur Gänze verwirklicht": „Die Liberale Partei tritt in den Volksverein ein und gab ihre eigene Organisation auf, bloß in Steyr lehnte die dortige Fortschrittspartei, zumeist wohl aus persönlicher Gegnerschaft gegen den Abgeordneten Erb, den Beitritt ab." Immerhin benötigt man bis zur Vereinsauflösung der liberalen Partei weitere 13 Jahre. Daneben bleibt eine stärkere Gruppe als die Liberalen, der Oberösterreichische Bauernverein, abseits und seine Bezie-

hungen zu den Deutschnationalen sind eher kühler als die seinerzeitigen zu den Liberalen.
Bei den Reichsratswahlen von 1901 erobert Dr. Beurle den Mühlviertler Städtebezirk; Ebenhoch wird im Welser Stadtbezirk von Holter besiegt. Ähnlich wie anfänglich die Liberalen und später die Sozialdemokraten suchen die Deutschnationalen eine Gegenoffensive in den Landbezirken zu starten und gründen das Bauernblatt „Deutscher Michl"[25]; die Spannungen mit dem Bauernverein nehmen zu, laut Beurle[24] beeinflußt von den Alldeutschen. Beurle spricht von einer „zeitweise schroff gegnerischen Stellung".
Gewiß, die Aktivität Beurles ist außerordentlich; er selbst tritt in einem Jahr 101mal als Redner auf, für die damaligen Verkehrsverhältnisse eine außerordentliche Leistung; auch die von Beurle erwähnte Mitgliederzahl von 5000 (wobei allerdings kein Jahr angegeben wird) ist beachtlich[24].
Trotz aller Aktivitäten bringt die Landtagswahl von 1902 für Liberale und Deutschnationale insgesamt ein sehr günstiges Ergebnis, aber keinen Durchbruch für die Deutschnationalen; neben 30 Vertretern der Katholischen Volkspartei kommen elf Liberale, acht Deutschnationale und ein Unabhängiger in den Landtag; besonders stolz sind die Deutschnationalen, den Konservativen den Städtewahlkreis Vöcklabruck abgenommen zu haben. Daneben beginnen aber die Schwierigkeiten in den Städten, namentlich in Linz, wo nicht nur ein alldeutscher Kandidat (Melichar), sondern auch die Sozialdemokraten Dametz, Weiguny und Hauschka erstmals in Erscheinung treten. Es kandidieren 1902 insgesamt fünf Parteien: die Deutsche Volkspartei (deutschnational), die Deutsch-Fortschrittlichen (liberal), die Alldeutschen, die Christlichsozialen und die Sozialdemokraten.
Sieben Jahre vor der Vereinsauflösung der Liberalen, 1902, ist deren Dominanz im Landtag noch immer deutlich: beim Großgrundbesitz gibt es neben den 744 Konservativen allerdings nur 186 Verfassungstreue (Liberale); in der Handels- und Gewerbekammer stehen 44 fortschrittliche 22 Stimmen der Deutschen Volkspartei gegenüber. Und in den Städten und Industrialorten ist das Verhältnis zwischen liberal und national ähnlich: 7247 Stimmen werden hier für die Deutschfortschrittlichen, 2705 Stimmen für die Deutschnationalen und 631 Stimmen für die Deutsche Volkspartei abgegeben. Lediglich bei den Landgemeinden sind die Liberalen (mit 953 Stimmen) schwächer als die Deutschnationalen (1459 Stimmen). Aber auch hier machen beide nur rund ein Drittel der Stimmen des Bauernvereines aus, während die „Wirtschaftspartei" 984 Stimmen erzielt.
Insgesamt sind es gute Jahre für die Deutschnationalen. Der Sprachenstreit und die Auseinandersetzungen um Badenis Sprachenverordnung erfüllen

die österreichische Politik und auch das „rein deutsche Kronland Österreich ob der Enns" bleibt davon nicht unberührt[26], auch wenn sich die in Oberösterreich führenden Konservativen in der Sprachenfrage immer geschickter und keineswegs nur abwehrend verhalten.
Die letzten Landtagswahlen der Monarchie im Jahr 1909 sind deshalb so wesentlich, weil sich die Zahl der Wahlberechtigten gegenüber 1902 auf Grund der Wahlrechtsreform verdoppelt hat. Ohne daß, wie bei den Reichsratswahlen seit 1907, das allgemeine gleiche Wahlrecht eingeführt worden wäre, entspricht die Zahl der Wahlberechtigten bei den Landtagswahlen von 1909 im wesentlichen den bei den Reichsratswahlen.
Unmittelbar vorher hatte man, aus den schlechten Ergebnissen der Reichsratswahlen von 1907 die Lehre ziehend, neuerlich eine national-liberale Sammelpartei, den „Deutschen Volksbund in Oberösterreich" mit Dr. Dinghofer, später mit Langoth als Obmann, gegründet. Mit Stolz verweist Beurle darauf, daß es nunmehr auch gelungen sei, daß die Alldeutschen, und zwar sowohl die Schönerianer als auch die Wolfianer, in diesen neuen „Deutschen Volksbund" eingetreten sind. Eine Mitunterzeichnung dieser neuen Gruppierung durch die nunmehrig liberale Fortschrittspartei war gar nicht nötig. Die älteste politische Partei Oberösterreichs war nach den Worten ihres letzten Obmannes Dr. Jäger „ohne viel Aufhebens" in der neuen deutschnationalen Organisation aufgegangen. Diese Erklärung erfolgt jedoch erst, nachdem das „Linzer Volksblatt" die Frage gestellt hatte, warum die Unterschrift der Liberalen fehle. Die Auflösung des Vereins wird schließlich am 5. Mai 1909 der Statthalterei gemeldet.
Das aber ist nicht der einzige Schönheitsfehler dieser neuen nationalen Sammelpartei. Der Bauernverein mit seinen liberalen und starken nationalen Tendenzen bleibt weiterhin abseits und diese politische Gruppe ist fast bei allen Wahlgängen stimmenstärker als die Deutschnationalen – mag sie auch politisch erfolgloser und einflußloser sein und bis zuletzt mandatslos bleiben. Beurles großer Verdienst um die Deutschnationalen ist die Herstellung ihrer Einheit und die Kontinuität der politischen Führung in Oberösterreich; eine Vereinigung mit den liberalen und nationalen Bauern bringt auch er nicht zustande. Hier ist das Wahlrecht der trennende Punkt: jede Änderung des Wahlrechts, die den nationalen Bauern nützen würde, würde den großdeutschen bürgerlichen Wählern schaden. Eine Massenpartei werden die Deutschnationalen übrigens ebensowenig wie die Liberalen.
Der liberale Einfluß im Großgrundbesitz geht 1909 auf neun Stimmen oder 1,8 Prozent zurück. In der Handelskammer dominieren die Deutschnationalen mit 60 Stimmen und 82,2 Prozent, ebenso bei den Städten; hier ma-

chen die 16.846 abgegebenen Stimmen etwas mehr als zwei Drittel aller Stimmen, nämlich 67,8 Prozent, aus. In den Landgemeinden machen die 150 Stimmen (0,2 Prozent) weniger aus als die der Sozialdemokraten (0,3 Prozent). In der allgemeinen Wählerklasse liegen sie mit 48.887 Stimmen und 17,9 Prozent weit hinter den Christlichsozialen, aber auch noch hinter den Sozialdemokraten.

Das Ergebnis der Landtagswahlen von 1909 ist zwar nicht so bitter wie das der Reichsratswahlen von 1907 nach Einführung des allgemeinen Wahlrechts; angesichts der Einheit des bürgerlichen nationalen Lagers bleibt das Ergebnis dürftig: alle drei Kammermandate; 13 der 16 Städtemandate, aber kein Mandat in der auf 22 Sitze erweiterten Landgemeinden-Kurie und nur einen Sitz in der neuen, 14 Sitze umfassenden allgemeinen Kurie. Aber auch Details der Wahl von 1909 sind enttäuschend: so wird Obmann Langoth des „Deutschen Volksbundes" in der allgemeinen Kurie nicht gewählt und im letzten Augenblick muß – neuerlich ein Vorteil der noch gestaffelten Wahl – Dinghofer in der Städtekurie zurücktreten, um Langoth Platz zu machen. Immerhin: 17 der 65 Mandate ist kein Mißerfolg; allerdings ist das Wahlrecht nur eben allgemein, aber keineswegs gleich und damit für die Deutschnationalen besonders vorteilhaft. Der etwas stärkere Bauernverein erringt neuerlich kein einziges Mandat. Die noch bestehende Kurie des Großgrundbesitzes, in der bei den letzten Wahlen auf Grund eines Kompromisses von zehn Abgeordneten zwei verfassungstreue aufschienen, ist nunmehr zur Gänze konservativ (wenn auch nicht christlichsozial).

Die schwerste Enttäuschung erleben die Deutschnationalen bei den erstmals eingeführten allgemeinen und gleichen Wahlen, den Reichsratswahlen von 1907, auch wenn die Deutschnationalen Wahlrechtsreformen eher aufgeschlossen waren als die alten Liberalen. Man operiert mit den seit 20 Jahren üblichen Parolen: Österreich dürfe nicht gegen die Deutschen regiert werden; jeder Deutsche würde es fühlen, wenn die deutsche Sprache und die Erwerbsmöglichkeit für Deutsche eingeengt würden. Es folgen aber auch soziale Parolen und Forderungen, so nach einer Festigung des Mittelstandes, nach einer allgemeinen Altersversorgung. Ausdrücklich wird gegenüber den bisherigen heftigen Spannungen zum Bauernverein erklärt, es sollten deutschgesinnte Kandidaten gewählt, aber auch noch die nahestehenden Kandidaten der unabhängigen Bauernschaft (= Bauernverein) unterstützt werden[27].

Die Deutschnationalen gehen unter dem Schock des ersten Wahltages aber nicht gerade klug vor und meinen von den Wählern der neuen Kurie, daß sie aus Leuten bestehen, „die bisher eine politische Meinung überhaupt nicht gehabt haben und daher dem Einfluß der Geistlichkeit in erster Reihe

Gefährliche Stichwahlen 223

in die Hände fallen"[28]. Sie sitzen aber auch noch vor der Stichwahl am hohen Roß und erklären: „Es ist ausschließlich Sache der Linzer Klerikalen, zu überlegen, ob Linz durch drei Sozialdemokraten vertreten wird und ob das ‚vollständig rote Linz das erstrebenswerte Ziel der Klerikal-Christlichsozialen sei[29].'"
Man kann schlecht sagen, ob die erste Wahl oder die nachfolgende Stichwahl von 1907 für die Deutschnationalen bitterer ist. Bei der ersten bringen sie keinen einzigen Kandidaten durch, bei der Stichwahl immerhin zwei, ihren Kandidaten, in Ried (Dr. Winter) und in Steyr (Prof. Erb), erringen aber kein einziges der drei Linzer Wahlkreise. Einen hatten die Sozialdemokraten gleich im ersten Wahlgang gewonnen, die beiden anderen, wo die Deutschnationalen an sich die meisten Stimmen aufzuweisen hatten, mit christlichsozialer Hilfe, im zweiten Wahlgang. Das führt dazu, daß die Katholisch-Konservativen bzw. die Christlichsozialen nur noch als „Erbfeinde" bezeichnet werden[24]. Beurle meinte: „Ebenhoch wäre eines solchen unnatürlichen Bündnisses unfähig gewesen" und alle Wut richtet sich gegen die „neuen Männer" der Christlichsozialen, vor allem gegen Hauser und Dr. Mayr.
Reaktion der Presse auf die Wahl: „Die deutsch-freiheitlichen Kandidaten unterlagen einer rot-schwarzen Koalition, die vielleicht auf keinen geschriebenen Pakt, aber auf sichtbaren Tatsachen beruht[30]." Bei ruhigem Nachdenken hätte man feststellen müssen, daß, angesichts der Tatsache, daß die Deutschnationalen im ersten Wahlgang keinen einzigen Kandidaten durchgebracht hatten, ein christlichsozial-sozialdemokratisches Bündnis den Deutschnationalen mit Leichtigkeit auch die beiden Mandate von Steyr und Ried hätte verhindern können.
Übrigens war 1907 im Städtewahlbezirk Tetschen und Gablonz (Böhmen) ein Sozialdemokrat mit deutschliberaler Hilfe gewählt worden, 1908 mit schönerianischer Hilfe in Innsbruck und 1911, ebenfalls mit schönerianischer Hilfe, in Asch (Böhmen).
Mögen die Deutschnationalen vor allem bei der Stichwahl unter die Räder kommen; auch ihr Gesamtergebnis von 1907 ist nicht übermäßig eindrucksvoll. Von knapp 180.000 abgegebenen gültigen Stimmen erhalten sie 14.459 oder nur 8,56 Prozent. Sie sind damit auch hier schwächer als der Bauernverein, der mehr als 15.000 Stimmen, mehr als 9 Prozent, erhielt. Vor allem aber werden bei diesen Wahlen die Sozialdemokraten zweitstärkste Partei in Oberösterreich – und bleiben dies, abgesehen von den Landtagswahlen von 1909[31].
Die Gespenster einer rot-schwarzen Koalition beherrschen auch den Wahlkampf der Reichsratswahlen von 1911. Und dieser „Angstwahl", gewiß

auch manchem christlichsozialen Unbehagen über die kompensationslose und unbedankte Waffenhilfe der Christlichsozialen gegenüber den Sozialdemokraten verdanken die Deutschnationalen die Rückeroberung von zwei der drei Linzer Mandate gleich im ersten Wahlgang. Aber gerade dies ist ja nötig, denn die Unwägbarkeit eines zweiten Wahlganges kennt man ja inzwischen zur Genüge. Trotzdem bleibt den Großdeutschen neben den beiden Linzer Reichsratsabgeordneten (Dinghofer, Langoth) nur noch das Steyr-Mandat (Erb); nachdem die Deutschnationalen bzw. Liberalen schon 1907 das Welser Mandat verloren hatten, verlieren sie 1911 auch noch das Rieder und sprechen jetzt davon, daß „in den Landstädten das Bündnis schwarz-rot unverändert bestehen blieb"[32].

Die Deutschnationalen kandidieren in sechs Wahlkreisen, in weiteren elf Wahlkreisen der Bauernverein und in fünf Wahlkreisen weder Deutschnationale noch Bauernverein. Weiterhin bleiben die Deutschnationalen nach Christlichsozialen (18 Mandate), Sozialdemokraten (ein Mandat) und Bauernverein (kein Mandat) trotz zweier Mandate viertstärkste Partei und erhalten 13.813 Stimmen und 8 Prozent, im zweiten Wahlgang 9,96 Prozent. Noch blickt Beurle, drei Jahre vor Beginn des ersten Weltkrieges und sieben Jahre vor dem Ende der Monarchie, optimistisch in die Zukunft: „Wenn uns eine Vorhersage wahrscheinlich erscheint, so ist es die, daß sich die deutschfreiheitliche Geistesrichtung auch als wachsender politischer Faktor erhalten wird im Lande ob der Enns[33]."

Sozialdemokraten – frühe Ansätze, späte Konsolidierung

Nicht sosehr die neue Vertretungskörperschaft des Landes, der 1861 konstituierte Landtag, sondern das Vereinsgesetz von 1867 führt zum Entstehen der ersten politischen Parteien im Lande. Das 1870 gewährleistete Koalitionsrecht führt anschließend zur Begründung der ersten Vereine für Arbeiter und zu Zusammenschlüssen von Arbeitern. Der Börsenkrach von 1873 und die nachfolgenden wirtschaftlichen Schwierigkeiten bringen für diese Neugründungen die ersten Schwierigkeiten. Diskussionen um eine gemäßigte oder radikale Richtung, die rund zwei Jahrzehnte anhalten, hemmen die Entwicklung von innen heraus. Anarchistische Wellen und Aktionen kleiner radikaler Zellen führen zu einer Bespitzelung aller Gruppen der Arbeiterbewegung durch die Polizei, zu strengerer Überwachung als bei anderen politischen Gruppen und in Oberösterreich zu einem extrem späten offiziellen politischen Wirken[1].
Schon 1862 hatte die Statthalterei die „Statuten für den Consumverein in Linz" genehmigt; ab 1868 entstehen dann vor allem zahlreiche Arbeiterbildungsvereine[2] – nicht selten auf Grund liberaler Initiativen und als Gegengewicht zu katholischen Sozialwerken, insbesondere Kolpingvereinen und karitativen Organisationen. Das einigende Band zwischen den Liberalen und der aufkommenden Arbeiterbewegung ist vor allem ein erneuerter Fortschrittsglaube und der Antiklerikalismus; die Arbeiter nehmen aber nicht sosehr liberale als aufkommende deutsch-nationale Ideen auf. Die Mitwirkung der späteren Sozialdemokraten Viktor Adler und Pernerstorfer an dem unter dem maßgeblichen Einfluß von Schönerer entstandenen Linzer Programm von 1882 markiert diese Situation[3]. Der Antisemitismus bringt dann, wenn auch Jahrzehnte später, Querverbindungen zwischen den Deutschnationalen und den Christlichsozialen – wenn auch überwiegend auf Wiener Boden – zustande.
Die liberalen Initiativen sind aber keineswegs nur eine opportunistische Haltung der Liberalen, sondern sehr oft, wie etwa beim Welser Bürgermeister Dr. Groß, aber auch bei anderen Männern, ein echtes Anliegen, das später kaum oder meist nur unter parteipolitischen Gesichtspunkten gewertet wird.
Als Zweck all dieser Arbeiterbildungsvereine wird fast immer „Wahrung und Förderung der geistigen und materiellen Interessen des Arbeiterstandes" angegeben. Damit sind natürlich von vornherein politische Querverbindungen – verpönte und auch immer mit Sanktionen belegte – gegeben. Doch wird der gewaltige Bildungsenthusiasmus dieser ersten Jahrzehnte

meist unterbewertet, insbesondere das große Verständnis und auch die gewaltigen finanziellen Opfer, die man etwa beim Aufbau der Arbeiterbüchereien und später bei der Errichtung von Zeitungen und Druckereien erbringt[4]. Die ersten dieser Arbeiterbildungsvereine entstehen in Wels, Hallstatt, Goisern, Linz, Steyr, Haslach, Mauthausen, Perg, Enns, Ried und Reichraming durchwegs in den fünf Jahren zwischen 1868 bis 1873[2]. In Wels ist die liberale Tradition am stärksten und am längsten sichtbar. Im Salzkammergut ist unverkennbar, wie Konrad Deubler den Boden, wenn auch in etwas anderer Blickrichtung, vorbereitet; hier sind es auch die Arbeiter selbst, die von Anbeginn an die Führung der Vereine übernehmen. In Linz ist im Arbeiterbildungsverein eine eigene Abteilung für Arbeitszuweisung und eine allgemeine Kranken- und Invalidenkasse vorgesehen. Mögen gerade diese Abteilungen später zu Differenzen zwischen den Arbeitern und der vorerst noch liberalen Führung führen, so zeichnet sich doch schon die Breite des Vorfeldes der im Aufbau befindlichen Arbeiterpartei ab, die von den Konsumvereinen zu den Bildungsvereinen, den gewerkschaftsähnlichen Vereinen und den Vorläufern späterer Sozialversicherungsinstitute reicht[5]. Alles in allem kommen die Vereine vorerst nur selten in Konflikt mit den Behörden, sehr oft finden sie nachdrücklich behördliche Förderung. Ein 1896 in Steyr ins Leben gerufener „slawischer Arbeiterverein" wird zur Keimzelle eines eigenständischen Arbeitervereins für Steyr und Linz, der 1896 eine eigene tschechische Organisation (unter dem Vertrauensmann Josef Strejc) im Rahmen der oberösterreichischen Parteiorganisation folgt. Versuche der Statthalterei, im Jahr 1870 einen Überblick zu erhalten, welche der zahlreichen Vereine Oberösterreichs „politische Vereine" sind, schlägt fehl. Die Antworten der Bezirkshauptmannschaften sind extrem unterschiedlich und zeigen, daß vermutlich jeder Bezirkshauptmann unter politischen Verein etwas anderes versteht[6].
Anfänglich ist in Oberösterreich, wie auch im übrigen Österreich, das Tauziehen zwischen den Anhängern von Lassalle und Schulze-Delitzsch spürbar, wobei die letzten, insbesondere bei der Gründung des Genossenschafts- und Konsumvereinswesen ihren Einfluß ausüben. Die starke Orientierung Österreichs an die Arbeiterbewegung Deutschlands ist verständlicherweise auch in Oberösterreich erkennbar. Dieser Einfluß ist weniger über Bayern als über Böhmen spürbar. Gerade in der oberösterreichischen Arbeiterbewegung fällt, wenn auch nicht so stark wie in Wien und Niederösterreich, der starke Anteil tschechischer Arbeiter ins Gewicht, teilweise auch der von Deutsch-Böhmen, beides Gruppen, die angesichts der frühen Industrialisierung des böhmischen Raumes schon weit früher mit den Problemen der Selbsthilfe und gemeinsamer Organisation konfron-

Erste Parteigründung?

tiert sind. Für Oberösterreich spielen aber auch alle jene Agitatoren eine Rolle, die von Wien aus entweder zur internationalen Tagung reisen oder ins Ausland fliehen. Streng überwacht die Behörde etwa Versuche von Andreas Scheu im Jahr 1874, Kontakte mit Arbeitern in Steyr, Mauthausen und Perg anzuknüpfen.
Dann hält Hermann Hartung 1868 auf der Durchfahrt von Nürnberg nach Wien in Linz ein Referat, worauf anschließend ein ,,Komitee, welches für die Bestrebungen der sozialdemokratischen Partei tätig sein wird" entsteht[7]. Der 19. oder 20. September 1868 wird deshalb auch als (erster) Geburtstag der Sozialdemokratie bezeichnet (Baron; nicht so Konrad). Die ,,Internationale" erwähnt für 1869 die oberösterreichische Arbeiterbewegung und nennt 600 Mitglieder, wobei es sich natürlich nur um die Mitglieder der ,,Arbeiterbildungsvereine" handeln kann. 1869 kommt es dann zur ersten Massenversammlung mit zwei weiteren Hauptagitatoren der ersten Jahre, mit Johann Most und Andreas Scheu[8]. Bei dieser Versammlung in Urfahr geht es aber merkwürdigerweise kaum um Arbeiterprobleme, sondern vor allem um den ,,Fall Rudigier" und seinen eben beschlagnahmten Hirtenbrief. Der Antiklerikalismus ist also schon in einer Frühphase spürbar, auch dort, wo Arbeiterprobleme überhaupt nicht zur Diskussion stehen. Mit dem neuen Obmann des Arbeiterbildungsvereines, Adolf Dietl, wird in Linz erstmals ein Arbeiter Vereinsobmann. Die Emanzipation von den Liberalen ist damit für Linz im wesentlichen erfolgt. Trotzdem nimmt die Mitgliederzahl des Vereins zunehmend ab. 1873 gibt es dann unter den 501 Vereinen in Oberösterreich 70 ,,politische Vereine", unter ihnen 40 Arbeitervereine, aber nur sieben Bildungsvereine. Noch sind die Mehrzahl katholische Gesellenvereine, daneben Bildungs- und Fachvereine.
Der später als ,,Bebel von Linz" bezeichnete Anton Weiguny, Kronzeuge der ersten Anfänge der oberösterreichischen Arbeiterbewegung, erwähnt, daß ,,während des Wirkens Tauschinskys als Leiter der Parteivertretung" eine eigene oberösterreichische Landesorganisation entstanden sei[9]. Diese Neugründung vom Sommer 1874 wäre also sozusagen die zweite Parteigründung in Oberösterreich. Schon im Frühjahr 1874 waren aus Oberösterreich drei Vertreter zum Parteitag von Neudörfl gefahren, wie auch die späteren Parteitage von Oberösterreich immer wieder beschickt werden, durchwegs von mehr Delegierten, als dies der vertretenen Gruppe entsprochen hätte. Es kommt aber zu keiner offiziellen Parteigründung; Weiguny schildert die Situation sehr plastisch folgendermaßen: ,,Allmählich wurden die Parteigeschäfte ausgeschieden und ein eigener Ausschuß aus den Vertretern der bestehenden Arbeiterorganisationen gewählt."
Trotzdem kann aber keine Parteiarbeit einsetzen, können keine Statuten

entworfen und keine Anträge bei der Statthalterei gestellt werden, weil ein reichliches Jahrzehnt ideller und organisatorischer Wirren folgt – und zwar gleichermaßen für ganz Österreich wie für Oberösterreich.
In Oberösterreich funktioniert die sozialistische Arbeiterbewegung eigentlich nur in wenigen Stützpunkten, in Linz, Steyr, Wels, Enns und Ried und in den jeweiligen Nachbargemeinden. Wenig spürt man in dieser Zeit von der Bewegung im Salzkammergut. Auch der Bahnbau zeigt meist nur einen vorübergehenden Einfluß.
Mag auch in den Jahren 1873 und 1874 die Nabelschnur zu den Liberalen fast überall, von Wels abgesehen, zerschnitten werden und mögen im Linzer Arbeiterbildungsverein auch Adolf Dietl als Obmann und Anton Weiguny als sein Stellvertreter immer stärker ein politisches Wirken entfalten, so kann doch keineswegs von einer durchwegs politischen Arbeit, von einer Parteiarbeit, gesprochen werden. Die chaotische Entwicklung in der gesamtösterreichischen Parteileitung, der ständige Wechsel des Vorsitzenden, haben zwar in Oberösterreich keine Parallele, aber das Verbot von „freien Versammlungen", Hausdurchsuchungen, ferner Untersuchungen, welche Organisation die Delegierten zu den Parteitagen nominieren, sorgfältige Überprüfung der Post, insbesondere der Zeitungssendungen – all das läßt die politische Arbeit fast einschlafen. Die Wirtschaftskrise verstärkt diese Entwicklung. Verständlicherweise bemüht man sich in Linz vorerst auch nicht um eine Querverbindung nach Wien. Schließlich wird 1877 der 1868 gegründete Arbeiterbildungsverein in Linz aufgelöst[10], der trotz allem so etwas wie ein Kristallisationspunkt der sozialistischen Arbeiterbewegung geworden war. Auflösungsgrund war der Plan des Vereins, in Linz eine Lasalle-Feier abzuhalten. Der folgende Versuch, in Linz einen „allgemeinen Arbeiterverein" zu errichten, wie ein solcher zu dieser Zeit ja noch in Steyr besteht, mißglückt ebenso wie die Errichtung eines Arbeiter-Lesevereins[11].
Zu dieser Zeit gelingt es dem Arbeiterverein Steyr nicht nur normal weiterzuarbeiten, sondern auch Kontakt mit anderen Arbeitergruppen aufrechtzuerhalten[12].
Nach dem deutschen Ausnahmegesetz „gegen die gemeingefährlichen Bestrebungen der Sozialdemokratie" von 1878 ist in Oberösterreich die Sorge spürbar, daß sich die deutschen Agitatoren nach Österreich absetzen könnten. Aber die Entwicklung in Deutschland verstärkt die Inaktivität in Oberösterreich. Im folgenden Jahr 1879 beginnt sich die ideologische Spaltung und der Aufschwung der Anarchisten immer mehr abzuzeichnen. Diese haben wenig Interesse an einer Sozialreform, sind gegen jede offizielle und legale politische Betätigung, sind am allgemeinen Wahlrecht uninteressiert

Steyr wird Zentrum der „Radikalen"

und erhoffen sich den Sturz der kapitalistischen Ordnung nur durch revolutionäre Aktionen. Vor allem Steyr mit seiner überwiegend zugewanderten Arbeiterschaft wird Mittelpunkt dieser Gruppe.
Im selben Jahr soll die Parteikontrolle der natürlich illegal wirkenden österreichischen Partei nach Linz verlegt werden, während Sitz der Parteileitung Reichenberg in Böhmen werden soll[13]. Beide Orte werden nicht zufällig gewählt und die allerdings nie realisierte Achse Reichenberg – Linz deutet an, daß die deutsch-böhmischen und oberösterreichischen Arbeiter überwiegend zur Gruppe der Gemäßigten zählen, also zu jenen, die für soziale und politische Reform eintreten. 1880 wird dann der für Brünn in Mähren geplante Parteitag nach Linz verlegt, was von der Polizei aber ebenfalls verhindert wird. Karl Kautsky, der von der Schweiz nach Linz gekommen war, muß unverrichteter Dinge in die Schweiz zurückkehren[14].
Die 1881 in Steyr verteilten Flugblätter verstärken den Eindruck, daß Steyr inzwischen zum Zentrum der Radikalen und der Anarchisten geworden war, mag es sich dabei auch nur um durchwegs kleine Gruppen handeln. 1881 soll Linz neuerlich einen Parteitag beherbergen, was allerdings wieder verhindert wird[14]. Inzwischen sind die Gemäßigten bedeutungslos geworden, Weiguny wird in den eigenen Reihen beschimpft und lächerlich gemacht. Die Radikalen triumphieren und nirgends sind Bestrebungen spürbar, eine Einigung herbeizuführen. Den Behörden, die nun insbesondere über die Entwicklung unter den Radikalen, aber auch über alle anderen Gruppen und Grüppchen der Arbeiterbewegung aufs genaueste informiert sind[15], scheint dies nur recht zu sein. Immerhin sieht man bei den Gemäßigten – und das ist deren Stärke – eine deutliche personelle Kontinuität; hier setzt sich Weiguny auch immer stärker durch. Er gehört zu den eifrigsten Verfechtern des Neudörfer Programms; bei ihm stehen soziale Forderungen vor den politischen. Bei den Radikalen Oberösterreichs gibt es vor allem einen syndikalistischen Flügel, hier sind Querverbindungen zum Anarchismus sichtbar, insbesondere das Bestreben, durch Generalstreik an die Macht zu kommen – mag man dies auch mit meist lächerlichen und oft kindischen Experimenten versuchen. 1881 wird dann auch der allgemeine Arbeiterverein in Steyr aufgelöst; 1882 und 1883 wird in Steyr und Wels das in London gedruckte „Manifest der sozialrevolutionären Arbeiterbewegung Österreichs" verbreitet[16].
Der Ausnahmezustand, der nach der parlamentarischen Enquete über die Einführung des Normal-Arbeitstages (1883) in den Jahren 1884 und 1885 besteht, berührt Oberösterreich insofern, als die im Wiener Raum ausgewiesenen Arbeiter vielfach nach Oberösterreich kommen und hier Arbeit suchen – unter ihnen auch Deutsch-Böhmen und Tschechen, die sich nicht ge-

trauen, nach Böhmen zurückzukehren. Dabei ist die extreme Haltung der freiwillig oder unfreiwillig fern ihrer Heimat Wirkenden nicht unverständlich. Hier in Linz trifft etwa der einst geliebte und später gehaßte Anarchist Peukert mit Weiguny zusammen[17], bevor er nach Deutschland flüchtet, und auch hier munkelt man, der Haftbefehl sei erst erlassen worden, als ihm schon nichts mehr geschehen konnte.
Laufend befragt die Statthalterei die Bezirkshauptmannschaften nach dem Stand der Arbeiterfrage und der Anarchistenszene, und die meisten Bezirkshauptmannschaften geben beruhigende Erklärungen ab. Aber die Berichte über die von den Arbeiterbildungsvereinen eingeladenen Referenten zeigen doch das Tauziehen zwischen Gemäßigten und Radikalen, das in fast allen oberösterreichischen Gruppen sichtbar ist. Arbeiterbildungsvereine, Konsumvereine, Musikvereine geben aber nur den Veranstaltungsrahmen her; daneben geht es um Zeitungsbezug, Zeitungsschmuggel über die Grenze, die Bestellung bedenklicher und verbotener Bücher.
Verständlicherweise wird Steyr zu Beginn der achtziger Jahre das Zentrum der radikalen Bewegung; bedingt aber durch radikalen Personalabbau der Waffenfabrik wird bald ein Stagnieren und ein Rückgang der Arbeiterbewegung sichtbar.
1884 denkt man neuerlich daran, Zentralleitung und Parteiführung nach Linz zu verlegen, auch kommen Gerüchte auf, Anarchisten wollen das Gebäude der Linzer Statthalterei in die Luft sprengen. Aber schon in der Frühzeit der sich in Linz und Urfahr bildenden anarchistischen Gruppen sitzt einer in der Doppelrolle als Anarchist und Polizeispitzel, was ja schon bei Peukert vermutet worden war. So ist für die nächsten vier Jahre, bis zum Tod dieses Spitzels Philipp Schrödel im Jahr 1888, die Linzer Statthalterei bis ins Detail über die Mitgliederzahl und die Namen, die Planungen und Aktionen der Anarchisten, der Radikalen und der Gemäßigten informiert. Damit im Zusammenhang kommt es schon 1884 und 1885 zu den ersten Hausdurchsuchungen und Verhaftungen von Anarchisten. Diese Detailinformationen scheinen auch die Gelassenheit der Polizei den anarchistischen Gruppen gegenüber zu erklären[18]. Der Kreis der vorerst elf Verhafteten ist gewiß nicht groß, auch die Haftstrafen sind eher bescheiden und reichen von wenigen Tagen bis zu vier Monaten. Mehr ins Gewicht fällt der Arbeitsplatzverlust, die „Abschaffung", also die Ausweisung und schließlich die Arbeitssuche in einem anderen Kronland[19].
Die Maßnahmen der Statthalterei, Bezirkshauptmannschaften und Magistrate in Linz und Steyr führen zu Massenaustritten aus dem allgemeinen Arbeiterverein, dessen Mitgliederzahl zuletzt auf 17 herabsinkt. Nur durch eine Selbstauflösung vermag man die wertvolle Bibliothek mit 1236 Bänden

zu retten. Weiterhin bleibt Schrödel nunmehr Vorsitzender der Arbeiterbewegung, gleichzeitig Konfident der Bezirkshauptmannschaft, der in 120 ins Detail gehenden Berichten die Behörde über jede Kleinigkeit der Arbeiterbewegung informiert[18].

Neben dieser radikalen Arbeiterbewegung mit anarchistischen Zügen mit mehreren Zentren in Linz, Traun und St. Martin tritt auch immer mehr eine tschechische Organisation unter Wenzel Steffek in Erscheinung, die sogar 1885 die treibende Kraft für den 11-Stunden-Arbeitstag wird; im selben Jahr gehen allein 30 Exemplare des tschechischen Radikalen-Organs „Duch času" (Zeitgeist) zu Abonnenten in Linz[18].

1885 wird schließlich in Linz eine Parteileitung konstituiert[18], die sich Exekutivkomitee nennt. Hauptaufgaben sind Verbindungsaufnahme zu anderen Lokalorganisationen in Oberösterreich, Lösung der Finanzprobleme, also der Mitgliedsbeiträge.

1886 folgt in Linz eine Umgruppierung der Anarchistengruppe, verbunden mit einer Spaltung und einem schrittweisen Dahinschwinden ihrer Bedeutung. Neuerlich spielen Tschechen bzw. „Slawen" eine nicht untergeordnete Rolle. Ein von Wien nach Linz gekommener Anarchist, Johann Hospodsky, versucht jetzt die „Propaganda der Tat" zu realisieren, keine konspirative Zirkel aufzubauen, die ohne zentrale Organisation, ohne Verbindung zum Ausland und nach Möglichkeit auch nur mit ledigen Männern die Aktionen durchführen sollen. Auch eine geheime Presse soll aufgebaut werden. Damit agieren jetzt zwei anarchistische Fraktionen nebeneinander. Die Verhaftung Hospodskys beendet schließlich auch diesen Neubeginn. Groß war die Gruppe nie gewesen. Jetzt, 1886, liegt sie nur knapp über 20 Mann. Bemühungen, Pistolen in Wien zu erhalten und Sprengstoff selbst zu erzeugen, bleiben erfolglos. Fast lächerlich sind auch die Aktionen, durch einen Überfall eines militärischen Munitionslagers im 15er-Turm in Unterpuchenau zu Waffen und Munition zu kommen[18].

Das Nebeneinander und Durcheinander von gemäßigter und radikaler Arbeiterbewegung sowie von Anarchisten unterschiedlicher Tendenz sieht man auch bei den verschiedenen Zeitungsabonnements, über die die Polizei meist Bescheid weiß. So wird neben Viktor Adlers in Wien erscheinende Zeitschrift „Gleichheit" auch die von dem in Linz bekannten und von Marx wenig geschätzten Anarchisten Most in London herausgegebene Zeitung „Freiheit" eingeschmuggelt; aus Leipzig der „Vorwärts", aus Bern die „Arbeiter-Zeitung", Büchersendungen über Budapest sind an der Tagesordnung; hierher kommt die radikale, aber nicht anarchistische „Arbeit", der Reichenberger „Arbeiterfreund", „Der Sozialdemokrat" der deutschen Bebel-Liebknecht-Gruppe, dann „Der Rebell" und schließlich die tschechische Arbeiterzeitung „Duch času". Beim letzten Aufflackern der anarchistischen Bewegung in Linz übersiedelt schließlich das zuletzt in Marburg, Graz und Villach herausgegebene „Organ der Sozialisten Österreichs" – „Arbeit" nach Linz, wo 1887 allerdings nur eine einzige Nummer herausgebracht wird, die sofort der Beschlagnahme verfällt. Ein später Exponent der seltenen oberösterreichischen Anarchisten, Carl Dopf (1883 bis 1968) aus Desselbrunn bei Steyrermühl, tritt in Oberösterreich kaum in Erscheinung[20].

Durch Neuaufnahmen der Steyrer Waffenfabrik – 1884 hatte es hier 910 Beschäftigte gegeben und sechs Jahre später, 1890, 9049 – gewinnt die Steyrer Arbeiterbewegung wieder an Bedeutung, in den radikalen und anarchistischen Gruppen befinden sich aber nicht nur „Abgeschaffte", sondern auch solche, die sich dem Militärdienst zu entziehen versuchen.

Alles in allem gewinnen aber die Radikalen nicht mehr an Boden; im Gegenteil, die Gemäßigten erhalten wieder Auftrieb, in Linz vor allem die Gruppen um Neander, Weiguny und Freudenthaler. 1887 treten die Gemäßigten vor allem einmal in den Demokratenverein des obskuren Gastwirts Hans Kirchmaier und Herausgeber des liberalen Bauernblattes „Linzer Sonntagsblatt" ein und gelangen hier in eine Sackgasse[21]. Immerhin hält hier im Rahmen dieser Organisation Weiguny stellvertretend für einen nicht erschienenen Redner eine mit viel Begeisterung aufgenommene Ansprache, die ihn nunmehr zum Führer der gemäßigten oberösterreichischen Sozialisten macht. Jetzt sind es die Radikalen, die ein Interesse zur Zusammenarbeit mit den Gemäßigten zeigen. Jetzt tritt man wieder für eine „öffentliche Agitation" ein und es entsteht im September 1887 ein Proponentenkomitee zur Errichtung eines neuen Arbeitsvereins.

Die Bemühungen und Aktionen beschränken sich in der zweiten Hälfte der achtziger Jahre aber keineswegs nur auf Linz und Steyr. Anfragen der Statthalterei an die Bezirkshauptmannschaft bringen zwar für das gesamte Mühlviertel, also den Bereich der Bezirkshauptmannschaften Rohrbach, Freistadt und Perg, Fehlanzeige, ebenso für die drei Innviertler Bezirke Ried, Braunau und Schärding, dazu für die Bezirke Vöcklabruck und Kirchdorf (1885). Das heißt natürlich nicht, daß es in diesen Bezirken nicht einzelne sozialistisch eingestellte Arbeiter und Abonnenten sozialistischer Zeitungen gibt. Eng mit der Entwicklung der Linzer Sozialdemokratie ist natürlich die des damals noch selbständigen Kleinmünchen, von Traun und St. Martin verbunden. 1886 etwa kommt es zu einem Zusammenschluß „slawischer" Arbeiter, von Linz, St. Martin und Traun, die durchwegs der radikalen Richtung angehören. In Traun entsteht sogar eine anarchistische Gruppe, schließlich sogar zwei, eine mit deutschen und eine mit „slawischen"

Arbeitern. Sie sind strikte Gegner jeder Einigungsbemühung[22]. Doch endet die anarchistische Phase Oberösterreichs um 1888 mit dem Aufkommen und Erstarken der gemäßigten Gruppe.
In Steyr schwankt die sozialdemokratische Bewegung vor allem mit dem Auf und Ab der Stärke der Arbeiterschaft der Waffenfabrik. Hier ist allerdings auch die Wachsamkeit der Behörde besonders groß. So gibt es jetzt zwar radikale Arbeiter, aber kaum Anarchisten, wobei die radikalen Arbeiter meist Facharbeiter und gut geschult sind; auch die relativ guten Lebensbedingungen der Waffenfabriksarbeiter sind spürbar. Ab 1888 ist der Einfluß der Linzer Gemäßigten auch auf die Steyrer Arbeiter unübersehbar. Eine Steyrer Initiative wird später noch bei der Gründung des Parteiorgans sichtbar[23].
In Wels legt man Wert auf die jährliche Gründungsfeier des hier schon 1868 gegründeten Arbeiterbildungsvereins, einer der ganz wenigen Organisationen mit ungebrochener Tradition. Allerdings ist Wels auch kein Nährboden für Radikale und anarchistische Gruppen. Mit 56 Mitgliedern (1888) ist die Welser Gruppe relativ stark; sie ist es auch, die an der Spitze der Einigungsbemühungen steht. Klein und relativ radikal ist die Gruppe Ried. Starke Tradition kennzeichnet die Gruppen von Gmunden und des oberösterreichischen Salzkammergutes.
Mit dem Einsetzen der Einigungsbestrebungen von Viktor Adler warnt 1887 das Innenministerium auch die oberösterreichische Statthalterei vor diesem Mann[14]. Doch nimmt schrittweise dessen Einfluß insbesondere durch den verstärkten Bezug seiner Zeitschrift „Gleichheit" auch in Oberösterreich zu. Verteilerorganisation dieser Zeitung wird hier der Arbeiterkonsumverein.
1888 nehmen fünf Delegierte aus Oberösterreich am Hainfelder Parteitag teil; die Delegierten kommen aus Linz, Steyr, Gmunden, Wels und Ried. Neben dem schon weithin bekannten Weiguny kann sich hier vor allem der Gmundner Indra profilieren. Im folgenden Jahr 1889 wird der Aufruf zum internationalen Arbeiterkongreß in Paris, der von Vertretern von 13 europäischen Staaten unterzeichnet ist, auch von einem Oberösterreicher, dem Steyrer Bocek, unterschrieben[24], die hier beschlossenen Feiern zum 1. Mai werden 1890 auch in Oberösterreich begangen; in Steyr ruht die Arbeit gänzlich, in Linz teilweise.
Am 22. November 1891 findet dann in Linz die erste Landeskonferenz für Oberösterreich und Salzburg statt, an der 83 Delegierte aus 22 Orten teilnahmen, die rund 1250 Mitglieder von Arbeiter- und Fachvereinen sowie Gesangsvereinen vertreten. Man beschließt die Gründung eines politischen Vereins, getrennt nach den Bundesländern Oberösterreich und Salzburg.

1892 hätte der sozialdemokratische österreichische Parteitag in Linz stattfinden sollen; sein Verbot wird von den rivalisierenden Gruppen unterschiedlich propagandistisch genutzt; während die Partei die Ansicht vertritt, die Opposition, also die „Unabhängigen Sozialisten", wären ausschlaggebend für das Parteitagsverbot gewesen, spricht die Opposition den Verdacht aus, die Regierung hätte das Verbot nur im Interesse der offiziellen Sozialisten erlassen, weil diese die Opposition fürchte[25]. Nach dem stattgegebenen Rekurs findet der III. Parteitag der österreichischen Sozialdemokraten nicht in Linz, sondern in Wien statt. Unter den Einberufenen hatte sich kein einziger Oberösterreicher befunden. Der für die „Linzer Genossen" in die Kommission gewählte Neander berichtete, daß man in Oberösterreich „ziemlich schwach" sei. Die in Wien empfohlene Bildung „politischer Vereine" wird anschließend auch in Oberösterreich realisiert. In einer in Linz abgehaltenen Vorkonferenz geht es um die Integrierung der Buchdrucker mit ihrer ältesten und am besten funktionierenden Organisation. Oberösterreichische Vertreter nehmen am „Čechoslawischen Kongreß" in Prag teil. In Steyr spezialisiert man sich, sehr zum Bedauern der überwachenden Polizei, auf sogenannte §-2-Versammlungen, wo die Teilnehmer eine persönliche Einladung vorweisen müssen. 1893 findet eine Landeskonferenz mit 38 Teilnehmern aus 14 Orten in Linz statt. Hier zeigt man sich über die „Agitation der clericalen Partei unter der Arbeiterschaft" besorgt. Umgekehrt bemüht man sich – und interveniert auch diesbezüglich in Wien –, die „Agitation" aufs Land hinauszutragen. Das ist nicht unverständlich, denn um diese Zeit ist die Zahl der Landarbeiter in Oberösterreich weit größer als die Zahl der in der Industrie Beschäftigten. So weist Oberösterreich in der Industrie rund 79.000 Arbeiter und Taglöhner auf, im Handel und Verkehr knapp 13.000, aber in der Landwirtschaft rund 230.000, also weit mehr als beide erstgenannten Gruppen zusammengenommen[26]. Linz wünscht insbesondere eine Broschüre, mit der man sich an die Landbevölkerung wenden könne. Diese soll der frühere Wanderlehrer Losert erstellen, von dem sich allerdings die Partei bald trennt. In Ermangelung einer solchen Broschüre solle vorerst das Werbematerial „Für Landagitation" und „Die Sozialdemokraten kommen" unter die Landbevölkerung geworfen werden. Aber bald schon informiert man über das bescheidene Echo am Land. Seit dem Linzer Katholikentag sei überdies eine Menge christlicher, sozialer Vereine gegründet worden. Diesen Mißerfolgen steht allerdings ein Lichtblick bei den Eisenbahnern gegenüber, so daß in Linz die Gründung einer Filiale des Vereines für Verkehrsbedienstete erfolgen kann.

Erste Parteiorganisation 235

In diesem Jahr 1893 ersteht erstmals eine das ganze Land umspannende Parteiorganisation mit zehn Bezirksorganisationen, und zwar für
1. Mauthausen, Perg und Schwertberg;
2. Steyr, Sierning, Sierninghofen und Unterhimmel;
3. Weyer, Gaflenz, Weißenbach;
4. Linz, Kleinmünchen, Traun, Enns;
5. Wels, Lambach, Vöcklabruck;
6. Ried, Wolfsegg, Gaspoltshofen;
7. Schärding;
8. Gmunden, Ebensee, Ischl, Mondsee;
9. Rohrbach, Aigen, Haslach.
Mehr als bisher kommt es zu einem Einsatz ,,Wiener Genossen", so vor allem von Reumann, Dr. Ellenbogen und Schuhmeier[27].
Im Bereich der Presse hat man noch Schwierigkeiten und akzeptiert Loserts in Salzburg erscheinende ,,Allgemeine Zeitung" als ,,korrespondierendes Organ". Trotz aller noch bestehenden Schwierigkeiten sind die Zeiten heftiger Konfrontation vorüber. So wird 1893 bei den Steyr-Werken abgestimmt, ob am 1. Mai gearbeitet werden solle oder nicht, 1677 stimmen für die Freigebung, 900 für Arbeit; in Gmunden marschiert man am 1. Mai mit roten Fahnen zur Fabrik nach Theresienthal.
1894 deutet die Ermordung des französischen Staatspräsidenten Carnot eine neue anarchistische Welle an; in Oberösterreich ist dies allerdings nur noch eine sehr flache Welle, die überdies 1895 verebbt. Neuerlich berichtet am IV. österreichischen Parteitag in Wien Neander über die Schwierigkeiten in Oberösterreich. Vor allem die Parole Dr. Ebenhochs, der fünf Jahre später Landeshauptmann von Oberösterreich wird, der Arbeiter müsse vor allem sein Brot bekommen, dann die politischen Rechte, verfehle nicht seine Wirkung. Der sozialdemokratische Fundus in Oberösterreich wird mit zehn Bildungsvereinen mit 984 Mitgliedern, einem Arbeiterinnenbildungsverein mit 97 Mitgliedern, dazu 14 Fach- und Gewerkschaftsvereinen umrissen. Die Wahl eines Sozialdemokraten als Ersatzmann in der Gemeindevertretung von Garsten wird 1894 als besonderer Erfolg herausgestellt. Bei der Landeskonferenz mit 38 Delegierten zeigt vor allem Steyr eine Unzufriedenheit mit der Landesvertretung. Urgiert wird ein eigenes Parteiorgan.
Trotz aller Kritik wird der Aufbau systematisch fortgesetzt. So entsteht 1895 in Linz eine Gewerkschaft der Kleidermacher; an der Landeskonferenz nehmen schon 143 Delegierte und 192 Gäste teil. Auch wird auf Grund der Wiener Anregung der politische Verein ,,Gleichheit" gegründet. Die politischen Argumente sind zugkräftig und verständlich: Acht-Stunden-Tag und

allgemeines, gleiches Wahlrecht[28]. Der Antrag zur Errichtung eines eigenen Parteisekretariats zeigt das Interesse am weiteren Parteiausbau.
Der 1. Mai hat sich 1895 im wesentlichen durchgesetzt; die Steyrer Waffenfabrik und weitere Betriebe geben ihren Arbeitern frei. Im Linzer Märzenkeller nehmen rund 2000 Arbeiter an der Mai-Feier teil, stürmisch begrüßt werden die erstmals erschienenen Arbeiter aus Kleinmünchen.
1896 berichtet Anton Weiguny, auch Oberösterreichs gewerkschaftlicher Vertrauensmann, von 99.434 Gewerkschaftsmitgliedern und 33.400 Mitgliedern von Bildungsvereinen, insgesamt also von 132.834 ,,organisierten Arbeitern", einer stolzen Summe, die natürlich auch kleine Schönheitsfehler hat, so die der Doppelmitgliedschaft und die, daß nicht alle Sozialdemokraten sind. Es kommt zur Gründung eines allgemeinen Arbeiter-Konsumvereins für Oberösterreich mit 300 Mitgliedern und zur Errichtung eines cecho-slawischen Arbeitervereins in Oberösterreich. Das stark aufgeblähte Vereinswesen (Partei, Gewerkschaft, Konsumverein, Gesangsverein) führt aber auch zur finanziellen Überforderung der Arbeiter, worunter meist die Partei zu leiden hat.
Die Einführung der ,,allgemeinen Kurie" führt auch zur ersten konkreten Wahlbewegung. Man wendet sich auch gegen die indirekte Wahl in den Landgemeinden, die vorerst nur in Niederösterreich beseitigt wird. So groß 1897 der Erfolg bei den Reichsratswahlen für die Sozialdemokraten ist – 14 von den neuen 72 Mandaten werden erobert –, so schwer wiegt die Niederlage in Wien und Niederösterreich, wo etwa Viktor Adler von einem fast unbekannten Mandatar besiegt wird. Auch in Oberösterreich sind die sozialdemokratischen Erfolge sehr bescheiden. Und vor allem jetzt, nach dem Durchbruchssieg der Christlichsozialen, setzen harte Auseinandersetzungen zwischen Sozialdemokraten und Christlichsozialen ein.
In Oberösterreich wird die sozialdemokratische Organisation weiter ausgebaut: die drei oberösterreichischen Wahlkreise bilden jetzt eine Landesorganisation; von der Landeskonferenz wird die Parteileitung gewählt, die aus neun Personen besteht. Diese für ein Jahr gewählte Parteivertretung fungiert auch als Landeswahlkomitee. Die Bezirkseinteilung bleibt vorerst bestehen, die Lokalorganisation entsendet einen Delegierten in die Landeskonferenz[29].
Das Jahr 1897 bringt aber nicht nur die erste Teilnahme an der Reichsratswahl; es ist auch das Gründungsjahr des ersten Parteiorgans, der ,,Wahrheit", das in einer Auflage von 4000 Exemplaren erscheint und von dem man sich ein dreimaliges Erscheinen erhofft[4].
Der 1898 in Linz abgehaltene sozialdemokratische Parteitag soll vermutlich der schwachen Landesorganisation Auftrieb geben; Referate über die

Christlichsozialen (Pernerstorfer) und die Deutschnationalen (Seiliger) zeigen die Gefahrenzonen auf.
1900 verfügt jeder der drei Wahlkreise über Parteiausschüsse (Linz, Steyr, Wels); Linz hat drei Bezirksorganisationen (Linz, Mauthausen, Haslach), Steyr vier (Steyr, Weyer, Ischl, Gmunden) und Wels ebenfalls vier Bezirksorganisationen (Wels, Schärding, Ried, Vöcklabruck). Die sonstige Organisation zeigt folgendes Bild: drei politische, 12 gewerkschaftliche, drei Bildungs- und ein Touristenverein, zwei Gesangsvereine, eine Frauenorganisation, 2379 männliche und über 60 weibliche Mitglieder, die Wochenzeitung ,,Wahrheit" mit einer Auflage von 3500 Exemplaren, dazu das Witzblatt ,,Linzer Kreuzköpfl"[30].
1910 verfügt die Partei über 6393 Mitglieder, Zahl der weibliche Mitglieder: 329; die zwei Jugendorganisationen haben 225 Mitglieder. Der Parteiausbau zeigt bereits 63 Parteiorganisationen (Ortsgruppen).
Erst nach der Jahrhundertwende treten Oberösterreichs Sozialdemokraten bei Landtagswahlen in Erscheinung, aber die Ergebnisse der Landtagswahlen von 1902 sind noch bescheiden: von den in den Stadtwahlbezirken abgegebenen 16.027 gültigen Stimmen entfallen 1804 auf sozialdemokratische Kandidaten, die überwiegend in Linz (1782) abgegeben werden. Im Wahlbezirk Steyr sind es nur vier, in Urfahr 17, in Wels eine Stimme. In den Landgemeinden entfallen von 64.392 abgegebenen gültigen Stimmen 91 auf sozialdemokratische Kandidaten. Insgesamt erreicht man also knapp 1900 Stimmen[31]. Natürlich benachteiligt das Wahlrecht die Sozialdemokraten. Vor der Wahl bemüht sich auch das ,,Linzer Volksblatt" in seinem Leitartikel ,,Deutschnationale und Sozialdemokratie" mit dem Hinweis auf die von der Deutschen Volkspartei verhinderte Landtags-Wahlreform die antiklerikale Front von Deutschnationalen und Sozialdemokraten aufzuweichen[32]. ,,Auch in Oberösterreich" – schreibt die Zeitung –, ,,wo das sozialdemokratische Blatt noch im Vorjahr unglaublicherweise die Verhinderung der Wahlreform durch die Nationalliberalen billigte, sind heuer die Sozialdemokraten zur Einsicht gelangt, daß man sie getäuscht habe . . . Zur Rache dafür wird die Sozialdemokratie bei den kommenden Landtagswahlen die Deutschliberalen nirgends unterstützen, sondern in allen Wahlkreisen der 3. und 4. Kurie selbständig in die Wahlbewegung eintreten."
Die Reichsratswahlen von 1907, die ersten nach Einführung des allgemeinen gleichen Wahlrechts für diesen Vertretungskörper, bringen den Sozialdemokraten einen unerwarteten Erfolg, den sie allerdings bis zum Ende der Monarchie, also bei den Landtagswahlen von 1909 und den Reichsratswahlen von 1911, nicht mehr wiederholen können. Sie erringen drei der 22 in Oberösterreich zu wählenden Reichsratsabgeordneten und 21.528 Stim-

men von insgesamt 182.789 Wahlberechtigten und 168.413 abgegebenen, gültigen Stimmen. Mit 13,19 Prozent werden sie schlagartig zweitstärkste Partei; sie liegen zwar weit hinter den Katholisch-Konservativen, aber vor den Deutschnationalen[33]. Bei den vorausgegangenen Linzer Gemeinderatswahlen von 1907 sind sie im IV. Wahlkörper mit rund 4500 Stimmen gegenüber 3200 Deutschnationalen und 2000 Christlichsozialen schon die mit Abstand stärkste Partei geworden[34].

Von den Wahlberechtigten Oberösterreichs sind 1907 fast 18.500 Industriearbeiter, 15.000 Arbeiter gewerblicher Kleinbetriebe und rund 5000 Arbeiter bei Bahn und Post, so daß die Sozialdemokraten bereits etwas mehr als die Hälfte der Arbeiter als ihre Wähler zählen können[35].

Das günstige Ergebnis erzielen die Sozialdemokraten vor allem dadurch, daß sie erstmals sichtbar über den Linzer Raum vordringen; so erreichen sie im Wahlkreis Steyr 2036 Stimmen, im Wahlkreis Urfahr-Ried 1982, im Wahlkreis Wels 1866.

Auf Anhieb erringen sie allerdings nur im Wahlkreis Linz III ein Mandat, wo auf Anton Weiguny 4832 Stimmen entfallen. In den so begehrten Wahlkreisen Linz I und Linz II werden Spielmann und Gruber, die beide im ersten Wahlgang sichtbar hinter den deutschnationalen Kandidaten liegen, in der Stichwahl nur mit Hilfe christlichsozialer Wähler gewählt. Das Verhältnis lautet: 17 Christlichsoziale, drei Sozialdemokraten, zwei Deutschnationale. Die Christlichsozialen hatten sich zwar nicht für die Sozialdemokraten, aber gegen die betont antiklerikalen deutschnationalen Kandidaten gewendet, ohne allerdings irgendein Abkommen zu treffen. Auch erhalten die Christlichsozialen keine Gegenleistung. Dementsprechend ist auch die Pressereaktion über dieses weit über Oberösterreich beachteten Wahlergebnisses. Die Wiener „Arbeiterzeitung"[36] schreibt: „In Oberösterreich ist Linz ganz in unsere Hände gefallen; das rote Linz ist die sozialdemokratischste Stadt Österreichs. Das überraschende Ergebnis haben zweifellos die Klerikalen herbeigeführt ... originell ist, daß die Linzer Klerikalen als Christlichsoziale (im übrigen Land noch als „Katholische Volkspartei") auftreten, daß also formell die Niederlage der Deutschen Volkspartei und der Sieg der Sozialdemokraten von den – Christlichsozialen herbeigeführt wurde." Und die „Tagespost"[37]: „Das schmachvolle Geschehen in Linz, die schwarz-rote Paarung, durch die die deutschfreiheitlichen Bewerber zu Fall gebracht wurden, hat, wie zu erwarten war, weit über die Grenzen des Kronlandes berechtigtes Aufsehen erregt." Die Zeitung informiert allerdings auch über die vorausgegangenen deutschnational-sozialdemokratischen Gespräche: „Man sieht auch, welche lächerliche Don-Quichote-Rolle die Nationalen gespielt hätten, wenn sie auf das seinerzeitige Ansinnen der

Christlichsozialen (Pernerstorfer) und die Deutschnationalen (Seiliger) zeigen die Gefahrenzonen auf.
1900 verfügt jeder der drei Wahlkreise über Parteiausschüsse (Linz, Steyr, Wels); Linz hat drei Bezirksorganisationen (Linz, Mauthausen, Haslach), Steyr vier (Steyr, Weyer, Ischl, Gmunden) und Wels ebenfalls vier Bezirksorganisationen (Wels, Schärding, Ried, Vöcklabruck). Die sonstige Organisation zeigt folgendes Bild: drei politische, 12 gewerkschaftliche, drei Bildungs- und ein Touristenverein, zwei Gesangsvereine, eine Frauenorganisation, 2379 männliche und über 60 weibliche Mitglieder, die Wochenzeitung ,,Wahrheit" mit einer Auflage von 3500 Exemplaren, dazu das Witzblatt ,,Linzer Kreuzköpfl"[30].
1910 verfügt die Partei über 6393 Mitglieder, Zahl der weibliche Mitglieder: 329; die zwei Jugendorganisationen haben 225 Mitglieder. Der Parteiausbau zeigt bereits 63 Parteiorganisationen (Ortsgruppen).
Erst nach der Jahrhundertwende treten Oberösterreichs Sozialdemokraten bei Landtagswahlen in Erscheinung, aber die Ergebnisse der Landtagswahlen von 1902 sind noch bescheiden: von den in den Stadtwahlbezirken abgegebenen 16.027 gültigen Stimmen entfallen 1804 auf sozialdemokratische Kandidaten, die überwiegend in Linz (1782) abgegeben werden. Im Wahlbezirk Steyr sind es nur vier, in Urfahr 17, in Wels eine Stimme. In den Landgemeinden entfallen von 64.392 abgegebenen gültigen Stimmen 91 auf sozialdemokratische Kandidaten. Insgesamt erreicht man also knapp 1900 Stimmen[31]. Natürlich benachteiligt das Wahlrecht die Sozialdemokraten. Vor der Wahl bemüht sich auch das ,,Linzer Volksblatt" in seinem Leitartikel ,,Deutschnationale und Sozialdemokratie" mit dem Hinweis auf die von der Deutschen Volkspartei verhinderte Landtags-Wahlreform die antiklerikale Front von Deutschnationalen und Sozialdemokraten aufzuweichen[32]. ,,Auch in Oberösterreich" – schreibt die Zeitung –, ,,wo das sozialdemokratische Blatt noch im Vorjahr unglaublicherweise die Verhinderung der Wahlreform durch die Nationalliberalen billigte, sind heuer die Sozialdemokraten zur Einsicht gelangt, daß man sie getäuscht habe . . . Zur Rache dafür wird die Sozialdemokratie bei den kommenden Landtagswahlen die Deutschliberalen nirgends unterstützen, sondern in allen Wahlkreisen der 3. und 4. Kurie selbständig in die Wahlbewegung eintreten."
Die Reichsratswahlen von 1907, die ersten nach Einführung des allgemeinen gleichen Wahlrechts für diesen Vertretungskörper, bringen den Sozialdemokraten einen unerwarteten Erfolg, den sie allerdings bis zum Ende der Monarchie, also bei den Landtagswahlen von 1909 und den Reichsratswahlen von 1911, nicht mehr wiederholen können. Sie erringen drei der 22 in Oberösterreich zu wählenden Reichsratsabgeordneten und 21.528 Stim-

men von insgesamt 182.789 Wahlberechtigten und 168.413 abgegebenen, gültigen Stimmen. Mit 13,19 Prozent werden sie schlagartig zweitstärkste Partei; sie liegen zwar weit hinter den Katholisch-Konservativen, aber vor den Deutschnationalen[33]. Bei den vorausgegangenen Linzer Gemeinderatswahlen von 1907 sind sie im IV. Wahlkörper mit rund 4500 Stimmen gegenüber 3200 Deutschnationalen und 2000 Christlichsozialen schon die mit Abstand stärkste Partei geworden[34].
Von den Wahlberechtigten Oberösterreichs sind 1907 fast 18.500 Industriearbeiter, 15.000 Arbeiter gewerblicher Kleinbetriebe und rund 5000 Arbeiter bei Bahn und Post, so daß die Sozialdemokraten bereits etwas mehr als die Hälfte der Arbeiter als ihre Wähler zählen können[35].
Das günstige Ergebnis erzielen die Sozialdemokraten vor allem dadurch, daß sie erstmals sichtbar über den Linzer Raum vordringen; so erreichen sie im Wahlkreis Steyr 2036 Stimmen, im Wahlkreis Urfahr-Ried 1982, im Wahlkreis Wels 1866.
Auf Anhieb erringen sie allerdings nur im Wahlkreis Linz III ein Mandat, wo auf Anton Weiguny 4832 Stimmen entfallen. In den so begehrten Wahlkreisen Linz I und Linz II werden Spielmann und Gruber, die beide im ersten Wahlgang sichtbar hinter den deutschnationalen Kandidaten liegen, in der Stichwahl nur mit Hilfe christlichsozialer Wähler gewählt. Das Verhältnis lautet: 17 Christlichsoziale, drei Sozialdemokraten, zwei Deutschnationale. Die Christlichsozialen hatten sich zwar nicht für die Sozialdemokraten, aber gegen die betont antiklerikalen deutschnationalen Kandidaten gewendet, ohne allerdings irgendein Abkommen zu treffen. Auch erhalten die Christlichsozialen keine Gegenleistung. Dementsprechend ist auch die Pressereaktion über dieses weit über Oberösterreich beachteten Wahlergebnisses. Die Wiener ,,Arbeiterzeitung"[36] schreibt: ,,In Oberösterreich ist Linz ganz in unsere Hände gefallen; das rote Linz ist die sozialdemokratischste Stadt Österreichs. Das überraschende Ergebnis haben zweifellos die Klerikalen herbeigeführt . . . originell ist, daß die Linzer Klerikalen als Christlichsoziale (im übrigen Land noch als ,,Katholische Volkspartei") auftreten, daß also formell die Niederlage der Deutschen Volkspartei und der Sieg der Sozialdemokraten von den – Christlichsozialen herbeigeführt wurde." Und die ,,Tagespost"[37]: ,,Das schmachvolle Geschehen in Linz, die schwarz-rote Paarung, durch die die deutschfreiheitlichen Bewerber zu Fall gebracht wurden, hat, wie zu erwarten war, weit über die Grenzen des Kronlandes berechtigtes Aufsehen erregt." Die Zeitung informiert allerdings auch über die vorausgegangenen deutschnational-sozialdemokratischen Gespräche: ,,Man sieht auch, welche lächerliche Don-Quichote-Rolle die Nationalen gespielt hätten, wenn sie auf das seinerzeitige Ansinnen der

Sozialdemokraten (vor der Stichwahl im vierten Wahlkörper) ihre Kandidaten zurückzuziehen, um nicht mit klerikaler Hilfe gewählt zu werden, eingegangen wären." Und es fehlt nicht an hämischen Hinweisen gegenüber dem nunmehrigen Reichsratsabgeordneten Spielmann, daß dieser nun mit klerikaler Hilfe sein Mandat erzielt habe.
Diese Situation wiederholt sich übrigens bei den Reichsratswahlen von 1911, den letzten der Monarchie, nicht. Schon der Wahlkampf befaßt sich vorwiegend mit den letzten Stichwahlen von 1907, wo etwa der „Tagespost"-Leitartikel „Die klerikal-sozialdemokratische Anbiederung"[38]. Der deutschnationale Wahlaufruf wendet sich übrigens nur gegen den stärksten Gegner („gegen die Herrschsucht des Klerikalismus") und erwähnt den erbittertsten Gegner von 1907, die Sozialdemokraten, mit keinem Wort[39]. Erst im Wahlaufruf an die „Reichsratswähler von Linz" liest man: „Keine Stimme den roten Hetzaposteln[39]."
Tatsächlich gelingt es den Deutschnationalen 1911 wieder, die beiden begehrten Wahlkreise Linz I und II gleich im ersten Wahlgang zu erobern; jede Stichwahl wäre ja mit einem ähnlichen Risiko verbunden gewesen wie 1907. Und die Sozialdemokraten erobern nur, wenn auch wieder im ersten Wahlgang, den Wahlkreis Linz III (mit Weiguny). Deutschnationale Reaktion: „Im ersten Anlauf wurden die sozialdemokratischen Vertreter der inneren Stadt hinweggefegt und damit wurde auch der dunkle Schatten des rot-schwarzen Stichwahlkompromisses verscheucht, der in den letzten Monaten das Um und Auf der sozialdemokratischen und klerikalen Partei gewesen war[40]." Das Gesamtergebnis der Reichsratswahlen von 1911 in Oberösterreich (18 Christlichsoziale, drei Deutschnationale, zwei Sozialdemokraten) verdeckt allerdings die Tatsache, daß Oberösterreichs Sozialdemokraten – im Gegensatz zum übrigen Zisleithanien von Wien abgesehen – gut die Stellung gehalten hatten. Sie erzielten 1911 sogar 22.908 von 159.272 abgegebenen gültigen Stimmen oder 14,39 Prozent, womit sie klar zweitstärkste Partei im Land bleiben. Die Sozialdemokraten sind vor allem darauf stolz, daß sie neben den 12.434 Stimmen der sechs Stadtwahlbezirke in den 16 Landgemeindebezirken 10.847 (um 2141 mehr als 1907) gewonnen haben und damit eine „ansehnliche Minderheit" geworden seien.
Schon die Landtagswahlen von 1909 – auch hier die letzten der Monarchie – hatten die sozialdemokratischen Erfolge von 1907 nicht fortgesetzt. Gewiß hatte man sich bei der vorausgehenden Wahlrechtsreform von 1908 nicht entscheiden können, auch hier das allgemeine gleiche Wahlrecht einzuführen. Aber durch die Errichtung der V. Kurie waren praktisch alle Männer wahlberechtigt geworden. Es gelingt immerhin 1909, den ersten Abgeordneten (Hafner) in den Landtag zu bringen.

Adel: Von der Politik in die Verwaltung

Hatte das Jahr 1848 dem feudalen Großgrundbesitzer von seinen vielen Funktionen im Rahmen seiner Grundherrschaft nur die des Ökonomen, und auch die geschmälert, belassen, so zeigt das Jahr 1861 den Adel noch in einer weiteren, vorerst ungeschmälerten Funktion, als Repräsentant der Intelligenz, insbesondere im politischen Bereich und bald auch in dem der Verwaltung.
Es ist allerdings schwierig, im „Adel" einen auch nur relativ einheitlichen Volkskörper zu sehen; dazu sind die Unterschiede auf der einen Seite zwischen dem Hochadel und dem niederen Adel, zwischen Neuadel und Beamtenadel, zu groß, auch die Unterschiede in den einzelnen Familien selbst zwischen jenem Sohn, der den Grundbesitz übernimmt, und den nachgeborenen Kindern. Zweifellos steht mit Beginn des Verfassungsstaates der begüterte Adel abseits vom politischen Getriebe; er hat es gar nicht nötig, sich politisch zu engagieren, widmet sich aber auch nur selten intensiv seinen Besitzungen, um sie zu leistungsfähigen und finanziell abgesicherten Musterbetrieben zu machen. Auch die Errichtung landwirtschaftlicher Industrien auf diesen Großgrundbesitzungen ist in der zweiten Hälfte des vergangenen Jahrhunderts in Oberösterreich – etwa im Vergleich zu Böhmen – eher selten. Der Verkauf landtäflicher Güter erfolgt in Oberösterreich vor und nach 1848 laufend; der häufige Kauf und Verkauf spricht nicht dafür, daß die Führung der landwirtschaftlichen Betriebe das Hauptanliegen des Adels ist[1]. Oft sind auch weitere Besitzungen in anderen Ländern, etwa in Böhmen oder Ungarn, ertragreicher. Der Dienst für den Kaiser, in dessen unmittelbarer Umgebung, im diplomatischen Dienst, beim Militär, für ein einziges Land wie Oberösterreich nur schwer feststellbar, hat meist Vorrang.
Der Adel besteht somit keineswegs nur aus Großgrundbesitzern, wie der Großgrundbesitz auch nicht nur aus Adeligen besteht. Man kann anderseits beobachten, wie liberale Industrielle, Kaufleute und Advokaten nach dem Erwerb landtäflicher Güter begeisterte Auch-Gutsbesitzer werden. Die miterkaufte Wahlberechtigung in der Wählerklasse des Großgrundbesitzes ist gelegentlich Hauptzweck, manchmal auch eine willkommene Begleiterscheinung[2].
Tatsächlich liegt in der Wählerklasse des Großgrundbesitzes der Anteil des adeligen Großgrundbesitzes fast immer unter der 50-Prozent-Grenze. Übrigens ist auch der Anteil der Kirche, und zwar keineswegs nur der geistlichen Stifte, sondern auch zahlreicher Pfarren, am landtäflichen Grundbe-

sitz nicht unbeträchtlich und schwankt zwischen 20 und 30 Prozent. Eine Erhöhung der Grundsteuer durch die Liberalen hat für Oberösterreich übrigens auch die Begleiterscheinung, daß neben bürgerlichen Besitzern landtäflicher Güter auch mehr Pfarren in der Kurie des Großgrundbesitzes wahlberechtigt werden.

In allen elf Legislaturperioden des Landtages der Monarchie (1861 bis 1914) spielt der Adel, also die adeligen Eigentümer landtäflicher Güter, daneben die von den politischen Gruppen nominierten adeligen Politiker, schließlich auch die, die um kandidieren zu können, von irgendeiner Gemeinde Oberösterreichs zum Ehrenbürger ernannt worden waren, eine nicht ungewichtige, wenn auch schrittweise bescheidener werdende Rolle.

Der auf einen Erwerb angewiesene und keineswegs unabhängige Adel – und das ist die Mehrheit – ist natürlich den politischen Strömungen und den politischen Machtpositionen gegenüber anfälliger als der besitzende Adel und fast anfälliger als das neue Besitz-Bürgertum.

Eine nicht gerade adelsfreundliche Stimmung in Oberösterreich knapp nach 1848 erkennt man daraus, daß die in den Raum gestellte Möglichkeit, dem bisherigen Grundherrn in der jeweiligen Gemeinde eine Virilstimme zu gewähren, in Oberösterreich gar nicht diskutiert wird[3].

Wider Erwarten ist die Präsenz des Adels im oberösterreichischen Landtag von 1861 beachtlich hoch, in den ersten Landtagen sinkt die Zahl der Adeligen nie unter zehn Abgeordnete, macht also durchwegs 20 oder mehr Prozent der Landtagsabgeordneten aus. Unter den elf Adeligen des ersten Landtages (1861 bis 1867) befindet sich allerdings nur ein Mitglied des Hochadels, Franz Graf St. Julien. Übrigens ist 1861 der Adel noch in sämtlichen Wählerklassen vertreten: in der Großgrundbesitzer-Kurie neben Graf St. Julien noch durch Ritter von Peßler. Bei den Kammervertretern findet man durch mehrere Legislaturperioden Dr. Figuly von Szep, in den städtischen Wahlkreisen nur Dr. von Kremer und in den Landgemeinden Dechant von Pflügel. Im Landesausschuß ist der Adel mit drei Vertretern (von Hayden, von Szep, von Peßler) ebenfalls gut präsent[4].

Im zweiten Landtag (1867 bis 1870) ist der Adel sogar noch stärker vertreten; fast könnte man meinen, er habe die Scheu und Abscheu vor demokratischen Einrichtungen verloren, er sei sich einer Führungsrolle noch immer bewußt. Es ist insbesondere der hohe Adel, der sich stärker engagiert: Rudolf Graf Kinsky, Julius Graf Falkenhayn neben dem schon bekannten Eckbrecht Graf Dürckheim (und neben den Freiherrn Handel und Weichs, Ritter von Hayden und Ritter von Peßler) – allein in der Kurie des großen Grundbesitzes. Er dominiert hier übrigens ganz ungewohnt – und weit über seinen Anteil unter den Wahlberechtigten des Großgrundbesitzes hinaus.

Er besetzt hier sieben der zehn Mandate, die übrigen Vertreter sind zwei Äbte und der jüdische Grundbesitzer Ferdinand Wertheim. In den anderen Wählerklassen spielt der Adel 1867 aber eine untergeordnete Rolle: von Szep in der Wählerklasse der Kammer, keiner in der von den Liberalen beherrschten Wählerklasse der Städte und ein einziger in der der Landgemeinden. Im Landesausschuß ist der Adel mit einem Mitglied (Ritter von Peßler) schwach vertreten.

Der zweifellos unfreiwillige Rückgang adeliger Vertreter in der oberösterreichischen Politik erfolgt schrittweise und stufenweise. Schon ab 1878 sind Adelige nur noch in der Wählerklasse des Großgrundbesitzes stark vertreten; in den Wählerklassen der Städte, der Handelskammer und der Landgemeinden nur noch sporadisch – hier handelt es sich überwiegend um prominente Liberale, die geadelt worden waren, bis hin zum liberalen Landeshauptmann, dem späteren Ritter von Eigner. Nach dem Ausscheiden des Volksvereinspräsidenten Grafen Brandis (1896), der vor allem in der Wählerklasse der Landgemeinden kandidiert hatte, beschränkt sich eine adelige Vertretung auf die Wählerklasse des Großgrundbesitzes, wo gleichzeitig immer stärker der Hochadel in Erscheinung tritt. So ist in der Wahlperiode 1902 bis 1908 neben zwei Freiherrn und drei Grafen erstmals ein Fürst (Starhemberg) vertreten; dem letzten, 1909 gewählten Landtag gehören ein Ritter, vier Grafen und Fürst Starhemberg an.

Unter den 10, 17, 20 und schließlich 22 Oberösterreichern im Wiener Abgeordnetenhaus sind Adelige unterschiedlich stark vertreten; am wenigsten 1861 (1), jeweils vier adelige Reichsratsabgeordnete scheinen in den Legislaturperioden von 1867 bis 1870, 1871, 1871 bis 1873, 1873 bis 1879, 1879 bis 1885 auf. In der Legislaturperiode 1885 bis 1891 sind es sogar fünf, die alle Wählerklassen, abgesehen die der Handelskammer, vertreten. Zwischen 1897 und 1901 und zwischen 1901 und 1907 sind es nur noch jeweils zwei – jetzt nur noch aus der Wählerklasse des Großgrundbesitzes. Mit Einführung des allgemeinen gleichen Wahlrechtes 1907 verschwinden oberösterreichische Adelige ausnahmslos aus dem Abgeordnetenhaus. Auch die Katholische Volkspartei und die nachfolgenden Christlichsozialen stellen keine Abgeordneten aus dem Adel mehr auf, so daß weder 1907 noch 1911 in Oberösterreich adelige Kandidaten gewählt werden. Jetzt sind unter den 472 Abgeordneten insgesamt noch 28 Adelige, das sind sechs Prozent, unter ihnen allerdings 21 Polen[5].

So einfach das Ausmaß der Präsenz des Adels im Landtag und im Abgeordnetenhaus des Reichsrates insgesamt anzugeben ist, so schwierig ist die parteipolitische Charakterisierung des Adels, wobei eine vereinfachende Wertung als ,,konservativ" zumindest für die Anfänge der konstitutionellen Epoche ebenso oberflächlich wie falsch wäre. Dazu ändert sich die politische Landschaft Österreichs und Oberösterreichs zwischen 1861 und 1914 mehrfach – und mit ihr auch viele politische Ansichten mancher Adeliger. Und das ergibt sehr oft gerade beim Adel ein verwirrendes Bild, wenn etwa Vater und Sohn anderen politischen Gruppen angehören, ja wenn etwa zwei Brüder anderen politischen Richtungen zuzuzählen sind (wie etwa die beiden Oberösterreicher Friedrich und Karl, Freiherr von Weichs). Während ab 1902 Ernst Rüdiger Fürst Starhemberg prominentestes konservatives Mitglied der Kurie des Großgrundbesitzes ist, besiegt 1870 in der Wählerklasse der Städte der verfassungstreue Kamillo Graf Starhemberg nur knapp mit 168 zu 141 Stimmen Kooperator Trauner von Eferding. Es kommt aber auch vor, daß ein und derselbe Adelige einmal in der Gruppe der „Liberalen" bzw. „Verfassungstreuen" aufscheint, dann wieder als Konservativer gewertet werden muß.

In den ersten Jahrzehnten nach 1861 sind die Liberalen die politische Macht im Lande; mehr noch: sie präsentieren sich als die einzigen Vertreter einer modernen, aufgeklärten Zeit gegenüber Römlingen und Finsterlingen. Insgesamt sind aber die Liberalen, von ein paar Paradeadeligen abgesehen, zu denen etwa die beiden Brüder Auersperg gehören, am Adel wenig interessiert. Die Liberalen benötigen gar keine zusätzliche Intelligenz, sie haben selbst genug und oft zuviel, was innerparteilich zu zahlreichen Schwierigkeiten führt. Übrigens ist ja auch die lang ersehnte Zeit gekommen, da der liberale Bürger selbst das Heft in die Hand nehmen will, und die Macht will er keineswegs mit dem Adel teilen. Aber man überläßt dem liberalen Adel, der sich gern „verfassungstreu" nennt, gern die Kurie des Großgrundbesitzes und hat ihn hier lieber als Prälaten oder Geistliche. Gelegentlich, wie ab Dezember 1871, teilen sich Adel und besitzende Großbürger diese Kurie im Verhältnis 6:4 unter völliger Ausschaltung kirchlicher Großgrundbesitzer. Diese Liberalen sind stolz auf ihre Leistung, stolz auf ihre Steuer, mit der sie das Wahlrecht gekoppelt haben. Aber manches aus dieser aufklärerischen und liberalen Weltanschauung gefällt, ja imponiert auch dem Adel, auch dem hohen Adel. Dann ist ja das Bekenntnis zu Verfassung, zu liberalen Ideen, modern und viele Adelige wollen auch modern sein.

In den Anfangsjahren kommt es aber auch zu manchen politischen Kämpfen liberaler Bürgerlicher mit konservativen Adeligen. Für die Konservativen ist es besonders bitter, als im Dezember 1871 der bisherige Landeshauptmann Graf Falkenhayn im Landgemeindewahlkreis Gmunden vom liberalen Sensengewerke Haslinglehner aus Scharnstein besiegt wird.

Als dann ab 1870 die Konservativen immer stärker in der Kurie der Landgemeinden Fuß fassen, diese bald völlig beherrschen und darüber hinaus noch vereinzelte Städtemandate erlangen, da wird es klar, daß die Kurie des Großgrundbesitzes das Zünglein an der Waage wird. Mag auch diese Wählerklasse nicht mit dem landständischen Adel identisch sein, so beginnt nun das Ringen vor allem um diese Wählerklasse – mit fairen und unfairen Mitteln. Und das Ausschalten kirchlicher Würdenträger in dieser Kurie durch die Liberalen seit 1868 mag manchem Adeligen gefallen haben – hätten nicht liberale Bürgerliche, vor allem Advokaten, damit begonnen, landtäfliche Güter zu kaufen und damit in der Klasse des großen Grundbesitzes wahlberechtigt zu werden. Immer häufiger scheint neben der Bezeichnung „Hof- und Gerichtsadvokat" auch die eines „Gutsbesitzers" auf.

Der liberal-politische Verein tut sich allerdings nach den ersten beiden Landtagsperioden (1861 bis 1867 und 1867 bis 1870) in seiner Argumentation schwer. Während er in der Wahlpropaganda bei den Landgemeinden und Städten eher adelsfeindlich auftritt, insbesondere den Bauern gegenüber, und erklärt, Stifte, Klerus und Adel hätten bis 1848 die Bauern rücksichtslos ausgenützt, muß er in der Schlußphase der sich meist zwei Wochen hinziehenden Wahlen, wenn die Wahl der Wählerklasse des Großgrundbesitzes traditionell als letzte durchgeführt wird, eine radikale Kehrtwendung machen und plötzlich den Adel als Mitstreiter der liberalen Intelligenz hofieren. So heißt es etwa in einem „Wort an die Wähler aus dem Großgrundbesitz"[6] im Jahre 1870: „Die gleiche Gesinnung, wie sich selbe in den Städten und Industrialorten in so glänzender Weise manifestiert [daß die Intelligenz zu Verfassung und Reich steht], hofft Oberösterreich auch von seinen Großgrundbesitzern bestätigt zu sehen. Der Großgrundbesitz – man vermeidet die Bezeichnung Adel – hat besonders im gegenwärtigen Momente eine großartige, entscheidende Mission, in seine Hände ist es gelegt, ob der oberösterreichische Landtag in seiner Majorität im klerikal-reaktionären oder verfassungstreuen Fahrwasser sich bewegen wird . . . Der Großgrundbesitz ist der Träger der Intelligenz und als solcher wird sich derselbe in unseren Tagen der Aufklärung und des allgemeinen Fortschrittes nicht dazu erniedrigen als Helfershelfer zu dienen, um Österreich wieder in geistige Finsterniß zurückzuschrauben, den unfehlbaren Papst und seine willenlose Knechte zu unumschränkten Herren über Land und Volk zu machen . . ."

Zwischen 1870 und 1896, also innerhalb von 26 Jahren, sind die zehn Mandate des Großgrundbesitzes erst für die Liberalen, dann die Konservativen (ab 1884) wahlentscheidend. So verhilft der Großgrundbesitz (nachdem Oberösterreichs Statthalter Hohenwart Ministerpräsident geworden war) 1871 den Konservativen vorübergehend, 1884 dann endgültig, zum Sieg. Waren in den ersten beiden liberalen Landtagen (1861, 1867) ausschließlich

liberale Vertreter in der Wählerklasse des Großgrundbesitzes gewählt worden, so vertreten in den letzten Landtagen nur Konservative den Großgrundbesitz. Zwischendurch ist die Wählerklasse des Großgrundbesitzes zum Teil auf Grund einer normalen Wahl, zum Teil auf Grund von Kompromissen verfassungstreu-konservativ gemischt. Zuletzt, so wird kolportiert, aber von den Konservativen heftig bestritten, habe sich sogar die Krone für einen Kompromiß in dieser Wählerklasse eingesetzt. Da aber die Kurie des Großgrundbesitzes so lange Zünglein an der Waage ist, sind die Abstimmungen und Kämpfe hier kaum harmloser als die Wahlkämpfe in den anderen Wählerklassen.
Anders als die Liberalen verfügen die Konservativen noch durch Jahrzehnte über eine sehr dürftige Führungsschicht. Ab 1861 steht eigentlich nur der Klerus zur Verfügung und man würde weitere Intelligenz dringend benötigen, fürchtet aber, daß eine zu starke Präsenz des Adels an die Zeit vor 1848 erinnern würde, also an die von den Liberalen in den schwärzesten Tönen gemalte alte Zeit der Grundherrschaft. Bald aber zeigt sich, daß das Dilemma mit dem Adel schwieriger für die Liberalen als für die Konservativen ist.
Tatsächlich ist der Adel im Führungsgremium des Katholischen Volksvereins und der politischen Gruppe der Katholisch-Konservativen stärker vertreten als bei den Liberalen. Insbesondere der Obmann des Katholischen Volksvereins während der ersten 21 Jahre, Graf Brandis, gehört dem (unbegüterten) Adel an und wird, angesichts der eher bescheidenen Honorierung politischer Funktionen in diesen Jahren, angesichts seiner Verarmung direkt ein Problem für den Katholischen Volksverein – gewiß auch deshalb, weil er sich strikt weigert, eine Entlohnung von der Partei entgegenzunehmen[7].
Sehr bald muß der Katholische Volksverein auch feststellen, daß gerade initiative und eigenwillige Kräfte des Adels sich schwer einer politischen Gruppe unterstellen. So tritt etwa Karl Freiherr von Weichs, Gutsbesitzer in Walchen und Bruder des langjährigen liberalen und betont nationalen Landtagsabgeordneten Friedrich Freiherrn von Weichs, im Oktober 1870 wegen politischer Bedenken aus dem Katholischen Volksverein aus[8]. Und 1884 trennt sich der Katholische Volksverein seinerseits von Weiß von Starkenfels, jenem Mann, der 1869 die ersten Satzungen des Vereins entworfen hat.
Eine ungewöhnliche Rolle spielte der Adel, wenn auch nur für wenige Monate, im Jahre 1871. Die konservative Mehrheit im Landtag ist in erster Linie dem konservativen Adel zu verdanken, insbesondere Graf Hohenwart, der eine Sammlung konservativer Kräfte in Oberösterreich – wenn auch mit nur

kurzfristigem Erfolg – erprobt. Kern[9] spricht davon, daß sich erstmals der Großgrundbesitz in drei Parteien geteilt habe; das „Linzer Volksblatt"[10] berichtet allerdings, daß sich eine „Mittelpartei" gegründet habe, die mit den Konservativen ein Wahlbündnis geschlossen habe, weshalb sich die „Ultras" nicht mehr an der Wahl beteiligen. Tatsächlich kommt es zu einem Kompromiß zwischen dem konservativen Großgrundbesitz (Coudenhove, Hayden, Falkenhayn, Pereira-Arnstein) mit den Liberalen (Dürckheim-Montmartin, Handel, Seyrl, Camillo Starhemberg) mit dem Erfolg, daß eine liberal-konservative Einheitsfront im Adel gemeinsam mit dem Klerus die liberalen bürgerlichen Großgrundbesitzer, die das „Linzer Volksblatt" vermutlich „Ultras" bezeichnet, an die Wand drückt.
Unmittelbar nach der ersten und für die Konservativen gleich recht erfolgreichen direkten Reichsratswahlen von 1873 kommt es im Zusammenhang mit der vierten Generalversammlung des Katholischen Volksvereins zu der schon erwähnten Trennung vom Landtags- und Reichsratsabgeordneten Viktor Weiß von Starkenfels, den Kern als „große Begabung", aber auch „schwierige Herrschernatur" wertet. „Er vertrug nicht, daß der Volksverein nicht nach seinem Willen allein geleitet wurde. Dabei war er kein kluger Taktiker." Starkenfels wollte vor allem, daß die oberösterreichischen Konservativen nicht den Reichsrat beschicken. Er hatte auch Differenzen mit dem Schriftführer des Volksvereins, Scheibelberger, der ganz „ein Mann des Volkes" war, während Starkenfels im Land nur wenig Anklang fand[11]. Nach dem Ausscheiden von Graf Brandis und nach der Trennung von Weiß von Starkenfels spielt der Adel in der Führung der Katholischen Volkspartei keine wesentliche Rolle mehr. Das Murren gegen manche Adelige und ihre Aktionen nimmt zu, so gegen den Kompromiß in der Kurie des Großgrundbesitzes bei den Landtagswahlen von 1902, wodurch die „Verfassungstreuen" zwei Mandate erhalten hatten. „Man wird begreifen", schreibt das „Linzer Volksblatt", „daß die Katholische Volkspartei, die ihre Mandate im härtesten Kampfe erobern mußte, es schwer empfindet, wenn im Großgrundbesitz Mandate sozusagen verschenkt werden"[12].
1909, nach Einführung einer allgemeinen Kurie auch bei Landtagswahlen, also nach Einführung des allgemeinen, wenn auch nicht gleichen Wahlrechts, bedeutet der Triumph der siegreichen Christlichsozialen, die 47 der insgesamt 70 Mandate erreichen, gleichzeitig auch ein Aufatmen, nicht mehr vom Großgrundbesitz abhängig zu sein. Man kann darauf verweisen, auch ohne den Großgrundbesitz die absolute Landtagsmehrheit zu besitzen, mit dem Großgrundbesitz sogar eine Zweidrittelmehrheit. Diese Zweidrittelmehrheit nützt in dieser Situation allerdings nichts, denn für eine Wahlreform auf Landtagsebene – etwa durch Einführung des allge-

meinen, gleichen Wahlrechts wie bei den Reichsratswahlen – ist der Großgrundbesitz und ist der Adel nicht zu haben: hier liegen ja die allerletzten Reste ihrer politischen Position.
Die härteste Auseinandersetzung zwischen Katholischer Volkspartei und Teilen des Adels war allerdings schon zwei Jahre vorher erfolgt, bei den ersten Reichsratswahlen nach Einführung des allgemeinen gleichen Wahlrechts 1907 und am Vorabend der Umbenennung der Partei und der offiziellen Zusammenarbeit mit den Christlichsozialen. Natürlich spielt dabei auch die Verstimmung der alten Konservativen eine Rolle, Hand in Hand damit aber zweifellos auch die Tatsache, daß die Katholische Volkspartei nach Abschaffung der Wählerklassen (Kurien) im Bereich der Reichsratswahlen keinen einzigen Adeligen mehr aufstellt. So bewirbt sich 1907 neben den Kandidaten der Katholischen Volkspartei im Wahlbezirk Waizenkirchen als „Selbständiger Konservativer" Botho Graf Coreth; die Kandidatur des „Selbständigen" Grafen Attems, des damaligen Bezirkshauptmannes von Linz, als Kandidaten des Wahlbezires Urfahr-Leonfelden-Ottensheim wird vermutlich nur durch Pressepolemiken der Katholischen Volkspartei verhindert.
Bei Coreth (Waizenkirchen) ist die Katholische Volkspartei insofern in einer schwierigen Lage, als sie in diesem ländlichen Wahlkreis einen Gewerbetreibenden (Schachinger) aufstellt und Graf Coreth als bäuerlicher Vertreter aufscheint und vom Bauernverein, der sonst alles andere als adelsfreundlich ist, indirekt dadurch unterstützt wird, als er in diesem Wahlkreis keinen eigenen Kandidaten aufstellt, um eine Zersplitterung der gegen den katholischen Kandidaten gerichteten Kräfte zu verhindern. Mag auch Graf Coreth weder 1907 noch auch 1911 durchdringen, so zeigen die Attacken der Katholischen Volkspartei und des „Linzer Volksblattes" deren Sorgen deutlich und sind bezeichnend für die gewandelte Rolle der Katholischen Volkspartei zum Adel, auch wenn man vorsichtig differenziert: „Wer ist Graf Coreth?" – schreibt die Zeitung. „Wir kennen ihn nicht näher. Er gehört nicht zu unserem einheimischen Adel, der größtenteils treu zur konservativen Sache hält. Er hat sich vor mehreren Jahren (1897) in unserem Land niedergelassen, um unsere Partei hat er sich früher nicht gekümmert. Er ist nicht Mitglied des Katholischen Volksvereins." Die Zeitung verweist darauf, daß sich Coreth mehrmals um ein Mandat beworben, aber von den zuständigen Parteigremien nicht gewählt worden sei. Schließlich schreibt die Zeitung: „Da er sich selbst katholisch-konservativ bezeichnet, so wäre es unhöflich, nach seiner Gesinnung zu fragen. Wohl aber fragt man sich, warum er, wenn er wirklich katholisch-konservativ ist, nicht Parteidisziplin hält und die Einigkeit im katholischen Lager stört? Der Herr Graf hätte jetzt

zum erstenmal Gelegenheit, seine katholisch-konservative Gesinnung öffentlich zu erproben und die Partei hätte ihm dies gewiß nicht vergessen ... Welches sind die Verdienste des Grafen Coreth? Hier ist noch weniger bekannt, als über die Person des Grafen[13]." Und nach der Unterstützung des katholisch-konservativen selbständigen Kandidaten Coreth durch die liberal-nationale „Tagespost"[14] schreibt das „Linzer Volksblatt" nur noch vom „,Tages-Post'-Grafen" und man stellt auch den Bericht der Deutschnationalen Korrespondenz" in Wien heraus, die von einem „Geist der Rebellion im klerikalen Lager" spricht[15].
Leichter als im Raum Eferding-Waizenkirchen tut sich die Katholische Volkspartei im Wahlbezirk Urfahr-Leonfelden-Ottensheim; sie faßt auch den möglichen selbständigen konservativen Kandidaten Attems sanfter an: „Herr Graf Attems hat bisher die Zustimmung zu seiner Kandidatur noch nicht gegeben" – eine Formulierung, aus der man entnehmen kann, daß es sich bei den konservativen Initiativen des Jahres 1907 um eine organisierte Aktion von Teilen des Adels gegen die Kandidaten-Aufstellung der Katholischen Volkspartei handelt. Und weiter: „Es fällt seiner feinfühligen Natur vielleicht schwer, als Graf und Bezirkshauptmann einem Arbeiter den Weg in den Reichsrat zu verstellen. Aber er scheint auch den Versprechungen der ‚Tagespost' keinen besonderen Glauben zu schenken. Er tut wohl daran[16]."
Als dann Graf Attems erklärt, auf die „von vielen Seiten und zu wiederholtenmalen erfolgten Einladung, als Reichsratsabgeordneter zu kandidieren", nicht einzugehen, weil „die Frage der Kandidatur tiefgehende Spaltungen in der Bevölkerung des Bezirkes hervorzurufen droht"[17], spricht die „Tagespost" von „Pression". Der Hinweis von Attems, daß er, wie immer die Wahl ausgehen möge, nicht mehr an der Spitze des politischen Bezirkes Urfahr bleiben könne, sei „ein Fall von Pression". Sehr hart dazu die „Volksblatt"-Antwort: „Und was unsere Partei anbetrifft, so konnte es für unsere Arbeiterkandidatur (Fuchs) keine erwünschtere Folge ergeben als die Gegenkandidatur eines Bezirkshauptmannes[18]."
Im Zusammenhang mit diesen Adels-Kandidaten kann aber nicht nur das „Linzer Volksblatt", sondern auch der aufstrebende Mann der Katholischen Volkspartei, Hauser, einen gegen den Adel gerichteten Unterton nicht unterdrücken: „Beim allgemeinen Wahlrecht gibt es keinen Unterschied zwischen Graf und Arbeiter (anhaltender Beifall), kein Kandidat darf ausgeschlossen werden, wir sind eben eine Volkspartei[19]."
Schon hier und jetzt, nicht erst nach 1918, zeichnen sich die späteren unübersehbaren Spannungen zwischen Landeshauptmann Hauser und einem Teil des oberösterreichischen Adels ab.

So wird bei den nächsten Reichsratswahlen 1911, den letzten der Monarchie, nicht nur Coreth für den Wahlkreis Eferding neuerlich aufgestellt, wo er wesentlich weniger Stimmen als 1907 erhält (292 statt 2397). Im Wahlkreis des inzwischen zum Landeshauptmann gewählten Johann Nepomuk Hauser, im Wahlkreis Freistadt-Pregarten-Unterweißenbach, kandidiert – hier als selbständiger christlicher (wenn auch nicht konservativer) Kandidat – Ludwig Ritter von Polzer-Hoditz. Neuerlich stellt der nationale Bauernverein keinen eigenen Kandidaten in diesem Wahlkreis auf, aber Hoditz unterliegt gleich im ersten Wahlgang mit einem Stimmenverhältnis von 2453 zu 5435.

Zusammenfassend muß gesagt werden, daß die Zahl der in den Jahren zwischen 1869 und 1909 von den Liberalen aufgestellten und gewählten adeligen Kandidaten (61) nicht unwesentlich größer waren als die von den Katholisch-Konservativen aufgestellten (47).

Bei den Liberalen wie bei den Katholisch-Konservativen sieht man ein differenziertes und wechselndes Verhältnis zum Adel, wobei dieser gelegentlich als „notwendiges Übel" gewertet wird, oder auch als „Aufputz", von dem man später nicht ohne weiteres sagen kann, ob dieser positiv oder negativ wirkt. Anders ist dies bei der jüngeren politischen Gruppe, den Deutschnationalen. Auch diese sind auf den Adel nicht angewiesen. Die mit ihren nationalen Ideen aus den Universitäten Wien und Graz kommende Intelligenz ist selbstbewußt und benötigt keine andere Führungsschicht; unter ihren Kandidaten befinden sich nie Adelige; sie rümpfen nicht nur im politischen Bereich die Nase über den Adel: sie kritisieren heftig die starke Präsenz des Adels auch in der Verwaltung, etwa in einem Leitartikel der von Dr. Beurle herausgegebenen „Linzer Montagspost", die anstelle eines Titels nur eine Grafenkrone trägt[20].

Aber schon früher ist diese Aversion – hier vorwiegend auf Wiener Boden – sichtbar. Als die Liberalen das Ministerium Windischgrätz als „Sieg des bürgerlichen Elements" bezeichnen, widmen ihnen nationale Abgeordnete folgenden Vierzeiler:

> „Ein Fürst, drei Grafen, ein Marquis,
> Ein Edler von, zwei Herr'n von ski,
> Das beweist zur Evidenz
> Den Sieg des bürgerlichen Elements."

Naturgemäß ist auch der Bauernverein überwiegend gegen den Adel eingestellt. Er fühlt sich ja als Nachfolger der Rebellen der Bauernkriege, insbesondere eines Fadingers. 1907 und 1911 unterstützt man allerdings konservative Adelige, die als ,,selbständige Kandidaten" gegen die der Katholischen Volkspartei und der Christlichsozialen auftreten (Coreth, Polzer-Hoditz), gewiß nicht primär, um diesen zu nützen, sondern den Christlichsozialen zu schaden. Entsprechend ist auch die Wertung der Wählerschicht von Coreth nach den Reichsratswahlen von 1907 durch das ,,Linzer Volksblatt": ,,Wenn man die Stimmen des Bauernvereins und der Protestanten abrechnet, so steht der Graf mit den wenigen hundert Stimmen, die er aus dem katholischen Lager mit sich riß, geradezu jämmerlich da . . .[21]."

Der Adel verliert seine politische Position innerhalb der oberösterreichischen Reichsratsvertreter 1907. Keine der damaligen fünf politischen Gruppen (Katholische Volkspartei, Liberale, Deutschnationale, Bauernverein, Sozialdemokraten) stellt einen Adeligen auf; von den selbständigen adeligen Kandidaten wird keiner gewählt. Im Abgeordnetenhaus von 1907 sind allerdings noch 29 Adelige (von 516 Abgeordneten) und in dem von 1911 noch 28 Adelige vertreten. Der Anteil macht knapp sechs Prozent aus. Kompensiert wird diese Schwächung durch das weithin vom Adel beherrschte Herrenhaus[22].

Im Landtag, wo die Kurien bis 1918 erhalten bleiben, ist der Adel seit 1897 nur noch in der Kurie des Großgrundbesitzes vertreten, 1897 mit fünf Vertretern, 1902 ebenfalls mit fünf und im letzten Landtag von 1909 mit sechs. Das entspricht ziemlich genau dem adeligen Anteil in der Wählerklasse des Großgrundbesitzes. Im letzten, 1909 gebildeten Landesausschuß sitzt noch ein Adeliger, Georg Friedrich Graf Dürckheim-Montmartin als Vorsitzender-Stellvertreter; er ist einer von acht Mitgliedern des Landesausschusses. Spielt also der Adel in der Landespolitik vor allem ab 1896 eine immer bescheidenere Rolle, so nimmt der Einfluß des Adels – und hier insbesondere auch des hohen Adels – in der Verwaltung, und zwar ausschließlich in der ,,politischen Verwaltung" (Statthalterei, Bezirkshauptmannschaften) zu, ja ist bald dominierend[20].

Nach Durchführung der Verwaltungsreform und Konsolidierung der Bezirkshauptmannschaften ist hier 1869 das bürgerliche Element noch durchaus führend. Unter den zwölf Bezirkshauptmannschaften finden sich nur vier adelige Bezirkshauptleute, die überdies überwiegend dem kleinen Beamtenadel angehören (Linz: Moriz von Mayfeld; Schärding: Leopold Tausch von Glöckelsthurm; Ried: Rudolf Edler von Sonnleitner; Vöcklabruck: Sigmund Freiherr von Handel), aber acht Bezirkshauptleute sind Bürgerliche. Immerhin sieht man schon jetzt bei der Installierung dieser Bezirkshauptmannschaften das starke Interesse des Adels, auch von Söhnen

Bevorzugt: Dienst bei Bezirkshauptmannschaften 251

des Hochadels, denn unter den jüngeren Beamten, den Bezirkskommissaren und Konzeptsadjunkten findet man in Oberösterreich etwa Otto Graf Seau, Daniel Graf Esterhazy, Hugo von Hebenstreit, Oswald Graf Wolkenstein, Josef Freiherr von Odelga, Friedrich Graf von Montecucolli-Laderchin und andere.

Ähnlich ist die Situation bei der Statthalterei unter Statthalter Graf Hohenwart (1869): unter den 38 Bediensteten (einschließlich Dienstgehilfen und Portier) sind sämtliche vier Beamte der I. und II. Dienstklasse Adelige, dazu fünf der zwölf Konzipienten und Adjunkten.

31 Jahre später, im Jahre 1900, ist die Situation schon gewandelt: sieben Bezirkshauptleute sind Adelige und fünf Bürgerliche. Dazu sind bei den zwölf Bezirkshauptmannschaften 21 weitere Adelige beschäftigt; am meisten bei der Bezirkshauptmannschaft Gmunden (Julius Graf Salburg, Leo Ritter Pichler von Tenneberg, Graf Walderdorff). Lediglich bei der Bezirkshauptmannschaft Freistadt sind weder Bezirkshauptmann noch Konzeptsbeamte adelig[23].

Bei der Statthalterei (Statthalter Freiherr von Puthon) gibt es 1900 unter den 15 leitenden Beamten zehn Adelige, unter ihnen drei Grafen. Unter den fünf Konzipienten und Praktikanten sind drei Adelige[23].

Was macht diese „Politische Verwaltung" – sogar in der Instanz der Bezirkshauptmannschaft – so beliebt? Vermutlich das relativ selbständige Aufgabengebiet eines Bezirkshauptmannes, die alles in allem recht einflußreiche Stellung; vielleicht auch die Möglichkeit, das gewohnte Landleben weiterzuführen.

Die Entwicklung wird übrigens bis zum ersten Weltkrieg keineswegs abgebremst. So sind 1914 in den nunmehr 15 oberösterreichischen Bezirken sechs Bezirkshauptleute Bürgerliche, aber neun Adelige, unter ihnen Julius Graf Salburg (Gmunden), Eduard Graf Walderdorff (Grieskirchen), Hermann Graf Attems (Linz); insgesamt wirken nicht weniger als 27 Adelige als juristisch vorgebildete Beamte bei diesen 15 Bezirkshauptmannschaften; in Gmunden sind es nicht weniger als vier, in Grieskirchen, Eferding, Freistadt, Urfahr und Steyr jeweils zwei, in Kirchdorf und Linz sind es drei. Gemeinsam mit den 13 Adeligen, die sich unter den 24 leitenden Beamten der k. k. Statthalterei (unter Erasmus Freiherr von Handel) und den vier unter den sechs Konzipienten und Praktikanten befinden, ist dies bei Kriegsbeginn die mit Abstand höchste Zahl.

So betrachtet erscheint es dann nur selbstverständlich, daß sämtliche 15 Statthalter, die zwischen 1861 und 1918 in Oberösterreich wirken, Adelige sind, wenn auch hier der niedere und mittlere Beamtenadel stark dominiert[25].

Mögen bei der Einstellung von Adeligen Beziehungen eine nicht untergeordnete Rolle spielen, beim Avancement vor allem in die Spitzenfunktionen sind Beziehungen allein zu wenig. Und gerade für Oberösterreich kann als Musterbeispiel angeführt werden, daß etwa der Untergebene von Statthalter Philipp Freiherr Weber von Ebenhoch Prinz Metternich-Winneburg als „Hofrat mit dem Titel eines Statthalterei-Vizepräsidenten" ist[26].

Drei Phasen von Zeitungsgründungen

Nicht erst das Jahr 1848, das Jahr der Pressefreiheit, wird zum Gründungsjahr der Presse in Oberösterreich. Schon rund vier Menschenalter vorher war die ,,Linzer Zeitung" gegründet worden, die im Verlauf ihrer Geschichte immer wieder einen Wandel vom amtlichen Nachrichtenblatt des Landes mit enggezogenen Grenzen bis zu einer normalen Wochen- und Tageszeitung mit einem stark ausgebauten Teil amtlicher Verlautbarungen macht[1]. Daneben gibt es, ebenfalls schon vor 1848, zeitungsähnliche Organe, die ausschließlich oder vorwiegend der Unterhaltung dienen. Das Jahr 1848 führt dazu, daß schon bestehende Organe auch politische Nachrichten und Kommentare bringen und andere vorwiegend zu diesem Zweck gegründet werden. Das Interesse der Bevölkerung ist größer als die Zahl fähiger Redakteure und tatsächlich sind es meist die Drucker, gelegentlich auch die Politiker selbst, die ihre Zeitungen machen.
Es sind in diesem Jahr 1848 keineswegs nur liberale, sondern auch stark katholisch-konservative Initiativen im Bereich der Presse spürbar. Ende 1848 stellen schon vier liberale Zeitungen ihr Erscheinen ein und nur zwei bleiben bestehen. 1849 kommen allerdings noch zwei Neugründungen hinzu. Aber das neue Pressegesetz von 1849, das für politische Organe eine Kaution einführt, hat zur Folge, daß im selben Jahr zwei liberale und eine katholische Zeitung ihr Erscheinen einstellen. Die einzige Zeitungsgründung des Jahres 1848, die weiter – und zwar bis 1907 – bestehen bleibt, sind die ,,Katholischen Blätter für Glaube, Freiheit und Gesittung".
In der nachfolgenden neoabsolutistischen Zeit verschwinden zwar Zeitungen nicht ganz, wohl aber ihr politischer Inhalt. Sie sind wieder reine Unterhaltungsblätter, für die Drucker, die ihretwegen auch keine oder möglichst wenig Risiken eingehen wollen, reine Kommerzunternehmen. Diese ,,belletristischen Wochenblätter" haben aber durchwegs einen liberalen Anstrich. Nach einer Verschärfung der Pressesituation durch die Preßordnung von 1851 bringt das Preßgesetz von 1862 neuerlich weitgehende Pressefreiheit, wenn auch die Berichte der Bezirkshauptleute und der Statthalter – teilweise sogar an den Ministerpräsidenten – die schwache und politisch wie finanziell permanent gefährdete Situation der oberösterreichischen Presse aufzeigen. Drastische Geldstrafen gehen oft genug an den Nerv dieser Zeitungen und das auch nach 1862.
Immerhin entstehen in Oberösterreich 1851, also in der neoabsolutistischen Zeit, sieben Zeitungen, unter ihnen vier Wochenzeitungen, von denen zwar einige noch im selben Jahr (wie das ,,Oberösterreichische Gemeinde-

blatt" oder der in Ried erscheinende „Innviertler Courier")², ³ andere wenige Jahre später (wie etwa die in Linz erscheinenden „Oberösterreichischen Bürgerblätter") eingestellt werden. Andere aber wachsen herein in die „konstitutionelle Ära", in eine Zeit relativer Pressefreiheit, und werden aus „Belletristischen Wochenblättern" Zeitungen, deren Schwerpunkt die lokale Information, mehr oder weniger auch der politische Teil wird.
So wird noch im selben Jahr 1851 das „Gmundner Wochenblatt" gegründet, das ab 1899 in „Gmundner Zeitung. Neueste Nachrichten aus dem Salzkammergut" umbenannt wird und das bis 1916 erscheint.
1851 registriert die Statthalterei einfach das Redaktionsprogramm: „Diese Zeitschrift hat dem beigeschlossenen Programm zufolge die Beförderung des geselligen Verkehrs Unterhaltung und Belehrung zum Zwecke, es sollen in derselben die Tages Ereigniße unbekümmert um Politik mitgetheilt, jedoch auch die Gemeinde Interessen besprochen und überdieß Anzeigen und Kundmachungen aller Art aufgenommen werden." Zehn Jahre später, 1862, entspricht die amtliche Charakteristik ganz den ursprünglichen Intentionen des Herausgebers: „Inhalt ist belletristisch, Tendenz Unterhaltung, das Blatt übt keinen Einfluß aus, es hat 440 Pränumeranten." Ganz anders dann die Wertung der Statthalterei vom Jahre 1871: „Es huldigt den Bestrebungen der deutsch-liberalen Opposition und streift mitunter an die Grenze des Zulässigen." Seine Bedeutung sei angesichts der Auflage von 600 bis 700 Exemplaren „nicht hoch anzuschlagen"[4]. 1855 wird in Steyr der „Alpenbote. Wochenblatt für Steyr und Hall, für Wissenschaft, Kunst, Belehrung und Unterhaltung" gegründet, das ab 1871 zweimal wöchentlich (bis 1915) erscheint. Als Beilage zum Steyrer Tagblatt kommt es noch zwischen 1915 und 1919 heraus. 1871 wird es als „liberal und streng antikirchlich" bezeichnet, auch als radikal-liberal. Im selben Jahr erscheint in Wels ein weiteres liberales Wochenblatt, das sich später zum bedeutendsten aller liberalen Wochenblätter und zur wichtigsten Zeitung neben der „Tages-Post" entwickelt, der „Welser Anzeiger". Schon ab 1865 erscheint er zweimal wöchentlich. Es ist übrigens eines der ganz wenigen liberalen Organe, die auch die Zwischenkriegszeit überleben und das erst 1939 eingestellt wird. Ursprünglich, also um 1855, „fast ohne politische Artikel" gibt es vor allem 1859 Schwierigkeiten mit der Statthalterei. 1871 wird ihre politische Haltung folgendermaßen charakterisiert: „Der ,Welser Anzeiger' ist ein Gegner des Föderalismus, des Dogmas der Unfehlbarkeit und will ein auf deutscher Basis – weil keine andere sicher genug – ruhendes mächtiges Österreich haben." 1896 wird er als liberal-deutschnational und der Deutschen Volkspartei nahestehend gewertet. Hinzugefügt wird auch, daß er „einen ziemlichen Einfluß in der vertretenen Richtung" ausübt[5]. Im Reigen

der liberalen, vorerst noch unpolitischen Gründungen folgt 1858 die „Warte am Inn" in Braunau. Skeptisch äußert sich die Kreisbehörde zur Zeitungsgründung, sie werde wohl von keiner langen Dauer sein und sich kaum einer zahlreichen Abnehmerschaft erfreuen. Noch 1861 kommt die Zeitung mit der Statthalterei in Konflikt; sogar der Verfall der Kaution wird verfügt. Die „Warte am Inn" verlegt 1872 den Sitz nach Simbach in Bayern, vor allem weil in Bayern keine Kaution für Zeitungen erhoben wird, teilweise auch, weil sie in Bayern gut gekauft wird. 1884 erscheint die „Warte am Inn" wieder in Braunau, stellt aber 1897 ihr Erscheinen ein. Die Nachfolgezeitung, in „deutschnationaler Schönerer'schen Richtung", ist das „Deutsche Wochenblatt für das obere Innviertel", erscheint aber nur fünf Jahre (1897 bis 1902)[6]. 1861 kommt das „Merkblatt für Urfahr" (bis 1862) heraus; 1863 das „Ennser Wochenblatt", vorerst ebenfalls noch als „Belletristisches Wochenblatt", das 1864 zweimal wöchentlich erscheint, aber im selben Jahr eingestellt werden muß. Schließlich 1866 das liberale „Rieder Wochenblatt" (bis 1913).

Bis zur Konstituierung des modernen Landtages und bis zum neuen Preßgesetz von 1862 sind die Zeitungsgründungen dieser zweiten Phase durchaus belletristische Wochenblätter mit Wirtschafts- und Marktberichten; sie erscheinen mit Vorliebe auch an den Tagen der jeweiligen Wochenmärkte. Nach 1861 und 1862 bringen sie auch politische Informationen und Kommentare. Es ist die unangefochten liberale Zeit mit wenig Kontroversen. Bald aber sind es die konfessionellen Gesetze und damit verbunden der Rudigier-Prozeß, der starke Bewegung in die Landespolitik, aber auch ins Pressewesen, bringt. Jetzt, 1868, ist die Gründungsphase der liberalen Presse noch keineswegs abgeschlossen. So wird 1873 in Ischl das „Echo aus den Bergen – Organ für das innere Salzkammergut" gegründet – die vorerst einzige Zeitung, die nicht an einem Ort erscheint, der Sitz einer Bezirkshauptmannschaft ist, was zu zahlreichen Schwierigkeiten führt. Die 1876 in „Ischler Wochenblatt" umbenannte Zeitung erscheint bis 1915.

1877 wird dann in Wels die zweite liberale Zeitung errichtet, das „Welser Wochenblatt – Organ für Politik, Gewerbe, Handel und Verkehr", das dreißig Jahre, bis 1907, existiert. Die Zeitung wird als „liberal, doch regierungsfreundlich" (1896) gewertet. In der Charakterisierung der Zeitung heißt es weiter: „Neigt sich zum Liberalismus, verhält sich zur Coalition freundlich, regierungsfreundlich, ohne besonderen Einfluß." Etwas anders die Wertung des „Welser Anzeigers" im selben Jahr 1896: „Richtung der Deutschen Volkspartei, deutschnational . . ., übt ziemlichen Einfluß in der vertretenen Richtung aus." Aber auch hier: „Freundlich gegen die Coalition, regierungsfreundlich, dann feindlich[7]."

Drei Jahre später, 1880, erscheint auch in Ried eine zweite liberale Zeitung – dabei ist schon der Höhepunkt der liberalen Phase in Oberösterreich überschritten. Es ist übrigens die einzige Zeitung, die das „Politische" im Titel führt: „Politisches Sonntagsblatt für das Innviertel." Ab 1886 wird die Wochenzeitung in „Rieder Sonntagsblatt", ab 1919 in „Innviertler Zeitung" umbenannt und wird erst, ähnlich wie der „Welser Anzeiger", 1939 eingestellt. Ihre relativ maßvolle Schreibweise aber ist vielen Liberalen zu wenig radikal.

Noch länger ist übrigens die Lebensdauer des 1881 in Vöcklabruck gegründeten „Oberösterreichischen Gebirgsboten (Fortschrittliches Wochenblatt zur Förderung politischer, gewerblicher und wirtschaftlicher Interessen)", der „die Interessen der Vereinigten Linken", also der Liberalen, vertritt. In einer Wertung von 1883 wird berichtet, daß die Zeitung „dermalen eine ziemlich anständige Sprache" spreche, gewitzigt durch eine Konfiskation. Sie sei regierungsfeindlich, ohne besonderen Einfluß[8]. Die Wochenzeitung besteht ungewöhnlich lange, bis zum April 1945, nachdem sie in den Konzern des NS-Gauverlages mit einbezogen worden war. 1880 erscheint in Linz das „Linzer Sonntagsblatt", das sich vor allem an die liberal-nationalen Bauern wendet, aber 1887 nach Verhaftung und Verurteilung des Herausgebers eingeht. Dieselbe Zielrichtung hat die seit 1884 in Wels erscheinende Wochenzeitung „Oberösterreichischer Bauernfreund". Dieses liberal-nationale Organ, mit einem Einfluß auf die „aufgeklärte Bauernschaft" und die Großbauern, das bis 1902 besteht, wird Kristallisationspunkt für den deutsch-freiheitlichen Bauernverein[9]. Die Zeitung erscheint in Wels und wird damit das dritte liberale Wochenblatt mit Wels als Erscheinungsdatum.

Diese Flut von Wochenzeitungen darf aber nicht irreführen. Auflagen von 300 und 400 Exemplaren sind bei den Wochenzeitungen keine Seltenheit; noch um 1910 liegt das Gros der Auflagen der Wochenblätter knapp unter 1000, einzelne haben eine Auflage von etwas mehr als 1000. Einsame Spitze in diesem bescheidenen Blätterwald bildet der „Welser Anzeiger", der in seiner Blütezeit 5000 Exemplare erreicht. Die Liberalen, die merkwürdigerweise gar keine Pressepolitik betreiben und die die ihr nahestehende Presse auch gar nicht zu koordinieren versuchen, haben fast ausnahmslos das Glück, daß Privatunternehmer die Wochenblätter herausbringen. Wieder ist es ein Druckereiunternehmer, Julius Wimmer, der 1865 eine allmählich erstarkende Tageszeitung herausgibt, die sich sichtbar in den Dienst der liberalen und anschließend auch nationalen Sache stellt, die „Tages-Post"[10]. Die nicht unkritische, alles in allem aber eher noch wohlwollende Wertung durch die Statthalterei (1871) bringt folgende Hinweise: „Die vorzüglich-

sten u. am weitesten, namentlich in den ländlichen Städten u. Märkten verbreiteten Organe der deutsch-liberalen Oppositionspartei sind die ‚Tages-Post' u. der ‚Welser Anzeiger', die erster unter den unmittelbaren Einfluße des Landtags-Abgeordneten Friedrich Freiherr von Weichs u. den Koryphaedes hierortigen liberal-politischen Vereines . . ." ,,Tages-Post" und ,,Welser Anzeiger" hätten sich das Wiener Journal ,,Die neue freie Presse" als Musterbilder auserkoren, sie führten allerdings ,,nicht nur gegen die Regierung, sondern auch gegeneinander eine äußerst gereizte Sprache und der Inhalt der einzelnen in dieser Richtung gebrachten Artikel streift mitunter an die Gränze des Zuläßigen, wobei jedoch zumeist die größte Vorsicht wahrzunehmen ist, daß diese Gränze nicht überschritten wird".
Oberösterreichs Katholiken sehen dann drei Jahre später, inmitten der Auseinandersetzungen um Bischof Rudigier, ihre Schwäche vor allem im Bereich der Presse. Die traditionsreichen ,,Katholischen Blätter", schon 1848 gegründet, die zweimal wöchentlich erscheinen, waren gegenüber der täglich erscheinenden ,,Tages-Post" sichtbar ins Hintertreffen geraten. In der Wertung der Zeitung von 1862 hatte es geheißen: ,,Kirchlich politische Verbreitung der katholischen Interessen des Kronlandes, insbesondere des hiesigen katholischen Zentralvereines der Diözese Linz . . ., übt einen ziemlich maßgebenden Einfluß auf die untere Volksschichte und die hiesigen streng katholischen Kreise aus." Die behördliche Wertung von 1896: ,,Klerikal, hat keinen Einfluß, inspiriert vom bischöflichen Consistorium."
Anfang 1869 erscheint als katholisch-konservative Tageszeitung das ,,Linzer Volksblatt" mit dem Florianer Chorherrn Michael Dörr als erstem Redakteur, aber auch Rudigiers Einfluß ist unübersehbar[11]. Prompt folgt allerdings auch die Wertung der neuen katholischen Tageszeitung durch die Statthalterei, die ähnliche behördliche Überheblichkeit zeigt wie die Wertung der anderen Presse: ,,Viel und unter der Landbevölkerung beinahe ausschließlich gelesen, ist das ‚Linzer Volksblatt', welches zumal durch sein states, lügenhaftes Ankämpfen gegen die Schulgesetze, wie gegen die konfessionellen Gesetze, die Landbevölkerung in bedeutlicher Weise gegen die Regierung und ihre Organe aufreizt, und zum Widerstand anspornt, und durch die grell rohe Schreibarbeit seines Gleichen auch in der Linzer ‚Tages-Post' nicht findet."
1870 folgt dann die Gründung eines Katholischen Preßvereines, der im selben Jahr das ,,Linzer Volksblatt" übernimmt und sofort eine kämpferische, gewiß auch zentralistische Pressepolitik betreibt. So wird 1888 eine Filiale in Wels errichtet, 1891 eine solche in Ried, 1893 in Rohrbach und 1894 in Urfahr. In all diesen Orten werden Druckereien errichtet oder bestehende aufgekauft, Zeitungen gegründet oder bestehende übernommen. Dabei füh-

ren ähnliche Namen anfänglich zu ungewollten und gewollten Verwechslungen (etwa: ,,Warte am Inn" – ,,Neue Warte am Inn" ab 1881). Lokale katholische Preßvereine werden überdies 1881 in Steyr, 1891 in Perg und 1900 in Gmunden errichtet, wobei die Hauptaufgabe das herauszugebende und zu sichernde Wochenblatt ist[12].
So wird als katholische Gründung 1876 in Steyr, wo ja auch der ,,Alpenbote" besteht, die ,,Steyrer Zeitung" errichtet, die in ihrem Programm neben der Besprechung politischer und religiöser Fragen ausdrücklich auch die sozialen ,,im konservativ-österreichischen-patriotischen Sinn" erwähnt[13]. Bewußt erfolgen vorerst Zeitungsgründungen dort, wo schon liberale Blätter bestehen. Es bleibt ja auch gar nichts anderes übrig, denn diese Blätter erscheinen in den wesentlichsten Bezirksorten.
1880 folgt Ried, wo die ,,Innviertler Volkszeitung", ab 1897 unter dem Titel ,,Oberösterreichische Volkszeitung", herausgebracht wird. Mit einer Druckerei kauft man vier Jahre später auch das ,,Rieder Wochenblatt", das bis 1913 erscheint[2, 14]. Die behördliche Wertung aus dem Jahre 1894 ist geringschätzig genug: ,,Klerikal, kein nennenswerter Einfluß, inspiriert und subventioniert vom Diözesanpreßverein auf dem Standpunkte der katholischen Volkspartei."
1881 beginnt, herausgegeben von einem lokalen Preßvereinskomitee gemeinsam mit dem Volkskredit in Braunau, das Erscheinen der ,,Neuen Warte am Inn"[6]. (In der Wertung der Statthalterei von 1894: ,,conservativ, clerical, antisemitisch.") Ab 1889 erscheint die ,,Welser Zeitung", nachdem schon seit 1870 in Wels eine Beilage zum ,,Linzer Volksblatt" erschienen war. Ab 1902 erscheint die ,,Welser Zeitung" zweimal wöchentlich.
Im Jahre 1900 beginnt die von einem lokalen katholischen Preßverein ,,Konsortium Salzkammergut" herausgegebene Wochenzeitung ,,Salzkammergut-Zeitung" zu erscheinen. Und das, während noch drei ,,freisinnige" Konkurrenten (,,Gmundner Wochenblatt", ,,Salzkammergut-Zeitung", ,,Ischler Wochenblatt") erschienen. Knapp vor dem ersten Weltkrieg wird die ,,Neue Salzkammergut-Zeitung" mit einer Auflage von 30.000 Exemplaren die größte Wochenzeitung Österreichs. Gmundner Experimente mit Tageszeitungen (,,Salzkammergut-Zeitung" 1914 bis 1916; später ,,Neueste Post" 1916 bis 1933) haben auf die Dauer keinen Erfolg[15]. Episode der Jahre 1900 bis 1902 bleibt schließlich die ,,Ischler Zeitung".
Im Mühlviertel werden als erste katholische Wochenzeitung die ,,Mühlviertler Nachrichten" 1889 in Rohrbach herausgegeben; als unabhängige und antiklerikale Zeitung waren sie seit 1888 erschienen, jedoch bald in finanzielle Schwierigkeiten geraten; ein eigener Preßverein (unter tatkräftiger Mithilfe von Dr. Ebenhoch und des Stiftes Schlägl) und eine Druckerei wird

Spätgründung von bescheidener Bedeutung 259

gegründet. 1895 wird dann noch in Perg die Wochenzeitung „Machländer Bote" (bis 1929) als eines der wenigen privaten katholischen Organe herausgegeben[16].

Unpolitische Zeitungen fallen seit den siebziger Jahren weder zahlen- noch auflagenmäßig ins Gewicht, wie etwa der in Rohrbach erscheinende „Mühlviertler Bote" (1870), der in Urfahr herausgegebene „Donaubote" (1880) oder auch die einzige Wochenzeitung dieser Gruppe, die Bestand haben sollte, der ebenfalls 1880 gegründete „Kremstal-Bote".

Sichtbar wird allerdings um diese Zeit, daß die Zahl der Zeitungsgründungen das bescheidene Lese- und Informationsbedürfnis der oberösterreichischen Bevölkerung bereits übertrifft. Auch spielt – fast ein Menschenalter nach Inkrafttreten des Reichsvolksschulgesetzes – das Analphabetentum noch eine Rolle und ist entscheidendes Hemmnis für die Presse. So sind drei Wochenzeitungen in Wels oder Ried viel zu viel und es bekämpfen sich, mehr aus wirtschaftlichen als aus politischen Erwägungen, sogar die liberalen Blätter untereinander. Vom Steyrer „Alpenboten" („entschieden liberal und streng antiklerikal") und der „Steyrer Zeitung" berichtet etwa der Steyrer Bezirkshauptmann im Zusammenhang mit den Reichsratswahlen, daß beide Wochenblätter Beiträge enthielten, „wodurch die gegenseitigen Anschauungen und Meinungen bekämpft wurden. Die Anfeindungen wurden zu persönlichen Schmähungen und Verspottungen. Von den geistig weit überlegenen Redakteuren der ‚Steyrer Zeitung' geschah dies mit mehr Verbissenheit, von jenen des ‚Alpenboten' mit mehr Gemeinheit[17]."
Der Übergang der Liberalen zu den Deutsch-Nationalen spiegelt sich auch bei Presse und Pressegründungen wider: 1893 gründet der deutsch-nationale Politiker Beurle die „Linzer Montagspost", die 1901 eingestellt bzw. in den „Deutschen Michl" (bis 1925) umgewandelt wird. Die Statthalterei wertet die Zeitung (1896): „deutschnational, antisemitisch, Schönerer Richtung . . ., inspiriert und subventioniert von Dr. Carl Beurle . . . Verbreitung hauptsächlich im akademisch gebildeten Mittelstand[9, 18]." Die weiteren Spätgründungen bleiben von bescheidener Bedeutung, wie das „Schärdinger Wochenblatt" (1902 bis 1939), das „Greiner Wochenblatt" (1906 bis 1939) oder der „Neue Mühlviertler Bote" (1912 bis 1913).

Kristallisationspunkt der freiheitlichen Bauern wird die vom Preßverein oberösterreichischer und niederösterreichischer Bauern herausgegebene „Bauernzeitung" (1907 bis 1934). Im Unterschied zu den liberalen und nationalen Parteien übernehmen die nationalen Bauern die bewährte Form der Preßvereine, eine Eigenart des österreichischen und süddeutschen Katholizismus.

Die katholischen Organe werden übrigens oft genug politisch unterschiedlich gewertet; so wird der 1895 in Perg gegründete „Machländer Volksbote – Unabhängiges Organ für das obere Mühlviertel" als der katholischen Volkspartei nahestehend „mit starker Hervorhebung des Antisemitismus" bezeichnet. Bei der „Salzkammergut-Zeitung" wird erwähnt: „In wirtschaftlicher Richtung streng konservativ, sonst christlich-sozial."
1906 erscheint schließlich die „Linzer Post" als erstes christlichsoziales Organ Oberösterreichs, herausgegeben vom Christlich-sozialen Verein für Oberösterreich. Die jeweils am Samstag erscheinende Wochenzeitung bleibt bis zum Jahr 1918 bestehen. Das Erscheinungsjahr 1906 liegt unmittelbar vor dem Übergang der Katholisch-Konservativen und der Katholischen Volkspartei zu den Christlichsozialen in Oberösterreich im Jahr 1907. Inzwischen hatte sich aber vor allem die aufstrebende katholische Arbeiterbewegung weitere Organe geschaffen, so der Landesverband der katholischen nichtpolitischen Arbeiter- und Gesellenvereine 1895 die „Katholische Arbeiterzeitung", die 1910 in „Oberösterreichische Arbeiterzeitung" umbenannt wird – jetzt allerdings herausgegeben vom Katholischen politischen Arbeiterverein für Oberösterreich (bis 1904 monatlich, ab 1905 jeden Freitag)[19].
Die sich seit den sechziger Jahren in Oberösterreich formierenden Sozialdemokraten bringen 1891 eine einzige Nummer der sofort beschlagnahmten „Arbeit" heraus[20]. Ab 1897 wird die vorerst zweimonatlich erscheinende „Wahrheit" herausgebracht, die ab 1898 dreimal monatlich und ab 1900 wöchentlich, ab 1907 dreimal wöchentlich und ab 1910 täglich erscheint. 1910 war eine eigene Druck- und Verlagsgesellschaft „Gutenberg" gegründet worden. Zwischen 1900 und 1910 erscheint die „wegen seiner scharfen und aufreizenden Schreibweise" oft beschlagnahmte sozialdemokratische Wochenschrift „Volksfreund" in Steyr.
Die Aufhebung des Zeitungsstempels 1900 bringt nicht die erwarteten weiteren Neugründungen; lediglich kurzfristig und mit kleiner Auflage erscheinen das „Freistädter Wochenblatt" (1905 bis 1906), der „Urfahrer Anzeiger" (1905 bis 1906) oder die „Ennser Bezirkszeitung" (1914).
Ähnlich wie im politischen Bereich dominiert anfänglich die liberale Presse, die ausnahmslos keine Parteipresse ist, sondern Produkt privater Drucker. Bezeichnend ist, daß es sogar noch in der Spätphase des politischen Liberalismus zu Neugründungen liberaler Blätter kommt und daß sie auch nach der Erringung der Landtagsmehrheit durch die Katholisch-Konservativen 1884 zahlen- wie auflagenmäßig ein Übergewicht haben.
Die Katholisch-Konservativen und die späteren Christlichsozialen, die sich im Pressebereich vor allem ab 1868 stark formieren, gehen einen anderen

Weg. Privatdruckereien, noch mehr Privat-Zeitungen sind seltene Ausnahmen. Es wird systematisch, opfervoll und geschickt ein Presseimperium mit Zeitungen und Druckereien aufgebaut. Bald aber sieht man – und das Bild ändert sich bis 1918 nicht mehr wesentlich –, daß die Liberalen im Bereich der Wochenblätter stark ins Hintertreffen geraten –, und zwar auch in liberal-nationalen Hochburgen wie in Wels oder Ried; daß sie aber bei der Tagespresse weiterhin dominieren. Bei den Christlichsozialen erfolgt die Entwicklung gerade umgekehrt: der mehr oder weniger sichtbaren Schwäche im Bereich der Tageszeitung stehen starke Positionen im Bereich der Wochenblätter gegenüber – auch übrigens in neuralgischen Bereichen wie dem von Steyr.

Für die Sozialisten ist ihre Presse in der Frühzeit zwar Liebkind, aber noch keineswegs eine Waffe; dazu sind die finanziellen wie personellen Schwierigkeiten noch zu groß.

Alles in allem ähnelt die Presselandschaft Oberösterreichs keineswegs der politischen. Gibt es hier anfänglich zwei, dann fünf politische Gruppen, so ist das Bild der Presse kaum überschaubar. Dazu kommen Organe mit ähnlichen Namen, oder aber Zeitungen mit gleichbleibenden Namen und anderen Herausgebern. Insgesamt fehlt es dieser Presse nicht an lokalem und politischem Einfluß; zu wirklichen Größen fehlen alle Voraussetzungen[21].

Analphabeten sterben nur langsam aus

Die letzte Volkszählung der Habsburgermonarchie bringt, unterstützt übrigens noch durch eine Farbkarte, auch die letzte Statistik über das Analphabetentum dieses Vielvölkerstaates. In dieser Karte über ,,Kenntnis des Lesens und Schreibens der über zehn Jahre alten Personen in den politischen Bezirken der Kronländer am 31. Dezember 1910" finden wir zwar noch für Galizien, Dalmatien und Südistrien Anteile über 25 Prozent, während die weiße Fläche für Oberösterreich andeutet, daß hier das Analphabetentum, 41 Jahre nach Erlaß des Reichsvolksschulgesetzes, durchwegs unter fünf Prozent liegt. Das ist nicht ganz selbstverständlich, denn in dem nördlich anschließenden südböhmischen Bezirk Kaplitz und im benachbarten niederösterreichischen Bezirk Gmünd liegt er noch unter zehn Prozent, ganz ähnlich auch in den im Süden angrenzenden steirischen Bezirken Gröbming und Liezen, und noch weit ungünstiger ist die Situation im Bereich der Alpenländer im steirisch-kärntnerischen Grenzraum von Murau, Wolfsburg, Völkermarkt.

Nicht ganz so erfreulich wie die Karte sind die Angaben über den ,,Bildungsgrad der über zehn Jahre alten Bevölkerung". Hier weist Oberösterreich unter den mehr als Zehnjährigen zwar 636.654 auf, die lesen und schreiben können (das sind immerhin 97,70 Prozent), 3758 Menschen können aber ,,nur lesen" (= 0,58 Prozent), immerhin noch 11.240, die weder lesen noch schreiben können (= 1,72 Prozent). In der Gesamtmonarchie macht diese Zahl Ende 1910 immerhin noch 3,5 Millionen oder 16,5 Prozent aus. Wie langsam, wenn auch systematisch, diese Zahl zurückgedrückt wird, zeigen die Volkszählungen von 1900, hier sind es 4,3 Millionen (oder 22,7 Prozent) und 1890 5,0 Millionen (oder 28,5 Prozent).

Bei der Volkszählung von 1900 geht man mehr ins Detail und stellt fest, daß der Anteil der weiblichen Analphabeten um ein geringeres höher ist als der männlichen (weder lesen noch schreiben: 4,48 Prozent männlich, 4,58 Prozent weiblich), was in erster Linie auf das höhere Alter der Frauen zurückzuführen ist. Auch die Sonderauswertung ,,Der Bildungsgrad nach Größenkategorien der Ortschaften" bringt keine sensationellen Ergebnisse, zeigt aber kein gewaltiges Gefälle zwischen Stadt und Land auf. Wesentlichere Ergebnisse hätte eine Auswertung nach dem Alter ergeben, denn die Achtzigjährigen des Jahres 1900 waren bei dem Beschluß über das Reichsvolksschulgesetz schon zwölf Jahre alt, wobei natürlich zu berücksichtigen ist, daß es Schulen schon vor dem Gesetz gegeben hat und andererseits das

Reichsvolksschulgesetz ja nicht über Nacht ein modernes Schulwesen aufzubauen vermochte.
So ist etwa der Anteil der Analphabeten in den Städten (1900) mit 2000 bis 5000 Bewohnern mit 10,94 Prozent am geringsten und erst dann folgen die Städte mit mehr als 20.000 Einwohnern (12,16 Prozent); schließlich ist der Anteil der Analphabeten in den Gemeinden zwischen 500 und 2000 mit 18,60 Prozent der niedrigste, keineswegs bei den Kleinstgemeinden bis zu 500 Bewohnern, wo er geringfügig kleiner ist und 18,35 Prozent ausmacht[2].
Weitere zehn Jahre früher, 1890, wird die „anwesende Bevölkerung nach dem Bildungsgrade und nach körperlichen und geistigen Gebrechen" gegliedert und neben den Analphabeten stehen die „auf beiden Augen blinden", die „Taubstummen", die „Irrsinnigen und Blödsinnigen" und die „Cretins", wobei zweifellos Überschneidungen gegeben sind. 1890 können in Oberösterreich 69.834 Männer und 73.306 Frauen weder lesen und schreiben, das entspricht einem Anteil von 6,16 und 6,53 Prozent. Der Anteil derer, die nur lesen, aber nicht schreiben können, macht 1890 bei der männlichen Bevölkerung 1,80 Prozent, bei der weiblichen 2,82 Prozent aus. Oberösterreich steht in der Liste der zisleithanischen Länder gleich hinter Böhmen an zweitgünstigster Stelle, auch noch vor Niederösterreich oder Salzburg. 1890 hat etwa Dalmatien noch einen Anteil von Analphabeten, der zwischen 75 und 90 Prozent schwankt, die Bukowina einen solchen, der zwischen 75 und 83 Prozent liegt.
Daß aber Menschen mit körperlichen Gebrechen nur einen Bruchteil der Analphabeten ausmachen, zeigt die Tatsache, daß in Oberösterreich die Blinden 1900 einen Anteil von 9,6 Promille ausmachen, die Taubstummen einen von 14,0 Promille, die „Irrsinnigen und Blödsinnigen" einen von 26,2 und die Cretins einen von 12,3 Promille[3].
1880 macht der Anteil der Analphabeten um 20 Prozent aus (Männer 19,95 Prozent, Frauen 20,46 Prozent), der Anteil derer, die nur lesen können, liegt bei drei Prozent (2,77 Prozent bei Männern, 4,30 Prozent bei Frauen). Drei Viertel aller Bewohner (Männer 77,28, Frauen 75,24 Prozent) können lesen und schreiben[4]. Weiter zurück versinken diese Zahlen im Dunkel, doch kann man sich vorstellen, wie schwierig in manchen Teilen der Monarchie diese Statistiken angesichts der großen Zahl von Analphabeten überhaupt zu erstellen sind.
Dieser schrittweisen Abnahme der Analphabeten, von denen beim Ende der Habsburgermonarchie noch ein kleiner Rest an sehr alten Menschen bzw. solchen mit geistigen Gebrechen zurückbleibt, steht ein ebenfalls langsamer Auf- und Ausbau des Schulwesens gegenüber. Unmittelbar vor Beginn der konstitutionellen Zeit, 1858, gibt es in Oberösterreich zwei theo-

logische Lehranstalten (Bischöfliche Lehranstalt Linz, ,,Hausstudium" St. Florian) mit zusammen 77 Studierenden, keine der anderorts bestehenden sieben ,,Chirurgischen Lehranstalten", eine der 19 Hebammen-Lehranstalten, natürlich keine Universität, keine technische Akademie oder Montan- und Forstlehranstalt, Höhere landwirtschaftliche Lehranstalt, keine militärische Lehranstalt.
Immerhin zählt Oberösterreich drei Gymnasien, das k. k. Gymnasium in Linz, das der Jesuiten am Freinberg und der Benediktiner in Kremsmünster. In den 24 Klassen studieren 722 Studierende – davon immerhin jeder siebte oder insgesamt 112 ,,Stipendiaten". Oberösterreich zählt bei dieser Momentaufnahme 55 Mittelschullehrer. (Zum Vergleich: gleichzeitig gibt es in Siebenbürgen zehn katholische Gymnasien, ein griechisch-nichtuniertes, zwölf evangelische und drei ,,unitarische" Gymnasien.) Es gibt in Oberösterreich eine Realschule in Linz (mit 6 Klassen, 15 Lehrern und 301 Schülern); eine Handels- und eine Gewerbeschule zählen zusammen acht Lehrer und 350 Schüler. Die Masse der Schulen, 481, machen die Trivialschulen aus, daneben gibt es noch sieben Haupt- und fünf Mädchenschulen, abgesehen von 17 ,,akatholischen" Trivialschulen sind alle katholisch[5].
Unmittelbar vor Einführung des Reichsvolksschulgesetzes, 1865, zählt Oberösterreich 145 Theologiestudenten, 1304 Mittelschüler, 3440 Schüler an Haupt- und 71.057 an Trivialschulen, schließlich 32.054 an Wiederholungsschulen, insgesamt, einschließlich der 113 an Kunst- und Musikschulen (ausschließlich der Oberösterreicher an Hochschulen und Militärschulen außerhalb des Landes), 108.115 Studenten und Schüler[6].
1900, 32 Jahre nach Inkrafttreten des Reichsvolksschulgesetzes, gibt es in Oberösterreich 511 Volksschulen, unter ihnen relativ wenig (44) private (katholische), aber nur zwölf Bürgerschulen (heute Hauptschulen). Um jede neuzuerrichtende Bürgerschule wird im Landtag gerungen. Die Zahl der Schüler wuchs im Verlauf der letzten Jahre konstant, wenn auch nicht stürmisch, und zwar von 101.435 im Jahre 1871 auf 104.151 (1880), 104.867 (1890) und 118.790 im Jahre 1900. Eher stürmischer war die Zahl der Lehrer gewachsen, und zwar von 1004 (1871) auf 2945 (1880), 2265 (1890) und 2720 (1900). Stehen anfänglich, 1871, elf Lehrerinnen 842 Lehrer gegenüber, so sind 1900 bereits ein Drittel (385 von 1026) Lehrerinnen. Deutlich erkennt man zwar, daß die Schulen höher organisiert sind, noch immer aber gibt es in Oberösterreich 146 einklassige Schulen; die meisten aller Volksschulen, 167, sind zweiklassig.
Dann setzen 1900 auch die verschiedenen Spielereien der Statistiker an: in Oberösterreich kommen auf 100 Quadratkilometer 4,7 Volksschulen, auf 10.000 Bewohner 7,0 solcher Schulen. Auf eine der oberösterreichischen

Vielfache Bemühungen um eine Hochschule 265

Volksschulen kommen – und das ist wesentlich interessanter – 44,1 Schüler. Damit steht Oberösterreich mit Böhmen teilweise an der Spitze oder liegt, verglichen mit anderen Ländern, nicht schlecht.
Sehr ungünstig steht Oberösterreich bei den land- und forstwirtschaftlichen Schulen (1), bei den gewerblichen Lehranstalten (1), den Handelslehranstalten (1) und Realschulen (2), etwas günstiger bei den Lehrerbildungsanstalten (2), bei den Gymnasien (6). Bisher gab es weit mehr Mittelschüler als Bürgerschüler, 1900 stehen noch 1771 Besucher von Mittelschulen höchstens eine gleichhohe an Bürgerschulen gegenüber. Durch Jahrzehnte hat es zwischen Volks- und Mittelschulen keine Zwischenschicht gegeben; erst allmählich entsteht die sehr kleine Schicht jener, die Bürgerschulen besuchten[7].
Während die vielfachen Bemühungen in diesem Zeitraum, eine eigene Hochschule in Oberösterreich zu errichten, vergeblich bleiben[8], wissen wir wenigstens, wieviel Oberösterreicher 1900 an verschiedenen österreichischen Universitäten und Hochschulen studieren: 196 in Wien, 50 in Innsbruck, 35 in Graz, 10 in Prag – insgesamt ist es die bescheidene Zahl von 291. An den Technischen Hochschulen gibt es ebenfalls oberösterreichische Studenten: 57 in Wien, 8 in Graz, 3 in Prag, an der Hochschule für Bodenkultur in Wien studieren 18; an den beiden theologischen Lehranstalten studieren 122 Theologen.
Bis zum Beginn des ersten Weltkrieges ergeben sich keine grundlegenden Änderungen. Jetzt studieren fast die doppelte Anzahl von Oberösterreichern an österreichischen Universitäten, insgesamt 288 – sogar 16 in Lemberg und 3 in Krakau; an Technischen Hochschulen sind es 124, an weiteren Hochschulen 85 (Bodenkultur, Tierärztliche, Montanistische). Dazu kommen 147 Alumnen und Kleriker an den beiden theologischen Lehranstalten Oberösterreichs. Die Zahl der Gymnasien, Realgymnasien und Realschulen ist relativ stark, auf neun, gestiegen, die Zahl der Schüler auf 3245. Es gibt weiterhin drei Lehrer- bzw. Lehrerinnenbildungsanstalten mit 368 Studenten. Nur bescheiden aufgestockt wurden die Bürgerschulen; in den 20 Bürgerschulen werden 4701 Kinder unterrichtet, geringfügig mehr als in den Gymnasien. In den nunmehr 544 Volksschulen gibt es 125.206 Schüler. Von der Gesamtzahl der 2075 Lehrer wirken 164 an Bürgerschulen, 1743 an den Volksschulen; der Rest sind Religionslehrer und Industriallehrerinnen. Nur noch jede fünfte Schule ist einklassig[9].

Vom Josephinismus zum politischen Katholizismus

Inmitten der neoabsolutistischen Ära, 1853, wird der Priester der Diözese Brixen, der Vorarlberger Franz Joseph Rudigier, Diözesanbischof von Linz. Seine Aufgabe besteht keineswegs darin, den Josephinismus in dieser jüngsten, 1785 errichteten, österreichischen Diözese zu überwinden. Das hat vor allem sein unmittelbarer Vorgänger, Gregor Thomas Ziegler[1], getan, der bis dahin am längsten, durch 25 Jahre, die Diözese geführt hatte. Aber Ziegler waren zuletzt die Zügel aus der Hand geglitten und als er 1852 im Alter von 82 Jahren, fast erblindet, stirbt, wird die Diözese neuerlich nicht in bester Verfassung übergeben.
Auch ist das Staatskirchentum des Josephinismus gewiß im Grundsätzlichen überwunden und auf höchster Ebene, also zwischen Kaiser Franz Joseph und Bischof Rudigier, der ja, wie alle anderen Bischöfe bis zum Ende der Habsburgermonarchie nicht vom Heiligen Stuhl, sondern vom Kaiser ernannt wird, kommt es auch nie zu ernsthaften Differenzen. Ganz im Gegenteil sieht man, daß beim späteren Kampf zwischen Rudigier und Oberösterreichs Liberalen die Sympathien des Kaisers deutlich bei dem „tüchtigen, wenn auch nicht kommoden" Linzer Bischof liegen. Trotz Zieglers Wirken aber ist der Josephinismus auch in Oberösterreich nicht ganz überwunden, er findet vor allem auf unterer Ebene, zwischen Beamten und Klerus seine Fortsetzung, wobei diese bürokratische Überheblichkeit anfänglich gegen die Kirche, später aber auch gegen die im Entstehen begriffenen politischen Parteien sichtbar ist.
Die Anfänge Rudigiers als Bischof von Linz fallen in eine äußerlich günstige Zeit; fast gleichzeitig mit Rudigier wird der einstige Lehrer des jungen Kaisers Franz Joseph, Othmar von Rauscher, Erzbischof von Wien und zwei Jahre später, 1855, wird, am Geburtstag des Kaisers, das Konkordat unterzeichnet. Mag auch dieses Konkordat im wesentlichen eine Frucht der aus dem Hofbauer-Kreis hervorgegangenen kirchlichen Erneuerungsbewegung sein[2], so wird es später als typisches und verabscheuungswürdiges Produkt der neoabsolutistischen Zeit gewertet; übertriebene vatikanische Forderungen, insbesonders im Bereich der Schule, machen es allerdings den Liberalen nicht schwer, dieses Konkordat zur Zielscheibe ihrer Angriffe zu machen und – wie J. Redlich – von einer „Abdikation des Staates von der Kirche" zu sprechen. Anton Graf Auersperg (Anastasius Grün) spricht gar vom „gedruckten Canossa"[3]. Von liberaler Seite wird dabei kaum berücksichtigt, daß dem Konkordat, also dem zweiseitigen Abkommen über die Belange der Katholiken und der katholischen Kirche, sehr bald die entspre-

chenden, nunmehr innerstaatlichen Maßnahmen für die anderen Konfessionen folgen, vor allem für die evangelische Kirche und die Juden bzw. Israeliten. Und diese Maßnahmen, wie das Protestantenpatent von 1861, werden völlig normal realisiert, auch nachdem ab 1863 eine Serie antikatholischer Gesetze – bis hin zur Konkordatskündigung von 1870 – folgen. 1867 kämpft übrigens bei der dreitägigen Auseinandersetzung im Herrenhaus auf liberaler Seite neben Kultusminister Leopold von Hasner der aus einer oberösterreichischen Familie stammende bekannte Historiker Alfred von Arneth. Auch der Oberösterreicher Hye hatte eine weder von Liberalen noch Katholiken gedankte wichtige Rolle gespielt.
Sind also die ersten acht Jahre zwischen 1853 und 1861 für Rudigier die eines normalen und friedlichen Aufbaues, wobei, ähnlich wie bei den anderen Bischöfen, Priesterausbildung und Priesterfortbildung im Vordergrund stehen, so folgen mit Beginn der konstitutionellen Ära 1861 sofort Jahre fast permanenter Konfrontation mit den führenden Exponenten des Liberalismus in Oberösterreich. Vor allem natürlich deshalb, weil die Landesordnung vorsieht, daß der Diözesanbischof auf Grund einer Virilstimme, also ohne daß er gewählt werden muß, automatisch dem Landtag angehört. Neben seinem kirchlichen Aufgabengebiet erhält er nunmehr auch ein politisches. Auch bei den allermeisten Gemeindewahlordnungen fällt der „Pfarrklerus", ganz unabhängig von Einkommen und Steuerleistung, in die bevorzugte erste Wählerklasse. Das ist im politischen Bereich keine von den Katholiken erkämpfte Position, sie entspricht einfach der liberalen Anschauung eines Intelligenz- und Zensuswahlrechts. Aber sicher meint man, daß der Bischof im Landtag nur zu kirchlichen Fragen Stellung nehmen würde. Dies geschieht zwar, aber der Kreis der kirchlichen und „gemischten" Probleme, also derer, die Staat wie Kirche gemeinsam berühren, ist so groß, daß Bischof Rudigier tatsächlich oft spricht und sicher auch oft gegen seinen Willen Stellung nehmen muß[4]. Die Liberalen erkennen in Bischof Rudigier auch noch einen vielseitig gebildeten Mann, der für den Bereich der Priesterausbildung, Konkursprüfungen nicht nur für Moraltheologie, Kirchenrecht und Kirchengeschichte, sondern auch für Erziehungslehre abgelegt hat. Neben der zahlreichen liberalen Prominenz in den ersten Landtagen nimmt auch der Bischof einen besonderen Platz ein. Rudigier hat sich seinen Priesterberuf selbst ausgewählt, nicht aber den eines Politikers, der er als Landtagsabgeordneter ja ist. Und als Politiker erlebt er 1861 einen Landtag, der ganz überwiegend, zu mehr als zwei Drittel, liberal und teilweise antikirchlich, zum Teil sogar extrem antikirchlich eingestellt ist. Unter den liberalen Abgeordneten Oberösterreichs befindet sich allerdings auch jene Mischung, zu denen etwa der Linzer Notar Dr. Alois Bahr, der Vater

des Dichters, zählt, der persönlich durchaus fromm, im Landtag aber zu den heftigsten Gegnern des Bischofs zählt. Rudigier hat in dieser Situation nur zwei Möglichkeiten: zu resignieren, was viele seiner Bischofskollegen tun, oder Widerstand zu leisten, einen Widerstand aufzubauen. Der Linzer Diözesanbischof entscheidet sich für das letztere und, wie es seinem Charakter entspricht, kompromißlos. Von den 50 Abgeordneten des oberösterreichischen Landtages stimmen anfänglich maximal acht mit dem Bischof, nach der zweiten Landtagswahl von 1867 sind es noch weniger. Es ist gerade die Zeit der liberalen, antikirchlichen Gesetze, gegen die sich Rudigier in Predigten und Hirtenbriefen wendet. Rudigiers Hirtenbrief gegen die Maigesetze 1868 (Trennung von Kirche und Schule, Ehegesetz u. a.) wird ,,wegen der darin enthaltenen Verbrechen der Störung der öffentlichen Ruhe" beschlagnahmt, eine gerichtliche Untersuchung durch die Staatsanwaltschaft eingeleitet. Rudigier vertritt die Rechtsansicht, das Konkordat sei gültig und auf Grund des Artikels XIV des Konkordats sei für ihn ein weltliches Gericht unzuständig. Als sich Rudigier weigert, einer Vorladung des Untersuchungsrichters Folge zu leisten, wird er am 5. Mai 1869 zwangsweise vorgeführt. Erregt schon diese Vorgangsweise ungeheures Aufsehen weit über Oberösterreich hinaus, so erst recht seine Verurteilung am 12. Juni 1869 durch ein zehn Stunden lang tagendes Geschworenengericht zu 50 Gulden oder 14 Tagen Kerker. Der Kaiser begnadigt den Linzer Bischof, der ihm übrigens kein eigentliches Gnadengesuch übermittelt. Eine persönliche Information des liberalen Ministers Plener für seinen Sohn über die ,,Linzer Bischofsgeschichte" ist in zweifacher Hinsicht bezeichnend. Einmal die Meinung, ,,es muß einmal Ernst gezeigt werden, daß auch der höchste Geistliche der Staatsgewalt untersteht", dann aber auch die Überzeugung, wie wenig der Kaiser im Herzen mit dem gerichtlichen Verfahren einverstanden sei.

Diese ,,Linzer Bischofsgeschichte" wird aber so etwas wie ein Schrittmacher für die katholisch-konservative Politik in Oberösterreich, denn sehr rasch nach der Gründung des liberal-politischen Vereins erfolgt die Gründung des ,,Katholischen Volksvereins", bei dem gewiß andere Männer im Vordergrund stehen, der aber ohne die ständige, überlegte und intensive Unterstützung des Bischofs nie eine solche Bedeutung erreicht hätte. Der Volksverein wird ein Instrument mit Doppelfunktion, er hat eine innerkirchliche Aufgabe, aber auch eine maßgebliche politische Funktion. Sehr bald zeigt sich übrigens, daß, zumindest in der Frühzeit dieser Organisation, nicht die nach außen in Erscheinung tretenden Männer wie Volksvereinspräsident Graf Brandis oder der Landtags- und Reichsratsabgeordnete Baron Weichs die entscheidenden Motoren sind, sondern der Weltpriester

Msgr. Scheiblhuber, der nie eine politische Funktion übernimmt, auch nicht anstrebt.

Wie ist es um diesen oberösterreichischen Katholizismus, den Rudigier schrittweise zu formen und zu ändern beginnt, bestellt? Es ist ein bäuerlich geprägter, konservativer Katholizismus. Seine Führer, der Klerus, sind Bauernkinder, die hier und meist nur so auf hohe und auch höchste Stufen hochsteigen können: zu Kanonikern und Äbten und Pröpsten, zu Bischöfen und vereinzelt zu Kardinälen. In der wirtschaftlich abgesicherten und gesellschaftlich angesehenen Position eines Geistlichen, insbesondere eines Stiftsgeistlichen, betreiben sie das, was einige von ihnen schon immer interessiert hat: die Zoologie oder die Botanik, sie betätigen sich als Historiker oder auch Politiker. Als Pfarrer widmen sie sich nebenbei ihrer Landwirtschaft, der Imkerei, auch der Fischzucht. Sie, die Pfarrer und Kapläne, werden die nimmermüden Organisatoren des landwirtschaftlichen Genossenschaftswesens. Sie ziehen den Kreis ihrer seelsorglichen Aufgaben weit, in ihrem eigenen und ihrer Gläubigen Interesse. Wenn die Liberalen überheblich von den ersten Intellektuellen der Konservativen als ,,Bauern-Advokaten" sprechen, so blicken sie nicht weniger auf diesen ,,Bauern-Klerus" herab. Und es ist gleichermaßen diese Geringschätzung durch die Liberalen wie der Kristallisationspunkt Rudigier, der nur ganz selten Risse zwischen dem von den Liberalen sonst so umworbenen ,,niedrigen Klerus" und dem hohen Klerus, zwischen Kaplänen und Pfarren aufkommen läßt. Es fehlt diesem Klerus und dem oberösterreichischen Katholizismus ein intellektueller Glanz, dafür ist er handfest, praktisch – auch dann, wenn es nicht nur um ländliche und bäuerliche Fragen geht: etwa bei der Gründung der immer zahlreicher werdenden Arbeitervereine, beim Aufkauf und der Umgestaltung der Wochenblätter und bei der Gründung lokaler Preßvereine. Es ist allerdings auch ein Katholizismus, dem die soziale Frage anfänglich nicht unbedingt ein Wesenselement ist. Gewiß gibt es eine Fülle immer besser ausgebauter katholischer Krankenhäuser; es entstehen auch von den Liberalen sehr geschätzte Heime für Taubstumme, Blinde, andere Körperbehinderte. Es werden für die arbeitende Bevölkerung nicht wegzudenkende Kinderkrippen und Horte, Tagesheimstätten und Haushaltungsschulen gegründet. Für die katholischen Orden wird Oberösterreich ein Musterland: hier können sie wirken, hier errichten sie ihre Niederlassungen, hier erhalten sie Nachwuchs. Aber man bleibt in – auch wertvollsten – karitativen Aufgaben stecken und hält diese oft als die eigentliche soziale Frage. Bis zu Rudigiers Tod spielt allerdings die Industriearbeiterschaft im Bauernland Oberösterreich nur eine sehr bescheidene Rolle. Aber man sieht auch zuwenig die soziale Frage im Gewerbe und im Bereich der Landwirtschaft.

Die Liberalen und später die Deutschnationalen bekämpfen vor allem die enge Vermischung von Kirche und Politik. Sie nennen die Parteigruppierungen, denen die Volksvereins-Abgeordneten beitreten (Katholisch-Konservative, Katholische Volkspartei, Christlichsoziale) ausnahmslos „klerikal", wobei der Einfluß des Klerus' tatsächlich weit größer ist, als dies die Zahl der Priester-Politiker ahnen läßt. Sie spielen vor allem bei der Auswahl der Kandidaten eine wichtige Rolle, insbesondere auch als Wahlmänner in den Landgemeinden. Man nennt sie, weit weniger berechtigt, „ultramontan", also von „jenseits der Berge", von Rom abhängig. Tatsächlich ist dieser Katholische Volksverein so etwas wie eine Vorfeld-Organisation zum Schutz der katholischen Kirche, aus der erst langsam und schrittweise eine alle Bereiche umfassende politische Gruppe wird.

Will also das Schlagwort „Klerikalismus" zum Ausdruck bringen, es sei eine vom Klerus geführte Partei, so meint das (damals noch nicht übliche) Schlagwort „Politischer Katholizismus" gerade das Gegenteil: ein einseitig politisch programmierter Katholizismus. Es ist aber nicht so, daß man erst weit später, etwa 1933 unter Bischof Gföllner, die Schwierigkeiten im Grenzbereich von Kirche und Staat, Seelsorge und Politik entdeckt. Diese Grundsatzdiskussion wird von der ersten Stunde an geführt, bei Liberalen, Deutschnationalen und später bei Sozialisten, nicht weniger in den Sprachrohren des Katholischen Volksvereins. Bischof Rudigier spricht darüber in seinen Predigten und Hirtenbriefen.

Dabei ist Rudigiers Weg durch diese Grenzbereiche klar nachzuzeichnen: Eher ein Gegner der „Konstitution", wird er der große Lehrmeister seiner Katholiken, diese nunmehrige Verfassung zu nutzen, im politischen Leben – natürlich vorerst im Interesse der Kirche – aktiv zu werden. Er wird somit nicht nur zum „Hirten", sondern auch zum Erzieher zur politischen Aktivität[5]. Er drängt sich nicht in die Funktion eines Landtagsabgeordneten. Nachdem er diesen Platz aber einnehmen muß, will er ihn auch ganz ausfüllen. Mit einem 23jährigen Wirken im Landtag gehört er zu den hier am längsten tätigen Abgeordneten. Trotz seiner zahlreichen anderen Aufgaben fehlt er fast nie. Und er, der nur zu wenigen Fragen Stellung nehmen will, spricht letztlich doch so oft, daß seine Landtagsreden nicht weniger als 554 Druckseiten füllen. So vermischt sich beim Bischof Seelsorge und Politik. Er sieht auch in seinem politischen Wirken ein Stück Seelsorge, fördert das politische Wirken des Klerus, insbesondere gewiß das der katholischen Laien. Er befindet sich dabei übrigens in keiner schlechten Gesellschaft. Später ist es insbesondere Papst Leo XIII., der seine Vorliebe für katholische Massenparteien offen zeigt. Am großen kirchlichen Geschehen jener Jahre nimmt der Linzer Bischof Rudigier nicht allzu intensiv teil. Während sein Freund,

Die Verteilung der Konfessionen in Oberösterreich 1910

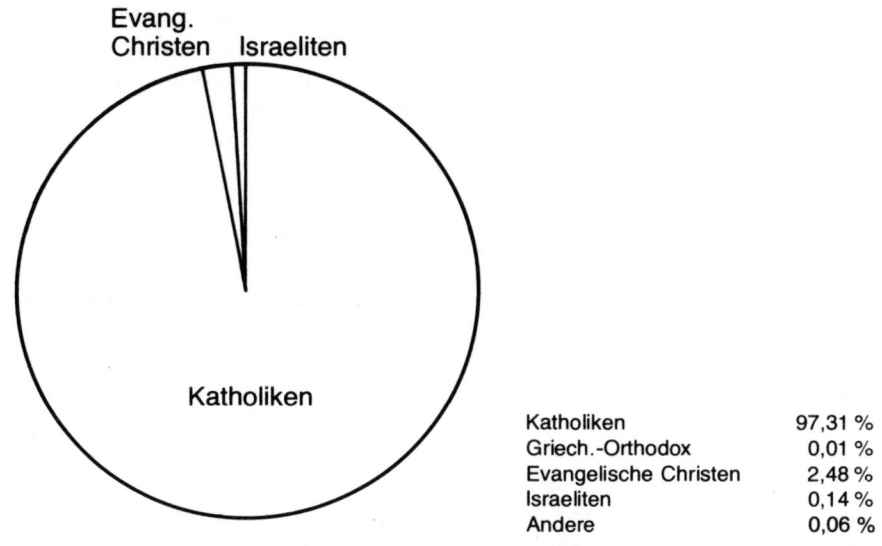

Katholiken	97,31 %
Griech.-Orthodox	0,01 %
Evangelische Christen	2,48 %
Israeliten	0,14 %
Andere	0,06 %

Bischof Joseph Feßler von St. Pölten, geschäftsführender Generalsekretär des Vatikanischen Konzils ist, verläßt Rudigier nur ungern seine Diözese. Hier errichtet er in Erinnerung an die Dogmatisierung der Unbefleckten Empfängnis von 1854 den ,,Neuen Dom", in dem er eine ,,Festung gegen die Feinde des Heiles" sieht, aber erst 40 Jahre nach Rudigiers Tod kann der Dom fertiggestellt werden.

In der politischen Landschaft sieht Rudigier seine Saat wachsen. Unmittelbar vor seinem Tod erlebt er noch, wie die Katholisch-Konservativen 1884 die Landtagsmehrheit erringen.

Im kirchlichen Bereich bleibt der Altkatholizismus auf den Rieder Raum beschränkt, weitere Pfarrgründungen fallen kaum ins Gewicht. Bischof Rudigier bemüht sich wohl systematisch um jeden seiner abgefallenen Priester, aber doch in einer Art, die zeigt, wie wenig er sich in den anderen hereinzudenken vermag. Und manche der Dechanten ähneln hier dem Bischof. Gerade das sind ja die Schwächen des Bischofs und der oberösterreichischen Katholiken: von der übermäßigen Stärke aus zu wenig Gespür für andere Christen und andere christliche Gruppen zu haben. Innerhalb eines halben

Jahrhunderts schwankt der Anteil der Katholiken um 0,32 Prozent. Er steigt von 715.224 (1869) auf 790.270 (1900) und 830.079 (1910); der Anteil an der Gesamtbevölkerung sinkt von 97,63 Prozent (1880) auf 97,53 Prozent (1900) und 97,31 Prozent (1910)[6]. Das umfangreiche und ausgezeichnete katholische Vereinswesen ist Stärke und Schwäche zugleich, ist Macht und Machtaufspaltung durch Zersplitterung. Dieser ,,Apparat", gewiß auch die weiterbestehende Abwehrfront im politischen Bereich gegenüber dem weiterhin gefährlichen Liberalismus[7] und dem für die künftige Entwicklung gefährlicheren Nationalismus, läßt wenig Platz für Auseinandersetzungen mit neuen kirchlichen Strömungen und Gefährdungen.

Die noch immer labile kirchenpolitische Situation wird schlagartig 1884 beim Tode von Bischof Rudigier sichtbar. Knapp vor seinem Tode hatte Rudigier den kaiserlichen Statthalter Weber an sein Krankenbett gebeten; er möge den Kaiser an dessen Versprechen vom Jahre 1874 erinnern, ihm einen ,,würdigen Nachfolger" zu geben, einen ,,gut katholischen", womit er seinen Sekretär Doppelbauer meint. Der Wunsch Rudigiers wird auf Weisung des Kaisers geheimgehalten. Die Liberalen erhoffen sich, wenn schon keinen liberalen, so doch einen vermittelnden Bischof, die Katholiken einen vom Schlage Rudigiers. Der Kaiser neigt einer Persönlichkeit zu, ,,welcher mit fester Hand die conservative und patriotische Gesinnung des deutschen oberösterreichischen Volkes bestärke", was ein kaiserlicher Aktenvermerk zum Ausdruck bringt. Statthalter Weber tritt für einen Bischof ein, der ,,dem politischen Parteitreiben ferne steht und milden und versöhnlichen Charakters" sei. Statthalter Weber meint noch, daß die Autorität der Behörden durch Rudigier bedenklich erschüttert worden sei; er führt ferner, sicher zu Unrecht, an, daß ein ,,Großteil der oberösterreichischen Geistlichkeit das Vorgehen dieses Bischofs gegen die staatliche Autorität mißbilligt habe und einen Oberhirten wünsche, der einen anderen Weg als Rudigier einschlage". Weber, der in seiner Stellungnahme die alte, josephinische Überheblichkeit gegenüber der Kirche und die neue, gegenüber den Parteien, zeigt, meint noch, Wiens Erzbischof Kardinal Ganglbauer, ebenfalls ein gebürtiger Oberösterreicher, könne in seinem Dreiervorschlag nur ,,die Meinung einer Minderheit" vertreten. Kultusminister Conrad, einst Statthalter von Oberösterreich, schlägt einen Priester vor, der ,,keiner extremen Richtung" angehört. Auch er wünscht einen Bischof, der sich jeder Stellungnahme gegenüber Staat und Parteien enthält. Auch Conrad wünscht keine weitere Stärkung der Klerikalen, die eben im oberösterreichischen Landtag an die Macht gekommen waren. Aber die zu guten Querverbindungen zwischen Ministerium und der liberalen Presse Oberösterreichs machen den ganzen Plan zunichte. Als sie den Namen des St. Pöltner

15 Franz Joseph Rudigier, als Bischof von Linz (1853–1884) und Landtagsabgeordneter mit Virilstimme (1861–1884) eine Zentralfigur des kirchlichen und politischen Lebens Oberösterreichs.

16 Kaiser Franz Joseph verläßt 1905 in Begleitung von Bischof Doppelbauer den Linzer Dom.

Franz Joseph,
durch Gottes Erbarmung und des apostolischen Stuhles Gnade
Bischof von Linz,
Seiner Päpstlichen Heiligkeit Hausprälat und Thronassistent, des kais. öst.
Leopold-Ordens Commandeur ꝛc. ꝛc.

entbiethet allen Gläubigen seines Bisthums Heil und Segen in unserm Herrn Jesu Christo.

Vielgeliebte Bisthumsangehörige!

Der Apostel schrieb einst an die Korinther: „Ich fürchte, daß so wie die Schlange Eva verführt hat, so auch euer Sinn verderbt und entfremdet werden möchte der Einfalt, welche ist in Christo." (II. Cor. 11.)

Die gleiche Furcht habe ich, meine theuern Christgläubigen; noch nie hat die Schlange, d. i. der böse Geist, der Lügner von Anbeginn und der Vater der Lüge, eine solche Schlauheit entwickelt, wie in unsern Tagen, um die Gläubigen der christlichen Wahrheit zu entfremden, und sie zu den verderblichsten Irrthümern zu verleiten. Deßwegen um euch tief besorgt, schreibe ich an euch zu ungewöhnlicher Zeit dieses Hirtenwort; ich will euch belehren und warnen, ich will euch mit Gottes Gnade in der Wahrheit befestigen.

Der Bischof hat, wo es sich um Fragen der Religion handelt, das Recht und die Pflicht, zu seiner Heerde zu reden; und die Heerde hat das Recht und die Pflicht, ihren Bischof zu hören.

Vorzüglich sind es seit Monathen die österreichischen Staatsgesetze vom 25. Mai d. Js., an welchen die Lüge ihre ganze Kraft erprobt. Es ist nicht auszusprechen, wie viel Irriges in dieser Hinsicht bereits von Einzelnen und von Versammlungen, in Wort und Schrift, nahmentlich in den Tagesblättern behauptet, und wie vieler Menschen Sinn durch solche Behauptungen bereits jämmerlich verderbt wurde.

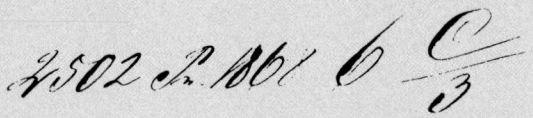

17 Der inkriminierte Hirtenbrief Rudigiers aus dem Jahre 1868 mit den vom Statthalter angestrichenen bedenklichen Stellen. Der Hirtenbrief wurde beschlagnahmt und vernichtet, der Bischof verurteilt.

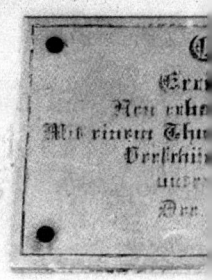

20 Verschiedene Skizzen des Kölner Dombaumeisters Statz für den Linzer Dom.

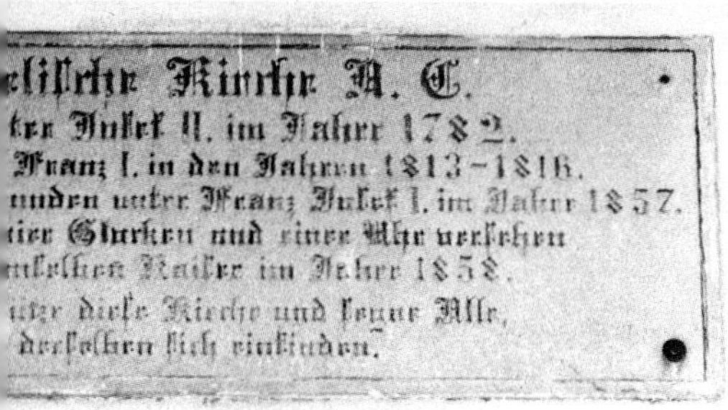

19 Inschrift an der Evangelischen Kirche in Bad Goisern. Sie zeigt ein Stück Geschichte des Protestantismus in Oberösterreich.

18 Der Neue Linzer Dom im Bau.

21 Das Denkmal für Bischof Rudolf Hittmair (1909–1915) vor der Kirche der Barmherzigen Brüder in Linz.
22 Bischof Dr. Ernst Maria Müller (1885–1888); Dr. Johannes Maria Gföllner (1915–1941).

Domherrn Dr. Anton Pilz veröffentlicht, lehnt der Ministerrat, allen voran Minister Falkenhayn, den von den Liberalen begrüßten Priester ab. Es tritt der so seltene Fall ein, daß alle beteiligten Persönlichkeiten, der Kaiser, die Minister Conrad und Falkenhayn und natürlich auch Statthalter Weber, Oberösterreich und seine politische Situation gut kennen. Der Kaiser ernennt schließlich als Kompromißkandidaten den Direktor des Wiener Stephaneums, Dr. Ernst Müller. Vor allem aber ist die Stellung von Kultusminister Conrad so erschüttert, daß er sich nicht mehr lange halten kann. Müller, mehr Wissenschaftler als Seelsorger, stirbt schon drei Jahre später. Gemeinsam mit dem ersten Linzer Bischof Ernst von Herberstein zählt er zu jenen, die die Diözese am kürzesten, drei Jahre lang, leiten[9]. Er stirbt, bevor er seine Diözese zur Gänze kennengelernt hatte.

Nach dieser Episode steht erst recht der seinerzeit von Rudigier vorgeschlagene Doppelbauer zur Diskussion. Er ist jetzt in dem eher günstigeren Alter von 43 Jahren – trotzdem ist dieses jugendliche Alter das einzige, was Statthalter Weber jetzt zu bedenken gibt. Er ist vorsichtiger geworden und wiederholt die Einwände von 1884 über eine weitere bedenkliche Stärkung der Klerikalen nicht mehr. Doppelbauer ist jetzt übrigens um ein Jahr älter als seinerzeit Rudigier bei der Ernennung zum Linzer Diözesanbischof. Auch der neue Unterrichtsminister Freiherr Gautsch-Frankenthurn schlägt Doppelbauer vor, wenn er auch betont, daß Oberösterreichs „ultramontane Kreise" hofften, er werde in die Fußstapfen Rudigiers treten. Wie weit josephinisches Gedankengut schon zurückgedrängt ist, zeigt der Hinweis des Ministers, der nicht nur die „geistige Begabung" und die „wissenschaftliche Bildung" Doppelbauers hervorhebt, sondern auch sein Ansehen bei der Kurie. Und Kaiser Franz Joseph ist froh, jetzt, wenn auch drei Jahre später, den seinerzeit von Bischof Rudigier ausgesprochenen Wunsch doch erfüllen zu können. Doppelbauer hat es unvergleichlich leichter als Rudigier, die Diözese Linz zu regieren. Er, der siebente Bischof von Linz, ist der erste Oberösterreicher am Bischofsstuhl. Das bringt ihm natürlich zusätzliche Sympathien und seine Liebenswürdigkeit ist eigentlich das, was ihn am meisten von Rudigier unterscheidet. Sonst ist er sein getreuer Schüler, der bewußt dort fortsetzt, wo Rudigier aufgehört hat, der allerdings auch das erntet, was sein vorletzter Vorgänger gesät hat. So wird die Priestersituation von Jahr zu Jahr günstiger. Im Durchschnitt weiht er 31 Priester jährlich[10]. Aber auch Doppelbauer setzt hier vor allem mit dem Bau des Bischöflichen Gymnasiums „Collegium Petrinum" (1897) klare Akzente. Er vergrößert das Priesterseminar (1900) und fördert die Lehrerausbildung durch die Errichtung katholischer Lehrer- bzw. Lehrerinnenbildungsanstalten (Vöcklabruck 1894 und Linz 1904). Hier, in der Gründung und Ausweitung von Ausbildungsstätten für eine katholische Führungsschicht liegt eindeutig der Schwerpunkt seines Wirkens. Ergänzt wird es durch den weiteren Ausbau der katholischen Presse und lokalen Preßvereine. Gewiß wird auch am Neuen Dom Rudigiers systematisch weitergebaut. Hier errichtet er seinem großen Vorbild 1892 ein künstlerisch bedeutendes Hochgrab und zehn Jahre nach Rudigiers Tod, 1894, leitet er einen bischöflichen Informationsprozeß über das Leben und die Tugenden des Bischofs, also den Seligsprechungsprozeß, ein. Auch die wichtigsten Predigten und Reden Rudigiers werden von Doppelbauer im Druck herausgegeben. Auf seine Anregung hin schreibt Konrad Meindl, der bedeutende Historiker und nachmaliger Propst von Reichersberg, eine gewichtige Rudigier-Biographie. Anders als Rudigier hat Doppelbauer enge Beziehungen zu Rom; er wirkt hier vorerst als Konviktor, Kaplan und Vizedirektor der Nationalstiftung „Anima" und zehn Jahre später, zwischen 1887 und 1889, als deren Rektor. Gute Verbindungen zu maßgeblichen Vertretern der Kurie und das Wohlwollen der Päpste Leo XIII. und Pius X. nützt er für Belange der Diözese. Später führt er in zahlreichen Pilgerzügen seine Oberösterreicher in das von ihm so geliebte Rom, schließlich auch ins Heilige Land. Gleich nach seiner Ernennung zum Diözesanbischof hatte allerdings diese Rom-Verbundenheit ein wenig Erstaunen ausgelöst, als er den Wunsch äußerte, in Rom zum Bischof geweiht zu werden. Auch muß Minister Gautsch Doppelbauer darauf verweisen, daß die bischöfliche Eidesablegung in die Hand des Kaisers vor der Inthronisation zu erfolgen habe. Wesentlich leichter als Rudigier hat es Bischof Doppelbauer vor allem im Grenzbereich von Kirche und Politik. Die 1884 im oberösterreichischen Landtag errungene Mehrheit der Katholisch-Konservativen bleibt erhalten. Und diese Stärke der Konservativen wird noch durch den Zerfall der Liberalen Partei unterstützt. Diese Position der Stärke führt wieder dazu, daß Doppelbauers Stellungnahmen, etwa vor Landtagswahlen, nicht annähernd so durchdacht sind wie die Rudigiers. Aber auch Doppelbauer bleiben Schwierigkeiten auf dem politischen Parkett nicht erspart – jetzt allerdings vor allem im innerchristlichen Bereich. In der Übergangsphase zwischen Katholisch-Konservativen und Christlichsozialen, also etwa zwischen 1890 und 1907, gehen die Wogen in Oberösterreich zwar nicht so hoch wie etwa in Tirol, es kommt aber auch hier zu manch gefährlichen, ja paradoxen Situationen, etwa als die Wiener Christlichsozialen mit Prinz Aloys Liechtenstein und Dr. Geßmann in einer Art Kreuzzugsstimmung ins konservative Oberösterreich aufbrechen und den Segen des Heiligen Vaters dazu erbitten und erhalten. Hier ist es mehr die kluge Taktik Dr. Ebenhochs, auch eine gewisse Zurückhaltung Doppelbauers, die eine Explosion verhindert und den schrittweisen und eher langsamen Übergang zu den Christlichsozialen ermöglichen, der übrigens unmittelbar vor dem Tod Doppelbauers erfolgt[11]. Die günstige Situation des Katholizismus in der Diözese führt dazu, daß ähnlich wie vor 1866 Generalversammlungen der Katholiken Deutschlands in Linz abgehalten wurden (1850, 1856), nunmehr auch gesamtösterreichische Katholikentage in der oberösterreichischen Hauptstadt stattfinden. Der dritte dieser Katholikentage, der von 1892, ist als „Katholikentag der Presse" in die Geschichte eingegangen. Der Vorschlag der mit dem konservativen „Vaterland" unzufriedenen Pressesektion dieses Katholikentages, ein großes, das ganze Reich umfassendes katholisches Zentralorgan zu schaffen, wird zur Geburtsstunde der „Reichspost". Hatten schon vor dem Linzer Katholikentag die Auseinandersetzungen im katholischen Raum, insbesondere zwischen Konservativen und Christlichsozialen, die Sprengung des „Eisernen Ringes" diesem Linzer Katholikentag ein großes, weit über den Kreis der Katholiken gehendes Interesse verschafft, so führen die nachfolgenden Spannungen dazu, daß erst vier Jahre später, 1896, in Salzburg ein Katholikentag durchgeführt werden kann. Der letzte, 1913 in Linz abgehaltene Katholikentag ist kein allgemeiner[10], [12]. Die Wogen des „Modernismus" dringen nicht nach Oberösterreich, doch verfügt Doppelbauer, daß der bekannte niederösterreichische Prälat Josef Scheicher seine Funktion als Leitartikler der „Theol.-Praktischen Quartalschrift" niederlegen muß[10]. Später verliert der Ideologe der Christlichsozialen, Prälat Schindler, wegen seiner Freundschaft mit dem anschließend voll rehabilitierten Wiener Kirchenhistoriker Albert Erhard die Aussicht, Bischof von Linz zu werden[12].

Im Sprachenstreit jener Jahre nimmt Doppelbauer im Landtag eine klare Haltung ein: Für eine Seelsorge für Tschechen in Linz, gegen jede propagandistische Auswertung[13]. Schon als Kaplan in Steyr zu Beginn seines seelsorglichen Wirkens lernt er ein paar Worte Tschechisch, um sich mit den hier arbeitenden Tschechen verständigen zu können. Hier in Steyr lernt er die soziale Frage und die verschiedenen Formen der Arbeiterbewegung kennen. Unter Bischof Doppelbauer nimmt die katholische Arbeiterbewegung, bedingt durch die zunehmende Industrialisierung des Landes, das wache Interesse des Klerus, insbesondere der Kapläne, aber auch das Verständnis des Bischofs, den größten Aufschwung. Stätten karitativen Wirkens für alle Bereiche werden ausgebaut; besonders stolz ist Bischof Doppelbauer vor allem auf das auf Grund seiner Anregung von den Kreuzschwestern 1903 in Wels errichtete Krankenhaus.

Als Bischof Dr. Franz Maria Doppelbauer im Dezember 1908 stirbt, hinterläßt er die geordnet übernommene Diözese in einem noch besseren Zustand. Er hatte es leichter gehabt als seine Vorgänger, er hat es sich trotzdem nicht leichtgemacht.

Nach Doppelbauer folgen nur noch gebürtige Oberösterreicher auf den Linzer Bischofstuhl. Sie alle, so auch Doppelbauers Nachfolger, Rudolf Hittmair, fühlen sich als Fortsetzer des Wirkens Rudigiers und sind es auch. In vielen Bereichen – besonders deutlich beim Dombau – müssen sie weiterbauen, wo Rudigier begonnen hatte. Hittmairs sechsjähriges Wirken hat seinen Höhepunkt in der Diözesansynode von 1911 und wird zuletzt von außen her überschattet durch den Ausbruch des ersten Weltkrieges. Bischof Hittmair, hochgebildet wie seine Vorgänger, schließt mit seinem Leben ab, bevor er selbst erlischt. Er stürzt sich in die seelsorgliche Aufgabe der vielfach am Fleckfieber erkrankten Internierten und Gefangenen, er stirbt, wie Ärzte, Bewacher und Gefangene.

Mit Bischof Gföllner beginnt dann, sosehr man sich noch auf das Erbe Rudigiers beruft, eine andere Ära.

Protestanten oder evangelische Christen?

Der Beginn des Konstitutionalismus im Jahre 1861 fällt fast zusammen mit der Erlassung des Protestantenpatents, so daß rein äußerlich für Österreichs Protestantismus günstige Voraussetzungen für einen Weg aus bloßer Duldung und Benachteiligung zu freien evangelischen Gemeinden gegeben sind. Daneben hatten innerkatholische Strömungen, eine in ganz Europa sichtbare mystisch-schwärmerische Richtung, teils politisch, teils aber auch religiös ausgerichtet, in Oberösterreich in den katholischen Priestern Thomas Pöschl († 1837) und Martin Boos († 1825) gewisse Kristallisationspunkte gefunden. Boos hatte 1817 seine Wirkungsstätte Gallneukirchen verlassen müssen. Teile seiner Anhänger vereinigen sich mit den evangelischen Christen in Weikersdorf bei Gallneukirchen, wo es 1861 zur Gründung einer evangelischen Schule, später, 1873, zu einer eigenen Pfarre kommt, schließlich wird Gallneukirchen Sitz eines eigenen Seniors[1].
Das Protestantenpatent sieht einen vierstufigen Ausbau der evangelischen Kirche als die Regel an. Die oberösterreichische Superintendenz verfügt jedoch vorerst nicht über das Zwischenglied der Seniorate. Der Superintendent ist zugleich Pfarrer von Scharten, der Bereich der Superintendenz umfaßt zwölf Pfarren, und zwar in Attersee, Eferding, Goisern, Gosau, Hallstatt, Linz, Neukematen, Rutzenmoos, Scharten, Thening, Wallern und Wels. Eine einzige dieser Pfarren, die von Scharten, ist neben dem Superintendenten auch noch von einem Vikar besetzt; jede dieser evangelischen Pfarren verfügt auch über einen evangelischen Lehrer[2].
Auch wenn genaue Statistiken über die religiösen Verhältnisse erst für 1869 vorliegen[3], so gelten die hier genannten Zahlen zweifellos auch für die Zeit ab 1861, da auch für die späteren Jahre Schwankungen nur in sehr bescheidenen Grenzen sichtbar sind. Demnach zählt Oberösterreich 15.503 Christen Augsburger und 122 helvetischer Konfession. Das entspricht 2,14 Prozent der Gesamtbevölkerung des Landes und liegt damit über dem Durchschnitt der westlichen Reichshälfte der Habsburgermonarchie (1,74 Prozent). Bei einer gewissen Konzentration der evangelischen Christen auf die Ländergruppe Böhmen-Mähren-Schlesien, auf Wien, Kärnten und Oberösterreich leben hier in Oberösterreich 4,45 Prozent aller österreichischen Protestanten.
In Wirklichkeit ändert sich für die evangelische Kirche auch nach 1861 wenig. Der stark antikirchliche Kurs der Liberalen ist nur verbal protestantenfreundlich, ein effektiver Nutzen ist für sie nicht sichtbar. Dazu kommt die Machtposition der Liberalen in den Städten, während die Protestanten

punktuell und verstreut, vorwiegend in ländlichen Gebieten um Wels (Scharten, Wallern) und im Salzkammergut (Goisern, Gosau, Hallstatt, auch Attersee) leben. Sie sind überdies ungewöhnlich konservativ – durch diesen Konservativismus haben sie ja überlebt.

Es sind also weniger die Liberalen, die sie anziehen, als vielmehr der Katholische Volksverein, der sie, wenn er sie schon nicht abstößt, so keinesfalls anzuziehen vermag. Ab 1880 ist es mehr der Bauernverein, der im politischen Bereich ein gewisser Kristallisationspunkt für die Protestanten wird. Aber auch das ist für sie wenig vorteilhaft, denn der oberösterreichische Bauernverein erringt bis zur letzten Landtagswahl nie einen Sitz im oberösterreichischen Landtag. Zu ihrem religiösen Ghetto kommt jetzt also noch ein politisches. Auch Versuche, die evangelischen Christen mit einer Art Virilstimme im Landtag vertreten zu lassen, bleiben erfolglos. Ab 1880 sind allerdings die Deutschnationalen für die Protestanten weit attraktiver als früher die Liberalen und eine Verbindung zwischen „national" und „protestantisch" wird auch in Oberösterreich sichtbar, wenn auch nicht so ausgeprägt wie etwa in Böhmen. Genährt wird auch in Oberösterreich diese Tendenz dadurch, daß die kleinen, in sich abgekapselten Kirchengemeinden trotz bedeutender heimischer Pfarrerfamilien (Wehrenfennig, Koch) immer wieder auf beträchtliche Hilfe aus evangelischen Gebieten Deutschlands angewiesen sind, auf Seelsorger, wie auch auf finanzielle Hilfen. Trotz des zum Teil opfervollen Wirkens können diese deutschen Pfarrer nur selten volkstümlich werden und erst recht nicht Konfessionsgrenzen sprengen.

Die enge Verbindung der evangelischen Christen mit ihrem Landesherrn ist natürlich in Österreich nicht möglich; immerhin sind vor allem die Salzkammergutgemeinden für das Wohlwollen und die regelmäßige Hilfe des Kaisers dankbar; so werden etwa 1881 die Glocken der Ischler evangelischen Pfarrkirche nach Kaiser Joseph II., nach Kaiser Franz Joseph und dem deutschen Kaiser Wilhelm I. benannt[4]. Auch bemüht sich das in Gmunden ansässig gewordene hannoveranische Königshaus insbesondere durch ihre Förderung der Kirchenneubauten, so etwas wie ein Ersatz-Landesherr der Protestanten zu sein. Sie finanzieren auch komplett Gmundens evangelische Schule; ähnlich wirken die Coburger in Grein im Mühlviertel.

Erst recht holt man sich bei besonderen Anlässen Prediger aus Deutschland, so als am 17. Juli 1881 die vierte evangelische Kirche Zisleithaniens, die im Verlauf eines Jahres errichtet worden war, in Ischl geweiht wird. Hier predigt in Anwesenheit des Großherzogs von Mecklenburg der Oberhofprediger Jahn aus Schwerin[4].

Eine Brücke zwischen Katholisch-Konservativen und evangelischen Christen hätte allerdings die Schulfrage, genauer gesagt, das Problem der konfessionellen Schulen werden können, denn das nur sieben Jahre nach dem Protestantenpatent im Jahre 1868 erlassene Reichsvolksschulgesetz wird auch von protestantischer Seite als „Beginn des Niederganges des evangelischen Schulwesens" gewertet[5] und führt etwa 1870 zur Auflassung der einzigen Linzer evangelischen Schule.

In die durch Jahrzehnte sich hinziehenden Auseinandersetzungen über die Schulfrage im Landtag kommt ein neuer Akzent, als im Zusammenhang mit Subventionsansuchen der evangelischen Kirche für ihre Schulen die sehr ähnlichen Interessen von katholischen und evangelischen Christen aufgezeigt werden – und zwar nachdem die Konservativen die Landtagsmehrheit errungen hatten.

Der Bericht des Schulausschusses des oberösterreichischen Landtages vom Jahre 1889 erwähnt einleitend die in Oberösterreich existierenden 15 evangelischen Privatschulen mit ihren 22 Lehrern und 1473 Schülern (bei rund 115.000 schulpflichtigen Kindern) und negiert keineswegs ihre Bedeutung: „Wenn auch dieser Prozentsatz [1,2 Prozent] nicht gerade groß erscheint, so würde doch die Auflassung der evangelischen Privatschulen die Schulverhältnisse in Oberösterreich wesentlich alterieren." In zwölf, möglicherweise in 17 öffentlichen Schulen müßte, würden die evangelischen Privatschulen aufgelöst, zumindest eine zusätzliche Klasse errichtet werden. Und hinzugefügt wird: „Es ist daher nicht in Abrede zu stellen, daß der Umstand, daß für den Landesschulfonds und die Gemeinden aus der Erhaltung der evangelischen Privatschulen durch die evangelischen Kirchengemeinden eine namhafte Ersparnis resultiert, ebenso wie der Umstand, daß die Mitglieder der evangelischen Kirchengemeinden sowohl die allgemeine Schulumlage und noch dazu ihre specielle Schullast, also eine Doppelbelastung tragen, es billig erscheinen lassen würde, diese Doppelbelastung durch Gewährung von Subventionen aus öffentlichen Mitteln zu erleichtern" – wozu es allerdings nicht kommt. Der von Berichterstatter Doblhamer gefertigte Bericht unterläßt es nicht, die Haltung des Landesausschusses von 1863 (mit liberaler Mehrheit) anzuprangern, der die Ansicht vertrat, „daß die vom Land durch die Concurrenz aller Steuerträger erhaltenen Volksschulen ohnehin allen Confessionen gleichmäßig zugänglich sind, daher zur Forterhaltung der evangelischen Privatschulen insbesondere dort, wo in nächster Nähe eine öffentliche Volksschule besteht, kein anderer Anlaß vorhanden ist, als die Ertheilung des evangelischen Religions-Unterrichtes, die Aufbringung der zu ausschließlich confessionellen Zwecken erforderlichen Geldmittel aber eine interne Angelegenheit der betreffenden Kirche ist . . .[6]."

Noch schärfer formuliert das Mitglied des Landesausschusses, Julius Strnadt, in einer ausführlichen Rede im Landtag im gleichen Jahr. „Die evangelische Confession hält an dem Gute fest, welches dem katholischen Bekenntnisse verloren gegangen ist. Bei aller Befriedigung über die Vorzüge des heutigen Schulsystems in didaktischer Richtung verlangen die Evangelischen für sich die confessionelle Schule, und es ist selbst die Äußerung gefallen, daß die vom Staat errichtete Mauer durchbrochen werden muß. Wer die Verhandlungen der beiden protestantischen Generalsynoden, welche während der Dauer unseres Landtages versammelt waren, mit aufmerksamen Augen verfolgt hat, wird mir wohl nicht zu widersprechen vermögen, der Ruf nach der confessionellen Schule in Oberösterreich geht nicht allein von den Katholiken aus. In ihn stimmen auch die Evangelischen unseres Landes ein." Und Strnadt zitiert Superintendent Koch aus Wallern und das evangelische Vereinsblatt aus Oberösterreich[7]: „Wie bisher, so werden wir stets für die confessionelle Schule eintreten, und zwar aus religiösen und politischen Gründen sowie mit Rücksicht auf das Wohl, auf das Verhältnis der evangelischen Schulen, Lehrer und Gemeinden." Und Strnadt fügt noch hinzu: „Man findet bei der evangelischen Confession begreiflich, was man bei der katholischen unzulässig findet und mit den Ausdrücken ‚Rückschritt' und ‚Herabdrückung des Bildungsniveaus' zu stigmatisieren beliebt[8]."

Nachdem, anders als im übrigen Österreich, in Tirol erst 1875 die Erlaubnis zur Errichtung evangelischer Gemeinden in Innsbruck und Meran (heute Südtirol) gegeben werden – ein Tiroler Landesgesetz hatte noch 1866 die Errichtung nichtkatholischer Pfarrgemeinden untersagt, obwohl es etwa schon seit 1859 einen evangelischen Friedhof in Innsbruck gab –, werden diese beiden Tiroler Gemeinden, auch die 1863 errichtete evangelische Pfarre in Salzburg der oberösterreichischen Superintendanz unterstellt. Diese gliedert sich nunmehr in zwei Seniorate, erreicht also den in Protestantenpatent von 1861 vorgesehenen Vollausbau. Zum Oberländer-Seniorat (Senior der Pfarrer von Gmunden) zählen elf evangelische Pfarren, unter ihnen die beiden Tiroler und die Salzburger, dazu als neuerrichtete Pfarren Gmunden (1870), Vöcklabruck (1870) und Braunau (1900). Das Unterländer-Seniorat (Senior der Pfarrer von Gallneukirchen) umfaßt neun Pfarren. Hinzugekommen sind die Pfarren von Gallneukirchen und Steyr. Die evangelische Kirche Oberösterreichs verfügt 1900 über 15 konfessionelle Schulen mit 29 Lehrkräften; nur noch fünf sind einklassig, zehn zweiklassig, die einzige vierklassige evangelische Schule ist die von Meran[10].

Die altkatholische Bewegung in der Diözese Linz ist vorerst ausschließlich auf den Raum Ried beschränkt; sie schadet weder, noch nützt sie der evangelischen Kirche.

Aber auch die knapp vor der Jahrhundertwende einsetzende Los-von-Rom-Bewegung ist in Oberösterreich, als Land ohne Universität, kaum zu spüren. Die Badenische Sprachenverordnung hatte gewiß auch im „reindeutschen Kronland Österreich ob der Enns" Wellen geschlagen, zu sehr sind ja auch die Schicksale der Deutschen Südböhmens mit Oberösterreich verbunden. Tatsächlich befaßt sich der Landtag durch Jahre mit der Problematik, mit der Entwicklung der Tschechen in Oberösterreich und mit entsprechenden Sprachen- und Schulgesetzen für Oberösterreich[11], doch fangen die Katholische Volkspartei und anschließend die Christlichsozialen, und hier vor allem Dr. Ebenhoch und Dr. Schlegel, die Entwicklung relativ geschickt ab. Gewiß hat auch der Führer der Bewegung, Georg Ritter von Schönerer, anfänglich einen gewissen Einfluß in Oberösterreich, erst bei den Deutschnationalen, später vor allem beim oberösterreichischen Bauernverein, doch bleibt die Bewegung in Grenzen. Und auch der Einfluß des Alldeutschen Verbandes ist in Oberösterreich bescheiden. Während bis 1914 rund 55.000 Deutschösterreicher zum Protestantismus und 20.000 zum Altkatholizismus übertreten, stagnieren in Oberösterreich die Altkatholiken bei ihren Anfangserfolgen von 1871; aber auch die der evangelischen Christen zeigen nur einen bescheidenen Aufwärtstrend. Die Volkzählung von Ende 1900 gibt für Oberösterreich 18.373 evangelische Christen an. Das bedeutet eine Erhöhung von 2870 innerhalb von dreißig Jahren. Der Anteil an der oberösterreichischen Bevölkerung macht nunmehr 2,27 Prozent aus und ist um 0,13 Prozent gestiegen. Der Anteil der oberösterreichischen Protestanten an der Gesamtzahl der Evangelischen Österreichs ist 1900 sogar leicht auf 3,74 Prozent gefallen[12].

Über die Wirksamkeit dieser „Los-von-Rom-Bewegung" im Linzer Bereich heißt es, „durch sie sind unserer Gemeinde eine Reihe von Akademikerfamilien zugeführt worden . . ., im großen und ganzen aber ist diese Bewegung nicht ins Volk gedrungen. Das Wachstum der Linzer Gemeinde ging auch in der Folgezeit weniger auf große Eintrittszahlen als auf die Zuwanderung von Glaubensgenossen aus der bäuerlichen Umgebung zurück"[13]. Zum seelsorglichen und erzieherischen Wirken war schon frühzeitig das soziale getreten; in den Anfängen wirkt vor allem der spätere Linzer Ehrenbürger Johann Konrad Vogel, dann die Industriellenfamilie Franck. 1906 kann nach achtjährigen Bemühungen das Evangelische Krankenhaus in Linz geweiht werden; inzwischen war ab 1909 Gallneukirchen mit dem

Mutterhaus der Diakonissen zu einem über Oberösterreich hinaus wirkenden Zentrum evangelischer Fürsorgearbeit geworden.
Bis zum ersten Weltkrieg ändert sich nicht mehr viel. Die oberösterreichische Superintendenz ist weiterhin in zwei Seniorate gegliedert, das Oberländer-Seniorat mit zwölf Pfarren, unter ihnen neun oberösterreichischen, und das Unterländer-Seniorat mit neun Pfarren. Es ist also keine Pfarre hinzugekommen, auch die beiten Tiroler und die Salzburger Pfarren sind Teil der oberösterreichischen Superintendenz geblieben. Die 16 evangelischen Schulen beider Seniorate sind höher organisiert, es gibt nur noch vier einklassige Schulen[14]. Mehrere Pfarren verfügen über zwei evangelische Pfarrer (Gmunden, Salzburg, Thening), Linz über drei. Die Zahl der evangelischen Christen ist geringfügig auf 21.156 angestiegen; ihr Anteil macht nunmehr fast 2,5 Prozent der Gesamtbevölkerung von Oberösterreich aus (2,48 Prozent). Nunmehr leben 3,59 Prozent aller österreichischen evangelischen Christen in Oberösterreich[15].
Wenn auch in engen Grenzen ist die evangelische Kirche Oberösterreichs bei Ende der Habsburgermonarchie konsolidiert und lebendig.

Im Grenzbereich von Politik und Glauben: die Altkatholiken

Obwohl anfänglich die Mehrzahl der österreichischen Bischöfe mit dem päpstlichen Unfehlbarkeitsdogma vom 18. Juli 1870 nicht einverstanden ist, entwickelt sich doch keine breitere Gegenbewegung; die harten Fronten gegenüber dem Liberalismus haben daran gleichermaßen Anteil wie die eben erst vollzogene Befreiung aus dem Josephinismus, aber auch das Fehlen starker Persönlichkeiten, wie die von Döllinger in Deutschland. So zeigt die Bewegung, die kein neues Bekenntnis sein will, sondern dem Glauben der „alten, ungeteilten Kirche" zu seinem Recht verhelfen will und sich deshalb „altkatholisch" nennt, nur punktuelle Erfolge, etwa in Wien, in Warnsdorf in Böhmen und in Ried im Innkreis. Dazu kommen nicht unbeträchtliche Schwierigkeiten für die erst 1877 anerkannte Kirche: Nicht-Anerkennung der Taufen und Trauungen, Nicht-Genehmigung des Religionsunterrichtes, keinerlei staatliche finanzielle Unterstützung, keine Genehmigung für altkatholische Vereine. Auch nach der staatlichen Anerkennung der drei Gemeinden Wien, Warnsdorf und Ried kommt es zu keiner nennenswerten Ausweitung ihrer Mitglieder; erst durch die ebenfalls aus politischen Gründen erfolgte Los-von-Rom-Bewegung kommt es um die Jahrhundertwende zu einer bescheidenen Ausweitung und zur Gründung weiterer Pfarren[1].

In den brisant gewordenen Auseinandersetzungen zwischen Kirche und Liberalen in Oberösterreich erscheint sofort nach der Verkündigung des Unfehlbarkeitsdogmas in der Linzer „Tages-Post"[2] ein „Aufruf an die Katholiken Oberösterreichs", der davon spricht, in Rom habe sich die „Jesuitenpartei" durchgesetzt; man solle diese „Kriegserklärung an den Geist des Christentums" aufnehmen und „die Feinde der Freiheit und Zivilisation" bekämpfen. Schon dieser Aufruf ist von „einigen Katholiken alten Glaubens" unterzeichnet.

Während die liberale Regierung mit formaljuristischer Begründung das Konkordat am 20. Juli 1870 außer Kraft setzt, wird für den kirchlichen Bereich argumentiert, Pius IX. sei der letzte Papst der alten katholischen Kirche, nun habe man „eine neue Religion, die römisch-jesuitische", angenommen[3]. Aber der Kampfplatz bleibt vorerst mehr der politische als der kirchliche oder innerkirchliche und bitter schreibt die „Tages-Post" noch im Juli 1870 zu der dürftigen Reaktion: „Die Intelligenz hat sich übernommen, zum Kampf gegen den Papst gehört eine tiefreligiöse Bildung. Die Ultramontanen lachen euch jetzt aus[4]."

Vermutlich ist es der deutsche und insbesondere der bayrische Einfluß, der dazu führt, daß gerade in Ried im Innkreis neben propagandistischen Aktionen auch Taten gesetzt werden, wenn auch klar auf politische Initiativen hin. Döllingers Aktionen hatten dazu geführt, daß Bayern vorerst Zentrum dieser altkatholischen Kirche wird, bald sind es die deutschen Siege in Frankreich, die Pläne nach einer deutschen Nationalkirche verstärken.
So befaßt sich der liberale Vereine in Ried am 29. Oktober 1870 in einer langen Vereinsversammlung nach einem zweistündigen Referat nur mit dem Unfehlbarkeitsdogma[5]. In einer Resolution wird erklärt, das Unfehlbarkeitsdogma „widerspreche dem bisherigen Glauben und störe den Frieden und die Ruhe der Gewissen". Das Dogma sei nicht anzuerkennen, es sei „eine Fälschung der christkatholischen Glaubenslehre". Man begrüßt das Ende der weltlichen Macht des Papstes und des Napoleonismus und die deutschen Siege als „einen großen Fortschritt der Freiheit".
Eine weitere Versammlung des liberalen Vereins in Ried billigt am 18. April 1871 eine Zustimmungsadresse für den Kopf der bayrischen Altkatholiken, Dr. Ignaz von Döllinger, und am 22. April folgt eine ähnliche Adresse des Gemeindeausschusses der Stadt Ried an den deutschen Theologen[6]. Natürlich richtet die Rieder Gemeindevertretung auch eine Petition wegen des Konkordats, des Verhältnisses von Staat und Kirche, wegen eines Verbotes politischer Betätigung für den Klerus und wegen eines Verbots des „staatsgefährlichen Jesuitenordens" an die Wiener Regierung – aber das tun sehr viele andere liberal geführte Gemeinden auch. Diese „Adressen" sind Aktionen der politischen Propaganda.
In Ried aber gehen diese grundsätzlichen Auseinandersetzungen sehr bald ins Persönliche, Menschliche über, als der katholische Stadtpfarrer Kanonikus Sebastian Freund einem Mitunterzeichner der Adresse an Döllinger anläßlich einer Erkrankung erklärte, die Möglichkeit einer Sakramentsspendung und eventuell eines kirchlichen Begräbnisses sei nur im Falle eines vorausgegangenen Widerrufes möglich[7]. Nach einer für Rieds Altkatholiken unbefriedigenden Antwort des Bischöflichen Ordinariats in Linz, an das man sich in dieser Angelegenheit wendet, ergreift die Stadtgemeinde Ried, nicht der liberalpolitische Verein, die Initiative und beruft für den 8. November 1871 eine Bürgerversammlung ein[8], in der ein Aktionskomitee zur Bildung einer altkatholischen Gemeinde gewählt wird. Hier schon übernimmt man die Döllerschen Formulierungen und erklärt, „denn wir sind die wahren Katholiken". Man beginnt übrigens auch sofort, Mitglieder für diese in Gründung befindliche altkatholische Gemeinde aufzunehmen. Der „Aufruf an die Katholiken von Ried und Umgebung"[9] wird allerdings vom k. k. Kreisgericht wegen Beleidigung einer gesetzlich anerkannten

Kirche [der römisch-katholischen] beschlagnahmt. Sofort, im November 1871, kommt übrigens auch Diözesanbischof Rudigier an den gefährlich gewordenen Frontabschnitt seiner Diözese, um sich in Ried zu informieren. Am Tag von Rudigiers Eintreffen in Ried führt der liberal-politische Verein neuerlich eine Versammlung ab, die sich mit der Kirchenfrage befaßt[10]. Nach der Bischöflichen Firmung, bei der altkatholische Firmpaten nicht zurückgewiesen werden, befaßt sich Bischof Rudigier in einer zweistündigen Predigt mit der kirchlichen Situation[10]. Hier wendet er sich vor allem gegen falsche Interpretation und bewußte Mißdeutung der Unfehlbarkeit.
Rudigier aber kann die Entwicklung in Ried weder verhindern noch abbremsen. Für die vorerst 270 Übergetretenen entsteht aber erst ein Sammelpunkt, als feststeht, daß sich in Kürze ein „glaubenstreuer Priester" niederlassen werde, man nennt auch schon seinen Namen: Dr. theol. Josef Brader aus Uttendorf-Helpfau, zuletzt Kooperator in Taufkirchen im Innkreis, der unter großer Anteilnahme der Bevölkerung in Ried 1866 seine Primiz abgehalten hatte[11]. Nach einer Altkatholikenversammlung am 14. Dezember, in der die rund 500 Teilnehmer vom Vorstand des Münchner Zentral-Aktions-Komitees, dem Fabrikanten Schamberger, begrüßt worden waren[12], wird in einer weiteren Versammlung am 21. Dezember, an der auch der Wiener altkatholische Pfarrer Alois Anton teilnimmt, Dr. Brader als altkatholischer Pfarrer in Ried vorgestellt. Alois Anton ist auch Oberösterreicher; der Mesnersohn aus Steyr war 1850 zum Priester geweiht worden. Nach seelsorglichem Wirken in Oberösterreich geht er 1869 nach Wien, wird vorerst Journalist und ab 1871 Organisator der Altkatholiken Wiens. In Oberösterreich tritt Anton publizistisch stark in Erscheinung; durch Beiträge im Steyrer „Alpenboten" und durch eine Reihe von Broschüren, die der liberale Verein für Oberösterreich herausgibt, so etwa die Broschüre „Das Sklaventum des niederen Klerus" (1871). Beim ersten Kongreß der Altkatholiken 1871 in Heidelberg ist er der Sprecher Österreichs[11].
Der 14. Dezember 1871 mit der Einführung Dr. Braders wird somit als Gründungsdatum der altkatholischen Pfarre Ried angesehen[13]. Am 25. Dezember 1871 hält schließlich Dr. Brader in seiner Wohnung in Ried den ersten altkatholischen Gottesdienst. Die Forderung, die katholische Pfarrkirche an Sonntagen zwischen 10 und 12 und zwischen 15 und 17 Uhr, an Wochentagen zwischen 9 und 10 Uhr benützen zu können, und die Weigerung der Pfarre führt dazu, daß eine altkatholische Rieder Deputation beim Kaiser vorspricht[14]. Auch in Wien hatte Alois Anton für die Belange der Altkatholiken den Stephansdom angefordert. Nunmehr stellt die Stadt Ried ihr Theatergebäude als altkatholische Notkirche zur Verfügung. Es ist die alte, 1482 erbaute Hl.-Geist-Kirche, die während der Franzosenherr-

schaft in ein Theater umgewandelt worden war und nunmehr, nach Entfernung von Bühne und Orchesterraum, wieder Kirche wird.
Bischof Rudigier wendet sich in seinem Fastenhirtenbrief vom 25. Jänner 1872 neuerlich vor allem gegen den Namen „altkatholisch"; eine „katholische Antwort auf den Fastenhirtenbrief des Bischofs von Linz" wird allen Rieder Haushalten zugeschickt[15].
Beim Kirchengemeindestatut hält man sich eng an das Wiener Statut. Auch im Kampf um die Anerkennung der Religionsgemeinschaft ist Wien führend. Vor allem stößt das Verlangen der Altkatholiken, als rechtmäßige Fortsetzer der katholischen Kirche anerkannt zu werden, auch bei der nunmehrigen liberalen Regierung Auersperg auf größte Schwierigkeiten. In einem Ministerialerlaß wird darauf verwiesen, daß nur ein Austritt aus der katholischen Kirche die Möglichkeit böte, der Vorteile von § 16 des Staatsgrundgesetzes teilhaftig zu werden. Aber gerade einen solchen Austritt wollen die Altkatholiken nicht. Allein die vermögensrechtlichen Folgen des anfänglichen altkatholischen Verlangens wären unabsehbar gewesen, den die drei kleinen altkatholischen Gruppen, die ja noch gar keine echten Pfarren sind, Wien, Warnsdorf und Ried, hätten den gesamten katholischen Besitz Österreichs zu übernehmen gehabt. Davon schreckt auch ein liberales Ministerium zurück.
In Ried geht es weniger um Grundsätzliches als um sehr bescheidene, vielfach erst recht schmerzliche Dinge, etwa wo altkatholische Taufen einzutragen seien. Die Bezirkshauptmannschaft gibt dem katholischen Pfarramt die Weisung, dies zu tun; auf Anfrage erklärt das Bischöfliche Ordinariat „nein", dies „umso weniger als an der Gültigkeit dieser Taufen zu zweifeln ist"[16]. Nach einer neuerlichen Weisung der Bezirkshauptmannschaft legt das katholische Pfarramt ein eigenes Taufregister für die Altkatholiken an. Ähnliche Schwierigkeiten gibt es beim Religionsunterricht. Die Gespräche über die Anerkennung ziehen sich sechs Jahre hin, bis schließlich die Anerkennung der altkatholischen Religionsgemeinschaft am 18. Oktober 1877 erfolgt[17].
Inzwischen hatte sich die Rieder altkatholische Gemeinde kaum erweitert; zur Generalversammlung vom 28. November 1877, die nun die altkatholische Gemeinde Ried tatsächlich konstituieren soll, erscheinen rund 150 Menschen[18]. Neuerlich kommt in der Diskussion zum Ausdruck, daß niemand ein Ausscheiden aus der katholischen Kirche wolle.
Die ersten Erfolge der altkatholischen Rieder Gruppe sind nicht zuletzt darauf zurückzuführen, daß ein oberösterreichischer, ein Innviertler, also ein heimischer Priester zur Verfügung steht. Die späteren Hauptschwierigkeiten in Ried, aber auch in Steyr und Linz bestehen in der scheinbar unlösba-

ren Priesterfrage. Nachdem Dr. Brader 1875 Professor einer Lehranstalt in Olten in der Schweiz wird – also noch vor der eigentlichen Konstituierung der Gemeinde – wird Franz Leithgeb aus dem damals noch ungarischen Mattersburg Pfarrer in Ried. Doch kehrt dieser im selben Jahr zur katholischen Kirche zurück. Jetzt kommt Dr. Brader wieder nach Ried, muß aber wegen eines Lungenleidens ins damals noch österreichische Arco, wo er noch 1877 stirbt. Sein Nachfolger, der Pfarrer Kürzinger aus Wien, wird von Diözesanbischof Rudigier exkommuniziert[19]. Auch Kürzinger ist Oberösterreicher. Er war in Braunau geboren und 1868 zum Priester geweiht worden. Ein im selben Jahr, 1878, auf Ersuchen Rudigiers realisiertes Gespräch mit führenden Rieder Altkatholiken, u. a. mit Bürgermeister Josef Gyri, bleibt ergebnislos. Aber Pfarrer Kürzinger resigniert 1882 und kehrt zur römisch-katholischen Kirche zurück. Nunmehr kämpft die schon stark reduzierte altkatholische Gemeinde um einen neuen Priester, sie kämpft damit um ihre Existenz. Nachdem der aus Böhmen berufene Ferdinand Wohlmann ohne Angabe von Gründen staatlicherseits nicht bestätigt wird, bleibt die Gemeinde zwischen 1882 und 1886 ohne Priester, sie wird aushilfsweise von Wien und Passau versorgt. Der von der Gemeinde aufzubringende Gehalt von 1000 Gulden entspricht etwa dem eines Volksschullehrers und ist nicht sehr attraktiv. Auch nach 1886 bleiben Priester nur jeweils für wenige Jahre in Ried. Alois Soukup wird der erste verheiratete Priester, Viktor Erb der erste, der vorher nicht katholischer Priester war[11]. Die Rieder Gemeinde bleibt klein. Sie muß schließlich, als die Hl.-Geist-Kirche aus baupolizeilichen Gründen abgetragen werden muß, 1893, eine eigene Kirche, die Christuskirche, errichten. Anläßlich der Kirchenweihe durch Bistumsverweser Amand Czech aus Wien wird in Ried auch die Bischofssynode abgehalten[20]. Die Wogen hatten sich geglättet, maßgebliche Männer der ersten Stunde leben nicht mehr, Bischof Rudigier ist schon neun Jahre tot!

Aus Ried erwachsen altkatholische Filialgemeinden in Linz und in Salzburg; in Linz wird erstmals 1901 ein altkatholischer Gottesdienst abgehalten. Doch erklärt man bei dieser Gelegenheit, eine altkatholische Gemeinde hätte hier schon 1871 entstehen können, wäre ein Priester zur Verfügung gestanden. Die Linzer „Zweiggemeinde" tritt 1906 ins Leben, sie wird staatlicherseits allerdings erst 1909 zur Kenntnis genommen. Die Linzer Stadtverwaltung stellt zur Abhaltung ihrer Gottesdienste die Volksfesthalle und nach dem ersten Weltkrieg die Prunerstiftkirche zur Verfügung. In Steyr wird 1912 der erste altkatholische Gottesdienst durchgeführt; ab 1933 steht dort für Gottesdienste die „Eisenkapelle" zur Verfügung. Die eigent-

liche Konstituierung der Steyrer altkatholischen Gemeinde erfolgt erst inmitten des zweiten Weltkrieges 1941[21].
Die altkatholische Pfarre Ried bleibt klein; ein bescheidener Aufschwung erfolgt nach Gründung der Filialgemeinden. Die anfängliche Zahl von rund 360 in Ried fällt auf 240 (1905) und steigt, einschließlich der Filialgemeinden Linz und Salzburg, auf 1138 (1913), davon entfallen 209 auf Ried[22]. Der Anteil der Altkatholiken macht bei der letzten Volkszählung in der Monarchie, 1910, eine so bescheidene Summe aus, daß sie neben Katholiken, Griechisch-Orientalen, den Christen der beiden evangelischen Konfessionen und Israeliten gar nicht aufgezählt werden und in der Rubrik „Andere" aufscheinen, deren Anteil insgesamt in der westlichen Reichshälfte 0,19 Prozent, in Oberösterreich 0,06 Prozent ausmacht[23].
Bis zum Ende der Monarchie gibt es in Oberösterreich eine altkatholische Pfarre (Ried) mit der Filialgemeinde Linz und den beiden Diasporagemeinden Steyr und Gmunden, die jeweils nur einen Vertrauensmann besitzen. Daneben gibt es zwei katholische Ortsgemeinden, in Ried und Linz, sowie einen altkatholischen Frauenverein in Linz[24].
Die anfängliche Verquickung von politischen mit kirchlichen Meinungsverschiedenheiten ist in Ried bis zum Ende der Monarchie sichtbar. In dem Tauziehen zwischen Katholischer Volkspartei und der späteren Christlichsozialen Partei mit den Liberalen und anschließend den Deutschnationalen sind die Städte zwar meist so etwas wie eine liberale und anschließend deutschnationale „Erbpacht", aber katholisch und christlichsoziale Einbrüche erfolgen vor allem in Enns, in Freistadt, sogar in Wels, nie aber in Linz und in Ried.
Maßgebliche Vertreter der Altkatholiken im politischen Bereich sind Vater und Sohn Gyri, jeweils Bürgermeister von Ried und Landtagsabgeordnete. Bei Interventionen im Kultusministerium bedient man sich des liberalen Reichstagsabgeordneten Klinkosch.

Freiheit und Organisation für die Israeliten

Eine positive Folgewirkung des so umkämpften und später von der liberalen Regierung Auersperg gekündigten österreichischen Konkordats von 1855 ist, daß auf Wunsch des Kaisers auch die Rechtsverhältnisse der übrigen Konfessionen – nunmehr innerstaatlich – geregelt werden, für die Juden im Frühjahr 1890.

Damit geht die moderne Organisationsform der israelitischen Kultusgemeinde auch in Oberösterreich wie in den anderen Ländern der westlichen Reichshälfte auf das Gesetz vom 21. März 1890 ,,betreffend die Regelung der äußeren Rechtsverhältnisse der israelitischen Kultusgemeinden"[1] zurück. Das von Kaiser Franz Joseph und den Ministern Taaffe, Gautsch und Schönborn unterzeichnete und 36 Paragraphen umfassende Gesetz wird die Basis für die Neuerrichtung bzw. Neukonstruktion jüdischer Gemeinden. Gewiß hat es schon vorher ,,Cultusgemeinden", aber auch ,,Cultusvereine" gegeben, sie bestehen bei Erlaß des Gesetzes schon teilweise durch Jahrhunderte. Als Gründungsjahr der israelitischen Kultusgemeinde Linz wird etwa das Jahr 1863 angegeben. Aber das waren nur punktuelle Organisationen, sie deckten nicht den Gesamtbereich der westlichen Reichshälfte ab. So kommt es zwischen 1890 und 1894 zu völlig neuen Gründungen, aber auch zu Neuzuteilungen an schon bestehenden Kultusgemeinden.

Wie rücksichtsvoll man 1890 vorgeht, beweist die der Gesetzwerdung vorausgehende Diskussion; man ersetzte dabei die ursprünglich vorgesehenen Worte ,,Jude" und ,,jüdisch" durch ,,Israelit" und ,,israelitisch", ,,dem Nationalgefühle der Nachkommen Israels (Jakobs) entsprechend und bei diesen beliebte Ausdrücke". Hervorgehoben muß auch werden, daß der Staat eine weitgehende Autonomie der israelitischen Religionsgesellschaft vorsieht, aber ,,seitens der israelitischen Religionsgesellschaft selbst an die Regierung das Ansinnen gestellt wird, bei der Regelung der Kultusverhältnisse weit über die Belange, welche das staatliche Interesse berühren, hinauszugreifen"[2].

Die neuen Kultusgemeindesprengel sollen innerhalb von drei Jahren festgelegt werden. Im Gesetz wird vorgesehen, daß sie nur dann errichtet werden dürfen, ,,wenn hinreichende Mittel zu Gebote stehen, den Bestand der nötigen gottesdienstlichen Anstalten und Einrichtungen, die Erhaltung der Religionsdiener und die Erteilung eines geregelten Religionsunterrichtes zu sichern . . .". Schließlich sollten die Sprengel nach dem Gesetz ,,nicht allzu ausgedehnt" sein – eine Weisung, an die man sich gerade in Oberösterreich nicht hält bzw. angesichts der wenigen hier wohnenden Juden nicht halten kann.

Anfänglich besteht im oberösterreichischen Bereich eigentlich nur die „Israelitische Cultusgemeinde Linz-Urfahr". Von dieser getrennt soll von Anbeginn an eine eigene israelitische Kultusgemeinde in Steyr werden – sie wird später für die politischen Bezirke Steyr und Kirchdorf realisiert. Gleichzeitig ist aber auch die Tendenz des Kultusministeriums sichtbar, die Juden des gesamten Bundeslandes Salzburg der israelitischen Kultusgemeinde Linz, die praktisch eine solche für das gesamte Bundesland Oberösterreich darstellt, unterzuordnen[3].

Die Steyrer Bestrebungen[4] werden vorerst von der Kultusgemeinde Linz-Urfahr mit der Begründung abgelehnt, es handle sich „dermalen" nur um einen „Betverein"; es seien nicht dreißig Familienhäupter vorhanden, auch wenn die Petition 33 Unterschriften enthalte. Das ablehnende Linzer Gutachten verweist auch darauf, daß von den 38 Parteien 17 als landesfürstliche „unbesteuert" und 21 als „vermögenslos" zu bezeichnen seien. Einige der Steyrer Juden seien Beamte, Fabriksarbeiter und Bahnangestellte und somit ihr Aufenthalt in Steyr kein bleibender. Auch habe der Steyrer Betverein über die sich ergebenden Pflichten, der Bestellung eines Rabbiners, Kantors, Lehrers, Schächters, bezüglich der Errichtung eines eigenen Tempels, eines rituellen Bades, eines Friedhofes und einer Kanzlei „kein richtiges Urteil". Auf Grund langjähriger Erfahrungen habe etwa die Kultusgemeinde Linz ein jährliches Mindesterfordernis von 6000 bis 7000 Gulden. Ein nach dem Israelitengesetz möglicher gemeinsamer Rabbiner für Steyr und Linz würde die Interessen der Linzer Juden gefährden und würde von den Linzer Juden nicht akzeptiert werden. Energisch wendet man sich auch gegen die Einbeziehung der drei jüdischen Familien von Enns in eine zu bildende Kultusgemeinde Steyr. Eine dieser Familien sei bereits seit 1877 Mitglied der Kultusgemeinde Linz-Urfahr. Nochmals wird erklärt, eine Kultusgemeinde in Steyr sei nicht lebensfähig und somit nach dem Wortlaut des Gesetzes „nicht statthaft".

Schließlich wird angeführt, daß es im ganzen Kronland Oberösterreich nicht mehr als 200 Familien israelitischer Konfession gebe, für deren „religiöse und rituelle Bedürfnisse die Kultusgemeinde Linz ohnehin vollständige Befriedigung brachte". Deshalb sei die Bildung einer israelitischen Kultusgemeinde Steyr, so das Urteil der Linzer Juden, „vollständig überflüssig", ja sogar „absolut schädlich" und den Intentionen des Gesetzes von 1890 nicht entsprechend[5].

Auf Grund des Gesetzes von 1890, das die Organisation der jüdischen Gemeinden in der westlichen Reichshälfte realisieren soll, ändert sich in Ober-

Gedruckte Statuten schon 1874

österreich vorerst nicht viel. Gedruckte Statuten liegen bereits vor – und zwar aus dem Jahre 1874. Hier ist vorerst von einer ,,Cultusgemeinde Linz-Urfahr" die Rede – allerdings auch nur von Juden, die hier, also in Linz und Urfahr, ihren dauernden Wohnsitz haben und daselbst ,,landesfürstliche Steuern zahlen". Erwähnt sind allerdings auch jene auswärtigen (oberösterreichischen) Israeliten, die ihren Beitritt zur Kultusgemeinde angemeldet haben. Vorsteher dieser israelitischen Kultusgemeinde ist 1874, also vor Erlaß des Israelitengesetzes, Dr. Winternitz.
1890 lebt laut einer anbefohlenen Erhebung wohl das Gros der oberösterreichischen Israeliten, nämlich 492, in Linz-Stadt – das entspricht fast der Hälfte aller Juden. Die weiteren oberösterreichischen Bezirke melden folgende Zahlen: Linz-Land 156, Steyr-Stadt 174, Gmunden 79, Perg 39, Braunau 25, Wels 24, Vöcklabruck 14, Rohrbach 9, Ried 9, Freistadt 6 und Kirchdorf 4. Diese Zahlen sind allerdings nicht völlig eindeutig, denn in den Bezirken Rohrbach und Freistadt fühlen sich bislang jüdische Familien zu den israelitischen Kultusgemeinden Kaplitz und Rosenberg in Südböhmen zugehörig, sechs der im Bezirk Gmunden gemeldeten Juden zum steirischen Aussee und solche des Bezirkes Perg, Juden aus Grein und Mauthausen nach Ybbs in Niederösterreich. Als ,,Totalsumme" der in Oberösterreich lebenden Juden wird mit 1036 angegeben[6].
In den Jahren nach 1890 entsteht also, wenn auch etwas mühselig und langsam, eine erste reguläre Territorialordnung. Anstelle einer einzigen, im wesentlichen auf Linz und Urfahr beschränkten Kultusgemeinde entsteht nun eine reguläres Netz, das alle Gebiete fugenlos und ohne Lücken abdeckt. Um dies zu erreichen fordert etwa das Kultusministerium die Salzburger Landesregierung auf, die Israeliten des Herzogtums Salzburg der israelitischen Kultusgemeinde Linz ,,einzuverleiben" oder ,,lediglich zuzuweisen". Bezüglich der Situation der Steyrer Juden, die vom Anbeginn an im Kultusministerium interveniert hatten, seien weiteren Erkundigungen zu ziehen[7].
Bezüglich Salzburg wird in einem Erlaß des Ministeriums[8] allerdings angeführt, daß die Salzburger Israeliten, ,,abgesehen von Eheangelegenheiten und Matrikelführung in ihren culturellen und rituellen Einrichtungen ganz unabhängig gestellt sind, daß sie ein eigenes Betlokal und einen eigenen Religionslehrer und Vorbeter besitzen", daß sie infolge der großen Entfernung von Linz ,,die regelmäßige Befriedigung ihrer kulturellen Bedürfnisse nicht finden können". Sie sollten deshalb nicht zur Beitragsleistung im vollen Maße zugezogen werden.
Der von der Statthalterei Linz vorbereitete Entwurf einer Verordnung des Innenministeriums über die Festlegung des Sprengels[9] sieht vor, daß das

Kronland Österreich ob der Enns ein solcher Sprengel mit der Hauptstadt Linz als Sitz des Vorstandes werde, daß aber die Israeliten der Stadt Steyr und des Kronlandes Salzburg dieser israelitischen Kultusgemeinden „zugewiesen" werden. Dieser Entwurf entspricht durchaus dem Vorschlag der Kultusgemeinde Linz-Urfahr. Wörtlich heißt es hier: „Weil dieselben von der Furcht befangen sind, bei der Einfügung in die Kultusgemeinde zu große materielle Opfer bringen zu müssen und daher ihre Einverleibung in solche Gemeinden widerstreben . . ., sie sollten überdies die Einfügung in die Kultusgemeinde nicht als Last, sondern als Wohltat empfinden."
Die Errichtung einer eigenen Kultusgemeinde Steyr wird entsprechend der Stellungnahme der Kultusgemeinde Linz-Urfahr von der Statthalterei nicht beantragt. Die Steyrer Juden sollten wie die von Salzburg der Kultusgemeinde Linz-Urfahr „zugewiesen" werden. Man wünscht aber auch nicht, das der bisherige „Cultusverein" von Steyr seine Tätigkeit einstellt.
Von Salzburg aus macht man vorerst keine Schwierigkeiten, fragt jedoch, wie es künftig mit der Matrikenführung für die Israeliten Salzburgs bestellt sein werde, und schlägt vor, daß auch die Matrikenführung (Geburts-, Trauungs- und Sterbematriken) für die Juden des Herzogtumes Salzburg in Linz erfolgt, daß aber diese Matrikenführung in von Oberösterreich gesonderten Büchern vorgenommen werde[10].
Eine vermutlich direkte und sehr wirkungsvolle Intervention der alles in allem doch sehr kleinen Gruppe Steyrer Juden im Kultusministerium in Wien führt aber dazu, daß das Ministerium entgegen der Meinung der israelitischen Kultusgemeinde Linz-Urfahr und der oberösterreichischen Statthalterei die Errichtung einer eigenen Kultusgemeinde für Steyr verfügt. Tatsächlich wird von Steyr auch Abraham Jäger, vorerst als Rabbiner-Stellvertreter, namhaft gemacht, eine der Voraussetzungen für die Errichtung einer eigenen Kultusgemeinde. Jäger, schon bisher „Religionsweiser", soll für die Kultusgemeinde Steyr auch die Matrikenführung übernehmen. Diese Steyrer Kultusgemeinde wird auch sehr rasch konstituiert und seit 1893 erfolgt der Schriftverkehr bereits auf eigenem Briefpapier. Mit 1. Jänner 1893 wird für den Bereich Steyr auch eine eigene Matrik angelegt[11]. Die Tatsache, daß als Proponent dieser Steyrer Kultusgemeinde ein Joachim Winternitz, vermutlich ein Sohn oder Verwandter des bisherigen Vorsitzenden der Linzer Kultusgemeinde, fungiert, läßt die rasche und positive Erledigung der Steyrer Wünsche verständlich erscheinen.
Die bescheidene Anzahl von Juden in Oberösterreich wird durch die gemeinsame Kultusgemeinde für fast ganz Oberösterreich und das ganze Land Salzburg dokumentiert. Wie aber sieht es in anderen Bereichen „Zisleithaniens" aus? Das benachbarte Böhmen zählte nicht weniger als 206 sol-

cher Kultusgemeinden und wird nur noch von Galizien mit 253 Kultusgemeinden übertroffen. Zu den Ländern mit relativ viel israelitischen Kultusgemeinden zählt noch die Bukowina mit 15, Niederösterreich (einschließlich Wien) mit 14 und das kleine Schlesien mit 10. Das zahlreiche Juden beherbergende Burgenland gehört zu dieser Zeit ja noch zu Ungarn. In allen übrigen Ländern ist sowohl die Zahl der Juden wie der Kultusgemeinden klein: zwei im Küstenland, (Görz, Gradiska, Istrien und Triest), in Oberösterreich (wobei zu Linz auch noch das Land Salzburg zuzuzählen ist) und Dalmatien. Je eine Kultusgemeinde für die Steiermark (wobei zur israelitischen Kultusgemeinde Graz auch die Juden Kärntens und Krains kamen) und in Vorarlberg (wobei der Kultusgemeinde Hohenems die Israeliten Tirols zugewiesen waren).
Die neue Ordnung läßt die Linzer Statuten von 1874 als überholt erscheinen, aber ein neuer Entwurf dieser Statuten, die auf Grund eines Ministerialerlasses von 1892 übermittelt werden, finden in Wien wenig Gnade. In einem acht Seiten langen Schreiben des Ministers an den Statthalter wird der Entwurf aus vielerlei Gründen „als nicht zur staatlichen Genehmigung geeignet" bezeichnet und ein bereits genehmigtes Musterstatut der israelitischen Kultusgemeinde Schlesiens beigefügt. Insbesondere wird in der ministeriellen Stellungnahme – aus nicht unverständlichen Gründen – kritisiert, daß der Umfang des Gemeindegebietes der Kultusgemeinde nicht umrissen sei, auch sei die Verpflichtung der Kultusgemeinde, die sich vorwiegend auf das Stadtgebiet von Linz bezieht (Gottesdienst, Religionsunterricht usw.) zu eng gezogen, während sich die Verpflichtung der Kultusgemeinde auf das gesamte nunmehrige bzw. künftige Gemeindegebiet, also auf fast ganz Oberösterreich und ganz Salzburg, beziehen müßte[12].
Am 30. Jänner 1894 legt der Vorstand der israelitischen Kultusgemeinde Linz-Urfahr (Ignaz Hahn) einen neuen Entwurf vor.
1892 hatte das Kultusministerium den Kultusverein Steyr beauftragt, eine Kultusgemeinde für den Stadt- und Landbezirk Steyr sowie den Bezirk Kirchdorf zu errichten, und am 21. Dezember 1892 übermittelt die nunmehrige Kultusgemeinde Steyr (Joachim Winternitz) das Protokoll ihrer Generalversammlung und fünf Exemplare eines Statutenentwurfes. Man schlägt jetzt Dr. Pulyi Pollatschek, Kreis-Rabbiner in Polna für den Tschaslauer und Chrudimer Kreis, bzw. Dr. M. Grünwald, Bezirks-Rabbiner in Jung-Bunzlau, Dr. J. J. Unger, Rabbiner in Iglau, schließlich und vor allem Ignaz Baum, zuständig nach Koschetitz, zuletzt wohnhaft in Neustraschnitz, Bezirkshauptmannschaft Schlan in Böhmen, vor[13].
Ähnlich wie später bei den Selbständigkeitsbemühungen der Salzburger Israeliten sieht man auch schon hier durchwegs Kandidaten aus Böhmen –

mögen sie auch teilweise in Galizien geboren sein. Es ist dabei nicht ganz klar, ob diese böhmischen Rabbiner von sich aus nach Oberösterreich drängen und hier Initiativen zur Errichtung eigener Kultusgemeinden setzen oder ob in Oberösterreich ansässig gewordene Juden Verwandte oder Bekannte heranzuholen trachten. Bekanntlich war ja die israelitische Kultusgemeinde Linz überwiegend durch den Zuzug wohlhabender Juden aus dem Raum Fürth in Bayern und von armen böhmischen Juden entstanden. Auch der Statutenentwurf von Steyr wird vom Wiener Kultusministerium zurückgewiesen, auch hier werden die schlesischen Musterstatuten beigelegt und bis 1. Februar 1894 ein neuer Entwurf angefordert. Der neue Statutenentwurf wird am 25. Jänner 1894, ebenfalls von Joachim Winternitz als Vorsteher gezeichnet, vorgelegt.

Mit Schreiben vom 25. Februar 1894 beanstandet das Ministerium sieben weitere Punkte des Linzer Statutenentwurfes, beauftragt allerdings den Linzer Statthalter, den Entwurf nach Behebung der Beanstandungen direkt zu genehmigen[14]. Die Änderungen werden am 15. März 1894 der Statthalterei vorgelegt[15]. Auch Steyr legt der Statthalterei im Schreiben vom 15. März 1894 die Statutenkorrekturen vor, man verweist allerdings darauf, daß man in absehbarer Zeit in Steyr außer den Rabbiner und seinen Stellvertretern weder Gemeindefunktionäre noch Gemeindediener anstellen werde und daß deren Aufgaben durch die Gemeindemitglieder und unentgeltlich verrichtet werden[16].

Steyr schlägt nun als Rabbiner Ignaz Schulhof aus Ungarisch-Hradisch in Mähren vor, Rückfragen ergeben allerdings, daß er zwar geprüfter Schächter sei und Elementarunterricht in der hebräischen Sprache erteilt habe, so daß er als Matrikenführer, kaum aber als Rabbiner geeignet sei[17].

Die umfangreichen Rückfragen, vorwiegend bei böhmischen Bezirkshauptmannschaften und Gemeindevertretungen, über die namhaft gemachten Rabbiner, dazu Unklarheiten über die entsprechende Vorbildung dieser Rabbiner scheint dazu geführt zu haben, daß das Ministerium der Statthalterei 1896 einen Erlaß über das „erforderliche Maß allgemeiner Bildung" für das Amt eines Rabbiners mit dem Ersuchen übermittelt, es im Landesgesetzblatt zu veröffentlichen und den israelitischen Kultusgemeinden bekanntzugeben. Der Erlaß sieht vor, daß Rabbiner „zumindesten das Obergymnasium vollständig und mit gutem Erfolg zurückgelegt haben", doch wird bereits dauernd bestellten Rabbinern diese Voraussetzung erlassen. Übrigens ist auch für künftig vorgesehen, bei „rücksichtswürdigen Fällen" diese Voraussetzung zu erlassen[18].

Im Zusammenhang mit dem Befähigungsnachweis für Rabbiner schreibt etwa die Kultusgemeinde Linz noch im Februar 1897, daß der Linzer Rabbiner Moritz Friedmann seit 1883 im Amte sei und das derselbe schon längst vom Linzer Bürgermeister Wiser vereidigt worden sei[19].

Gleichzeitig sucht in Salzburg Rabbiner Moritz Bach um Dispenz vom Bildungsnachweis nach. Nach sechs Klassen Gymnasium habe er in Wien die k. k. Lehrerbildungsanstalt besucht und nach der dort abgelegten Reifeprüfung in Schüttenhofen in Böhmen Religionsunterricht erteilt. Die Statthalterei in Prag habe ihm 1892 Nachsicht gewährt, seit 1895 sei er Matrikenführer und zwischen 1892 und 1897 Rabbiner in Kolin und Nepomuk gewesen. 1897 sei er nach Salzburg verzogen.

Im Zusammenhang mit diesem Schreiben geht die Statthalterei des Herzogtums Salzburg in einem Schreiben an die Statthalterei Linz 1897 auch erstmals auf die Bestrebungen ein, für Salzburg eine eigene Kultusgemeinde zu errichten. Die Salzburger Statthalterei erklärt dabei, das angesichts der geringen Anzahl von Israeliten „weder eine Notwendigkeit" für die Errichtung gegeben sei, noch könnte eine solche Kultusgemeinde lebensfähig sein. Auch die Landesregierung „habe diese Anschauung als richtig bezeichnet" und erklärt, daß die Notwendigkeit der Anstellung eines eigenen Rabbiners nicht gegeben sei; sie spreche sich auch gegen die Erteilung einer Nachsicht für Moritz Bach aus[20].

1897 verlangt das Ministerium auch eine genaue Statistik der im oberösterreichischen und Salzburger Bereich lebenden Juden[21]. Die israelitische Kultusgemeinde Steyr meldet 202 Mitglieder, davon 40 zahlungspflichtige (38 Männer, 2 Frauen), 17 männliche – nicht beitragende – und 42 männliche Minderjährige, dazu 28 Frauen und 75 weibliche Minderjährige. Als neuer Vorsteher wird ab 1895 Leopold Weigner angegeben.

Vorliegende gedruckte Rechenschaftsberichte des Vorstandes der israelitischen Kultusgemeinde Linz der Jahre 1905, 1906 und 1907 zeigen, daß ein Jahrzehnt nach der Neukonstruktion der israelitischen Kirchenorganisation eine durchaus konsolidierte israelitische Kultusgemeinde existiert. Auch gibt es ein reich gegliedertes jüdisches Vereinsleben. Ende 1904 zählt man in der Kultusgemeinde Linz 354 Mitglieder; einem Abgang durch Tod und Übersiedlung von 26 Mitgliedern steht dann 1905 ein Neuzugang von 33 gegenüber, so daß die Mitgliederzahl 361 ausmacht. Davon sind 224 in Linz wohnhaft, 63 in „diversen Orten Oberösterreichs", 74 in Stadt und Land Salzburg. Diese Zahlen ändern sich auch im Verlauf der folgenden Jahre nur sehr wenig. 1906 werden 372 gemeldet, davon 238 in Linz, 67 im übrigen Oberösterreich und 67 in Stadt und Land Salzburg. 1907 erhöht sich der Stand auf 381 (Linz und Urfahr 236, übriges Oberösterreich 73, Stadt und Land Salzburg 72).

Lediglich für Linz, leider nicht für das übrige Oberösterreich und natürlich auch nicht für die israelitische Kultusgemeinde Steyr, werden in einem gedruckten Mitgliedsverzeichnis Angaben über den Beruf der Linzer Juden gemacht, die doch eine sehr einseitige Struktur dieser kleinen jüdischen Gemeinde erkennen lassen. Gereiht nach Größe der einzelnen Berufsgruppen ergibt sich folgendes Bild: 63 Kaufleute, 23 Reisende, 15 Likörfabrikanten, elf Ingenieure, jeweils zehn Konfektionäre, Beamte und Unterbeamte, Handelsangestellte, jeweils sechs Fabriksbeamte, Trödler und Buchhalter, fünf Fabrikanten, jeweils vier Ärzte, Advokaten, Agenten, Besitzer von Lederhandlungen und Besitzer von Agenturen bzw. Kommissionsgeschäften. Wir finden drei Verzehrungssteuerbeamte, jeweils zwei Spiritusfabrikanten und Bankbeamte. Je einen Vertreter zeigen folgende Berufsgruppen: Richter, Bankdirektor, Redakteur, Fotograf, Besitzer einer Kaltwasseranstalt, Tapezierer, Manipulant, Bäcker, Geschäftsführer, Tabaktrafikant, Versicherungsbeamter, Kanditenfabrikant, Schneider, Modistin[22].

Nach fast zehnjährigem Wirken hat in Linz der Religionslehrer und Oberkantor Isidor Schwarz „ohne Kündigung" seinen Posten niedergelegt; an seine Stelle wird Bernhard Löwensohn aus Wien berufen. Auch der Vorsteher der Kultusgemeinde Ignaz Hahn legt seinen Posten wegen Krankheit zurück und wird 1905 durch Benedikt Schwager ersetzt. Im gleichen Jahr gibt es Bemühungen in Bad Ischl, einen Friedhof und ein Bethaus zu errichten.

1906 werden nach fast zehnjähriger Pause neuerlich Bestrebungen sichtbar, eine eigene israelitische Kultusgemeinde in Salzburg zu errichten. Dieser Versuch stößt zwar bei der israelitischen Kultusgemeinde Linz noch immer auf Ablehnung, doch versucht die israelitische Kultusgemeinde in einer Ergänzung zum Statut auf die besonderen Verhältnisse der Salzburger Juden einzugehen. Die Spannungen zwischen Linz und Salzburg werden allerdings auch dadurch sichtbar, daß die zur Linzer Hauptversammlung geladenen Salzburger Juden erklären, daran nicht mehr teilzunehmen, weil sie die Errichtung einer eigenen Kultusgemeinde in Salzburg planen und deshalb auch kein Interesse an der Erweiterung der Linzer Statuten hätten. Zum geplanten Anhang der Linzer Statuten wird von seiten der Kultusgemeinde gegenüber der Statthalterei bemerkt, „daß diese Angehörigen der Gemeinde jetzt die Schaffung einer eigenen Kultusgemeinde anstreben. Es erwies sich aber als notwendig, denselben bis zur Errichtung dieses ihres Zieles eine gewisse Autonomie zu gewähren, andererseits ihre Rechtsgewohnheiten statutarisch zu regeln, welche sich auf Grund der bisherigen Verhältnisse herausgebildet haben".

Salzburg will eigene Kultusgemeinde

Zu den geplanten Linzer Statutenänderungen bzw. Statutenergänzungen insbesondere über den für die Salzburger Juden bestimmten Anhang nimmt die Salzburger Landesregierung im Herbst 1909 Stellung. Hier wird mitgeteilt, daß das „Geschäftsführende Komitee der israelitischen Cultusgemeinde in Salzburg" mit dem Anhang nicht einverstanden sei. Mit Recht stellt die Salzburger Landesregierung fest, daß die Frage der Linzer Statuten abhängig sei von der Frage einer eigenen Kultusgemeinde in Salzburg. Eine entsprechende „Petite" der Salzburger Israeliten vom Jahre 1906 wurde seitens des Ministeriums nicht willfahren. Nun haben die Salzburger Israeliten diese „Petite" 1908 erneuert. Salzburg meint, die israelitische Kultusgemeinde habe Stellung zu nehmen, ob „eine selbständige israelitische Kultusgemeinde Salzburg nicht nur jetzt, sondern auch für die Zukunft trotz ihrer relativ so geringen Zahl leistungsfähiger Mitglieder ungefährdet für ihre materiellen Bedürfnisse zu sorgen in der Lage sein werde"[23].

Zu den neuerlichen Salzburger Bemühungen stellt der Vorstand der israelitischen Kultusgemeinde Linz im Oktober 1909 fest, daß der Anhang desselben aufgenommen wurde, um den in Salzburg lebenden Israeliten weitgehendere Rechte zu verschaffen als sie bisher hatten und daß das, „was bisher zum Teil tatsächlich in Übung war, in gesetzliche Form zu bringen" waren. Eine Autonomie sei den Salzburgern nicht gewährt worden, dies im Rahmen der Statuten zu schaffen, wäre gesetzwidrig. Als Alternative sei nur die Gründung einer eigenen Kultusgemeinde möglich. Der geplante Anhang zu den Statuten bilde einen „großen Fortschritt" für Salzburg, insbesondere durch das Recht, selbständig budgetieren zu können und nur ein bescheidener Beitrag zu den Selbstkosten der Gemeinde Linz werde beansprucht. Diese Belastung aber müsse sich Salzburg gefallen lassen, so lange sie keine eigene Kultusgemeinde hätte. Man verweist auch auf die Stellungnahme von 1908 an das Kultusministerium, erklärt aber abschließend: „Im übrigen wird bemerkt, daß nach Ansicht des Vorstandes die Voraussetzungen für die Bewilligung einer selbständigen Kultusgemeinde in Salzburg vorhanden sind und daß auf Grund der bisherigen Erfahrungen angenommen werden kann, daß die im Kronland Salzburg wohnhaften Israeliten in Zukunft in der Lage sein werden, für die Bedürfnisse des Cultus aus eigenen Mitteln zu sorgen."

Die Verselbständigung der israelitischen Kultusgemeinde Salzburg zieht sich aber noch hin und wird erst 1911 realisiert.

Die nur aus drei Paragraphen bestehende Verordnung, gezeichnet von Ministerpräsident Graf Stürgck, sieht vor, „die Zuweisung der Israeliten des Herzogtumes Salzburg zur israelitischen Cultusgemeinde Linz im Erzherzogtum Österreich ob der Enns außer Kraft" zu setzen. Paragraph 2 verfügt:

„Für das Gebiet des Herzogtums Salzburg wird eine neue israelitische Cultusgemeinde errichtet, welche ihrem Sitze entsprechenden Namen zu führen hat." Schließlich wird die Wirksamkeit dieser Verordnung mit 1. Juli 1911 fixiert. Etwas später erscheint diese Verordnung auch im Landesgesetz- und -verordnungsblatt für das Erzherzogtum Österreich ob der Enns.
Unmittelbar darauf ersucht die israelitische Kultusgemeinde Linz um Genehmigung der eingereichten Statutenänderung, bei Streichung des Anhanges über Salzburg. „Nachdem durch die Abtretung der Salzburger Glaubensgenossen die erbetene Statutenänderung nunmehr in die alleinige Kompetenz des hohen k. k. Statthalters fällt, wird um ehebaldige Erledigung gebeten[27]."
Die Statthalterei in Linz zögert noch und scheint Sorgen wegen eventueller finanzieller Auseinandersetzungen zwischen der israelitischen Kultusgemeinde Linz und der neuen Salzburger zu haben.
In einer Stellungnahme der Linzer Kultusgemeinde wird 1912 erklärt, daß es schon vor der Zuweisung der Salzburger Israeliten in Salzburg eine eigene Betvereinigung gegeben habe. Von Linz wurden weder Anschaffungen für Salzburg gemacht, noch verlangt[28]. Schließlich billigt die Statthalterei Linz die nunmehr 90 Paragraphen umfassende Satzung der Linzer Kultusgemeinde, die auch sofort gedruckt wird.
Das ist die Situation bis zum Ende der Monarchie. Die nächsten, 1920 erschienenen Statuten der nunmehrigen „jüdischen Kultusgemeinde in Linz" ändern nicht viel. Als Bereich verblieben die politischen Bezirke Linz, Urfahr, Braunau, Freistadt, Gmunden, Grieskirchen, Perg, Ried, Rohrbach, Wels, Schärding, Eferding, Vöcklabruck – aber nicht Steyr und Kirchdorf.

Was kostete die Bauernbefreiung Oberösterreich?

Schon seit Ende des 18. Jahrhunderts waren die dem Grundherrn zu entrichtenden Leistungen meist privatrechtlich gewertet worden; diese Auffassung mußte von zwei gleichberechtigten Partnern ausgehen. Auch war es seit 1798 möglich, diese privatrechtliche Verpflichtung abzulösen. Davon wurde auch Gebrauch gemacht; doch wurde der Widerstand der Grundherrn, die den Antrag auf Umwandlung bzw. Ablöse stellen mußten, größer. Andererseits hofften die Bauern, daß künftig eine Grundentlastung entschädigungslos erfolgen werde[1].
Ein Patent von 1846, das die freiwillige Ablöse neuerlich regelte, trat vor Ausbruch der Revolution nicht mehr in Wirksamkeit. Entsprechende oberösterreichische Initiativen von Ludwig Graf Bartheim und von Bergwerksdirektor Karl Platte wurden entweder niedergestimmt oder durch das Geschehen und die Beschlüsse von 1848 überholt[2].
Folgende Bemerkung Plattes ist aber bedeutsam: „. . . obgleich die Robot für Oberösterreich gegenüber anderen Provinzen gleich Null ist, [ist] der Widerstand gegen diese Leistung noch immer vorhanden und eine große Anzahl Untertanen-Streitigkeiten entspringen aus der Robotpflicht[3]."
1848 wurden die landständischen Gremien zwar durch Bauernvertreter ergänzt; auch der „ständische Ausschuß" befaßte sich in einer der drei Sektionen mit der Bauernbefreiung und Grundentlastung. Aber der starke liberale Einfluß hätte zu einer für die Bauern ungünstigeren Lösung geführt als das Reichsgesetz, das auf Antrag Kudlichs beschlossen wurde und die oberösterreichischen Planungen und Beschlüsse überrollte.
Das Patent über die Aufhebung der Untertänigkeit und die Grundentlastung, der wichtigste Gesetzesakt des Jahres 1848[4], sieht zwar die Aufhebung aller bäuerlichen Dienste und Abgaben, die dem Grund- oder Vogtherrn bisher zu entrichten waren, auf. Die Frage der Abgeltung wird durch die Durchführungsbestimmungen von 1849 gelöst, die reichseinheitlich geregelt werden. Für die Pflichten des Grundherrn als Gerichts- und Verwaltungsbehörde erfolgt keinerlei Entschädigung; die Bauern sind aber bald bitter enttäuscht, als anstelle dieser bisher meist geringen Leistungen nunmehr staatliche Steuern treten. Dann werden jene Abgaben gelöst, die das pachtähnliche Verhältnis betreffen, also die „Grundentlastung" im engeren Sinn. Hier geht es um unterschiedliche Leistungen, so um „Fuß- und Handrobot", um „Zug-Robot" mit Pferden und Ochsen, um den „eigentlichen Zehent von Grund und Boden", um Naturalabgaben. Von vornherein ist hier eine „billige", also tragbare Lösung vorgesehen, zu der man sich

auch einigt. Als Entschädigungssumme wird eine durch Kapitalisierung der jährlich zu leistenden Abgaben für 20 Jahre errechnet; diese Entschädigungssumme wird gedrittelt. Ein Drittel wird dem Grundherrn abgezogen, da er nach Beendigung der Untertänigkeit auch weniger Auslagen und weniger Steuern zu tragen hat; ein Drittel übernimmt der Staat und ein Drittel der „verpflichtete" Bauer. (Als „Verpflichtete" wurden die Bauern, als „Berechtigte" die Grundherrn bezeichnet.) Der Staat übernimmt die Entschädigung der gerade in Oberösterreich nicht unwesentlichen Veränderungsgebühren (Gebühren bei Erbfall und Verkauf). Das ist für ihn ja nur ein bescheidenes Opfer, denn künftig bilden ja diese Abgaben eine seiner Einnahmequellen.

Soweit die reichsrechtliche Lösung. Die in Oberösterreich wie in den anderen Ländern gebildete Grundentlastungs-Landes-Commission arbeitet rasch und unbürokratisch, da sich weder Berechtigte noch Verpflichtete zu melden haben, sondern die Kommission die Entschädigungssumme auf Grund der Steuerunterlagen (Fassionen über die Bezüge der Herrschaften von den Untertanen sowie die Zehentfassionen) bestimmt. So rasch die allgemeine Regelung über die Bühne geht, so lästig und langwierig sind Rekurse und Beschwerden.

Gerade die Grundentlastung zeigt, wie stark unterschiedlich die wirtschaftlichen und sozialen Unterschiede in den einzelnen Ländern der Monarchie sind. In Oberösterreich sind drei Besonderheiten sichtbar: relativ viele Grundherrn (mit kleinen Gütern) und andere „Berechtigte", eine durchschnittliche Anzahl von Bauern (mit mittelgroßem Besitz), ein eher bescheidener Zehent und die nach Tirol geringsten Robotleistungen.

Bei der „absoluten Anzahl der Berechtigten" steht Oberösterreich mit 5601 hinter Böhmen (fast 23.000) und Tirol (mehr als 7000) gleich an dritter Stelle. Allerdings fällt in Oberösterreich hinsichtlich der „Entschädigung" nicht so sehr die Zahl der 788 Güter ins Gewicht (hier steht Oberösterreich allerdings auch hinter Galizien und Böhmen an dritter Stelle), sondern die Zahl der „Einzelberechtigten", wo Oberösterreich mit 3896 den ersten Platz einnimmt, aber auch der berechtigten 318 „juristischen Personen", wo Oberösterreich nach Tirol an zweiter Stelle steht. Daneben scheinen 547 Kirchen, 382 Pfarren und sieben Schulen unter den „Berechtigten" auf. Für die ablösbaren Leistungen gegenüber Pfarren, Schulen und Gemeinden (dieses letzte kam in Oberösterreich nicht, sonst in allen anderen Ländern in Frage) ist nur der Verpflichtete, also der Bauer allein, zuständig. Hier gibt es keine Drittelung. Allerdings sind gerade diese Belastungen bescheiden.

Die Grundentlastung berührt in Oberösterreich 145.244 „Verpflichtete"; das ist ziemlich genau die Hälfte der Niederösterreichs, aber auch der Tirols

– in Böhmen und Galizien betrifft die Grundentlastung jeweils mehr als eine halbe Million, in der westlichen Reichshälfte insgesamt 2,6 Millionen. Bei einer Gesamtbevölkerung von 706.316 (1850) dürfte die Grundentlastung sämtliche Bauern Oberösterreichs betroffen haben[5].
Bei den 1848 bzw. bis 1848 bestehenden Grundlasten spielen in Oberösterreich eigentlich nur die Geldleistungen (263.569 Gulden) eine gewisse Rolle; alle anderen Leistungen sind – insbesondere beim Vergleich mit anderen Ländern – als fast unbedeutend zu bezeichnen. Neben Triest, Görz und Gradiska, Istrien, aber auch Tirol sind die für 1848 fixierten Leistungen der oberösterreichischen Bauern die bescheidensten. So werden bei den ,,Fuß- und Handrobot" 97.300 Tage angegeben, nur rund ein Zwanzigstel dessen, was für Galizien, aber auch nur ein Sechstel dessen, was für Niederösterreich angegeben ist. Die ,,Zug-Robot", ein- und mehrspännig bei Pferden und Ochsen, zeigt ebenfalls bescheidene Zahlen und fällt nur zweispännig bei Pferden und zweispännig bei Ochsen ins Gewicht; die Zahlen liegen aber auch hier weit unter den Vergleichszahlen anderer Länder. Die ,,Zug-Robot" mit einem Pferd müssen etwa die 145.244 ,,Verpflichteten" in 177 Tagen jährlich ableisten. Nimmt man aber auch die Höchstzahl dieser ,,Zug-Robot" mit zweispännigen Ochsen her, 16.364 Tage jährlich, so entfällt etwa auf jeden zehnten Bauern eine solche Robotleistung von einem Tag oder für jeden fünften für eine solche von einem halben Tag jährlich! Gewiß fallen in Oberösterreich noch die Naturalabgaben ins Gewicht, die etwa in Niederösterreich 1848 schon abgelöst sind; hier ist die mit Abstand höchste Zahl die von Hafer, wo 117.921 niederösterreichische Metzen geliefert werden müssen. Das ist je Bauer etwas mehr als ein Metzen (vermutlich entsprechen 51 Liter je Metzen). So ist eigentlich nur der ,,eigentliche Zehent" von Bedeutung; wobei für Oberösterreich 426.712 Gulden (1848) angegeben werden; auch hier nur ein Viertel der Summe Niederösterreichs. Bei der Ablösung der Naturalabgaben geht man differenziert vor. Bei den Entschädigungen gegenüber dem Grundherrn wird der Katastralpreis eingesetzt, was für den Bauern ein Vorteil ist. Bei den ,,Ablösungen", also gegenüber Pfarren, Schulen, Gemeinden, Kirchen, werden ,,Marktpreise" verwendet, damit die finanzielle Absicherung dieser Institutionen erhalten bleibt.
Für Oberösterreich sind all diese Verpflichtungen der ,,Verpflichteten" nicht tragisch, eher lästig. Aber noch 1848 werden etwa für das Land Mähren nicht weniger als 258 solcher Verpflichtungen aufgezählt[6], die natürlich jeweils nur einzelne Gruppen belasten, in ihrer Gesamtheit aber längst absurd geworden waren. Sie reichen vom ,,Abdeckzins" und ,,Absterbzins"

über den „Jagdhundzins" und den „Nachtwächterzins" bis hin zum „Windmühlzins" und zum „Zins vom erweiterten Gaststall".

Die Grundentlastung bestätigt neuerlich, daß der Großgrundbesitz in Oberösterreich – abgesehen von den Waldgebieten – keine entscheidende Rolle spielt, daß aber auch der eigentliche bäuerliche Besitz relativ günstig gegliedert ist. Natürlich täuschen die Statistiken nach „Besitzständen" und die daraus resultierende Tatsache, daß rund 70.000 „Besitzstände", also mehr als die Hälfte aller 132.992 oberösterreichischen weniger als fünf Joch umfassen und davon wieder die Hälfte nur bis zu einem Joch. Immerhin aber machen bäuerliche Besitzungen zwischen 30 und 50 Joch 24 Prozent der Gesamtfläche aus, Bauernwirtschaften zwischen 20 und 30 Joch 14 Prozent des Bodens. Die 190 größten Güter erreichen „nur" oder auch „immerhin" 17 Prozent des gesamten Grundes.

Ein weiteres: Längst hatte sich innerhalb der unfreien oder der zu befreienden Bauern eine Hierarchie ausgebildet. Ein oberösterreichischer „Achtrößler" hält sich zumeist vier weibliche Dienstboten, sieben bis acht Knechte und die „üblichen Buben". Die „Vierrößler", „Sechsrößler" und „Achtrößler" werden auch „Ganzbauern" bezeichnet. Die „Halbbauern" verfügen aber auch über ein Areal bis zu 20 Joch, über ein paar Ochsen oder Pferde, vier bis sechs Kühe und zwei bis vier Stück Jungvieh. Unter ihnen stehen die „Söldner" oder „Söllner" mit einem Grund bis zu zehn Joch, mit zwei bis vier Kühen und Jungvieh. Im Gebirge ist auch der Name „Viertelbauer" üblich. Schließlich gibt es als unterste Stufe noch Kleinhäusler mit einem Grund bis zu drei Joch und ein bis zwei Kühen. Hier wird die Feldarbeit von der Familie allein besorgt[7].

In welcher Höhe und in welchem Zeitraum wird nun diese Grundentlastung durchgeführt, welches sind die Gesamtsummen?

Für Oberösterreich wird das Grundentlastungskapital mit 20,195.471 Gulden angegeben, auf die westliche Reichshälfte entfallen 304,5 Millionen. Innerhalb der 15 Länder dieser westlichen Reichshälfte steht Oberösterreich mit diesen 20 Millionen Gulden an sechster Stelle, doch folgen nur noch kleinere oder wesentlich kleinere Länder. Noch weniger Bedeutung hat die Grundentlastung in Tirol: Hier macht das Grundentlastungskapital gar nur 7 Millionen Gulden aus. Als Grundsteuerentlastungskapital werden für Oberösterreich 11,017.273[8] (aber auch 968.533 Gulden[9]), für die Länder der westlichen Reichshälfte insgesamt 15,2 Millionen berechnet.

Für Oberösterreich wird der sehr bewährte frühere Kreishauptmann Franz Salesius Ritter von Kreil 1849 Präsident der Grundentlastungskommission. Deren Arbeit ist nach fünf Jahren, 1854, abgeschlossen.

Es geht aber nicht nur um das finanzielle Ausmaß dieser Grundentlastung; der Staat hilft den ,,Verpflichteten", also vorwiegend den Bauern, durch die Schaffung eines Grundentlastungsfonds. Die ,,Berechtigten", also die Großgrundbesitzer, auch Stifte und Pfarren, erhalten kein Bargeld, sondern Wertpapiere, verzinsliche Obligationen dieses Fonds, von denen es in jedem Land, also auch in Oberösterreich, einen gab. Der Fonds wird durch die Zahlungen der Bauern gespeist, die diesen Betrag, wenn er zehn Gulden übersteigt, in 20 gleichen Jahresraten samt Zinsen zu begleichen haben. Die durchschnittlichen Belastungen je Verpflichteten in Österreich wird mit nicht ganz 50 Gulden bezeichnet[10], wobei einzelne Bauernhöfe, auch in Oberösterreich, die zehnfache Summe, mehr als 400 Gulden[11], verrechnet erhalten. Doch auch dies ist eine Summe, die keine außergewöhnliche Belastung darstellt. Gewiß mag es sich auch hier um das Abtragen einer lästigen Schuld gehandelt haben; außerordentliche Anstrengungen aber sind keinesfalls nötig, um diese Grundentlastung herbeizuführen.

Die Grundentlastungs-Obligationen sind verlosbare Papiere, die ab 1856 binnen 40 Jahren getilgt werden. Bis zur Auslosung werden diese Obligationen zu fünf Prozent verzinst. Verlangt der ,,Berechtigte" bei Auslosung die Ausbezahlung des Gesamtbetrages, so erhält er den Nominalwert; wird eine Auszahlung nicht verlangt, so erhält der Besitzer neben dem Nominalwert eine fünfprozentige Extraprämie. Während die ,,Verpflichteten" bei dieser ganzen Grundentlastung nicht arm werden, so werden die ,,Berechtigten" nicht reich[12]. Für ganz Österreich wird eine durchschnittliche Entschädigung für jeden Berechtigten von 3459 Gulden errechnet[10].

Gewiß können diese noch nicht ausgelosten Obligationen an Banken veräußert werden und gewisse freigewordene Kapitalien dieser ,,Berechtigten" der Grundablöse dürften auch bei den verschiedensten Spekulationen, die zum Börsenkrach von 1873 führten, beteiligt gewesen sein.

Übrigens werden in Oberösterreich den Beteiligten relativ hohe Rentenvorschüsse, nämlich 843.377 Gulden, ausbezahlt – das ist eine höhere Vorschußzahlung als im relativ großen Königreich Böhmen[13].

Als Regiekosten für die Landes-Kommission und die 15 Bezirkskommissionen werden in Oberösterreich 1,10 Prozent des Grundentlastungskapitals angegeben[14], das ist weniger als der österreichische Durchschnitt (1,35 %), immerhin aber auch 231.792 Gulden.

Die Grundentlastung schaut mit der Dreiteilung (ein Drittel Verzicht des Grundherrn, ein Drittel Barzahlung durch den Bauern, ein Drittel Leistung des Staates) theoretisch schön aus. Die erste Variation bringt ja schon die unterschiedliche Bewertung der verschiedenen Leistungen und Naturalien. Dann ist es der Staat, der dadurch ein Durcheinander hereinbringt, daß er

Die Kosten der Grundentlastung 1865, 1870, 1883
Gleichzeitig Entwicklung des Landesbudgets

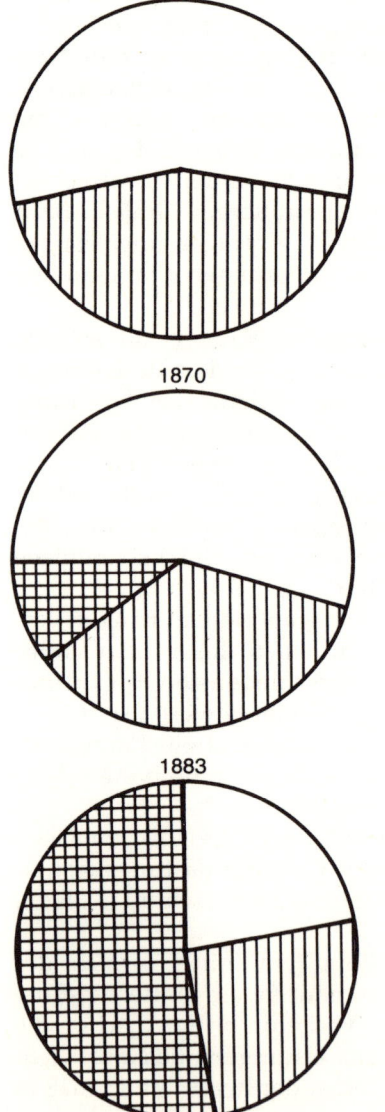

1865:

19 Kreuzer je Gulden an direkten Steuern für Grundentlastung

13 Kreuzer je Gulden an direkten Steuern für Landeserfordernisse (heute: Landesbudget)

32 Kreuzer je Gulden an direkten Steuern

1870:

18 Kreuzer je Gulden an direkten Steuern für den Grundentlastungsfonds (= 466.887 Gulden)

12 Kreuzer je Gulden an direkten Steuern für den Landesfonds (= 322.470 Gulden)

5 Kreuzer je Gulden an direkten Steuern für Schulzwecke

35 Kreuzer je Gulden an direkten Steuern

Ab 1883:

8½ Kreuzer je Gulden an direkten Steuern für Grundentlastungsfonds (= 333.724 Gulden = 21,18 %)

11 Kreuzer je Gulden an direkten Steuern für den Landesfonds (= 427.845 Gulden = 27,15 %)

20½ Kreuzer je Gulden an direkten Steuern für den Landesschulfonds (= 814.357 Gulden = 51,67 %)

40 Kreuzer je Gulden an direkten Steuern = 1,575.926 Gulden

23 Der Umschlag von der Bahn zum Schiff – im Vordergrund Güterwagen der Pferdeeisenbahn Gmunden–Linz und ein Schleppdampfer der DDSG – in der fast noch romantischen Umwelt der Linzer Donaulände.

24 Handel und Verkehr auf einem Bild vereint: der Markt, dazu Straßenbahn und eines der ersten Autos am Linzer Kaiser-Joseph-Platz.

25, 26, 27 Das Bauernland Oberösterreich erhält als erstes profanes Denkmal das eines Industriellen: Josef Werndl inmitten seiner Arbeiter (Steyr).

28 Der Abtransport des Dampfers „Hugo Salvator" im Jahre 1892 veranschaulicht die Bedeutung der Linzer Schiffswerft.

29 Das Innere eines Sensenhammers in Molln. Die Betriebe sind durch Jahrzehnte Stolz und Sorgenkind Oberösterreichs.

30 Auch der Flugverkehr setzt schüchtern ein: Der erste Flugtag 1910 in Wels mit einem Zweidecker Sablatniggs.

Überschüsse des Fonds „entnimmt" und die spätere Rückzahlung natürlich Komplikationen und Schwierigkeiten bereiten. So wird in der Landtagssitzung vom 17. März 1864 ausdrücklich darauf verwiesen, daß „dem oberösterreichischen Grundentlastungsfonds verhältnismäßig die bedeutendsten Überschüsse [hervorgegangen aus Mehr-Einzahlungen der „Verpflichteten"] entzogen wurden[15]".
Auf Grund der jährlichen Abrechnungen kann man die Leistungen des Landes Oberösterreich relativ gut rekonstruieren, die sich bis 1884 um Summen belaufen, die jährlich zwischen 335.000 und 365.000 schwanken. Diese absoluten Zahlen sagen wenig; man muß sie, soweit möglich, mit den übrigen Erfordernissen des Landesbudgets vergleichen. Sosehr die Stabilität der Währung, des Gulden, über Jahrzehnte sich hinziehende Vergleiche vereinfacht, sosehr wird dies durch die Tatsache erschwert, daß die Aufgaben des Landes und damit sein Finanzaufwand ständig steigt – erst einmal durch die Kompetenz über Schulwesen, dann durch die weiteren sich ausweitenden Kompetenzen und Aufgaben. Insgesamt sieht man, daß bald von einer Dreiteilung in der Grundablöse keine Rede mehr ist und daß der Schwerpunkt der finanziellen Leistungen dem Land zufallen.
So macht der Steuerzuschlag für die Belange der Grundablösung ursprünglich 21¼ Kreuzer je Gulden der direkten Steuern unter Ausschluß des Kriegszuschlages aus. Der Zuschlag pendelt sich dann auf 19 Kreuzer je Gulden ein und ist höher als der Zuschlag von 13 Kreuzer für die weiteren „Landeserfordernisse", also das eigentliche Landesbudget (1864)[16]. 1870 werden dann für den „Grundentlastungsfonds" 18 Kreuzer, für den Landesfonds zwölf Kreuzer je Gulden an direkten Steuern erhoben, das sind also 59,15 Prozent der Gesamteinnahmen des Landes Oberösterreich[17]. Zehn Jahre später sieht die Gesamtverteilung bei fast gleichbleibenden Aufwendungen für die Grundentlastung etwas anders aus, weil auch Geldmittel für den inzwischen errichteten Landes-Schulfonds aufzubringen sind. Insgesamt müssen nun für Landesmittel nicht mehr 30, sondern 52 Kreuzer je Gulden direkter Steuern (unter Ausschluß des Kriegszuschlages) aufgebracht werden, 13 Kreuzer für die Grundentlastung, 13 Kreuzer für den Landesfonds, aber 26 Kreuzer für den Landes-Schulfonds. Der Anteil für die Grundentlastung macht jetzt 25 Prozent des Gesamtbudgets, das es in dieser Form allerdings nicht gibt, aus. Genau: 365.131 von 1,460.524 Gulden[18].
Der Anteil für die Grundentlastung verschiebt sich weiter. 1883 machen die Zuschläge für den Landes-Schulfonds 20,5 Prozent, die für den Landesfonds elf und die für den Grundentlastungsfonds 8,5 Prozent aus, zuletzt 333.724 Gulden von 1,575.926. Insgesamt waren die Zuschläge von 52

Kreuzer je Gulden (1880) auf 40 Kreuzer je Gulden (1884) zurückgegangen, jetzt allerdings ,,inclusive des Kriegszuschlages bei der Erwerbs- und Einkommensteuer"[19]!

Immerhin werden die jetzt stark wachsenden Beiträge des Landes für die Grundentlastung immer drückender, und das in einer Zeit, da die Zahlungen der Bauern immer kleiner werden. Ab 1885 hätten sich die Leistungen des Landes mehr als zu verdoppeln gehabt, auf jährliche Summen zwischen 680.000 und 690.000 Gulden[20].

In Verhandlungen mit dem Finanzministerium wandelt deshalb das Land Oberösterreich 1887 seine restliche Grundentlastungsschuld in Höhe von 7,353.520 fl. c.M. (= 7,721.196 f. ö. W.) in ein vierprozentiges steuerfreies Landesdarlehen von 9,000.000 fl. um (Unionbank Wien und Bank für Oberösterreich und Salzburg). Die Abmachungen mit dem Finanzministerium[21] über die Ersatzleistung für den Entgang der Einkommensteuer sind weniger interessant als die Tatsache, wie lange das Land Oberösterreich noch an dieser Schuld zahlt, die man wenig schön als ,,Finalisierung des Grundentlastungsgeschäftes" bezeichnet. Die letzten, schon bedeutungslos gewordenen Abrechnungen über die Grundentlastungsschuld fallen in das Jahr 1896, das auch ursprünglich als Endtermin für die Grundentlastungsaktion angegeben war. Daß die ursprünglichen Grundbesitzer keine Grundentlastungsobligationen, sondern ab 1887 Papiere der Landesanleihe in Händen haben, spielt keine Rolle. Insgesamt dauert also die Abwicklung und Abzahlung der Grundentlastung 48 Jahre. Die Hauptlast – rund 48,80 Prozent – leistet innerhalb von 48 Jahren das Land bzw. Steuerzahler des Landes. Die Gesamtsumme von mehr als zehn Millionen Gulden ist gewaltig – doch nicht so, daß sie nicht zu tragen gewesen wäre. Diese ,,Finalisierung" der Grundentlastung leiten zwei Männer der Konservativen in die Wege, die seit 1884 die Mehrheit im Landtag innehatten: Hayden, der Obmann der Finanzausschusses, und Dr. Naschberger, der Berichterstatter. Während die Grundentlastung sehr rasch und überwiegend innerhalb eines Jahrzehnts über die Bühne geht, gibt es in zwei Detailbereichen Komplikationen und Verzögerungen – zum Teil über ein Jahrhundert.

Auf Grund eines Ministerialerlasses vom Februar 1850 wird die Ablösung von Naturalleistungen an Pfarren, Schulen und Kirchen nicht mehr von Amts wegen durchgeführt, sondern nur noch auf Antrag eines Beteiligten. Dieses finanziell nicht allzu gewichtige Problem wird immerhin erst 1874 durch ein Landesgesetz[22] einer Lösung zugeführt, die endgültige Ablösung wird in den folgenden Jahren realisiert.

Komplizierter ist die Angelegenheit in der Servitutenfrage, also bei der Ablösung der Wald- und Weideservitute. Auch wenn dieses Problem nur Teile der oberösterreichischen Bauern, im Salzkammergut und im Bereich von Steyr, berührt, so ist es doch ein besonders schmerzliches. Hier sind die Fronten seitenverkehrt, die „Berechtigten" sind die Bauern und die „Verpflichteten" Staat und Grundherrschaft. Von den 84.138 Hektar mit Servituten belasteten Wäldern, die ein Fünftel (20,6 Prozent) der oberösterreichischen Waldfläche ausmachen, sind 57.309, also 68,11 Prozent, in Staatsbesitz. Hier geht es nicht nur darum, ob die Verpflichtungen in Grund oder Geld abzulösen seien, es werden vielfach auch die niedrigen Holzpreise der Jahre vor 1845 als Basis genommen. Jetzt ist es nicht der Adel, sondern die Bauern, die niedrige Ablösesummen erhalten; jetzt sind die Holzkohle erzeugenden Waldbauern weithin überflüssig und können ihren Hof nicht halten. Vielfach wird den Bauern auch die Nutzung der schon erheblich eingeschränkten Holznutzungs- und Weiderechte unmöglich gemacht. Die Schwierigkeiten in dieser Frage ziehen sich über zwei Weltkriege bis in die Gegenwart hin[23].

Die ersten Fabriken für das Bauernland

So wie die Industrialisierung der Habsburgermonarchie nicht ohne weiteres mit der Englands oder Deutschlands verglichen werden kann, so zeigt die Industrialisierung Oberösterreichs einen anderen Rhythmus als der des übrigen Österreich[1]. Zu Beginn der Industrialisierungsphase nimmt Oberösterreich einen vorrangigen Platz ein[2]; die Nachbarschaft zu Deutschland, der Schnittpunkt Ost–West, insbesondere des Nord-Süd-Verkehrs zwischen Böhmen und Adria, spielen dabei eine wesentliche Rolle; auch die Tatsache, daß in der Frühzeit der Industrialisierung der Energiebedarf noch bescheiden ist.
Zwar kein Rückgang in Oberösterreich, aber ein Vorprellen anderer Länder in der fortschreitenden Industrialisierung, so von Niederösterreich und der Ländergruppe Böhmen – Mähren – Schlesien, ist schon vor 1848, insbesondere aber auch später, sichtbar. Hauptursache dieser Entwicklung: der Mangel der immer wichtiger werdenden Energieträger, also vor allem der Mangel an Steinkohle; die für Oberösterreich ungünstige Entwicklung des Eisenbahnnetzes, für den Wien die weit gewichtigere Nord-Süd-Verkehrsachse wird. Natürlich auch die Tatsache, daß Oberösterreich ein reiches Bauernland ist, für das eine Industrialisierung nicht annähernd so wichtig, so lebensnotwendig ist wie etwa für die armen böhmischen Randgebiete. Letztlich spielt die Tatsache eine Rolle, daß auch das Netz der Fach- und Berufsschulen spät, bescheiden und unsystematisch ausgebaut wird.
Entscheidende, Gewerbe und Industrie, auch den Handel fördernde Institutionen entstehen schon in der neoabsolutistischen Zeit, so 1851 die Handels- und Gewerbekammer mit ihrer großen wirtschaftlichen, aber auch politischen Bedeutung, und 1852 der ,,Oberösterreichische Gewerbeverein'', der auch Träger der ersten Fachschule wird. 1868 wird als weitere Interessenvertretung der ,,Kaufmännische Verein'' gegründet[3], 1898/99 eine Sektion des Bundes österreichischer Industrieller und 1899 der ,,Verein der Industriellen von Oberösterreich und Salzburg''.
Gerade die oberösterreichische Handelskammer vertritt unter ihrem begabten und engagierten Sekretär Ignaz Figuly von Szep[4] einen betont liberalen Wirtschaftkurs, durch den die Ansiedlung neuer Betriebe aber nicht erleichtert wird. Der extreme Standpunkt eines Wirtschaftsliberalismus führt zu Meinungsverschiedenheiten zwischen Kammer und Gewerbeverein; über den industriellen Bereich hinaus führt dieser liberale Grundsatzstandpunkt, gepaart mit einem Unverständnis für die besonderen bäuerlichen Probleme, zu einer sehr frühen Frontstellung zwischen Bauern und Libera-

Vorteile der späten Industrialisierung 309

len. Die Tatsache, daß Oberösterreich im Bereich der Industrie, bei Neueinrichtungen und der Ausweitung bestehender, von Wien und dem niederösterreichischen Raum, der Ländergruppe Böhmen – Mähren – Schlesien, auch von der Steiermark in der zweiten Hälfte des 19. Jahrhunderts deutlich überrundet wird, hat negative, aber auch positive Folgen.
Die negativen erkennt man aus der Tatsache oberösterreichischer Wanderungsverluste (zwischen 1890 und 1900: 22.100; zwischen 1900 und 1910: 17.700[5]). Es bleibt aber fraglich, ob angesichts der großen und vielfältigen Aufgaben, die die Reichshauptstadt Wien und die Gesamtmonarchie bieten, es Oberösterreich gelungen wäre, bei mehr und bei attraktiveren Arbeitsplatzangeboten alle Oberösterreicher ans Land zu fesseln.
Die Vorteile dieser Entwicklung: Die Erhaltung der Landschaft, der Städtebilder, spät sichtbare und geringere soziale Spannungen.
Der Mangel an Rohstoffen führt dazu, daß ausländische Industrielle und Industrien nur selten ihre Blicke nach Oberösterreich werfen. Erst als Zollbarrieren das Eindringen deutscher Waren behindern, macht Oberösterreichs Handelskammer deutsche Schwesternorganisationen auf die Möglichkeit aufmerksam, Zweigniederlassungen in Oberösterreich zu errichten. Die finanziellen Möglichkeiten der wenigen oberösterreichischen Bankhäuser sind bescheiden. Oberösterreichs Industrielle und Bankiers bemühen sich im wesentlichen, die Eigenfinanzierung durch eine Heiratspolitik zu ergänzen. Einzig nennenswertes (und vorübergehendes) Interesse von auswärts ist in der Frühzeit der Kauf der Hausruck-Kohlengruben durch das Bankhaus Rothschild.
Landschaftsbedingt – und einseitig – sind von Anbeginn an die Schwerpunkte gewerblicher und industrieller Produktionen: Salz- und sehr bescheiden chemische Produkte im Zusammenhang mit der Salzproduktion; die Eisen- und Sensenindustrie im Steyr- und im Kremstal. Während die Sensen- und Sichelindustrie zwar gelegentlich einen bedeutenden Exportartikel darstellt, siecht sie doch schrittweise dahin und macht durch Jahrzehnte Hilfsaktionen nötig, wie im Mühlviertel die Leinenindustrie. Aus diesem gewerblichen und kleinindustriellen Bereich macht lediglich Leopold und vor allem Josef Werndl mit seiner Waffenfabrik einen gewaltigen Ausbruchsversuch, der sein Unternehmen, neben den böhmischen Skoda-Werken, zur wichtigsten Waffenschmiede der Monarchie macht[6]. Das alte Auf und Ab von Exportrekord und Verkaufseinbußen, Neuaufnahmen und Kündigungen wechseln aber auch hier. Die Maschinenindustrie bleibt vorerst schwach entwickelt, einer ihrer Begründer, der Steyrer Redtenbacher, wirkt im Ausland. Zu den alten Industriezweigen kommt später die Papierindustrie hinzu; innerhalb der merkwürdigerweise schwach ausge-

bauten Lebensmittelindustrie dominiert die Bierproduktion. Hier wirkt sich die kostengünstige Selbstversorgung im Nahbereich, die vor der Erfindung der Lokomotive und dem Ausbau des Eisenbahnnetzes üblich ist, noch länger aus.

Zahlenangaben über Fabriken und Manufakturen in Oberösterreich 1848 schwanken zwischen 110 und 135, 1852 sind es dann 166 und im Jahr 1868 168. Andere Statistiken lassen nur schwer den eigentlichen Industriebetrieb erkennen. Die Trennung zwischen Gewerbebetrieb und Industriebetrieb ist tatsächlich schwierig. Durchaus unbefriedigend ist der Versuch, die Höhe der Erwerbssteuer als Kriterium für die Einschätzung als Industriebetrieb anzunehmen. So wird ab 1880 eine Steuerleistung von 42 Gulden und mehr, ab 1885 eine solche von 21 Gulden als Grenze von Gewerbe zur Industrie gewertet. Dies führt etwa dazu, daß die Statistik von 1875 für Oberösterreich gleich 1312 ,,Betriebe" anführt – davon etwa 855 im Bereich Eisen und Stahl oder 310 bei den Nahrungs- und Genußmitteln. Wenn man diesen Betrieben die hier beschäftigten 21.574 Arbeiter gegenüberstellt, so ersieht man eine Durchschnittsgröße von 16 Arbeitern je Betrieb, wobei in zahlreichen Fällen Betriebe noch um vieles weniger Arbeiter haben.

Eine wesentlich realistischere Statistik liegt dann für 1890 mit 236 solcher Betriebe vor; hier sind also die 1433 Sägewerke Oberösterreichs – sehr oft Ein-Mann-Betriebe – nicht mehr enthalten, ebenso nicht die 2145 Mühlen und die 239 Bierbrauereien. 1897, also knapp vor der Jahrhundertwende, zählt Oberösterreich 206 Industriebetriebe. 1902 werden 552 angegeben, wobei jetzt als Kriterium 21 und mehr Beschäftigte zählen; 1906 sind es dann 370 und unmittelbar vor Beginn des ersten Weltkrieges 551[7].

Mit dem Begriff ,,fabriksmäßiges Unternehmen der Gewerbeordnung" kann man wohl Statistiken erstellen, ihr Aussagewert für die Wirtschaft des Landes aber ist bescheiden. So würden die im Verlauf der letzten beiden Jahrzehnte zwischen 370 und 551 schwankenden Zahlen immerhin bedeuten, daß in Oberösterreich bei Beginn des ersten Weltkrieges im Durchschnitt in jeder Gemeinde ein Industriebetrieb liegt. Nimmt man die weit aussagekräftigeren Zahlen der in diesen Industriebetrieben Beschäftigten, so ergibt dies trotz der beachtlichen Schwankungen ein weit klareres Bild dieser sehr bescheidenen Verhältnisse.

In dem Jahrzehnt zwischen 1861 und 1870 schwankt die Zahl der in den Fabriken Oberösterreichs Beschäftigten nur sehr geringfügig zwischen 9000 und knapp 12.000, das sind also ein bis eineinhalb Prozent der Gesamtbevölkerung (von mehr als 700.000). Weit mehr als die Hälfte der Bevölkerung ist in der Land- und Forstwirtschaft tätig. Und auch die in der Land- und Forstwirtschaft beschäftigten ,,fremden Arbeitskräfte", also die Gruppe der

Landarbeiter, machen rund das Zehnfache der Summe der Industriearbeiter aus. Deren Zahl beträgt noch 1902 mehr als 95.000, wobei auch noch die sehr große Gruppe der so unterschiedlich gestellten „Familienangehörigen" in der Landwirtschaft berücksichtigt werden muß. Sie macht, ebenfalls 1902, allein weit mehr als 78.000 aus[8].

Diese Fabriken im Bauernland sind nur kleine Enklaven in einer überwiegend bäuerlichen Umgebung – und das gilt sogar für einen der ganz wenigen Großbetriebe jener Zeit, die Steyrer Waffenfabrik. Die bäuerliche Umwelt, die verwandtschaftlichen Querverbindungen, die nur teilweise bestehende Wohnungsnot, die vielfache Besserstellung der Industriearbeiter gegenüber den Landarbeitern – all das läßt gar kein Proletariat entstehen; die aufkeimende sozialistische Arbeiterbewegung zeigt durchwegs lasallianische Züge und der erste, den man mit Fug und Recht als Marxisten bezeichnen kann, den Reichsratsabgeordneten der Jahre 1907 bis 1911, Landeshauptmann-Stellvertreter ab 1918 und späteren Linzer Bürgermeister Gruber, hat eine Bauerntochter geheiratet und kennt sich auch in den bäuerlichen Problemen recht gut aus.

Die hervorragenden Ernten der Jahre 1867 und 1868 bei vielfachen Mißernten in anderen europäischen Ländern helfen nicht nur den Bauern. Der zunehmende Wohlstand fördert auch die Industrie und die dort Beschäftigten.

Für 1875 liegt nicht nur eine genaue Zahl der in der oberösterreichischen Industrie Beschäftigten vor (21.574); wir wissen auch, wo diese Arbeiter beschäftigt sind: 41 Prozent in der Eisen- und Stahlindustrie einschließlich der Kleineisenindustrie, 18,4 Prozent in der Textilindustrie, deren Bedeutung deutlich abgenommen hat. Gleichermaßen etwas mehr als elf Prozent sind im Bergbau und in der Nahrungs- und Genußmittelindustrie tätig. Einen um fünf Prozent schwankenden Anteil nehmen die Arbeiter in der Holzindustrie und in der bald recht bedeutungsvoll werdenden Papierindustrie ein. Alle anderen Bereiche – wie etwa auch die Maschinenindustrie – haben einen Beschäftigtenanteil, der meist kaum über ein Prozent hinausreicht.

Für 1880 werden bei anderen Maßstäben für Oberösterreich nur etwas mehr als 15.000 Industriearbeiter angegeben; das wären im Durchschnitt nur 15 Arbeiter je Betrieb! Dabei beschäftigt Werndls Waffenfabrik in Konjunkturzeiten – und das sind Kriegszeiten europäischer Länder! – 40 Prozent aller Industriearbeiter Oberösterreichs. Für 1885 scheinen dann wieder 21.064 Industrie-Beschäftigte auf und bei der anfänglich so bescheidenen Zahl der Angestellten handelt es sich fast ausnahmslos um Arbeiter. Die 2145 Mühlen, die 239 Bierbrauereien und die 1433 Sägewerke machen (1885) zwar 94 Prozent aller Betriebe aus, beschäftigen aber nur ein Drittel der Arbeiter.

Dann aber steigt die Zahl der in der Industrie Beschäftigten deutlich: 26.916 im Jahr 1890; 44.102 im Jahr 1902 und 44.900 im Jahr 1914. Gerade jetzt, unmittelbar vor Ausbruch des ersten Weltkrieges, ist eine neuerlich stark gewandelte Struktur sichtbar: Ein Viertel der Beschäftigten sind im Bereich „Stein, Erde, Ton" beschäftigt (25,6 Prozent); 17,6 Prozent in der Maschinenindustrie, zu der allerdings jetzt auch die Steyrer Waffenfabrik zählt. Jeweils knapp über elf Prozent sind in der Metallindustrie und in der Textilindustrie beschäftigt. Fast neun Prozent arbeiten in der Nahrungsmittelindustrie. Über Oberösterreich hinaus ist die Papierindustrie bedeutungsvoll geworden; im Land selbst steht sie mit einem Anteil von 6,6 Prozent an sechster Stelle, gefolgt von der Holzindustrie und dem Baugewerbe. Die Industriestatistik enthält aber auch Bereiche des Fremdenverkehrs (im „Hotelwesen" sind 1600 Menschen oder 3,6 Prozent beschäftigt); nicht unwesentlich ist auch die Lederindustrie mit einem Anteil von 2,1 Prozent, zumal es sich hier ja nur um wenige Mittelbetriebe handelt.

Die Schlußphase der Monarchie ist eine Zeit, die die Statistik liebt, aber die Vielfalt der sich immer wieder ändernden Gesichtspunkte macht es schwer, Vergleiche über Jahrzehnte zu ziehen. Eine vom oberösterreichischen Landtag im Zusammenhang mit der Wahlreform von 1896 (Einführung der allgemeinen Kurie und damit Beginn des allgemeinen Wahlrechts) zusammengestellte Statistik zeigt nicht nur das um die Jahrhundertwende weiter bestehende Übergewicht der landwirtschaftlichen Arbeiter; es zeigt gleichermaßen die noch unglaublich starke Position der „Selbständigen". So gibt es in der Landwirtschaft etwas mehr als 200.000 Arbeiter und 30.000 Taglöhner, insgesamt also rund 230.000 Menschen; in der Industrie insgesamt aber weit weniger als die Hälfte, nämlich 79.000 Arbeiter und Taglöhner, im Gewerbe zusammen 13.000. Daneben gibt es in der Landwirtschaft fast 56.000 Selbständige, in der Industrie 27.500 (das sind mehr als zehn Prozent aller in der Industrie Beschäftigten!). Im Gewerbe sind es sogar mehr Selbständige (9686) als Arbeiter (7567), insgesamt aber weniger Selbständige als Arbeiter und Taglöhner zusammengenommen (13.000). Neben der Tatsache, daß in Oberösterreich knapp vor der Jahrhundertwende 52 Prozent der Bevölkerung auf die Landwirtschaft entfallen, ist entscheidend, daß rund 18 Prozent der „Berufszugehörigen" noch Selbständige sind.

Daran ändert sich bis Kriegsbeginn nicht allzuviel. 1900 etwa macht der Anteil der in der Landwirtschaft Beschäftigten noch immer 49,4 Prozent der Wohnbevölkerung aus, der in der Industrie je nach Betrachtungsweise „schon" oder „erst" 28,4 Prozent, also etwas mehr als ein Viertel. In dieser relativ hohen Zahl ist zweifellos das Gewerbe mitberücksichtigt, denn die weiteren Gruppen befassen sich nur noch mit „Handel und Verkehr" (neun

Die Gliederung der Berufstätigen Oberösterreichs 1910

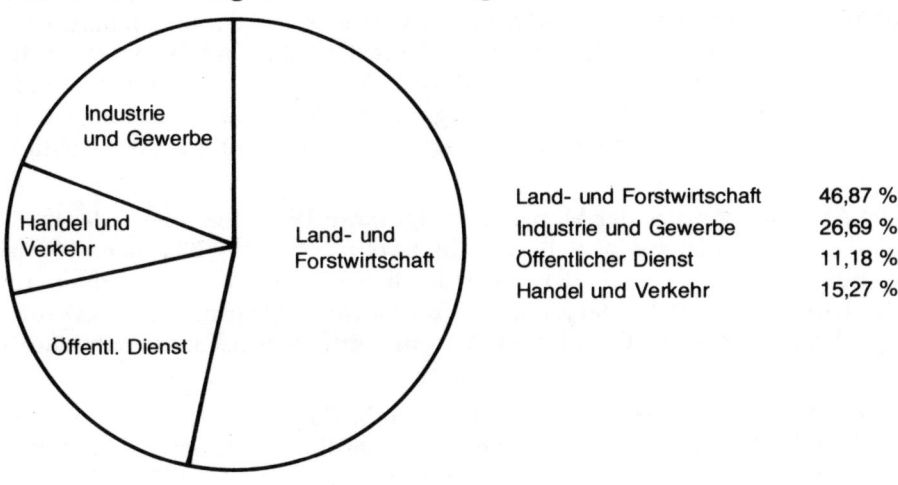

Land- und Forstwirtschaft	46,87 %
Industrie und Gewerbe	26,69 %
Öffentlicher Dienst	11,18 %
Handel und Verkehr	15,27 %

Die Berufstätigen in der Landwirtschaft 1910

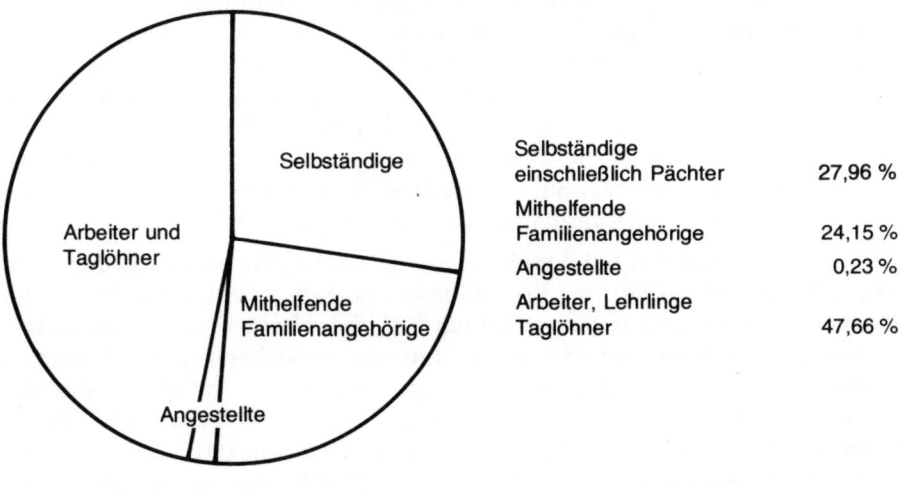

Selbständige einschließlich Pächter	27,96 %
Mithelfende Familienangehörige	24,15 %
Angestellte	0,23 %
Arbeiter, Lehrlinge Taglöhner	47,66 %

Prozent) und „Öffentlicher Dienst und freie Berufe" (13 Prozent). Innerhalb der Beschäftigten liegt der Anteil der Landwirtschaft klar über 50 Prozent (56,0), der der Industrie liegt bei 21,7 Prozent, der von Handel und Verkehr bei 6,85 Prozent und der des öffentlichen Dienstes und der Freien Berufe bei 15,4 Prozent. Den 190.000 Arbeitern und fast 38.000 Taglöhnern steht die große Gruppe der Selbständigen (157.000) und die fast unbedeutende Gruppe der Angestellten (12.000) gegenüber. Auch die Zwischengruppe der „mithelfenden Familienangehörigen" ist mit rund 88.000 beachtlich hoch.

Die Abschlußstatistik der Monarchie zeigt dann 1910 folgendes, alles in allem doch sehr ausgewogene Bild: Mehr als ein Drittel (fast 37 Prozent) Selbständige, 46 Prozent Arbeiter, einschließlich Taglöhner und Lehrlinge (in der Landwirtschaft, in der Industrie, im Gewerbe, Handel und Verkehr), drei Prozent Angestellte und 14 Prozent mithelfende Familienangehörige[10].

Oberösterreich mit seiner relativ günstigen Verkehrslage tritt allerdings zu Beginn des Eisenbahnzeitalters angesichts der für die Monarchie zentralen Lage Wiens und des bevorzugten Ausbaues des Nord-Süd-Verkehrs vorübergehend in den Hintergrund – und das gerade in der Frühzeit der Industrialisierung in Österreich. Dazu kommt die mit dem Ausbau und dem Größerwerden der Industrie immer wichtigere Energiefrage, für die in Oberösterreich anfänglich ebenfalls nur dürftige Voraussetzungen bestehen. Neben kaum nennenswerten Lagern von Steinkohle verfügt Oberösterreich nur über Braunkohle, die nach dem Ausbau des Eisenbahnwesens gegenüber der böhmischen Kohle ins Hintertreffen gerät. Die oberösterreichische Braunkohle aus dem Hausruck (Ampflwang, Thomasroith, Wolfsegg), seit 1765 erschlossen, und dem Innviertel (Trimmelkam) sind allerdings wegen ihrer günstigen Lage sowohl für die Westbahn wie für die Sudhütten im Rahmen der Salzgewinnung, aber nur beschränkt für die Industrie und die weitere Industrialisierung von Bedeutung[11].

Ähnlich verhält es sich mit dem in Oberösterreich gewonnenen Erdgas und Erdöl. 1891 wird in Wels bei Brunnenarbeiten Erdgas entdeckt, das später vor allem in Haushalten verwendet wird. Weitere Bohrungen in der Welser Heide, aber auch im Kremstal und im Eferdinger Becken und im Raum von Grieskirchen bringen kaum oder gar keine Ergebnisse. Initiatoren sind die Wolfsegg-Traunthaler Gesellschaft, die 1893 und 1894 Bohrungen durchführt, auch die österreichische Regierung, die 1902 und 1903 Tiefbohrungen bis über 1000 Meter vornimmt. Nach dem ersten Weltkrieg sieht das österreichische Erdöl- und Erdgasgesetz eine Bergbauberechtigung vor; erstmals

Wasserkraft und Industriestandort 315

wird Erdöl, ebenfalls im bescheidenen Ausmaß, 1925 bei Taufkirchen an der Pram gewonnen[12].
Von weit größerer Bedeutung für Industrie und Industrialisierung, aber auch fürs Gewerbe, insbesondere für Mühlen und Sägen, ist die Wasserkraft. Aber gerade die an Ort und Stelle genutzte Wasserkraft ist vorerst Ursache einer an sich ungünstigen Standortfrage der Betriebe – insbesondere bei der durch Jahrzehnte dahinsiechenden Eisen- und Sensenindustrie. Erst mit der Gewinnung elektrischen Stroms aus Wasserkraft, mit der Verwendung dieser Wasserkraft an Standorten, die für Industriebetriebe zumindest nicht extrem ungünstig sind, werden für Oberösterreich, seine Industrie und Industrialisierung die Chancen größer. Denn der Transport von Strom ist, auch schon in den Anfängen, weit billiger als der von Fertigprodukten. Ab 1890 sind in Oberösterreich Bemühungen sichtbar, den elektrischen Strom gleichermaßen für die Beleuchtung als auch für den Betrieb von Maschinen, insbesondere auch für Bahn und Straßenbahn, zu nutzen. 1893 errichten Ried und Steyr kalorische Kraftwerke; dann werden Josef Stern und Franz Hafferl für die Elektrifizierung Oberösterreichs in den nächsten Jahrzehnten von entscheidender Bedeutung. Zum Betrieb der Schafbergbahn wird 1894 in St. Wolfgang eine 25-PS-Dampfzentrale errichtet. Im selben Jahr stellt die „Gmundner Elektrizitäts-Aktiengesellschaft" zwei Dampfmaschinen von 50 und 120 PS auf; es folgt 1897 mit einer ähnlichen Anlage die Linzer „Tramway- und Elektrizitätsgesellschaft". 1901 baut die Firma Stern und Hafferl am Traunfall ein Kraftwerk mit der bereits beachtlichen Leistung von 2480 PS; die Hochspannungsleitung von hier nach Gmunden wird beispielhaft für die nun folgende Überlandsversorgung. Neben dem Traun-Laufkraftwerk des Elektrizitätswerkes Wels (1901) wird 1904 zum Spitzenausgleich das erste Speicherkraftwerk Distlbach bei St. Wolfgang (mit 70 PS) errichtet. Weitere Anlagen am Offensee, am Schwarzensee, in Steeg führen dazu, daß die Stromerzeugung ab 1906 um jährlich fast 27 Prozent wächst. Nach einer Versorgung des Salzkammergutes werden ab 1908 Fernleitungen ins Hausruckviertel geführt; der trotz des Linzer Dampfkraftwerkes nicht zu deckende Bedarf der Landeshauptstadt führt zu Verträgen mit Wels und mit Stern und Hafferl; damit entsteht der erste Verbundbetrieb. Diese Initiativen werden angesichts des Kohlenmangels nach 1918 auch in der Notzeit der Zwischenkriegsjahre systematisch, ja fast großzügig fortgesetzt und sind Voraussetzung der zweiten bzw. dritten Industrialisierungswelle Oberösterreichs ab 1940, vor allem aber nach 1945[13].
Schon nach der Bauernbefreiung hatte man das Fehlen landwirtschaftlicher Ausbildungsstätten schmerzlich vermißt; dies hatte auch Rückschläge in

der Entwicklung des nunmehr völlig freien Bauerntums zur Folge. Ähnlich sieht man, daß wenig später das erstarkende Gewerbe und die neue Industrie, aber auch der immer bedeutungsvollere Verkehr neue Schultypen benötigt.

Das „Gewerbeförderungsinstitut für das Erzherzogtum Österreich ob der Enns" wird durch den Landtag relativ spät, 1908, errichtet[14]; durch Lehrvorträge und Kurse entwickelt es eine wachsende Bedeutung. Auch die gewerblichen Fortbildungsschulen gewinnen erst um diese Zeit Profil, 1911 gibt es in Oberösterreich 14 allgemeingewerbliche und sechs fachliche Fortbildungsschulen[15]. Immerhin war schon 1873 eine Fachschule für Holzschnitzerei und Kunsttischlerei in Mondsee errichtet werden, die 1881 nach Ebensee verlegt wird[16]; in Hallstatt besteht eine solche Schule für Holzindustrie und Marmorbearbeitung. 1882 errichtet man eine Fachschule für Eisen- und Stahlbearbeitung in Steyr; eine eigene Abteilung für Messerschmiede soll durch das Hinführen zu neuen Verarbeitungsmethoden den Niedergang des Kleingewerbes stoppen[17]. 1883 wird die Fachschule für Weberei in Haslach errichtet[18].

Nach anfänglich vergeblichen Bemühungen und der Verzögerung um ein volles Jahrzehnt wird 1889 eine Staatshandwerkerschule als höhere Schule errichtet[19], nachdem schon rund eineinhalb Jahrzehnte der Linzer Gewerbeverein eine ähnliche Schule geleitet hatte. Die Lehranstalt wird 1907 umgestaltet und nach dem ersten Weltkrieg zur Bundeslehranstalt für Maschinenbau, Elektrotechnik und Hochbau ausgestaltet. Schon 1882 wird, vorerst als private Schule, in Linz eine Handelsakademie errichtet; die durch sie 1899 errichtete Eisenbahnfachschule muß ab 1909 schrittweise aufgelassen werden[20]. Vorerst erfolglos bleibt auch der erstmals 1869 im Linzer Gemeinderat vorgetragene Wunsch, in Linz eine technische Hochschule zu errichten. Neuerlich scheitern dann die zwischen 1908 und 1910 verfolgten Pläne nach der Errichtung einer juridischen Fakultät, verbunden mit einer handelswissenschaftlichen Hochschule in Linz. 1913 fordert die Linzer Handelskammer neuerlich die Errichtung einer technischen Hochschule. Bei Kriegsende, 1918, angesichts des Zusammenbruchs der Monarchie, sind schließlich Bestrebungen sichtbar, die deutsche Technische Hochschule Brünn in Mähren nach Linz zu übersiedeln, ein Projekt, das dann 1920 begraben wird[21].

Bahnen verbinden die Menschen

Mit der Pferdeeisenbahn Budweis–Linz–Gmunden, der ersten Schienenbahn Europas, war man in Oberösterreich der österreichischen Entwicklung weit vorangeeilt und rasch der englischen gefolgt. Es war dabei in erster Linie um den Transport von Salz gegangen, das per Schiff über den Traunsee und die Traun bis Mauthausen gekommen war und hier am Landweg nach Böhmen befördert werden mußte, wobei laufend rund 350 Fuhrwerke unterwegs waren[1]. Noch waren die Wasserwege die Hauptverkehrsadern, aber die seit dem 14. Jahrhundert immer wieder verfolgten Pläne eines Donau-Moldau-Kanals wurden nicht realisiert, bis auf Josef Rosenauers bescheidenen, immerhin 52 km langen Holzschwemmkanal, der zwischen 1789 und 1822 erbaut worden war, aber nicht einmal 70 Jahre, bis 1891, in Benützung stand.
Auch die Eisenbahnpläne Gerstners von 1807 und 1808 ruhten vorerst, wurden dann nach dem Wiener Kongreß reaktiviert, geändert und schließlich durch die „k. k. priv. erste österreichische Eisenbahngesellschaft" zwischen 1825 und 1832 realisiert. Zwischen 1834 und 1836 wurde die Pferdeeisenbahn von Linz nach Gmunden fortgesetzt. Differenzen zwischen den Planern und den Aktionären hatten die ganze Bauzeit begleitet. Eine während des Baues erfolgte Trassenänderung (Linz statt Mauthausen als Zwischenziel, wodurch die Weiterführung der Trasse nach Gmunden möglich wurde) bewährte sich sichtlich, während eine andere, durch Einsparungsmaßnahmen bedingte Änderung verhängnisvolle Folgen hatte: Man entschied sich nicht für den schon von Gerstner geplanten Lokomotivbetrieb, der eben in England eingeführt worden war, sondern für den Pferdezug, womit stärkere Steigungen und Krümmungen und Verzicht der gemauerten Dämme möglich wurden – mit der Folge, daß diese Bahn später für den Lokomotivbetrieb nicht benützt werden konnte und das anfänglich bevorzugte Mühlviertel später beim Ausbau des endgültigen Eisenbahnnetzes ins Hintertreffen geriet.
Am 21. Juli 1832 fährt ein erster österreichischer „Hofzug" Kaiser Franz I. und seine Gemahlin Kaiserin Karolina Augusta von Urfahr nach St. Magdalena, am 1. August 1832 kann der Gütertransport und am 1. April 1833 der erste Personenverkehr aufgenommen werden. Auf der 17,5 Meilen oder 128,8 Kilometer langen Strecke – die direkte Entfernung Budweis–Linz beträgt 78 km – gibt es sieben größere Stationen, die im Durchschnitt 23 Kilometer voneinander entfernt liegen; es gibt natürlich auch Pferdestallungen, Umspannstationen, Magazine, weiters zehn „Aufsitzplätze", auch Halte-

punkte genannt. In der Mitte der Bahnlinie, in Kerschbaum, treffen sich mittags die jeweils um 5 Uhr früh in Linz und Budweis abfahrenden ,,Personen-Stellwagen-Fahrten"; auch kürzere ,,Spazierfahrten" von Linz aus werden eingeführt und sind beliebt. Auf ebener Strecke können zwei hintereinander gespannte Pferde vier vollbesetzte Wagen mit 60 Personen ziehen, auf Steigungsstrecken werden die Züge geteilt oder ein Vorspann genommen. Zeitweise setzt der Bespannungspächter, der k. k. Schiffmeister Adalbert Lanna in Budweis – das für die Wirtschaft Böhmens so bedeutsame Geschlecht der Lanna (Lahner) stammt aus dem oberösterreichischen Salzkammergut[2] –, 400 Pferde ein.

Die ebenfalls im Interesse der Salzbeförderung erstmals 1815 vorgeschlagene Pferdeeisenbahn von Stadl bei Paura bis Zizlau bei Linz wird, nachdem die ärarische Schiffahrt auf der Traun 1825 aufgelassen wird, nach Überwindung ähnlicher Schwierigkeiten wie bei der Planung und dem Bau der Budweis-Linzer Bahn, schließlich zwischen 1834 und 1838 realisiert, allerdings auf der erweiterten Strecke Linz–Gmunden mit einer Länge von 67,9 Kilometern. Eine Stellwagenfahrt Linz–Gmunden dauerte 6½ Stunden, ein Gütertransport 1½ Tage; für die Bespannung werden 612 Pferde eingesetzt.

Die Verlängerung der Bahn Budweis–Linz bis Gmunden aktivierte den Personen- wie den Frachtenverkehr; alles in allem aber hinterläßt diese erste Eisenbahn nur vorerst den Eindruck, eine neue Zeit breche an. Später meint man, daß sie trotz mancher technischer Leistungen, eben wegen des Pferdezuges, letztes Aufbäumen einer ausklingenden Zeit sei. Erst recht vermitteln dies die Bilder dieser Pferdeeisenbahn. Soziale Kämpfe der Fuhrmänner im Böhmerwald und der Schiffe, in Paura zeigten gleichermaßen diese Zeitwende im technischen Bereich und die von ihnen ausgelösten sozialen Spannungen auf[2,3].

Diese zuletzt doch nicht realisierte Lokomotivbahn und die fast noch biedermeierlich anmutende Pferdeeisenbahn, sosehr sie auch im europäischen Raum eine zeitliche Vorrangstellung einnimmt, liegt, wenn man den Gesamtraum der noch nicht zweigeteilten Habsburgermonarchie betrachtet, ausgesprochen peripher. Der nun ab 1837 folgende Eisenbahnbau mit Lokomotivbetrieb richtet sich nach der Reichs- und Residenzhauptstadt Wien aus. Ähnlich wie bei der Pferdeeisenbahn Budweis–Linz–Gmunden ist die Nord-Süd-Richtung vorherrschend – und zwar noch für Jahre. Aber es sind jetzt andere Dimensionen, denn es geht um die schlesische Kohle und Industrie und es geht um die österreichischen Adriahäfen, die näher an Wien angebunden werden sollen. Und vorerst ist die Donau als Hauptverkehrsmittel zwischen West und Ost ausreichend. Aber es liegen Salzburg

und Innsbruck nicht an dieser Hauptwasserader des südosteuropäischen Raumes. Und die Erhaltung gerade der kleinen Wasserstraßen wird zu aufwendig und auch die Beförderung von Menschen auf diesen Wasserstraßen zu langsam und zu kostspielig.
Mit einer Verzögerung von mehr als einem Jahrzehnt wird ab 1856, also unmittelbar vor Beginn der konstitutionellen Ära, der nach damaligen Begriffen zweitwichtigste Eisenbahnstrang der Monarchie, seit 1918 der wichtigste, die Kaiserin-Elisabeth-Bahn, im Volksmund Westbahn genannt, gebaut. Überraschend schnell wird sie bis 1860 nach Salzburg durchgezogen. Schon im August 1860 wird in einem feierlichen Festakt in Salzburg die Fertigstellung der Strecke Wien–Linz–Salzburg–München begangen. (Allerdings hatten die Staatsverträge mit Bayern von 1852 und 1858 auch klare Termine aufgestellt.) Es sind – und zwar keineswegs nur bei der Westbahn – private Initiativen, private (auch ausländische) Gelder, und erst 1879 erfolgen Etappen einer Verstaatlichung, die Errichtung der Staatsbahndirektion Linz und eine Vereinheitlichung des Bahnbetriebes.
Schon 1825 war die ärarische Schiffahrt auf der Traun aufgelassen worden; die Innschiffahrt hielt sich länger[4]. Insgesamt aber sind sie nicht mehr gefragte Verkehrsrichtungen bzw. nur Teilstücke der nunmehr gewünschten und benötigten Strecken. Sogar die Bedeutung der Donau als Verkehrsträger, die bis zur Gegenwart erhalten geblieben ist, ist so herabgemindert, daß schon in der Anfangszeit des Eisenbahnbaues in Oberösterreich, 1861, eine Abzweigung von dieser Westbahn, die Strecke Wels–Passau, gebaut wird. Immerhin: Während sich die Kaiserin-Elisabeth-Bahn als derart wichtiger Verkehrsstrang entwickelt, daß schrittweise die Doppelgleisigkeit realisiert werden muß (Wels–Linz–Wien 1874 und Wels–Salzburg 1902), wird die Strecke Wels–Passau vorerst nur bis Haiding zweigleisig ausgebaut (1904/05), ab Haiding bis Passau erst am Vorabend des zweiten Weltkrieges, 1938. Und das, obwohl man schon bei der Grundeinlöse auf eine Zweigleisigkeit Bedacht genommen hatte.
In den Anfängen des Ausbaues des Verkehrswesens kommt es – angesichts der unterschiedlichen privaten und lokalen Interessen – vorerst noch zu einem unerfreulichen Nebeneinander. Während Probefahrten mit der ersten Lokomotive „Linz" dazu führen, auf der Strecke nach Budweis vorerst den Pferdezugbetrieb zu belassen – hier wäre ein umfangreicher Umbau der Trasse notwendig gewesen – wird 1855 der Lokomotivbetrieb auf der Strecke Linz–Gmunden aufgenommen, zunächst bis Lambach und ab 1856 bis Gmunden. Zu spät hatte man eine Verlängerung der Strecke nach Salzburg ins Auge gefaßt. Die neu aufstrebende Westbahngesellschaft macht aber nicht nur das Rennen des Bahnbaues nach Salzburg; 1857 geht die

Bahnanlage Budweis–Linz–Gmunden an diese Westbahngesellschaft über, was gleichzeitig die Auflösung der Ersten Eisenbahngesellschaft bedeutet. Diese muß noch vor Ablauf der Konzession, bei völlig neuen Trassen, zwischen 1870 und 1872 die mit Lokomotiven betriebene Strecke St. Valentin–Gaisbach–Wartberg–Budweis errichten, im darauffolgenden Jahr die Anschlußstrecke Gaisbach–Wartberg–Linz. Die Pfeiler der Donaubrücke werden angesichts der hochfliegenden Pläne dieser zweiten „Nordbahn" für zwei Geleise errichtet, wie auch noch um 1900 erwogen wird, die ganze Strecke zweigleisig auszubauen. Die Pläne der Kaiser-Ferdinand-Nordbahn, ihren Stockerauer Flügel nach Westen bis Passau, also nördlich der Donau, weiterzuführen, wird durch die Westbahn illusorisch. 1859/60 wird die Schmalspurbahn Linz–Lambach abgetragen, die Strecke Lambach-Gmunden bleibt als erste Zweiglinie der neuen Westbahn erhalten; sie wird 1909 eine Normalspurbahn.

Durch den Bau der Westbahn, 1860, also am Ende der neoabsolutistischen Ära und am Vorabend der „konstitutionellen Zeit", werden Linz und Oberösterreich wieder eng an den österreichischen Blutkreis einbezogen. Es beginnt jetzt allerdings eine Planung, die auf Wiener Reißbrettern entsteht; Gesamtinteressen der Monarchie stehen im Vordergrund, weniger die des oberösterreichischen Raumes. Das sieht man schon bei der Trasse St. Valentin–Freistadt, die weit von Linz entfernt verläuft.

Auch die k. k. priv. Kronprinz-Rudolf-Bahn führt 1872 ihre Trasse von St. Valentin nach Kleinreifling, Hieflau und Selzthal in der Steiermark und nach Villach (anschließend folgt noch die Verbindungsstrecke Kleinreifling–Amstetten). Diese Strecke wird später als große Nord-Süd-Transversale gefeiert, mit der man tatsächlich am raschesten von Prag über Budweis, St. Valentin und Steyr nach Graz und an die österreichischen Adriahäfen gekommen wäre. Die Fehlrechnung aber besteht darin, daß die Bahn durch das dürftig besiedelte Mühlviertel, dann durch die niederösterreichisch-oberösterreichischen Grenzbereiche führt, die großen und wachsenden Zentren Linz, Wels und Salzburg ausgespart werden und so auch in der Monarchie nie die hochgesteckten Erwartungen erfüllt, erst recht nicht nach 1918, sie fällt dann in den Status einer Lokalbahn zurück.

Für Oberösterreich gewinnt der zweite Teil der Planung der Kronprinz-Rudolf-Bahn eine größere Bedeutung: die Strecke von Stainach-Irdning über Bad Aussee und dann die oberösterreichische Strecke Hallstatt–Bad Ischl–Gmunden–Attnang/Puchheim (1875 bis 1878). Frühere Planungen hatten vor allem den Transport von Kohle aus Wolfsegg-Traunthal zu den Salinen des Salzkammergutes im Auge. Übrigens war noch 1868 eine Pferdeeisenbahn Ischl–Gmunden „nach amerikanischem System"[6], aber auch

eine Bahn Ischl–Ebensee mit Anschluß nach Gmunden mittels Motorboot vorgeschlagen worden. Mit der Fortsetzung dieser neuen Strecke von Attnang-Puchheim nach Ried und Schärding verknüpft man neuerlich hochfliegende Pläne. Man träumt von der kürzesten Verbindung von Deutschland über Graz und Villach ins österreichische Küstenland, also in den Raum Grado–Triest–Pola – ein Traum, der gleichfalls nicht in Erfüllung geht. So sind es eigentlich nur die ersten beiden Strecken, die gebaut werden, die Westbahn und die Abzweigung nach Passau, die auch im Verlauf der nächsten hundert Jahre die wichtigen Schnellzugsstrecken bleiben. Fast alle anderen Strecken bleiben Bahnlinien von lokaler Bedeutung.
Die schon 1871 errichtete Bahnlinie Neumarkt-Kallham nach Ried und Braunau (Sitz der Privatbahn: Ried[7]) bindet das Innviertel, knapp hundert Jahre nach der Eingliederung an Österreich, enger, aber umständlich genug, an die Landeshauptstadt Linz. Die Tatsache, daß es sich hier um die kürzeste Strecke München–Wien handelt (um 65 km kürzer als über Salzburg), gewinnt nie Bedeutung. Immerhin führt diese Tatsache dazu, daß die Westbahn die Anteile dieser Bahn sofort nach ihrer Fertigstellung, 1870, erwirbt. Die 1878 errichtete Strecke Braunau–Mattighofen–Steindorf erleichtert nur die Verbindung des Braunauer Raumes an Salzburg. Ursprünglich war von Steindorf eine Weiterführung nach Bruck an der Mur in die Steiermark geplant.
Rund zwanzig Jahre nach dem Bau der Westbahn, ab 1880, setzt so richtig der Bau der Lokalbahnen ein, die gewiß manche benachteiligten Gebiete erschließen, die aber später Sorgenkinder werden, von der Auflassung bedroht sind und teilweise tatsächlich aufgelassen werden.
Die wichtigste dieser Bahnen wird die Kremstalbahn, deren erster bis Kremsmünster reichender Teil 1881 gebaut wird; die Fortsetzung nach Micheldorf erfolgt 1883, die nach Klaus/Steyrling 1888, die Abzweigung von Kremsmünster nach Bad Hall 1887. Der Anschluß ans steirische Selzthal, die Pyhrnbahn, wird erst 1906 gebaut[8]. Das ist die wichtigste Teilstrecke, die noch vor dem Ende der Monarchie realisiert wird. Gerade diese Linie Linz–Kremsmünster–Selzthal–Graz gewinnt wider Erwarten weit größere Bedeutung als die ursprünglich so gefeierte Kronprinz-Rudolf-Bahn mit St. Valentin als Abzweigung. Linz als Ausgangspunkt dieser Strecke wird ausschlaggebend, weit mehr als der ursprüngliche Plan, die notleidende Industrie des Kremstales zu fördern. Dafür aber kommt immer mehr der Industrieraum von Steyr ins „Abseits", der trotz mancherlei Plänen (etwa einer Verlängerung der inzwischen eingestellten Bahn Linz–St. Florian nach Steyr) nur auf dem Umweg über das niederösterreichische St. Valentin die nahegelegene Landeshauptstadt Linz erreicht.

Die Rivalität zwischen Linz und Wels wird gerade beim Bahnbau immer wieder sichtbar; dabei handelt es sich um einen Familienstreit innerhalb liberaler Politiker, die bis zur Mitte der achtziger Jahre in der Landespolitik und bis zum Ende der Habsburgermonarchie in der Linzer und Welser Kommunalpolitik führend sind. Aber abgesehen von der in Wels (und nicht in Linz) abzweigenden Strecke nach Passau – an sich nur eine Sparmaßnahme – bleiben die „Welser Lokalbahnen", die nach Aschach (1886), nach Sattledt und Rohr (1893) und nach Grünau (1901) wirklich nur Lokalbahnen, verstärken allerdings die Bedeutung von Wels als überregionalem Einkaufszentrum[9].

Nach der Kremstal- und Pyhrnbahn wird in diesem zweiten Abschnitt des Eisenbahnbaues zwischen 1880 und dem Beginn des ersten Weltkrieges die Mühlkreisbahn von Urfahr nach Aigen-Schlägl nach langem Tauziehen und mehrfachen Umtrassierungen das zweitwichtigste Eisenbahnprojekt. Das Mühlviertel mit der ersten Schienenbahn Österreichs war inzwischen zum Stiefkind geworden; angesichts der fehlenden Fortsetzung der neuen Bahn nach Südböhmen oder Ostbayern bleibt auch diese Bahn kaum mehr als eine bedeutende Lokalbahn[10].

Eine dritte Strecke für das Mühlviertel wird, in bescheidenen Grenzen, von überregionaler Bedeutung: Die Abzweigung der Bahn Mauthausen–Grein von der Strecke St. Valentin–Freistadt und ihre Einbindung in die Donauuferbahn[11].

Alle weiteren Bahnen dieses Zeitabschnittes sind kleine Lokalbahnen von engbegrenztem Lokalinteresse, wie etwa die Steyrtalbahn, die Salzkammergut-Lokalbahn, die Lambacher Lokalbahn von Lambach nach Haag am Hausruck, die kleine Bahn von Unterach am Attersee nach See am Mondsee, die Bahn Gmunden–Vorchdorf, die von Vöcklamarkt zum Attersee und die Bahn Ebelsberg–St. Florian. Lediglich die Strecke Neumarkt–Waizenkirchen–Peuerbach und die von Linz nach Eferding und Waizenkirchen erreicht eine größere Bedeutung.

Bei all diesen Bahnen wirken sich weniger die Erstellungskosten aus als anschließend die Erhaltungskosten. Eine Reihe dieser Bahnen wird deshalb nach Ende des zweiten Weltkrieges trotz mancherlei Proteste stillgelegt. Wichtiger als der Bau dieser kleinen Lokalbahnen, die schon bald nach dem Ende des ersten Weltkrieges in einen scharfen Konkurrenzkampf mit den neuerrichteten Autobuslinien treten, wird die Tatsache, daß eine ganze Reihe dieser privaten Kleinbahnen, eine Gesetzeslücke geschickt ausnützend, schon frühzeitig elektrifiziert werden – weit vor der Hauptverkehrsader der Westbahn. So wird die Bahn Linz–Eferding–Waizenkirchen schon

Förderung durch Steuerprivilegien

1912 als elektrisch betriebene Bahn gebaut, ebenso im selben Jahr die Bahn Ebelsberg–St. Florian, dann die Bahn Vöcklamarkt–Attersee (1913)[12]. Die letzten Bahnbauten Oberösterreichs werden 1912 und 1913, unmittelbar vor Beginn des ersten Weltkrieges, abgeschlossen. Die Motorisierung hatte zwar schon eingesetzt, das Auto ist aber noch extravaganter Luxusgegenstand einiger weniger. Es beginnt erst, durch den Einsatz der ersten Autobusse im Jahr 1907, Schritt für Schritt auch Massenverkehrsmittel zu werden[13].

Die von Anbeginn an schwierige finanzielle Lage der Kronprinz-Rudolf-Bahn, die ihre Strecken knapp vor und nach dem Börsenkrach gebaut hatte, führt dazu, daß sie vorerst einmal die Staatsgarantie sehr weitgehend ausschöpfen muß. 1879 muß dann das Handelsministerium die sogenannte „Sequestration" anordnen. Die Strecken dieser Gesellschaft sind somit die ersten, die in die Staatsverwaltung überführt werden. Das ist nicht ganz unverständlich, denn die technisch schwierigste und damit auch teuerste Strecke im oberösterreichischen Bereich kann trotz eines zunehmenden Fremdenverkehrs nie die Frequenz der Hauptstrecken der Westbahn erreichen.

Die staatliche Förderung des Eisenbahnbaues war je nach Bedeutung der Projekte sehr unterschiedlich erfolgt; die gewährten steuerlichen Privilegien erstreckten sich auf einen Zeitraum zwischen 25 und 90 Jahren.

Der Börsenkrach von 1873 macht fast sämtliche Gesellschaften notleidend. 1876 etwa erreicht die Garantieschuld der Privatbahnen an den Staat einen Betrag von rund 100 Millionen Gulden. Im oberösterreichischen Landtag hatte schon vor dem Börsenkrach, 1871, der Abgeordnete Holenia davor gewarnt, die „Steuerkraft des Landes für Privatunternehmen", also für Bahnen, einzusetzen[14]. Gleichzeitig aber zwingt die Not der Bevölkerung die Regierung, den Bahnbau fortzusetzen, jetzt aber selbst den Bau von Bahnen in die Hand zu nehmen. Nach dem Sequestrationsgesetz von 1877, das die Geschäftsführung notleidender Bahnen durch den Staat vorsieht, kommt es aber auch zum Kauf notleidender Betriebe – erstmals 1877, ebenfalls in Oberösterreich, bei der Braunau–Seewalchener Bahn vorexerziert. Diese drei Formen einer Verstaatlichung erreichen schon 1881 einen Höhepunkt, als die Kaiserin-Elisabeth-Westbahn vom Staat übernommen wird. Ab 1882 beginnt der Betrieb einer österreichischen Staatsbahn; für die oberösterreichischen Strecken werden drei k. k. Oberbahnbetriebsämter in Linz, Steyr und Salzburg errichtet; gleichzeitig wird die Betriebsdirektion der ehemaligen Kronprinz-Rudolf-Bahn in Steyr – die Generaldirektion war in Wien – aufgelöst. Im Rahmen des weiteren Ausbaues wird Linz am

Geplante Lokalbahnen in Oberösterreich, 1890 bis 1930

———— Bestehende Bahnlinien 1913

·················· Geplante Linien

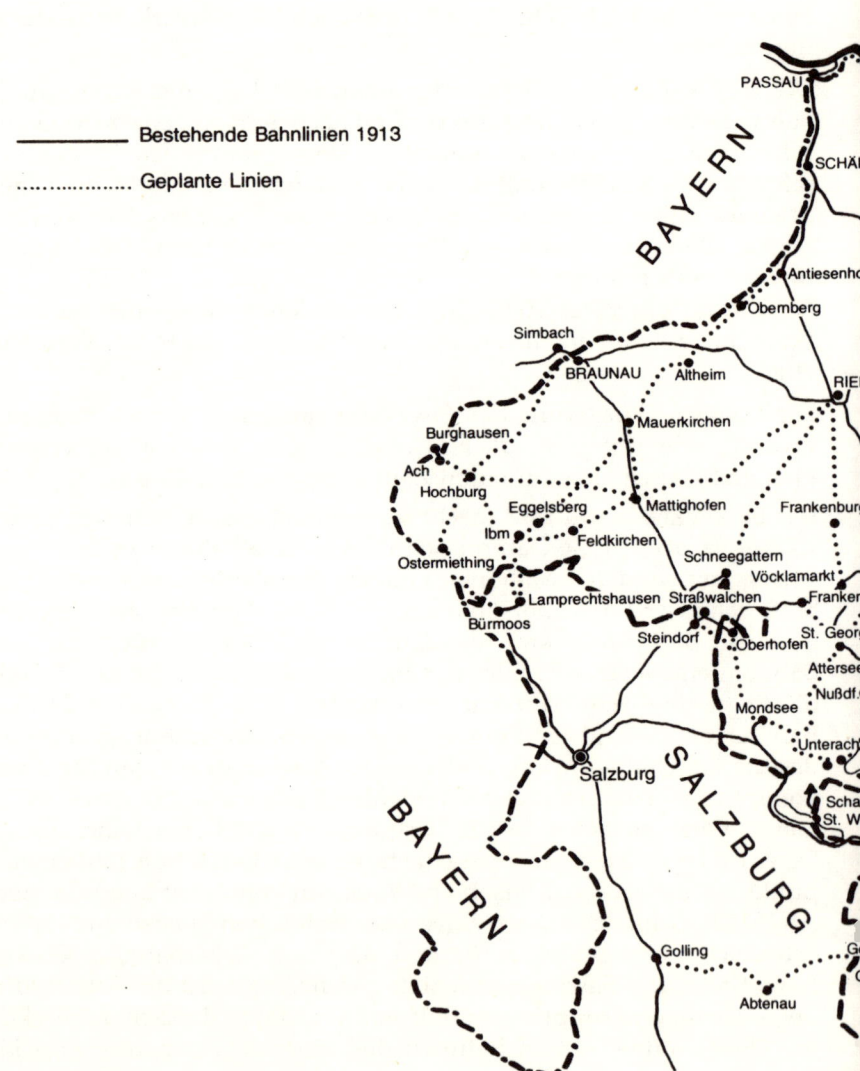

Sekundärbahnen, Vicinalbahnen, Bahnprojekte

1. August 1884 Sitz der k. k. Eisenbahnbetriebsdirektion, die Oberbetriebsämter Steyr und Salzburg werden aufgelassen.

Aber auch nach Realisierung der letzten Kleinprojekte, nach Sequestration, Übernahme und Kauf durch den Staat, ist der Eisenbahn-Enthusiasmus keineswegs gestillt. Nicht weniger als 25 Projekte weiterer Eisenbahnstrecken liegen in den Schubladen von Politikern und Technikern, werden allerdings nicht mehr realisiert.

Eine Fortsetzung der Mühlkreisbahn von Aigen-Schlägl nach Oepping und Wegscheid in Bayern hätte den Anschluß an die Bahn Passau–Wegscheid gebracht; ein Weiterbau nach Stuben in Südböhmen den Anschluß an die südböhmische Bahn Salnau–Krumau. Bei Weiterbestehen der Monarchie oder zumindest bei unkomplizierten Grenzverhältnissen wären hier zwar keine wichtigen Verkehrslinien, aber immerhin Lokalbahnen von überregionaler Bedeutung entstanden. Von kleiner lokaler Bedeutung wären die geplanten Strecken Aigen–Schwarzenberg–Kollerschlag, Rohrbach–Obermühl und Neufelden–Lembach–Hofkirchen–Eilmannsberg – jeweils Strecken zwischen 17 und 31 Kilometern – gewesen.

Man plant aber auch Querverbindungen vom oberen Mühlviertel zur Eferdinger Lokalbahn, so die Verbindung von Neufelden über Untermühl nach Aschach; eine von Rohrbach über Obermühl nach Aschach (mit dem Bau einer Eisenbahnbrücke über die Donau bei Aschach); dann eine Trasse von Aschach nach Lacken. Angeregt wird eine Seitentrasse der Mühlkreisbahn durch das Rodltal von Rottenegg nach Neufelden. Und noch nach Ende des ersten Weltkrieges setzt man sich für eine Linie Neufelden–Lembach–Hofkirchen–Oberkappel mit der Nebenlinie Obermühl–Rohrbach–Sarleinsbach–Putzleinsdorf–Lembach ein.

Nicht ganz so verwirrend sind die Pläne im mittleren Mühlviertel: von Freistadt sollte eine Trasse nach Osten, nach Niederösterreich, über Harrachstal nach Gmünd (in einer Variante nach Weitra) führen; von Freistadt nach Westen hätte eine Eisenbahnlinie nach Bad Leonfelden und weiter nach Haslach führen sollen. Aber neben Freistadt wäre auch Leonfelden – das bis heute ohne Bahnanschluß blieb – so etwas wie ein Eisenbahnknotenpunkt geworden: durch die geplante Strecke Haslach–Leonfelden–Freistadt in west-östlicher Richtung, aber auch durch eine von Süden nach Norden führende Trasse. So plant man eine Bahn Urfahr–Leonfelden–Hohenfurth (in Südböhmen)–Krumau. Eine andere Variante hätte von Steyregg über Gallneukirchen nach Leonfelden und Hohenfurth geführt. Weitere Planungen

Pläne und Träume 327

hätten die Strecken Urfahr–Leonfelden mit einer Abzweigung nach Gallneukirchen, Urfahr–Gallneukirchen–Pregarten, Urfahr–Gallneukirchen–Altenberg–Leonfelden gebracht. Insbesondere aber will man anstelle eines knapp nach 1900 zur Diskussion stehenden zweiten Geleises der Strecke Linz–Budweis als Hauptbahn erster Ordnung die Strecke Linz–Leonfelden–Krumau bauen.

Im östlichen Mühlviertel plant man eine Strecke von Gaisbach nach Zwettl in Niederösterreich und Znaim in Südmähren. Die großräumigste Planung in diesem Bereich ist die Strecke Linz–Brünn (in Mähren) über Königswiesen[15]. Planungen werden für die Strecken Pregarten–Unterweißenbach–Langenschlag (Niederösterreich), für Grein–Kreuzen–Königswiesen–Groß-Gerungs (Niederösterreich), aber auch Pregarten–Unterweißenbach–Königswiesen–Groß-Gerungs (Niederösterreich) mit Anschluß in Königswiesen an eine Flügelbahn nach Grein erstellt.

Im Hausruckviertel gibt es Pläne für eine Strecke Linz–Wilhering–Eferding; für die Fortsetzung der Bahn von Aschach nach Schlögen, Wesenufer–Engelhartszell und Passau (Donautalbahn); für eine kleine Strecke von Haag am Hausruck nach Pram-Hag zum Anschluß an die Linie Neumarkt-Kallham–Ried–Braunau–Simbach; für die Fortsetzung der Neumarkt-Peuerbacher Bahn von Peuerbach nach Neukirchen am Walde und nach Engelhartszell mit Anschluß an die geplante Donautalbahn; für eine Strecke von Frankenmarkt nach St. Georgen im Attergau; eine Strecke von Grieskirchen nach Gallspach und weiter nach Gaspoltshofen und hier Anschluß an die Lokalbahn Lambach–Haag am Hausruck.

Umfassend sind auch die Planungen im Traunviertel samt Salzkammergut. Nur die wichtigsten können herausgegriffen werden: eine Atterseeuferbahn von Timelkam nach St. Georgen im Attergau, Unterach und Mondsee; von Mondsee wären Strecken nach Steindorf, nach Oberhofen (mit Anschluß an die Westbahnstrecke) und neben der Atterseeuferbahn eine direkte nach St. Georgen geführt worden. Eine Bahn hätte von Kammer nach Gmunden und weiter nach Scharnstein, Steinbach am Ziehberg und Obermicheldorf geführt. Neben der Atterseeuferbahn ist eine zweite am Ostufer von Kammer nach Weyregg und Weißenbach, eine von Weyregg nach Gmunden, schließlich eine Strecke von Weißenbach über Mitterweißenbach nach Ischl vorgesehen. Eine Reihe kleinerer Strecken ist im Raum zwischen Vorchdorf und Micheldorf geplant, eine Strecke von Windischgarsten nach Hinterstoder, eine Strecke von Steeg am Hallstätter See über

Gosau nach Abtenau (im Land Salzburg), schließlich eine Verlängerung der
Bahn Ebelsberg–St. Florian nach Steyr.

Die zahlreichen Projekte für das Innviertel beziehen sich vor allem auf den
Raum südlich von Ried und Braunau. Drei hätten Ried als Ausgangspunkt
gehabt: Ried–Frankenburg–Vöcklamarkt, Ried–Schneegattern und Ried–
Mattighofen; von Braunau aus ist eine Bahn nach Hochburg vorgesehen
gewesen, dann aber im Raum zwischen Burghausen–Ostermiething, Bürmoos (im Land Salzburg) und Mattighofen zahlreiche kleinere Strecken.
Die längste Strecke hätte von Lamprechtshausen nach Mauerkirchen, Altheim, Obernberg und Antiesenhofen geführt und hätte hier Anschluß an
die Bahn Attnang-Puchheim–Ried–Schärding gehabt.

Insgesamt sind es 83 Lokal-, Neben- und Flügelbahnen, die in den letzten 28
Jahren der Monarchie und den ersten zwölf Jahren der Republik in Oberösterreich geplant und projektiert werden; oft geht es vorwiegend um den
Ehrgeiz einzelner Bürgermeister und Städte – die Landeshauptstadt Linz
eingeschlossen – zurück, oft sind damit schon Landtag und Ministerium befaßt. Maßgebend ist natürlich auch der Ehrgeiz und das geschäftliche Interesse einzelner Wirtschaftstreibender und Techniker. Meist liegen auch
schon fertige technische Projekte vor. Normalspurige Bahnen werden
ebenso geplant wie Schmalspurbahnen, Dampfbetrieb wie elektrischer Betrieb. Die scheinbar verwirrende Vielfalt von Streckenbauten und Projekten
muß aber aus einer Zeit heraus verstanden werden, in der die Menschen
mehr als bisher gezwungen sind, zu reisen; gewiß ist auch der beginnende
Fremdenverkehr neben dem lokalen Bedürfnis für viele der Planungen ausschlaggebend. Es ist aber vor allem eine Zeit, in der man sich einfach nicht
vorstellen kann, daß das Auto im Massenverkehr eine Rolle spielen könnte
– dies auch angesichts des bescheidenen Ausbauzustandes der Straßen und
der schon fast bedeutungslos gewordenen Flußschiffahrt.

Anders als in den nördlichen, östlichen und südlichen Grenzländern der
Monarchie, wo strategische Erwägungen beim Eisenbahnbau immer eine
große, oft ausschlaggebende Rolle spielen, ist dies in Oberösterreich nur am
Rand der Fall (etwa im Zusammenhang mit einer Mobilisierung), auch
wenn der Ausbau der Hauptstrecken in die Jahre vor 1866 fällt.

In die anfänglich erfreuliche Vielfalt von Privatinitiativen beim Eisenbahnbau, in den sich allerdings auch bald sich stark überschneidende private
und lokale Interessen mengen, bringt dann die Übernahme vorerst der

Vereinheitlichung ab 1898 329

wichtigsten Strecken durch den Staat, die Errichtung einer Staatseisenbahnverwaltung und schließlich die 1898 erfolgte Errichtung einer Staatsbahndirektion Linz eine gewisse Einheitlichkeit. Die wichtigen Staatsbahnen der Monarchie in Böhmen, Mähren und Galizien, so die Nordwestbahn oder die böhmische Nordbahn, werden erst wesentlich später, ab 1907, verstaatlicht. In Oberösterreich ist die Kremstalbahn seit 1902 ein Staatsbetrieb und seit 1906 in Staatseigentum, zwischen 1900 und 1907 werden noch die Mühlkreisbahn, die Welser Lokalbahn und die Lokalbahn Vöcklabruck–Kammer übernommen. Es kommt aber auch vor, daß anfänglich vom Staat betriebene Strecken nach der Elektrifizierung wieder von der Privatgesellschaft übernommen werden, wie die Strecke Neumarkt–Peuerbach–Waizenkirchen (ab 1912) und Linz–Eferding–Waizenkirchen (ab 1913).

Und wie leben die Menschen?

Wie leben die Menschen in dieser Schlußphase der Habsburgermonarchie? Vergleiche mit heute sind schwer oder kaum möglich. Denn es gilt nicht nur, die Löhne mit den Lebensmittelpreisen zu vergleichen. Man kann nur sehr schwer die nur bruchstückweise erhaltenen Angaben über die Preise der Wohnungen, das ganz andere Steuersystem, die Tatsache, daß die Bevölkerung für ihr Alter und für viele andere Dinge im sozialen und gesundheitlichen Bereich selbst vorsorgen muß, für Teilbereiche, die Schulgelder für die Kinder u. a. einbeziehen.

Obwohl also Vergleiche zur Gegenwart schwierig, vermutlich unmöglich sind, muß trotzdem die Frage gestellt werden: wie lebten die Menschen vor dem Jahr 1918? Zweifellos sind die Unterschiede zwischen Armen und Reichen wesentlich größer; der Spitzenverdiener im öffentlichen Bereich, damals der kaiserliche Statthalter, verdient knapp vor Ausbruch des ersten Weltkrieges das Fünfzigfache eines Arbeiters. Die Gehälter der Fabriksbesitzer der Jahre vor 1918 sind zweifellos noch höher als die des Statthalters, aber nicht rekonstruierbar. Man kann in diesen letzten Jahren der Monarchie aber viel rascher als heute reich werden. Beispiel dafür ist etwa der oberösterreichische liberale Politiker Dr. Carl Beurle, der bei seiner Hochzeit noch von seinem väterlichen Freund Ritter von Schönerer finanziell unterstützt werden muß, zwanzig Jahre später aber sicher zu den wohlhabendsten Männern Oberösterreichs zählt[1].

Was verdient ein Arbeiter? In den beiden Jahrzehnten zwischen 1870 und 1890 im Durchschnitt vier bis sechs Gulden wöchentlich, zwischen 16 und 25 Gulden monatlich. Für 1890 liegen bereits sehr genaue Lohnunterlagen vor, getrennt nach Berufen, nach Frau und Mann. Niedrigste Entlohnungen in der Textilindustrie für weibliche Putzereiarbeiterinnen, Steckerinnen, weibliche Andreher, Verspinnerinnen oder Hasplerinnen, Aufstecker und Zwirner, 3 bis 4.50 Gulden je Woche, ihre männlichen Kollegen, dann die Taglöhner und Packer zwischen 4.50 und 8 Gulden, Professionisten zwischen 6 und 14 Gulden. In den Webereien verdienen die Werkmeister zwischen 9 und 18 Gulden, rund das Doppelte wie Arbeiter in diesen Betrieben und fast das Dreifache wie weibliche Arbeitskräfte. Im Salzbergbau kommen die Arbeiter bis höchstens einen Gulden täglich, der Lohn der Aufseher schwankt je Woche zwischen 28 und 52 Gulden. Nicht schlecht bezahlt sind die Arbeiter in der Papierindustrie; sie erreichen hier bis zu zehn Gulden in der Woche, im Akkord bis zu zwölf Gulden.

In der Messerindustrie schwankt der Lohn zwischen 6 und 14 Gulden. Spitzenlöhne zahlt das graphische Gewerbe für die Intelligenzberufe jener Jahre, etwa 12 bis 17 Gulden für Maschinenmeister, 15 Gulden für einen Stereotypeur, 10 bis 14 Gulden für einen Setzer[2].
In einer Zeit ohne Familien- oder Kinderbeihilfen ist allerdings der Unterschied gewaltig, ob der Lohn für eine Person oder einen fünfköpfigen Haushalt langen soll.
1900 machen christlichsoziale Arbeiter auf die Not der ärarischen Forstarbeiter aufmerksam. Bei durchschnittlich 24 Arbeitsschichten im Monat verdiene ein Forstarbeiter im oberösterreichischen Ennstal 20 Gulden und 40 Kreuzer. Nach Abzügen für Wohnungs- und Grundzins, für Beheizung und Krankenkassenbeiträge verblieben 17 Gulden. Hat ein Holzarbeiter drei Kinder und somit für fünf Personen zu sorgen, so stünden je Tag 56 Kreuzer oder je Person elf Kreuzer zur Verfügung – für Lebensmittel, aber auch für Bekleidung und Schuhe. Niemand aber könne, erklären die Abgeordneten, für zehn Kreuzer am Tag leben. Mit seinem Einkommen kann der Forstarbeiter je Tag entweder drei Kilogramm Roggenmehl, 3/4 kg Schweinefleisch, 1 1/2 kg Zucker oder drei Liter Bier kaufen.
Akkordarbeiter hätten es auch nicht leichter, sie hätten vielfach täglich 18 Stunden zu arbeiten, im Winter vielfach noch bei Mondlicht. Schließlich wird durch Ackerbauminister Giovanelli der Lohn je Schicht um einen Gulden erhöht, so daß der Monatsverdienst von 20 auf 24 Gulden ansteigt[3]. Mit der schrittweisen Lohnerhöhung fällt der ursprüngliche kostenlose Holzbezug, daneben der Bezug verbilligter Lebensmittel (Korn, Schmalz) weg; später können die Arbeiter Holz zum halben Tarifpreis erwerben. An Nebenleistungen verblieben nur noch ärztliche Betreuung und Medikamentenbezug.
Zwischen 1892 und 1900 wird von Gulden auf Kronen und von Kreuzer auf Heller übergegangen. Einem Gulden entsprachen zwei Kronen, einem Kreuzer zwei Heller.
Für die Entlohnung der Landarbeiter, deren Zahl bis zum Ende der Monarchie weit bedeutender ist als die der Industriearbeiter, liegen uns Lohnschemen der Landesackerbauschule Ritzlhof vor, die sicher Durchschnittsentlohnungen darstellen. Es wird Bauern gegeben haben, die besser, und solche, die schlechter entlohnt haben. Hier ist der Lohnunterschied zwischen Frauen und Männern weit bescheidener, oft gar nicht sichtbar.
An der unteren Skala liegt etwa im Jahr 1903 der Käsergehilfe (mit 144 Kronen), der Ochsenknecht (160 Kronen), oder der Sattlergehilfe (182 Kronen). Eine Küchenmagd kommt auf eine Entlohnung zwischen 182 und 208 Kronen, die Schweinemagd auf 216 und die Melkerin auf 218 Kronen. Ähnlich

entlohnt werden Pferdeknechte (200 bis 220 Kronen). Für einen Käser sind als Entlohnung 288 Kronen, für eine Köchin 312, für den Gärtner 360 und für ein Melkerehepaar 460 Kronen vorgesehen. Vergleichsweise sehr gut schneidet nach diesem Schema der Direktor der Anstalt mit 3600 Kronen plus 240 Kronen Aktivitätszulage und 100 Kronen Reisepauschale ab[4].
Zu berücksichtigen ist, daß im ländlichen Bereich, und zwar in der Landwirtschaft wie im Gewerbe, im Durchschnitt Quartier und Kost vom Arbeitgeber gestellt wird.
Wie sieht es mit der Entlohnung der Intelligenzberufe aus? Auch hier setzt sich erst schrittweise eine verhältnismäßig einheitliche Entlohnung durch. Die Bezahlung der Lehrer erfolgt vorerst nach der Bevölkerungsgröße der Schulgemeinde. Lehrer in Schulgemeinden bis zu 2000 Köpfen erhalten 600 Gulden je Jahr, in Gemeinden bis zu 4000 Einwohnern 700 Gulden. Die dritte und höchste Gehaltsklasse entfällt auf Gemeinden mit mehr als 4000 Seelen. Hier erhalten die Lehrer 800 Gulden. Die Spanne zwischen den Gehältern erster und dritter Klasse macht rund 33 Prozent aus. Eine Gesamtübersicht sieht aber tragischer aus. In der niedersten Gehaltsstufe befinden sich 359 Lehrer, in der zweiten 89 und in der dritten und höchsten Stufe 20 Lehrer. Das ist im Jahr 1875 ausschließlich Linz, das nur über 20 Lehrer verfügt. Mit Recht verweist man darauf, daß ,,die Kostspieligkeit des Aufenthaltes" fast überall gleich sei und daß andere Länder zum Teil wesentlich mehr bezahlen, die Steiermark bis zu 1280 Gulden. Auch die fünfjährige Vorrückung um fünf Gulden wird kritisiert. Nicht ungünstig stehen die Schulleiter mit einer Zulage von 100 Gulden[5]. Immerhin: die Holzarbeiter des Salzkammergutes mit einem Jahreslohn von 240 Gulden verdienen nur ein Drittel von dem der Lehrer.
Ab der Jahrhundertwende setzt sich dann eine relativ einheitliche Entlohnung nach folgendem Schema durch: Handarbeitslehrerin: 800 Kronen, Ausbildungslehrer: 1200 bis 1400 Kronen, Fachlehrer und Religionslehrer: 1600 bis 1800 Kronen, schließlich Bürgerschuldirektoren: 2200 Kronen. Der Gehaltsunterschied zwischen Lehrerin und Lehrer wird auch damals schon bekämpft. So verdient ein weiblicher Lehrer zweiter Klasse jährlich 1100 Kronen, ein männlicher 1200 Kronen[4].
Was verdienen die Spitzenverdiener im öffentlichen Dienst, die Richter und die Offiziere?
An der Spitze steht in Oberösterreich der kaiserliche Statthalter, nach Ministerpräsidenten und Ministern steht er in der Rangklasse III mit einem Jahresgehalt von 16.000 bis 18.000 Kronen (Ministerpräsident 23.000, Minister 20.000). Ins Gewicht fällt allerdings die Funktionszulage, die von Kronland zu Kronland unterschiedlich ist. So ist etwa die Funktionszulage des Statt-

halters von Böhmen mit 26.000 Kronen höher als die eines österreichischen Ministers, bei denen die Funktionszulage gleich hoch ist wie das Gehalt. Übrigens ist die Funktionszulage des niederösterreichischen und des oberösterreichischen Statthalters mit jeweils 14.000 Kronen die niedrigste aller Länder. Als also der letzte oberösterreichische Statthalter, Erasmus von Handel, vom Küstenland nach Oberösterreich versetzt wird, so bleibt sein Gehalt wohl gleich, seine Funktionszulage macht aber nur noch 14.000 statt 20.000 Kronen aus. Die Gehälter der Statthaltereibeamten sinken dann in starkem Gefälle von 17.500 (Statthalterei-Vizepräsident, IV. Gehaltsstufe) bis zu 1600 Kronen für Aspiranten und Askultanten. Die Vizepräsidenten der Statthalterei erhalten übrigens noch eine Funktionszulage in Höhe von 6000 Gulden[5].
Das Gehaltsschema der Beamten der autonomen Landesverwaltung reicht vom Oberlandesrat (6400 Kronen plus 960 Kronen Aktivitätszulage) zum Torhüter (1200 Kronen plus 400 Kronen) bis zum Portier bzw. zum provisorischen Amtsdiener mit 800 Kronen[4].
Auch die Gehälter der Offiziere sind verhältnismäßig hoch. Ein Feldmarschall erhält das Gehalt des Ministerpräsidenten. Der Linzer Gruppendivisions- und Militärstationskommandant Erzherzog Josef Ferdinand hat die Funktion eines Feldmarschalleutnants, das ist die IV. Rangklasse mit einer jährlichen Gage von 14.000 Kronen. Er ist demnach finanziell ungünstiger eingestuft als der Vizepräsident der Statthalterei. Auch beim Militär ist das Gehaltsgefälle merklich: Generalmajor 11.000, Oberst 7200, Major 4000, Hauptmann 3000, Leutnant 1680, das ist also weniger als der Gehalt eines Askultanten in der Landesverwaltung. Allerdings gibt es auch hier Funktionszulagen, sie schwanken zwischen 240 und 20.000 Kronen[5].
Wir verfügen auch über Hinweise über das Einkommen von Künstlern, die durchaus einen hohen Stand aufweisen. So hat etwa Stifter – vor 1848 – als Privatlehrer in Wien im Durchschnitt weit mehr als etwa der Direktor einer Normalhauptschule verdient, wozu die gewiß schwankenden, teilweise aber recht beträchtlichen Honorare des erst aufstrebenden Dichters zu zählen sind – etwa 2075 Gulden im Jahr 1846, was etwa dem Jahresgehalt eines Inspektors für Mittelschulen in Wien entspricht. Auch die Honorare in Linz als leitender Redakteur der „Amtlichen Linzer Zeitung" und später die als freier Mitarbeiter sind keineswegs bescheiden oder gar dürftig. Anschließend erhält er ja die „relativ hohe Position ohne Formalqualifikation" eines Schulrates und Volksschulinspektors, wozu die steigenden Honorare als Autor kommen[6].
Der oberösterreichische Landeschef (Statthalter) Fischer gewährt dem bedeutenden Mundartdichter Franz Stelzhamer finanzielle Subsidien, der

Landtag schlägt ein entsprechendes Ansuchen von Anton Bruckner vorerst unter Hinweis auf sein Wiener Einkommen aus, gewährt es ihm aber später. Auf Antrag von Diözesanbischof Dr. Doppelbauer wird Bruckner 1890 ein Ehrensold von 400 Gulden jährlich bis an sein Lebensende gewährt[7].
Wir verfügen über genaue Preisangaben der bei den Ausstellungen des Oberösterreichischen Kunstvereins ausgestellten Gemälden und Graphiken[8]; auch wissen wir genau, was in der Schlußphase der Monarchie die Bildhauer für ihre in Oberösterreich geschaffenen Kunstwerke erhalten: Rathausky für sein Linzer Stifter-Denkmal 20.000 Kronen, für sein Kaiserin-Elisabeth-Epitaph am Landhaus 9200 Kronen und Metzner für sein Linzer Stelzhamer-Denkmal die sehr beachtliche Summe von 32.000 Kronen, während das Kultusministerium ursprünglich von einem „unüberschreitbaren Gesamtbetrag" von 24.000 Kronen spricht. Übrigens erhalten auch jene Künstler, die an dem beschränkten Preisausschreiben auf Einladung des Ministeriums teilnehmen und keinen Preis erhalten, durch das Ministerium eine Entschädigung für ihre Projekttätigkeit, die zwischen 400 und 600 Kronen liegt[9].
1876 hatte der Stifter-Obelisk für die Seewand am Plöckenstein 1600 Gulden erfordert, ohne daß man sagen könnte, ob in diesem Plan ein Honorar für den Gestalter, Freiherrn von Ferstel, enthalten ist[10].
In den 57 letzten Jahren der Monarchie gibt es bei den Preisen, insbesondere den Lebensmittelpreisen, ein nur bescheidenes Auf und Ab. Bezeichnend ist vielleicht, daß in dem ganzen Zeitabschnitt der Preis für einen Liter Milch (6 Kreuzer) und der für Rahm (32 Kreuzer) völlig unverändert bleibt. Der Preis für ein Ei schwankt zwischen 2.50 und 3 Kreuzer. Es gibt Lebensmittel, deren Preise sich geringfügig erhöhen, wie etwa Roggen- oder Weizenbrot, es gibt aber auch Lebensmittel, insbesondere importierte, die innerhalb dieses Zeitabschnittes billiger werden (Reis: 1876 30 Kreuzer je Kilogramm, 1900 26.50 Kreuzer). Billiger werden auch Apfelmost, Zucker (44 statt 48 Kreuzer) u. a. Kalbfleisch ist im Durchschnitt billiger als Schweine- oder Rindfleisch.
Aber das Hin und Her der Preise schlägt unterschiedlich aus: Das Fallen der Preise landwirtschaftlicher Produkte nützt der in Oberösterreich sehr kleinen Gruppe von Fabriksarbeitern, es schadet der weit größeren Gruppe der Landarbeiter (und natürlich den Bauern). Die zunehmende Industrialisierung bringt billigere Produkte für Bauern, Landarbeiter und Arbeiter – und schadet der gerade für Oberösterreich respektablen Gruppe der Handwerker.
Wesentlicher als die Zahlen für einzelne Lebensmittel ist eine Zusammenfassung des Konsumvereins der katholischen Arbeiterschaft von Goisern,

die berechnet, daß jedes seiner Mitglieder 1880 im Durchschnitt für 227 Gulden und 60 Kreuzer, 1881 für 236 Gulden und 52 Kreuzer Lebensmittel kauft. Das entspricht einem monatlichen Aufwand allein für Lebensmittel von 18 Gulden und 90 Kreuzer (1880) bzw. 19 Gulden und 72 Kreuzer (1881). Man erkennt also, wie 1900 die Erhöhung der Entlohnung der Holzarbeiter von 20 auf 24 Gulden dringend ist[11].

1887 vertritt der Gewerbeinspektor die Ansicht, daß eine Familie je Tag, je nach Wohnort und Kinderzahl, für Essen und Getränke zwischen 53 und 80 Kreuzer verwenden müsse[2]. Hier erkennt man auch den Wert eines Guldens, der ursprünglich der Tagessatz für einen Reichsratsabgeordneten darstellte. Ursprünglich sind zehn Gulden Jahressteuer Voraussetzung für das Wahlrecht, das entspricht also nur zehn bis zwanzig solcher Arbeiter-Mittagessen, ist also eine alles in allem bescheidene Steuersumme. Später wird als Voraussetzung für die Wahlfähigkeit gar nur fünf Gulden („Fünf-Gulden-Männer") vorgeschrieben.

1890 schwankt die tägliche Arbeitszeit zwischen sieben und zwölf Stunden; normalerweise liegt sie aber bei zehn Stunden. Bis zu zwölf Stunden wird in der Ziegelerzeugung, in der Papierindustrie und Glaserzeugung täglich gearbeitet, ebenso in der Nahrungsmittelindustrie, teilweise auch in der chemischen Industrie. Es geht allerdings nicht nur um die tägliche Arbeitszeit, es geht ebenso um die Zahl der jährlichen Arbeitstage, und die schwankt noch stärker als die der täglichen Arbeitszeit, nämlich zwischen 240 und 360; auch hier im Durchschnitt 300 oder knapp darunter.

Die im Salzbergbau Beschäftigten haben etwa schon 1851 eine 48-Stunden-Woche, die in fünf Tagen absolviert wird. In Trauner Textilfabriken kämpft man noch 1885 um einen zwölfstündigen Arbeitstag. Bei den Bergleuten im Kohlenbergbau dauert eine Schicht zwar 13 Stunden, die reine Arbeitszeit aber elfeinhalb Stunden. In den zwanzig Jahren zwischen 1870 und 1890 ändert sich relativ viel, und schon ab 1884 beträgt die Arbeitszeit in der Eisen- und Metallindustrie durchschnittlich zehn Stunden[12].

Diese Durchschnittszahlen dürfen nicht darüber hinwegtäuschen, daß es zahlreiche Extremfälle, ja Exzesse auf allen Gebieten gibt und daß die vielen Hinweise der Gewerbeinspektoren auf diesem Gebiet natürlich auch in ihrem Interesse liegen, die damit ihre Bedeutung und Unentbehrlichkeit beweisen. So wird etwa die gelegentliche Ausweitung der Arbeit in den Sägewerken auf 16 Stunden gerügt, die Arbeitszeit der Bäckergehilfen auf 17 Stunden oder von Messerern kleinerer Betriebe auf 16 Stunden. Beim Kampf der Kleinmünchner Textilarbeiter von 1885 um der zwölfstündigen Arbeitstag ist allerdings auch das Bemühen älterer Arbeiter sichtbar, anstelle einer Arbeitszeitverkürzung höhere Löhne, bedingt durch höhere Stückzahl, zu erreichen.

All diese Detailzahlen berücksichtigen nur fabriksmäßige Betriebe. Völlig unterschiedlich ist die Situation der Landwirtschaft, wo die Arbeit angesichts des Fehlens oder des Mangels an Maschinen gerade in der Zeit der Heuernte, der Getreide- und Kartoffelernte konzentriert ist, während es auch lange Phasen mit bescheidenem Arbeitsumfang gibt.

Dieser völlig andere Rhythmus gegenüber der Gegenwart ist übrigens in fast allen Bereichen sichtbar. So ist es durchaus nicht ungewöhnlich, daß Beamte auch an Sonntagen ins Büro gehen, während sie an Wochentagen erst gegen zehn Uhr ins Amt kommen. So wird es auch als nichts Besonderes angesehen, daß der österreichische Ministerpräsident Taaffe eine Delegation des Oberösterreichischen Bauernvereins am Neujahrstag, 1. Jänner 1881, empfängt[13].

Anfänge einer betrieblichen Sozialpolitik sind ebenfalls um diese Zeit zu erkennen. So gibt es im oberösterreichischen Kohlenbergbau von Wolfsegg im Jahr 1876 23 Arbeiterhäuser mit 220 Zimmern und 28 „Kammern" für 97 Familien und 15 ledige Arbeiter. Je Familie müssen also zwei bis drei Räume zur Verfügung gestanden sein. Zur Beheizung gibt es „Kleinkohle" kostenlos, für Verheiratete auch einen kleinen Garten in der Größe zwischen 180 und 380 Quadratmetern, insgesamt Kleingärten in einem Ausmaß von 65.056 Quadratmetern. Zu den Wohnungen gehören Bodenkammern, Kellerräume, auch Schweinestall, so daß ein Teil der Bergleute auch kleine Nebenerwerbslandwirte sind.

Thomasroith verfügt über 63 Wohnhäuser mit 379 Zimmern für 292 Verheiratete und 87 ledige Arbeiter, die Wohnsituation ist hier also ungünstiger. Viele Bergarbeiter leben allerdings in sogenannten „Pointhäusern", also in Keuschen, haben allerdings nicht selten bis zu zwei Stück Hornvieh – und stehen damit oft besser als Kleinbauern.

Die Bergarbeiter in den Kohlengruben des Hausrucks erhalten etwa neben ihrem Lohn kostenlose ärztliche Betreuung und Medikamente – damals eine Seltenheit[14].

Die Tageszeitungen sind voll mit Inseraten über freie oder freiwerdende Wohnungen. Man offeriert dabei Wohnungen aller Größen, „ein ganzes Stockwerk, bestehend aus zehn Piecen", dann „Monatszimmer", „möblierte Zimmer", „Gassen-Wohnungen", „Dienstbotenkammer" u. a. Selten werden allerdings Mietpreise angegeben. Einmal finden wir eine Fünfzimmerwohnung im ersten Stock im Stadtzentrum von Linz für 250 Gulden jährlich angeboten, andere Wohnungen zu 100, 160 und 200 Gulden. Für ein möbliertes Zimmer mit „schönster Fernsicht und ruhiger Lage" verlangt

man etwa 80 Gulden – damals der Gegenwert von 20 Litern Tiroler Rotwein. In Wels verlangt man für eine Wohnung am Kaiser-Josef-Platz im dritten Stock mit 3 „Piecen" 130 Gulden, in der Welser Altstadt Wohnungen mit drei, vier und fünf Zimmern 110, 165 und 210 Gulden. Man bietet auch Kaufläden, damals „Gewölbe" genannt, für etwa 180 Gulden an. Auch „Sommerwohnungen" werden gelegentlich angeboten[15].
Für Linz gibt es für 1880 sehr genaue Angaben über die Zahl der Mietwohnungen und der Höhe der Mieten. Von den insgesamt 10.589 Wohnungen entfallen fast zwei Drittel (7296 Wohnungen) auf die Kategorie mit den niedrigsten Mieten bis zu 100 Gulden, also mit einem monatlichen Mietaufwand bis zu acht Gulden. Im übrigen Land, von den Städten abgesehen, zahlt man im Monatsdurchschnitt fünf Gulden für die Miete. 2147 Linzer Wohnungen haben eine Miete zwischen 100 und 200 Gulden, 612 bis zu 300 Gulden, 360 bis zu 500 Gulden, 123 Wohnungen haben eine Jahresmiete bis zu 700 Gulden, 43 zwischen 700 und 1000 und schließlich 28 die Summe von mehr als 1000 Gulden – oder 80 Gulden monatlich – das entspricht allein dem Gehalt eines Lehrers[16].
Auch wenn die Steuern niedrig sind – zur Wahlberechtigung ist anfänglich eine jährliche Steuerleistung von zehn Gulden nötig – gibt es doch oft Beschwerden, die allerdings mehr die Verwendung der Steuern betreffen. 1875 stellt man in Oberösterreich fest, daß nur ein Drittel der erbrachten Steuern im Land verbleibt, zwei Drittel aber anderweitig verwendet werden. „Die Summe, welche der Staat von Oberösterreich durch direkte und indirekte Besteuerung sowie aus dem Post- und Telegraphengefälle erhält, beträgt nach dem Staatsvoranschlag für das Jahr 1875 18,594.913 Gulden. An Staatsmitteln wird jedoch, einschließlich Pensionen, für Oberösterreich nur 6,850.603 Gulden aufgewendet." Der Oberösterreich nicht zugutekommende Überschuß betrage 11,744.310 Gulden. „Diese steuerliche Leistung Oberösterreichs fällt umso mehr ins Gewicht, als das Land zu den kleinen Provinzen des Reiches gehört und eine nicht sehr starke relative Bevölkerung hat." Die durchschnittliche Steuerleistung auf den Kopf der Bevölkerung macht 24 Gulden aus[17].
1878 fallen 80 Prozent aller Steuern dem „Reich" zu. Oberösterreich bringt rund 20 Millionen Gulden Steuern auf, die „Tangente", also jene Summe, die ins Land zurückfließt, wird mit 10,370.000 Gulden angegeben. Auf den Kopf der oberösterreichischen Bevölkerung entfallen 1878 24 Gulden und 33 Groschen. Das entspricht rund 200 kg Weizen oder 300 kg Roggen. Zu den „landesfürstlichen Steuern" kommen die zehnprozentigen Zuschläge des Landes, nämlich 1,4 Millionen Gulden, und eine etwa gleich hohe Gemeindesteuer[18].

Während die Länder einen höheren als zehnprozentigen Zuschlag nur mit Billigung des Kaisers einheben dürfen, hat der Landesausschuß, nicht der Landtag, das Recht, die Höhe der Gemeindesteuern festzulegen. Diese Aufschläge auf die direkten Steuern sind 1880 sehr unterschiedlich. Sie schwanken zwischen 16 Prozent (Kirchberg) und 25 Prozent (Kremsmünster) bis zu 45 Prozent (Unterach), 54 Prozent (Kleinmünchen), ja sogar 89 Prozent (Losenstein, Neustift)[19].

„Steuern" wie „Seelen" spielen bei den verschiedensten Plänen einer Wahlrechtsreform eine Rolle. So spricht man etwa 1878, also in der letzten Legislaturperiode mit liberaler Mehrheit, davon, daß bei den „Rechten" (den Konservativen) im Landtag 22 Abgeordnete 600.000 Seelen und drei Steuermillionen vertreten, die „Linken" (die Liberalen) aber 27 Abgeordnete 102.000 Seelen und 800.000 Steuergulden[20].

Bei den allermeisten Gemeinden spielen aber auch „Verzehrsteuer" und die Mautabgaben eine gewisse Rolle, weniger wegen der Höhe dieser Verzehrsteuer – z. B. 50 Kreuzer je Hektoliter Bier –, sondern weil das Einheben durch die Pächter umständlich und lästig ist[21].

1879 erhebt man die Zahl der Armen in Oberösterreich, um Unterlagen für ein Landesgesetz für die öffentliche Armenpflege zu erhalten. Man stellt dabei fest, daß in Oberösterreich auf 10.000 Einwohner 268 Arme entfallen. In den Industriegemeinden sei der Anteil 3,87 Prozent, in den Landgemeinden 2,17 Prozent. Insgesamt wird die Zahl von 20.000 Armen in Oberösterreich genannt, genau: 19.734. Davon seien allerdings 11.000 dauernd versorgt, 5000 vorübergehend und 2402 in sogenannten „Armenhäusern". 1766 seien „mittels Einlagen versorgt", als sogenannte „Einleger".

Das aus Zuwendungen und Stiftungen zustandegekommene „Armenvermögen" erreicht in Oberösterreich eine Höhe von vier Millionen Gulden; deren Erträge, jährlich 390.000 Gulden, würden für 1876 Arme verwendet werden. Daneben stünden Lebensmittel in Höhe von 40.000 Gulden und der Wert der „Einlagen" von 213.000 Gulden, insgesamt also 650.000 Gulden, jährlich zur Verfügung. Das Linzer „Armenvermögen" erreicht 520.000 Gulden, der jährliche Zinsertrag rund 47.000 Gulden. Auch das Steyrer „Armenvermögen" in Höhe von 410.000 Gulden ist vergleichsweise hoch[22].

Kunstszene zwischen München und Wien

Weit mehr als bei Dichtung oder Musik steht Oberösterreichs bildende Kunst, von der Bildhauerei abgesehen, im Spannungsfeld zwischen München und Wien, wobei gelegentlich München, dann wieder Wien Ausbildungsschwerpunkt, aber auch spätere Wirkungsstätte bilden. Oberösterreich hat davon wenig Vorteile, denn diese beiden Ausbildungsstätten ziehen gerade die begabtesten Künstler vorübergehend oder dauernd an; und der Ausgleich durch Künstler aus anderen Ländern, etwa aus Böhmen, aber auch Italien oder Frankreich, die sich in Linz niederlassen, bleibt vorerst bescheiden – bis dann das stärkere Aufkommen der Fotografie die Kunst in weithin andere Bahnen lenkt.

Dabei gibt es in Linz, gelegentlich auch in anderen Landesteilen, manche Initiativen. So wird, bezeichnenderweise zu Beginn der neoabsolutistischen Ära, im Jahr 1851, angeregt durch den landständischen Sekretär und Landschaftsmaler Joseph Edlbacher, der „Oberösterreichische Kunstverein" gegründet, mit dem in der Satzung niedergelegten Ziel, „dem Publikum Gelegenheit zu bieten, sich von den Fortschritten der Kunst im allgemeinen und insbesondere der von Oberösterreich zu überzeugen". Der Verein findet staatlicherseits liebevolle Unterstützung; alles, was die Menschen vom politischen Geschehen ablenkt, erscheint von Vorteil[1]. Für das Linzer und oberösterreichische Kulturleben entwickelt dieser Kunstverein tatsächlich beispielhafte Initiativen: Einmal vermag man Bilder von Künstlern der damaligen Kunstzentren Wien, München, Düsseldorf und Antwerpen zu den jährlichen Ausstellungen nach Linz zu holen – auch wenn die wirklich Großen in diesen Ausstellungen, Waldmüller und Alt, Gauermann, Schwind, Spitzweg oder Makart, immer eine kleine Minderheit bleiben. Durch das System von Anteilscheinen, Aktien, ist es möglich, alljährlich eine Anzahl der ausgestellten Bilder anzukaufen und zur Verlosung zu bringen – zweifellos ein weiterer Anreiz für viele ausstellende Künstler. Eine sehr geschickte, in der Praxis künstlerisch nicht immer voll geglückte Art, Kunst ins Volk zu tragen, sind die jährlichen Vereinsgaben an die Mitglieder, graphische Kunstblätter, die allerdings nur sehr oft Kopien bekannter Gemälde darstellen. Immerhin beginnt man mit einer Lithographie nach Schwinds Zeichnung „Belehnung Heinrich Jasomirgotts mit den österreichischen Ländern".

Von entscheidender Bedeutung für die Kunstszene jener Jahre aber wird vor allem ein Mann: Adalbert Stifter. Vizepräsident des Kunstvereins in den Jahren zwischen 1854 und 1861, entwickelt er manche Initiativen, setzt seine reichen persönlichen Beziehungen ein, fördert persönlich und durch Vermittlung von Aufträgen zahlreiche Künstler und veröffentlicht zwischen 1852 und 1867 zahlreiche ausführliche Kunstkritiken. Er zeigt dabei seine großen Kenntnisse für die technischen Details, beschäftigt sich mit den ästhetischen Voraussetzungen – und holt allein durch diese Kritiken Ausstellungsstücke vieler bekanner Künstler, wie die von Spitzweg, nach Linz, weil diese eine Wertung durch den angesehenen Dichter-Maler erwarten[2]. Mögen diese Kritiken gelegentlich auch zweit- und drittklassige Künstler liebevoll herausstellen und andere, wesentlichere, vernachlässigen oder gar nicht berücksichtigen, so liegt die Bedeutung dieser Stifterschen Feuilletons nicht zuletzt auch darin, derart umfangreich auf diese Ausstellungen einzugehen; weder früher noch später stellen die Zeitungen derart viel Raum zur Verfügung (oft mehrere große Feuilletons in Fortsetzung für eine Ausstellung).

Übrigens erscheinen schon seit 1860, als Beilage der seit 1848 erscheinenden ,,Katholischen Blätter", die ,,Christlichen Kunstblätter", nachdem 1858 der Diözesankunstverein – und hier sind Stifter und Edlbacher beteiligt – gegründet wird. Der Diözesankunstverein führt ebenfalls seit 1864 Kunstausstellungen durch und seit 1893 werden die ,,Christlichen Kunstblätter" als eigenständige Zeitschrift herausgegeben.

Auf Anregung Stifters geht auch die Gründung der oberösterreichischen Landesgalerie, vorerst im Rahmen des Kunstvereins, zurück. Das erste, 1855 erworbene Bild stammt vom Düsseldorfer Maler Heinrich Mevius; über Stifters Anregung schenkt 1860 das Landeskollegium der Galerie eine Isarlandschaft von Albert Zimmermann. Private Schenkungen und auf neuerliches Drängen Stifters gewährte Landessubventionen erweitern die Bestände der Galerie. Schließlich erwirkt Stifter, daß für diese Galerie Depotbilder der Wiener Gemäldesammlungen zur Verfügung gestellt werden. So werden 1860 aus dem Bestand des Belvedere acht Bilder übergeben, von denen 1874 drei an die kaiserliche Galerie in Wien zurückgestellt werden müssen, die restlichen verbleiben als Geschenk des Kaisers im Kunstverein. Die aus den Werken lebender Künstler sich Schritt für Schritt aufbauende Landesgalerie – sie zählt 1889 schon 112 Bilder –, die später mit dem neuerrichteten Museum vereinigt wird und später in Landesbesitz kommt, hätte also die Chance gehabt, eine moderne Galerie des 19. und 20. Jahrhunderts zu werden, wäre das Interesse der Gründerjahre weiter erhalten geblieben, hätte man eine bessere Ankaufspolitik betrieben und hätte man sich nicht später zu stark auf oberösterreichische Künstler beschränkt. Auch die zur Verlosung aufgekauften Gemälde haben leider nur bescheidenes künstlerisches Format[2].

Neben diesem „Kunstverein", zu dem später weitere Künstlervereinigungen treten, haben aber auch andere Institutionen für das erwachende Kunstinteresse eine große Bedeutung: Die zahlreichen privaten Mal- und Zeichenschulen, die zwar überwiegend der – übrigens im hohen Ansehen stehenden – Dilettantenkunst der Biedermeierzeit Auftrieb geben, aber auch großen Begabungen zum Durchbruch verhelfen. Dazu auch das Wirken der verschiedenen Mallehrer an den höheren Schulen des Landes. Schließlich werden verschiedene „artistische Institute" von Bedeutung, etwa die Ofner-Offizin der Jahre 1827 bis 1862 oder das Unternehmen für Glasmalerei des Malers Franz Pausinger (1839 bis 1915). Pausinger, auch ein bekannter Tiermaler, nimmt an der Orientreise von Kronprinz Rudolf teil. Oberösterreichs künstlerische Begabungen in all diesen Jahren sind breit gestreut; zur Größe können sich allerdings nur wenige durchringen. Mitbegründer der nazarenischen Richtung im Kreis der Romantiker und Neuromantiker wird (neben Cornelius, Overbeck, Pforr und Führich) der Linzer Joseph Sutter. Auch ihn zieht es 1816 mit seinen künstlerischen Mitstreitern für ein knappes Jahrzehnt nach Rom, er geht später nach Wien und ist dann in München an der Ausgestaltung der Residenz, Pinakothek und Glyptothek beteiligt, kehrt schließlich 1838 in seine Vaterstadt Linz zurück. Hier gründet er eine Malschule, ist an der Gründung des Kunstvereins beteiligt, wo auch seine Bilder, etwa „Maria im Rosenstrauch" (heute: Stiftsgalerie St. Florian), ausgestellt werden. Von bekannten Linzer Persönlichkeiten porträtiert er 1846 Carl Planck.

Von den „Zugereisten" ist der Tiroler Franz Anton Stecher[3] der bedeutendste. Ein besonders charakteristischer Teil seines Lebenswerkes, entstanden um 1840, sind Darstellungen zum Leben des heiligen Franz Xaver in der Jesuitenkirche am Linzer Freinberg. Der Schüler von Führich und Kuppelwieser, der in Linz als Laienbruder wirkt und malt, geht 1848 nach Nordamerika, kehrt 1850 nach Innsbruck zurück, wo er in geistiger Umnachtung stirbt. Stecher gestaltet lebendig, kraftvoll, farbenfreudig. Hervorzuheben ist auch sein bemerkenswertes Porträt des Erzherzogs Maximilian von Este im Linzer Freinbergkloster. Ein anderer „Ausländer", der aus Schleswig stammende Maler und Schriftsteller Carl von Binzer[4], ein Freund Adalbert Stifters, wird mit seiner Gattin, der Schriftstellerin Emilie von Binzer, Mittelpunkt eines Künstlerkreises, dem auch Gilm und Zedlitz angehören. Der Kaulbach-Schüler, der ganz Europa durchwandert, malt 1860 ein Brustbild des alten, fast erblindeten Malers Sutter; von ihm stammt eine Bildniszeichnung Stifters und der Kaiser kauft sein Bildnis des Dichters Zedlitz. Zuletzt in Altaussee ansässig, verkündet er mit seinen Ölbildern die Schönheit dieses Stückes Land bei Ausstellungen in Frankreich und Deutschland.

Aus Böhmen kommt, nach Studium in Prag, Wien und Dresden, der Nazarener Franz Thomas, der fast sein ganzes Leben in Linz als Bildnismaler verbringt; der Franzose Charles Louis Philippot arbeitet vor allem als Miniaturist (bekannt: sein Bild Figulys) in Linz und als Schwarzenbergischer Hofmaler in Krumau. Vielgestaltig sind auch die Beziehungen von Moritz von Schwind zu Oberösterreich, auch wenn die weitgediehene Planung, den Steinernen Saal des Linzer Landhauses durch ihn auszumalen, nicht zustande kommt.

Fast alle dieser oberösterreichischen Maler der zweiten Hälfte des 19. Jahrhunderts sind Auch-Porträtmaler oder Nur-Porträtmaler – bis die Photographie diese Kunstart, diese Künstler und Begabungen vollends vernichtet. Romantiker wie Realisten legen Schwerpunkt auf das Porträt – weit mehr als auf Landschaft oder Blumenstücke. Dabei sind anfänglich Scherenschnitte, dann Lithographien, Radierungen und vor allem Ölbilder vertreten. Neben den schon erwähnten Sutter, Binzer und Stecher sind es der aus Aschach stammende Joseph Abel (bekannt vor allem durch das Bildnis von Abt Ziegler von St. Florian) und Franz Stirnbrand[5], der bald vorwiegend vom württembergischen Hof in Stuttgart beschäftigt wird, aber auch während seiner Aufenthalte in Linz mit Porträtaufträgen überhäuft wird; bekannt wird etwa sein Bild von Karl von Schiller, dem Sohn des Dichters. Stirnbrand, Autodidakt, gehört zu den schlichtesten und gleichzeitig wirkungsvollsten Porträtisten seiner Zeit. Porträts des Adels und des „schwarzen Adels", der reichen Hammerherrn, schafft der lange Jahre in Oberösterreich wirkende Vorarlberger Franz Xaver Bobleter, auch das Kaiserbild für den Landhaussaal. Er will sich ursprünglich am Weg von seinem Studienort Wien in seine Vorarlberger Heimat in Linz Geld verdienen, bleibt aber schließlich ein Jahrzehnt in Oberösterreich. Joseph Wallamer malt das reizvolle Aquarell Stelzhamers unter dem Kirschbaum; ausgezeichnet ist das Bild des Linzer Bürgermeisters Körner, das der deutsch-ungarische Maler Joseph Franz Mücke malt, der ebenfalls einige Zeit in Linz lebt. Nicht in seiner Heimat bleibt der bedeutende Welser Maler Franz Sterrer, Glied einer bedeutenden Künstlerfamilie, der nach Konstantinopel und in die Levante geht, österreichische Gesandte, den Sultan und viele weitere Persönlichkeiten malt, schließlich in Lyon lebt und stirbt. Längere Zeit in Linz wirkt der in Olmütz geborene Joseph Smutny. In Linz ist er Zeichenlehrer des Erzherzogs Johann Ort, den er, ähnlich wie Diözesanbischof Müller, malt. Er geht später nach Amerika, wo er vor allem durch sein Porträt des Pianisten Paderewsky bekannt wird.

Höhepunkt dieser Porträtkunst bildet der von Mühlviertler Eltern in Linz geborene Johann Baptist Reiter. Er ist, wie wenig andere seiner oberöster-

Nur wenig ,,Landschaftsmaler'' 343

reichischen Heimat verbunden, sprengt aber mit seiner Kunst wie spielend die heimatlichen Grenzen. Schon 1836 erhält er den Lampi-Preis der Wiener Akademie. Dann malt er vor allem Linzer Bürger, wobei Temperament, Frische, Eingehen in Details und mutige Farben gleichermaßen diesen Porträt- und Genremaler auszeichnen. Seine Vorliebe zum Kleinformat und zum Detail geht ab 1845 in Vereinfachung und Verinnerlichung über. Bald ist der ganze Hochadel Wiens sein Auftraggeber; Reiter ist der Modemaler Wiens der nachbiedermeierlichen Zeit[6]. Hin zur Moderne führt Albert Ritzberger aus Pfaffstätt bei Mattighofen, der ab 1900 in Linz lebt. Der Schüler von Angeli ist ein ausgezeichneter Könner; das dokumentieren insbesondere die Porträts der Linzer Bürgermeister Poche (1900) und Eder (1908).
Neben bemerkenswerten Porträtmalern weist Oberösterreich gute Blumenmaler auf (der Linzer Leopold Zinögger und Johann Nepomuk Mayrhofer aus Oberneukirchen, der vorwiegend in München arbeitet); Felix Pollingers Spezialitäten sind Geflügel- und Hasenstilleben.
Merkwürdigerweise schwach vertreten sind in Oberösterreich die Landschaftsmaler. Natürlich beherrschen alle dieses Genre, es steht aber nur bei wenigen ganz im Mittelpunkt. Ein solcher ist Adolph Obermüller aus Wels, der in München und Wien studiert und vermutlich der bedeutendste Alpenmaler seiner Zeit ist; 1861 wird er Leiter einer künstlerischen Gletscherexpedition; er malt von den Bahngesellschaften in Auftrag gegebene Zeichenfolgen für die Kronprinz-Rudolf-Bahn durch das Salzkammergut und die Brennerbahn; von ihm stammt ein Zyklus von zwölf Ölgemälden nach Skizzen des Nordpolforschers Payer, der auch in Linz gezeigt wird. Aber auch die oberösterreichische Heimat wird in Obermüllers Bildern immer wieder sichtbar.
Auch die Historienmalerei steht bei keinem der Künstler im Vordergrund, auch wenn fast alle Porträt- oder Genremaler gelegentlich Bilder historischen Inhalts malen; viel zu sehr dominiert bei ihnen das oberösterreichische Volksleben – oder wird von den Interessenten gewünscht. Zu erwähnen wäre der Linzer Maler Joseph Munsch, der vor allem in München arbeitet und für das dortige Nationalmuseum drei Wandbilder mit Szenen aus der bayerischen Geschichte malt. Aber auch die österreichische Vergangenheit kommt bei ihm zu Wort, so im Ölbild ,,Rudolf von Habsburg vor der Leiche Ottokars''. Dasselbe Thema stellt eine Jury auch dem jungen Alois Greil aus Linz, das dieser wirkungsvoll löst, worauf ihm die Landesregierung ein Stipendium für die Wiener Akademie gewährt. Das Wunderkind Greil, von Stifter besonders gefördert, wird so etwas wie ein ,,Historienmaler seiner oberösterreichischen Heimat'' mit seinen Kreide-Tusch-Zeichnungen aus den Bauernkriegen und seinen Aquarellen aus dem bäuerlichen

Milieu Oberösterreichs[7]. Greil leitet von der Historienmalerei hin zum „oberösterreichischen Genre", also zu Motiven aus dem oberösterreichischen bäuerlichen und Kleinstadtleben, das sich weit größerer Beliebtheit erfreut als die Historienmalerei oder die Schlachtenmalerei, die hier fast völlig fehlt. Greils Oberösterreich-Themen und Oberösterreich-Typen: der Landhausportier in Gala, Austrommler, Seiltänzertruppe, Kürassier zu Pferd u. a.

Karl Kronberger aus Freistadt, beeinflußt durch seine Studienstadt München, in der er auch nach seinem Studium verbleibt, nimmt die romantische Kleinstadtwelt zu seinem Hauptthema und wird so etwas wie ein oberösterreichischer Spitzweg[8]. Typische Themen: „Der Wirtin Töchterlein", „Am Stadttor" – aber auch „Aus Oberösterreich", das er 1886 im Dresdner Kunstverein ausstellt. Hatte schon vielfach die deutsche Zeitschrift „Die Gartenlaube" die Werke Kronbergers bekanntgemacht, so widmet sich der in Kremsmünster geborene Maler und Schriftsteller Joseph Maria Kaiser insbesondere der Illustration von Stifters Werken; er malt auch Bildnisse von Stifter und seiner Frau. Illustrator der „Gartenlaube" wird auch Carl Blumauer aus Vöcklabruck. Illustrator der Werke Stelzhamers wird insbesondere der schon erwähnte Alois Greil.

Typischer Vertreter der „oberösterreichischen Genre" ist der Haslacher Carl Löffler, von dem auch ein Porträt seines Freundes Stifter stammt. Insbesondere ist auch Johann Baptist Wengler aus St. Radegund mit seinem wechselvollen Schicksal – er ist zweimal in Amerika – zu erwähnen. Seine Bilder aus dem oberösterreichischen Bauernleben zeigen reife Künstlerschaft[9].

Auch Frauen, für die das Biedermeier eine große Zeit ist, treten als Malerinnen stark in Erscheinung: Eleonore Dill-Auegg, eine Wienerin und Schülerin von Daffinger, die durch ihre Heirat nach Oberösterreich kommt und eine gute Aquarell-Porträtmalerin ist. Michaela Pfaffinger aus Mattighofen, Studienort München, malt gern Kinderbilder und Porträts, bekannt ist ihr Bildnis des Linzer Musikdirektors August Göllerich. Franziska Bärenreither mit kleinen Ölbildern aus der damaligen Kleinstadt Linz und die in Linz seßhaft gewordene Wienerin Berta von Tarnoczy mit reizvollen Landschaftsbildern führen hin zu den begabten Künstlerinnen der Zeit nach 1918. Tarnoczy und Pfaffinger kommen aus dem „Dachauer Kreis".

Der „Oberösterreichische Kunstverein" ist ein Verein zur Förderung, zur Popularisierung der Kunst – und bewährt sich in dieser Zielsetzung; er ist aber keine Künstlervereinigung. Er hat für die Künstler auch eine große wirtschaftliche Bedeutung und die erhaltenen Ausstellungsverzeichnisse, die von der ersten Ausstellung an im Jahr 1851 auch die Preise für die

Stark schwankende Preise 345

Kunstwerke enthalten[10], sprechen eine deutliche Sprache. Das teuerste Bild im Jahr 1851 kostet 330 Gulden (von Bürkel, München), zwei Genre-Bilder von Waldmüller aber werden um 100 und 150 Gulden angeboten, Blumenstücke des Linzers Zinögger um 250 Gulden. Das „Architekturstück" von Franz Alt, „Ein Theil der inneren Ansicht des St. Stefans Domes unter der Orgel" kann man um 120 Gulden erwerben. Das Niveau der Künstler und Ausstellungsstücke wird übrigens bei den späteren Ausstellungen sehr oft nicht mehr erreicht. Immerhin werden in der nachfolgenden Herbstausstellung 1851 zwei Bilder von Schwind um je 350 Gulden angeboten – u. a. „Rübezahl, der Geist des Riesengebirges, als Köhler, halb heimtückisch, halb gemüthlich durch den Wald tretend" – während gleichzeitig der Linzer Maler Zinögger für ein „Früchtenstück" 400 Gulden fordert. Jakob Alts „Ansicht von Innsbruck" hat einen Preis von 200 Gulden. 1852 werden drei Aquarelle von Jakob Alt zu jeweils nur 16 Gulden angeboten, ein Kaiser-Bild des Linzers Scheck für 500 Gulden, ein Spitzweg, „Künstler auf Reisen", für 80 Silber-Gulden. Später scheint Jakob Alts Ölbild „St. Stephans-Dom in Linz" mit 500 Gulden auf (1854), seine Aquarelle, u. a. „Hallstätter See", „Hallstatt", neuerlich für 18 Gulden (1854), Spitzwegs „Städtchen" um 150 Gulden (1854). Blumauers reizvolle Handzeichnungen aus Oberösterreich kosten im Durchschnitt bis zu zehn Gulden (1856, 1857), später zwölf Gulden. Eine Landschaft von Kriehuber wird 1858 für 500 Gulden angeboten. 1863 bietet Spitzweg seinen „Spaziergang" für 150 Gulden an, 1871 Franz Alt verschiedene Aquarelle zwischen 35 und 50 Gulden. 1875 ist Hanns Makart mit seiner „Ophelia" vertreten, für die 5000 Gulden verlangt werden, einer der höchsten Preise, die bis dahin und später bei Linzer Ausstellungen verlangt werden. 1879 bietet Wallamer seine Zeichnung „Stelzhamer unter dem blühenden Kirschbaume" für nur 30 Gulden an. 1882 übermittelt erstmals Hugo von Preen aus München ein Ölbild, „Motiv aus Oberösterreich", Preis 200 Mark. 1893 werden Aquarelle des Kölners Vinzenz Statz, des Planers des Neuen Domes in Linz, zu je 50 Gulden angeboten.

Die Ausstellungskataloge des Kunstvereins verraten dreierlei: daß im Verlauf der Jahre immer weniger Künstler mit bedeutenden Namen aufscheinen; daß die Preisangaben manches über jeweilige Modekünstler, aber wenig über große Kunst aussagen. So wird 1858 ein Becher von Rint für 500 Gulden angeboten, gleichzeitig Kriehubers „Landschaft" für 300 Gulden und Spitzwegs „Badeplätzchen" für 85 Gulden. Schließlich sind die Preise für oberösterreichische Künstler in der oberösterreichischen Metropole im Durchschnitt kaum niedriger als die ausländischer Künstler – soweit solche Vergleiche wirklich möglich sind.

Als man dann 1865 in Linz einen „Verein bildender Künstler" (unter der Initiative von Josef Rint und Karl von Binzer) gründet, wird u. a. dem Kunstverein der Vorwurf gemacht, daß er durch den Ankauf von Werken auswärtiger Künstler die in Oberösterreich für die Förderung der Kunst verfügbaren Gelder ins Ausland abwandern läßt. Der vielleicht kleinlich erscheinende Standpunkt wird eher verständlich, wenn man die Liste der für die Landesgalerie angekauften Werke betrachtet, deren Niveau nicht gerade überzeugend ist – auch zu einem Zeitpunkt, da noch Stifter die Käufer mitbeeinflußt.

Der Verein bildender Künstler wird 1895 in „Verein bildender Künstler und Kunstfreunde in Linz" umbenannt. Seine Einrichtungen führen zur Errichtung der Staatsgewerbeschule über, die für die Bereiche Malerei, vor allem aber Architektur, vielerlei Initiativen entwickelt. Mit ihrer Errichtung löst sich 1878 der Künstlerverein auf.

Erst in der Schlußphase der Monarchie kommt es zur Gründung einer neuen Künstlervereinigung, vorerst des „Ring" und schließlich 1913 des „MAERZ"[11]. Impressionismus und Expressionismus hatten nur bescheidene Wellen nach Oberösterreich geschlagen. In der „Neuen Künstlervereinigung München", die ab 1910 in Erscheinung tritt, und in der Gruppe „Der blaue Reiter" finden sich keine Oberösterreicher. Der erste Weltkrieg, vor allem seine Spätphase, bringt, auch aus materiellen Erwägungen heraus, eine Rückbesinnung auf die Provinz, auf das Land, insbesondere auch auf Oberösterreich. In Linz werden es vor allem der „MAERZ" (hier besonders der Zeichner Klemens Brosch und der Maler Dr. Egon Hofmann) und der früh verstorbene Maler Matthias May – er hatte eine Linzerin geheiratet und wirkt vorübergehend in Linz – und seine Schule Kristallisationspunkt; dann noch die Osternberger Künstlerkolonie und die „Innviertler Künstlergilde" mit Hugo von Preen und dem Rieder Wilhelm Dachauer[12], die vor allem für die Zwischenkriegszeit, auch für die Zeit nach 1945, bedeutungsvoll werden. Mitglied beider Gruppen wird Alfred Kubin, von dem Hofmann reizvoll berichtet[13], daß damals schon viele berühmte Galerien der Welt seine Blätter besaßen, daß er als Buchillustrator einen außerordentlichen Namen hatte, aber daß niemand wußte, daß er in Oberösterreich beheimatet ist. Tatsächlich übersiedelt der in Leitmeritz in Böhmen geborene Alfred Kubin schon 1906 von München nach Zwickledt im Innviertel. Und wie er geographisch am Rand Oberösterreichs und Österreichs – wenn auch für 53 Jahre! – beheimatet ist, so ist er dies auch künstlerisch. Das Innviertel und seine Menschen spielen trotz allem im Werk dieses vermutlich bedeutendsten Zeichners der ersten Hälfte des 20. Jahrhunderts keine untergeordnete Rolle.

Denkmäler – zwischen „gemütlichem Realismus" und Jugendstil

In der Schlußphase des 19. Jahrhunderts erlebt Oberösterreich einen ganz kurzen, kaum zwanzig Jahre umfassenden Zeitabschnitt, in dem das meist liberale Bürgertum bewußt eine bürgerliche, nichtchristliche Kunst vorzeigen will. Sehr bezeichnend ist ein begeisterter „Tages-Post"-Leitartikel im Zusammenhang mit der Errichtung des Linzer Stifterdenkmals, in dem mehrfach betont wird: „Linz hat sein *erstes* Denkmal!" Gewiß ist in dieser Phase der Wiener Einfluß unübersehbar, auch das Nachhinken gegenüber Wien. Die paar Repräsentationsdenkmäler, die zwischen 1897 und dem Ausbruch des ersten Weltkrieges in Steyr und Linz[1], in Bad Ischl und in einigen anderen Orten Oberösterreichs entstehen, dringen nicht ins europäische Spitzenfeld vor – das glückt nur einem, vielleicht zwei oder drei Bildhauern jener Zeit – zeigt aber doch Gutes und Gekonntes.

Merkwürdig dabei ist, daß im Bauernland Oberösterreich gerade mit dem Denkmal eines Industriellen der Startschuß gegeben wird, mit dem von Josef Werndl. Hier mit diesem Steyrer Werndldenkmal entsteht sofort ein früher Höhepunkt, es bleibt als Gesamtkunstwerk unübertroffen, mögen auch später noch bedeutendere Künstler beschäftigt werden.

Das 1894 vollendete und am 10. November enthüllte Denkmal verdankt sein Werden einem glücklichen Zusammenspiel kunstsinniger Bürger und Industrieller, gewiß auch dem Ehrgeiz, nach Steyr den vielleicht beliebtesten Plastiker jener Jahre zu berufen: Viktor Oskar Tilgner. Eine gewisse Mittlerrolle spielt dabei der – allerdings in Wien geborene und auch dort verstorbene – Steyrer Industrielle Carl Almeroth. Er selbst berichtete über die „Auftraggebung des grandiosen Werndldenkmals an Tilgner", welches „mitzuveranlassen" ihm durch seine Beziehungen zu Tilgner und der Stadt Steyr gelungen war[2].

Es ist reizvoll aufzuzeigen, wie die Zeitgenossen der Denkmalsenthüllung das Werndldenkmal sehen: „Das Denkmal stellt den verewigten Generaldirektor in Lebensgröße (8½ Fuß hoch) auf einem fast doppel so hohem prächtigen Postament aus geschliffenem Mauthausener Granit in lebensvoller Ähnlichkeit im täglichen Anzug dar, in der Linken zwei Gewehre haltend und mit der Rechten auf die ihm grüßenden Arbeiter hindeutend . . . Der alte Arbeiter . . hält in pietätvoller Erinnerung das Reliefportrait von Werndls Vater, ‚Leopold Werndl 1797–1853'. . . . der Arbeiter links, der in treuer Ergebenheit zu dem Meister aufblickt, ist als Schaftmacher gekennzeichnet, hinter ihm hantiert mit erhobenem Hammer ein Schmied, rück-

wärts des beschaulich vor sich hinstarrenden greisen Arbeiters ist ein Monteur, ganz in regster Tätigkeit verloren."
Der Sockel trägt neben dem Namen und den Lebensdaten Werndls das Wort ,,Arbeit ehrt" und ,,Die dankbaren Mitbürger 1894"[3].
Die Gruppierung, der Industrielle Werndl beim Steyrer Denkmal inmitten seiner Mitarbeiter, also die pyramidale Komposition, ist an sich nichts Neues. Neu bei diesem Werndldenkmal ist allerdings die Tatsache, daß es eine Figurengruppierung der industriellen Frühzeit Österreichs ist: Arbeiter, Facharbeiter, Meister sind geschart um ihren Arbeitsherrn – gewiß in erster Linie zu dessen Verherrlichung, gewiß auch in der patriarchalischen Sicht jener Zeit. Aber doch auch als wesentliche und unentbehrliche Mitarbeiter. Unorganisch ist es allerdings, daß man das Werndldenkmal in eine schöne Parkanlage von Steyr plaziert – aber weit weg von den Betriebsstätten der Waffenfabrik. Dazu muß man allerdings hinzufügen, daß die patriarchalisch-großbürgerliche Gestaltung der Denkmalskomposition gar nicht zu einer nüchternen Fabrikskulisse gepaßt hätte.
Die Bedeutung der Sockelfiguren am Werndldenkmal erkennt man übrigens sehr bald. Die Linzer ,,Tages-Post" schreibt zum fünften Todestag des Bildhauers Tilgner in einer Wertung des Steyrer Denkmales: ,,Die Hauptfigur Werndls, so charakteristisch und lebenswahr sie auch ausgeführt ist, ist allerdings für ein großes Monument etwas filigran; geradezu prächtig aber sind die realistisch behandelten vier Sockelfiguren, Arbeitertypen vorstellend[4]." Noch drastischer drückt sich das Künstlerlexikon von Thieme-Bekker aus, das von dem ,,Hauptwerk" Tilgners und von dem ,,brutal-veristischen Denkmal des Waffenkönigs Werndl" spricht.
Auch das Grabmal Josef Werndls am Steyrer Friedhof, das die Töchter Werndls errichten lassen, wird von Tilgner gefertigt[5].
Von Tilgner stammt übrigens auch das Reliefbild an der Steyrer Schubert-Gedenktafel, das 1890, also vor Errichtung des Werndldenkmales, durch die Steyrer Liedertafel am seinerzeitigen Wohnhaus Schuberts, Stadtplatz Nr. 16, angebracht wird[6].
Der am 25. Oktober 1844 in Preßburg geborene Tilgner ist nur 52 Jahre alt geworden; er stirbt schon 1896. Tilgner ist also bei der Konzeption und der Ausführung seines Werndldenkmales genau 50 Jahre. Innerhalb eines knapp dreißigjährigen Wirkens gestaltet Tilgner rund 300 Porträtbüsten – sie sind seine Stärke und bedeuten den Schwerpunkt seines Wirkens. Daß Tilgner Hauptvertreter des österreichischen Neobarock ist, erkennt man am Werndldenkmal – bedingt wohl durch die Thematik – nicht ohne weiteres. Einen stärkeren Wandel zum Naturalismus zu machen, wie dies manche seiner Freunde tun – daran hindert der frühe Tod.

Mit Tilgners Brucknerbüste kommt er ein zweitesmal in Verbindung mit Oberösterreich. Schon auf der Rückreise von der Eröffnung des Werndldenkmals in Steyr besprechen der Industrielle Almeroth und Tilgner eine zu schaffende Brucknerbüste. Entgegen Bruckners sonstiger ablehnender Haltung nutzt der Industrielle seine euphorische Stimmung nach seiner Promotion zum Ehrendoktor der Wiener Universität, um den Komponisten in das Atelier des Mode-Bildhauers in das Schwarzenberg-Palais zu bringen, wo dann die Brucknerbüste entsteht, die Bruckner als ,,sein Monument" bezeichnet und die der Wiener Kunsthistoriker Dr. Albert Ilg als ,,bedeutendste Schöpfung Tilgners und als bedeutendstes Werk der Portrait-Plastik des Jahrhunderts" bezeichnet. Während die Plastik anfänglich durch verschiedene Ausstellungen wandert, wird sie fünf Jahre nach ihrem Entstehen und drei Jahre nach Bruckners Tod für ein Brucknerdenkmal verwendet, das der Tilgner-Schüler Fritz Zerritsch sen., der auch Tilgners Atelier nach dessen Tod übernimmt, gestaltet. Es wird in Anwesenheit von Wiens Bürgermeister Lueger am 25. Oktober 1899 enthüllt.

Übrigens gibt es eine dritte Querverbindung Tilgners zu Oberösterreich; er gestaltet den Brunnen im Park der kaiserlichen Villa in Ischl.

Als man ein halbes Jahrzehnt nach der Enthüllung des Steyrer Werndldenkmals die Errichtung eines Stifterdenkmals in Linz plant, denkt man vorerst ebenfalls an Tilgner, der auch einen Kostenvoranschlag von 8000 Gulden vorlegt. Der frühe Tod Tilgners verhinderte allerdings diese Pläne[7]. Jetzt sieht man erstmals, daß das Wiener Ministerium für Kultus und Unterricht, an das man sich wegen einer Subvention wendet, nicht nur großzügig hilft, sondern gleichzeitig auch die Auswahl der in Frage kommenden Künstler, die Vergabe und die Verrechnung an sich zieht, was man in Linz widerspruchslos akzeptiert. Das Ministerium stellt 10.000 Kronen bei Gesamtkosten von 20.000 Kronen zur Verfügung und übermittelt Einladungen an den in Wels geborenen und in Wien wirkenden Karl Sterrer, den aus Krain stammenden Arthur Strasser, den in der Steiermark lebenden Deutsch-Ungarn Othmar Schimkowitz, den Wiener Hans Bitterlich, der 1905 das Wiener Kaiserin-Elisabeth-Denkmal gestaltet, und an den Wiener Hans Rathausky. Den ersten Preis einer ministeriellen Jury erhält die Darstellung Stifters als ,,freistehende Figur", den zweiten Preis eine ,,sitzende Figur" und den dritten Preis ,,eine stehende Figur, an den Felsen gelehnt". In Linz entscheidet ein elfgliedriger Denkmalausschuß mit Sparkassensekretär Markus (als Obmann), ,,Tages-Post"-Chef Ritter von Görner, dem Linzer Bürgermeister Poche, Landeshauptmann Dr. Ebenhoch u. a. ausschließlich für den zweiten und dritten Preis, wobei fünf Stimmen (Ebenhoch, Kaiserlicher Rat Poche, Mathes, Straberger) für den dritten Preis

stimmen, sechs aber (Franz Poche, Sames, Reininger, Huster, Dr. v. Görner, Markus) für den zweiten Platz (Rathausky). Auch ein Protokoll mit der Begründung ist noch erhalten geblieben, in dem es heißt, daß Preis zwei „mehr den Typus des gutsituierten Mannes, der sich am Abend gemütlich ausruht" darzustellen scheint. „Gerade die sitzende Figur macht den Eindruck des sinnenden Dichters, sie ist natürlicher als Preis drei, der mehr den Hofrat als den Dichter darstellt. Herr Markus, der den Dichter als engeren Landsmann viele Jahre gekannt hat, meint, daß gerade der zweite Preis die schlichte Haltung Stifters genauer darstellt und der Fels etwa die Situation am Blöckenstein und am Dreisesselberg – beide Lieblingsplätze Stifters – widergeben."
Bei der Denkmalenthüllung ist Unterrichtsminister Dr. Ritter von Härdtl anwesend. Übrigens wird schon jetzt, 1902, die Errichtung eines Brucknerdenkmals bekanntgegeben, zu dem es vorerst nicht kommt[8].
Hans Rathausky, 1858 in Wien geboren, war um 14 Jahre jünger als Tilgner. Der Meisterschüler Kundmanns hatte sich durch seinen Helios- und Selenenbrunnen und ein weiteres Denkmal in dem damals österreichischen Abbazia bewährt. Er gehört auch jener Bildhauergeneration an, die die großen Ringstraßen-Bauperiode selbst miterlebt und sich an den damit verbundenen Aufträgen noch beteiligen kann. Sie verkörpern den Durchbruch der naturalistischen Richtung in der österreichischen Plastik, erreichen um die Jahrhundertwende ihren künstlerischen Höhepunkt und geraten noch in den Konkurrenzkampf mit Künstlern des Jugendstils. So erhält schon beim Preisausschreiben für das Linzer Stifterdenkmal der aus Ungarn stammende Othmar Schimkowitz den ersten Preis, ohne vom Linzer Denkmalausschuß auch nur eine Stimme zu erhalten. Doch Rathauskys Entwurf, wenn auch nur an zweiter Stelle gereiht, wird realisiert[9]. Rathausky gehört der Wiener Künstlervereinigung des „Hagenbundes" an, deren Programm eine „gemäßigte Moderne" ist. Auch er schafft für Linz sein Meisterwerk, eben das Stifterdenkmal auf der Promenade vor dem Landhaus, das gleichermaßen den Böhmerwalddichter wertet und dem Geschmack der Zeit entspricht – aber auch weit über die Entstehungszeit hinaus (Enthüllung am 24. Mai 1902) Anerkennung findet. Übrigens trägt auch die 1903 am Linzer Sterbehaus des Dichters (Donaulände 6) enthüllte Gedenktafel ein Porträtmedaillon von Rathausky. Rathauskys Ruhm dringt über Linz hinaus ins Land. So stammt auch das Porträtmedaillon des Gedenksteins für den Konservator Josef Straberger in Uttendorf von ihm.
Von allen bestehenden Stifterdenkmälern ist das Linzer auch heute noch das reizvollste. Neben dem 15 Meter hohen Stifterobelisk am Plöckensteiner See – dem ersten Stifterdenkmal – entworfen von dem bedeutenden

Wiener Architekten Oberbaurat Heinrich Ritter von Ferstel (1876/77) gibt es das Stifterdenkmal nahe dem Geburtsort Oberplan in Südböhmen, das gewiß gut in die Landschaft paßt; Stifter zeigt hier auf die nahe vorbeifließende Moldau, mag sich inzwischen auch die Landschaft durch den Moldaustau gewandelt haben. Auch neben dem Wiener Stifterdenkmal von 1919 und der modernen Stifterbüste in der Regensburger Walhalla behält Rathauskys Linzer Stifterdenkmal seinen Vorrang[10].

Auch die Linzer anerkennen und schätzen dieses Stiftermonument, sonst wäre es kaum denkbar, daß sie bei der nächsten Denkmalsplanung neuerlich an den Wiener Rathausky denken. Dies erscheint allerdings auch aus einem anderen Grund zweckmäßig, denn das geplante Denkmal für Kaiserin Elisabeth soll seinen Platz in der unmittelbaren Nähe des Stifterdenkmals finden. Nun verdient das hier Geschaffene und 1903 Enthüllte nicht ohne weiteres den Titel „Denkmal". Es ist eine großzügige Gedenktafel, oft auch als „Epitaph" bezeichnet, mit einer Büste der jungen Bayernprinzessin – und unterscheidet sich damit von anderen noch bestehenden Denkmälern der Kaiserin – etwa dem Wiener (von Hans Bitterlich, 1907) oder dem in Meran. Aber die Linzer Gedenktafel und Plastik ist ein Werk von großer Schönheit, ein Werk, das Rathausky besonders gelegen sein muß und das auch sein Können im besten Licht zeigt. Denn auch Rathausky ist wie Tilgner in erster Linie Porträtplastiker. Er liebt weniger das Monumentale als die Kleinplastik, und zu seinen bekanntesten Werken zählen Statuetten von Soldatentypen der österreichischen Armee[11].

Im Entstehungsjahr wird dieses Elisabethdenkmal ausführlich geschildert: „Das Denkmal ist ein ca. 4½ m hohe und 2½ m breites Epitaphium auf einer Sandsteinplatte und baut sich als kartoucheartige Architektur auf dieser Platte auf. In derselben befinden sich das österreichische und das bayerische Wappen, die durch ein Band verschlungen sind. Zu beiden Seiten des architektonischen Aufbaues, der in der Mitte von der überlebensgroßen Marmorbüste der so früh und plötzlich dahingeschiedenen Herrscherin (im jugendlichen Alter dargestellt) gekrönt wird, befindet sich je eine allegorische Figur, die die Büste der Kaiserin mit Blumen und Kränzen schmücken. Am unteren Teil des Denkmales ist eine Inschrift angebracht mit folgender Widmung: ‚Dem Andenken an die unvergeßliche Kaiserin Elisabeth, königliche Prinzessin zu Bayern, welche auf der Brautfahrt Österreichs Boden in Linz zuerst betrat, und am 21. April 1854 in diesem Haus übernachtete, in treuer Huldigung der Landtag im Erzherzogthume Österreich ob der Enns 1902[12]."

Das Elisabethdenkmal verdankt keinem Komitee und Ausschuß sein Ent-

stehen, sondern Landesausschuß und Landtag von Oberösterreich. Zweifellos ist Landeshauptmann Dr. Alfred Ebenhoch der Initiator.
Bei diesem Denkmal schaltet man das Kultusministerium nicht ein und veröffentlicht auch keinerlei Spendenaufruf. Der Landesausschuß tritt nur an zwei Künstler heran, Entwürfe zu übermitteln: an den in Linz wirkenden Josef Sattler und den Schöpfer des Stifterdenkmals Rathausky. Nach dieser Einladung von Ende November 1901 erfolgt schon am 15. Februar 1902 die Beauftragung Rathauskys. Sattler, der später für seinen Entwurf eine „kleine Entschädigung" von 300 Kronen erbittet – in Wien werden für nicht preisgekrönte Entwürfe durch das Ministerium 400 bis 600 Kronen gezahlt – dürfte nichts erhalten haben.
Etwas mehr als ein Jahr nach der Auftragserteilung kann das Linzer Elisabethdenkmal am Jahrestag des Eintreffens der Prinzessin in Linz, am 21. April 1903, eröffnet werden. Ein Fackelzug und eine Festveranstaltung im Landständischen Theater sind die Rahmenveranstaltungen der Enthüllung, an der auch Erzherzog Franz Salvator und Erzherzogin Maria Valerie, die Tochter der ermordeten Kaiserin, teilnehmen[13].
Ein Denkmal oder eine Gedenktafel für Kaiserin Elisabeth ist gerade für Linz wohlbegründet. Die Kaiserbraut Elisabeth war auf der Donau am 21. April 1854 nach Linz gekommen; hier betritt sie den Boden ihrer neuen Heimat. Auch am Passauer Rathausplatz befindet sich ja eine Gedenktafel vom Münchner Bildhauer Brandl, die daran erinnert, daß hier die bayerische Prinzessin ihre Heimat verließ, um die Gemahlin Kaiser Franz Josephs I. und österreichische Kaiserin zu werden. Während aber diese Passauer Gedenktafel 1938 völlig unangetastet blieb, wird die Linzer Gedenktafel 1938 entfernt und es grenzt fast an ein Wunder, daß sie durch das energische Einschreiten von Architekt Wilhelm gerettet werden konnte, wenn sie auch nie mehr an ihren alten Platz rechts vom Landhausportal zurückkehrte. (Übrigens wird am 30. Mai 1937 als Pendant zum Elisabeth-Halbrelief auch noch ostwärts des Landhaustores eine Gedenktafel für Kaiser Franz Joseph I. enthüllt, das 1938 völlig zerstört wird[14].)
Einen großen Schritt setzt man in Linz, als man den deutsch-böhmischen Bildhauer Franz Metzner (1870 bis 1919) beauftragt, das Stelzhamerdenkmal zu gestalten. Der in Wscherau bei Pilsen in Südböhmen geborene Metzner beginnt jetzt, um 1906, sein Hauptwerk zu gestalten.
Der Steinmetz Metzner ist als Bildhauer Autodidakt. Aber bereits mit 22 Jahren entwirft er Modelle für die Berliner Porzellanmanufaktur. 33jährig wird er als Professor an die Kunstgewerbeschule nach Wien berufen, kehrt aber nach drei Jahren, 1906, nach Berlin zurück, wo er sich ein Atelier in Zehlendorf schafft. Das Pendeln zwischen Wien, Böhmen und Berlin ist

31 Alfred Kubin, ein Selbstbildnis des großen Illustrators, etwa aus der Zeit, da er in Zwickledt in Oberösterreich ansässig wird.

32 Ferdinand Georg Waldmüllers Bild Bad Ischl vom Sophienplatz (heute in Berlin). Das Salzkammergut wird in der Zeit des Biedermeiers, aber auch später bevorzugter Schauplatz des Landschaftsmalers – weit über den oberösterreichischen Kreis hinaus.

33   Die Enthüllung des Linzer Stifterdenkmals am 24. Mai 1902.

34 Das 1938 abgetragene Denkmal für Kaiserin Elisabeth, ein Werk des Bildhauers Radhausky, das rechts vom Landhausportal angebracht war.

35, 36   Die Bildhauer Franz Metzner (Schöpfer des Linzer Stelzhamer-Denkmals) und Viktor Tilgner (Schöpfer des Steyrer Werndl-Denkmals) in ihren Wiener Ateliers.

für Metzner bezeichnend. 1904 entwirft er einen Nibelungenbrunnen für Wien, doch wird nur die Rüdigerfigur in Bronze ausgeführt, die über die Moderne Galerie Prag nach Gablonz gelangt und hier vor dem Rathaus ausgestellt wird. Das Monument kommt 1968 über Schweizer Mittelsmänner nach Neugablonz in Bayern[15]. Wäre der Nibelungenbrunnen in Wien ausgeführt worden, hätte die seinerzeitige Reichshauptstadt die bedeutendste Freiplastik der Jugendstilepoche erhalten. Zwischen 1906 und 1908 wird das Stelzhamerdenkmal für Linz geschaffen und fast gleichzeitig, in den Jahren 1906 bis 1913, die Bildwerke für das Völkerschlachtdenkmal in Leipzig, das nach den Entwürfen des Architekten Bruno Schmitz errichtet wird. Jenen Bruno Schmitz hatte man sich schon Jahre vorher zur Errichtung des Oberösterreichischen Landesmuseums geholt, das zu seinen Jugendwerken zählt. Die Figuren am Leipziger Völkerschlachtdenkmal sind Metzners Hauptwerk und „von zeitloser Größe", insbesondere die Figuren „Tapferkeit", „Opferwilligkeit", „Begeisterung" und „Glaubensstärke". Nach weiteren Werken in Deutsch-Böhmen (1906 Brunnen für Reichersberg, 1909 Denkmal für Kaiser Joseph II. in Teplitz) entstehen Plastiken in Zusammenarbeit mit den besten Architekten seiner Zeit, Hoffmann, Kaufmann und Bruno Schmitz.

Metzner, der 1919 als 49jähriger in Berlin stirbt, wächst, wie schon sein Pendeln zwischen Berlin und Wien zeigt, über den österreichischen Raum, der damals noch ein Großreich ist, hinaus. Die Wiener sehen ihn nicht mehr als einen Gast; sie schätzen ihn, doch sein Werk bleibt ihnen fremd.

Der Auftrag von Linz an Metzner ergeht an den noch jungen, 36jährigen Bildhauer. Man rückt von Künstlern ab, deren Spezialität Büste und Kleinplastik sind und die in Linz und Steyr sich erstmals an Großdenkmälern bewährten. Jetzt, bei Metzner, beauftragt man einen Künstler, dessen eigentliches Element die Großplastik ist. Das sieht man auch sofort beim Linzer Stelzhamerdenkmal. Es fehlt erfreulicherweise jeder Pathos, man vermißt aber auch ein Sich-Hineinversetzen in das Wesen des so eigenwilligen Mundartdichters.

Immerhin: während Metzner für Wien nur zwei – wenn auch großartige – Entwürfe (Lessingdenkmal, Nibelungenbrunnen) fertigt und nur die von ihm beeinflußten Bildhauer zum Zuge kommen, vermag er in Linz seinen Denkmalsplan auch zu realisieren.

Für das Linzer Stelzhamerdenkmal wiederholt sich die Prozedur wie bei der Errichtung des Stifterdenkmals. Der Linzer Denkmalausschuß unter Obmann Realschuldirektor Johann Commenda sammelt in Oberösterreich und Salzburg 8440 Kronen, das Wiener Komitee (unter Bibliothekar Dr. Matosch) bringt es auf 3560 Kronen und zu diesen rund 12.000 Kronen will das

Ministerium weitere 12.000 Kronen dazuschießen und spricht von einem ,,unüberschreitbaren Gesamtbetrag von 24.000 Kronen". Dann aber werden verhältnismäßig sehr viele Künstler zu einem Wettbewerb eingeladen: der aus dem dalmatinischen Küstenland stammende Alfonso Canciani, der in Marburg an der Drau geborene Joseph Heu, der Wiener Wilhelm Hejda, der in Znaim in Südmähren geborene Theodor Charlemont, der in einem anderen Zusammenhang genannte Rolf von Weyer und schließlich Franz Metzner. Weyer lehnt wegen Arbeitsüberlastung ab. Preise zu je 600 Kronen erhalten Charlemont, Hejda und Metzner. Die für diesen Zweck um Commenda und Dr. Matosch verstärkte ministerielle Kommission spricht sich für Metzner aus. Die ministerielle Ausschreibung hatte Modelle in einer Größe eines Sechstels der Originalgröße gefordert. Allerdings bleibt es nicht bei den vorerst fixierten 24.000 Kronen. Metzner fordert ein Pauschale für Entwurf und Ausführung von 32.000 Kronen, wobei allerdings der zuerkannte Preis von 600 Kronen eingeschlossen ist. In einer Besprechung der ministeriellen Kommission mit dem Bildhauer, der schon den ,,Staatsauftrag" erhalten hatte, wird beschlossen, die Ausführung nicht in Marmor, sondern in Bronze zu realisieren, auch beim Sockel ist eine Änderung vorgesehen. Die Linzer drängen auf mehr ,,Porträtähnlichkeit" und das Ministerium verweist in einem nachträglichen Schreiben an Metzner, den Namen ,,Stelzhamer" nur mit einem ,,m" zu schreiben[16].
Während die Linzer ,,Tagespost" Metzner ,,als zu den ersten Bildhauern Deutschlands zählend" wertet[17] und als hervorragendsten Zug von Metzners Stelzhamerdenkmal ,,den großen monumentalen Zug" hervorhebt, wird ausführlich der Kritiker der Prager ,,Bohemia", August Ströbel, zitiert, der u. a. schreibt: ,,. . . Ich muß bekennen, daß ich nie eine Zeile von Stelzhamer gelesen habe. Wenn ich nun dieses Denkmal ansehe . . . mit einem Mund voller Güte und Augen, die in Schalkheit und Wehmut zugleich blicken . . . da muß ich mir denken: das ist einer, den die da rundherum, seine Linzer, unter denen er ja stehen soll, immer gut verstanden haben, weil er halt zu ihnen gehört hat mit Seele und Herz . . .[18]." Und Ströbel wertet noch ,,die wundervoll rhythmische Konstruktion des Unterbaues" – obwohl schon 20 Jahre vorher Rodin gebeten hatte, seine ,,Bürger von Calais" ohne Sockel – sozusagen erzene Menschen unter lebenden – aufzustellen, etwas, was allerdings die Bürger von Calais zu Ende des 19. Jahrhunderts auch nicht akzeptierten.
40 Jahre später – inmitten der nationalsozialistischen Zeit – sieht man in Linz die Proportionen verständlicherweise etwas anders, Dr. Hermann Übell bezeichnet Rathauskys Stifterdenkmal als ,,Seitenschößling der großartigen Blüte der Wiener Denkmalplastik in der zweiten Hälfte des 19. Jahr-

Ein einziger Oberösterreicher 355

hunderts . . . die durch ihren gemütlichen Realismus sehr populär geworden ist". Dann aber vergleicht er Rathausky mit Metzner: ,,Begnügte sich Rathausky mit der naturalistischen Wiedergabe der äußeren Erscheinung seines Dichters, ohne auch nur den Versuch zu machen, in dessen inneres Wesen vorzudringen, so ging Franz Metzner, als er seinen Stelzhamer gestaltete, kühn aufs Ganze, indem er den großen Dialektdichter als Verkörperung und Sinnbild seines kraftstrotzenden, erdenfrohen Stammes auffaßte. Rathauskys Stifter ist eine Genrefigur, Metzners Stelzhamer ist ein Monument[19]."
Das 1911 in Ried errichtete Stelzhamerdenkmal ist ohne das Linzer Denkmal kaum denkbar, wenn auch die Sockelplastik das Volkstümliche stärker unterstreicht. ,,In der Figur" – so der ,,Tagespost-Kritiker" von 1911 – ,,erstrebt der Künstler die Volkstümlichkeit der Gestalt des Dichters als eines Naturmenschen in realistischer Weise darzustellen. Stelzhamer steht aufrecht, leicht auf den Wanderstab gestützt, sinnend Land und Leute betrachtend. Das Relief weist gleichsam auf das von ihm besungene Innviertel hin, das sich bei Gesang und kräftigem Trinken vergnügt[20]."
Erwähnenswert ist, daß der Schöpfer dieses Rieder Stelzhamerdenkmals, Anton Gerhard (Gerhart), der einzige oberösterreichische Bildhauer jener Jahre ist, dem in seiner Heimat der Auftrag für ein Großdenkmal übertragen wird. Allerdings macht auch Gerhard seinen Weg über Wien und der Auftrag wird dem in Wien wirkenden Künstler übertragen. Das Denkmal des Innviertler Dichters paßt ebensogut zu den Rieder Bürgerhäusern wie das Standbild des Dichters der späteren Landeshymne in das Grün des Linzer Volksgartens.
Stelzhamer hat übrigens einen anderen oberösterreichischen Bildhauer fasziniert; den aus Steinbruck in der Gemeinde Pram geborenen Mathias Renner. Renner, gleichermaßen ein Schüler Kundmanns wie Rathauskys, modelliert zwei Büsten Stelzhamers; eine wird dem Landesmuseum von Hofrat Egger von Möllwals zum Geschenk gemacht. Von Renner stammt aber auch das Stelzhamermedaillon auf des Dichters Grab. Erst 34jährig, stirbt Renner, von dem auch die Büste Bischof Rudigiers stammt, in München[21]. Die Initiativen von Steyr und Linz finden im ganzen Land mancherlei Nachahmung. So trägt eine 1906 errichtete Gedenktafel in Mauerkirchen für den dort gebürtigen Reformator des Salzburger Schulwesens und ,,Vater der Waisen in Wien" Franz Michael Vierthaler (1758 bis 1827) ein Reliefporträt von Eduard Loidolt. Im selben Jahr 1906 wird in Mettmach dem langjährigen Lehrer Wilhelm Böheim ein Denkmal gewidmet, ein Werk des Wiener Bildhauers Abros. Für Fürstin Ignazia Wrede, einer großen Wohltäterin der Armen, wird 1913 im Zentrum von Mondsee ein Denkmal errich-

tet, für das der Wiener Bildhauer Prof. Rudolf von Weyer den Entwurf liefert. Weyer, ein Wiener, Schöpfer zahlreicher Wiener Denkmäler, wird „neben Tilgner als führender österreichischer Bildhauer der Makart-Zeit" bezeichnet. 1904 wird ein Kaltenbrunnerdenkmal in Enns enthüllt, wobei die Büste vom Wiener Bildhauer Josef Bayer stammt. Das Denkmal für den Lambacher Bürgermeister und Gründer der Sparkasse (mit Relief von Abt Theodor Hagn, Anton Hafferl, Dr. Franz Hepper und Engelbert Richter) stammt vom Wiener Architekten A. Gürlich, die Plastiken von Bildhauer Ernst Hegenbarth. Den aus Böhmen stammenden Bildhauer Hegenbarth holt man sich übrigens öfter nach Oberösterreich; so gestaltet er ein Brahmsmedaillon für Gmunden und ein Justitiastandbild für den Welser Gerichtssaal. In Wien und Budapest gestaltet er Plastiken an Theatern. Die Reliefplastik auf der Gedenktafel für den Komponisten Wilhelm Kienzl an seinem Geburtshaus in Waizenkirchen ist ein Werk des Grazer Bildhauers Hans Brandstetter.

Ist die Begabung des Oberösterreichers für die Bildhauerei bescheiden oder hat das bescheidene Ausmaß der Aufträge vorhandene Begabungen verkümmern lassen? Vermutlich trifft beides zu. Sowohl die Zahl der in Oberösterreich geborenen und in Wien wirkenden Künstler wie der in Oberösterreich tätigen hält sich in den letzten Jahrzehnten der Monarchie in engen Grenzen – in weit bescheideneren als im Bereich der Malerei.

In Wien, das die Begabungen aller Länder der Monarchie an sich zieht – denken wir etwa an den großen Kroaten Ivan Mestrovic, den Tschechen Josef Václav Myslbek, die Deutsch-Böhmen Franz Metzner und Joseph Maria Olbrich –, aber auch selbst eine große Zahl von Bildhauern hervorbringt, wirkt in dieser Zeit eigentlich nur der in Wels geborene Karl Sterrer, der Bruder des Malers Josef Sterrer d. Ä. Er gestaltet Bauplastik für das Kunsthistorische Museum und die Neue Hofburg, Figuren am Portal der Hochschule für Bodenkultur, dazu fürs Parlament die Figuren Tacitus, Cicero und die Giebelgruppe „Einigkeit". Die Linzer Sparkasse beauftragt ihn, die Büste von Kaiser Franz Joseph zu modellieren[22]. Er nimmt, wie schon erwähnt, auch vergeblich am Wettbewerb um das Linzer Stifterdenkmal teil. Noch herrscht in Oberösterreich weithin der romantische und neugotische Stil; die Aufträge kommen fast ausschließlich von der Kirche. Vertreter dieser Stilrichtungen sind der aus Kukus in Böhmen stammende Stifterfreund Johann Rint. Der Holzschnitzer, der ursprünglich als Pfeifenschnitzer beginnt, lebt seit 1848, nachdem er in Linz sein Werk in einer Ausstellung gezeigt hatte, in Linz. Seine bekanntesten Werke sind das Relief „Radetzkys Einzug in Mailand" in Schloß Ambras in Tirol, ein Relief mit Szenen Tassilos in Kremsmünster und 14 Kreuzwegreliefs in der Antiquitätensammlung

des Stiftes St. Florian. Er ist es, der unter Stifters Leitung den Kefermarkter Altar restauriert. Künstlerisch bedeutsamer ist sein Sohn Joseph Rint, der allerdings schon 32jährig stirbt. Zahlreiche Altäre und Heiligenstatuen in oberösterreichischen Kirchen stammen von ihm; Adalbert Stifter ist mit beiden verbunden und lobt ihr Werk überschwenglich.
Aber nicht nur Oberösterreicher betätigen sich in dieser „Zwischenzeit" als Plastiker in Linz. Überwiegend noch in die erste Hälfte des 19. Jahrhunderts fällt das Wirken des Schlesiers Franz Schneider, der über einen Auftrag für die Kreuzwegstationen von Gramastetten 1834 nach Linz kommt; von ihm stammt auch die Steinplastik „Religion" im Hof des Wilheringer Stiftes. Fortgeführt wird Schneiders damals in Linz sehr geschätzte Kunstrichtung durch seinen Schüler, den Linzer Bildhauer Franz Liebert, der auch gemeinsam mit Johann Rint die Totenmaske von Bischof Ziegler abnimmt, nach der er eine Büste gestaltet. Aus Tirol kommt Engelbert Westreicher. In München ausgebildet, errichtet er in Linz eine weit über Oberösterreich hinaus wirkende Kunststätte für kirchliche Kunst. Er und ein weiterer Schneiderschüler, Franz Oberhuber, werden von zahlreichen oberösterreichischen Pfarren beschäftigt. Oberhuber und Joseph Rint sind es, die Stifters Totenmaske abnehmen, Franz Oberhuber wird dann der Lehrer von Sattler. Dieser Joseph Ignaz Sattler (nicht zu verwechseln mit dem im 18. Jahrhundert wirkenden Leonhard Sattler) studiert nach seiner Linzer Lehrzeit in München. Von ihm stammen vor allem die Immaculata-Statue der Pfarrkirche von Schardenberg, die Märtyrergruppe am Altar der Schmerzhaften Mutter Gottes im Linzer Dom, eine Weihnachtsgruppe in St. Valentin (NÖ.) und die Weihnachtskrippe von Wilhering. Sattler nimmt am Wettbewerb um das Linzer Elisabethdenkmal teil, ohne zum Zug zu kommen. Vor allem Tierplastiker ist Franz Wenger aus Zell am Moos, dessen Kleinplastik „Transport eines erlegten Hirsches" in Besitz von Kaiser Franz Joseph kommt. Er ist ab 1872 Leiter der Fachschule für Holzschnitzerei in Mondsee, die 1881 nach Ebensee verlegt wird. Aus dem Salzburgischen kommt der Lehrer für Modellier- und Bildhauerkunst von Hallstatt, Leopold Pölleritzer, der Werke für Hallstatt, St. Leonhard und den Pöstlingberg gestaltet; aus Moldautein stammt der Bildhauer und Maler Adolf Stanzl (Hochaltar von Steinbach an der Steyr). Daneben wirkt der Linzer Bildhauer Friedrich Kolbe und Hans Greil, der Bruder des Malers Alois (Brunnendenkmal zur Erinnerung an die Eltern von Kaiser Franz Joseph in Bad Ischl). Schon erwähnt ist der früh verstorbene Mathias Renner.
Bedeutsamer ist schon der Kreis jener Bildhauer, deren Lebenswerk überwiegend in die Zeit nach dem ersten Weltkrieg fällt; ihr Wirken beschränkt sich auch keineswegs auf Oberösterreich. So wirkt Wolfgang Wallner aus

St. Wolfgang als Bildhauer in Wien und Budapest und als Professor in Köln, wo auch sein künstlerisches Werk zu finden ist. Von dem im gleichen Jahr 1884 geborenen Mühlviertler Adolf Wagner (Wagner von der Mühl), auch er in München und Wien ausgebildet, findet sich einiges aus seinem künstlerischen Beginnen in Oberösterreich, so die Plastik „Christus als Lehrer" im Festsaal der Linzer Realschule, eine Marmorstatue Stelzhamers im Landesmuseum (1908) und „Berggeist", eine Statue, die erst nach dem ersten Weltkrieg im Linzer Hatschekpark aufgestellt wird, für die er aber 1912 den Rom-Preis erhält. Später entstehen von ihm zahlreiche Porträts, auch von Oberösterreichern, so von Bruckner, Dinghofer, Fadinger und Hatschek[23]. Erwähnt soll die Planung eines Franz-Ferdinand-Denkmals in Enns aus dem Jahr 1914 werden, betrieben vor allem durch Fürst Starhemberg[24]. Auch machte man in den späten dreißiger Jahren den Versuch, das nach Ende des ersten Weltkrieges in Prag abgetragene Radetzkydenkmal der Brüder Josef und Emmanuel Max für Linz zu erwerben[25]. Damit hätte Linz eines der reizvollsten und eigenwilligsten Denkmäler aus der Spätphase der franziszäischen Zeit erhalten. Graz konnte allerdings das 1877 für Pola errichtete Tegetthoffdenkmal von Kundmann 1935 käuflich erwerben.

Immer wieder wird der Versuch gemacht, Klassizismus und Romantik streng, auch chronologisch, zu trennen. Und man meint auch, daß beim Klassizismus der Bildhauer, in der Romantik der Maler dominiert. Aber gerade in Oberösterreich werden die fließenden Übergänge besonders deutlich; man erkennt den auch im Künstlerischen sichtbaren West-Ost-Trend, die vielfach vom Westen kommenden, Oberösterreich überspringenden und erst von Wien, also von Osten, nach Oberösterreich vordringenden neuen Stilrichtungen. Die Mittelstellung Oberösterreichs zwischen München und Wien, in der Malerei immer wieder sympathisch spürbar, ist in der Bildhauerei, ist in der Plastik selten nachweisbar. Alle wesentlichen in Oberösterreich beschäftigten Bildhauer kommen aus Wien.

Man kann also in Oberösterreich Stilrichtungen nicht nach Jahreszahlen – auch nicht in ihrer Verzögerung gegenüber Frankreich und den deutschen Ländern – erfassen. Während hier etwa schon das „modernste" Denkmal dieser Gründerjahre im plastischen Bereich, Metzners Stelzhamerdenkmal, errichtet wird, ist die Neugotik noch nicht völlig abgeschlossen, weder in vereinzelten Dorfkirchen noch im Linzer Dom, dessen Bau erst ein Jahrzehnt nach dieser Denkmalerrichtung abgeschlossen wird.

Aber nicht nur eine zeitliche Einschachtelung ist unmöglich. Auch viele andere – gewiß immer wieder fragwürdige – „Gesetzmäßigkeiten" gelten für Oberösterreich nicht. Hier gibt es, erfreulicherweise, keinen „kostümierten Historismus" – dazu sind die dargestellten Persönlichkeiten auch gar nicht geeignet. Stifter ist bei Errichtung seines Linzer Denkmals erst 34 Jahre tot und Stelzhamer erst 22 Jahre. Kaiserin Elisabeth war nur vier Jahre vor der Errichtung der Linzer Gedenktafel ermordet worden und Kaiser Franz Joseph ist bei der Enthüllung seines Denkmals in Bad Ischl sogar persönlich anwesend. So kennt man weder in Linz noch in Steyr oder Ischl die ,,geborgten Formen" des historischen Stils. Man kennt bei den oberösterreichischen Standbildern verständlicherweise auch keine ,,blutleere Allegorik" und der ,,sachliche Realismus" jener Jahre ist großteils in einen ,,gemütlichen Realismus" gewandelt. Aber auch andere, Wiener und ausländische Wertungen und Erfahrungen gelten für Oberösterreich nicht; so ist nirgends der Pathos des romantischen französischen Bildhauers Rude sichtbar, den wir in seiner ,,Marseillaise" am Pariser Arc de Triomphe erkennen.

Mehr als nur Fassaden

Die dem Barock und Rokoko folgenden Stilrichtungen haben es in Österreich und auch in Oberösterreich nicht leicht: zu viel wird im Barock und Rokoko gebaut und umgebaut, so daß für die wenigen Bauträger und Bauherrn jener Zeit, Adel und Kirche, kein Nachholbedarf bleibt. Überdies kann Oberösterreich keineswegs als ein vom Adel besonders geprägtes Land angesehen werden, wie etwa die Nachbarländer Böhmen, Niederösterreich oder die Steiermark, auch hängt der Adel nicht allzusehr an seinen oberösterreichischen Schlössern. Und die Kirche erfüllt mehr als ihr „Plansoll" in der Barockzeit.
So hinterläßt vorerst der Klassizismus im Lande ob der Enns nur bescheidene Spuren und auch die Architekten dieser Stilrichtung gehören nicht der Spitzenklasse an. Angesichts der wenigen Beispiele dieses klassizistischen Stils im Land kann man auch kaum die verschiedenen Spielarten unterscheiden. Für Oberösterreich muß vor allem die Umgestaltung des Starhembergschlosses in Eferding (etwa 1785 bis 1791) durch Andreas Zach aus dem Kreis der Wiener „Barockklassizisten"[1] erwähnt werden. Neben wenigen anderen Beispielen, vorwiegend in den oberösterreichischen Kurorten, folgt ein Jahrzehnt später in Linz die Neugestaltung von Redoutengebäude und Theater durch Ferdinand Mayr, ständischer Architekt in Linz (1803). Erst 140 Jahre später versucht Adolf Hitler mit seinen Architekten, einen erneuerten Klassizismus bei den Umgestaltungsplänen von Linz heimisch zu machen[2].
Klassizismus und Empire sind in den Stadtbildern der oberösterreichischen Städte und bei den ersten Bauten der Pferdeeisenbahn fast zu übersehen; einmal wegen der Schlichtheit und Bescheidenheit der Gebäude; dann wegen der geringen Zahl der damals errichteten Bauten, die später noch durch Krieg und Unverständnis vermindert werden. In kleineren Orten, wie etwa in Kirchschlag, der „Sommerfrische" der Linzer, das auch Stifter so liebt, oder in Ischl halten sich Biedermeierensembles länger als in Linz, wo Miethäuser der Jahrhundertwende bald das sehr reizvolle, aber unscheinbare Biedermeierhaus verdrängen.
Dann ist es Erzherzog Maximilian von Este, selbst Amateur-Architekt wie manche anderen Adeligen seiner Zeit, der gemeinsam mit dem Baumeister Friedrich Sieghartner und Oberst Schönemark zwischen 1828 und 1833 jene imitierten, aber auch belächelten und gottlob nie benützten 33 Festungstürme rings um Linz plant und baut[3]. Die Umgestaltung des Freinbergturmes in ein Wohnhaus und die gleichermaßen im romantisch-neugotischen

Stil errichtete Maximilianskirche (1833, 1836) leiten zum Stil des Historismus über, der bald sehr stark das Stadtbild von Linz beeinflußt, weniger das anderer oberösterreichischer Städte. 1851 folgt schließlich der anschließende Bau des Jesuitenklosters.

Hatte der Klassizismus nur jeweils antike Muster und Regeln anzuwenden versucht, nicht aber eine reine Wiederholung antiker Gestaltungsprinzipien, so ist es jetzt anders. Man versetzt sich ins Mittelalter, in die frühchristliche Kunst und dann wieder in die der Hochgotik, in französische oder Florentiner Renaissance und in englische Gotik in den Tudor-Stil, was insbesondere der Adel in Südböhmen und in Niederösterreich für die Neugestaltung seiner Schlösser bevorzugt.

So wie für den Klassizismus (etwa 1770 bis 1830), die Zeit des Empire unter Napoleon I. (1800 bis 1815), die Biedermeierzeit, also den „Vormärz" (insbesondere 1815 bis 1848), gibt es auch für den „Historismus" oder den „Eklektizismus" (1840 bis 1900) zeitliche Hinweise. Das sind aber nur Behelfsangaben. Die Stile überschneiden sich nicht nur zeitlich; für Wien und für Oberösterreich ergeben sich nicht unwesentliche Verschiebungen; übrigens auch für Linz und das übrige Oberösterreich. Schließlich gibt es nicht nur zeitbedingte Moden, auch die Interessen und der Geschmack der Bauherrn ist entscheidend, ebenso wie Alter und Einstellung des Architekten oder Baumeisters. So werden auch nach 1848 in Linz und im übrigen Oberösterreich weiterhin Bürgerhäuser in biedermeierlich-klassizistischer Art errichtet.

Der Wiener Hofarchitekt Paul Sprenger entwirft die Saline in Ebensee und das Salzamt in Gmunden, 1855 das alte Kurhaus in Bad Hall, das erst nach seinem Tod vollendet wird, auch die Entwürfe für das Linzer Hauptzollamt von 1853 gehen auf ihn zurück. Auch der Einfluß des in Wien wirkenden Dänen Theophil von Hansen, des Schöpfers des Wiener Parlamentsgebäudes, ist in Oberösterreich erkennbar. Er entwirft die Pläne für das Linzer Allgemeine Krankenhaus, von denen einiges realisiert wird, so das Hauptgebäude (1863 bis 1865). Villen von Theophil Hansen in Oberweis und in Traunkirchen (hier im byzantinischen Stil) leiten zur Gruppe der Salzkammergutvillen mit einer bewußten Stil-Vielfalt über.

Soweit der aus Wien kommende Einfluß, wobei Sprenger aus dem schlesischen Sagan, Hansen aus Dänemark stammt. Rheinischen Einfluß bringt der Kölner Dombaumeister Vinzenz Statz mit seinem Plan für den Neuen Dom nach Linz. Dieser im Stil der französischen Hochgotik geplante und realisierte Dom erhebt sich bald über die zahlreichen Linzer Bürgerhäuser mit antikisierenden Formen, solchen in Neugotik, Neurenaissance oder

romantisch ausgestatteten. Allerdings steht bei den Linzer Dombauplänen vorerst auch die Frage „gotisch oder byzantinisch" zur Diskussion.
Statz hatte im Wettbewerb um die Wiener Votivkirche den zweiten Platz errungen, für den Linzer Dom wird merkwürdigerweise kein Wettbewerb ausgeschrieben. Als man Statz mit den Planungen des Linzer Domes beauftragt, meint man, an der Spitze der Moderne zu marschieren. 1858 kommt er zu ersten Besprechungen nach Linz, 1859 werden seine ersten Planungen im Kunstverein ausgestellt. Zwischen 1862 und 1924 wird, unterbrochen durch den ersten Weltkrieg, in der langen Bauzeit von 62 Jahren dieser Dom errichtet. Nicht nur, daß sich Bischof Rudigier für den Baustil begeistert; auch Adalbert Stifter meint auf Grund der Pläne, es werde nicht nur der bedeutendste Bau von Linz, sondern einer der schönsten Bauten der neueren Zeit sein. Die späteren Reaktionen sind unterschiedlich. Man verweist etwa darauf, daß es kein Zufall sei, daß Linz ein spätes und vielleicht das letzte Werk des romantischen Sakralbaues erhalten habe, während in Wien – die Votivkirche wird nach den Plänen von Heinrich Ferstl errichtet – bereits der Historismus Einzug gehalten hat. Es fehlt aber auch nicht an abwertenden Charakterisierungen, wie „trockene Stilkopie"[4].
Weitere oberösterreichische Kirchen im Spannungsfeld von Romantik und Historismus müssen genannt werden, wie die Familienkirche „im freien Neurenaissancestil" (1907 bis 1912, Dombaumeister Matthäus Schlager), die Herz-Jesu-Kirche im neuromanischen Stil (1901 bis 1903), die Pfarrkirche des damals noch selbständigen Kleinmünchen (1912 im neuromanischen Baustil, innen mit Renaissancemotiven). Fast als Kopie des Linzer Domes erscheint die Pfarrkirche von Bad Hall (1868 bis 1889)[5]. Diese Kirchenbauten werden bis hin zum Vorabend des ersten Weltkrieges gebaut. Nicht nur, daß die Kirche mit diesen Bauten den Profanbauten nachhinkt; mit dieser Architektur zwingt sie auch die von ihr beschäftigten bildenden Künstler, dieser Stilrichtung zu folgen. Bei der Neugestaltung der Herz-Jesu-Kirche in Linz nach dem zweiten Weltkrieg wird allerdings unter Beweis gestellt, daß die Innenausstattung nicht zwangsläufig dem Stil des Architekten folgen muß.
Nicht so auffallend wie diese Kirchenbauten sind die Profanbauten in diesen Stilrichtungen, Bürgerhäuser mit antikisierenden Formen, solche in Neugotik und vor allem in Neurenaissance; daneben auch die bedeutenderen Profanbauten, wobei bemerkenswert ist, daß die im politischen und weltanschaulichen Bereich miteinander ringenden Gruppen, katholische Kirche und liberales Bürgertum, meist denselben romantischen Stilrichtungen huldigen. Beispiele dafür sind das Sparkassengebäude an der Promenade (1886 bis 1892) im Neubarock, das Bischöfliche Knabenseminar „Col-

legium Petrinum", ein riesiger Vierkanter im Stil der Neurenaissance (1897), das Kaufmännische Vereinshaus (1896 bis 1898) im Neubarock und vor allem der Bau des Landesmuseums (1886 bis 1892) des deutschen Architekten Bruno Schmitz mit einem Kolossalfries von Melchior zur Strassen, der die Geschichte Oberösterreichs von der Urzeit bis zur Übergabe an die Habsburger behandelt. Der unpraktische Repräsentationsbau im Stil der Neurenaissance ist eines der ersten Werke von Bruno Schmitz, der später die Pläne des Leipziger Völkerschlachtdenkmals entwirft, wofür der durch sein Stelzhamerdenkmal ebenfalls mit Linz verbundene Bildhauer Franz Metzner die Kolossalstatuen gestaltet. Übrigens ist von dem Kolossalfries von Melchior von Straßen Adolf Hitler begeistert.
Oberösterreichische Architekten (Ignaz Scheck, Hermann Krackowizer), Wiener (Karl Sattler) und deutsche, in Wien wirkende Architekten (Otto Thienemann) wirken in dieser Bauphase in Oberösterreich – die letzten beiden Schüler von van der Nüll und Siccardsburg, die das Wiener Baugeschehen jener Jahre maßgeblich beeinflussen, Sattler plant übrigens die seinerzeit vielbewunderte Villa des Chefredakteurs der ,,Wiener Zeitung" Friedrich Uhl in Mondsee, der aus seinem Sommersitz ein kleines privates Kunstmuseum gestaltet, wie dies in jener Zeit gar nicht so selten ist. So verfügt etwa der Kleinmünchner Industrielle Wilhelm Löwenfeld in seiner Villa über eine Kunstgalerie, in der sich u. a. Werke von Cruysdael, Jan und Peter Breughel, Huysman, Rembrandt, Hals und Canaletto[6] befinden.
Neben Linz entsteht vor und nach 1900 ein weiteres Zentrum des Bauens im Salzkammergut. Die politische Prominenz und der Adel drängen sich mehr im Raum Bad Ischl, die Künstler bevorzugen den Attersee, auch Bad Aussee und Altaussee. Die verschiedensten Bauherrn – neben Österreichern auch Ausländer, vor allem Deutsche – bringen bewußt die von ihnen bevorzugten Architekten mit; die Bauherrn äußern meist noch den Wunsch, diese Landhäuser und Villen sollten sich klar unterscheiden. So entsteht etwas völlig anderes als etwa die Ansammlung von Villen reicher Venezianer an der Brenta zwischen Venedig und Padua, die bei aller Vielfalt doch eindeutig eine Stilgruppe darstellen. Aber mehr noch: diese neuen Salzkammergutvillen bauen auf keiner lokalen Villentradition auf, hier gibt es keinen dominierenden und nachgeahmten Modearchitekten – wie etwa an der Brenta Palladio –, mehr noch: hier werden diese stilistisch so unterschiedlichen Villen auf den bäuerlichen Stil des Salzkammergutes aufgepfropft, wobei allerdings die oft großzügigen Parkanlagen und Gärten mit ihrem Baumbestand dieses stilistische Durcheinander verdecken und versöhnen. In Ischl etwa reicht die stilistische Vielfalt von der Kaiservilla, dem ursprünglich nüchternen Biedermeierlandhaus, das bescheiden ausgebaut

wird, auch von den bescheidenen Bauten der Frühzeit (Theater 1827 oder Trinkhalle 1829 bis 1831) über das der Wiener Kaffeehausarchitektur geschickt nachempfundene Café Esplanade bis zur mehrfach umgebauten „Villa Landauer" (Tudor-Stil, romantische Gotik, Florentiner Renaissance) und zum prunkvollen Postgebäude. Fast noch stärker ist die Vielfalt in Gmunden und seiner Umgebung sichtbar. So wird die „Villa Toscana" anfänglich, 1867, als griechischer Tempel entworfen und gebaut; von diesem klassizistischen Stil – bis hin zu Josef Hoffmann – wird eigentlich ständig umgestaltet und umgebaut, so daß zuletzt Teile der Ausstattung ein gutes Beispiel der Wiener Secession sind. Daneben gibt es Villen im „nationalromantischen Stil", solche mit englischen Einflüssen. Ähnliche Villen in anderen Salzkammergutorten treten vielfach hinter sehr guten Bauten der zwanziger und dreißiger Jahre in den Hintergrund. Im Inneren zeigen sie – wie die schon erwähnte Villa von Theophil Hansen in Oberweis bei Gmunden oder die „Villa Toscana" – eine andere, dem äußeren Stil nicht entsprechende, wertvolle Einrichtung. Etwas Gemeinsames haben diese äußerlich so unterschiedlichen Villen doch: die Anpassung an die Witterung und den häufigen Regen durch überdachte, wind- und regenschützende Terrassen, durch die Notwendigkeit, auch mitten im Sommer heizen zu müssen. Eines dieser Häuser, die man alle trotz vielfach beachtlicher Größe, sicher in Anlehnung an die Kaiservilla in Bad Ischl, immer nur als „Villen" bezeichnet, zeigt, am Vorabend des ersten Weltkrieges gewiß nicht verfrüht, den Aufbruch in die Moderne: die „Landesvilla" in Bad Hall, erbaut von Mauriz Balzarek in den Jahren 1912 bis 1914. Balzarek, Deutscher aus der Slowakei, gehört zu den bedeutendsten Schülern von Otto Wagner. Diese Bad Haller „Landesvilla", auch heute noch ausgezeichnet erhalten, wird als der bedeutendste Bau des Jugendstils in Oberösterreich gewertet. In der Spätphase des Secessionismus wird ein fast überschwenglicher Prunk entwickelt, der Balzarek weniger als Schüler von Otto Wagner als vielmehr als einen Anhänger von Josef Olbrich und der deutschen Sonderentwicklung mit national-romantischen Elementen zeigt.
In der so bedeutenden Schule von Otto Wagner, mit Langzeitwirkung auf den ganzen Raum der Habsburgermonarchie, sind in den 18 Jahren zwischen 1894 und 1912 Oberösterreicher nur sehr bescheiden vertreten, und diese wenigen Oberösterreicher[7] wirken vielfach gar nicht in Oberösterreich. Geschult insbesondere an den Groß- und Monumentalbauten der Monarchie, finden sie vermutlich in Oberösterreich ein zu bescheidenes Betätigungsfeld. So gehört Hermann Aichinger aus Vöcklabruck zu jenen Architekten, die maßgeblich an der Errichtung der Wiener Gemeindebauten beteiligt sind. Mit seinem Partner Heinrich Schmid plant er acht Gemeinde-

bauten mit 4377 Wohnungen (Rabenhof, Julius-Popp-Hof, Mateottihof, Herwighof, Fuchsenfeldhof, Reismannhof, Somogyihof, Werndlgasse), gemeinsam mit Holzmeister entwirft Aichinger das RAVAG-Gebäude in der Argentinierstraße. In Oberösterreich entwirft er, gemeinsam mit Schmid, eine Reihe reizvoller Villen, so in Schwanenstadt und Vöcklabruck (Haus Hatschek). Ein weiterer Wagnerschüler aus Oberösterreich, Heinrich Schopper, ist gleichfalls in der Zwischenkriegszeit an der Planung Wiener Gemeindebauten (Goethehof) beteiligt, Karl Vornehm ist später als Architekt kaum tätig und Max Fellerer aus Linz, dessen Wirken ausschließlich in die Zeit nach 1918 fällt, mehr Hoffmann und Holzmeister als Otto Wagner zuzuzählen, wird zwischen 1946 und 1954 erster Rektor der Akademie für angewandte Kunst in Wien.

So ist es vor allem der Nicht-Oberösterreicher Balzarek, der die Baukunst für fast fünfzig Jahre in Oberösterreich beeinflußt, gleichermaßen als Planer, als ausführender Architekt wie als Lehrer[8]. Es wäre aber zuwenig, einzelne seiner Bauten herauszugreifen.

Er bewährt sich gleichermaßen beim Bau großbürgerlicher Villen, wie der Bad Haller „Landesvilla", kleiner, bescheidener Einfamilienhäuser und Arbeiterwohnungen (Linz 1915/16); bei modernen Geschäftshäusern (Haus Steinparzer an der Linzer Landstraße, 1911, oder EBG-Haus an der Museumstraße, 1912/13), Kaufhäusern (Neuditschka, Wels, Stadtplatz, 1911), von Industriebauten (etwa Steyrdurchbruch, 1908, später, ab 1919, auch Partenstein), Schulen und Kleinstbauten (Pförtnerhäuschen im Linzer Hatschekpark, 1912; Musikpavillon Bad Hall, 1907; Friedhofskapelle Bad Hall, 1911). Trotz zahlreicher weiterer Bauten in der Zwischenkriegszeit und auch in der nationalsozialistischen Zeit liegt der Höhepunkt in seinem Wirken in der Frühzeit, in den Jahren vor dem ersten Weltkrieg. In der Notzeit nach dem ersten Weltkrieg sind die realisierten, auch die geplanten, aber nie verwirklichten Siedlungen in verschiedenen Stadtteilen von Linz bedeutsam. Sie zeigen ihn als Verfechter des Gartenstadtgedankens, dessen bedeutsame Ansätze nach 1945 leider nicht weitergeführt werden.

Dem ähnlich begabten Josef Schulte gelingt 1911 mit dem Umbau des Rathauses in Urfahr ein Ausbruch aus dem „bürokratischen Historismus"; Schulte hinterläßt vor allem nach 1918 in Oberösterreich, insbesondere beim Schulbau, wesentliche Spuren. Beispielhaft ist etwa seine Linzer Reinhold-Körner-Schule (1910/11). „Bei diesem frühen Schulbau" – meint Friedrich Achleitner – „zeigt sich Schulte noch als der romantische, talentstrotzende Ohmann-Schüler."

Andere bekannte Architekten hinterlassen nur vereinzelt wesentliche Bauten in Oberösterreich, so der Wiener Alfred Rodler mit der Blümelhubervilla, der nachmaligen Fachschule für Eisenbearbeitung in Steyr (1908 bis 1910). So wesentlich München für die bildende Kunst in Oberösterreich ist, so bescheiden ist der Einfluß Münchner Architekten. Der Vertreter der Münchner romantischen Schule, der Architekt Messmer, plant das Berghotel am Pöstlingberg (1898) und zehn Jahre später die Direktionsvilla der Lambacher Flachsspinnerei in Stadl-Paura — jetzt im Jugendstil mit romantischen Elementen. Der bekannteste ausländische Architekt dieser Zeit, der Berliner Hermann Muthesius, der für ein Projekt nach Oberösterreich gerufen wird, einer der Mitbegründer des deutschen Werkbundes, plant 1909 die ,,Villa Würzburger" in Wels mit Anklängen an den englischen Landhausstil.

Die frühen Bauten von Balzarek und Schulte fallen zeitlich mit den Bauten der Familienkirche oder der Kleinmünchner Pfarrkirche zusammen. Der Übergang von Eklektizismus und Historismus zu Sezession und Jugendstil ist keineswegs so abrupt, sondern sich überschneidend; wesentlicher ist der erste Weltkrieg, doch wird, insbesondere von Schulte und Balzarek, auch nach 1918 nahtlos fortgesetzt. Angesichts der Not der Bevölkerung ist nach 1918 zwar der private Bau stark zurückgedrängt, aber bei den öffentlichen Bauten, Schulen, Rathäusern, Kurheimen, Fabriksgebäuden wird viel und gut gebaut.

Nicht unberücksichtigt bleiben darf die Entwicklung der Arbeiterwohnungen, der Arbeiterreihenhäuser und Arbeitersiedlungen. Der Bau setzt 1870 unter Werndl in Steyr ein und wird dann zwischen 1875 und 1888 auf der Steyrinsel, schließlich im ersten Weltkrieg fortgesetzt; hier ist 1915/16 auch Balzarek eingeschaltet. Es handelt sich um bescheidene, aber funktionsgerechte Wohnungen, die aufgelockert gebaut, ebenerdig oder einstöckig gestaltet sind. Später folgen Klein- und Arbeitersiedlungen in anderen Industrieorten, insbesondere auch in Linz[9].

Dichter, aber auch Denker?

Mit mehreren Paukenschlägen dokumentiert in der zweiten Hälfte des 19. Jahrhunderts das Bauernland Oberösterreich, die „Provinz", daß es gewichtiges Kulturland geblieben war: durch Adalbert Stifter, Franz Stelzhamer, Anton Bruckner, Hermann Bahr und Alfred Kubin. Dabei ist nur Bahr ein Vertreter jener bürgerlichen Führungsschicht, die 1848, dann insbesondere 1861, an die Macht drängt, durch Jahrzehnte die Politik entscheidend beeinflußt, insbesondere aber bei der Intelligenz dominierend ist. Alle anderen entstammen kleinen und kleinsten Bauern- und Handwerkerfamilien.

Das Übergewicht im Bereich der Dichtung und der Dichter ist vorerst unübersehbar, ebenso die Tatsache, daß zwei der „Großen", Stifter und Kubin, aus dem böhmischen Raum kommen, mögen sie und ihr Werk auch später mit Oberösterreich schlechthin identifiziert werden.

Der in Oberplan geborene Stifter, der in Kremsmünster studiert hatte, kommt erst im Revolutionsjahr 1848 nach Oberösterreich; er beginnt als staatlich bezahlter Chefredakteur einer in Privatbesitz befindlichen Zeitung, der „Linzer Zeitung"; als ihn der Herausgeber und Drucker für das Sinken der Auflagenhöhe verantwortlich macht – denn nur äußerlich ähneln die Berufe eines Redakteurs und eines Dichters – scheidet Stifter aus, wobei der Statthalter sofort den Ministerpräsidenten informiert und dessen Stellungnahme erbittet[1]. Dann wird Stifter, ohne daß ihn seine Vorbildung dazu prädestinieren würde, Schulrat, Landesschulinspektor; er spielt auch beim Kunstverein, in der Kunstkritik, bei Fragen des Denkmalschutzes eine Rolle. Er lebt also keineswegs nur der Dichtung; er hat andere, wenn auch verwandte Hauptberufe – sehr zum Unterschied etwa zu Franz Stelzhamer. Stifters dichterisches Werk erscheint in drei sehr unterschiedlichen Perioden; die politischen Grenzlinien zwischen Vormärz, Revolutionsjahr, Neu-Absolutismus und Verfassungsära berühren den Menschen Stifter sehr wohl; in seinem Werk treten diese Grenzen, treten diese Perioden nur gelegentlich in Erscheinung – vor allem in seinem Widerwillen gegen Revolution, Unordnung, Chaos. Stifter wird vorerst als wesentlicher Dichter des Biedermeier gewertet; seine ersten Werke, so auch „Die Mappe meines Urgroßvaters", erscheinen im Vormärz. Schon hier erkennen wir als Grundidee die Erziehung des Menschen zu Mäßigung und Einordnung. Die Revolution von 1848 und die nachfolgende Zeit erweisen ihn als „Mann des Maßes und der Freiheit". Schwerpunkt von Stifters Wirken fällt aber in jene Ära, die politisch als Neo-Absolutismus bezeichnet wird; einige, etwa die

„Bunten Steine", sind überwiegend in die oberösterreichische Landschaft eingebettet. Die reifsten seiner Werke, so der „Witiko", fällt in die konstitutionelle Zeit, die Zeit sich öffnender bürgerlicher Freiheiten und der im Ausbau befindlichen Demokratie. Es ist dieselbe Zeit, in der auch für Franz Grillparzer der Höhepunkt seines künstlerischen Schaffens liegt.

Für den Dichter, den Künstler schlechthin, gelten aber in erster Linie andere Grenzen und andere Epochen. So wird auch Stifter, der als typischer Dichter des Biedermeier begonnen hatte, Repräsentant eines neuen Realismus mit dem Menschen im Mittelpunkt. Bei Stifter wird dieser Mensch allerdings nie ohne Beziehung zum Transzendenten gesehen; er ist kein illusionsloser Betrachter der Wirklichkeit. Entsagung und Resignation, Bindeglied zwischen Biedermeier und Realismus, sind auch bei Stifter deutlich sichtbar.

Es geht aber nicht nur um die stilistische und zeitliche, sondern auch um die lokale Einordnung des Dichters. Gewiß: wie viele andere seiner Landsleute macht auch Stifter den Umweg vom benachbarten Böhmerwald nach Linz über Wien. Und wie der landschaftliche Übergang von seinem Geburtsort Oberplan ins Mühlviertel nahtlos ist und zu Stifters Zeiten nur durch eine historische, für das Alltagsleben aber bedeutungslose Grenzlinie getrennt erscheint, so ist es auch mit seinem Werk. „Der Dichter des Böhmerwaldes ist er nur mit dem kleinsten Teil seines Werkes", schreibt Josef Nadler. „Stifter ist zuerst und zuletzt der Dichter Oberösterreichs[2]."

Der Dichter war mit einem knappen, fast bescheidenen Werk, aber mit geachtetem Namen nach Linz gekommen. Er ist kein verkanntes Genie. Er genießt Hochachtung, ist sich aber auch immer seines Wertes bewußt. Die Statthalter schätzen den „Schulrat", nicht minder Diözesanbischof Rudigier. Fast scheint es, als brande der erbitterte Kampf zwischen Liberalen und Katholiken nicht bis zu ihm – trotz seines sensiblen Schulreferats inmitten einer Zeit des Konkordats und des Kampfes gegen dieses Konkordat. Stifters Name verblaßt allerdings auch nicht nach seinem Tod, mag es auch unterschiedliche Wellen von Stifterrenaissancen geben. Ein anderer großer Oberösterreicher, Hermann Bahr, selbst Dichter, Theaterdirektor, Kulturpolitiker und Kulturkritiker, tut vieles, um Stifters Namen und Werk lebendig zu halten.

Findet man Adalbert Stifters Namen in jeder deutschen Literaturgeschichte, so sucht man den eines anderen Großen in den allermeisten vergeblich, den von Franz Stelzhamer. Grund und Barriere: die Mundart, in der viele, vor allem aber die besten Werke Stelzhamers verfaßt sind.

37 Friedrich Simony, der große Geograph, der vor allem die Dachsteinregion durchforscht.

38, 39 Aus der Reihe bedeutender Ärzte: Anton von Eiselsberg, der große Chirurg, und Julius Wagner-Jauregg, der Psychiater und Neurologe, der 1927 den Nobelpreis erhielt.

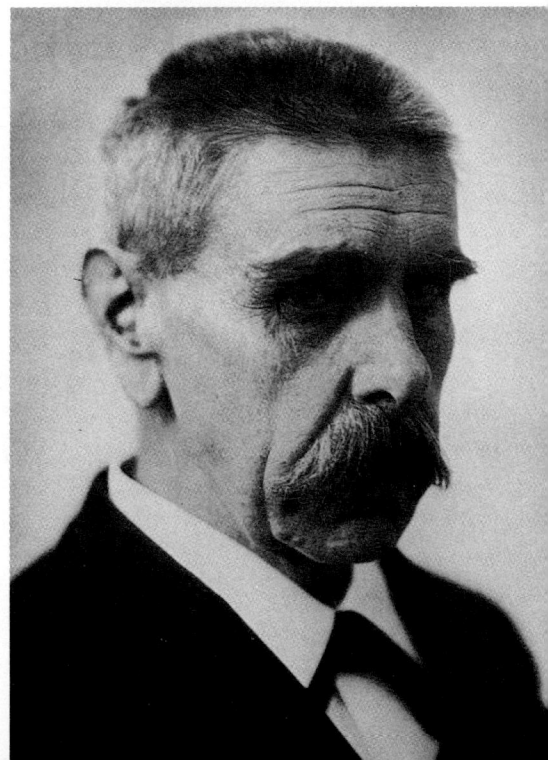

40 Anton Bruckner, ein Scherenschnitt von Otto Böhler.

41 Aufbruch in die Moderne in der Architektur: der Entwurf für ein Mädchen-Lyzeum in Linz von Julius Schulte 1910.

42, 43, 44 Franz Stelzhamer, Adalbert Stifter, Hermann Bahr.

45 Der Komponist Franz Xaver Müller mit den Florianer Sängerknaben.

46 Stelzhamer-Feiern 1911 in Piesenham.

Stelzhamer ist beileibe nicht Oberösterreichs erster Mundartdichter, er ist sein größter – und wird gleichzeitig als bedeutendster Mundartdichter Österreichs gewertet.
Das halbe Jahrhundert zwischen 1848 und der Jahrhundertwende wird überhaupt Höhepunkt der oberösterreichischen Mundartdichtung. In diesem Zeitabschnitt gibt es nicht weniger als 300 Schriftsteller, die ausschließlich oder überwiegend in der Mundart schreiben und deren Werke auch gedruckt vorliegen. Das ist die Hälfte aller, die in diesem Zeitraum in Oberösterreich literarisch in Erscheinung treten. Natürlich gibt es auch unter ihnen unterschiedlichste Begabungen; aber nur in einer solchen Zeit, die voller Enthusiasmus für Mundart und Mundartdichtung ist, kann ein so großes Talent wie Stelzhamer hochkommen.
Übrigens sind es unter viel Mittelmaß vor allem zwei bedeutende Männer, die fast zur selben Zeit leben und dichten: Karl Adam Kaltenbrunner und Franz Stelzhamer. Äußerlich betrachtet, gibt es kaum größere Unterschiede: hier der angesehene Vizedirektor der Staatsdruckerei – dort der vagabundierende und stets mittelose Dichter. Dieser Kontrast ist übrigens auch bei den Dichtungen beider sichtbar – hier allerdings schlägt er nicht zum Vorteil Kaltenbrunners aus. Schon vor der Revolution, 1845, war der erste Band seiner ,,Obderennsischen Lieder" erschienen; weitere Gedichtssammlungen folgen, auch Prosa, wie die ,,Dorfgeschichten aus dem Traungau" (1863). Für den in Enns geborenen und in Wien lebenden Beamten waren diese mundartlichen Gedichte ,,Sommerfrischen auf dem Lande", meint Nadler[3]. Nie erreicht er die Ursprünglichkeit und Schlichtheit Stelzhamers. Ganz anders Stelzhamer, der mit seinem Werk seinen Geburtsort Großpiesenham, das Innviertel, den ganzen oberösterreichisch-bayerischen Grenzraum bekannt macht. ,,Er war ganz Volk" – auch hier eine Charakteristik Nadlers[3]. Er wird nicht, wie dies sein Vater wünscht, Priester. Und dieser spannungsträchtige Ungehorsam schlägt sich trotz einer unübersehbaren Frömmigkeit Stelzhamers nieder. Übrigens mißglückt auch alles andere im beruflichen Leben Stelzhamers. Dabei ist Franz Stelzhamer nicht faul, und sein Lebenswerk, beginnend mit den ,,Liedern in obderennsischer Mundart" (1837) ist nicht nur gewichtig, sondern auch umfangreich. Trotz nicht gerade anziehender menschlicher Eigenschaften, unter denen vor allem Mutter und Frau zu leiden haben, wird er von Grillparzer und Rosegger geschätzt, vor allem aber vom Volk geliebt. Er findet für die weiteren Werke, so die ländliche Heiratsgeschichte ,,D' Ahnl" (1851) unschwer angesehene Verleger und die Werke kommen in zahlreichen Neuauflagen heraus. Dabei fühlt er sich einsam und ausgestoßen, ,,kain Hahn kraht mi an, kain Hund bellt ma nah . . ." Und wieder paradox: Keinem an-

deren oberösterreichischen Dichter errichtet man wie ihm zwei bedeutsame Denkmäler, in Linz und in Ried, hegt so liebevoll Geburtshaus und Grab. Die Hauptschwierigkeit zu Lebzeiten Stelzhamers besteht in der fast pausenlosen finanziellen Misere des Dichters. Und die liegt darin begründet, daß das literarische Hauptwerk in Lyrik besteht, die trotz aller Beliebtheit, trotz der so regen Vortragstätigkeit Stelzhamers, trotz prominenter Verlage, trotz Neuauflagen einfach den Dichter und seine Familie nicht ernähren kann. Der Versuch, durch ein volkstümliches Lesebuch sich für den Posten eines Schulrates zu qualifizieren und einen ihm geeigneten Beruf zu erhalten, scheitert, denn der Unterrichtsminister entscheidet sich für Stifter. Ein Triumph bleibt aber Franz Stelzhamer: keines anderen Dichters Werke werden so oft vertont wie die Stelzhamers, wobei Komponisten von Rang (Eduard Zöhrer, Pius Vergeiner, Anton Vergeiner, F. S. Reiter) förmlich einen Wettlauf um die Vertonung seiner volkstümlichen Lieder antreten. Hans Schnopfhagens Vertonung von Stelzhamers „Hoamatland" wird offiziell 1952 Oberösterreichs Landeshymne[4].

Natürlich kann sich um einen Einzelgänger wie Stelzhamer keine „Schule" bilden; aber das Ansehen, das gerade Stelzhamers Mundartdichtung erregt, gibt der Mundartdichtung in Oberösterreich weiteren Auftrieb. Und aus der weiterhin großen Schar von Nur-Mundartdichtern – Laßl spricht von insgesamt 350[5] – erheben sich Dichter von Format, die nebenbei auch und sogar sehr gern in Mundart schreiben[6].

Wird Stelzhamer der Sprecher des Innviertels und Oberösterreichs schlechthin, so stellt der vierzig Jahre jüngere Norbert Hanrieder aus Kollerschlag Menschen und Land des Mühlviertels heraus. Auch jetzt ist wieder eine merkwürdige Duplizität sichtbar: In die Schlußphase der Monarchie fällt das Wirken eines weiteren Mühlviertlers, von Edward Samhaber (1846 bis 1927) aus Freistadt.

Hanrieder, nach Stelzhamer wohl der bedeutendste Mundartdichter des Landes, hat seine Mühlviertler Heimat – er ist zuletzt Pfarrer in Putzleinsdorf – vor allem in „Mühlviertler Mahrl" verewigt; ein volksmundartiges Epos ist „Der Oberösterreichische Bauernkrieg".

Samhaber, Mittelschullehrer und Lehrer an der Lehrerbildungsanstalt, ausgezeichnet mit der Ehrendoktorwürde der Universität Graz, kann noch zu Lebzeiten seine gesammelten Werke in fünf Bänden vorlegen, wobei seine „Lyrischen Dichtungen" einen Höhepunkt darstellen.

Übrigens ist auch noch ein geborener Linzer – Linz ist damals alles andere als eine Großstadt – unter die wesentlichen Mundartdichter nach Stelzhamer einzuordnen: Anton Matosch. Voller Musikalität sind vor allem seine „Gedichte in oberösterreichischer Mundart".

Als Mundartdichter, aber auch als Mitherausgeber des Jahrbuches „Hoamatgsang" (1910, 1920) wäre der Steyrer Gregor Goldbacher zu erwähnen. Ein Stück Böhmerwald bringt in seinen zahlreichen Novellen und Romanen – insgesamt erscheinen rund 50 Bände im Druck – Anton Schott nach Oberösterreich.

Es gibt übrigens eine Fülle privater Initiativen, Mundart und Mundartdichtung zu fördern. Neben zahlreichen wissenschaftlichen Beiträgen über Mundart und die oberösterreichische Mundart wird vor allem der von Zötl, Mattosch und Commenda gegründete Stelzhamerbund ein breites Sammelbecken von Mundartdichtern und Interessierten (1882), darüber hinaus aber das schlechthin mustergültig angelegte Sammelwerk „Aus dá Hoamát". Seit 1883 folgen (bis zum ersten Weltkrieg) 19 Bände mit einer Gesamtauflage von rund 50.000 Exemplaren. Dieses großzügig angelegte und gut ausgestattete Sammelwerk beginnt mit dem Sammelband „Volksausgabe ausgewählter oberösterreichischer Dialektdichtungen"; später erscheinen geschlossene Bände für einzelne Dichter, so für Purschka, Schosser, Hanrieder, Kaltenbrunner und Auswahlbände von Stelzhamers umfangreichem Werk, neuerlich Sammelbände, vor allem aber auch zwei eigens für die Jugend bearbeitete Bände. So werden manche Bände dieser Reihe ideale Publikationsmöglichkeiten für lebende Dichter, wobei die Herausgeber, die drei Begründer des Stelzhamerbundes, sehr bedacht sind, das Niveau nicht zu senken.

So sehr die volksliedähnliche Lyrik und die volkstümliche Prosa in Oberösterreich eine Heimstatt hat, so sehr muß es verwundern, daß das Volksschauspiel in Oberösterreich zwar lebendig ist, daß hier aber keine Höhepunkte sichtbar werden[7] in der Art eines Anzengruber, dessen Vater übrigens aus dem oberösterreichischen Weng stammt und sich ebenfalls literarisch betätigt hatte. Es gibt hier gewiß ebenfalls genügend Männer und Frauen, die sich an Volksschauspielen versuchen, deren Stücke, auch auf prominenten Bühnen, aufgeführt werden – sie verschwinden aber ausnahmslos nach wenigen Jahren aus dem Repertoire, in den meisten Fällen für immer. So war Kaltenbrunners Volksdrama „Die drei Tannen" am Wiener Carltheater aufgeführt worden. Er schreibt auch Possen und vor allem historische Dramen; „Ulrike" wird 1845 am Hofburgtheater aufgeführt. Volksstücke und Lustspiele schreiben Karl Forstinger, Oskar Gerzer, der schon erwähnte Hanrieder, insbesondere auch Franz Kein, dessen gesammelte Werke fünf Bände füllen; Josef Medelsky erhält 1903 für sein ländliches Drama „Liebessünden" den Bauernfeldpreis. Den Volkstheaterpreis erhält Gustav Streicher, dessen Werke (u. a. „Stephan Fadinger", „Am Nikolatag") auch in Linz und Salzburg aufgeführt werden. Für einen Politiker nicht alltäglich ist das literarische Schaffen von Landeshauptmann Alfred Ebenhoch. Der aus Vorarlberg stammende Jurist, der in der Landeswie in der Reichspolitik eine bedeutende Rolle spielt, aber auch als Journalist und Publizist initiativ wirkt, erlebt Aufführungen seiner Theaterstücke am Linzer Landestheater und am Intimen Theater in Wien. Es sind Stücke patriotischen und historischen Inhalts, so das Volksschauspiel ,,Anno neun" (1903), der dramatische Versuch ,,Der Socialdemokrat", ,,Quertaro – Sechs Bilder aus der mexikanischen Kaisertragödie" und das Trauerspiel ,,Philipp Palm". Höflich meint dazu Josef Nadler in seiner ,,Literaturgeschichte Österreichs": ,,Um Erfolg zu haben, waren sie zu akademisch. Haltung hatte jedes auf seine Art[8]."

Fanny Falkenhausen, Autorin zahlreicher Romane, stellt ihre bäuerlichen Menschen auch auf die Bühne. Das Volksstück ,,D' Herrgotts-Christl" wird 1903 in Wien aufgeführt, ,,Zweierlei Tuch" im selben Jahr in Linz. Es folgen zwei Gaunerkomödien ,,Der Rieder Toni" und ,,Die Dorfrebellen", die 1906 die Innsbrucker Exl-Bühne bringt.

Unter den Burgtheater-Direktoren Schreyvogel und Laube wird eine Reihe von Werken des auch als Lyriker und Novellisten hervorgetretenen Otto Prechtler am Burgtheater gebracht, sein Drama ,,König Heinrich IV. in Deutschland" sogar als Festvorstellung bei der Eröffnung des österreichischen Parlaments. Erfolge in Hamburg und Leipzig erzielt Prechtlers ,,Adrienne". Manche der Themen Prechtlers, der auch 38 Operettentexte schreibt, führen nach Oberösterreich, so sein Stanzelngedicht ,,Das Kloster am Traunsee". Prechtler, zuletzt Archivdirektor im Finanzministerium, war noch von Grillparzer für diese Funktion aufgenommen worden[9].

Keines dieser Volksschauspiele, Lustspiele und historischen Dramen vermag sich für längere Zeit oder für einen größeren Raum durchzusetzen und nur teilweise bildet der Dialekt die schwer zu überspringende Barriere; Schauspiel und Drama scheinen nicht im Mittelpunkt der Begabung der Oberösterreicher zu liegen – auch wenn man neben Anzengruber – auch Grillparzers Ahnen nach Oberösterreich verfolgen kann[10]. Aber gerade ein Vergleich mit Grillparzer zeigt die Blässe der Stoffe und die Kraftlosigkeit der Gestaltung der anderen Autoren auf.

Neben Volk und Heimat als zentrale Themen der Mundartdichtung ist Vergangenheit, die Historie, im Volksstück erkennbar. Und das gilt natürlich auch für den Roman, der sich zunehmend historischer Stoffe bedient. Die Zeit des ,,Historismus" ist in Oberösterreich weniger bei der darstellenden Kunst als vielmehr in der Literatur erkennbar. Hier wären die Novellen und Romane des Welsers Friedrich Wilhelm Arming zu erwähnen – etwa der historische Roman ,,Stephan Fadinger"; mehr aus dem kirchlichen Raum sind die Stoffe der Romane von Hans Kirchsteiger entnommen, so sein ,,Primas von Deutschland".

Bekannter in Deutschland als in seinem Geburtsland Oberösterreich ist der spätere Literaturprofessor und Direktor des Münchner Theaters am Gärtnerplatz Hermann Theodor (von) Schmid. Ein Großteil der Themen seiner Dramen und Romane (etwa ,,Der Kanzler von Tirol") haben historischen Inhalt.

Mehrmals in Salzburg aufgeführt wird das Drama ,,Mozart" von Hugo Schoeppl (Deckname: S. Hugo) aus dem Jahr 1902; doch gerät es ähnlich in Vergessenheit wie die weiteren Dramen Schoeppls, der auch als Gründer der Zeitschrift ,,Die Horen" (1903) und als Gründer der Wiener Adalbert-Stifter-Gesellschaft (1918) bekannt wird.

Einen Höhepunkt im Bereich des historischen Romans erreicht eine Frau, Enrica von Handel-Mazzetti. Das Geschlecht deren von Handel spielt in der oberösterreichischen jüngeren Geschichte und Politik eine sehr bedeutsame Rolle, die drei dem Geschlecht entstammenden Landtagsabgeordneten stehen durchwegs im liberalen Lager. Erasmus von Handel ist Oberösterreichs letzter kaiserlicher Statthalter. Enrica von Handel-Mazzetti, von der man anfänglich annimmt, sie wachse in den seichten Wiener Gesellschaftsroman hinein und von der auch Marie von Ebner-Eschenbach meint, eine geistige Verwandtschaft zu spüren, geht doch ganz andere Wege. Schon der erste große Roman, ,,Meinrad Helmpergers denkwürdiges Jahr" (1897) ist ein großer Wurf. Menschenschicksale in der Zeit der Glaubenskämpfe und der Gegenreformation (,,Jesse und Maria", ,,Die arme Margret", ,,Stephana Schwertner") sind jetzt die Hauptthemen. Die Dichterin vermag sich so stark in die Zeit ihrer Helden zu versetzen, daß sie auch ihre Sprache anpaßt, die ekstatisch-erregt wirkt. Diese in Steyr geborene und in Linz lebende Dichterin gilt über Nacht als die größte katholische Dichterin des deutschen Sprachraumes – auch wenn dieser Ruhm später durch die nationalsozialistische Zeit jäh unterbrochen wird. Das ,,Sterben vor der Zeit" bleibt ihr nicht erspart[5]. Fast in eine zeitgeschichtliche Thematik gerät die Dichterin mit dem Roman um Erzherzog Karl, ,,Der deutsche Held" (1920), und anschließend in der Trilogie ,,Das Rosenwunder", ,,Deutsche Passion" und ,,Das Blumenzeugnis". Nach 1945 benennt das Land Oberösterreich einen Literaturpreis nach Enrica von Handel-Mazzetti; er muß in dieser Form später aufgelassen werden; der historische Roman war vorerst nicht wiederzuerwecken.

Enrica von Handel-Mazzetti ist nicht die einzige Frau im literarischen Getriebe Oberösterreichs. Vor ihr wäre vor allem Marianne Jung, verehelichte von Willemer, zu erwähnen, die geniale Partnerin und Mitautorin Goethes im „Westöstlichen Diwan", seine „Suleika"[11].

Menschentypen und Menschenschicksale – aus dem oberösterreichisch-salzburgisch-bayerischen Raum – präsentiert die zwar in Wien geborene, aber aus Oberösterreich stammende Fanny Kaltenhauser einer deutschen Öffentlichkeit, so etwa im Roman „Das Leben und Leiden eines Weibes" (1904), „Mutter Bruckners Nachlaß" u. a. Neben rund 20 Romanen erzielte sie auch mit Schauspielen Erfolg.

Mag auch Oberösterreich keinen Revolutionsdichter hervorbringen, die Kategorie der revoltierenden Baronessen ist mit Edith Gräfin Salburg-Falkenstein, verehelichte Freifrau Krieg-Hochfelden, vertreten. Sie ist alles andere als eine Ebner-Eschenbach, die liebevoll, auch sozialkritisch ihre Umwelt darstellt. Den neuen Trend zeigt gleich ihr erstes Werk, „Die Exklusiven" (1890), später ergänzt durch die „Erinnerungen einer Respektlosen". „Die Exklusiven" sind der erste Teil einer Trilogie „Die österreichische Gesellschaft", der ähnliche Werke, wie etwa die „Betrachtungen einer Hochgeborenen" oder „Junge Herren", folgen. Sie ist gleichermaßen antisemitisch wie antiaristokratisch[12]. Im ersten Weltkrieg stellt sie ihr Schaffen unter eine bisher ungewohnte patriotische Note. Weniger bedeutend sind ihre meist historischen Dramen („Ein Caesar" 1889, „Mirabeau" 1897).

Oberösterreich und eigentlich nur Oberösterreich ist die Umwelt der Novellistin Susi Wallner; Modeschriftstellerin ihrer Zeit wird die in Prag geborene Maria Peteani, die fast ihr ganzes Leben in Linz verbringt.

Auch für den Bereich Arbeiterdichtung ist das Bauernland Oberösterreich kein ganz unfruchtbarer Boden. Vielseitig ist der in Wien geborene Steyrer Arbeiter Otto Reinhard Popper; neben Komödien und Operettentexten ist etwa sein Volksstück „Die Heimatlosen" hervorzuheben. Vorher hatte der ebenfalls in Wien geborene und in Oberösterreich wirkende Hermann Hillischer vor allem das Milieu der Handwerker („Gedichte eines deutschen Handwerksburschen") gezeichnet. Nicht zu Unrecht meint Laßl, „Oberösterreich hat literarisch immer von Zuwanderern und Weggehern gelebt"[5].

Dieser Hinweis gilt insbesondere auch für den in Innsbruck geborenen feinsinnigen Lyriker Hermann von Gilm, der die letzten zehn Jahre seines Lebens in Linz wirkt und hier stirbt. Er gehört zu jener geistigen Elite, die sich in adeligen Salons und bürgerlichen Kreisen trifft. Neben der Lyrik („Märzveilchen", „Letzte Blätter") schreibt er auch dramatische Spiele, so etwa „Keplers Brautfahrt".

Lange Zeit scheint es, als dominiere auschließlich Mundart und Volksdichtung, als habe „die Moderne", was immer man auch darunter verstand,

Neuer Höhepunkt: Hermann Bahr

seinen ausschließlichen Sitz in Wien. Aber noch knapp vor der Jahrhundertwende wird von Samhaber in Linz, gewiß als zartes Pflänzchen, eine Gesellschaft für Literatur und Kunst, „Pan", gegründet. Die deutschvölkische Zeitschrift „Der Kyffhäuser", der 1899 erstmals erscheint, bringt es nur auf drei Jahrgänge – aber das geht prominenteren Wiener Versuchen kaum anders. Es gibt schließlich den Kreis „Linzer Meistersinger".
Trotzdem scheint es, als hätten Oberösterreichs Dichter die großen Strömungen ihrer Zeit, den Realismus und Naturalismus, dazu – etwa ab der Jahrhundertwende – die entsprechenden Gegenströme verschlafen oder bewußt nicht mitgemacht. Gehen hier nicht Romantik, Biedermeier und Historismus ineinander über, ohne daß man auch nur halbwegs klare Grenzen ziehen könnte? Gewiß stößt Stifter aus der Kleinkunst des Biedermeier, die er sehr klug und weitblickend wertet, in die große Erzählform vor. Und ein Stelzhamer und mit ihm andere sprengen fast spielend das, was man meist als „Heimatkunst" wertet; aber vor einem Aufbruch in die Moderne, schon vor der Jahrhundertwende deutlich sichtbar, davon ist in Oberösterreich bis auf eine Ausnahme nichts spürbar.
Man müßte über die Zeit stillschweigend hinweggehen, gäbe es nicht Hermann Bahr, den viele, teils zu Recht, großteils zu Unrecht, gar nicht als Oberösterreicher werten. Er hat sich auch in Wien, München und Salzburg wohler als in Linz gefühlt; Beispiel dafür: Er hat seine wertvolle Bibliothek Salzburg vererbt. Aber trotz allem verbindet Bahr mit Oberösterreich nicht nur die Geburtsstadt Linz; zwei seiner kleineren, aber besonders reizvollen Werke sind aufs engste mit Oberösterreich verbunden: der Band über den Linzer Bischof Rudigier und sein „Franzl" (Stelzhamer). Dieser Hermann Bahr geht so ziemlich alle nur möglichen politischen Wege und Irrwege; als Literat ist er dem Naturalismus wie dem Expressionismus zugehörig. Ein Verehrer Deutschlands wird er – in den letzten Jahren der Habsburgermonarchie – zu ihrem Verehrer und Verherrlicher („Österreich in Ewigkeit"). Er findet gleichermaßen zu seinem Glauben zurück. Er ist Kritiker, aber auch Regisseur (bei Reinhardt in Berlin) und erster Dramaturg des Burgtheaters. Auch seine Theaterstücke – etwa „Wienerinnen" (1900), „Das Konzert" (1909) – erzielen nicht nur Erfolge, sie bleiben Bestand, nicht nur österreichischer Theaterrepertoires; sie erobern auch das neue Medium des Films und Fernsehens. Vor allem ist sein kulturhistorischer Scharfblick unübertroffen; er erkennt das Barock als Grundzug österreichischer Wesensart; er befaßt sich gleichermaßen mit der Theorie der Moderne, mit dem Naturalismus und seiner Überwindung, mit Secession und Expressionismus. Bei all den vielseitigen Begabungen im dichterischen Bereich fällt die Dürftigkeit in dem der Philosophie auf.

Hatte man einst dem freidenkerischen Goiserer Konrad Deubler gewiß nur auf Grund seiner Tagebücher und Briefe den liebevollen, aber auch nur beschränkt zutreffenden Namen „Bauernphilosoph von Primesberg" gegeben, so bleibt als Philosoph eigentlich nur der Linzer Robert Reininger, zwischen 1913 und 1940 Universitätsprofessor in Wien. Aber auch bei ihm findet sich nichts Ursprüngliches, grundsätzlich Neues. Sein Werk (vor allem „Das psychophysische Problem" 1916, „Metaphysik und Wirklichkeit" 1931, „Wertphilosophie und Ethik" 1939) zeigt ihn als Nachkantianer, dessen erstes größeres Werk („Kants Lehre vom inneren Sinne", 1900) diesem Leitstern gewidmet ist.

So sind die Oberösterreicher gewiß ein Volk von Dichtern, ein Volk von Denkern wohl nicht.

Komponisten im langen Schatten Bruckners

,,Dilettantismus" spielt im Biedermeier, im Vormärz, aber auch noch in der zweiten Hälfte des 19. Jahrhunderts in Oberösterreich eine große Rolle und wird durchaus positiv gewertet. Diese Auch-Künstler spielen in der Dichtung, vor allem der Mundartdichtung, in der Malerei, in der Wissenschaft – insbesondere aber in der Musik eine große, eine nicht zu missende Rolle. Lehrer sind Organisten, Leiter von Chören und Musikkapellen, Ärzte sind gleichzeitig Komponisten. Diese Doppel- und Mehrfachbegabungen sind angesichts der wenigen Nur-Künstler, jener, die nur für ihre Kunst und nur von ihr leben, einfach nicht zu missen.
Es ist schwer zu sagen, ob in Oberösterreich die Dichtung oder die Musik dominiert – für die Musik sprechen viele gewichtige Argumente. Insbesondere die intensive Pflege der Volksmusik am Land, aber auch städtischer Musikkultur in den Märkten und Städten, die besondere Musikpflege in den Stiften und in vielen Adelsfamilien. So sind schon im 18. und im beginnenden 19. Jahrhundert Mozarts, Schuberts und Beethovens Beziehungen zu Oberösterreich eng[1]. Adel und kunstsinnige Bürgerfamilien spielen eine wichtige Mittlerrolle. Gelegentlich ist ein Kunst- und Musikenthusiasmus spürbar, der die anderen Städte ebenso erfaßt wie etwa Linz. Hier war schon 1821 die ,,Gesellschaft der Musikfreunde" entstanden; vielseitig im musikalischen Bereich wirken die verschiedensten Mitglieder der Linzer Familien Glöggl (Joseph, Franz, Anton) als städtische Musikdirektoren, Domkapellmeister, Professor am Konservatorium und Archivar der ,,Gesellschaft der Musikfreunde" in Wien und Musikalienhändler. Franz Glöggl gibt zwischen 1852 und 1860 die ,,Neue Wiener Musik-Zeitung" heraus[2]. Musik- und Gesangsvereine entstehen seit 1830 in zahlreichen Orten Oberösterreichs – in Linz eher spät, 1845, die Liedertafel ,,Frohsinn". Theater in den verschiedensten Orten und Kurorten des Landes waren meist noch früher entstanden.
Wie wichtig all diese Vereine, Chöre, Musikkapellen, Theater und Theaterkapellen, die Kirchenchöre und Musikschulen, auch die Militärmusik und die zahlreichen Militärkapellen sind, erkennt man etwa daraus, daß Gustav Mahler seine Dirigentenlaufbahn in Bad Hall beginnt[3] – und man erkennt dies vierzig Jahre früher am Wachsen und am Werk von Anton Bruckner. Von der ,,Gesellschaft der Musikfreunde" geht der Anstoß zur Erteilung von Musikunterricht und zur Errichtung von Musikschulen aus. Die Lehranstalt des Musikvereins hat den Linzer Domorganisten Baptist Schiedermayr (1779 bis 1840)[4] zum Gründer und ersten Leiter, einen gebürtigen

Bayern, der auch als Komponist von Messen, Tänzen, Festkantaten, Konzert-Ouvertüren in Erscheinung tritt. Nach anfänglichem Gesangs- und Violinunterricht wird hier erst ab 1869 auch Klavier- und Violoncello unterrichtet. Natürlich legen auch die Lehrerausbildungsstätten, „Präparandie" und die späteren Lehrerbildungsanstalten besonderen Wert auf eine musikalische Ausbildung; ihre Musiklehrer treten oft als Komponisten in Erscheinung.

Vorerst sind es allerdings kleinere Begabungen, die in Erscheinung treten; etwa der Landesbuchhalter Johann August Dürrnberger[5], Lehrer der Musiktheorie und des Gesanges an der Normalhauptschule, am Lyzeum, Gymnasium und Lehrerbildungsanstalt, der 1841 ein „Elementarbuch der Harmonie und Generalbaßlehre" herausgibt. Vor allem Bruckner greift neben den Werken Sechters nach diesem Lehrbuch Dürrnbergers aus dem Jahr 1841.

Als Lehrer, aber auch als Komponist tritt Adolf Festl aus Untermoldau (1826 bis 1902) in Erscheinung. Der einstige Sängerknabe im Stift Wilhering und Schüler Dürrnbergers komponiert vor allem Kirchenmusik, auch Volksmusik. Seine „Kompositionen für zwei Zithern" widmet er Herzog Max Josef von Bayern[6]. Fruchtbar ist auch der Mühlviertler Karl Waldeck[7]. Ursprünglich Lehrer, wird er später Organist an der Dom- und Stadtpfarrkirche in Linz und Kapellmeister in beiden Kirchen. Zahlreiche Werke der Kirchenmusik stammen von ihm, 15 Gesangswerke mit Instrumentalbegleitung, 37 Vokalkompositionen, dazu Märsche, Orgelkompositionen, Variationen u. a. Sein Namensvetter, der Theologieprofessor Dr. Franz Waldeck, auch Redakteur der „Christlichen Kunstblätter", wird Vorkämpfer einer Reform der Kirchenmusik und Herausgeber eines Kirchenliederbuches.

Aus dieser Reihe erhebt sich der gleich Stifter aus Oberplan im Böhmerwald stammende Johann Habert, der ab 1861 in Gmunden seßhaft ist. Er ist alles in einer Person: fruchtbarer Komponist, der 29 Messen und drei Requien komponiert, auch Organist (in Gmunden zwischen 1861 und 1896). Habert wird vor allem Vorkämpfer einer kirchenmusikalischen Restauration in Österreich und damit einer der führenden „Cäcilianer" Österreichs, mag sich auch sein Wollen und Wirken wesentlich von dem der deutschen Cäcilianer unterscheiden. Für diesen Cäcilienverein gibt er, wenn auch nur kurzfristig (1868 bis 1872, 1877 bis 1880), die „Zeitschrift für katholische Kirchenmusik" heraus. Er eröffnet auch die lange Bearbeiterreihe des Monumentalwerkes „Denkmäler der Tonkunst in Österreich"[8].

Das ist der reiche Nährboden für den in Ansfelden geborenen Anton Bruckner, der – wie fast alle bisher erwähnten – Lehrer ist und aus einer Lehrerfamilie stammt[9]. So mischt sich bei ihm in besonders sichtbarer Art die Mu-

sikalität des oberösterreichischen Volkes, deren Volkslieder und Volksweisen durch die Kompositionen Bruckners durchschimmern mit der weitergeführten und gereiften Musikalität von Lehrerfamilien. Hinzu kommt die tiefe, fast kindliche Religiosität Bruckners, die in fast allen seinen Werken spürbar ist und die unwillkürlich aufgenommene Tradition der Kirchenmusik. Bruckner entstammt also, ähnlich wie Stifter und Stelzhamer, keineswegs der bürgerlichen Schicht, die ab 1848, vor allem ab 1861, weithin führend ist. Diesem Bürgertum entstammen lediglich Wilhelm Kienzl oder Hermann Bahr.
Anton Bruckner ist übrigens auch, ähnlich wie Stifter oder Stelzhamer, keineswegs ein verkanntes Genie. Er geht geradlinig und konsequent seinen Weg, von kaum jemanden, außer einigen Kritikern, gehemmt, von vielen gefördert.
Der väterlichen Unterweisung im Violinspiel folgt ein systematischer Orgel- und Generalbaßunterricht beim Hörschinger Organisten Johann Baptist Weiß. Nach dem frühen Tod des Vaters wird Bruckner Sängerknabe in St. Florian – womit seine lebenslange Verbundenheit mit dem Stift beginnt. Im „Präparandenkurs" folgt eine weitere musikalische Ausbildung. Dem „Lehrergehilfen" in Windhaag und in Kronstorf hilft schließlich der Organist von Enns Leopold von Zenetti. Ein nachfolgendes zehnjähriges Wirken als Stiftsorganist in St. Florian formt ihn zu einem der besten Orgelkünstler seiner Zeit. Schon hier erprobt er sich als Komponist und erringt das Lob eines „musikalischen Stelzhamers" des Pragers Robert Führer, der zwischen 1838 und 1845 Domkapellmeister in Prag ist, dann aber, als Organist gleichbedeutend wie als Komponist, ein unruhiges Wanderleben quer durch ganz Österreich führt und so etwas wie ein Wahloberösterreicher wird[10].
Als es 1855 nach dem Tod von Stadtpfarr- und Domorganist Wenzel Pranghofer gilt, diese Funktion neu zu besetzen, fällt sie nach einem glänzenden Orgelspiel dem 31jährigen Bruckner zu, der gegen bedeutende Konkurrenten siegt, unter denen sich etwa Ludwig Paupie, ein neben Habert besonders geschätzter Vertreter des Cäcilianismus, befindet[11].
Nun bleibt Bruckner 13 Jahre in Linz. Er ist schon ein bedeutender Mann, ein fleißig und systematisch Komponierender – und doch noch ein begierig Lernender, vor allem bei dem aus dem Böhmerwald stammenden und an der Wiener Akademie lehrenden Simon Sechter. Gleichzeitig macht er beim Linzer Theaterkapellmeister Kitzler Orchesterstudien, hier erwirbt er auch seine Vorliebe für Richard Wagner. Als Chormeister der Liedertafel „Frohsinn" lernt er den Einsatz großer Chöre – und als Organist erzielt er schon in ganz Europa stürmische Erfolge, insbesondere in Nancy, Paris und Lon-

don. Man kann sich kein intensiveres Zusammenspiel von Wirken und Lernen als das in den Jahren zwischen 1850 und 1875 vorstellen. Hier gewinnt er auch die bedeutende gestalterische Kraft für sein gewaltiges symphonisches Werk.

In die politische und künstlerische Metropole Wien als Nachfolger Haberts berufen, sind seine Aufgabenbereiche schier unbegrenzt; Nachfolger seines Lehrers Sechter als Professor am Konservatorium der „Gesellschaft der Musikfreunde", Lektor für Harmonielehre und Kontrapunkt an der Wiener Universität, Musiklehrer an der Lehrerbildungsanstalt, Gesangslehrer der Hofkapellknaben. In diesen verbleibenden 29 Jahren rundet sich aber auch Bruckners gewaltiges kompositorisches Werk mit seinen neun Symphonien als Höhepunkt.

Mit Oberösterreich ist und bleibt Bruckner aufs engste verbunden. In Linz waren die drei großen Messen in d-, e- und f-Moll, Orchesterstücke und drei Symphonien entstanden. Die e-Moll-Messe widmet er Bischof Rudigier zur Weihe der Votivkapelle des Neuen Domes; schon zur Grundsteinlegung des Domes hatte er eine Kantate komponiert[12].

Vor und nach Bruckner geht die kompositorische Entwicklung im wesentlichen in zwei oft miteinander verbundene Richtungen: die Kirchenmusik und die volksliedartige Vokalmusik. Die Oper bleibt – wie in ganz Österreich – Stiefkind.

Vor allem im Bereich der Kirchenmusik wirkt der schon erwähnte Karl Waldeck, der als Domorganist Bruckners Nachfolger wird. Von Pfarrer Robert Kurzwernhart stammen neben Dichtungen in Mundart 36 Marienlieder „für kirchliche und häusliche Andachten"[13]. Fruchtbarer Komponist – er schreibt nicht weniger als 352 Kompositionen, unter anderem 50 Messen – wird Josef Gruber, ab 1878 Stiftsorganist in St. Florian und ab 1924 Musiklehrer am Bischöflichen Lehrerseminar. Er und Martin Einfalt sind gleichermaßen Niederösterreicher und Brucknerschüler. Einfalt wirkt seit 1883 als Musiklehrer an der Staats-Lehrerbildungsanstalt in Linz; vielseitig, mit dem gewissen Schwerpunkt auf der Kirchenmusik, ist sein kompositorisches Werk. Er vertont zahlreiche Mundartgedichte von Hanrieder, Samhaber und Stibler; auch eine Vertonung von Stelzhamers „Hoamatgsang" (1902) stammt von ihm. Neben Oddo Loidol aus Alberndorf, Wilhelm Sebastian Mayer aus Neukirchen an der Enknach (mit rund 200 kirchlichen Kompositionen), dem Chordirektor des Domes Johann Burgstaller[14] aus Neukirchen an der Vöckla bildet vor allem Franz Xaver Müller[15] aus Dimbach im Mühlviertel den Höhepunkt dieser Komponistengruppe. Der Florianer Chorherr, Regenschori der Stiftskirche (seit 1906) und Linzer Domkapellmeister ab 1924 gehört zu den vielseitigsten Komponisten seiner Zeit.

Berühmt gewordene Dilettanten 381

Im Bereich der Kirchenmusik bildet sein Oratorium „Der heilige Augustinus" (1912 bis 1915) den Höhepunkt. Aber auch Chöre und Lieder (hier Vertonungen von Samhaber, Handel-Mazzetti und Grogger), schließlich die komische Oper „Odysseus" (1894) gehören zu seinem weitgespannten Interessenskreis.
Schwerpunkt bei der Vokal- und Chormusik hat der Linzer Ignaz Gruber[16], der Neffe des Komponisten Karl Waldeck und zwischen 1920 und 1924 Linzer Domkapellmeister. Kirchenmusik ist gleichermaßen vertreten wie gemischte Chöre, Männerchöre, Frauenchöre (Vertonungen von Goldbacher, Kein) und Lieder (Vertonungen von Grillparzer, Hebbel, Samhaber) zeigen seine große Vielfalt. Zu dieser Gruppe gehören der Brucknerkonkurrent und Brucknerfreund Engelbert Lanz aus Waizenkirchen und der Ischler Franz Salesius Reiter. Ein Lied des aus Hofkirchen bei St. Florian stammenden Lehrers Friedrich Arnleitner[17], „O hast du noch ein Mütterchen", ist fast zum Volkslied geworden. Ein anderer „Dilettanten"-Komponist, der Arzt Dr. Hans Schnopfhagen[18], vertonte den 1953[19] zur Landeshymne gewordenen „Hoamatgsang" von Stelzhamer, Lieder komponierte Robert Danzer aus Urfahr und der früh verstorbene Linzer Lehrer Karl Konrad. Den große Durchbruch im Opernschaffen gelingt noch im 19. Jahrhundert nur Wilhelm Kienzl aus Waizenkirchen[20]. Der in Graz gründlich Ausgebildete wird, ähnlich wie Bruckner, stark von Richard Wagner beeinflußt, geht aber schließlich ganz andere Wege, die auch zum Welterfolg führen. Seine in Leipzig im Druck erschienene Dissertation bei Hanslick in Wien über die musikalische Deklamation ist Richard Wagner gewidmet. Er wird gleichermaßen Chorleiter und Dirigent (Steiermärkischer Musikverein, Hamburger Stadttheater, Münchner Hoftheater) und Komponist. Die dritte seiner Opern bringt den großen Durchbruch, der volkstümlich-romantische „Evangelimann" (1895). Diese Oper wird in 14 Sprachen übersetzt und in der ganzen Welt aufgeführt, doch kein weiteres seiner Werke erzielt einen ähnlichen Erfolg. Von seinen insgesamt sieben Opern wird noch der „Kuhreigen" (1911) ein großer Erfolg, weniger seine „Steirische Volksoper" nach Peter Roseggers „Das Testament". Er komponierte Chorwerke, über 200 Lieder, und tritt auch als Literat – etwa mit seinen „Erinnerungen" – in Erscheinung.
Auch schon vor Wilhelm Kienzl und auch nach ihm gibt es Ansätze für ein Opernschaffen in Oberösterreich. So findet sich unter den rund 200 Kompositionen von Ernst Nadler aus Wallern die Oper „Im Märchenland". Auch im umfangreichen und vielseitigen Oeuvre von Franz Neuhofer[21] aus Freistadt findet sich neben Instrumentalmusik, Chören und Liedern, Hymnen und Messen vier Singspiele, u. a. „Königin Not" nach Stelzhamer.

Eine symphonische Phantasie trägt den Titel „Heimatssymphonie" und zur Vollendung des Linzer Neuen Domes komponiert Neuhofer die Immaculata-Messe. Keinen größeren Durchbruch war dem damaligen Theaterkapellmeister von Rostock Emil Mayer aus Linz mit seiner hier 1848 aufgeführten Oper „Der Cid" oder mit der Oper „Die Gnomenbraut" gelungen. Ähnlich ist das Schicksal des lange und verdienstvoll als Kapellmeister in Linz wirkenden Brünners Wilhelm Floderer und seiner Opern und Opernparodien („Fernando" 1877, „Gunter, der Minnesänger" 1906). Begrenzt bleiben auch die Erfolge der Opern des begabten Braunauers Josef Reiter[22]. Zwischen 1908 und 1911 Direktor des Salzburger Mozarteums, wirkt er später als Dirigent in Wien und lebt seit 1921 zurückgezogen auf Schloß Riedegg bei Gallneukirchen. Von seinen Opern wird „Klopstock in Zürich" 1894 in Linz uraufgeführt, „Der Bundschuh" 1900 an der Wiener Hofoper, „Der Totentanz" in Dessau und „Tell" 1917 an der Wiener Volksoper. Er komponiert aber auch eine Orchestersymphonie, Balladen, Lieder, das Streichquartett „Aus der Heimat" und Kirchenmusik, unter anderem eine Weihnachtsmesse.

Bescheiden hebt sich davon die Zahl der Operettenkomponisten ab. Dafür wird das Salzkammergut Refugium fast aller österreichischen Operettenkomponisten, von Strauß, Franz von Suppé und Millöcker bis Lehár, Benatzky, Heuberger und Leo Fall. „Schön ist die Welt" und eine Fülle weiterer Lieder spiegeln diese Landschaft wider[20].

Auch die wichtigsten Librettodichter dürfen nicht unerwähnt bleiben. So dichtet Johann Nepomuk Cosmas Michael Denis aus Schärding das Meßlied „Hier liegt vor Deiner Majestät". Als Operettenlibrettist versucht sich der Linzer Lehrer Ludwig Aichinger, als Opernlibrettist der mit Konradin Kreuzer befreundete August Rossi.

Nicht weniger wesentlich ist das Schaffen der Kritiker, die oft genug auch die Biographen der Komponisten werden, so etwa der Opern- und Konzertreferent mehrerer Linzer Zeitungen Otto Bahr, der Bruder des Dichters Hermann Bahr; Franz Gräfinger, selbst Komponist, widmet Bruckner eine größere Darstellung und gibt 1925 dessen Briefe heraus. Ebenfalls vorwiegend Bruckner ist das Werk von Max Auer gewidmet.

1895 kommt schließlich in Eferding ein Mann zur Welt, dessen Wirken sich erst nach dem ersten und zweiten Weltkrieg entfalten kann, Johann Nepomuk David. Mit der barocken Formenwelt verbunden, macht er mehrere Entwicklungen mit: über eine bedeutungslose Atonalität zu einer neuen Romantik.

Wissenschaft: Schwerpunkte Geschichte, Naturwissenschaften, Medizin

Die Jahre 1848, 1861 oder 1918 sind politische Zäsuren, die gelegentlich auch andere Entwicklungen berühren. Aber für den Bereich der Wissenschaft sind sie fast bedeutungslos. Unterschiedliche Schwerpunkte sind hier überdies auf verschiedene Begabungen, Bildungsschwerpunkte bzw. Bildungslücken, aber auch auf günstige und ungünstige Berufschancen zurückzuführen.
Für Oberösterreich erkennt man deutliche Schwachstellen in fast allen technischen Bereichen, hervorgerufen durch das nicht vorhandene oder nur schwach entwickelte Fachschulwesen; dann aber auch für manche geisteswissenschaftliche Fächer, wo Ausbildungsstätten und Berufschancen gegeben wären, wie etwa im Bereich der verschiedenen theologischen Fachbereiche, bei Philosophie, teilweise auch im Bereich der Pädagogik, auch für die Rechtswissenschaft. Ein ganz ungewöhnlicher und sehr bezeichnender Schwerpunkt entsteht im Bereich ,,Geschichte", und zwar sowohl in der Orts-, Kirchen- und Landesgeschichte, wobei gerade die Landesgeschichte einen Höhepunkt erreicht wie nie vorher. Recht bedeutsam sind die wissenschaftlichen Arbeiten und die Begabungen im naturwissenschaftlichen Bereich – und schließlich bei der Medizin, wobei sich dieser Schwerpunkt für die Jahre nach 1918 noch ausweitet.
Die Historie hat ihren Schwerpunkt vor allem im Stift St. Florian, in der sogenannten ,,Florianer Schule"[1]. Eine der Ursachen liegt in dem Bestreben des Stiftes, ähnlich wie anderer Stifte und Klöster, der josefinischen Auflösung und Beschlagnahme zu entgehen. Man entwickelt alle vorhandenen Kräfte, um zu zeigen, wie wichtig, wie wertvoll Stift und Stiftsangehörige sind. Und als wichtigster Fundus stehen nun einmal die Historiker zur Verfügung. Aber dieses Überlebenwollen des Stiftes ist es nicht allein. Der ,,Historismus" ist im Bereich der bildenden Künste in Oberösterreich eher schwach, im Bereich der Baukunst weit stärker ausgebildet, zeigt ein allgemeines Klima des historischen Interesses, das weit über den engen Kreis der Wissenschaft hinausreicht. Historische Themen berühren stark Dichter und Schriftsteller. Man beginnt Dokumente der Vergangenheit in Museen zu sammeln, gründet 1883 den ,,Oberösterreichischen Musealverein"[2], über dessen Aktivitäten ausführlich berichtet wird, die Zeitungen veröffentlichen lange Listen über die diesem Verein und dem nachfolgenden Landesmuseum gespendeten Dinge.
Dieses Klima verstärken die Historiker, und ihr Wirken erfährt durch das geweckte Interesse Anerkennung und gelegentlich auch Förderung.

Die aus St. Florian, aus Oberösterreich, erwachsenden Initiativen setzen bald nach 1800 ein und sind über hundert Jahre spürbar. Ein Großteil der Historiker sind Priester und Ordenspriester; ihr Wirken wird von den jeweiligen Äbten nicht nur geduldet, sondern sichtbar gefördert, das wissenschaftliche und seelsorgliche Wirken geht meist Hand in Hand.
Der Kefermarkter Franz Seraph Kurz, der 1790 ins Stift St. Florian eintritt und 1799 Stiftsarchivar wird, gibt grundlegende Werke zur Landesgeschichte heraus, so seine „Beiträge zur Geschichte des Landes ob der Enns" in vier Bänden (1805 bis 1809), er befaßt sich aber auch mit der Wirtschaftsgeschichte („Österreichs Handel in den älteren Zeiten") und Kriegsgeschichte („Österreichs Militär-Verfassung in den älteren Zeiten"; „Geschichte der Landwehr in Österreich ob der Enns"). Er legt seinen Schwerpunkt, auch in den meisten seiner kleineren historischen Beiträge, auf die Landesgeschichte, er wird vor allem Begründer der auf Quellenstudium aufgebauten Geschichtsschreibung[3].
Das Werk von Kurz setzten zwei Nicht-Oberösterreicher fort: der für die Landesgeschichte, aber auch die Landespolitik so bedeutsame Vorarlberger Jodok Stülz und der Mährer Josef Chmel. Der in Olmütz geborene Chmel[4] kommt schon frühzeitig nach Linz, wo sein Vater Lyzeumprofessor wird. Nach seinem Eintritt ins Stift St. Florian geht er bald nach Wien, tritt ins Staatsarchiv ein und wird dessen Vizedirektor. Er, der eine Reihe von Werken zur österreichischen Geschichte veröffentlicht, wird Mitglied der Akademie der Wissenschaften in Wien, Berlin und München und gehört zu den Initiatoren der „Fontes rerum Austriacarum" sowie des „Archivs für Kunde österreichischer Geschichtsquellen". Sein Plan, eine Geschichte Oberösterreichs im 19. Jahrhundert, also eine Zeitgeschichte, unter starker Betonung der Kultur- und Geistesgeschichte zu schreiben – Anton Spaun, sein Freund, sollte hier vor allem gewürdigt werden – kann aber nicht mehr realisiert werden. Des Vorarlberger Jodok Stülz[5] Wirken gilt Oberösterreich, mag er auch noch 1848 von Vorarlberg ins Frankfurter Parlament entsendet werden. Er wird von Kurz zum Historiker herangebildet und verbindet die hier erhaltenen Kenntnisse mit vielen Anregungen des geistig so regen katholischen Deutschland jener Jahre, so auch im „Katholikenverein", wo er eine Zentralfigur der Linzer Katholiken vor und nach 1848 wird, auch der in Linz stattfindenden Katholikentage. Elf Jahre nach dem Revolutionsjahr wird Stülz Propst von St. Florian; mit Beginn des Landtages vertritt er hier den Großgrundbesitz. Daneben entsteht sein sehr bedeutsames wissenschaftliches Werk, wobei er mit kirchengeschichtlichen Werken, der Geschichte der Stifte St. Florian und Wilhering, beginnt. Schwerpunkt des Wirkens von Stülz, der auch Leiter der historischen Sektion am Landesmu-

Hohe Zeit der Landesgeschichte 385

seum ist, wird die Herausgabe der ersten fünf Bände des Urkundenbuches des Landes ob der Enns.

Für die Landesgeschichte Oberösterreichs wird aber ein weiterer Chorherr von St. Florian, Franz Pritz[6], noch bedeutender. Er ist Professor des Bibelstudiums und der orientalischen Sprachen; seine wissenschaftliche Neigung gilt jedoch von Anbeginn an der Geschichte. Über die Stadtgeschichte von Steyr (1837), einer Geschichte der steirischen Ottokare und Darstellungen der Klöster Garsten und Gleink kommt er zur Landesgeschichte. Seine 1846 erschienene „Geschichte des Landes ob der Enns" in zwei Bänden ist ein großer Wurf. Das Werk umfaßt nicht nur die politische Geschichte, sondern versucht ein möglichst umfassendes Bild zu geben; sie führt auch bis ins 19. Jahrhundert. Der Mitbegründer des Musealvereins, Joseph Gaisberger aus Maria Brunnenthal[7], ebenfalls Florianer Chorherr, ist der erste namhafte Archäologe, auch der erste, der die römischen Fundstätten von Lorch, Linz, Wels und in der Schlögen, auch die Gräberfelder von Hallstatt wissenschaftlich auswertet; sein Werk geht jedoch weit über diese Frühzeit in Oberösterreich hinaus.

Bedeutsam für die österreichische und oberösterreichische Geschichte wird die Familie Arneth aus Leopoldschlag[8]. Joseph Ritter von Arneth[9], zuletzt Direktor des Münz- und Antikenkabinetts in Wien und Mitglied der Akademie der Wissenschaften, gibt 1827 das ausgezeichnete Lehrbuch „Geschichte des Kaisertums Österreich" heraus. Sein Bruder Michael ist zwischen 1823 und 1854 Propst von St. Florian. Der schon in Wien geborene Sohn Joseph Arneths und der bekannten Hofschauspielerin Toni Adamberger, Alfred Ritter von Arneth[10], von Metternich in die Staatskanzlei berufen und 1848 Abgeordneter in Frankfurt, wird einer der prominentesten Historiker seiner Zeit, 1860 Vizedirektor des Staatsarchivs, 1879 Präsident der Wiener Akademie der Wissenschaften, 1869 auch als Rankes und Sybels Nachfolger Vorsitzender der Historischen Kommission bei der Bayerischen Akademie der Wissenschaften. 1861 war er liberal gesinnter niederösterreichischer Landtagsabgeordneter und 1869 Mitglied des Herrenhauses geworden. Alfred Arneth ist vor allem Biograph (G. v. Starhemberg, Prinz Eugen, Schmerling, Wessenberg); sein Hauptwerk ist die Geschichte Maria Theresias in zehn Bänden (1863) und die Herausgabe der Korrespondenz von Maria Theresia.

Der Florianer Albin Czerny[11] gibt nicht nur „Die Handschriften der Stiftsbibliothek", dazu eine Fülle von Beiträgen zur politischen, Wirtschafts- und Kulturgeschichte Oberösterreichs heraus. Hatte sich schon kurz mit den oberösterreichischen Bauernkriegen befaßt, so setzt sich Czerny vor allem mit dem zweiten Bauernkrieg auseinander: modern in der Auswahl der zu behandelnden Probleme und gut lesbar.

Durchaus noch dem Biedermeier zuzuzählen ist der erste Landesarchivdirektor Ferdinand Krackowizer[12]. Erfüllt von Sammelleidenschaft für die verschiedensten Dinge, ist er ständig in Gefahr, sich zu verzetteln. Aus der Reihe seiner vielfältigen Veröffentlichungen wird seine „Naturgeschichte des Kremsmünsterer Studenten" (1877) am bekanntesten. Wertvoll ist seine biographische Sammlung und das gemeinsam mit Franz Berger herausgegebene „Biographische Lexikon des Landes Österreich ob der Enns (Gelehrte, Schriftsteller und Künstler Oberösterreichs seit 1880)" (1931).

War zur Zeit der Gründung des Oberösterreichischen Musealvereins der auch historisch und kunsthistorisch sehr interessierte Syndikus der Landstände, Anton Ritter von Spaun, ein großer Anreger und Förderer gewesen, so wird in der Schlußphase der Monarchie im Bereich der Landesgeschichte der Richter, Landespolitiker und Historiker Julius Strnadt[13] eine zentrale Figur, und zwar nicht nur als Förderer, sondern auch als Schaffender. Das 1896 errichtete Landesarchiv geht vor allem auf seine Initiative zurück. Menschlich zwar nicht ähnlich ausgeglichen und sympathisch wie Spaun, ist Strnadt unbändig fleißig, produktiv und schöpferisch. 1886 erscheint sein grundlegendes Werk über die Entstehung des Landes ob der Enns. Schwerpunkt seines weiteren Wirkens ist die Rechtsgeschichte, vor allem alle Arbeiten, die mit der im Auftrag der Akademie der Wissenschaften herausgegebenen Landesgerichtskarte Oberösterreichs stehen. Im Monumentalwerk „Die österreichisch-ungarische Monarchie in Wort und Bild" schreibt er den historischen Beitrag des Oberösterreichbandes (1898). Das umfangreiche Werk entsteht im Alter zwischen dem 67. und dem 80. Lebensjahr, als Strnadt als Richter pensioniert ist und sich von der Politik zurückgezogen hat. Zauner bezeichnet ihn nicht nur als „Pionier der historischen Landeskunde" Oberösterreichs, sondern auch als einen Mann, der sich durch ungeheuren Fleiß eine imponierende Kenntnis der Quellen angeeignet und diese ideenreich interpretiert hat. Er konnte das Für und Wider seiner Thesen allerdings nicht kühl abwägen; die Fülle der verwerteten und zitierten Quellen erschwert überdies die Lektüre seiner Werke. Mit Strnadt, der inmitten des ersten Weltkrieges stirbt, schließt vorerst diese hohe Zeit der Landesgeschichte. Die nachfolgenden Historiker, auch der 1912 zum Landesarchivdirektor ernannte Ignaz Zibermayr, bauen auf den Forschungsergebnissen von Strnadt weiter, mag sich auch Zibermayr neuer Forschungsbereiche widmen.

Hatte sich Julius Strnadt vorwiegend mit der Landesgeschichte befaßt, so berührt sein großes Lebenswerk auch die Geschichte oberösterreichischer

Städte (Freistadt, Peuerbach); er ist hier weder der einzige noch der erste. Überhaupt blüht die Stadtgeschichte in dieser Schlußphase der Monarchie gleichermaßen wie die Landesgeschichte. Typischer Vertreter ist Konrad Meindl[14], Chorherr und später Propst von Reichersberg. Neben historischen Darstellungen von Obernberg und Waizenkirchen gibt er, der in St. Florian studiert hatte und mit der dortigen „Historikerschule" in Verbindung kommt, die zweibändigen Geschichten von Wels (1878) und von Braunau (1882) heraus. Im Bereich der Stadtgeschichte folgt ihm vor allem Franz Berger. Hervorzuheben wäre auch die grundlegende dreibändige Geschichte der Stadt Gmunden (ab 1898) des Arztes, Bürgermeisters und Historikers Ferdinand Krackowizer[15].
Meindl, vor ihm schon die Historiker der Florianer Schule (insbesondere Stülz), dann Laurenz Paul (Schlägl) befassen sich natürlich mit dem Entstehen und dem Wirken ihrer Stifte; gemeinsam mit dem aus Schwanenstadt stammenden Kirchenhistoriker Mathias Hiptmair[16] und seinem Hauptwerk „Geschichte des Bistums Linz" (1885) ergibt dies auch eine sorgfältige Behandlung der Kirchen- und Diözesangeschichte, die durch umfassende Biographien des 1884 verstorbenen Diözesanbischofs Rudigier (von Meindl) ergänzt wird.
Eher bescheiden ist das Fach Militärgeschichte vertreten. Neben dem in Gmunden geborenen Heinrich Kematmüller ist vor allem der nachmalige Direktor des Kriegsarchivs General Edmund Glaise-Horstenau zu nennen, dessen Hauptwerk allerdings schon in die Zeit nach 1918 fällt. Ebenfalls ein Mann dieser Übergangszeit ist der aus Adlwang stammende Leiter des Landesregierungsarchivs von Tirol Michael Mayr, der spätere Staatssekretär und Bundeskanzler. Sein wissenschaftliches Werk ist vorwiegend Tiroler und Welschtiroler Problemen gewidmet.
Weltpriester, Historiker und Topograph ist Johann Ev. Lamprecht[17]. Auch er zählt zur Gruppe bedeutender Stadthistoriker (Schärding); wesentlich wird vor allem sein geschichtliches Ortsverzeichnis des Landes ob der Enns und die von ihm 1841 herausgegebene erste Karte des Bistums Linz. Das allerdings erst in den dreißiger Jahren erschienene monumentale „Historische Ortsnamenlexikon", Schwerpunkt des reichen historischen Schaffens von Konrad Schiffmann[18], baut hier weiter. Schiffmann, seit 1908 Direktor der öffentlichen Studienbibliothek Linz, erwirbt sich durch den Neubau der Linzer Studienbibliothek – ebenfalls erst nach 1918 – weitere Verdienste. Insbesondere das Wirken Lamprechts führt hin zu der gerade in der Biedermeierzeit so deutlich sichtbaren Vorliebe für die „Landeskunde". Das erste dieser Werke ist die fünfbändige „Geschichte, Geographie, Statistik des Erzherzogthumes Österreich ob der Enns und des Erzherzogthums

Salzburg" von Benedikt Pillwein[19], der auch für die Linzer Stadtgeschichte wertvolle Beiträge liefert. In der Reihe der zahlreichen größeren und kleineren Darstellungen dieser Art bildet aber die in mehreren Auflagen erschienene „Landeskunde von Oberösterreich. Geschichtlich-geographisches Handbuch für Leser aller Stände" (1872) von Ludwig Edlbacher[20] einen deutlichen Höhepunkt[16].

Für die Volkskunde wird der Arzt Eduard Kriechbaum, aber vor allem Adalbert Depiny[21] zur Zentralfigur; nicht nur wegen seiner zahlreichen Werke, wie „Volkskunde von Oberösterreich" (1927), sondern vor allem wegen der 1919 gegründeten Zeitschrift „Heimatgaue", die Sammelbecken für alle an der Volkskunde Interessierten wird.

Der vielseitig begabte Hans Commenda beginnt 1891 mit seinen „Materialien zur landeskundlichen Bibliographie Oberösterreichs", die später von Straßmayr, Marks und Wunschheim fortgesetzt werden. Sie sind der wenig bekannte und wenig bedankte Schlüssel für die verschiedensten Bereiche der Wissenschaft und Kunst in Oberösterreich.

Im technischen Bereich umfaßt Oberösterreich eher wenig Persönlichkeiten, diese allerdings gewinnen meist über Österreich hinaus Bedeutung; Begründer der modernen Maschinentechnik wird der Steyrer Maschinenbauer Jakob Ferdinand Redtenbacher[22] aus der so weitverzweigten und mit viel Begabungen gesegneten Familie. Er wirkt vor allem im Ausland, in Zürich und Karlsruhe, wo er seit 1857 Direktor der damaligen Polytechnischen Schule ist und wo man ihm vor seiner einstigen Anstalt ein Denkmal errichtet. Mehr organisatorische Begabung zeigt der Begründer der Steyrer Waffenfabrik, Josef Werndl. Ganz seiner Heimat widmet Karl Wurmb[23] sein reiches Können. Er wird nicht nur Generalinspektor der österreichischen Lokalbahnen, Sektionschef im Eisenbahnministerium; er wird vor allem Mitschöpfer der österreichischen Alpenbahnen. Ein Denkmal für diesen oberösterreichischen Eisenbahnpionier steht allerdings nicht in Oberösterreich, sondern in Salzburg. Auf einem ganz anderen Gebiet liegen die Begabungen von Alois Auer, Ritter von Welsbach[24], der seinen Geburtsort Wels im Adelsprädikat anführt. Der gelernte Buchdrucker wird 1841 Direktor der Hof- und Staatsdruckerei in Wien, wo er die Galvanoplastik des Notendruckes, die Galvanographie und die Chromolithographie einführt. Noch bedeutender und als „österreichischer Edison" gefeiert wird sein Sohn Carl Freiherr Auer von Welsbach, der Erfinder des Auerlichtes, der Metallfadenlampe u. a.

Relativ reichhaltig sind die Begabungen im naturwissenschaftlichen Bereich. Das Hauptwerk des praktischen Arztes Johann Duftschmied aus Linz[25] ist das vierbändige Werk „Die Flora von Oberösterreich", das erst

1870, also vier Jahre nach des Autors Tod, erscheint. Gemeinsam mit Jakob Heckel gibt der Linzer Rudolf Kneer[26], Mitarbeiter am Hofnaturalienkabinett in Wien und Universitätsprofessor in Lemberg und ab 1849 in Wien, das Werk „Die Süßwasserfische der österreichischen Monarchie" (1858) heraus. Kneer, der ursprünglich Medizin studiert und mit Stifter schon aus dessen Wiener Zeit bekannt ist, versucht sich auch als Dichter. Das 1843 erschienene „Album aus Österreich ob der Enns" bringt einige Proben seines dichterischen Schaffens. Auch der Arzt Karl Schiedermayr[27] befaßt sich gründlich mit der Botanik. Sein wichtigstes Werk: „Systematische Aufzählung der oberösterreichischen samenlosen Pflanzen" (1872). Präses der philosophischen Fakultät der Universität Wien ist der in Krain geborene Marian Koller, Benediktiner aus Kremsmünster, der zwischen 1830 und 1847 Direktor der Kremsmünsterer Sternwarte ist, hat – inzwischen Ehrendoktor und Akademiemitglied – wesentlichen Anteil an der Gründung der Zentralanstalt für Meteorologie und Erdmagnetismus in Wien, aber auch an der Einführung der täglich telegraphisch durchgegebenen Wetterberichte.

Friedrich Simony[28] aus Böhmen, seit 1851 Professor der Geographie an der Wiener Universität, widmet fast sein ganzes Leben der Erforschung der Dachsteinregion; die meisten seiner wissenschaftlichen Werke sind dem Dachstein gewidmet. Das ständige Miteinander von Theorie und Praxis hat diesem Wissenschaftler wie kaum einem anderen eine Popularität zu Lebzeiten und ein nie verblassendes Gedächtnis der Nachwelt verschafft. Unter den zahlreichen Werken des Mineralogen und Geologen Gustav Adolf Koch[29] aus Wallern bei Wels, der seit 1881 als Hochschullehrer wirkt, nehmen oberösterreichische Themen einen bevorzugten Platz ein. Er ist gleichermaßen bei der Trassierung der Arlbergbahn wie bei der Trinkwasserversorgung, bei der Bohrung nach Erdgas und verschiedenen Mineral-, Erz- und Kohlelagerstätten beteiligt.

„Oberösterreich ist nie arm an großen Ärzten gewesen", schreibt Helmut Wyklicky in einem Beitrag über solche große Ärzte aus dem Lande ob der Enns[30]. Und bei jedem großen Arzt geht Praxis und Theorie Hand in Hand; Wissenschaft und Theorie von heute ist schon die Praxis von morgen.

Ein gewisser Schwerpunkt liegt bei den Chirurgen. Der wohl berühmteste Billrothschüler wird Anton von Eiselsberg aus einem alten oberösterreichischen Geschlecht. Schon der Vater wirkte als Abgeordneter des Großgrundbesitzes im oberösterreichischen Landtag, doch ist der Besitz der Eiselsberg, Steinhaus bei Wels, eines der kleinsten landtäflichen Güter der Habsburgermonarchie. Wenn Eiselsberg auch vorerst das Schwerpunktwirken seines Lehrers, die Abdominalchirurgie, weiterführt, so wird er doch bald Meister eines neuen Faches – der Neurochirurgie. Nach kürzerem

Wirken an den Universitäten in Utrecht und Königsberg wirkt er ab 1900 in Wien und lehnt auch eine Berufung nach Berlin ab. Er vermehrt und festigt den Weltruf der Wiener Chirurgie, und mehr noch als die Ehrendoktorate der Universitäten Athen, Budapest, Edinburgh, Genf, Leyden und Paris zählt die Tatsache, daß elf seiner Schüler die Chirurgie-Lehrkanzeln an europäischen Universitäten besetzen. Eiselsberg bleibt zeitlebens mit Oberösterreich verbunden; geht in seinen Erinnerungen nicht nur auf sein Wirken, sondern auch auf sein Elternhaus und seine Heimat ein[31] – und stirbt in Oberösterreich anläßlich eines Zugsunfalles zwischen Linz und St. Valentin. Ein gewisses Bindeglied zwischen Eiselsberg und Wolfgang Denk bildet der Wiener Alexander Brenner, der zwischen 1888 und seinem Tod sein großes Können den Kranken Oberösterreichs widmet, aber auch wissenschaftlich tätig ist. Vor allem lenkt er den Linzer Wolfgang Denk, der ursprünglich wie sein Vater Augenarzt werden will, hin zur Chirurgie. Denk geht als Lehrer an die Universität Graz und übernimmt schließlich die Zweite Chirurgische Klinik in Wien, wo Krebs, Krebserkrankungen und vor allem die Früherkennung sein Hauptarbeitsgebiet werden. Dritter großer Chirurg aus Oberösterreich wird der Kleinhäuslersohn Hans Finsterer aus dem Innviertel, der sich noch ein Jahr vor Beginn des ersten Weltkrieges habilitiert. Später erwirbt sich der vielseitige Arzt und Gelehrte den Ehrentitel eines „Herolds der Lokalanästhesie". Ebenfalls Innviertler ist Viktor Fossel, der sich als praktischer Arzt und später als Leiter des Landeskrankenhauses Graz vor allem mit der Volksmedizin, ihren Methoden und Vorurteilen befaßt. Er wird auch erster Inhaber der Lehrkanzel für Geschichte der Medizin, die 1898 in Graz errichtet wird. Aus der bekannten oberösterreichischen Ärztefamilie Rabl wäre Carl Borromäus Rabl aus Wels zu erwähnen; der Schwiegersohn des großen deutschen Arztes Rudolf von Virchow wird Anatom an den Universitäten Prag und Leipzig. Ebenfalls Welser ist Julius Wagner-Jauregg, Professor für Psychiatrie und Neurologie in Graz und Wien. Nach seiner Arbeit „Über Einwirkungen fieberhafter Krankheiten auf Psychosen" vom Jahr 1887 erhält er – als einziger Oberösterreicher – 1927 für seine „Fiebertherapie" den Nobelpreis. Ähnlich wie Eiselsberg hinterläßt auch Wagner-Jauregg wertvolle Erinnerungen[32].

Am weitesten von allen Fronten entfernt

Oberösterreich nimmt starken Anteil an der Ermordung des Thronfolgerpaares in Sarajewo. Das ist besonders verständlich, wenn man bedenkt, daß Franz Ferdinand fünf Jahre als Offizier des Dragonerregiments Nr. 4 in Enns verbracht hatte und zwischen 1883 und 1913 Oberst-Inhaber dieses Regimentes war[1]. Auch war der Thronfolger oft zu Jagden nach Reichenau, Hellmonsödt und Kirchschlag gekommen. Der Plan, für Franz Ferdinand ein Denkmal in Wels zu errichten, wird angesichts des Weltkrieges und des Endes der Habsburgermonarchie nicht mehr realisiert[2]. Aber auch ein Bruder der ermordeten Gattin des Thronfolgers, der Herzogin Sophie Hohenberg, Hofrat Wolfgang Graf Chotek, wirkt 1914 bei der Linzer Statthalterei[3]. Die ersten Mobilisierungsmaßnahmen vom 26. Juli 1914 berühren vorerst das XIV. Korps in Innsbruck, zu dem auch die in Oberösterreich und Salzburg stationierten Einheiten gehören, nicht[4].
Erst im Rahmen der allgemeinen Mobilmachung vom 31. Juli 1914 und anläßlich des Aufgebotes des gesamten Landsturmes werden selbstverständlich alle oberösterreichischen militärischen Einheiten betroffen[5]. Es sind dies das Infanterieregiment Nr. 14 („Hessen"), das Feldkanonenregiment Nr. 40 mit Pionieren und Sappeuren, das Dragonerregiment Nr. 4 in Wels (das auch durch Salzburger ergänzt wird), dazu das Infanterieregiment Nr. 59 („Rainer") in Salzburg, das zu Teilen aus Innviertlern besteht. Hinzuzuzählen ist das Linzer Landsturm-Infanterieregiment Nr. 2 mit den oberösterreichischen Feldbataillonen I und II und den Salzburger Bataillonen III und IV[6]. Weitere Oberösterreicher sind in den verschiedensten anderen Einheiten der Monarchie, etwa auch bei den Fliegern und der Marine, eingeteilt; unverkennbar bleibt aber bei Kriegsbeginn und bei den weiteren Ersatzstellungen zu diesen Einheiten die im zweiten Weltkrieg aufgegebene starke landsmannschaftliche Konzentration in wenigen Einheiten, mit einigen Vorteilen und vielen Nachteilen – etwa bei schweren Einsätzen und entsprechenden massierten Verlusten.
Neben dieser landsmannschaftlichen Gliederung ist auch die einheitlich und nicht etappenweise durchgeführte Mobilisierung nicht gerade vorteilhaft, die in der ersten Woche nach dem Mobilisierungstag zu fast chaotischen Verhältnissen führt – und dies umso mehr, da ja angesichts der mehr als bescheidenen Motorisierung neben der Mobilisierung der Menschen ja auch gleichzeitig die Abgabe von Tausenden von Pferden erfolgt.
Wie in Mobilisierungsfällen üblich, muß Feldmarschalleutnant Erzherzog Josef Ferdinand seine Linzer 3. Infanteriedivision abgeben, die der bishe-

rige Kommandant der Militärakademie in Wiener Neustadt, Feldmarschalleutnant Josef Roth Ritter von Limanowa Lapanov, übernimmt, während Erzherzog Josef Ferdinand Kommandant des Innsbrucker XIV. Korps wird[7].

Nach dem Abtransport der oberösterreichischen und Salzburger Einheiten ins Feld zwischen dem 7. und dem 18. August 1914 verbleiben in Oberösterreich nur noch Landsturmmänner der zweiten Gruppe, also die im Alter zwischen 38 und 42 Jahren, und die Ersatztruppenteile. Im Verlauf des Krieges kommen weitere Einheiten nach Oberösterreich, so eine Einjährigenfreiwilligenschule nach Steyr[8] und, bedingt durch den späteren Eintritt Italiens in den Krieg, die k. k. Militärakademie von Fiume nach Braunau. Im Verlauf des Krieges müssen die Ersatzeinheiten aus politischen Erwägungen teilweise ausgetauscht werden. So wird die oberösterreichische Landwehr ins unsicher gewordene Brünn verlegt, während ein tschechisches Ersatzbataillon des Landwehr-Infanterieregiments Nr. 28 aus Pisek nach Linz zu übersiedeln hat.

Während dieses ersten Weltkrieges werden weite Teile der Habsburgermonarchie, wenn auch oft nur am Rand, direkt durch diesen Krieg und das Kriegsgeschehen betroffen: Galizien, die Küstenlande, Bosnien und die Herzegowina, später auch Tirol und Kärnten. Wesentliche Teile bleiben aber unberührt, so Ungarn, Böhmen–Mähren–Schlesien, Niederösterreich, die Steiermark, Salzburg und Oberösterreich. Von all diesen bleibt Oberösterreich am weitesten von allen Fronten, der Nord-, Südost- und Südfront, entfernt. Die Kriegsverluste der oberösterreichischen Fronteinheiten bleiben jedoch während des ganzen Krieges hoch. Die österreichischen Verluste sind, wie die oberösterreichischen, gleich in der ersten Kriegsphase, im ersten Halbjahr, die schwersten. So müssen im Verlauf der nächsten vier Jahre 17 Musterungen durchgeführt werden.

1914 zieht das Linzer Infanterieregiment Nr. 14 mit 4592 Männern ins Feld, Das Landsturm-Infanterieregiment Nr. 2 mit 3520, die Salzburger „Rainer" mit einem wesentlichen Anteil an Oberösterreichern mit 4691[9]. Einschließlich der Soldaten des Feldkanonenregiments und der Welser Dragoner sowie der verstreut bei anderen Einheiten Tätigen dürfte Oberösterreich bei Kriegsbeginn die alles in allem noch relativ bescheidene Summe von rund 19.000 Soldaten gestellt haben. Die sehr bald einsetzenden außerordenlichen Verluste in Galizien und in den Karpaten sind aber buchstäblich unersetzlich, weil es sich bei den Gefallenen um die am besten ausgebildeten Männer handelt. Von den nachfolgenden 17 Musterungen fallen noch zwei (mit den Geburtsjahrgängen 1879 bis 1890 und 1892 bis 1894) in das Jahr 1914. Das zweite Kriegsjahr, 1915, bringt fünf Musterungen; in diesem Jahr

18 *Musterungen in 5 Kriegsjahren*

Die Zweierschützen im Weltkrieg

Die Zweierschützen nach der zweiten Offensive, Verschiebung von der 3. und 1. Armee nach Russisch-Polen im November 1914.

werden, abgesehen von der allgemeinen Mobilmachung im August 1914, die meisten Oberösterreicher eingezogen, und zwar die Jahrgänge 1891, 1895 und 1896, 1873 bis 1877, 1878 bis 1890, 1892 bis 1894, 1897, 1865 bis 1871 und 1872 bis 1877. 1916 gibt es dann nach dieser gewaltigen Abschöpfung nur drei Musterungen (Geburtsjahrgänge 1898, 1866 bis 1897, 1892 bis 1898). 1917 werden während des Jahres vier Musterungen durchgeführt; man greift jedoch nicht mehr wie 1915 bis zum Geburtsjahr 1865 zurück. Allerdings werden auch 1916 und 1917 die 50jährigen (Geburtsjahrgänge 1866/67) einberufen. 1917 sind es die Geburtsjahrgänge 1899, 1872 bis 1891, 1867 bis 1871 und 1897 bis 1899. 1918 wird dann erstmals der Geburtsjahrgang 1900 einberufen, dann auch noch die Geburtsjahrgänge 1894 bis 1899. Während der ganzen Kriegsdauer werden die Jahrgänge 1867 bis 1872 dreimal durchgekämmt, die Geburtsjahrgänge 1873 bis 1893 viermal, die Jahrgänge 1894 bis 1897 sogar fünfmal. Das dürften auch jene Geburtsjahrgänge mit den schwersten Verlusten gewesen sein. Der ab 1917 einberufene Geburtsjahrgang 1899 wird nur noch dreimal und der Jahrgang 1900 einmal aufgerufen[10].

Einberufen werden bei jeder dieser Musterungen in Oberösterreich 4000 bis 4500 Mann, jeweils also die Stärke eines Regiments, so daß während der Kriegsdauer hier Soldaten für mehr als zwanzig Regimenter eingezogen werden. Tauglich sind in Oberösterreich südlich der Donau rund 80 Prozent, im Mühlviertel wesentlich weniger, nur rund 55 Prozent. Allerdings werden diese Maßstäbe von Jahr zu Jahr strenger. So kann man annehmen, daß insgesamt in Oberösterreich 80.000 Männer, also jeder fünfte männliche oberösterreichische Bewohner, eingezogen wird. Von ihnen kehren 22.500 nicht mehr zurück[11].

Die oberösterreichischen Feldtruppen kommen vorerst ausnahmslos in Galizien zum Einsatz. Hier wird die Division unerwartet der 4. Armee (Auffenberg) zugeteilt, Hessen und Rainer erhalten in der Schlacht bei Komarow am 28. August 1914 die Feuertaufe; am 30. August 1914 wird die österreichisch-russische Grenze überschritten. Die beiden Regimenter bleiben ständig an der Front und haben hohe Verluste. Sie nehmen an der Schlacht von Lemberg teil, erhalten dann wie alle anderen Einheiten des XIV. Innsbrucker Korps das Edelweiß-Abzeichen. Im Oktober erreichen die Oberösterreicher den San, allerdings mißlingt der Versuch, den Fluß zu überschreiten. Im November nehmen die beiden Regimenter an der Schlacht um Krakau teil. Schwer und verlustreich sind anschließend die Winterkämpfe in den Karpaten, wo den Russen ein Vordringen in die ungarische Tiefebene verwehrt wird. Die Schlacht von Limanowa-Lapanov bedeutet den Wendepunkt. Im Mai 1915 folgt die erfolgreiche Schlacht von Gorlice-Tarnow, neuerlich wird der San erreicht, ein zweitesmal die russische Grenze überschritten. Auch an der Schlacht von Lublin nimmt die 3. Division teil. Ende August 1915 wird der Bug überschritten. Nach Rückschlägen beginnt mit Wintereinbruch der Stellungskrieg. Ende Februar 1916 scheidet die oberösterreichische Division aus der 4. Armee, verläßt den verhaßten nördlichen Kriegsschauplatz und kommt nach Italien, nachdem Italien gegen die Mittelmächte in den Krieg eingetreten war. Oberösterreichischer Landsturm war hier schon seit 1914 zum Grenzschutz eingesetzt; unmittelbar vor Kriegseintritt Italiens gehen auch Alarmbataillone der beiden Regimenter nicht mehr zu diesen, sondern nach dem Süden ab, werden vorerst bei Innichen eingesetzt und müssen auch künftig meist selbständig operieren.

Nach Umrüstung und Auffrischung greift die 3. Division, jetzt im Rahmen ders XX. Korps, Mitte Mai 1916 mit in die Offensive ein. Hauptleistung: die Eroberung des Monte Cimone. Doch die österreichische Offensive läuft sich langsam tot, auch wenn die Stadt Arsiero erreicht worden war. Die selb-

Der Einsatz des selbständig zum Einsatz gekommenen Bataillons X/14 südöstlich von Trient

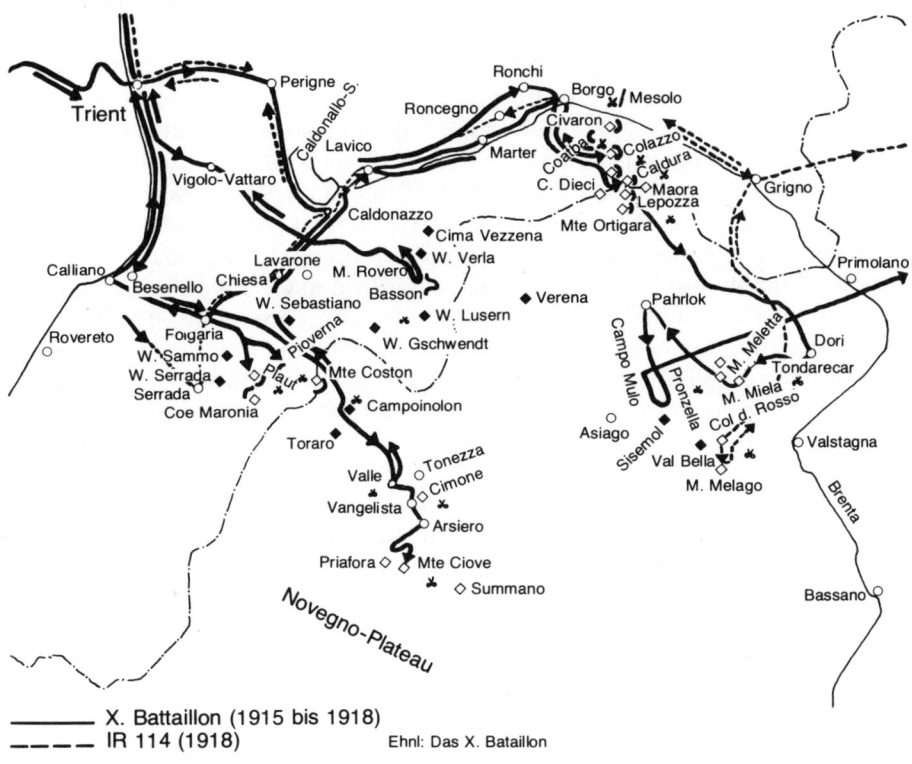

——— X. Battaillon (1915 bis 1918)
– – – IR 114 (1918)

Ehnl: Das X. Bataillon

ständig operierenden Bataillone X/14 und X/59 sind vor allem bei der Adamello-Gruppe eingesetzt. Dann erobern die Hessen im Rahmen der elften Isonzoschlacht den Monte San Gabriele zurück. Dieser 12. September wird als die größte Heldentat des Regiments bezeichnet und in den späteren Jahren festlich gefeiert. Nunmehr wird die 3. Division dem I. Korps unter Feldmarschalleutnant Alfred Kraus unterstellt. Die Division kämpft am Tagliamento; am 12. November 1916 besetzen die Hessen Belluno. Es kommt zur Eroberung des Monte Melatta, aber die Italiener können das Grappamassiv halten.

Eine Umorganisation führt 1917 zur Bildung neuer Regimenter (Infanterieregiment Nr. 114 und Infanterieregiment Nr. 107).
Anfang 1918 kommt die Division in innerösterreichische Gebiete. Dann werden die Regimenter Nr. 14, 59, 114 und 107, also wieder relativ geschlossen, im Juni 1918 im Bereich der „Sieben Gemeinden" zu letzten großen Schlachten eingesetzt. Nach Scheitern der Piave-Offensive verläßt die Edelweißdivision am 5. Juni 1918 den Kampfraum. Im November 1918 wird Bozen gesichert, in guter Ordnung kehren die in Franzensfeste einwaggonierten Rainer am 10. November nach Salzburg zurück. Von den Hessen geraten Teile in der Schlußphase des Krieges in Gefangenschaft. Die Reste des Regiments lösen sich am Linzer Bahnhof in aller Stille auf[12].
Das Dragonerregiment Nr. 4 mit den Garnisonen in Wels und Enns kämpft im Rahmen der 9. Kavalleriedivision in Rußland, ab Herbst 1916 in der Bukowina. Erst im Jänner 1917 folgen sie den übrigen Oberösterreichern nach dem Süden. Längst ohne Pferde, verbringen die Truppen im Juni 1918 ihre größte Leistung bei Österreichs letzter Offensive am Piave. Bei Kriegsende kämpfen sie in Albanien[13]. Als letzte österreichische Einheit sorgt das Regiment für Ordnung in der Bucht von Katar und kehrt in alter Ordnung nach Wels zurück.
Das Landwehr-Infanterieregiment Nr. 2, das 1917 in k. k. Schützenregiment Nr. 2 umbenannt wird, ist vor allem in den beiden Schlachten um Lemberg eingesetzt, dann bei Przemysl und in den Karpaten. Auch ihre Verluste sind in diesem Raum außerordentlich hoch. 1916 werden auch die Schützen nach dem Süden verlegt, im Spätherbst werden sie in Krain eingesetzt, nehmen an der zehnten Isonzoschlacht teil. Bei der elften Isonzoschlacht liegen sie vor Görz und retten hier die einzige erhalten gebliebene Isonzobrücke. Die letzten Kämpfe finden am 28. Oktober 1918 bei Conegliano statt. In Villach leistet das Regiment, das im Krieg mehr als 5000 Tote zu beklagen hat, noch Sicherheitsdienste. Es kehrt in voller Ordnung nach Linz zurück und wird hier am 12. November 1918 entlassen[14].
Das Feldkanonenregiment Nr. 40 wird vorerst im Verband der 44. Landwehr-Infanteriedivision, ebenfalls in Galizien, eingesetzt. Im Winter 1914 steht es in den Karpaten im Einsatz. Nach dem Durchbruch von Gorlice nimmt es am Vormarsch teil, kommt dann aber auf den südwestlichen Kriegsschauplatz in dem Raum von Flitsch und des Plöckenpasses. Im März 1916 wird es umbewaffnet (es erhält Feldhaubitzen) und wird – 1918 – in Feldhaubitzenregiment Nr. 3 umbenannt. Es kommt in Tirol im Rahmen der 3. Division zum Einsatz, insbesondere in der Schlacht bei Asiero. In der hier aufgebauten Verteidigungsstellung bleibt das Regiment zwei Jahre und erlebt zweimal einen Hochgebirgswinter. Beim Rückzugsbefehl am 29. Ok-

Die Situation in der Heimat

Die Zweierschützen im Raume Görz (1916 bis 1917)

tober 1918 müssen die Geschütze gesprengt werden, da die Pferdebestände zusammengeschmolzen sind. Die Reste des Regiments kommen über Predazzo, das Pordoijoch, Bruneck und Toblach am 12. November im Fußmarsch nach Linz[15]. Eng verbunden mit diesen Regimentern sind die Schicksale des Pionierbataillons Nr. 2 und die der Freiwilligen oberösterreichischen Schützen.

Verknappungserscheinungen, Schlangen vor Lebensmittelläden gibt es schon im Juli 1914, auch die Tatsache, daß Hartgeld rar wird und daß Spar-

einlagen abgehoben werden, daß die Preise – wenn auch vorerst nur bescheiden – steigen. Administrative Maßnahmen, wie etwa Transportscheinzwang, Vorratserhebungen (1915), Preisbestimmungen, später auch Rationierung und Rayonierung, laufen meist hinter der wirtschaftlichen Entwicklung daher. Man hat auf diesem Gebiet kaum Erfahrung, hat vor allem einen durch Jahre währenden, die ganze Monarchie erfassenden Krieg seit Jahrhunderten nicht mehr erlebt und kann den Rückgang der landwirtschaftlichen Produktion nicht abschätzen. Schließlich werden Kartoffel-, Zucker- und Kaffeekarten für das ganze Reich eingeführt, sonst aber hat der Statthalter für seinen Bereich manche Möglichkeiten.
Wir sehen – etwa für das Jahr 1917 – nicht nur eine sehr energische Stellungnahme des damaligen Statthalters Grafen Meran, der nicht nur für gerechte Zuteilungen eintritt, sondern auch für Preise, daß sich auch die ärmsten Schichten Lebensmittel, Bekleidung und Schuhe tatsächlich leisten können[16]. Insgesamt ist es aber vor allem eine Zeit, in der Landeshauptmann Hauser sein und seiner Funktion Prestige gegen staatliche und militärische Übergriffe ausweiten kann.
Eine einheitliche für ganz Oberösterreich gültige Mehlkarte wird erst im Mai 1915 eingeführt[17]; unmittelbar vorher war verboten worden, Kleingebäck zu backen[18]. Noch aber kann bis Jahresende Maisgrieß, Reismehl und Rollgerste ohne Karten abgegeben werden. Sonderregelungen für Selbstversorger oder für Bahnreisende wechseln häufig. Oberösterreich zählt im ersten Kriegsjahr bei einer Bevölkerung von 875.000 rund 304.000 Selbstversorger. Die Zuteilung schwankt je nach Ernte zwischen 175 g und 350 g (Schwerarbeiter) wöchentlich, wobei im Durchschnitt zur Hälfte Brot und zur Hälfte Mehl bezogen werden muß. Die Rayonierung sieht anfänglich vor, daß der Bezirk Linz-Land die Versorgung der Landeshauptstadt zu besorgen hat; 1919 muß dann Oberösterreich im wesentlichen das Land Salzburg mitversorgen. Bei durchschnittlich zufriedenstellenden Lebensmittellieferungen durch die Bauern machen sich die Linzer Zentralstellen, in den Bezirken die Bezirkshauptleute, wenig beliebt. Das ist verständlich, denn vor allem der Papierkram ist von der ersten Stunde lästig und umständlich. Während des Krieges, zwischen 1914 und 1918, sinkt, bei abnehmenden Anbauflächen, die Produktion von Weizen von 711.848 auf 443.100 Meterzentner, die von Roggen steigt von 687.310 auf 758.500 (1915 sogar auf 1,107.256). Bei Hafer erfolgt fast eine Halbierung der Ernte bei wachsender Anbaufläche (von 1,190.993 auf 676.400 Meterzentner)[19].
Bei Fett, also Schweineschmalz und Butter, gibt es 1914 und 1915 noch keine Einschränkungen. 1915 wird der Verkaufspreis für Schweineschmalz durch die Statthalterei geregelt. Erst 1916 werden Butter und Eier knapp, jeder di-

rekte Verkauf wird verboten. Ab 1916 gibt es auch eine Fettkarte. Die in Oberösterreich praktizierte Butter- und Fettaufbringung wird 1917 in ganz Österreich übernommen. Obwohl die je Kuh und Tag kalkulierten 20 Gramm Butter im Tagesdurchschnitt fünf Tonnen Butter hätten erbringen müssen, steht Oberösterreich mit 1270 (1917) und 1036 Tonnen (1918) über dem Ergebnis aller anderen Länder. Ab 1917 gibt es immerhin noch zwei Buttersorten: Landbutter und die teurere Molkereibutter. Allerdings gibt es Käse nur für Arbeiter der Waffenfabrik und anderer kriegswichtiger Betriebe.

Beim Fleisch beginnen erste vorsichtige Zwangsmaßnahmen 1914 mit einem Schlachtverbot für Kälber unter sechs Monaten. 1915 wird das Fleisch zwar nicht knapp, aber teurer. Im selben Jahr folgen drei Wiener Verordnungen über die Fleischrationierung und die Festlegung von zwei fleischlosen Tagen, des Dienstag und des Donnerstag. Ab 1917 gibt es drei fleischlose Tage (Montag, Mittwoch, Freitag). Vor allem die Linzer Stadtverwaltung bemüht sich um In- und Auslandskäufe von Lebensmitteln, die dann in städtischen Verkaufsstellen verkauft werden; auch Industriebetriebe greifen für ihre Arbeiter zur Selbsthilfe. Volksausspeisestellen entstehen in Linz, Urfahr, Kleinmünchen und Traun. 1916 wird für den Viehverkehr eines Landeskommission errichtet, vor allem um den Bedarf der Heeresverwaltung und der Städte zu sichern. Auch werden Maßnahmen ergriffen, den Fleischpreis in Grenzen zu halten. 1916 muß auch Wild abgeliefert werden. Die erste Fleischkarte Österreichs wird 1917 in Gmunden und Ebensee eingeführt – Fleischbewirtschaftung und Fleischkarten folgen bald auch in den anderen Gemeinden. In Linz begnügt man sich mit der Eintragung in der Kundenkarte, weil der Verbrauch niedriger als der auf den Fleischmarken vermerkten 150 Gramm je Tag sei. Die relativ günstige Lage Oberösterreichs im Bereich der Fleischversorgung wird noch dadurch verstärkt, daß bei den hier fürs Militär verarbeiteten Fleischkonserven die Innereien nicht verwertet werden, womit die Versorgung der Bevölkerung ergänzt wird. Die eigentliche Not auf dem Fleischsektor setzt 1918 ein, als der Viehbestand stark gemindert ist. Die wöchentliche Fleischquote beträgt nur noch 250 Gramm. Von den zwischen 1916 und 1918 gelieferten 204.000 Rindern blieb die kleinere Hälfte, 100.000, als Eigenbedarf im Land.

Auch bei der Milch gehen Beschränkungsmaßnahmen nur zögernd vor sich: 1915 Verbot des Rahmverkaufs, 1916 der von saurem Rahm und Joghurt. 1916 steht auch der Stadtbevölkerung nur noch ¼ Liter Milch zur Verfügung. Im November 1916 wird in Linz die Milchkarte eingeführt, die immerhin noch für Kinder unter 16 Jahren ½, ¾ und 1 l Milch vorsieht. Die

Anlieferung verschlechtert sich jedoch rapid und 1917 wird die Milchkarte aufgelassen und die vorhandene Milch auf die Kunden aufgeteilt.

Die Zuckerkarte tritt in Oberösterreich im März 1916 in Kraft (vorerst 1 kg monatlich); hier ist die Belieferung in Linz günstiger als am Land.

Die staatliche Bewirtschaftung der Kartoffeln setzt im Winter 1916/17 ein. Zu dieser Zeit herrscht in den Städten und im Salzkammergut ausgesprochener Mangel an Kartoffeln. 1917 wird die in Linz schon bestehende Kartoffelkarte auf ganz Oberösterreich ausgedehnt. Die durchschnittliche Kartoffelernte Oberösterreichs von 4,5 Millionen Meterzentnern (1909 bis 1913) sinkt auf 2,5 Millionen im Jahr 1917 ab.

Die Versorgung von Gemüse und Obst stößt in Oberösterreich nicht auf so große Schwierigkeiten wie in anderen Kronländern, wohl aber die von Tabak. Hier soll vorerst eine drastische Preiserhöhung regulierend wirken; ab dem Frühjahr 1918 gibt es eine Raucherkundenliste.

Mehr als die Lebensmittelversorgung zeigt die Entwicklung der Preise die zunehmende Not – insbesondere für die Mittelschicht und ärmere Bevölkerungskreise. So steigt zwischen Juni 1914 und August 1918 der Kilopreis von Rindfleisch von 1.80 auf 8.30 Kronen, beim Kalbfleisch von 1.40 auf 5.20 und beim Schweinefleisch von 1.80 auf 19 Kronen. Der Butterpreis steigt von 2 auf 8.40 Kronen, der Preis für einen Liter Vollmilch von 22 Heller auf 50 Heller, der Eierpreis von 7 auf 32 Heller.

Während bei der Bekleidung und beim Schuhwerk (Kleiderkarte ab Herbst 1917) Oberösterreich etwa so wie die anderen Länder gestellt ist, ist es bei der Kohlenversorgung eher benachteiligt. Der Kohlenmangel ist sofort spürbar, die staatliche Kohlenversorgung mit Kontingenten an die verschiedenen Länder setzt erst 1917 ein. Die Kohlenlieferungen bleiben bescheiden (7,5 kg Braunkohle im Sommer, 25 kg im Durchschnitt im Winter), doch stockt die Belieferung 1918 zeitweise. Etwas günstiger steht es mit der Holzversorgung, die bis zum Winter 1915/16 im wesentlichen gesichert ist, die Holzversorgung wird aber umso schwieriger, je weniger Kohle zur Verfügung steht.

Trotz dieser relativ günstigen Versorgung Oberösterreichs während des ersten Weltkrieges kommt es zu zahlreichen Unmutsäußerungen und Demonstrationen der Bevölkerung; einmal, weil trotz allem die Lebensmittelversorgung in den Städten und Industrieorten auch im Salzkammergut gelegentlich sehr stark zu wünschen übrig läßt; dann aber auch, weil das Schlangestehen vor Einkaufsläden unnütz Zeit vergeudet. Hauptangriffspunkt aber sind die ständig steigenden Preise bei einer meist sich ver-

47 Ausmarsch der Maschinengewehrkompanie der Linzer „Hessen" ins Feld.

48 Am Tag der allgemeinen Mobilmachung in Linz.

49 Eine oberösterreichische Feldkanonenbatterie im Jänner 1915 in den Karpaten.
50 Die Stellung der „Zweierschützen" am Pruth, durch eine weiße Linie kenntlichgemacht.
51 Lawinenunglück auf Colazzo im Winter 1916/17.
54 Wie der Künstler den Ersten Weltkrieg sieht: Die Hessenfahne bei Oserdow 1914.
52 Ein Fesselballon wird in der Schlacht bei Tlumacz im August 1916 zum Einsatz gebracht.
53 Eine Stellung der Zweierschützen in schwierigem Gelände.

55 Noch nach dem Ersten Weltkrieg möglich: Die Ischlerin Josefa Sarsteiner setzt einen Gedenkstein für „fremde Soldaten".

56 Erzherzog Karl Franz Josef, der nachmalige Kaiser, am Gefechtsstand des XX. Korpskommandos auf Cimonelle di Toraro mit Korpskommandant Waldstätten; im Hintergrund, zweiter von rechts, Hauptmann Hantke, der spätere Grenzschutzkommandant des Mühlviertels im Jahre 1918.

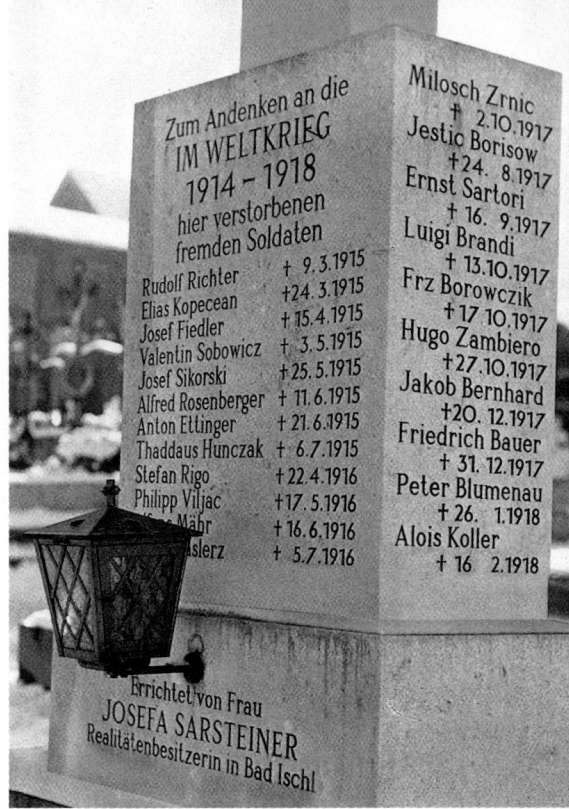

schlechternden Qualität. Wenig beliebt machen sich die neuen Zentralstellen für die Lebensmittelversorgung und die Kommissionen, von denen gelegentlich behauptet wird, daß sie die verschiedenen Getreidesorten nicht unterscheiden können. Zeitungsbeschlagnahmen, die noch dazu jedermann angesichts der weißen Flecken in den Tageszeitungen erkennen kann, fördern Gerüchte, so über Unmengen verdorbener Lebensmittel in den Magazinen[20] oder aber, daß Schärdinger Butter für die Seifenherstellung verwendet werde[21]. Selbst Landeshauptmann Hauser nennt im wiedereinberufenen Abgeordnetenhaus des Reichsrates die Militärbürokratie „unvernünftig, hochnäsig und gewalttätig"[22], vor allem aber bemüht er sich, zwischen Land- und Stadtbevölkerung auszugleichen. Zu den ersten Protesten von Frauen beim Linzer Bürgermeister und beim kaiserlichen Statthalter kommt es am 12. Oktober 1915[23]; drei Tage später kommt es zu Demonstrationen von Arbeiterfrauen in Steyr[24]; sie erlangen vom Steyrer Bürgermeister die teilweise Freigabe von Brotlieferungen aus der Umgebung. 1917 folgen ähnliche Demonstrationen in Urfahr[25], aber schon längst war es zu tumultartigen Auseinandersetzungen bei verschiedenen Läden und Lebensmittelausgabestellen gekommen. Sogar in Ried kommt es zu solchen Auseinandersetzungen[26].

Der Jänner-Streik ist auch in Oberösterreich drastisch fühlbar. Es streiken Arbeiter der Eisenbahnerwerkstatt, des Heizhauses, der Lokomotivfabrik und der Tabakfabrik sowie der Schiffswerft; daneben weitere Arbeiter von privaten Firmen (Posselt, Rosenauer, Bukowansky). Aber Eisenbahn und Straßenbahn fahren normal[27]. Die Tatsache, daß in Steyr eingesetzte junge Soldaten von den Arbeiterfrauen Brotmarken geschenkt erhalten[28], zeigt, daß es sich längst nicht nur um Hungerdemonstrationen handelt, sondern daß die Kriegsmüdigkeit weit um sich greift. Neuerliche Brotkürzungen im Juni 1918 führen zu Demonstrationen in Linz und Kleinmünchen, im August 1918 streiken die Salinenarbeiter in Bad Ischl und Ebensee. Im September 1918 folgt eine Protestversammlung der Staatsangestellten in Linz, weil die Regierung nur eine 25prozentige statt einer 50prozentigen Teuerungszulage bewilligt hatte.

Die Demonstrationen setzen sich nach dem Ende der Monarchie noch durch drei Jahre fort, denn die Lebensmittelversorgung kann nur schrittweise wiederhergestellt werden und der Hunger ist nach Kriegsende oft größer als während des Krieges.

Das von allen Fronten am weitesten entfernte Oberösterreich, das Bauernland, das auch bei der Lebensmittelversorgung relativ günstig abschneidet, hat natürlich vorrangig Kriegsgefangene aufzunehmen. Schon im August

1914 werden erste russische Deserteure nach Linz gebracht[29], im Oktober 659 russische Kriegsgefangene[30], denen dann bald weitere Transporte folgen. Zuletzt gibt es in Oberösterreich nicht weniger als sieben große Gefangenen- und Internierungslager: in Katzenau bei Linz, in Aschach, Braunau, Freistadt, Marchtrenk, Mauthausen und Schärding. Russische Offiziere werden in Mondsee einquartiert[31]; Serben, meist sehr geschwächt, im Lager Mauthausen[32]. In Baracken für je 400 Gefangene leben hier bis zu 15.000. Gerade in diesem Lager gibt es bald Ruhr, Typhus und Fleckfieber. So sterben hier an einem einzigen Tag, dem 23. Jänner 1915, allein 186 Kriegsgefangene. Der Lagerarzt Dr. Koch, aber auch Diözesanbischof Rudolf Hittmair, der hier orthodoxe Christen besucht, sterben an Fleckfieber; auch Angehörige der Wachmannschaften mit den Bewachten. Insgesamt sterben 11.000 im Kriegsgefangenenlager Mauthausen im ersten Weltkrieg. Bald werden Kriegsgefangene auch im Bergbau, in der Industrie und in der Landwirtschaft eingesetzt, das letzte ist für die Gefangenen gleichermaßen von Vorteil wie für die österreichischen Bauernhöfe und die Lebensmittelversorgung. Auch die Bewachung wird vereinfacht und erleichtert. Ab 1916 setzt ein massiver Einsatz in der Landwirtschaft ein, fast auf jedem Bauernhof arbeitet ein Gefangener oder Internierter. Anfänglich werden in Oberösterreich nur Russen und Serben, später auch Italiener (neues Lager Mauthausen, Braunau) untergebracht[33], Russen und Serben, später vor allem in Marchtrenk, Katzenau wird Internierungslager, italienische Offiziere kommen nach Aschach.

Ein befürchtetes Chaos bei Kriegsende entsteht nicht, obwohl sich die meisten Bewacher sofort nach Hause begeben. Der Drang, so bald als möglich in die Heimat zu kommen, auch die gute Versorgung der Gefangenen und Internierten durch das internationale Rote Kreuz, führt weder zu Racheakten noch zu Plünderungen, eher zum Verkauf von Lebensmitteln durch die Gefangenen und Internierten an die Zivilbevölkerung; auch die meist guten, ja freundschaftlichen Beziehungen der Bevölkerung zu Gefangenen und Internierten sind in dieser Schlußphase spürbar.

Aber nicht nur Kriegsgefangene und Internierte kommen während des Krieges nach Oberösterreich, auch Flüchtlinge aus den vom Krieg betroffenen oder gefährdeten Gebieten. So kommen schon 1914 Flüchtlinge aus Galizien nach Oberösterreich[34], 1915 dann Südtiroler und Bewohner aus dem Raum von Trient, die vor allem im Raum Braunau angesiedelt werden[35]. In hier von der Statthalterei errichteten Lagern leben bald 15.000 Menschen von der Südgrenze der Habsburgermonarchie. Vielfältige Interventionen zeigen aber auch auf, wie schwierig und zwiespältig das Verhältnis zu den italienischen Zivilinternierten ist – die bis dahin oft hohe Beamte der österreichischen Verwaltung waren[36]. Ab Februar 1917 werden alle Rumänen im Lager Katzenau bei Linz interniert[37]. Am 1. April 1918, also in der Schlußphase des ersten Weltkrieges, gibt es in Oberösterreich 17.920 unterstützte Flüchtlinge[38]. Auch wenn im Vergleich zu Wien die Zahl der in Oberösterreich untergebrachten galizischen Juden bescheiden ist, kommt es zu Spannungen, und die Statthalterei muß 1918 einen Appell an die Gemeinden richten, jüdische Flüchtlinge nicht zwangsweise zu entfernen, da eine Rückkehr in ihre Heimat noch nicht möglich ist[39]. Zu Differenzen kommt es auch zwischen den jüdischen Flüchtlingen und den einheimischen Juden in Linz[40].

Oberösterreich und Kaiser Franz Joseph I

Beim Tod von Kaiser Franz Joseph inmitten des ersten Weltkrieges und zwei Jahre vor dem Ende der Monarchie und der von Masaryk und Beneš durchgesetzten Errichtung der Tschechoslowakei erklärt in einer Trauerversammlung der Prager Technischen Universität der angesehene tschechische Historiker Professor Josef Pekař u. a.: „Die Frucht dieser Periode eines nie dagewesenen Aufschwungs der schöpferischen Kräfte der Gesellschaft einer Ära, die mit der Zeit Franz Josephs zusammenfällt, ist auch die große Entfaltung unseres Volkes . . . Der überwiegende Teil dessen, worauf wir heute als ein Kulturvolk stolz sind, wurde uns in dieser Zeit gegeben . . Was das alles für unsere Gegenwart und unsere Zukunft bedeutet, zu welch aufrichtigen Danksagungen uns dies zur Wahrung des Andenkens an den toten Kaiser verpflichtet, wissen und fühlen wir alle[1]."
Was der national eingestellte tschechische Historiker geschickt formuliert, aber vorbehaltlos anerkennt – dafür gibt es in Oberösterreich kein Gegenbeispiel. Das ist nicht unverständlich. Hier gedenkt man, wie in den anderen alpenländischen Gebieten, vor allem des Herrschers der Gesamtmonarchie. Immerhin erklärt Landeshauptmann Hauser in der Trauersitzung des Landesausschusses: „Niemand stand er näher mit seiner väterlichen Huld und Gnade als uns, den Bewohnern seines Kronlandes Oberösterreich[2]."
Die Beziehungen Oberösterreichs zu Kaiser Franz Joseph liegen auf zwei Ebenen: der politisch-rechtlichen und der menschlich-familiären. Die erste ist für alle österreichischen Länder gleich oder ähnlich: der Kaiser unterzeichnet alle Reichsgesetze und keine der Beschlüsse von Abgeordnetenhaus und Herrenhaus sind ohne die kaiserliche Unterschrift rechtskräftig. Diese gewichtige Rolle des Kaisers für die Gesamtpolitik wird noch dadurch unterstrichen, daß der Kaiser den Ministerpräsidenten und die Minister ernennt, daß diese weder dem Volk oder der Volksvertretung, sondern nur dem Kaiser verantwortlich sind, der sie auch abberufen kann.
Noch deutlicher wird der Einfluß des Kaisers in den Ländern – so auch in Oberösterreich. Der Kaiser ernennt, was nicht unverständlich ist, seinen Vertreter im Land, den k. k. Statthalter, der zugleich Chef der politischen Verwaltung ist. Weniger selbstverständlich ist, daß dies der Kaiser auch beim Chef der autonomen Landesverwaltung, dem Landeshauptmann, tut. Allerdings kann der vom Statthalter vorgeschlagene und vom Kaiser ernannte Landeshauptmann nur aus dem Kreis der Landtagsabgeordneten genommen werden. Ein Landeshauptmann bedarf des Vertrauens des Volkes, das ihn vorerst zum Landtagsabgeordneten wählen muß; es bedarf

gleichermaßen des Vertrauens des Kaisers, der ihn und nicht das Landtagsplenum auf den Posten des Landeshauptmannes beruft, der überdies – bis 1934 – auch Vorsitzender dieses Landtages ist. Ähnlich wie bei den Reichsgesetzen erhält überdies ein vom Landtag beschlossenes Landesgesetz erst dann Wirksamkeit, wenn es vom Kaiser und vom Ministerpräsidenten unterzeichnet ist. Der regelmäßig im Landtag anwesende Statthalter (oder sein Vertreter) macht auf die Rechtsansicht des Ministeriums aufmerksam und warnt vor möglichen Schwierigkeiten, die einer Gesetzwerdung des Landtagsbeschlusses entgegensteht. Was in anderen Ländern häufig geschieht, daß nämlich ein vom Landtag beschlossenes Gesetz von der Regierung, weil mit der Verfassung nicht in Einklang zu bringen, dem Kaiser gar nicht zur Unterschrift vorgelegt wird, geschieht in Oberösterreich nur in wenigen Ausnahmefällen, etwa bei den Sprachengesetzen[3].
Selbstverständlich ernennt der Kaiser neben dem Statthalter auch weitere hohe Beamte und Offiziere – überdies nominiert er auch den Diözesanbischof. Diese Bischofsernennungen sind gerade in zwei- oder mehrsprachigen Ländern oft ein Politikum ersten Ranges; aber auch in Oberösterreich ist ein Tauziehen nach dem Tod von Diözesanbischof Rudigier im Jahr 1884 sichtbar: vor allem die Liberalen im Land und auch der Statthalter wünschen sich einen wenn schon nicht liberalen, so doch maßvollen und möglichst unpolitischen Bischof[4].
Über dieses, fast möchte man sagen „dienstliche Verhältnis" des Kaisers zum Erzherzogtum Österreich ob der Enns stehen die menschlichen Beziehungen, und diese sind enger und herzlicher als zu allen anderen Ländern der Monarchie. Und das hat viele Ursachen.
Vor allem sind die engen Beziehungen des Kaiserhauses zu Ischl zu erwähnen – und hier keineswegs nur zu Kaiser Franz Joseph. Besonders eng, herzlich, ja familiär waren sie schon zu den Eltern des Kaisers, und als 1878 – dreißig Jahre nach der Thronbesteigung von Franz Joseph – dessen Vater stirbt, legt eine Ischler Delegation in Wien am Grab von Erzherzog Franz Karl einen Kranz mit einer Schleifenaufschrift „Ischl seinem Vater" nieder[5]. Und nicht nur die Gemeindeverwaltung von Ischl legt in diesem März 1878 einen Kranz, bestehend aus Vergißmeinnicht und Zyklamen, nieder; weitere Kränze entsenden die Badeverwaltung, die Feuerwehr, der Gesangs- und der Veteranenverein. Nach des Kaisers Vater benennen die Ischler ihren Franz-Karl-Platz, und als Bürgermeister Koch eine Woche vor dem Ableben des Erzherzogs diesem den Entwurf für den „monumentalen Brunnen mit dem Basrelief der Eltern des Kaisers" vorlegt, sagt dieser bescheiden, er bedaure nur, daß man so viel Geld für ihn ausgebe. Das neugotische Brunnendenkmal für des Kaisers Eltern stammt von dem in Hallstatt wir-

kenden Bildhauer Hans Greil, dem Bruder des bekannten Malers Alois Greil.
Bei der Kaiser-Audienz der Ischler nach dem Begräbnis des Vaters von Kaiser Franz Joseph ,,gab dieser der Deputation die Versicherung, daß er ganz nach den Intentionen seines Vaters, welcher noch auf dem Krankenbett mit viel Wärme der Ischler gedachte, fortwährend seine wohlwollende Protektion dem Kurorte zuwenden werde"[5].
Das ist verständlich, denn die Eltern des Kaisers meinten die Geburt ihrer Söhne der Ischler Kur zu verdanken, weshalb diese auch liebevoll die ,,Salzprinzen" genannt wurden. Es sind dies außer Kaiser Franz Joseph (geboren 1830) Ferdinand Max, der spätere Kaiser Maximilian von Mexiko (1832), Karl Ludwig (1833) und Ludwig Viktor (1842).
Es ist das sehr schlichte, biedermeierliche Ischl, in dem die jungen Prinzen in Bürgerhäusern und einfachen Hotels Ferienwochen verbringen. So wird etwa 1834 der Geburtstag von Franz Joseph, der später so oft in Ischl gefeiert wird, als Kinderfest im Freien begangen. Hierher kommt vor 1848 gelegentlich Kaiser Ferdinand I. und Kaiserin Maria Anna, auch die einstige Gattin Napoleons I., Erzherzogin Marie Louise, nach der man eine Quelle benennt; hier in Ischl errichtet man 1840 das klassizistische Rudolfdenkmal für Kardinal Rudolf, Fürsterzbischof von Olmütz, Bruder des Kaisers und großer Freund und Förderer von Bad Ischl. Hier, im Hotel Austria, Esplanade Nr. 10, feiert Franz Joseph erstmals als Kaiser seinen Geburtstag. In Ischl verlobt sich der Kaiser am 19. August 1853 mit Elisabeth Eugenia, Prinzessin in Bayern. Brautgeschenk der Mutter, der Erzherzogin Sophie, ist das eben angekaufte Biedermeierlandhaus Eltz am Fuße des Jainzenberges, das organisch – aber bescheiden – ausgebaut, nach dem Umbau 1857 als ,,Kaiservilla" bezeichnet wird.
Im Leben der Kaiserin Elisabeth spielt allerdings auch Linz eine Rolle. Die Kaiserbraut war am 20. April 1854 auf dem Dampfschiff ,,Kaiser Franz Joseph I." nach Linz gekommen, nachdem eine 26 Mitglieder umfassende Abordnung der oberösterreichischen Stände der Prinzessin auf dem Dampfer ,,Diana" bis Passau entgegengeeilt war, um der künftigen Kaiserin und Landesfürstin die erste Huldigung zu bringen[6]. Im Linzer Landhaus übernachtet die Kaiserin vor ihrer Weiterfahrt nach Wien. In Linz errichtet der oberösterreichische Landesausschuß nach der Ermordung der Kaiserin im Jahr 1898[7] eines der ersten Elisabethdenkmäler, rechts vom Portal des Landhauses[8].
Die unzähligen Familienfeste, die Regierungsjubiläen des Kaisers, die sich bald häufen (1858, 1873, 1878, 1888, vor allem aber 1898, schließlich 1908), die verschiedensten Geburtstage des Kronprinzen, der Töchter und vor al-

lem der des Kaisers am 18. August werden in Ischl, oft trotz Anwesenheit prominenter Gäste aus ganz Europa, in fast familiärer Atmosphäre gefeiert. So wird etwa der 18. Geburtstag von Kronprinz Rudolf durch ein Festschießen in Ebensee begangen[9]. Etwas gespreizt berichtet die Presse jener Jahre allerdings vom Ende der „Sommer-Sejour" der kaiserlichen Familie. Auch die Berichte über die vom Kaiser gegebenen „Galadiners", meist in der Villa und nur selten im Kurhaus, sind leicht übertrieben und geben kein rechtes Bild dieser bescheidenen, gelegentlich sogar kargen Essen. Trotzdem sind viele der Geladenen stolz, zur Mittagstafel des Kaisers zugezogen zu sein oder zu einer der sechs oder sieben jährlich stattfindenden „Hofjagden". Diese Feiern im familiären Kreis zeigen eine sehr unterschiedliche Begleitmusik; so gibt etwa 1853 Fürst Esterhazy in Ischl ein „Verlobungsschießen"; man inszeniert „ländliche Hochzeitszüge", oft geben Musik und Männergesangsverein „Ständchen". „Marktbeleuchtung", Feuerwerk, „Festbeleuchtung", Beflaggungen, eher selten auch Triumphpforten, auch Defilierungen von Vereinen, Festkonzerte auf der Esplanade gehören zum Rahmenprogramm. 1878 kommt, nach der Fertigstellung der Kronprinz-Rudolf-Bahn, erstmals der Hofzug nach Ischl, und erst in den letzten Jahren vor Ausbruch des ersten Weltkrieges werden auch vom kaiserlichen Hof Automobile benutzt – aber nur selten vom Kaiser. Bei Geburtstagen der Kinder des Kaisers führen die Ischler Kinder Lampionsfeste durch; andererseits erscheinen bei Geburtstagen des Kaisers dessen Enkelkinder als „Ischlerin" und „Ischler" gekleidet. Für die Erwachsenen finden Theaterveranstaltungen – oft mit prominentesten Gästen – statt; so treten Alexander Girardi und Katharina Schratt 1885 zu Kaisers Geburtstag im Ischler Theater in Raimunds „Verschwender" auf. 1888 wird Frau Schratt durch den Kauf der Villa „Felicitas" selbst Ischlerin.
Bei einer Reihe von Festgottesdiensten in der Ischler Stadtpfarrkirche sitzt Anton Bruckner an der Orgel, so 1890 anläßlich der Hochzeit der jüngsten Tochter des Kaisers. Um diese kaiserliche Familie und ihre Umgebung gruppieren sich zahlreiche Künstler – die auch den Attersee und Altausseer See sehr lieben – in Ischl vor allem die Komponisten der leichten Muse – so Johann Strauß, der hier 1894 einen „Ischler Walzer" komponiert, dann Leo Fall, Emmerich Kálmán, Oskar Straus und vor allem Franz Lehár, der erstmals 1903 nach Ischl kommt und 45 Jahre später hier stirbt.
Aktionen anläßlich dieser Jubiläen finden meist ihre Auswirkungen auf sozialem Gebiet; so führt die damals noch selbständige Stadt Urfahr im April 1879 zum silbernen Hochzeitsfest des Kaiserpaares im Gasthof „Zum Goldenen Kreuz" eine Bewirtung von 68 Armen der Stadt durch[10]; anläßlich der verschiedenen Kaiserjubiläen werden vom oberösterreichischen

Landesausschuß Geldbeträge, vorwiegend für soziale Zwecke, gewidmet, so anläßlich des 60jährigen Kaiserjubiläums im Jahr 1908 namhafte Beträge für das Krankenhaus der Barmherzigen Schwestern in Linz, der Kreuzschwestern in Wels, zum Neubau des Krankenhauses in Steyr („zahlbar am Tage der Grundsteinlegung"), für das Krankenhaus der Elisabethinen, dem Landeswohltätigkeitsverein, „für die Idiotenanstalt in Hartheim", der Erziehungsanstalt „Zum guten Hirten" in Linz und der in Baumgartenberg, dem „Haus der Barmherzigkeit", der Kinderbewahranstalt in Ebensee, dem evangelischen Altenasyl in Gallneukirchen und für ein Rekonvaleszentenheim für Gewerbetreibende, ebenfalls „zahlbar am Tage der Grundsteinlegung, wenn die Aufbringung von mindestens der Hälfte des Baukapitals gesichert ist"[11].

Übrigens werden außerordentlich viele Institutionen, vor allem aber soziale Stiftungen, nach der Kaiserin benannt, so etwa die Kaiserin-Elisabeth-Bahn (Westbahn), das Kaiserin-Elisabeth-Krankenhaus in Ischl, das Kaiserin-Elisabeth-Kinderhospital in Bad Hall u. a.

Dieses Ischl wird neben dem übrigen Salzkammergut aber auch der bevorzugte Treffpunkt von Monarchen und Politikern weit über Europa hinaus. So besucht der englische König Eduard VII. den Kaiser dreimal in seiner oberösterreichischen Sommerresidenz, 1905, 1907 und 1908. Aber der Besuchsreigen setzt schon weit früher ein. Gastgeber wie Gäste bevorzugen dabei Ischl und seine Umgebung. Die Überschaubarkeit des Salzkammergutes, die Schönheit der Landschaft, der familiäre Charakter und die Natürlichkeit der Menschen – all das scheint ausschlaggebend für Ischl zu sein. So besucht noch 1864, also zwei Jahre vor „Königgrätz", König Wilhelm I. von Preußen Franz Joseph in Ischl, auch Fürst Bismarck erscheint hier unter dem Pseudonym „Graf Zollern". Schon 1871 kommt der nunmehrige Kaiser Wilhelm I. gemeinsam mit Kronprinz Friedrich Wilhelm neuerlich nach Ischl. Im selben Jahr auch Don Pedro II., Kaiser von Brasilien. Es ist eine ununterbrochene Kette freundschaftlicher Staatsbesuche, so vom preußischen Kronprinzen Friedrich Wilhelm (1872), Kaiser Wilhelm I. (1874, 1875), Franz II. von Neapel mit seiner Gemahlin Marie, einer Schwester der Kaiserin Elisabeth (1878), Milan von Serbien, Kaiser Wilhelm I., Fürst Carol von Rumänien und seine Gattin Elisabeth (1880), Fürst Alexander von Bulgarien (1882 und 1883), Kaiser Wilhelm I., Kronprinz Karl von Portugal und Königin Christine von Spanien (1883). 1884 ist der 87jährige deutsche Kaiser Wilhelm zum letztenmal in Bad Ischl, die zahlreichen Besuche aus dem bayerischen Königshaus sind mehr Familienbesuche, mag auch oft der politische Hintergrund nicht fehlen. Es kommen weiters König Christian IV. von Dänemark und König Georg von Griechenland (1885), Prinz Ferdinand

Auch andere Mitglieder des Kaiserhauses . . .

von Coburg-Gotha, Fürst der Bulgaren (1887), die portugiesische Königsfamilie (1888), König Carol von Rumänien mit Kronprinz Ferdinand (1890), König Alexander I. von Serbien aus dem Haus Obrenovic mit Ministerpräsident Pasic (1891). 1895, 1900 und 1902 kommen neuerlich der rumänische König Carol und Königin Elisabeth, bekannt auch unter ihrem Dichternamen Carmen Sylva; es folgen die Besuche des Königs von Siam, Chulalongkorn (1897), und von Kronprinz Friedrich August von Sachsen (1902). Zum 75. Geburtstag des Kaisers kommt wieder der englische König Eduard VII. (1905), 1907 dann Fürst Ferdinand I., der spätere König von Bulgarien, neuerlich Eduard VII., diesmal begleitet vom britischen Außenminister Harding. Im selben Jahr kommt auch der italienische Außenminister Tittoni nach Ischl. 1908 versucht dann Englands König Eduard VII., Österreich aus dem Dreierbündnis zu lösen. Wie sehr hier in Bad Ischl private und familiäre Besuche mit der ,,großen Politik" ineinandergehen, sieht man etwa im Jahr 1897, als die Ischler Post innerhalb von sechs Tagen 15.750 Telegramme zu befördern hat[12].
Neben dem Kaiser, Kaiserin Elisabeth und den Kindern des Kaisers haben sehr viele andere Mitglieder des Kaiserhauses enge Querverbindungen zu Oberösterreich. Bei Kriegsbeginn, 1914, ist etwa Erzherzog Josef Ferdinand in Linz Kommandeur der 3. Infanteriedivision, die er mit Kriegsbeginn mit dem Kommando des Innsbrucker XIV. Korps vertauscht. Josef Ferdinand aus dem Haus Toscana ist der Enkel Leopold II. und Sohn Ferdinands IV., des letzten Großherzogs der Toscana (1859/60) aus dessen zweiter Ehe mit Alice, Prinzessin von Bourbon-Parma, einer Verwandten der letzten österreichischen Kaiserin Zita. Sie stirbt 1935 im Alter von 86 Jahren in Schwertberg.
Ebenfalls aus der habsburgischen Seitenlinie, dem ,,Haus Toscana", stammt Erzherzog Johann Salvator, der Sohn Leopolds II., der wegen verschiedener militärischer Denkschriften den Unwillen des Kaisers auf sich gelenkt hatte, dann auch deshalb, weil führende bulgarische Politiker dem begabten Habsburger die bulgarische Zarenkrone angeboten hatten. Als die Stadt Linz den hier so beliebten Regimentskommandanten[13] das Ehrenbürgerrecht verleiht, wird die Annahme aus staatspolitischen Gründen untersagt. Das weitere Schicksal von Johann Salvator, der aus dem Haus Habsburg ausscheidet und sich ,,Johann Orth" nennt, verliert sich im Dunkel[14]. Thronfolger Erzherzog Franz Ferdinand, Neffe von Kaiser Franz Joseph, dient als Offizier bei den Viererdragonern in Enns und ist ab 1883 Oberst-Inhaber dieses Regiments.
In Ischl errichtet man noch zu Lebzeiten und in Anwesenheit des Kaisers das einzige bedeutungsvolle Franz-Joseph-Denkmal, während sonst meist

nur Standbilder oder Büsten errichtet werden. Aber auch dieses Denkmal wird nicht dem Kaiser, sondern dem Jäger Franz Joseph – wenn auch zum 60. Regierungsjubiläum des Kaisers – errichtet. Gewidmet wird dieses Denkmal von der österreichischen Jägerschaft und die namhaften Spendenüberschüsse werden neuerlich wohltätigen Aktionen übermittelt. Ein wenig Kopfzerbrechen bereitet die Wahl des Standortes. Man geht aber pragmatisch vor, stellt eine lebensgroße Denkmalattrappe auf die ins Auge gefaßten Standplätze und entscheidet sich schließlich für einen Platz neben dem Soleweg zwischen Ischl und Lauffen. Das Ischler Kaiser-Franz-Joseph-Denkmal, das zum Unterschied etwa zum Linzer nie entfernt wird, zeigt eine Gesamthöhe von acht Metern und eine überlebensgroße, drei Meter hohe Kaiserfigur mit einem erlegten Hirsch auf einem riesigen Findling. Das Denkmalkomitee wählt den Entwurf des Wiener Bildhauers Georg Leisek, der hier sein wohl bedeutendstes Werk schafft.

Nach dem Tod Kaiser Franz Josephs erklärt Landeshauptmann Johann Nepomuk Hauser, das Land Oberösterreich werde ihm gegenüber ,,die Pflicht der Dankbarkeit jederzeit gewissenhaft erfüllen" und werde dem verstorbenen Monarchen ,,entsprechend dem Erinnerungsmonument Ihrer Majestät, der verewigten Kaiserin Elisabeth, vor unserem ehrwürdigen Landhaus ein bescheidenes Denkmal errichten"[15]. Dazu kommt es, bedingt durch den Kriegsausgang, vorerst nicht; erst 1937, zehn Jahre nach Hausers Tod, wird die Planung erfüllt, wobei dieses Kaiserdenkmal zugleich ein Gefallenenmal sein soll. Es wird im März 1938 völlig zerstört[16].

Die Besuche des Kaisers in Oberösterreich sind, vermutlich angesichts der zahlreichen Ischl-Besuche, eher selten. Und es müssen jeweils besondere Anlässe oder ein Zusammenfall verschiedener Anlässe sein, die den Kaiser zu einem solchen Besuch bewegen.

Kaiser Franz Joseph nimmt, vermutlich aus Rücksicht zum befreundeten bayerischen Königshaus, nicht an den großen Feiern teil, die anläßlich der hundertjährigen Zugehörigkeit des Innviertels zur Habsburgermonarchie begangen werden. Er schenkt allerdings ,,zum bleibenden Andenken an die am 13., 14. und 15. Mai daselbst stattgefundene Feier" der Stadt Ried sein Ölbild[17]. Der Kaiser besucht Linz im Zusammenhang mit der Eröffnung des neuen Gebäudes des Oberösterreichischen Landesmuseums. Daß auch die kaiserlichen Statthalter bei der Erstellung der Besuchsprogramme ein gewisses Wort mitzureden haben, erkennt man bei den Vorbereitungen zu einem Kaiserbesuch, bei denen der Kaiser bewogen wird, auch der Stadt Urfahr einen Besuch abzustatten, und Urfahr bedankt sich beim Statthalter durch die Verleihung des Ehrenbürgerrechtes.

Andererseits nimmt der Kaiser die eher seltenen Besuche in Oberösterreich außerordentlich ernst. So besucht Franz Joseph kurz nach den anstrengenden Feiern zu seinem 50. Geburtstag die Stadt Steyr anläßlich ihres 900-Jahr-Jubiläums im Jahr 1880. Der Kaiser kommt mit einem Sonderzug in Begleitung von Ministerpräsident Taaffe und Landwirtschaftsminister Falkenhayn aus Ischl schon um 7.40 Uhr in Steyr an. Am Bahnhof muß er vorerst „nur" drei Reden über sich ergehen lassen; dann ist es ein vollgedrängtes Programm, das zwischen 8 Uhr früh und 17 Uhr abrollt: „die alleruntertänigste Aufwartung" der höchsten Beamten, des Bischofs, der Äbte und des Steyrer Klerus sowie der Offiziere. Er empfängt die Übernahmsoffiziere bei der Werndlschen Waffenfabrik, so einen französischen Marineartillerieoffizier, drei fürstlich rumänische Offiziere und einen chinesischen Kapitän. Er besichtigt die Stadt, Schulen und soziale Einrichtungen, die Waffenfabrik und deren verschiedenste Einrichtungen, empfängt den Bezirkshauptmann, den Kreisgerichtspräsidenten, den Staatsanwalt, Landeshauptmann Eigner und weitere Landtagsabgeordnete, den Bürgermeister von Steyr und die Gemeinderäte, Offiziere des Steyrer Bürgerkorps, den evangelischen Pfarrer und den Vorsitzenden der israelitischen Kultusgemeinde, eine Deputation der Landgemeinden des Bezirkes Steyr – und verläßt schließlich nach einem randvollen Arbeitstag wieder Steyr[18].

Der Kreis dieser so engen Beziehungen zwischen Kaiser Franz Joseph und dem Land Österreich ob der Enns schließt sich zu Beginn des ersten Weltkrieges und zwei Jahre vor des Kaisers Tod. In Ischl – seit 1906 „Bad Ischl" – bekommt der Kaiser die Nachricht über die Ermordung des Thronfolgerehepaares in Sarajevo und hier spricht er zu seinem Generaladjutanten die oft zitierten Worte „Mir bleibt nichts erspart"[19]. Am 7. Juli 1914 ist der Kaiser wieder in Bad Ischl[20]; wurden in früheren Jahren oft Ministerkonferenzen in Ischl abgehalten, so finden nun hier Gespräche über Krieg und Frieden statt. Nach Oberösterreich, zum Kaiser, eilen die Minister des Äußeren, Leopold Graf Berchthold, und Finanzminister Leon Ritter von Bilinsky, der ungarische Minister Stephan Freiherr von Burian und Kriegsminister Alexander von Krobatin, Erzherzog Friedrich, der Belgrader Gesandte Baron Gießl von Gieslingen, Obersthofmarschall August Graf Zichy und Innenminister Freiherr Heinold von Udynski.

Im kleinen Salon der Kaiservilla wird das Ultimatum an Serbien unterzeichnet und am 24. Juli wird der Wortlaut dieses Ultimatums mit dem gewichtigen Satz „Mein hohes Alter darf den Lauf der Dinge in keiner Weise hemmen" als Flugblatt in ganz Österreich verteilt.

Nach der als unbefriedigend gewerteten Antwort und der Teilmobilisierung trifft der neue Thronfolger, Erzherzog Karl Franz Joseph, am 28. Juli 1914 in Bad Ischl ein. Am Abend desselben Tages ergeht von Bad Ischl aus das kaiserliche Manifest „An meine Völker". Einen Tag vor der allgemeinen Mobilmachung, am 30. Juli 1914, verläßt der Kaiser Bad Ischl; in aller Früh hatten sich um Kaiservilla und Bahnhof schon zahlreiche Menschen eingefunden, die ihm einen herzlichen Abschied bereiteten. Bei einem kurzen Aufenthalt in Linz ist hier die ganze Garnison versammelt, an der Spitze Erzherzog Josef Ferdinand, der wenig später das Kommando des Innsbrucker Korps übernimmt[21], der kaiserliche Statthalter Erasmus von Handel und General Schweitzer. Der Kaiser zu den Versammelten: „Es hat mich sehr gefreut, die Herren hier zu sehen, und ich sage zum Abschied in dieser ernsten Stunde nur die wenigen Worte, daß ich auf den guten Geist, die Ausdauer und die Tapferkeit der Armee baue[22]." Nach wenigen Minuten besteigt der Kaiser den Sonderzug zur Weiterfahrt nach Wien. Er kehrte nicht mehr nach Oberösterreich zurück.

Zeittafel

26. Februar 1861
Staatsgrundgesetz über die Reichsvertretung sowie die Landesordnung und der dazugehörigen Landeswahlordnung für die Kronländer.

18., 19., 21. und 23. März 1861
Landtagswahlen.

6. April 1861
Konstituierung des ersten aus einer Volkswahl hervorgegangenen Landtages.

6. April 1861 bis 22. Dezember 1866
I. Wahlperiode des Landtages.

6. April 1861 bis 22. August 1868
Abt Dominik Lebschy Landeshauptmann.

22. April 1861
Erste Sitzung des Landesausschusses.

15. Mai 1861
Errichtung einer eigenen Landesbehörde und eines Landtages für das „Herzogthum Salzburg", das bisher zu Oberösterreich gehörte.

1. August 1861
Eigenes Verordnungsblatt für die Landesbehörde des Erzherzogtums Österreich ob der Enns.

1862
Errichtung eines Konsumvereins in Linz.
Gmunden wird zum Kurort erklärt. Die Stadt hatte 1861/62 ein Kur- und Badehaus errichtet.
Josef Werndl kauft die Papierfabrik Jocher im Wehrgraben in Steyr, um seine Waffenfabrik auszubauen.
Überschwemmungen in allen Vierteln Oberösterreichs.

5. März 1862
Reichsgemeindegesetz.

27. März 1862
Der Landesausschuß stellt der Gemeinde Pfarrkirchen Haller Jodwasser für die Gemeindearmen zur Verfügung.

1. Mai 1862
Grundsteinlegung für den Mariä-Empfängnis-Dom (Neuer Dom) in Linz.

2. Mai 1862
Die oberösterreichische Landwirtschaftsgesellschaft übermittelt dem Landesausschuß den Antrag von Anton Wurmb auf Errichtung einer oberösterreichischen Bodenkreditanstalt.

Auch die Errichtung einer Hypothekenanstalt wird erörtert. Bis dahin bestehen in Oberösterreich fünf Sparkassen.

22. Mai 1862
Dr. Eduard Bach tritt als Statthalter zurück; er war zwischen 4. Mai 1851 und 16. August 1854 und zwischen 7. Juni 1855 und 22. Mai 1862 kaiserlicher Statthalter.

1863
Errichtung des Palm-Denkmales in Braunau.
Erste Diskussion um das Frauenwahlrecht im Landtag.
Karl Adam Kaltenbrunners ,,Dorfgeschichten aus dem Traungau".
Die neuerrichtete evangelische Pfarre Salzburg wird der oberösterreichischen Superintendenz unterstellt.

23. Februar 1863
Der Landesausschuß beschließt die Gründung der Landeshypothekenanstalt.

28. April 1863 bis 8. Jänner 1867
Franz Freiherr von Spiegelfeld Statthalter.

19. Juli 1863
In Linz wird Hermann Bahr, der spätere Dichter, als Sohn des Notars und liberalen Landtagsabgeordneten Dr. Alois Bahr geboren.

21. Oktober 1863
In Karlsbad stirbt der Historiker Joseph Ritter von Arneth (72).

1864
Gründung der Firma Josef und Franz Werndl u. Comp., Waffenfabrik und Sägemühle in Oberletten bei Steyr. Am 1. August 1869 wird die ,,Österreichische Waffenfabrik-Gesellschaft" mit Josef Werndl als Generaldirektor errichtet.

21. April 1864
Der Landtag bewilligt Franz Stelzhamer eine Finanzhilfe in Höhe von 400 Gulden.

13. Mai 1864
Oberösterreichische Gemeindeordnung und Gemeindewahlordnung.

1. November 1864
Neuerrichtung einer Mautstelle an der Linz-Leonfeldner-Hohenfurther-Kommerzialstraße im Haselgraben. Für das angespannte Zugvieh müssen 4 Kreuzer, für jedes Stück ,,schweres Triebvieh" 2 Kreuzer, und für jedes Stück ,,kleines Triebvieh" 1 Kreuzer bezahlt werden.

6. Dezember 1864
In Frankfurt stirbt Marianne von Willemer, Mitautorin Goethes in dessen ,,Westöstlichen Diwan".

1865
Gründung der Tageszeitung ,,Tages-Post".

Zeittafel 1865–1868

1865/67
Adalbert Stifters ,,Witiko" erscheint.

10. Juli 1865
Bau-Verbots-Rayon innerhalb und außerhalb der zu dem beabsichtigten Brückenkopf gehörigen Festungswerke um Linz, wobei die Gemeinden Linz, Gramastetten, Pöstlingberg, Urfahr, Puchenau, Katsbach, Steyregg, Lustenau, Waldegg, Leonding, St. Peter und Kleinmünchen betroffen sind. Bei Baugenehmigungen ist bei der k. k. Geniedirektion in Linz rückzufragen.

1866
Dr. med. Josef Netwald wird Alleinredakteur der ,,Tages-Post".
Uraufführung der Bischof Rudigier gewidmeten Messe Nr. 2 in e-Moll von Anton Bruckner.

1. April 1866
Auflösung der Polizeidirektion Linz. Die lokalen Polizeigeschäfte übernimmt die Landeshauptstadt Linz, die staatspolizeilichen Geschäfte das Statthaltereipräsidium.

19. Oktober 1866
Die Landesgalerie des oberösterreichischen Kunstvereins geht in Landeseigentum über.

1867
Aus einem Wettbewerb der österreichischen Heeresverwaltung geht das Hinterladegewehr Josef Werndl und Karl Holub (1830 bis 1903) als Sieger hervor.
Aufträge aus Österreich, Frankreich, Bayern, Serbien und Griechenland für die Steyrer Werke.
Gründung des Kaufmännischen Vereins in Linz.

8. Jänner bis 7. März 1867
Graf Eduard Taaffe Statthalter.

19. Jänner 1867
Gründung des ersten Arbeitervereins Oberösterreichs in Hallstatt. 116 ,,ärarische Arbeiter" Hallstatts gründen den Verein zur Fortbildung und Verbesserung der materiellen Lage.

28., 29., 31. Jänner und 4. Februar 1867
Landtagswahlen.

18. Februar 1867 bis 3. November 1869
II. Wahlperiode des Landtages.

Dezember 1867
Gründung des Fortbildungsvereines der Buchdrucker und Schriftgießer von Linz, der ersten gewerkschaftlichen Vereinigung Oberösterreichs.

7. März bis 24. Juli 1868
Ignaz Freiherr von Schurda Leiter der Statthalterei.

1868
Gründung der Allgemeinen Arbeiter-Kranken- und Invalidenkasse Linz. Filialen der ,,Allgemeinen" entstanden anschließend in Traun, Kleinmünchen, Enns, Urfahr und in anderen Or-

ten. Bis 1889 entstehen in Oberösterreich insgesamt 205 Krankenkassen (Bezirks-Krankenkassen, Betriebs-Krankenkassen, Bau-Krankenkassen, Genossenschafts-Krankenkassen, Vereins-Krankenkassen) mit 66.447 Mitgliedern.

28. Jänner 1868
In Linz stirbt der in Oberplan in Böhmen geborene Dichter Adalbert Stifter (63).

5. Mai 1868
Ein Hochwasser zerstört die Linzer hölzerne Donaubrücke. Die anschließend 1872 errichtete eiserne Brücke, ein Werk der französischen Firmen Schneider (Creuzot) und Castor (Paris) wird 1939 abgerissen und durch die ,,Nibelungenbrücke" ersetzt.

11. Juni 1868
Gesetz über die Organisation der Bezirksgerichte.

24. Juni bis 11. September 1871 und 11. Dezember 1871 bis 10. September 1884
Dr. Moriz Ritter von Eigner Landeshauptmann.

5. Juli 1868
Gründung des Arbeiterbildungsvereins für Linz und Umgebung unter Förderung des liberalen Arztes und Chefredakteur der ,,Tages-Post", Dr. Josef Netwald.

24. Juli 1868 bis 6. Februar 1871
Karl Graf Hohenwart-Gerlachstein Statthalter.

15. August 1868
Eröffnung der ersten Teilstrecke der Kronprinz-Rudolf-Bahn von St. Valentin nach Steyr.

31. August 1868
Anstelle der 46 ,,gemischten Bezirksämter" nehmen zwölf Bezirkshauptmannschaften ihre Tätigkeit auf.

7. September 1868
Hirtenbrief des Diözesanbischofs Rudigier über die antikirchlichen Maigesetze beschlagnahmt.

19. September 1868
Erste Ansätze zur Errichtung einer Sozialdemokratischen Partei.

4. Oktober 1868
Eröffnung des ersten Geschäfts des Arbeiter-Konsumvereins in Hallstatt.

23. Dezember 1868
In Linz wird Hedwig Bleibtreu geboren, eine der großen Schauspielerinnen Österreichs.

1. Jänner 1869
Gründung der Tageszeitung ,,Linzer Volksblatt für Stadt und Land" als Nachfolgeorgan des ,,Linzer Abendboten" (ab 1855) bzw. der ,,Linzer Neuesten Nachrichten" (ab 1868).

57 Kaiser Franz Joseph besucht erstmals das der Landeshauptstadt noch nicht eingemeindete Urfahr.

58 Der Kaiser – wie ihn die Ischler kennen, als Jäger.

59 Am Balkon des neuerrichteten Gebäudes des Landesmuseums.

60 Der Kaiser in Linz.

61 Mit Frau Schratt um 1910.

62 Kaiser Franz Joseph mit Thronfolger Franz Ferdinand um 1908.

63 Das 1936 errichtete Linzer Franz-Joseph-Denkmal, zugleich Kriegerdenkmal, das bereits im Jahr 1938 zerstört wird.

64 Kaiser Franz Joseph als Jäger am Soleweg zwischen Ischl und Laufen – ein Denkmal, das 1918 und 1938 unangetastet bleibt.

65 Thronfolger Franz Ferdinand in Enns anläßlich seiner Ernennung zum Oberst-Inhaber des Ennser Dragonerregiments Nr. 4, bei dem er als junger Offizier gedient hatte.

Zeittafel 1869–1870 417

13. April 1869
Gründung der Bank für Oberösterreich und Salzburg, deren Wirken am 1. Juli 1869 beginnt.

5. Juni 1869
Abführung von Bischof Rudigier vor das Landgericht Linz, nachdem er einer Gerichtsladung nicht Folge geleistet hatte.

Juli 1869
Verurteilung des Linzer Zeugfabrikanten Franz Schopper, der sich geweigert hatte, als Geschworener im Rudigier-Prozeß teilzunehmen, zu 30 Gulden.

12. Juni 1869
Bischof Rudigier wird von einem Linzer Geschworenengericht, weil er ,,zur Verachtung wider die österreichische Regierungsform aufzureizen versuchte", wegen ,,Aufreizung wider die österreichische Staatsverwaltung" und wegen ,,Verleitung zum Ungehorsam gegen die österreichischen Gesetze" zu 14 Tagen Kerker verurteilt.

13. Juli 1869
Begnadigung Bischof Rudigiers durch den Kaiser.

14. Juli 1869
Konstituierende Versammlung des liberal-politischen Vereins in Linz, nachdem schon 1868 liberale Vereine in Oberösterreich entstanden waren. Im Parteiprogramm von 1869, das Dr. Wiser, Dr. Kremer und Friedrich Hochenegg erarbeiten, wird vor allem die Verfassungstreue betont.

28. September 1869
Der Philosoph Robert Reininger in Linz geboren.

29. Oktober 1869
Landesgesetz ,,über die Herstellung und Erhaltung der öffentlichen, nicht ärarischen Straßen und Wege". Auf Grund dieses Gesetzes gibt es 1900 in Oberösterreich 775 km Reichsstraßen, 89 km Landesstraßen, 1608 km Bezirks- und 6129 km Gemeindestraßen, insgesamt 8600 km Straßen.

20. Dezember 1869
Landesgesetz über die Abgabe der Vermögenswerte der bisherigen Pfarrarmen-Institute an die Ortsgemeinden.

24. Dezember 1869
Gründung des Katholischen Volksvereins für Oberösterreich. Erster Vereinspräsident wird Heinrich Graf Brandis.

31. Dezember 1869
Volkszählung: Oberösterreich hat 731.379 Einwohner.

1870
Fertigstellung der Kronprinz-Rudolf-Bahn St. Valentin–Steyr–Weyer.
Zwischen 1869 und 1870 erhöht sich in Oberösterreich die Zahl der Postämter von 148 auf 244.

Errichtung eines Fonds der österreichischen Waffenfabrik Steyr zur Errichtung von Arbeiterwohnungen. Jedem Arbeiter werden 3 Prozent seines Verdienstes abgezogen.
Gründung der ursprünglich liberalen „Steyrer Volkszeitung".
Erstes Erscheinen des Wochenblattes „Der Mühlviertler Bote" in Rohrbach.

10. Mai 1870
In Dimbach im Mühlviertel wird Franz Xaver Müller geboren, einer der wesentlichen oberösterreichischen Komponisten zwischen Bruckner und David.

27., 30. Juni und 1. und 2. Juli 1870
Landtagswahlen.

28. August bis 12. Oktober 1870
III. Wahlperiode des Landtages.

1871
Fertigstellung der Bahnstrecke Neumarkt-Kallham–Braunau am Inn.

7. Februar 1871
Im Zusammenhang mit einer Demonstration löst der konservative kaiserliche Statthalter Karl Graf Hohenwart das katholisch-konservative Kasino in Linz auf.

15. März 1871
Eine vom liberal-politischen Verein geplante deutsche Sieges- und Friedensfeier wird von der Statthalterei verboten.

19. Mai 1871 bis 9. Oktober 1872
Dr. Siegmund Freiherr von Conrad-Eybesfeld Statthalter.

10. Juni 1871
Resolution des Abgeordnetenhauses des Reichstages in Wien gegen den Linzer Diözesanbischof Rudigier mit der Forderung, ihm die Temporalien zu sperren.

30. Juni 1871
Rücktritt des Präsidenten der Handels- und Gewerbekammer Ignaz Mayr und von 14 weiteren Kammerfunktionären wegen der von der Kammermehrheit begrüßten kirchenfeindlichen Haltung des Kammersekretärs Dr. Figuly.

2., 4. und 5. September 1871
Landtagswahlen.

11. September bis 10. Dezember 1871
Julius Graf Falkenhayn Landeshauptmann.

14. September bis 12. Oktober 1871
IV. Wahlperiode des Landtages; vorübergehende konservative Landtagsmehrheit.

9. Oktober 1871 bis 5. August 1877
Otto Freiherr von Wiedenfeld Statthalter.

Zeittafel 1871–1873

16. Oktober 1871
Kronprinz Rudolf besucht Linz.

11., 13. und 14. Dezember 1871
Landtagswahlen.

18. Dezember 1871 bis 18. April 1877
V. Wahlperiode des Landtages. Dr. Moriz Ritter von Eigner Landeshauptmann.

14. Dezember 1871
Gründung der altkatholischen Pfarre Ried im Innkreis.

1872
Österreich übernimmt das dekadische Maß- und Gewichtssystem.
Ludwig Edlbachers ,,Landeskunde von Oberösterreich" erscheint in erster Auflage, 1873 in zweiter.
Gründung des (liberalen) Oberösterreichischen Volksbildungsvereins in Linz.

22. März 1872
In St. Florian stirbt der Historiker Franz Pritz. Seine ,,Geschichte des Landes ob der Enns" war 1846 erschienen.

16. Oktober 1872
Das Militärkommando Linz stellt als Landwehrkommando seine Tätigkeit ein; die Aufgaben werden vom Landwehrkommando Wien übernommen.

21. Oktober 1872
Gründung des ,,Oberösterreichischen Volkskredit". Eröffnung der Schalter am 4. Jänner 1873.

6. November 1872
Fertigstellung der auch für Oberösterreich wichtigen Bahn Amstetten–Kleinreifling sowie der Strecke St. Valentin–Gaisbach-Wartberg–Budweis (Böhmen); die Strecke Linz–Gaisbach-Wartberg wird 1873 fertiggestellt.

15. Dezember 1872
Die Pferdeeisenbahn Linz–Freistadt fährt zum letzten Male.

1873
Mit 2606 Mitgliedern erreicht der 1869 gegründete liberal-politische Verein seine höchste Mitgliederzahl.
Errichtung einer staatlichen Fachschule für Holzschnitzerei und Kunsttischlerei in Mondsee sowie einer Fachschule für Holzindustrie und Marmorbearbeitung in Hallstatt.
Fertigstellung der Bahnstrecke Braunau–Steindorf.

2. April 1873
Direkte Reichsratswahlen, nicht mehr Wahl durch den Landtag. Oberösterreich mit 17 (bisher 10) Abgeordneten im Reichsrat vertreten.

15. Juni 1873
Erstes Erscheinen der liberalen Wochenzeitung „Echo aus den Bergen". Organ für das innere Salzkammergut", in Ischl. Ab 1875 „Ischler Wochenblatt" (bis 1915).

22. Juni 1873
Nach dem Zusammenbruch der Wiener Börse stellt die 1869 gegründete Industrie- und Kommerzialbank in Linz ihre Zahlungen ein; im Juli 1873 folgt der Konkurs.
Die schweren Verluste der „Oberbank" können durch drastische Sparmaßnahmen bereinigt werden.

1. Juli 1873
Diözesanbischof Rudigier begibt sich zum liberalen Linzer Bürgermeister Dr. Karl Wiser; beide beraten nach dem Börsenkrach Maßnahmen „zum Schutz für die Ersparnisse der Fleißigen und für den Notpfennig der Alten und Gebrechlichen".

3. Juli 1873
Vertreter der Banken und der Wirtschaft beschließen bei Statthalter Wiedenfeld die Bildung eines Hilfskomitees, um größere wirtschaftliche Schäden in Oberösterreich im Gefolge des Bankenkrachs zu verhindern.

August 1873
Wegen Insolvenz der „Wiener Wechselbank" muß der Bau der Ebensee-Ischler-Steeger Eisenbahn eingestellt werden. Er wird 1877 von einer anderen Gesellschaft auf teilweise anderer Trasse gebaut.

30. August 1873
Neue Statuten der wechselseitigen Brandschaden-Versicherungsanstalt, die als eine „unter den Staatsgesetzen stehende zwangsfreie Landesanstalt" bezeichnet wird.

September 1873
Die „Bank der Stadt Steyr" muß ihren Betrieb nach wenigen Monaten einstellen.

20. Dezember 1873
Die Strecke Linz–Gaisberg-Wartberg–Freistadt dem Verkehr übergeben.

1874
Errichtung einer Fachschule für Eisenindustrie in Steyr; 1887 wird hier eine Versuchsanstalt für Eisen- und Stahlgewerbe errichtet.
Die Pro-Kopf-Steuer macht in Oberösterreich 5,38 fl. aus, in ganz Zisleithanien 4,32 fl.

6. Juni 1874
Die Krankenkasse löste sich vom Arbeiterbildungsverein und nennt sich „Allgemeine Oberösterreichische Arbeiterkrankenkasse in Linz".

14. Jänner 1874
In Perg wird Johannes Schober, der spätere Polizeipräsident von Wien und Bundeskanzler, geboren.

Zeittafel 1874–1875

13. März 1874
Eine Dienstbotenordnung für Oberösterreich.

14. Juli 1874
In Henndorf (Salzburg) stirbt der in Großpiesenham bei Ried geborene Mundartdichter Franz Stelzhamer (72).

1875 bis 1877
Bau der Kronprinz-Rudolf-Bahn, später Salzkammergut-Bahn, zwischen Stainach (Steiermark) und Attnang.

1875
Die neuerrichteten evangelischen Tiroler Pfarren Innsbruck und Meran werden der oberösterreichischen Superintendanz unterstellt.
Neun Kurorte und 11.613 Kurgäste werden in Oberösterreich registriert; 1885 sind es zwölf mit 20.865, 1900 dann 17 mit 57.744 Kurgästen.
Gründung des ersten katholischen Arbeitervereins Oberösterreichs in Steyr; weitere katholische Arbeitervereine wurden in Ebensee (1883) mit einer Filiale in Roith, in Lambach (1893) und in Mauthausen (1893), schließlich in Grünburg an der Steyr, Losenstein, Linz und Kleinmünchen (durchwegs 1893) gegründet. Bis 1914 werden in Oberösterreich 62 katholische Arbeitervereine gegründet.
In Oberösterreich gibt es insgesamt 315 Brauereien.

1. Februar 1875
Der Attersee wird als „öffentliches Gut" eingestuft.

14. Februar 1875
Erster Spendenaufruf zur Errichtung eines Grabmals für den oberösterreichischen Mundartdichter Franz Stelzhamer auf dem Friedhof zu Henndorf bei Salzburg.

13. Februar 1875
Arbeiterunruhen in den Steinbrüchen der Firma Löwenfeld in Mauthausen.

25. Februar 1875
Die Stadt Linz widmet für das zu errichtende Landesmuseum den Baugrund.

8. März 1875
Der Eisenbahnausschuß unter Minister Chlumecky berät den Bau der Salzkammergutbahn.

30. Mai 1875
Eröffnung des Kursalons von Ischl.

11. Juli 1875
Enthüllungsfeier des Grabmals des Mundartdichters Franz Stelzhamer in Henndorf (Land Salzburg) in Anwesenheit des Salzburger Statthalters Grafen Thun und des Landeshauptmannes Graf Lamberg.

15. Juli 1875
In Linz stirbt der liberale Politiker Dr. Ignaz Figuly von Szep (70).

17. Juli 1875
Hauptverhandlung gegen die Verantwortlichen der Linzer Industrie- und Kommerzialbank wegen fahrlässiger Krida: vier Monate strenger Arrest.

29. September 1875
Tod des Abtes von Kremsmünster und Landtagsabgeordneten Augustin Reslhuber.

15. November 1875
Landeshauptmann Dr. Moriz Eigner eröffnet die Landesackerbauschule in Ritzlhof am Berg.

1876
Gründung eines Arbeiter-Kranken-Vereins der österreichischen Waffenfabrik Steyr.
Bei Bohrungen, die Zusammenhänge zwischen dem Salzvorkommen von Bad Ischl, Goisern und Bad Aussee feststellen sollten, stößt man in 420 Meter Tiefe auf eine Jod-Schwefelquelle von 19 Grad Celsius, 1877 auf eine zweite und dritte.
Oberösterreich verfügt über 18 Männer- und 23 Frauenklöster.

1. Jänner 1876
Die in bisherigen Landesgesetzen vorkommenden Maß- und Gewichtssätze werden in metrische Maße und Gewichte umgewandelt. Die alten Maße werden nach Einführung der metrischen Maße bei Strafe verboten.

2. Jänner 1876
Erstes Erscheinen der zweimal wöchentlich herauskommenden katholisch-konservativen Zeitung „Steyrer Zeitung für Wahrheit, Recht und Freiheit" (bis 1938 und ab 1945).

21. März 1876
Der Insurgentenführer der Herzegowina Ljubibratic in Linz interniert.

23. März 1876
Der Mitbegründer des Bades und Kurortes Ischl, der Salinen-Physiker Dr. Josef Ritter von Brenner-Felsach gestorben.

19. April 1876
Cölestin Gangelbauer (59) zum Abt des Benediktinerstiftes Kremsmünster gewählt.

25. April 1876
Ein Gesetz ermächtigt die Regierung die Bahn Braunau–Straßwalchen anzukaufen.

17. Mai 1876
Grundsteinlegung für ein israelitisches Gebethaus in Linz.

1. November 1876
Neuregelung der Bezüge des Seelsorgeklerus in Linz, Steyr, Wels und Ried; für ständige Seelsorge 1000 fl., für Hilfspriester 400 fl.; in anderen Städten und Kurorten 800 bzw. 350 fl., in anderen Orten 600 bzw. 300 fl.

28. November 1876
Der Landesschulrat verbietet die entgeltliche Weitergabe von Schreib- und Zeichenbedarf durch Lehrer an Schulkinder.

Zeittafel 1877–1880

1877
Gründung der liberalen Wochenzeitung „Welser Wochenblatt" (bis 1907).
Bei den Linzer Gemeinderatswahlen tritt erstmals eine „Conservative und wirtschaftliche Partei" mit drei Bewerbern für den dritten Wahlkörper auf, die auch gewählt werden.

31. Mai 1877
Als erste Privatbahn wird die Bahn Braunau–Straßwalchen vom Staat angekauft.

30. Oktober 1877
Arbeiterbildungsverein von der Statthalterei aufgelöst.

9. Dezember 1877 bis 13. August 1879
Bohuslav Ritter von Widmann Statthalter.

14. Dezember 1877
Nach dem Sequestrationsgesetz wird die Kronprinz-Rudolf-Bahn mit ihren Strecken St. Valentin–Steyr–Kleinreifling–Selzthal und Selzthal–Bad Ischl–Gmunden–Attnang-Puchheim in staatliche Verwaltung übernommen. Die Bahn geht 1887 in Staatsbesitz über.

8. Jänner 1878
Erstmals tritt bei Ergänzungswahlen für die oberösterreichische Handels- und Gewerbekammer eine zweite wahlwerbende Gruppe auf. Neben den Liberalen kandidiert ein „conservatives Wahl-Comité".

11. und 16. September 1878
Landtagswahlen.

24. September 1878 bis 13. Oktober 1883
VI. Wahlperiode des Landtages.

16. April 1879
Eröffnung einer Kleinkinderbewahranstalt in Kleinmünchen, die der Direktor der Kleinmünchner Spinnerei Wilhelm Löwenfeld für 50.000 Gulden errichtete.

13. Mai 1879
Feiern in Ried aus Anlaß der hundertjährigen Zugehörigkeit des Innviertels zu Oberösterreich.

Juni 1879
Konstituierende Versammlung eines Allgemeinen Arbeitervereins für Linz und Umgebung unter dem Vorsitz von Anton Weiguny.

13. August 1879 bis 14. Jänner 1881
Felix Freiherr von Pino-Friedenthal Statthalter.

1880
Beginn des Baues der Kremstalbahn.
Anteil der Analphabeten macht 20 Prozent aus.
Erstmaliges Erscheinen der katholisch-konservativen Wochenzeitung „Innviertler Volkszeitung" in Ried; ab 1897 „Oberösterreichische Volkszeitung" (bis 1938).

1. Jänner 1880
Übernahme der Kronprinz-Rudolf-Bahn in Staatsbesitz auf Grund des „Sequestrationsgesetzes" aus dem Jahre 1877. 1881 wird auch die Kaiserin-Elisabeth-Westbahn vom Staat übernommen.

28. März 1880
Erstes Erscheinen der liberalen Wochenzeitung „Linzer Sonntagsblatt. Politische Zeitschrift für Jedermann" (bis 1887).

18. April 1880
Gründung der liberalen Wochenzeitung „Politisches Sonntagsblatt für das Innviertel" (ab 1886 „Rieder Sonntagsblatt", ab 1919 „Innviertler Zeitung").

26. Juni 1880
Das Land kauft das Kerngut zur Errichtung der Landesirrenanstalt Niedernhart.

1. Juli 1880
Eröffnung der ersten Teilstrecke der Linzer Tramway zwischen Urfahr, Hauptplatz und Volksgarten. Die Straßenbahn wird 1897 elektrifiziert.

30. Juli 1880
Errichtung eines Central-Frachten- und Rangierbahnhofes in Linz.

22. August 1880
Kaiser Franz Joseph besucht in Begleitung von Ministerpräsident Graf Taaffe und Ackerbauminister Falkenhayn die Stadt Steyr und die Jubiläumsausstellung zum 900jährigen Bestehen von Steyr.

2. September 1880
Die Ingenieure von Lößl und Girowitz legen konkrete Pläne für die Trasse der Mühlkreisbahn mit der Haupt- und Kopfstation Urfahr und 16 weiteren Stationen und Haltestellen vor.

5. September 1880
Landesgesetz über die öffentliche Armenpflege in den Gemeinden.

3. Oktober 1880
Erstes Erscheinen der konservativen Wochenzeitung „Kremstal-Bote. Organ zur Förderung der heimischen Interessen, für Bildung und Wissen".

26. November 1880
Beschwerde des Landesausschusses an das Ministerium wegen Benachteiligung Oberösterreichs bei der Grundsteuer.

31. Dezember 1880
Volkszählung: Oberösterreich hat 753.448 Einwohner.

1881
In Oberösterreich gibt es 292 Postanstalten, eine Zahl, die sich bis zum Ende der neunziger Jahre auf 365 erhöht. Allerdings sind nur zehn „k. k. ärarische Postämter", die restlichen werden von privaten Postmeistern betreut.

Zeittafel 1881–1883

1. Jänner 1881
Liberale Bauern Oberösterreichs bei Ministerpräsident Taaffe.

10. Jänner 1881
Oberösterreichischer Bauerntag in Linz.

1. März 1881
Gründung des „Oberösterreichischen Bauernvereins" in Wels als dritte politische Partei Oberösterreichs.

5. März 1881
Erstes Erscheinen des „Oberösterreichischen Gebirgsboten. Fortschrittliches Wochenblatt zur Förderung politischer, gewerblicher und wirtschaftlicher Interessen" in Vöcklabruck (bis 1945).

5. April 1881
In Ried wird Wilhelm Dachauer geboren, der spätere Maler und Akademieprofessor.

20. April 1881
Eröffnung der Kremstalbahn durch Handelsminister Freiherr von Pino.

5. September 1881 bis 8. Juli 1889
Philipp Freiherr von Weber-Ebenhof Statthalter.

1882
Errichtung der ersten (privaten) Handelsakademie in Linz.
Die Unternehmungen der Innerberger Hauptgewerkschaft gehen in den Besitz der Alpine-Montangesellschaft über.
Das Geburtshaus des Mundartdichters Franz Stelzhamer wird restauriert.
Das oberösterreichische Eisenbahnnetz erreicht eine Ausdehnung von 647 km, wovon 402 km auf die Kaiserin-Elisabeth-Westbahn, 210 km auf die Kronprinz-Rudolf-Bahn und 35 km auf die Kremstalbahn Linz–Kremsmünster entfallen.
Errichtung der Eisenbahnstrecke Vöcklabruck–Kammer–Schörfling.

1. Jänner 1882
Die Kaiserin-Elisabeth-Bahn (Westbahn) wird vom Staat übernommen; sie wird 1884 Staatseigentum.

21. März 1882
In Linz wird Wolfgang Denk geboren, der nachmalige bedeutende Krebsforscher.

1. September 1882
Das „Linzer Programm" des Deutschen Nationalvereins wird unter dem Vorsitz von Georg von Schönerer unter Mitarbeit von Heinrich Friedjung, Viktor Adler und Engelbert Pernersdorfer erarbeitet, darf jedoch vorerst nicht in Linz veröffentlicht werden.

1883
Herausgabe des ersten Bandes des Sammelwerkes oberösterreichischer Mundart „Aus da' Hoamát".
Gründung der Webereifachschule Haslach (bis 1900, dann wieder ab 1925).

1884
Erstes Erscheinen der liberalen Wochenzeitung „Oberösterreichischer Bauernfreund". Centralorgan des Bauern zur Besprechung politischer, wirtschaftlicher und geschichtlicher Angelegenheiten", ab 1885 „Österreichischer Bauernfreund" (bis 1902).

31. März 1884
In Goisern stirbt der „Bauernphilosoph" Konrad Deubler (70).

11. Juni 1884
Die fünf oberösterreichischen Finanz-Inspektoratsbezirke werden auf vier (Linz, Wels, Braunau, Schärding) reduziert.

Juli 1884
Errichtung des Kaiser-Joseph-Denkmals in Wels durch den Oberösterreichischen Bauernverein.

1. August 1884
Linz wird Sitz einer k. k. Eisenbahndirektion.

25. und 30. August, 3. September 1884
Landtagswahlen.
Erstmals eine konservative Mehrheit im oberösterreichischen Landtag.

10. September 1884 bis 17. Jänner 1897
Abt Leonhard Achleuthner Landeshauptmann.

15. September 1884 bis 22. Mai 1890
VII. Wahlperiode des Landtages.

29. November 1884
In Linz stirbt Diözesanbischof Franz Josef Rudigier (73).

1855
In Oberösterreich gibt es 34 politische Vereine mit einer Gesamtzahl von 40.099 Mitgliedern.
Konstituierung einer Parteileitung der Sozialdemokratischen Partei.
Einführung des Telephonverkehrs in Linz durch die Firma L. Ph. Schmidt und Ludwig Weiß. Innerhalb eines Jahres gibt es in Linz und Urfahr 167 Anschlüsse; 1892 werden die Telephonanlagen Linz–Urfahr vom Staat übernommen. 1894 wird die interurbane Verbindung Linz–Wien hergestellt.

1. März 1885 bis 28. September 1888
Dr. theol. Ernst Müller Diözesanbischof von Linz.

6. März 1885
Errichtung einer „Algemeinen Wasserleitung" für die Stadt Linz.

8. März 1885
Der Operettenkomponist Hellmesberger dirigiert in Linz ein Konzert.

Zeittafel 1885–1889

18. August 1885
Alexander Girardi und Katharina Schratt treten im Ischler Theater in Raimunds ,,Verschwender" auf.

14. Oktober 1885
Der liberal-politische Verein für Oberösterreich wird in ,,Deutscher Verein" umbenannt, auch nationale Zielsetzungen werden in die Vereinsstatuten eingebaut.

1886
Errichtung der Eisenbahnlinie Wels–Aschach an der Donau.
Im Stadtgebiet von Linz gibt es noch 3000 Analphabeten, ,,vorwiegend unter den weiblichen Dienstboten der Stadt".

6. Jänner 1886
Trennung der Gemeinden Weyregg und Steinbach am Attersee.

30. Jänner 1886
Errichtung einer eigenen Ortsgemeinde St. Magdalena durch Abtrennung von der bisherigen Gemeinde Pöstlingberg.

1887
Die restliche Grundentlastungsschuld Oberösterreichs wird in ein Landeslehen von neun Millionen Gulden umgewandelt.

1. Juli 1887
Die neue Zentralverwaltungsstelle der Staatsbahn errichtet für die oberösterreichischen Strecken k. k. Oberbahnbetriebsämter in Linz, Steyr und Salzburg.

8. September 1887
Erster oberösterreichischer Gewerbetag in Anwesenheit Dr. Luegers in Linz.

1888
Gründung der katholisch-konservativen Wochenzeitung ,,Welser Zeitung. Katholisch-conservatives Wochenblatt" (bis 1938 und ab 1945).
Gründung der katholischen Wochenzeitung ,,Innviertler Wochenzeitung" (ab 1897 ,,Oberösterreichische Volkszeitung", ab 1945 ,,Rieder Volkszeitung").

16. Juni 1888
Gründung des Deutschnationalen Vereins für Oberösterreich mit Dr. Beurle als Gründungsobmann.

17. Oktober 1888
Eröffnung der Mühlkreisbahn Linz-Urfahr–Neufelden–Rohrbach–Aigen.

17. Dezember 1888 bis 2. Dezember 1908
Dr. jur. Franz Maria Doppelbauer Diözesanbischof.

1889
Errichtung der Staatsgewerbeschule in Linz.

April 1889
Gründung eines Mädchenlyzeums in Linz auf Grund privater Initiativen.

29. April 1889
In Steyr stirbt der Industrielle Josef Werndl (58).

7. Juni 1889
Gründung der katholischen Wochenzeitung „Mühlviertler Nachrichten", Organ für den christlichen Bürger- und Bauernstand. Erster Herausgeber der nachmalige Landeshauptmann Dr. Alfred Ebenhoch.

12. Juni 1889
Auf Grund § 34 der Straßenpolizeiordnung für die Landeshauptstadt Linz dürfen „Fuhrwerke jeder Art mit Einschluß des Fahrrades, Automobilwagens und Motorrades" in der Linzer Innenstadt nur im Schritt- bzw. im Tempo eines Fußgehers fahren.

9. Juli 1889 bis 24. Juni 1890
Graf Franz Merveldt Statthalter.

13. November 1889
Der Landtag beschließt die Statuten einer zu gründenden Landes-Hypothekenanstalt.

1890
143.140 Analphabeten in Oberösterreich (6,40 Prozent).
In Linz gibt es für den innerstädtischen Personenverkehr 31 Stadtträger, 5 Sesselträger, 11 Expreßmänner und 1 Platzdienerinstitut, dazu 84 Einspänner, 128 Fiaker, 142 Lohnkutschen, 18 Zweispänner, 8 Stellwagenbetriebe und 10 Omnibusse.

10. Jänner 1890
In Wien stirbt der Biedermeier-Maler Johann Baptist Reiter (77) aus Linz.

18. April 1890
Erstes Erscheinen der liberalen Wochenzeitung „Politisches Sonntagsblatt für das Innviertel" in Ried, ab 1896 „Rieder Sonntagsblatt", ab 1919 „Innviertler Zeitung" (bis 1938).

24. Juni 1890 bis 13. Februar 1902
Viktor Freiherr von Puthon Statthalter.

25., 27. August und 3. September 1890
Landtagswahlen.

14. Oktober 1890 bis 17. Juni 1895
VIII. Wahlperiode des Landtages.

31. Dezember 1890
Volkszählung: Oberösterreich hat 785.831 Einwohner.

1891
In Wels wird bei Brunnenarbeiten Erdgas entdeckt.

Zeittafel 1891–1895 429

Der Betrieb auf Rosenauers Holzschwemmkanal zwischen Böhmen und Oberösterreich wird eingestellt.

5. Februar 1891
Herabsetzung des Steuerzensus auf fünf Gulden bei Landtagswahlen.

7. Oktober 1891
Verband der Kurorte und Sommerfrischen des Salzkammergutes gegründet.

22. November 1891
Erste Landeskonferenz der Sozialdemokratischen Partei für Oberösterreich und Salzburg.

1892
Dritter österreichischer Katholikentag in Linz.

1893
Errichtung der Schafbergbahn. Die ersten Pläne für diese Bahn gehen auf das Jahr 1877 zurück.
Errichtung der Eisenbahnlinie Wels–Sattledt–Rohr.
Konstituierung einer israelitischen Kultusgemeinde in Steyr.
Erste kalorische Kraftwerke in Steyr und Ried.

13. Februar 1893
Erstes Erscheinen der deutschnationalen Wochenzeitung „Linzer Morgenpost" (bis 1901). Herausgeber und Redakteur ist der Reichsrats- und Landtagsabgeordnete Dr. Carl Beurle.

1894
Beginn des Seligsprechungsprozesses für Bischof Rudigier.
Statuten für die israelitische Kultusgemeinde Linz, zu der neben ganz Oberösterreich (mit Ausnahme des Bezirkes Steyr) auch das Land Salzburg gehört.
Errichtung einer katholischen Lehrerinnenbildungsanstalt in Vöcklabruck.
Errichtung der Gmundner Straßenbahn vom Rudolfsbahnhof zum Rathausplatz.

8. Februar 1894
„Liquidierung und Entfertigung" der „Innviertler Schulden", die teilweise bis zum Jahr 1620 zurückreichen.

10. November 1894
Enthüllung des Werndl-Denkmals in Steyr, ein Werk von Viktor Tilgner.

8. Dezember 1894
Tod des Oberösterreichers Anton Hye, des einstigen Justizministers, einem der Mitunterzeichner der Menschen- und Bürgerrechte (87).

1895
Gründung des „Vereins bildender Künstler und Kunstfreunde in Linz".
Die geplanten Bismarckfeiern führen zu neuen Spannungen zwischen Liberalen und Nationalen.
Wilhelm Kienzls Oper „Evangelimann" uraufgeführt.

1. Jänner 1895
Erstes Erscheinen der katholisch-konservativen Wochenzeitung „Machländer Volksbote. Unabhängiges Organ für den unteren Mühlkreis" in Perg (bis 1929).

6. Jänner 1895
Erstes Erscheinen der katholischen Wochenzeitung „Salzkammergut-Zeitung".

2. Februar 1895
Gründung des Katholischen Arbeiterinnenvereins in Linz. Er unterstellt sich 1920 dem „Oberösterreichischen Arbeiterbund" und geht 1934 in der Katholischen Aktion auf.

1. April 1895
Erstes Erscheinen der vom Katholisch-Politischen Arbeiterverein für Oberösterreich herausgegebene Wochenzeitung „Katholische Arbeiterzeitung".

30. November 1895
Der Komponist Johann Nepomuk David in Eferding geboren.

1896
Gründung des Oberösterreichischen Landesarchivs.
Errichtung der k. k. Staatsbahndirektion Linz zugleich mit der Bildung des k. k. Eisenbahnministeriums. Schon 1882 war in Wien nach der Übernahme der wichtigsten Bahnstrecken durch den Staat eine k. k. Direktion für den Staatseisenbahnbetrieb geschaffen worden, die in Linz ein Oberbahnbetriebsamt errichtete.
Der oberösterreichische Landtag beschließt ein Kurortgesetz mit „grundsätzlichen Bestimmungen zur Regelung des Kurwesens in Curorten, Badeorten, Sommerfrischen und dergleichen".

14. Juni 1896
Einführung der „allgemeinen Kurie" im Reichsrat; Oberösterreich durch 20 (bisher 17) Abgeordnete vertreten.

2. Juli 1896
Grundsteinlegung des Bischöflichen Knabenseminars Kollegium Petrinum in Urfahr.

20. Juli 1896
In St. Gallen in der Steiermark stirbt Friedrich Simony, Professor für Erdkunde der Universität Wien, dessen Lebenswerk der Erforschung der Dachsteinregion galt.

24., 28. September und 2. Oktober 1896
Landtagswahlen.

11. Oktober 1896
In Wien stirbt der in Ansfelden geborene Komponist Anton Bruckner (72).

1897
Denkschrift über einen zu errichtenden Moldau-Donau-Kanal zwischen Budweis (Böhmen) und Untermühl (Oberösterreich). Auch die Ausnützung der Großen Mühl zur Energiegewinnung ist darin vorgesehen.

Zeittafel 1897–1900

Errichtung des Bischöflichen Gymnasiums Kollegium Petrinum.
Gründung des „Landesverbandes der katholischen nichtpolitischen Arbeitervereine Oberösterreichs".
Gründung der deutschnationalen Wochenzeitung „Deutsches Wochenblatt für das obere Innviertel" in Braunau (bis 1902).
Gründung der sozialdemokratischen Zeitung „Die Wahrheit", die ursprünglich zweimal monatlich, ab 1900 wöchentlich und ab 1916 als „Tagblatt" erscheint. Erster Herausgeber ist Anton Weiguny.

17. Jänner 1897 bis 18. Juli 1902
IX. Wahlperiode des Landtages.

17. Jänner 1897 bis 6. Mai 1898
Michael Freiherr Kast von Ebelsberg Landeshauptmann.

16. Mai 1897
Der „Deutsche Volksverein" tritt an Stelle des „Deutschnationalen Vereins".

1898
Errichtung der Eisenbahnstrecke Mauthausen-Grein als erste Teilstrecke der Donaubahn nach Krems.
Errichtung der Straßenbahnstrecke Urfahr–Volksgarten; die Pöstlingbergbahn wird als „steilste Adhäsionsbahn Europas" errichtet.

6. Jänner 1898
Deutscher Volkstag für Oberösterreich und Salzburg in Linz.

10. Jänner 1898
Die deutschnationalen Landtagsabgeordneten fordern die Regierung zur sofortigen Zurücknahme der Sprachenverordnung auf.

6. Mai 1898 bis 9. November 1907
Dr. Alfred Ebenhoch Landeshauptmann.

28. Dezember 1898
Der Landtag beauftragt den Landesausschuß, einen Gesetzesentwurf wegen Einführung der deutschen Sprache als alleiniger Unterrichtssprache in Oberösterreich vorzulegen.

1899
Gründung einer „Sektion Oberösterreich" des 1897 in Wien gegründeten Bundes österreichischer Industrieller. Erster Vorsitzender wird Bruno Roemer, Direktor der Nettingsdorfer Papierfabrik.
Errichtung der Eisenbahnfachschule in Linz.

7. Juni 1899
Errichtung eines Landesverbandes zur Hebung des Fremdenverkehrs in Oberösterreich.

1900
Erste Veröffentlichung einer gesamtösterreichischen Fremdenverkehrsstatistik. Oberöster-

reich scheint mit 139 Fremdenverkehrsorten, 728 Beherbergungsbetrieben, mit 11.545 Betten und 15.150 Betten in Privathäusern auf.
Errichtung der Eisenbahnbrücke in Linz.
Erstes Erscheinen der sozialdemokratischen Wochenzeitung „Volksfreund" in Steyr (bis 1909).
Enrica von Handel-Mazzetti veröffentlicht ihren ersten Roman Meinrad Helmpergers denkwürdiges Jahr.
Bahrs Stelzhamer-Drama „Der Franzl". Bahrs Lustspiel „Wienerinnen".

1. Jänner 1900
Kronen-Währung wird ausschließlich gesetzliche Landeswährung.

6. Jänner 1900
Erstes Erscheinen der katholisch-konservativen Wochenzeitung „Ischler Zeitung" (bis 1902).

17. Jänner 1900
Errichtung einer automatischen Central-Feuermeldeanlage mit 30 öffentlichen Automaten in Linz.

28. Jänner 1900
Ausstellung von Webereierzeugnissen des Vereins zur Förderung der nicht fabrikmäßig betriebenen Weberei des oberen Mühlviertels in Linz.

17. Februar 1900
Der Gründungsobmann des Katholischen Volksvereins Heinrich Graf Brandis (79) in Wien gestorben.

21. Februar 1900
Der Gemeinderatsbeschluß über die Benennung einer Bismarckstraße in Linz stößt auf Begeisterung und Widerstand.

25. Februar 1900
Grundsatzbeschluß über den Bau der Pyhrnbahn.

1. März 1900
Erstes Erscheinen des Organs der deutschen Fortschrittspartei in Oberösterreich, der Wochenzeitung „Steyrer Tagblatt" (bis 1943).

25. März 1900
Der langjährige Landeshauptmann von Oberösterreich, Dr. Moriz Ritter von Eigner (78), gestorben.

5. Mai 1900
Der Landtagsabgeordnete Dr. Mayr fordert im Landtag die Errichtung eines Oberlandesgerichts in Linz, das wohl 1848 errichtet, aber 1854 mit dem Wiener vereinigt wurde.

26. Mai 1900
Der Linzer Gemeinderat beschließt die Errichtung eines städtischen Archivs, auch soll eine Stadtgeschichte erstellt werden.

Zeittafel 1900–1902 433

30. Mai 1900
Der Stiftsdechant von Reichersberg und Historiker Konrad Meindl zum Propst von Reichersberg gewählt.

8. Juni 1900
Bewilligung zur Vornahme technischer Vorarbeiten für den Bau des Schiffahrtskanals Donau-Moldau durch Ingenieur Waldvogel.

22. Juli 1900
Der frühere kaiserliche Statthalter von Oberösterreich, Philipp Freiherr von Weber-Ebenhof (82), in Linz gestorben.

22. Juli 1900
Der Schüler der allgemeinen Malschule der Akademie der bildenden Künste in Wien, Wilhelm Dachauer aus Ried, erhält vom Professorenkollegium den Professorenpreis verliehen.

24. Oktober 1900
Bischof Doppelbauer weiht die Anstalt für Behinderte in Schloß Hartheim ein.

29. Oktober 1900
Erste Generalversammlung der Genossenschaftlichen Zentralkasse.

16. November 1900
Peter Rosegger spricht in Linz im dicht gefüllten Kaufmännischen Vereinshaus.

17. November 1900
Auf der Wählerliste des Großgrundbesitzes für die Landtagswahlen scheinen 30 Frauen auf.

31. Dezember 1900
Volkszählung: Oberösterreich zählt 810.246 Einwohner.

1901
Bau eines Kraftwerkes am Traunfall.
Errichtung der Eisenbahnlinie Sattledt–Grünau der „Welser Lokalbahngesellschaft".
Die Stadt Linz zählt 55.425 „Civilpersonen".

1902
Neben der „Katholischen Volkspartei" nimmt die „Christlichsoziale Partei" erfolglos an den Landtagswahlen teil.
Erstes Erscheinen der deutschnationalen Wochenzeitung „Schärdinger Wochenblatt. Zeitung für Bauern-, Gewerbe- und Handelsstand" (bis 1939).

16. Februar 1902
Festlegung des Steuerzensus auf fünf Kronen für Landtagswahlen; direkte Wahlen in Landgemeinden.

1. März 1902
Erstes Erscheinen der deutschnationalen Wochenzeitung „Deutscher Michel" (bis 1925).

3. April 1902
In Linz stirbt der Naturforscher Andreas Reischek sen. (57).

24. Mai 1902
Enthüllung des Linzer Stifter-Denkmals, ein Werk von Hans Rathausky.

27. Oktober und 5., 8., 10. November 1902
Landtagswahlen.

13. Dezember 1902 bis 1. Jänner 1905
Artur Graf Bylandt-Rheidt d. J. Statthalter.

23. Dezember 1902 bis 19. Dezember 1908
X. Wahlperiode des Landtages.

1903
Bauernfeld-Preis an den oberösterreichischen Schriftsteller Josef Medelsky für sein ländliches Drama „Liebessünden".

21. April 1903
Enthüllung des Kaiserin-Elisabeth-Denkmals am Linzer Landhausportal, ein Werk von Hans Rathausky.

18. Oktober 1903
Tschechischer Aufruf, das fünfzigjährige Bestehen tschechischer Predigten in der Linzer Martinskirche festlich zu begehen.

1904
Konstituierung des oberösterreichischen Landesverbandes der Sparkassen.
Errichtung einer katholischen Lehrerbildungsanstalt in Linz.

20. Jänner 1905 bis 20. Dezember 1916 und 20. Oktober 1917 bis 1918
Graf Erasmus Freiherr von Handel Statthalter.

2. September 1905
Errichtung einer neuen Bezirkshauptmannschaft in Urfahr (Gerichtsbezirke Urfahr, Ottensheim, Leonfelden).

1906
Alfred Kubin (1877 bis 1959), einer der bedeutendsten österreichischen Zeichner des 20. Jahrhunderts, übersiedelt von München nach Schloß Zwickledt in Oberösterreich.

1. Jänner 1906
Erstes Erscheinen der deutschnationalen Wochenzeitung „Greiner Wochenblatt" (bis 1939).

8. Juli 1906
Erstes Erscheinen der vom christlich-sozialen Verein für Oberösterreich herausgegebenen Wochenzeitung „Linzer Post" (bis 1918).

Zeittafel 1907–1909

5. Jänner 1907
Erstes Erscheinen der deutschnationalen Wochenzeitung „Bauernzeitung" (bis 1934).

26. Jänner 1907
Allgemeines, gleiches Wahlrecht für Reichsratswahlen; Oberösterreich durch 22 Abgeordnete (bisher 20) vertreten.

11. April 1907
Wahlpflicht für Reichsrats- (und ab 1909) für Landtagswahlen.

14. bis 24. Mai 1907
Erste Reichsratswahlen nach dem allgemeinen gleichen Wahlrecht: Katholische Volkspartei 17, Sozialdemokraten 3, Deutschnationale 2 Mandate.

27. Juli 1907
Errichtung einer Bezirkshauptmannschaft mit dem Sitz in Eferding für die Gerichtsbezirke Eferding und Waizenkirchen.

25. Dezember 1907
Gründung eines Landeskartells der christlichen Gewerkschaften, nachdem bereits ab 1897 lokale christliche Gewerkschaftsvereine, und als Zusammenfassung dieser lokalen Vereine bereits ein „Oberösterreichischer allgemeiner christlicher Gewerkschaftsverein" bestanden hatte.

1908
Errichtung des Gewerbeförderungsinstituts.

4. Mai 1908 bis 8. Februar 1927
Johann Nepomuk Hauser Landeshauptmann.

18. August 1908
In Anwesenheit von Kaiser Franz Joseph wird das Kaiser-Denkmal in Ischl, ein Werk des Bildners Georg Leisek, enthüllt.

8. September 1908
Gründungsversammlung der oberösterreichischen Agrarpartei.

1909
Landesgesetz über die deutsche Amtssprache; Landesgesetz über die deutsche Unterrichtssprache.
Errichtung des Linzer Stelzhamer-Denkmals, ein Werk von Franz Metzner.
Bahrs Schauspiel „Das Konzert".
Die Bahnlinie Lambach–Gmunden, die einzige Trasse der alten Pferdebahn, die erhalten geblieben ist und erste Zweiglinie der Westbahn geworden war, wird auf Normalspur umgebaut.

29. Jänner 1909
Neue Landtagswahlordnung; Einführung einer „allgemeinen Wählerklasse".
Landtag von 50 auf 69 Mitglieder vergrößert.

9. Februar 1909
Gründungsversammlung des „Deutschen Volksbundes in Oberösterreich" mit Dr. Dinghofer als Obmann als Sammelbecken auch für Alldeutsche und Schönerianer.

3. Mai 1909
Auflösung des alten Liberal-Politischen Vereins, der 1885 in „Deutschen Verein" umbenannt worden war.

17. März 1909 bis 5. März 1915
Dr. theol. Rudolf Hittmair Diözesanbischof.

10. und 17. Mai 1909
Landtagswahlen.
Die Christlichsozialen erringen auch ohne Großgrundbesitz die absolute Mehrheit.

29. September 1909 bis [26. Juli 1914]
XI. Wahlperiode des Landtages.

1. November 1909
Landesgesetz über die deutsche Unterrichtssprache an den Realschulen und an den Lehrer- und Lehrerinnenbildungsanstalten Oberösterreichs.

31. Dezember 1909
Volkszählung: Oberösterreich hat 845.292 Einwohner.

1910
11.240 Analphabeten in Oberösterreich (1,72 Prozent).

1911
Wilhelm Kienzls Oper „Kuhreigen" uraufgeführt.
Errichtung des Rieder Stelzhamer-Denkmals, ein Werk von Anton Gerhard.
Errichtung einer eigenen israelitischen Kultusgemeinde Salzburg, die aus der Linzer herausgelöst wird.

13. bis 20. Juni 1911
Bei den Reichsratswahlen verlieren Oberösterreichs Sozialisten zwei ihrer drei Mandate, die Deutschnationalen erreichen wieder drei, die Christlichsozialen steigen von 17 auf 18.

1. Juli 1911
Errichtung der Bezirkshauptmannschaft Grieskirchen für die Gerichtsbezirke Grieskirchen, Haag a. H. und Peuerbach.

1913
Katholikentag in Linz.

14. Oktober 1913
In Linz stirbt der Dichter Norbert Hanrieder (71).

Zeittafel 1914–1918

24. Juli 1914
In Ischl unterzeichnet Kaiser Franz Joseph das Ultimatum an Serbien.

30. Juli 1914
Kaiser Franz Joseph verläßt zum letztenmal Ischl.

31. Juli 1914
Allgemeine Mobilmachung.

7. bis 18. August 1914
Abtransport der oberösterreichischen Einheiten an die russische Front.

25. Jänner 1915
An einem Tag sterben in Mauthausen 186 Kriegsgefangene an Fleckfieber.

16. Juli 1915 bis 3. Juni 1941
Dr. theol. und phil. Johannes Maria Gföllner Diözesanbischof.

12. Oktober 1915
Linzer Frauen protestieren beim Bürgermeister und Statthalter wegen schlechter Lebensmittelversorgung.

1916
Einführung der Fettkarte.

März 1916
Einführung der Zuckerkarte.

November 1916
Einführung der Milchkarte.

1917
Einführung fleischloser Tage.
Kartoffelkarte wird auf ganz Oberösterreich ausgedehnt.
Einführung der Kleiderkarte.

13. Jänner bis 20. Oktober 1917
Dr. Rudolf Graf Meran Statthalter.

5. November 1917
In Graz stirbt der Historiker und Politiker Julius Strnadt (84).

Jänner 1918
Streiks in Steyr und zahlreichen Linzer Fabriken.

Allgemeine Literatur

Bruckmüller Ernst, Bäuerlicher Konservativismus in Oberösterreich; in: Zeitschrift für bayerische Landesgeschichte 37/1974.
Hoffmann Alfred, Oberösterreichs Wirtschaft und Gesellschaft um 1890; in: 1891 bis 1966, 75 Jahre Oberösterreichische Landes-Hypothekenanstalt 1966.
Jellinek Wolfgang, Oberösterreich – eine kulturgeschichtliche Kraftquelle; in: Der Anteil der Bundesländer an der Nationswerdung Österreichs, 1971, 187–243.
Pömer Karl, Die politische und wirtschaftliche Entwicklung von 1848 bis 1918; in: Bauernland Oberösterreich, 1974, 132–162.
Salzer Wilhelm, Vom Untertan zum Staatsbürger, Oberösterreich von 1848 bis 1918. 1970.
Sturmberger Hans, Der Weg zum Verfassungsstaat – Die politische Entwicklung in Oberösterreich von 1792 bis 1861. 1962.

Start für eine moderne Verwaltung

Literatur

Brockhausen Karl, Städte (Statutar-Städte); in: Österreichisches Staatswörterbuch, zweiter Band, zweite Hälfte, 1897, 1125–1135.
Die Gendarmerie in Österreich 1849 bis 1924, Hsg. Franz Neubauer, 1924.
Die Gendarmerie in Österreich von 1849 bis 1974. 125 Jahre Pflichterfüllung. Hsg. Leopold Keppler, 1974.
Helbling Ernst C., Die Landesverwaltung in Zisleithanien; in: Die Habsburgermonarchie 1848 bis 1918, Band II (Verwaltung und Rechtswesen) 1975.
Hoffmann Alfred, Die oberösterreichischen Landstände in alter Zeit; in: Verfassung und Verwaltung des Landes Oberösterreich vom Mittelalter bis zur Gegenwart, 1937, 5–34.
Kirchmayr Franz, Oberösterreich in der Zeit des Neoabsolutismus 1850 bis 1860. Ungedr. phil. Diss. Wien o. J. (1968?).
Mischler Ernst, Bezirke; in: Österreichisches Staatswörterbuch, 2. Auflage 1905, 501–517 (hier weitere Literaturangaben).
Personalstand der k. k. politischen Behörden im Erzherzogthume ob der Enns, 1885, 1886, 1887, 1889, 1891, 1892, 1893, 1894, 1896, 1897, 1898, 1900, 1901, 1902, 1903, 1905, 1906, 1907, 1908, 1909, 1910, 1912, 1913, 1918.
Rapprich Friedrich, Politische Behörden; in: Österreichisches Staatswörterbuch, 3. Band 1907, 924–927.
Straßmayr Eduard, Verfassung und Verwaltung des Landes Oberösterreich seit Maria Theresias Zeiten; in: Verfassung und Verwaltung des Landes Oberösterreich vom Mittelalter bis zur Gegenwart, 1937, 35–64.
Wutzel Otto und *Grabherr* Herbert, Oberösterreich; in: 100 Jahre Bezirkshauptmannschaften in Österreich, hsg. v. Johannes Gründler, 1960, 54–60.

Anmerkungen

[1] Kaiserliche Entschließung vom 26. Juni 1849, RGBl. Nr. 295, über die Organisation der Verwaltung in Oberösterreich und Salzburg;
Allerhöchste Entschließung vom 4. August 1849;
Erlaß des Ministeriums des Inneren vom 9. August 1849, RGBl. Nr. 354.
[2] Allerhöchste Entschließung vom 8. Juni 1849.

Anmerkungen zu den Seiten 11–18 439

[3] *Neubauer,* Gendarmerie, 1924, 547.
[4] Kaiserliche Entschließung vom 14. Juni 1849, RGBl. Nr. 278, über die Gerichtsorganisation in Oberösterreich und Salzburg;
Kaiserliche Verordnung vom 26. Juni 1849, RGBl. Nr. 289.
[5] Kaiserliches Patent vom 31. Dezember 1851, RGBl. 1852 Nr. 2.
[6] Erlaß des Ministers des Inneren vom 28. Dezember 1859, aufgrund allerhöchster Entschließung vom 27. Dezember 1859, RGBl. Nr. 237.
[7] Gesetz vom 21. Dezember 1867, wodurch das Grundgesetz über die Reichsvertretung vom 26. Februar 1861 abgeändert wird, RGBl. Nr. 141.
[8] Gesetz vom 19. Mai 1868, RGBl. Nr. 44.
[9] Erich Graf *Kielmansegg,* Kaiserhaus, Staatsmänner und Politiker, 1966.
[10] Siehe das Kapitel „Des Kaisers Statthalter".
[11] Gesetz vom 19. Mai 1868, RGBl. Nr. 44;
Allerhöchste Entschließung vom 8. Juli 1868;
Verordnung des Ministers des Inneren vom 10. Juli 1868, RGBl. Nr. 101;
Erlaß des k. k. Hofrathes und Leiter der oö. Statth. vom 31. Juli 1868, Z. 1638/Pr., LGBl. 1868 Nr. 8.
[12] Erlaß des Staatsministeriums an den Statthalter von Oberösterreich vom 26. Juni 1864. OÖLA, Statthalterei-Archiv Präs. Sch. 5222.
[13] Verordnung des Ministers des Inneren vom 10. Juli 1868, RGBl. Nr. 101.
[14] Gemeindestatut von Linz vom 4. Februar 1867, vom 29. Mai 1875, vom 12. April 1884, vom 6. Jänner 1904;
Gemeindestatut von Steyr vom 18. Jänner 1867;
Brockhausen, Städte, 1897, 1125–1135;
Richard *Bart,* die Linzer Gemeindevertretung; in: Rausch-Bart-Puffer, Die Gemeindevertretung der Stadt Linz vom Jahre 1848 bis zur Gegenwart, 1968, 23 ff.
[15] Gesetz vom 11. Juni 1868 betreffend die Organisation der Bezirksgerichte, RGBl. Nr. 59;
Verordnung des Ministers des Inneren und der Justiz vom 6. August 1868 wegen der Aufhebung der bestehenden Landes-Commissionen für die Personal-Angelegenheiten der gemischten Bezirksämter, RGBl. Nr. 116.
[16] Allerhöchste Entschließung vom 31. August 1903;
Kundmachung vom 2. September 1903, RGBl. Nr. 179;
Verordnung des Landeshauptmannes von Oberösterreich vom 14. Oktober 1938 über die Einteilung des Landes Oberösterreich in Verwaltungsbezirke, VOBl. OD Nr. 63, Stück 16, ausgegeben am 18. Oktober 1938;
Kundmachung des k. k. Statthalters in Oberösterreich vom 17. September 1903, LGBl. 27.
Diese Bezirkshauptmannschaft Urfahr-Umgebung wird in der nationalsozialistischen Zeit mit Wirkung vom 15. Oktober 1938 wieder aufgelöst und auf die Bezirke Linz-Land und Freistadt aufgeteilt.
Erst 1945 wird unter schwierigsten Umständen im inzwischen von den Besatzungsmächten zweigeteilten Oberösterreich diese Bezirkshauptmannschaft Urfahr-Umgebung errichtet.
Slapnicka, Oberösterreich als es „Oberdonau" hieß (1938 bis 1945), 1978, 44;
Edmund *Merl,* Besatzungszeit im Mühlviertel, 1980, 78 f.
[17] Allerhöchste Entschließung vom 25. Juli 1907;
Kundmachung des Ministeriums des Inneren vom 27. Juli 1907, RGBl. Nr. 177;
Kundmachung der k. k. Statthalterei im Erzherzogthume Österreich ob der Enns vom 16. August 1907;
1938 wird der Bezirk Eferding, ähnlich wie der Bezirk Urfahr-Umgebung, aufgelöst und dem politischen Bezirk (bzw. Landkreis) Grieskirchen zugewiesen.

Verordnung des Landeshauptmannes von Oberösterreich vom 14. Oktober 1938 über die Einteilung des Landes Oberösterreich in Verwaltungsbezirke, VOBl. OD Nr. 63, Stück 16, ausgegeben am 18. Oktober 1938; *Slapnicka*, „Oberdonau", 1978, 44.

[18] Allerhöchste Entschließung vom 7. April 1911, Kundmachung des k. k. Ministeriums des Inneren vom 21. April 1911, RGBl. Nr. 76;
Kundmachung des k. k. Statthalters im Erzherzogthume Österreich ob der Enns vom 15. April 1911, LGBl. Nr. 21;
Verordnung des Landeshauptmannes von Oberösterreich vom 14. Oktober 1938 über die Einteilung des Landes Oberösterreich in Verwaltungsbezirke, VOBl. OD Nr. 63, Stück 16, ausgegeben vom 1. Oktober 1938; *Slapnicka*, „Oberdonau", 1978, 44.

[19] Lediglich in der nationalsozialistischen Zeit, also zwischen 1938 und 1945, ist die Zahl der politischen Bezirke um zwei (Urfahr-Umgebung und Eferding), also auf 13, verkleinert. Anschließend, zwischen 1940 und 1945, kommen nach Anschluß der sudetendeutschen Gebiete Südböhmens die Landkreise (politische Bezirke) Krummau und Kaplitz hinzu, so daß Oberösterreich („Oberdonau") neuerlich über 15 Landkreise verfügt. Das ebenfalls „Oberdonau" angeschlossene Ausseerland oder „Steirische Salzkammergut", also der Gerichtsbezirk Bad Aussee, wird dem Landkreis Gmunden einverleibt, so daß damit eine Erhöhung der Zahl der Landkreise nicht erfolgt.
Die Bezirkseinteilung von 1911 (15 politische Bezirke, zwei Statutarstädte) wird neuerlich 1945 hergestellt und verbleibt bis zum Jahre 1962, als neben Linz und Steyr auch Wels eine Stadt mit eigenem Statut wird. Gleichzeitig damit wird der Bezirk Wels-Land geschaffen;
LG vom 11. Dezember 1962, mit dem Bestimmungen über die Erklärung der Stadt Wels zur Stadt mit eigenem Statut getroffen werden. LGBl. Nr. 6;
LG vom 1. Dezember 1965 mit dem ein Statut für die Stadt Wels erlassen wird. LGBl. Nr. 48.

Des Kaisers Statthalter

Literatur

Beiträge zur Geschichte der niederösterreichischen Statthalterei, 1897. Bundsmann, die Landeschefs von Tirol, 1954.
Hundert Jahre Landwirtschaftsministerium, 1968.
Hundert Jahre Unterrichtsministerium, 1848 bis 1948. 1948.
Schenk-Sudhof E., Karl Graf Hohenwart. Ungedr. phil. Diss. Wien 1952.
Schäffle Albert Eberhard, Aus meinem Leben, 2 Bände, 1905.
Slapnicka Harry, Oberösterreich – Die politische Führungsschicht 1918 bis 1938. 1976.
Walter Friedrich, Beiträge zu einer Biographie Eduard Bachs; in: Mitteilungen des oberösterreichischen Landesarchivs, Band 8, 1964, 326–329.
Sturmberger Hans, Der Weg zum Verfassungsstaat. Die politische Entwicklung in Oberösterreich von 1792 bis 1861. 1962.

Anmerkungen

[1] *Sturmberger*, Verfassungsstaat, 1962, 99 ff;
Walter, Bach, 1964, 326–329;
Wiener Zeitung, 8. Februar 1884;
Linzer Zeitung 40/17. Februar 1884.
[2] *Wurzbach*, Biographisches Lexikon, 36. Band, 1878, 150;
Linzer Zeitung 242/22. Oktober 1885 und 244/24. Oktober 1885.

³ *Wurzbach*, Biographisches Lexikon, Band 42, 1881, 292–299; hier die weitere, bis dahin erschienene Literatur.
   Bundsmann, Tirol, 1954, 112–133.
⁴ Linzer Zeitung 165/19. Juli 1879.
⁵ Österr. Biogr. Lexikon 1815 bis 1950, Band II, 396;
   E. *Schenk-Sudhof*, Hohenwart, 1952;
   Schäffle, Leben, 1905, 109.
⁶ LTP 146/1. Juli 1870; 148/3. Juli 1870; 149/5. Juli 1870.
⁷ Österr. Biogr. Lexikon 1815 bis 1950, Band I, 1957, 153;
   Niederösterreichische Statthalterei, 1897.
⁸ *Wurzbach*, Biographisches Lexikon, Band 56 (1887) 6f.
⁹ *Wurzbach*, Biographisches Lexikon, Band 54 (1886) 244 ff.;
   Bundsmann, Tirol, 1954, 135–146;
   LTP 221/27. September 1877; 246/26. Oktober 1877; 212/13. September 1879; 213/14. September 1879.
¹⁰ *Pisecky*, Kammer 1851 bis 1900, 1976, 202, 220, 268.
¹¹ *Wurzbach*, Biographisches Lexikon, Band 52, 1885, 216;
   Niederösterreichische Statthalterei, 1897.
¹² Österr. Biogr. Lexikon, Band VI., 1975, 237f.;
   Bundsmann, Tirol, 1954, 147–172;
   Linzer Zeitung 146/27. Juni 1890; 148/29. Juni 1870; 152/4. Juli 1890.
¹³ LVBl 1902 Nr. 38, 39, 45, 49; 1919 Nr. 12;
   ALZ 1902 Nr. 38, 40;
   LTP 1902 Nr. 35, 39, 43.
¹⁴ Österr. Biogr. Lexikon 1815 bis 1960, Band I, 1957, 131;
   Hundert Jahre Landwirtschaftsministerium, 1968, 72 f.;
   Hundert Jahre Unterrichtsministerium 1848 bis 1948, 1948;
   ALZ 40/18. Februar 1902; 41/19. Februar 1902; 50/1. März 1902; 51/2. März 1902;
   LVBl 45/23. Februar 1902 (Der neue Statthalter);
   LTP 35/12. Februar 1902.
¹⁵ *Slapnicka*, Politische Führungsschicht 1918 bis 1938, 1976, 116 ff. (Hier weitere Literatur.)
¹⁶ *Slapnicka*, Oberösterreich 1918 bis 1927, 391.

Wenig „Ortsgemeinden" anstelle zahlreicher „Ortschaften"

Literatur

Brockhausen C., Die österreichische Gemeindeordnung. Grundgedanken und Reformideen. 1905.
Czeike F., Liberale, christlich-soziale und sozialdemokratische Kommunalpolitik 1861 bis 1934. Dargestellt am Beispiel der Gemeinde Wien. 1962.
Gluht Oskar, Die staatsrechtliche Stellung und Organisation der Gemeinden; Gemeinde-Verwaltung; in: Österreichisches Staatswörterbuch, 1. Band (1895) 687–701 und 701–710. 2. Auflage (1906) Band 2, 312–325 und 325–334.
Kielmansegg Erich, Selbstverwaltung. Wien 1917.
Kirchmayr Franz, Oberösterreich in der Zeit des Neoabsolutismus, phil. Diss., Innsbruck 1968.
Klabouch Jiří, Die Gemeindeselbstverwaltung in Österreich. 1968.
Klabouch Jiří, Die Lokalverwaltung in Cisleithanien; in: Die Habsburgermonarchie 1848 bis 1918, Band II Verwaltung und Rechtswesen (1975) 277–305.

Mischler Ernst, Gemeindewahlen; in: Österreichisches Staatswörterbuch, 1. Band, 1. Auflage (1895) 722–744; 2. Auflage (1906), jetzt unter dem Schlagwort „Selbstverwaltung", 4. Band (1909) 223–263.
Redlich Josef, Das Wesen der Österreichischen Kommunal-Verfassung. Leipzig 1910.
Sammlung der Landesgesetze sowie der wichtigsten Reichsgesetze und Verordnungen für das Erzherzogthum Österreich ob der Enns. Neue Ausgabe. Zusammengestellt von Dr. F. Krackowizer. Erster Band (Verfassungs- und Gemeindegesetze). Linz 1891.
Sammlung der Landesgesetze sowie der wichtigsten Reichsgesetze und Verordnungen für das Erzherzogthum Österreich ob der Enns. Neue Ausgabe. Zusammengestellt von Dr. F. Krackowizer. Sechster Band (Gemeindegesetze). Linz 1896.
Sammlung der Landesgesetze sowie der wichtigsten Reichsgesetze und Verordnungen für das Erzherzogthum Österreich ob der Enns. Neue Ausgabe. Zusammengestellt von Dr. Lubert Graf. Erster Band (Verfassungsgesetze/Gemeindegesetze). Linz 1902.
Scheda Julius, Erläuterungen zur (oberösterreichischen) Gemeindeordnung. Zweite, vermehrte und verbesserte Auflage, bearbeitet von Viktor Kerbler. 1895.
Starzer A., Die Konstituierung der Ortsgemeinden in Niederösterreich. 1904.
Tschadek Otto, Gemeinderecht und Gemeindepolitik in Österreich. Wien 1965.

Anmerkungen

[1] „Landgemeinden im heutigen Sinn des Wortes gab es in der vormärzlichen Zeit überhaupt nicht" – erklärt Erich Graf Kielmansegg in seinem gedruckten Vortrag über „Selbstverwaltung" (1917). „Was damals an Bauernschaften bestand, waren Agrargemeinden, die wohl ihren gemeinsamen Zuchtstier, ihre gemeinsamen Hutweiden und wohl auch ein Stück Wald besaßen, in ihrer Verwaltung, in all und jedem aber von der Gutsherrschaft und dem diese vertretenden ,gestrengen Herrn Verwalter' abhängig waren."

[2] Provisorisches Gemeindegesetz vom 17. März 1849, RGBl. Nr. 170.

[3] *Klabouch*, Gemeindeselbstverwaltung, 1968, 30f.; RGBl. Nr. 4 (ex 1862).

[4] *Scheda*, Erläuterungen, 1895, historische Rückblicke, 3ff.

[5] Tafeln zur Statistik der österreichischen Monarchie für die Jahre 1847 und 1848, 1853.

[6] Tafeln zur Statistik der österreichischen Monarchie für die Jahre 1849 und 1850, 1851.

[7] Tafeln zur Statistik der österreichischen Monarchie für die Jahre 1860 bis 1865, 1868.

[8] Gemeindegesetz 1859, RGBl. Nr. 58/59.

[9] Reichsgemeindegesetz vom 5. März 1862, RGBl. Nr. 18.

[10] Gemeindeordnung vom 28. April 1864 wirksam für das Erzherzogthum Österreich ob der Enns mit Ausnahme der Städte Linz und Steyr, LGBl. Nr. 6, abgeändert durch Landesgesetz vom 4. Oktober 1868, LGBl. Nr. 16, durch Landesgesetz vom 12. Oktober 1868, LGBl. Nr. 19, durch Landesgesetz vom 23. Juni 1893, LGBl. Nr. 19.

[11] Gemeindewahlordnung vom 28. April 1864, wirksam für das Erzherzogthum Österreich ob der Enns mit Ausnahme der Städte Linz und Steyr, LGBl. Nr. 6/1864. Novelliert durch Landesgesetz vom 25. Juli 1893, LGBl. Nr. 22, und durch Landesgesetz vom 13. März 1894, LGBl. Nr. 13.

[12] Personalstand der Geistlichkeit in der Diözese Linz auf das Jahr 1861.

[13] LGBlOÖ, LIV. Stück Nr. 250 vom 10. Dezember 1853.

[14] Z deníku moravského politika v éře Bachově [Aus dem Tagebuch eines mährischen Politikers der Ära Bach] (Egbert Belcredi 1850 bis 1859), 1976, 51.

[15] LGBlOÖ, II. Abteilung I. Stück vom 12. Jänner 1858.

[16] OÖ. Sten. Prot. 1861, 75, 91, 159, 202, 206;
Gluht, Gemeinden, 1895, 687ff.

Anmerkungen zu den Seiten 37–45

[17] Kundmachung der k. k. obderennsischen Statthalterei dto 13. Dezember 1864, Z. 23.302, LGBl. Nr. 16/1864.
[18] Der Oberösterreicher, Geschäfts-, Haus- und Volkskalender auf das Schalt-Jahr 1864, 159–162.
[19] Statistisches Jahrbuch 1880, 1883, 13.
[20] OÖ. Sten. Prot. 1867/1868, 494.
[21] Landtagsbeschluß vom 2. Dezember 1872.
[22] Österreichsiches Statistisches Handbuch 1900, 1901.
[23] Österreichisches Statistisches Handbuch 1910, 1911 und 1916/1917, 1918, 2.
[24] *Klabouch*, Gemeindeselbstverwaltung, 1968, 118f.
Mischler, Gemeindehaushalt; in: Staatswörterbuch, 1. Band, 1895, 722 ff.
[25] RG vom 3. Dezember 1863, RGBl. Nr. 105.
[26] Österreichische Statistik, XXXII, Bd. 2, Tabelle IV.
[27] RGBl. Nr. 222/1896.

Minderheitenprobleme ohne Minderheit

Literatur

Bernatzik Eduard, Das österreichische Nationalitätenrecht, 1917.
Duda Frantisek, Česká menšina ve Štýru (Die tschechische Minderheit in Steyr), Handschrift im Naprstkovo museum im tschechischen Nationalmuseum in Prag.
Ebenhoch Alfred, Die Wahrheit über die Sprachenverordnung des Grafen Badeni, 1897.
Frind Wenzel, Das sprachliche und sprachlich-nationale Recht in polyglotten Staaten und Ländern mit besonderer Berücksichtigung auf Österreich und Böhmen vom sittlichen Standpunkt aus. 1899.
Göllerich August, Die Czechen in Oberösterreich. 18. Publikation des liberal-politischen Vereins für Oberösterreich. 1871.
P. C. J., Beitrag zur Geschichte der St.-Martins-Kirche in Linz anläßlich der 50jährigen Feier der Wiedereinführung des Gottesdienstes in derselben. 1891.
Slapnicka Harry, Linz, Oberösterreich und die ,,tschechische Frage", Historisches Jahrbuch der Stadt Linz 1977, 209–232.

Anmerkungen

[1] OÖ. Sten. Prot. 1902/1903, 778 ff.
[2] Die Volkszugehörigkeit im Erzherzogtum Österreich ob der Enns; Volkszählung 1890: Österreichisches Statistisches Handbuch 16/1897; Volkszählung 1900: Österreichisches Statistisches Handbuch 22/1902; Volkszählung 1910: Österreichisches Statistisches Handbuch 31/1912.
[3] *Baron*, Der Beginn. Die Anfänge der Arbeiterbildungsvereine in Oberösterreich. 1971, 268 f.
[4] *Slapnicka*, Schwanenstadt im zwanzigsten Jahrhundert; in: Schwanenstadt. 1977, 167; Welser Zeitung 1910 Nr. 17 (Ein großer Erfolg der ,,Ostmark").
[5] *Konrad*, Die Anfänge der Arbeiterbewegung in Oberösterreich, 1981.
[6] Bericht des Gemeinde- und Verfassungsausschusses des oö. Landtages über den Antrag von Dr. Beurle und Genossen betreffend den Gebrauch der czechischen Sprache. B 1903/264.
[7] Das sprachliche und sprachlich-nationale Recht in polyglotten Staaten und Ländern mit besonderer Rücksichtnahme auf Österreich und Böhmen vom sittlichen Standpunkt aus be-

leuchtet von Dr. Wenzel Frind, Canonicus, Custor des a. g. Metropolitan-Domcapitels bei St. Veit, ehem. oö. Professor der Moral an der theologischen Facultät der k. k. deutschen Karl-Ferdinand-Universität in Prag. Wien 1899.
Schreiber, Deutschland und Österreich, 1956, 55f.

[8] OÖ. Statthalterei, 2121/Präs. 1852;
Erlaß des k. k. Ministeriums für Cultus und Unterricht vom 14. März 1853, Z. 1197/985; Schreiben der Statthalterei an das bischöfliche Ordinariat vom 15. April 1853. Zitiert von Bischof Doppelbauer in seiner Landtagsrede.

[9] Schreiben des oö. Militärkommandos an die k. k. Statthalterei vom 3. September 1852, Z. 4914. Zitiert von Bischof Doppelbauer in seiner Landtagsrede.

[10] LDBl., XLIV. Jg. 1898, Nr. 14, S. 153.

[11] Sitzung des Gemeinderates der Landeshauptstadt Linz am 14. Oktober 1903, 158.

[12] OÖ. Sten. Prot. 1898, 3.

[13] B 1898/146.

[14] OÖ. Sten. Prot. 1898, 150–153.

[15] OÖLA, Landesausschuß, Sch. 602.

[16] OÖ. Sten. Prot. 1898, 44;
OÖLA, Landesausschuß, Sch. 602, 60 Z, G 13/7 609 Note des Statthalters vom 29. November 1898.

[17] OÖ. Sten. Prot. 1898, 7–61.

[18] OÖ. Sten. Prot. 1899, 5. Statthalter ist zu diesem Zeitpunkt der in Wien geborene Freiherr Viktur Puthon.

[19] B 1899/95.

[20] B 1899/260.

[21] OÖLA, Landesausschuß, Sch. 602; G 13/7 609;
Note des Landesausschusses vom 23. Mai 1900, Z. 9373;
Stellungnahme des k. k. Landesschulrates unterm 7. Juli 1900, Z. 1769.

[22] LG 21 vom 24. Juli 1900 „womit die §§ 15, 16 und 22 des Landesgesetzes vom 20. April 1969 (L. G. u. V. Bl. Nr. 15) betreffend die Realschulen abgeändert werden";
Der Nichteinbau der Sprachenbestimmung ist deshalb verständlich, weil damals auch die Landesgesetze nicht vom Landeshauptmann oder den Mitgliedern des Landesausschusses, sondern durch den Kaiser und den Ressortminister (in diesem Falle: Franz Joseph und Haerdtl) gezeichnet waren.

[23] B 1903/264. Bericht des Gemeinde- und Verfassungsausschusses über den Antrag Dr. Beurle und Genossen betreffend den Gebrauch der czechischen Sprache.

[24] OÖ. Sten. Prot. 1903, 789 und 790.

[25] OÖLA, Landesausschuß, Sch. 602; 613/7 609.

[26] OÖ. Sten. Prot. 1907, 252.

[27] B 1907/319.

[28] OÖLA, Statth. Präsidium, Sch. 56, 4 392 Präs. 1908.

[29] OÖ. Sten. Prot. 1908, 1035.

[30] B 1908/511.

[31] OÖ. Sten. Prot. 1908, 986.

[32] B 1908/371.

[33] OÖ. Sten. Prot. 1909, 9, 14, 354.

[34] Der Verein „Ostmark", eine der Christlichsozialen Partei nahestehende Organisation, wird 1909 von Dr. Josef Schlegel gegründet und breitet sich über Oberösterreichs Grenzen aus. Der Verein tritt vor allem tschechischen Banken entgegen, die österreichische Höfe aufkaufen und tschechischen Siedlern weitergeben. Der Verein bestand auch noch nach 1918,

hatte dann allerdings keine größere Bedeutung mehr.
35 OÖLA, Landesausschuß, Sch. 602; G 13/7 609.
36 OÖ. Sten. Prot. 1909, 363.
37 LGBlOÖ 1909, 217.
38 *Bernatzik*, Nationalitätenrecht, 1917, 1014, 1015, 1016.
39 LGBlNÖ 1909, 117.
40 LGBlNÖ 1909, 123; 1907, 26;
LGBlSzbg 1909, 58;
LGBl Vorarlberg 1909, 157.
41 LGBlOÖ 1909, 218.
42 OÖLA, Landesausschuß 3 Fasz. 602, Schreiben des nö. Landesausschusses vom 5. Jänner 1914.
43 Berichte über die Aktivitäten der Tschechen machen damals im Bereich der Monarchie noch immer die Runde. So lesen wir etwa in den „Mitteilungen des Bundes der Deutschen Nordmährens" (11. Jahrgang, 1. Heft 1912) unter dem Titel „Das Tschechentum in Linz" folgendes: Bis vor kurzem zählte Oberösterreich zu jenen Kronländern, in welchen nur bodenständige deutsche Bevölkerung lebte und ein Zufluß von anderen Nationen gar keine Rolle spielte. In letzter Zeit ist dies wesentlich anders geworden und auch in der deutschen Landeshauptstadt Linz fangen die Tschechen an, mit anmaßenden Forderungen aufzutreten. Der Umstand, daß ihnen der Bischof von Linz schon bisher tschechische Predigten in der Martinskirche auf dem Römerberg halten ließ, ermutigte sie, weitere Schritte in der Richtung zu unternehmen, daß auch in der zweiten größeren Kirche tschechische Predigten eingeführt werden sollen. Weiter verlautet, daß die Linzer Tschechen beabsichtigen, zwecks weiterer Ausgestaltung des Vereinslebens in Linz und Urfahr eine „Beseda" zu errichten. Das Bezeichnendste ist wohl, daß sich nach einer genauen Zählung in Linz 880 tschechische Staatsangestellte, 650 allein in den Staatsbahnbetrieben, befinden. Der Mittelpunkt aller tschechischnationalen Bestrebungen in Linz liegt im Verein „Barak".
44 Národní listy (Prag), 16. September 1924 (O. Červený), Dr. Šteidler, Území čsl. státu v predstavich násich krajanůr. 1914 (Die Gebiete des tschechoslowakischen Staates in den Vorstellungen unserer Landsleute im Jahre 1914).

Langes Tauziehen um die „Innviertler Schuld"

Literatur

Heilingsetzer Georg, Sonderausstellung Historische Dokumentationen zur Eingliederung des Innviertels im Jahre 1778. 1979.
Slapnicka Harry, Das Innviertel in den letzten hundert Jahren; in: Oberösterreich 4/1978.
Slapnicka Harry, Wie nach 114 Jahren die „Innviertler Schulden" beglichen wurden"; in: Oberösterreichische Heimatblätter Jg. 32/1978, 216–223.

Anmerkungen

1 OÖ. Sten. Prot. 1894, 342.
2 OÖ. Sten. Prot. 1887, 538 (Abg. Ritter von Hayden).
3 OÖ. Sten. Prot. 1887, 542 (Abg. Kränzl).
4 Bericht des Landesausschusses, womit die von ihm an das hohe k. k. Finanz-Ministerium gerichtete Note vom 17. November 1886, Z. 3110 und 3630, in Betreff der gegenseitigen An-

sprüche des Staates und des Landes Oberösterreich, der oberösterreichischen Invasionskosten, Etappen- und Spitalsforderungen und der Innviertler Schuldforderungen dem hohen Landtage mitgetheilt wird;
B 1886/52.
[5] OÖ. Sten. Prot. 1887, 539 ff.
[6] OÖ. Sten. Prot. 1887, 542.
[7] V 1886/120, gezeichnet von E. Dierzer als Obmannstellvertreter und dem Abg. Hayden als Berichterstatter.
[8] OÖ. Sten. Prot. 1887, 402.
[9] B 1888/92; Bericht des Finanzausschusses, gezeichnet vom Obmann-Stellvertreter Dierzer und Berichterstatter Hayden.
[10] OÖ. Sten. Prot. 1888, 231.
[11] OÖ. Sten. Prot. 1889, 420–430.
[12] B 1889/117.
[13] OÖ. Sten. Prot. 1890, 549.
[14] B 1890/157.
[15] B 1891-92/146.
[16] B 1891-92/149.
[17] OÖ. Sten. Prot. 1892, 21.
[18] B 1894/157.

Eines der kleinen Länder der Monarchie

Anmerkungen

[1] Verfaßt vom k. k. w. geh. *Rathe*, Sections-Chef und Director der administrativen Statistik Carl Freiherr von Czoernig. 1. Jg., 1861, 36 f.
[2] Statistisches Jahrbuch der österreichischen Monarchie für das Jahr 1865. 1867, 8 f.
[3] Statistisches Jahrbuch für das Jahr 1869. 1871, 2 f., 6–13.
[4] Österreichisches Statistisches Handbuch, 1902, 1 ff.
[5] Österreichisches Statistisches Handbuch, 1916 bis 1917. 1918, 1 ff.

Ein Landtag für ein halbes Jahrhundert

Literatur

Helbling Ernest C., Die Landesverwaltung in Cisleithanien; in: Die Habsburgermonarchie 1848 bis 1918, Band II Verwaltung und Rechtswesen. 1975, 209–269.
Karl Ingeborg, Kultur-, Sozial- und Wirtschaftspolitik des oberösterreichischen Landtages 1871 bis 1883. Ungedr. phil. Diss. Graz 1972.
Kleczynski Josef, Autonomie und Selbstverwaltung in der Gegenwart/Landesvertretung; in: Österreichisches Staatswörterbuch, Erster Band, 2. Band, 1896, 582–586.
Mischler Ernst, Autonomie und Selbstverwaltung in der Gegenwart/Landesselbstverwaltung; in: Österreichisches Staatswörterbuch, 2. Band, 1896, 588–606.

Anmerkungen zu den Seiten 77–84 447

Putschögl Gerhard, Zur Geschichte der autonomen Landesverwaltung in den zisleithanischen Ländern der Habsburgermonarchie; in: MOÖLA, Band 13, 1981.
Slapnicka Harry, Seit 112 Jahren gewählter Landtag in Oberösterreich; in: LVBl 1973 Nr. 265.
Slapnicka Harry, Ein eigener Landtagspräsident erst seit einem Menschenalter; in: ALZ 1975 Nr. 5.
Slapnicka Harry, Fünfzig Jahre Landesverfassung; in: ALZ 1980 Nr. 41.
Slapnicka Harry, Aus der Frühgeschichte des Landtages; in: ALZ 1981 Nr. 26.
Slapnicka Harry, Schon Kaiser Franz Joseph nannte ihn einen ,,Musterlandtag"; in: Oberösterreich 3/1981, 61–63.
Spiegel Ludwig, Autonomie und Selbstverwaltung in der Gegenwart/Landesordnungen; in: Österreichisches Staatswörterbuch, zweite Auflage, dritter Band, 1907, 395–430.
Ulbrich Josef, Autonomie; in: Österreichisches Staatswörterbuch, zweite Auflage, erster Band, 1905, 380–383.
Widmann Liselotte, Die Wirksamkeit des oberösterreichsichen Landtages 1861 bis 1867. Ungedr. phil. Diss. Innsbruck 1968.

Anmerkungen

[1] Berichte über die Verhandlungen des oberösterreichischen Landtages nach den stenographischen Aufzeichnungen 1861, 3 ff.
[2] *Walter* Friedrich, Österreichische Verfassungs- und Verwaltungsgeschichte von 1500 bis 1955. 1973, 185–258;
Helbling, Landesverwaltung, 1975, 209–269.
[3] Erlaß des k. k. Staatsministeriums vom 3. Mai 1861, Z. 2916/St. M. II;
Kundmachung des Statthalters vom 6. Mai 1861, Z. 2564/Pr, VdL, VI. Stück am 13. Mai 1861.
[4] *Slapnicka*, Landtagspräsident, 1974, Nr. 46.
[5] *Ulbrich*, Autonomie, 1907, 395–430;
Landes-Verfassungen (Landesordnungen); in: Österr. Rechts-Lexikon, 1896, 133–139.
[6] *Slapnicka*, Seit 112 Jahren, 1973, Nr. 21;
Slapnicka, Gewählter Landtag, 1973, Nr. 265.
[7] Über das Tauziehen zwischen Landtag, Wiener Regierung und Kaiser bei mehreren vom Landtag beschlossenen Gesetzen siehe das Kapitel ,,Minderheitenprobleme ohne Minderheit".
[8] Siehe Kapitel ,,Neue Landesverfassung nach 70 Jahren"; in: Harry Slapnicka, Oberösterreich zwischen Bürgerkrieg und ‚Anschluß' (1927 bis 1938)", 1973, 81–87.
[9] LGBlOÖ 1863, VIII. Stück vom 21. Juli 1863.
[10] Landesordnung und Landtagswahlordnung für das Erzherzogthum Österreich ob der Enns vom 26. Februar 1861, Beilage II zum kaiserlichen Patent vom 26. Februar 1861; in: Sammlung der Landesgesetze sowie der wichtigsten Reichsgesetze und Verordnungen für das Erzherzogthum Österreich ob der Enns, Neue Ausgabe 1891 und 2. Auflage 1902.

Ineinander verzahnt: Wahlrecht für Gemeinden, Landtag und Reichsrat

Literatur

Adler Viktor, Das allgemeine, gleiche und direkte Wahlrecht in Österreich, 1893.
Bart Richard, Die Linzer Gemeindevertretung; in: Bart, Puffer, Rausch, Die Gemeindevertretung der Stadt Linz, 1968.

Charmatz Richard, Österreichs innere Geschichte von 1848 bis 1907, zwei Bände, 1909.
Freund Fritz, Das österreichische Abgeordnetenhaus. Ein biographisch-statistisches Handbuch 1907 bis 1913. XI. Legislaturperiode, o. J.
Freund Fritz, Das österreichische Abgeordnetenhaus. Ein biographisch-statistisches Handbuch, 1911 bis 1917. XII. Legislaturperiode, o. J.
Hahn Sigmund, Reichsratsalmanach 1867, 1873, 1879, 1885, 1891.
Herrenritt Rudolf von, Die österreichische Parlamentsreform; in: Archiv für öffentliches Recht, 22. Jg. 1900, 72 f.
Kelsen Hans, Kommentar zur österreichischen Reichsratswahlordnung, 1907.
Klecynski Josef, Landtagswahlordnungen, in: Österreichisches Staatswörterbuch. Erste Auflage, zweiter Band, 1896, 386–388.
Klezl von Norberg, Dr. Felix, Wahlrecht und Wahlstatistik des österreichischen Landtages; in: Statistisches Jahrbuch der autonomen Landesverwaltung in den im Reichsrate vertretenen Königreichen und Ländern. Herausgegeben durch die k. k. statistische Zentral-Kommission, 1910, XIX–CI.
Knaur Oswald, Das österreichische Parlament von 1848 bis 1966, 1969.
Kolmer Gustav, Parlament und Verfassung in Österreich. Sieben Bände (ab 1902).
Kulisch Max, Gemeindewahlen; in: Österreichisches Staatswörterbuch. Zweite Auflage, zweiter Band, 1906.
Lanjus Friedrich Graf, Die erbliche Reichsratswürde in Österreich, 1939.
Martinek Jutta, Materialien zur Wahlgeschichte der Großgrundbesitzkurie in den österreichischen Landtagen seit 1861. Ungedr. phil. Diss. Wien 1977.
Menger Max, Die Wahlreform, 1873.
Rauchberg Heinrich, Die statistischen Unterlagen der Wahlreform; in: Statistische Monatsschrift. Herausgegeben von der k. k. Statistischen Zentralkommission. Neue Folge, XII. Jahrgang, 1907, 229–319 und 296–319.
Scheda Julius, Erläuterungen zur Gemeindeordnung, 1895.
Slapnicka Harry, Seit 112 Jahren Landtagswahlen in Oberösterreich; in: Amtliche Linzer Zeitung 1973 Nr. 21.
Spiegel Ludwig, Landtagswahlen; in: Österreichisches Staatswörterbuch, 2. Auflage, 4. Band, 1909.
Starzynski Stanislaus Ritter von, Reichsratswahlen; in: Österreichisches Staatswörterbuch, 2. Auflage, 4. Band, 1909.

Anmerkungen

[1] PGS Nr. 57 vom 9. Mai 1848.
[2] Prov. Gemeindegesetz vom 17. Mai 1849, RGBl. Nr. 170.
[3] RGBl. 1860/56.
[4] RGBl. 1860/225.
[5] RGBl. 1861/20.
[6] RGBl. 1865 Nr. 89.
[7] RGBl. 1851, 1852/4.
Siehe auch das Kapitel „Wenig ‚Ortsgemeinden' anstelle zahlreicher ‚Ortschaften'".
[8] RGBl. 1854/46.
[9] Ges. vom 5. März 1862, womit die grundsätzlichen Bestimmungen zur Regelung des Gemeindewesens vorgezeichnet werden. RGBl. Nr. 18.
[10] Ges. vom 28. April 1864, womit eine Gemeindeordnung und Gemeindewahlordnung erlassen wird. LGBl. Nr. 6.
[11] *Kulisch*, Gemeindewahlen, 1906, 337.

¹² LG vom 25. Juli 1893, LGBl. Nr. 22;
   LG vom 18. März 1894, LGBl. Nr. 13.
¹³ LG betreffend das Gemeinde-Statut der Landeshauptstadt Linz vom 18. Jänner 1867, LGBl. Nr. 7.;
   Bart, Linzer Gemeindevertretung, 1968, 11–54.
¹⁴ LG betreffend das Gemeinde-Statut für die Stadtgemeinde Steyr, LGBl. Nr. 8.
¹⁵ *Slapnicka*, Schwanenstadt, 1977, 91 f.
¹⁶ LG vom 12. April 1884 betreffend die Gemeindestatuten der Landeshauptstadt Linz, LGBl. Nr. 10;
   LG vom 25. Juli 1893, LGBl. Nr. 22.
¹⁷ RGBl. 1861 Nr. 20, Beilage IIb;
   ALZ 1861 Nr. 49.
¹⁸ *Kleczynski* Josef, Landtagswahlordnungen, 1896, 586–588.
¹⁹ ALZ 1861 Nr. 53;
   Der Oberösterreicher, 1914, 119, 120.
²⁰ ALZ 1861 Nr. 52.
²¹ LG vom 5. Februar 1891, LGBl. Nr. 6.
²² LG vom 16. Februar 1902, LGBl. Nr. 15.
²³ LG vom 29. Jänner 1909, LGBl. Nr. 13;
   Siehe auch: Harry *Slapnicka*, Seit 112 Jahren Landtagswahlen in Oberösterreich. ALZ 1973 Nr. 21.
²⁴ LG vom 29. Jänner 1909, wodurch einige Bestimmungen der Landesordnung ob der Enns abgeändert werden. LGBl. 1909 Nr. 12.
²⁵ *Klezl*, Wahlrecht, 1910, XIX–CI.
²⁶ LGBl. 1907 Nr. 8.
   LG vom 11. April 1907 LGBl. Nr. 8.
²⁷ *Knauer*, Parlament, 1959, 21–61.

Die Oberösterreicher im Reichsrat

Anmerkungen

¹ I. Beilage zu RGBl. 1861 Nr. 20, 72–74.
² Beilage IIb, RGBl. 1861 Nr. 105.
³ Felix *Kern*, 60 Jahre Volksverein, Volksvereinskalender 1930, 183.
⁴ *Schäffle*, Leben, 2. Band, 1905, 81.
⁵ *Schäffle*, 1905, 89.
⁶ Anhang zur Reichsrats-Wahlordnung, Gesetz vom 2. April 1873, RGBl. Nr. 41.
⁷ *Kern*, Volksverein, Volksvereinskalender 1930, 189.
⁸ G. A. *Schimmer*, Vergleichende Statistik der direkten Reichsratswahlen in Österreich 1873. Österreichisches Statistisches Handbuch III, 249.
⁹ Die Reichsratswahlen in Österreich 1879; in: Österreichisches Statistisches Handbuch V, 581.
¹⁰ *Slapnicka*, Falkenhayn. ALZ, 1977 Nr. 46.
¹¹ Erinnerungen des Erasmus Freiherr von Handel, herausgegeben von Max (Freiherrn) Hussarek (von) Heinlein; in: Jahrbuch der Österreichischen Leo-Gesellschaft (Wien), Jg. 1930.
¹² *Kern*, Volksverein, Volksvereinskalender 1930, 209.

13 Gesetz vom 4. Oktober 1882, womit einige Bestimmungen der Reichsratswahlordnung abgeändert werden. (Gesetz vom 2. April 1873, RGBl. Nr. 41.)
14 *Molisch*, Deutschnationale Bewegung, 1926, 113 A 3.
15 *Kern*, Volksverein, Volksvereinskalender 1934, 212.
16 Ferdinand *Schmid*, Die statistischen Ergebnisse der Reichsratswahlen in Österreich 1891. Österreichisches Statistisches Handbuch XVII, 386.
17 Gesetz vom 14. Juni 1896, RGBl. Nr. 169.
18 OÖLA, Statthalterei-Akten, Präs. Sch. 47.
19 LTP 11./13. Jänner 1901. (Ebenhoch gefallen!)
20 Gesetz vom 26. Jänner 1907, RGBl. Nr. 17.
21 OÖLA, Statthalterei, Präs. Sch. Nr. 38, 39.
22 LGBl 1907 Nr. 8.
23 So von Nachbarländern etwa Salzburg, Niederösterreich; keine Wahlpflicht hat etwa Böhmen und die Steiermark.
24 LTP 1907 Nr. 107.
25 LVBl 1907 Nr. 101.
26 LVBl 1907 Nr. 103.
27 LTP 1907 Nr. 109.
28 LVBl 1907 Nr. 118.
29 Hermann *Rauchberg*, Die statistischen Unterlagen der Wahlrechtsreform. Statistische Monatshefte, Neue Folge, XII. Jahrgang 1907, 229–269 und 296–319.
30 LTP 1907 Nr. 107.
31 LTP 1907 Nr. 113 (Die Bilanz des 14. Mai).
32 LVBl 1907 Nr. 113.
33 LTP 1907 Nr. 118 (Die Klerikalen für die Sozialdemokraten).
34 LTP 1907 Nr. 119 (Klerikaler Katzenjammer).
35 LTP 1907 Nr. 120.
36 LTP 1911 Nr. 136.

53 Jahre Wahlreformbemühungen

Anmerkungen

1 LG vom 2. Jänner 1867, LGBl. Nr. 3.
2 OÖ. Sten. Prot. 1861, 158.
3 LRS vom 11. Mai 1861, 4/13.
4 Siehe die Kapitel „Ein Landtag für ein halbes Jahrhundert" und „Adel – Von der Politik in die Verwaltung".
5 Hugo *Hantsch*, Geschichte Österreichs, 2. Band, 1950, 403 ff.
6 Bericht des Landesausschusses, womit eine revidierte Landtags-Wahlordnung überreicht wird. B 1883/18.
7 OÖ. Sten Prot. 1884, 371 ff.
8 Note des Landesausschusses vom 9. April 1887, Z. 3839; Note des Statthalterei-Präsidiums (Statthalter Weber) vom 23. April 1887, Z. 533/Prs.
9 Note der Statthalterei vom 26. Oktober 1887, Z. 2789/Prs.; Erlaß des Ministerpräsidenten und Leiters des Ministeriums des Inneren vom 22. Oktober 1887, Z. 3914.
10 B 1888/8 (Vorsitzender: Billau; Berichterstatter: Strnadt).
11 B 1890/21.

Anmerkungen zu den Seiten 121–130

[12] LG vom 5. Februar 1891, womit einige Bestimmungen der Landtagswahlordnung für das Erzherzogthum Österreich ob der Enns abgeändert werden. LGBl. Nr. 6.
[13] B 1890/137. 1890, Z. 67/Ldtg. (Billau, Ebenhoch).
[14] LVBl 1890 Nr. 280.
[15] OÖ. Sten. Prot. von 1890, 595 ff.
[16] OÖ. Sten. Prot. von 1895, 81 ff.
[17] B 1894-95/1977.
[18] OÖ. Sten. Prot. von 1901, 861 ff.;
B 1902/58, 1902/198, 1902/226;
Bericht des Landesausschusses betr. die Abänderung der oberösterreichischen Landesordnung und Landtagswahlordnung.
[19] LG vom 16. Februar 1909, mit welchem einige Bestimmungen der Landtagswahlordnung für das Erzherzogthum Österreich ob der Enns abgeändert werden. LGBl. Nr. 15.
[20] OÖ. Sten. Prot. 1905, 249.
[21] B 1905/200. Bericht des Gemeinde- und Verfassungsausschusses über die Petition betr. die Einführung des allgemeinen, gleichen und direkten Wahlrechtes für den Reichsrat und den oberösterreichischen Landtag.
[22] OÖ. Sten. Prot. 1906, 3 ff.; kaiserliche Sanktion vom 5. März 1907; [Landes]Gesetz vom 5. März 1907 betreffend die Beratung der Reform der Landtagswahlordnung, LGBl. Nr. 5.
[23] Sitzung des Wahlreformausschusses vom 25. September 1908.
[24] *Handel*, Erinnerungen, 1930, 64 ff.
[25] Landtagswahlordnung, LGBl. Nr. 12;
B 1908/504;
Bericht des Wahlreformausschusses betreffend die Abänderung der Landesordnung und Landtagswahlordnung.

Frühe Diskussionen um das Frauenwahlrecht

Anmerkungen

[1] OÖ. Sten. Prot. 1863, 848–858;
Anders sieht Dr. Gustav Kolmer die Situation in seinem ersten Band von „Parlament und Verfassung in Österreich" (1902, 52), der die Jahre 1848 bis 1869 behandelt. Im Abschnitt „Census und Frauenwahlrecht" schreibt er: „Schon damals tauchte die Frage der Wahlberechtigung der Frauen auf. Die Regierungsbehörden unterstützten die Forderung der eigenberechtigten Frauen nach Wahlberechtigung, die Landtage waren engherziger. Einzelne Landtage sprachen den Frauen das Wahlrecht ganz ab, andere schränkten es auf das Wahlrecht durch Bevollmächtigte ein."
[2] B 1883/18.
[3] LVBl 1884, Nr. 81.
LVBl 1884 Nr. 180.
[4] B 1885/8.
[5] B 1888/8. Berichterstatter Josef Kaiser.
[6] B 1888/111. Obmann: Billau; Berichterstatter: J. Strnadt.
[7] B 1890/21. Berichterstatter: J. Strnadt.
[8] B 1890/137.
[9] LVBl 1890 Nr. 280 (Das Frauenwahlrecht).

[10] B 1908/504. Vorsitzender: Hauser; Berichterstatter: Dr. Max Mayr.
[11] *Handel*, Erinnerungen, 1930, 64 ff.
[12] B 1911/39. Vorsitzender: Hauser; Berichterstatter: Dr. Schwinner.

Wer und wieviel dürfen wählen?

Anmerkungen

[1] RGBl. 1861 Nr. 20, 97 ff.
[2] LGBl. 1864 Nr. 6, 52 ff.
[3] RGBl. 1873 Nr. 41, 165 ff.
[4] Zum Vergleich 1979: Bei 1,242.400 Bewohnern Oberösterreichs sind 831.942 wahlberechtigt. Das ist ein Anteil von 66,96 Prozent.
[5] Über die Landtagswahlen von 1867: Mitteilungen aus dem Gebiete der Statistik, XIV. Jahrgang, 1. Heft, 16 ff.;
über die Landtagswahlen in den Jahren 1871/72: Mitteilungen aus dem Gebiete der Statistik, XIX. Jahrgang, 4. Heft, 129 ff.;
über die Reichsratswahlen von 1872: G. A. *Schimmer*, Vergleichende Statistik der direkten Reichsratswahlen in Österreich, Statistische Monatsschrift, III. Jahrgang, 249 ff.;
über die Reichsratswahlen von 1879: *Neumann-Spallart* und G. A. *Schimmer*, Die Reichsratswahlen von 1879 in Österreich, 1880;
über die Reichsratswahlen von 1885: Österreichische Statistik, IX. Band, 5. Heft;
über die Reichsratswahlen von 1891: Dr. Ferdinand *Schmid*, Die statistischen Ergebnisse der Reichsratswahlen von 1891, Statistische Monatsschrift, XVII. Jahrgang 1891, 386 ff.;
über die Reichsratswahlen von 1897: Österreichische Statistik, XLIX. Band, 1. Heft;
über die Reichsratswahlen von 1901: Österreichische Statistik, LIX. Band, 3. Heft.
[6] H. *Rauchberg*, Die statistischen Unterlagen der Wahlreform; in: Statistische Monatsschrift, herausgegeben von der k. k. Statistischen Zentral-Kommission, Neue Folge, XII. Jg., 1907, 229–269 und 269–319.
[7] Österreichisches Statistisches Handbuch, 16. Jg., 1897, 332–336.
[8] RGBl. 1882 Nr. 142; für Landtagswahlen: LGBl. 1891 Nr. 6.
[9] Statistisches Jahrbuch der autonomen Landesverwaltung in den im Reichsrathe vertretenen Königreichen und Ländern, 1900 bis 1915, 13 Bände.
[10] B 1883/18.
[11] B 1888/8.
[12] B 1902/58.
[13] Das Rekrutenkontingent für das Heer erfährt 1903 eine geringfügige Änderung zufolge einer neuen Verteilung zwischen Österreich und Ungarn, und zwar sinkt das Kontingent der im Reichsrat vertretenen Königreiche und Länder von 59.211 auf 59.024 Mann, dafür steigt dasjenige der Länder der ungarischen Krone von 43.889 auf 44.076 Mann. Stärker veränderte sich das Rekrutenkontingent für die k. k. Landwehr, und zwar im Jahre 1903 von 10.723 auf 15.050 und 1908 auf 19.970 Mann.
Die Zahl der in Oberösterreich für Heer und Landwehr assentierten Rekruten beträgt 1895/96 2422 Mann, 1896/97 2428, 1897/98 2372, 1898/99 2503, 1899/1900 2516, 1900/01 2435, 1901/02 2498, 1902/03 2576, 1903/04 2592, 1904/05 2719, 1905/06 2410, 1906/07 3048 und 1907/08 2793 Mann.
Die Standesverhältnisse von Heer und Landwehr (bei letzterer ohne Stäbe) betragen laut den Voranschlägen für die gesamte Monarchie bzw. für die westliche Reichshälfte:

Jahr	k. k. Heer		k. k. Landwehr	
	Gagisten	Mannschaft	Gagisten	Mannschaft
1896	20.084	300.899		
1897	20.572	302.169		
1898	21.025	303.107	2559	24.548
1899	21.156	305.552	2661	25.068
1900	21.203	305.830	2769	26.383
1901	21.278	306.047	2895	28.267
1902	21.305	306.222	3119	28.470
1903	21.568	311.390	3238	31.998
1904	21.542	306.710	3240	31.998
1905	21.869	307.283	3245	32.099
1906	21.972	307.520	3374	32.761
1907	22.018	307.571	3487	34.918
1908	22.139	306.409	3616	35.713

Frdl. Information durch das Österr. Staatsarchiv/Kriegsarchiv (Dr. Wagner), 1981.

[14] RGBl. 1896 Nr. 531, § 9a.
[15] RGBl. 1907, Nr. 17, 51, § 6.
[16] LGBl. 1909 Nr. 13, 39f., § 14 und 16.

Sieben Landeshauptleute neben 15 Statthaltern

Literatur

Honeder Josef, Johann Nepomuk Hauser, Landeshauptmann von Oberösterreich 1908 bis 1927.
Slapnicka Harry, Dr. Moriz Ritter von Eigner – einziger Landeshauptmann der liberalen Wählergruppe. ALZ 1979 Nr. 19.
Slapnicka Harry, Falkenhayn – drei Monate Landeshauptmann, dann 16 Jahre Minister. ALZ 1979 Nr. 27.
Slapnicka Harry, Leonhard Achleuthner – erster konservativer Landeshauptmann von Oberösterreich. ALZ 1977 Nr. 46.
Slapnicka Harry, Ein Jahr Landeshauptmann: Michael Freiherr Kast von Ebelsberg. ALZ 1977 Nr. 28.
Slapnicka Harry, Dr. Alfred Ebenhoch – ein Vorarlberger als Landeshauptmann von Oberösterreich. ALZ 1977 Nr. 28.
Slapnicka Harry, Dr. Alfred Ebenhoch – Ein Vorarlberger als Landeshauptmann von Oberösterreich. Jahrbuch des Vorarlberger Landesmuseumsvereins – Freunde der Landeskunde 1978/79. 1981, 139–154.
Slapnicka Harry, Vor 50 Jahren starb Johann Nepomuk Hauser. ALZ 1977 Nr. 5.
Slapnicka Harry, Dominik Anton Lebschy – erster Landeshauptmann Oberösterreichs. ALZ 1979 Nr. 9.
Slapnicka Harry, Oberösterreich – Die politische Führungsschicht 1918 bis 1938. 1975.
Sturmberger Hans, Die Landeshauptmänner von Oberösterreich seit 1861. Kulturzeitschrift Oberösterreich, Winterheft 1970.
Uhl Eleonore, Dominik Anton Lebschy, Abt von Schlägl und Landeshauptmann von Oberösterreich. 1971.

Anmerkungen

1 Auf die Funktion und die wechselnden Titel geht vor allem Hans Sturmberger, 1970, ein.
2 Siehe das Kapitel „Des Kaisers Statthalter".
3 *Uhl*, Lebschy, 1971;
   Slapnicka, Lebschy, 1979. In beiden Arbeiten Hinweise auf weitere Literatur.
4 Weitere Hinweise bei Harry *Slapnicka*, Bischof Rudigier, 1961.
5 *Slapnicka*, Eigner, 1979.
6 *Slapnicka*, Falkenhayn, 1979.
7 *Slapnicka*, Achleuthner, 1977.
8 *Slapnicka*, Kast, 1977.
9 *Slapnicka*, Ebenhoch, 1977, 1981.
10 *Honeder*, Hauser, 1973;
    Slapnicka, Hauser, 1977;
    Slapnicka, Oberösterreich – Die politische Führungsschicht 1918 bis 1938, 1975, 156–166.
11 Nach Mitteilung von der Gräfin Pachta, geb. Handel, der Tochter des letzten kaiserlichen Statthalters, Mai 1981.

Landtag unter liberaler Führung (1861 bis 1884)

Anmerkungen

1 OÖ. Sten. Prot. 1861.
2 Felix *Kern*, Oberösterreichischer Bauern- und Kleinhäuslerbund. 1. Teil. Bäuerliche Bilder aus der Zeit vor 1918, 1953, 187f.
3 OÖ. Sten. Prot., 1. Session der 2. Periode, 3. Sitzung (22. Februar 1867);
  LTP 1867 Nr. 45.
4 LTP 1867 Nr. 94.
5 LTP 1867 Nr. 35.
6 LTP 1867 Nr. 23.
7 LTP 1867 Nr. 21.
8 LTP 1867 Nr. 11.
9 LTP 1867 Nr. 26.
10 LTP 1867 Nr. 31;
   Werndl war übrigens vom Steyrer Bürgermeister Pöltl „und 60 der geachtetsten Bürger und Industriellen Steyr" aufgefordert worden, zu kandidieren.
11 LTP 1870 Nr. 146.
12 LTP 1870 Nr. 148.
13 LTP 1870 Nr. 149.
14 OÖ. Sten. Prot., 4. Session der 3. Periode; 3. Sitzung vom 22. August 1870;
   LTP 1870 Nr. 192.
15 LTP 1870 Nr. 50, 51.
16 LTP 1870 Nr. 124.
17 LTP 1870 Nr. 151.
18 LTP 1870 Nr. 147.
19 LTP 1870 Nr. 201.
20 LTP 1870 Nr. 234.
21 LVBl 1871 Nr. 187.

[22] *Schäffle,* Leben I (Berlin 1905, 192 f., im Ministerium Hohenwart).
LVBl 1871 Nr. 167, 224.
[23] LVBl 1877 Nr. 178.
[24] *Pisecky,* Wirtschaft, 1976, 128 f.
[25] LVBl 1871 Nr. 204.
[26] LVBl 1871 Nr. 214.
[27] LVBl 1871 Nr. 225 (Die Rechtsverwahrung der ,,Verfassungstreuen" Landtagsabgeordneten Oberösterreichs); 1871 Nr. 252 (Zum Strike der 19 oberösterreichischen Deputierten).
[28] LVBl 1871 Nr. 272.
[29] LVBl 1871 Nr. 285, 287.
[30] LVBl 1871 Nr. 289.
[31] LVBl 1878 Nr. 188.
[32] LVBl 1878 Nr. 215.
[33] LVBl 1878 Nr. 188.
[34] LVBl 1878 Nr. 244.

34 Jahre unter konservativer und christlichsozialer Leitung (1884 bis 1918)

Anmerkungen

[1] ALZ 1881 Nr. 2, 4, 61, 66, 69;
LTP 1880 Nr. 77.
[2] LVBl 1884 Nr. 194 (Zum Kampf gegen die Geistlichen);
LVBl 1884 Nr. 156, 158, 159 (Die Religion und die politischen Parteien).
[3] LVBl 1884 Nr. 150.
[4] LVBl 1884 Nr. 195.
[5] LVBl 1884 Nr. 154.
[6] LVBl 1884 Nr. 173 (Politische Verlotterung);
LVBl 1884 Nr. 179.
[7] LVBl 1884 Nr. 155.
[8] LVBl 1884 Nr. 179.
[9] LVBl 1884 Nr. 155 (Eine interessante Enthüllung).
[10] LVBl 1884 Nr. 162; siehe auch den Beitrag ,,Zur Czechisierung von Oberösterreich", LVBl 1884 Nr. 151.
[11] LVBl 1884 Nr. 201.
[12] Siehe auch den Artikel ,,Jüdisch-Lutherisch", LVBl 1883 Nr. 290.
[13] OÖLA, Statthaltereiakte, Präs. Sch. 45;
Reklamation gibt es auch im Zusammenhang mit den Reichsratswahlen noch 1891 (OÖLA, Statthaltereiakten, Präs. Sch. 48).
[14] LTP 1884 Nr. 202.
[15] LTP 1884 Nr. 209.
[16] LVBl 1884 Nr. 210.
[17] LVBl 1884 Nr. 213.
[18] LVBl 1890 Nr. 166.
[19] LVBl 1890 Nr. 209.
[20] LVBl 1890 Nr. 201.
[21] LVBl 1890 Nr. 200.

[22] LG vom 5. Februar 1892 womit die Bestimmungen der Landtagswahlordnung für das Erzherzogtum Österreich ob der Enns (vom 26. Februar 1861, RGB. Nr. 20) abgeändert wird. LGBl. 1891 Nr. 6;
LVBl 1890 Nr. 152 (Die Stellungnahme des Liberalismus zur Zeit seiner Herrschaft in Oberösterreich zur Erweiterung des Wahlrechts);
LVBl 1890 Nr. 156 (Der Liberalismus und die gerechte Erweiterung des Wahlrechtes);
LVBl 1890 Nr. 274, 275 (Abänderung der Landtagswahlordnung).
[23] LVBl 1896 Nr. 194 (Die Landtagswahlreform und die „Tages-Post").
[24] Der Oberösterreicher 1886, 1892.
[25] Kurt *Tweraner*, Der Linzer Gemeinderat 1880 bis 1914; in: Historisches Jahrbuch der Stadt Linz 1979 (1980), 304.
[26] LVBl 1896 Nr. 194.
[27] LVBl 1896 Nr. 201.
[28] LVBl 1896 Nr. 193.
[29] LVBl 1896 Nr. 184, 188.
[30] LVBl 1896 Nr. 209, 216, 218.
[31] LVBl 1896 Nr. 216.
[32] LTP 1896 Nr. 217.
[33] LVBl 1896 Nr. 218.
[34] Die statistischen Ergebnisse der Landtagswahlen des Jahres 1895 und 1896; in: Statistische Monatsschrift, Neue Folge, II. Jg. (1897), 91–114, 835–842.
[35] LVBl 1896 Nr. 225 (Nach der zweiten Wahlschlacht).
[36] Siehe das Kapitel „Minderheitenprobleme ohne Minderheit".
[37] LG vom 16. Februar 1902, LGBl. Nr. 15.
[38] LVBl 1902 Nr. 236.
[39] LVBl 1902 Nr. 223 (Der Vorstoß des Klerus).
[40] LVBl 1902 Nr. 257.
[41] LVBl 1902 Nr. 168.
[42] LVBl 1902 Nr. 250;
LTP 1902 Nr. 251.
[43] LVBl 1902 Nr. 252.
[44] ALZ 1902 Nr. 260.
[45] Carl *Beurle*, Oberösterreich und seine Politik 1870 bis 1912, 1912.
[46] LVBl 1902 Nr. 261.
[47] LG vom 29. Jänner 1909, LGBl. Nr. 12, 13.
[48] *Kletztl*, Wahlrecht, 1910.

Die ersten, die kommen, die ersten, die gehen: die Liberalen

Literatur

Beeger Wilhelm, *Remin* Werner-Siegfried, *Zimmermann* Günther, Die Verfassungspartei; in: Gesamtdeutsches Denken in Österreich und die Reichsgründung. 1938, 57–89.
Eder Karl, Der Liberalismus in Altösterreich. Geisteshaltung, Politik und Kultur. Wiener historische Studien, Band III. Wien-München 1955.
Fuchs Heinrich, Geistige Strömungen in Österreich 1867 bis 1918. 1949.
Johnston Wiliam M., Österreichische Kultur- und Geistesgeschichte. Gesellschaft und Ideen im Donauraum 1848 bis 1938. 1974.

Wandruszka Adam, Österreichs politische Struktur. Die Entwicklung der Parteien und politischen Bewegungen; in: Geschichte der Republik Österreich, herausgegeben von Heinrich Benedikt. 1954, 289–485.
Winter Eduard, Revolution, Neoabsolutismus und Liberalismus in der Donaumonarchie. 1969.
Adam Ingrid, Dr. Karl Wiser. Ungedr. phil. Diss. Wien 1963.
Berchtold Klaus, Parteiprogramm 1868 bis 1966. 1967.
Beurle Karl, Oberösterreichische Politik 1870 bis 1912. Linz o. J. (1912).
Ehrenreich Wilhelm, Ignaz Figuly. Leben und Wirken eines Kämpfers in Österreich 1807 bis 1875. 1942.
Harrington-Müller Diethild, Der Fortschrittsklub im Abgeordnetenhaus des österreichischen Reichsrates 1873 bis 1910. Bd. XI der Studien zur Geschichte der österreichisch-ungarischen Monarchie. 1972.
Hartmayer H., Die führenden Abgeordneten des Liberalismus in Österreich 1861 bis 1879. Phil. Diss. Wien 1949.
Mattel Friedrich, Studien zum Wiederaufleben der Demokratie in Oberösterreich vom Februarpatent 1861 bis zum Staatsgrundgesetz 1867. Mit biographischen Skizzen der damals führenden oberösterreichischen Politiker. Phil. Diss. Innsbruck 1947.
Slapnicka Harry, Dr. Moriz Ritter von Eigner. Einziger Landeshauptmann der liberalen Wählergruppe; in: ALZ 1979 Nr. 19.
Straßmayr Eduard, Bürgermeister Dr. Karl Wiser. Jahrbuch der Stadt Linz 1953, 223–245.
Vocelka Karl, Verfassung oder Konkordat? Der publizistische Kampf der österreichischen Liberalen um die Religionsgesetze des Jahres 1868. 1978.
Thurnherr Christine, Franz Seyerl – ein oberösterreichischer Politiker des 19. Jahrhunderts. Ungedr. phil. Diss. Innsbruck 1968.
Wien in der liberalen Ära. Festgabe des Wiener Stadt- und Landesarchivs anläßlich des Wiener Historikertages 1978.
Wimmer Kurt, Liberalismus in Oberösterreich. Am Beispiel des liberalpolitischen Vereins für Oberösterreich in Linz (1869 bis 1909). Band 6 der „Beiträge zur Zeitgeschichte Oberösterreichs", 1979.

Anmerkungen

[1] *Uhl*, Lebschy, 1971.
[2] *Wimmer*, Liberalismus, 1980.
[3] LTP 1869 Nr. 149.
[4] OÖLA, Statthaltereiarchiv 1197, Präs. 1869 GD.
[5] Siehe das Kapitel „Drei Phasen von Zeitungsgründungen".
[6] Flugschrift „Bericht über die am 11. und 17. Mai 1872 bei dem k. k. städtisch-delegierten Bezirksgericht in Linz abgehaltenen Schlußverhandlung wegen Übertretung des Versammlungsrechtes aus Anlaß der am 15. Mai 1871 in Linz begangenen Sieges- und Friedensfeier".
[7] OÖLA, Statthaltereiakten 566, Präs. 1872 6J/I.
[8] Paul *Molisch*, Briefe zur deutschen Politik in Österreich von 1848 bis 1918. Wien 1934, 80f.
[9] *Wimmer*, Liberalismus, 1980, 37f.
[10] ALZ 1880 Nr. 273.
[11] LVBl 1896 Nr. 201.
[12] LVBl 1896 Nr. 189.
[13] LVBl 1896 Nr. 229.
[14] LVBl 1896 Nr. 179.
[15] LTP 1896 Nr. 228.

Katholischer Volksverein – von Anbeginn an eine Massenbewegung

Literatur

Adler Alois, Die christlich-soziale Bewegung in der Steiermark von den ständischen Anfängen bis zur Volkspartei. Ungedr. phil. Diss. Graz 1956.
Allmayer-Beck, Vogelsang. Vom Feudalismus zur Volksbewegung. 1953.
Allmayer-Beck, Der Konservativismus in Österreich. 1959.
Baerenreiter Joseph Maria, Der Zerfall des Habsburgerreiches und die Deutschen. Fragmente eines politischen Tagebuches 1897 bis 1917, hsg. von Oskar Mitis. 1939.
Baerenreiter Joseph Maria, Fragmente eines politischen Tagebuches, hsg. von J. Redlich. 1928.
Bach Anton, Österreichs Zukunft und die Christlichsozialen. 1906.
Bauer Franz, Leopold Kunschak als Politiker. Von seinen Anfängen bis zum Jahre 1934. Ungedr. phil. Diss. Wien 1950.
Bergsträsser Ludwig, Der politische Katholizismus, Dokumente einer Entwicklung. 1921.
Binder Edeltrude, Dr. Albert Geßmann. Ungedr. phil. Diss. Wien 1950.
Czoklich Fritz, Das Nationalitätenproblem in Österreich-Ungarn und die christlichsoziale Partei. Ungedr. phil. Diss. Wien 1952.
Ebenhoch Alfred, Sieben Vorträge über die soziale Frage. 1887.
Ernst August, Die christlich-soziale Partei und die österreichische Sozialpolitik bis 1918. Ungedr. phil. Diss. Wien 1949.
Funder Friedrich, Vom Gestern ins Heute. 1952.
Funder Friedrich, Aufbruch zur christlichen Sozialreform. 1953.
Funder Friedrich, Aus den Anfängen christlichsozialer Programmarbeit; ein Beitrag zur Geschichte der christlich-sozialen Bewegung in Österreich; in: Volkswohl, XIV. Jg. (Wien) 1923.
Hemala Franz, Die Lehre der Reichsratswahlen. 1908.
Honeder Josef, Johann Nepomuk Hauser 1866 bis 1927. 1973.
Katholisches Centrum oder Partei Taaffe? Von einem Katholiken und Patrioten. Linz 1889.
Kern Felix, Der oberösterreichische Bauern- und Kleinhäuslerbund, 2 Bände, 1951.
Köpf Maria, Die Taktik der Christlichsozialen 1888 bis 1927. Phil. Diss. Wien 1933.
Kunschak Leopold, Die christliche Arbeiterbewegung, 45 Jahre im Dienste Österreichs. 1937.
Liechtenstein Alois, Die soziale Frage, 2. Auflage, 1877.
Miko Norbert, Die Vereinigung der christlich-sozialen Reichspartei und des katholisch-konservativen Zentrums im Jahre 1907. Phil. Diss. Wien 1949.
Pfaffenberger Gottfried, Die Reichspost und die christlichsoziale Bewegung mit besonderer Berücksichtigung der Gründungsgeschichte. Phil. Diss. Wien 1948.
Psenner Ludwig, Christlichsoziales Programm. 1896.
Rauch Gerhard, Die christlichsoziale Vereinigung und die Konservativen Oberösterreichs 1907 bis 1914. Phil. Diss. Wien 1964.
Salzer Wilhelm, Der christlich-soziale Beitrag zur Lösung der Arbeiterfrage. 1962.
Salzer Wilhelm, Geschichte der christlichen Arbeiterbewegung Oberösterreichs. 1963.
Saßmann Josef, Der Kampf um das allgemeine Wahlrecht und die Arbeiterfrage. Phil. Diss. Wien 1949.
Scheicher Joseph, Erlebnisse und Erinnerungen, 6 Bände, o. J.
Scheicher Joseph, Der Klerus und die soziale Frage. Moralsoziologische Studie. 1884.
Skalnik Kurt, Dr. Karl Lueger, der Mann zwischen den Zeiten. 1954.
Stöger Walter, Das Verhältnis der Konservativen zur christlichsozialen Partei. Phil. Diss. Wien 1949.
Till Rudolf, Die Politik der Christlich-Sozialen im Reichsrat. Anfänge des christlichsozialen Parteigedankens in Österreich. Phil. Diss. Wien 1933.

Anmerkungen

1 OÖLA, Neuerw. Sch. 41; Jodok Stülz an Franz Hartmann, 8. März 1849; Hans *Sturmberger,* Jodok Stülz und die katholische Bewegung des Jahres 1848; in: Mitteilungen des OÖ. Landesarchivs 3 (1954);
Mathias *Hiptmair,* Geschichte des Bisthums Linz (1885) 189 f.
2 *Slapnicka,* Bischof Rudigier (1961), insbesondere das Kapitel „Erzieher zur politischen Aktivität", 47–56.
3 Felix *Kern,* 60 Jahre Katholischer Volksverein für Oberösterreich; in: Volksvereinskalender 1929, 186–208; 1930, 177–213; 1931, 181–209; 1932, 187–224 (Die Serie bricht im Jahre 1895 ab); Ernst *Hirsch,* Der Aufmarsch der politischen Parteien in Oberösterreich; in: 90 Jahre „Linzer Volksblatt", Linz 1959.
4 Franz *Wilflingseder,* Der Cartellverband der katholischen deutschen Studentenverbindungen in Oberösterreich vor dem 1. Weltkrieg;
Friedrich *Engelmann,* CV und CVer in Oberösterreich; in: 100 Jahre CV in OÖ.
5 *Beuerle,* Politik, o. J. (1912?).
6 *Salzer,* Arbeiterbewegung. 1963.
7 LTP 1870 Nr. 133.
8 LVBl 1878 Nr. 178 (Wahlaufruf: „Auf zu den Wahlen").
9 LVBl 1884 Nr. 179 (Wahl-Aufruf).
10 Siehe das Kapitel „Drei Phasen von Zeitungsgründungen".
11 LVBl. 1890 Nr. 260.
12 LVBl 1902 Nr. 236 (Geehrte Landtagswähler).
13 LVBl 1902 Nr. 286, 287.

Bauernverein, zweitstärkste Partei ohne Mandate

Literatur

Benedikt Ursula, Vinzenz Schumy 1878 bis 1962, eine politische Biographie. Ungedr. phil. Diss. Wien 1966.
Gugerbauer Anna, Der Landbund in Oberösterreich. Ungedr. Hausarbeit an der Universität Salzburg, 1977.
Hawlik Johannes, Die politischen Parteien Deutschösterreichs bei der Wahl zur konstituierenden Nationalversammlung 1919. Ungedr. phil. Diss. Wien 1971.
Kern Felix, Oberösterreichischer Bauern- und Kleinhäuslerbund, 2 Bände, 1956.
Strobl Hans Helge, Der Landbundpolitiker Franz Bachinger 1892 bis 1914. Ungedr. phil. Diss. Wien 1966.
Wandruszka Adam, Der „Landbund für Österreich"; in: Heinz Gollwitzer (Hsg.), Europäische Bauernparteien im 20. Jahrhundert. 1977.

Anmerkungen

1 ALZ 1881 Nr. 2.
2 *Kern,* Volksverein; in: Volksvereinskalender 1931, 181–183.
3 Linzer Sonntagsblatt, erscheint zwischen 1880 und 1887. Es steht völlig im Dienst des Bauernvereins, ohne diesem zu gehören.
4 *Kern,* Volksverein; in: Volksvereinskalender 1931, 185–188.
5 LSBl 1884 Nr. 48.

⁶ Dr. Max Wellner, ursprünglich Tscheche und prominentester Vertreter des böhmischen Staatsrechts vor Kramar, hatte plötzlich Prag verlassen und war als Rechtsanwalt nach Linz gegangen.
⁷ *Weiguny*, Erinnerungen, 1911, 48 ff.
⁸ ALZ 1881 Nr. 4.
⁹ ALZ 1881 Nr. 30.
¹⁰ *Kern*, Volksverein; in: Volksvereinskalender 1931, 190–195.
¹¹ LDBl 1882 Nr. VII, 51.
¹² LSBl 1884 Nr. 26, 27, 28.
¹³ LVBl 1884 Nr. 155.
¹⁴ LVBl 1884 Nr. 209 (jüdisch-lutherisch).
¹⁵ Bauernvereinsbote 1884 Nr. 6.
¹⁶ LVBl 1884 Nr. 173 (Politische Verlotterung); 1884 Nr. 213 (Der Schwindel mit dem liberalen Bauernverein); 1884 Nr. 214 (Papst-Bischof-Kirchmayr).
¹⁷ LVBl 1890 Nr. 195.
¹⁸ Brief Bischof Müllers vom 20. November 1887; LVBl 1890 Nr. 231.
¹⁹ LTP 1890 Nr. 195; LVBl 1890 Nr. 200.
²¹ LVBl 1890 Nr. 218 (Von den liberalen Bauernvereinen); LVBl 1890 Nr. 169 (Wandlungen).
²² LVBl 1896 Nr. 272.
²³ LTP 1901 Nr. 7.
²⁴ LVBl 1902 Nr. 252 (Die „Tages-Post" und die Landgemeindewahlen).
²⁵ LVBl 1907 Nr. 108.
²⁶ Österreichisches Statistisches Handbuch 1907, 1908, 466–469.
²⁷ LVBl 1907 Nr. 111.
²⁸ LTP 1911 Nr. 132.
²⁹ *Gugerbauer*, Landbund, 1977.

Eine dritte nationale Partei: die Deutschnationalen

Literatur

Bernatzik Edmund, Die Ausgestaltung des Nationalgefühls im 19. Jahrhundert. 1912.
Beurle Carl, Beiträge zur Geschichte der deutschen Studentenschaft Wiens. 1892.
Beurle Carl, Oberösterreichische Politik 1870 bis 1912. O. J. (1912).
Beurle Else, Dr. Carl Beurle 1860 bis 1919. 1960.
Friedjung Heinrich, Österreich von 1848 bis 1860, 1912.
Kummer C. G., Deutschnationale Politik in Österreich. 1885.
Molisch Paul, Die deutschen Hochschulen in Österreich und die politisch-nationale Entwicklung nach dem Jahre 1848. 1922.
Molisch Paul, Geschichte der deutschnationalen Bewegung in Österreich – von ihren Anfängen bis zum Zerfall der Monarchie. 1926.
Molisch Paul, Zur Geschichte der Badenischen Sprachenverordnung vom 5. und 22. April 1897. 1925.
Patzelt Julius, Deutsche Politik in Österreich. 1912.
Pfersche Emil, Die Parteien der Deutschen in Österreich vor und nach dem Weltkrieg. 1915.
Redlich Josef, Die österreichischen Staats- und Reichsprobleme. 1920.
Schüßler Wilhelm, Die nationale Politik der österreichischen Abgeordneten im Frankfurter Parlament. 1913.

Timmel Karl, Der Oberösterreichische Volksbildungsverein in den Jahren 1872 bis 1912. 1912.
Wawrosch Rudolf (Wawrud-Roschoff), Der Antisemitismus und die Deutschnationalen in Österreich. 1890.

Anmerkungen
1. Else *Beurle*, Beurle, 1960;
  Slapnicka, Politische Führungsschicht 1918 bis 1938, 1976, 45–47;
  Die gesamte österreichische Entwicklung dieses „nationalen Lagers" zeichnet Adam Wandruszka im Sammelband „Geschichte der Republik Österreich" (1954, 369–382); ins Detail geht die Darstellung von Paul Molisch, „Geschichte der deutschnationalen Bewegung in Österreich" (1926), ohne die Situation in Oberösterreich auch nur zu streifen. Er geht leidlich auf die besondere Entwicklung in Böhmen-Mähren ein.
2. Protokoll der 2. Versammlung der deutschen Parteimänner in Wien, zitiert von den „Tiroler Stimmen", 1. März 1871.
3. Mitt. Nr. 40 vom März 1886;
  OÖLA, Statthaltereiakten 220, Präs. 1886 6 D.
4. OÖLA, Statthaltereiakten 197, Präs. 1869 6 D.
5. Mitt. des deutschen Vereines für Oberösterreich Nr. 44/April 1887.
6. *Wimmer*, Liberalismus, 1980, 45 ff.
7. Carl *Beurle*, Oberösterreichische Politik 1870 bis 1912, o. J. (1912), 5.
8. LVBl 1890 Nr. 199.
9. LVBl 1890 Nr. 244.
10. LMP 1896 Nr. 39 (Socialdemokratische Wählerversammlung).
11. Etwa: „Judendienerei im Linzer Kaufmännischen Verein" (LMP 1906 Nr. 3); „Der Judenstaat" (LMP 1896 Nr. 10); „Pflege jüdischer Musik an der Wiener Hofoper" (LMP 1896 Nr. 13); „Steyr – Antisemitische Kundgebung" (LMP 1896 Nr. 51).
12. LMP 1896 Nr. 2.
13. LMP 1896 Nr. 33.
14. LMP 1896 Nr. 28 („Jungliberalismus").
15. LMP 1896 Nr. 29.
16. LMP 1896 Nr. 41.
17. „Linzer Montagspost" (LMP) erscheint zwischen 13. Februar 1893 und Ende 1901. Bei der einmal wöchentlich erscheinenden Zeitung ist Dr. Carl Beurle nicht nur Herausgeber, sondern auch Redakteur.
18. LVBl 1896 Nr. 189 (Kein Wahlkompromiß).
19. LVBl 1896 Nr. 195, 196.
20. LVBl 1896 Nr. 201.
21. LVBl 1896 Nr. 149.
22. LVBl 1896 Nr. 229.
23. *Molisch*, Deutschnationale Bewegung, 1926, 177 f.
24. Carl *Beurle*, 1912, 6.
25. Deutscher Michl (DM) erscheint zwischen 1902 und 1925.
26. Siehe das Kapitel „Minderheitenprobleme ohne Minderheit".
27. LTP 1907 Nr. 107.
28. LTP 1907 Nr. 111.
29. LTP 1907 Nr. 113.
30. LTP 1907 Nr. 118.
31. Österreichisches Statistisches Handbuch 1907, 1908, 466–469.

[32] Carl *Beurle*, 1912, 8.
[33] Carl *Beurle*, 1912, 9.

Sozialdemokraten – frühe Ansätze, späte Konsolidierung

Literatur

Adler Friedrich, Lassalles Weg zum Sozialismus; in: Der Kampf, XIV. Jg., 1920.
Adler Viktor, Peukerts Erinnerungen; in: Der Kampf, VII. Jg. (1913, 14).
Baron Gerhart, Der Beginn – Die Anfänge der Arbeiterbildungsvereine in Oberösterreich. 1971.
Botz Gerhard, *Brandstetter* Gerfried und *Pollak* Michael, Im Schatten der Arbeiterbewegung. Zur Geschichte des Anarchismus in Österreich und Deutschland. 1977.
Brügel Ludwig, Geschichte der österreichischen Sozialdemokratie. 5 Bände. 1922 bis 1925.
Deutsch Julius, Geschichte der österreichischen Arbeiterbewegung. 1947.
Deutsch Julius, Geschichte der österreichischen Gewerkschaftsbewegung. Die sozialistischen Gewerkschaften von ihren Anfängen bis zur Gegenwart. 1908.
Die sozialdemokratische und anarchistische Bewegung im Jahre 1892, 1893, 1894, 1895, 1896, 1897, 1900.
Dinklage Karl, Geschichte der Kärntner Arbeiterschaft. Hrsg. v. d. Kammer für Arbeiter und Angestellte für Kärnten. 1976.
Ellenbogen Wilhelm, Herr Adolf Ebenhoch auf Bauernjagd. 1894.
Göhring Walter, Der Gründungsparteitag der österreichsichen Sozialdemokratie. Neudörfl 1874. 1974.
Hanisch Ernst, Konservatives und revolutionäres Denken. Deutsche Sozialkatholiken und Sozialisten im 19. Jahrhundert. 1975.
Hanisch Ernst, Der kranke Mann an der Donau. Marx und Engels über Österreich. 1978.
Hauptmann Hans, *Kropf* Rudolf, Die österreichische Arbeiterbewegung vom Vormärz bis 1945. Sozialökonomische Ursprünge ihrer Ideologie und Politik. 3. Auflage 1978.
Hofmann Werner, Ideengeschichte der sozialen Bewegung des 19. und 20. Jahrhunderts. 4. Auflage 1971.
Kautsky Benedikt, Geistige Strömungen im österreichischen Sozialismus. O. J.
Kautsky Karl, Vorläufer des neueren Sozialismus. 1. und 2. Band, 8. bzw. 9. Auflage 1977.
Klenner Fritz, Die österreichischen Gewerkschaften. Vergangenheit und Gegenwartsprobleme. 2 Bände, 1951 bis 1953.
Konrad Helmut, Nationale Frage und Arbeiterbewegung in Österreich um die Jahrhundertwende; in: Österreichische Zeitschrift für Politikwissenschaft (Wien) Nr. 2/1977.
Konrad Helmut, Wurzeln deutschnationalen Denkens in der österreichischen Arbeiterbewegung; in: Sozialdemokratie und „Anschluß". 1978.
Konrad Helmut, Die Anfänge der Arbeiterbewegung in Oberösterreich. 1980.
Lassalle Ferdinand, Gesammelte Reden und Schriften. Hrsg. und eingeleitet von Eduard Bernstein. 12 Bände, 1919/1920.
Steiner Herbert, Die Arbeiterbewegung Österreichs 1867 bis 1889. 1964.
Steiner Herbert, Die Gebrüder Scheu. Eine Biographie. 1968.
Wandruszka Adam, Österreichs politische Struktur. Die Entwicklung der Parteien und politischen Bewegungen; in: Geschichte der Republik Österreich. 1954.
Der Wiener Hochverratsprozeß. Bericht über die Schwurgerichtsverhandlung gegen Andreas Scheu, Heinrich Oberwinder, Johann Most und Genossen. Hrsg. von Heinrich Scheu. 1911.

Anmerkungen

1. OÖLA, Statthaltereiakten, Sch. 104, 105, 110, 113.
2. *Baron*, Beginn, 1971.
3. *Molisch*, Deutschnationale, 1926, 199f.
4. Das Tagblatt „Wahrheit! im eigenen Heim", Festschrift 1897 bis 1911, W 1911 Nr. 1; LTBl 1955 Nr. 240 (Festbeilage: Wiedererstandene Arbeiterpresse).
5. *Konrad*, Anfänge, 1981.
6. OÖLA, Statthaltereiakten, Vereinsakten, Sch. 165, Fasz. 6 D 1.
7. *Baron*, Der Beginn, 1971, 124 ff.; LTP 1868 Nr. 216, 218.
8. *Baron*, Der Beginn, 1971, 144 ff.
9. *Weiguny*, Erinnerungen, 1911, 20.
10. *Baron*, Der Beginn, 1971, 191 ff.
11. OÖLA, Statthaltereiakten, Sch. 174.
12. OÖLA, Statthaltereiakten, Sch. 104, 110.
13. *Brügel* Ludwig, Geschichte der österreichischen Sozialdemokratie, 1912 bis 1925, Bd. 3, 118.
14. OÖLA, Statthaltereiakten, Sch. 110.
15. OÖLA, Statthaltereiakten, Sch. 104.
16. OÖLA, Statthaltereiakten, Sch. 165.
17. *Weiguny*, Erinnerungen, 1911, 41.
18. OÖLA, Statthaltereiakten, Sch. 187.
19. *Weiguny*, Erinnerungen, 1911, 47.
20. *Botz, Brandstetter, Polak*, Im Schatten der Arbeiterbewegung, 1977.
21. *Weiguny*, Erinnerungen, 1911, 48 ff.
22. *Konrad*, Anfänge, 1980, 273 ff.
23. *Weiguny*, Erinnerungen, 1911, 68 f.
24. *Brügel*, Sozialdemokratie, Bd. 4, 34 ff.
25. Die sozialdemokratische und anarchistische Bewegung im Jahre 1892. 1893, 5 ff.
26. Österreichisches Statistisches Handbuch, 1889, 1890.
27. Die sozialdemokratische und anarchistische Bewegung im Jahre 1893. 1894, 29 ff.
28. *Weiguny*, Erinnerungen, 1911, 64 ff.
29. Die sozialdemokratische und anarchistische Bewegung im Jahre 1897. 1898, 28 ff.
30. Die sozialdemokratische und anarchistische Bewegung im Jahre 1900. 1901, 39 ff.
31. Stat. Jahrbuch der autonomen Landesverwaltung in der im Reichsrat vertretenen Königreichen und Ländern, III. Jg. 1903.
32. LVBl 1902 Nr. 184.
33. LTP 1911 Nr. 135.
34. LTP 1911 Nr. 86.
35. Die Berufsgliederung der Wahlberechtigten bei den Reichsratswahlen im Jahre 1907; in: Österreichisches Statistisches Handbuch, XXX. Jg., 1911, 1912.
36. Arbeiterzeitung (Wien), 27. Mai 1907.
37. LTP 1907 Nr. 120.
38. LTP 1911 Nr. 125.
39. LTP 1911 Nr. 132.
40. LTP 1911 Nr. 136.

Adel: Von der Politik in die Verwaltung

Literatur

Allmayer-Beck Christoph, Die Träger der staatlichen Macht; in: Spectrum Austriae, 1980, 151–166.
Buschmann Gotthard von, Adel und Beamtentum in Österreich, 1896.
Goldinger Walter, Die Zentralverwaltung in Zisleithanien. Die zivile gemeinsame Zentralverwaltung; in: Die Habsburgermonarchie 1848 bis 1918, II, 1975, 103.
Goldinger Walter, Die Wiener Hochbürokratie 1848 bis 1918; in: Anzeiger der Österr. Akademie der Wissenschaften: Philosophisch-historische Klasse, 117. Jahrgang 1980, Nr. 1–10, 1981, 310–333.
Hoffmann Alfred, Bürokratie insbesondere in Österreich; in: Beiträge zur neuen Geschichte Österreichs, 1974, 13–31.
Hoffmann Alfred, Die Beamten; in: Österreichs Sozialstrukturen in historischer Sicht, 1980, 83–88.
Hof- und Staatshandbuch der österreichisch-ungarischen Monarchie 1878, 1897, 1908, 1918.
Hugelmann Karl, Der Adel und das Staatsbeamtentum; in: Historisch-politische Studien, 1915, 348–351.
Preradovich Nikolaus von, Die Führungsschichten in Österreich und Preußen (1804 bis 1918), 1955.
Siegert Heinz (Hsg.), Adel in Österreich, 1971.
Steindl Walter, Die Hochbürokratie. Ihre Funktion und ihre Zusammensetzung mit besonderer Berücksichtigung der Verhältnisse in der österreichischen Reichshälfte der Donaumonarchie 1840 bis 1870. Phil. Diss. Wien 1974.
Mahl-Schedl Franz Josef, Ritter von Alpenburg, Adelsrecht; in: Österreichisches Staatswörterbuch, Zweite Auflage, erster Band, 1905, 23–26.
Waldstein-Wartenberg Berthold, Österreichisches Adelsrecht 1904 bis 1918; in: Mitteilungen des österreichischen Staatsarchivs, 17./18. Band, 1964/1965, 109–146.

Anmerkungen

[1] Schematismus des landtäflichen Großgrundbesitzes von Oberösterreich, 1896;
Schematismus der Herrschaften und Güter in Oberösterreich, 1904;
Schematismus und Statistik der Großgrundbesitzer in den Erzherzogtümern Nieder- und Oberösterreich und im Herzogtum Steiermark, 1908;
Der häufige Abverkauf landtäflicher Güter ist schon vor 1848 erkennbar. So wird – um nur wenige Beispiele anzuführen – die Herrschaft Aistersheim zwischen 1754 und 1882 dreimal vererbt und zweimal weiterverkauft; die Herrschaft Arbing zwischen 1754 und 1906 in einem Geschlecht dreimal, in einem anderen viermal vererbt und fünfmal verkauft, innerhalb von rund 150 Jahren gibt es zwölf Besitzer (Eduard Kränzl, Die oberösterreichische Landtafel, Manuskript, OÖLA).
[2] Die Wählerliste der Wählerklasse des Großgrundbesitzes wird jährlich veröffentlicht; man kann demnach auch in dieser Blickrichtung diesen Besitzstand (allerdings nur der landtäflichen Güter) in Oberösterreich genau verfolgen.
[3] Siehe das Kapitel „Wenig Ortsgemeinden anstelle der zahlreichen Ortschaften".
[4] Die von Nikolaus Preradovich (1955, 5) praktizierte soziale Einstufung in fünf Gruppen (Hochadel, Altadel, der mindestens hundert Jahre adelig war, Neuadel, der bereits adelig geboren wurde, Bürgertum, Kleinbürgertum) kann in dieser knappen Zusammenfassung nicht angewandt werden.

Eine Statistik der Herkunft des „Neuadels" gibt Adam Wandruska (Die „Zweite Gesellschaft der Donaumonarchie") im Sammelband „Adel in Österreich" (1971, 63); auch Berthold Waldstein-Wartenburg (Aus dem Adelsrecht 1804 bis 1918).

[5] *Preradovich*, Führungsschichten, 1955, 61.
[6] LTP 1870 Nr. 147.
[7] *Kern*, Bauern- und Kleinhäuslerbund, 1. Band, 1953, 467.
[8] *Kern*, Volksverein, Volksvereinskalender 1929, 198.
[9] *Kern*, Volksverein, Volksvereinskalender 1929, 203.
[10] LVBl 1871 Nr. 204.
[11] *Kern*, Volksverein, Volksvereinskalender 1930, 185.
[12] LVBl 1902 Nr. 261.
[13] LVBl 1907 Nr. 87 (Eine „Katholisch-konservative Kandidatur").
[14] LVBl 1907 Nr. 89 (Der „Tages-Post"-Graf);
LVBl 1907 Nr. 104 (Das „Flugblatt" Coreths).
[15] LVBl 1907 Nr. 92.
[16] LVBl 1907 Nr. 89.
LVBl 1907 Nr. 95 (Sollen wir einen Bezirkshauptmann wählen?).
[17] LVBl 1907 Nr. 104 (An alle P.T. Herren Wähler des Wahlbezirkes Urfahr-Leonfelden-Ottensheim).
[18] LVBl 1907 Nr. 106 (Ein Fall von Pression).
[19] LVBl 1907 Nr. 101.
[20] LMP 1896 Nr. 43.
[21] LVBl 1907 Nr. 111 (Der Wahltag in Oberösterreich).
[22] Preradovich (Führungsschicht, 1955) meint allerdings im Abschnitt „Parlamentarier (62), daß die erblichen Mitglieder des Herrenhauses „von ihrer parlamentarischen Position Gebrauch zu machen nicht einmal erwogen". Im Herrenhaus ist Oberösterreich, das man kaum als Adels-Land bezeichnen kann, ständig stark unterrepräsentiert. Bei Preradovich finden sich auch Untersuchungen über „Die Diplomaten" (8 ff.) und „Die Generalität" (42 ff.), die auf Oberösterreich beschränkt, kaum durchführbar wären.
[23] Der Oberösterreicher 1861 bis 1918.
[24] Preradovich (Führungsschicht, 1955, 26 ff.) kommt bezüglich der österreichischen Zentralverwaltung zu anderen, teilweise fast gegenteiligen Ergebnissen.
[25] Walter Goldinger zitiert in seinem Beitrag „Die Wiener Hochbürokratie" spätere Kritiker dieser Bürokratie, sowohl den Linzer Hermann Bahr, wie Ignaz Seipel, der von „Resten des Feudalismus" bei den Statthaltern und in der Diplomatie sprach (Der Kampf um die österreichische Verfassung, 1930, 52 f.).
[26] Status der sämtlichen k. k. politischen Beamten in Oberösterreich nach dem Stande vom 1. Jänner 1885.

Drei Phasen der Zeitungsgründungen

Literatur

Achtzig Jahre Steyrer Zeitung. 1876 bis 1956. StZtg 1956 Nr. 5, Sonderbeilage.
Alt-Linzer Zeitungen. Von der „Linzer Zeitung" zum „Intelligenzblatt". LTP 1941 Nr. 284.
Auffanger Loys, Pressewesen und Publizistik. [Neue Warte am Inn]; in: Der Bezirk Baunau am Inn, 1974, 270–271.
Aus eigener Kraft! Vom Weg der oberösterreichischen Arbeiterpresse – Die neue Parteidruckerei im Bau. LTbl 1950 Nr. 105, 122, 174. – MB 1950 Nr. 51.

Bauböck Max, Die ersten drei Rieder Zeitungsgründungen. Vom „Rieder Regierungsblatt" zum „Rieder Wochenblatt"; in: 100 Jahre Zeitung, 1966, 2–3.
Bauböck Max, Die ältesten Rieder Zeitungen. RVZ 1951 Nr. 4.
Böhm Emil, 75 Jahre in bewegter Zeit. Werk und Weg des Katholischen Preßvereines Ried im Innkreis; in: 100 Jahre Zeitung, 1966, 4–7.
Böhm Emil, Vom Werden und Gedeihen. 60 Jahre „Rieder Volkszeitung"; in: RVZ 1951 Nr. 4.
Brandstetter Hans, Die Monatsbeilage „Die Heimat"; in: 100 Jahre Zeitung [Rieder Volkszeitung], 1966, 6.
Commenda Hans, Zeitungsgeschichtliches Neuland Oberösterreich. I. Die Anfänge und die „Linzer Zeitung". Der Österreichische Zeitungshändler, Jg. 7 (Wien 1964) Nr. 3, 11–13.
Commenda Karl, Der Katholische Preßverein der Diözese Linz; in: Festschrift „Linzer Volksblatt" 1928, 20–21.
Das 50. Jahr; in: „Mühlviertler Nachrichten" Nr. 1/1938.
Die katholische Presse Österreich-Ungarns. Herausgegeben vom Preßbüro des Piusvereins. 1907.
Die „Linzer Tages-Post" hat 80. Geburtstag. Vom ersten Tag an im Dienst des freiheitlichen und des deutschen Gedankens. LTP 1943 Nr. 309.
Die „Linzer Zeitung" von 1630. Das „Geburtsdokument" der Zeitung aufgefunden. LTP 1940 Nr. 219.
Dopf Karl, Zur Geschichte der katholischen Presse in Österreich; in: Zeitungswissenschaft 1929, Heft 1, 31 ff.
Dopf Karl, Zur Geschiche der sozialdemokratischen Presse in Österreich; in: Zeitungswissenschaft 1929, Heft 3, 62 ff.
350 Jahre „Amtliche Linzer Zeitung". Festschrift 1980.
F. Z., Chronik der Gutenberg-Druckerei; in: 10 Jahre wiedererstandene Arbeiterpresse. LTbl 1955 Nr. 240.
Festausgabe zur Feier des 70. Jahrgangs der „Steyrer Zeitung". StZ 1952 Nr. 40.
75 Jahre „Mühlviertler Nachrichten". MN 1964 Nr. 43.
25 Jahre „Der Bauer". „Der Bauer", Jg. 26 (Wels 1973), Nr. 5.
Goller Edith Sibylle, Die oberösterreichischen Tages- und Wochenzeitungen in ihrer Entwicklung vom Ende der Monarchie bis 1965. Ungedr. phil. Diss. Univ. Wien 1968.
Graf Dietmund Gundula, Die lokalen Wochenzeitungen Oberösterreichs 1848 bis 1914. Ein Beitrag zur Geschichte der österreichischen Presse und zur Begriffsbestimmung der „lokalen Wochenzeitung". Ungedr. phil. Diss. Univ. Wien 1971.
Gruber Josef, Der Kampf um die christliche Presse im vergangenen Jahrhundert; in: 100 Jahre Zeitung (Ried 1966), 8–9.
Heisig, Aus der Geschichte der „Linzer Zeitung". Ein Rückblick anläßlich der Einstellung der „Amtlichen Linzer Zeitung" mit Ende April. LTP 1940 Nr. 135.
Hess Alois, Steyr, eine alte Druckerstadt. Geschichte und Bibliographie. Ungedr. phil. Diss. Wien 1950.
Hundert Jahre Tageszeitung. Eine Festausgabe zum hundertjährigen Bestehen der „Oberösterreichischen Nachrichten" und der „Tages-Post" im Hause Wimmer. Linz, zum Jahresbeginn 1965.
Hundert Jahre „Neue Warte am Inn" 1881 bis 1981, Beilage 25. Juni 1981.
Hundert Jahre Zeitung, 75 Jahre Preßverein Ried i. I. Ried 1966, RVZ Jg. 76, Nr. 46, Beilage.
Ins 75. Jahr! [„Linzer Tages-Post"]. LTP 1938 Nr. 305.
Jubiläumsnummer 1701 bis 1951, 250 Jahre Druckgerechtsame. OÖN 1951 Nr. 238.
Jubiläumsnummer 70 Jahre „Tages-Post" 1865 bis 1935. LTP 1934 Nr. 299.
Junker Carl, Die Aufhebung des Zeitungsstempels und die österreichische Presse. 1901.

Junker Carl, Das älteste Privilegium der ,,Linzer Zeitung". LTP 1927 Nr. 91.
Junker Carl, Der Gründer der ,,Linzer Zeitung". Festausgabe der ,,Linzer Zeitung" anläßlich des 250jährigen Bestandes, Jg. 1927.
Käfer Sepp, Der Ob-der-Ennser als Zeitungsleser; in: 100 Jahre ,,Linzer Volksblatt" 1809 bis 1909.
Kastner Karl, Über unseren eigenen 75. Geburtstag, ,,Salzkammergut-Zeitung", Jg. 81, 1975, Nr. 21.
Kern Felix, Die katholische Presse im Innviertel. Festschrift ,,Linzer Volksblatt" 1928, 10.
Kern Felix, Erinnerungen an meine Redaktionszeit; in: ,,Steyrer Zeitung". Festausgabe zur Feier des 70. Jahrganges vom 2. Oktober 1952.
Kern Felix, Oberösterreichischer Landesverlag. 1951.
Knoglinger Walter, Die Technik der Reportage. Dargestellt an Hand der Linzer ,,Tages-Post" und des Nachfolgeblattes ,,OÖN". Phil. Diss. Wien 1962.
Kopler Leopold, Das Doppeljubiläum der Quartalschrift. Theologisch-Praktische Quartalschrift, Bd. 80 (Linz 1927), 1–19.
Kurzer Rückblick zum 50. Jahrgang; in: ,,Mühlviertler Nachrichten", Nr. 1/2. Jänner 1938.
Landa Bernd, 75 Jahre Preßverein ,,Konsortium Salzkammergut"; in: 75 Jahre ,,Salzkammergut-Zeitung" – Salzkammergut-Druckerei, 1975, 15–43.
Landesverlag Rohrbach, 75 Jahre alt. Eröffnung am 30. Oktober 1893 – damit die ,,Mühlviertler Nachrichten" gedruckt werden konnten. MN 1963 Nr. 43.
Lettner Franz, Die Anfänge der ,,OÖ. Nachrichten". OÖN 1951 Nr. 238, Festbeilage.
Lunzer Marianne, Der Versuch einer Presselenkung in Österreich 1848 bis 1870. 1954.
Lunzer Marianne, Die Umstellung der österreichischen Pressepolitik – Die Verdrängung der negativen durch die positiven. Vom Zeitungsverbot im Oktober 1848 bis zum endgültigen Ausbau eines organisierten Presseapparates im Jahre 1870. 1953.
Neunzig Jahre ,,Linzer Volksblatt" 1869 bis 1959. 1959.
Paupie Kurt, Handbuch der österreichischen Pressegeschichte 1848 bis 1959. Band 1 und 2, 1960 und 1966.
Pfeffer Franz, Aus der Blütezeit der ,,Linzer Zeitung". Festausgabe der ,,Linzer Zeitung" anläßlich des 250jährigen Bestandes, 1927.
Pfeffer Franz, Aus der Geschichte des Buchdrucks- und Zeitungswesens in Wels; in: Festschrift katholischer Preßverein Wels ,,Welser Zeitung" 1888 bis 1936. 1936, 16–17.
Pfeffer Franz, Die Anfänge des katholischen Zeitungswesens in Oberösterreich. Festschrift ,,Linzer Volksblatt" 1928, 22–24.
Pfeffer Franz, Österreichs älteste Zeitung. Zum 250jährigen Bestand der ,,Linzer Zeitung". LVBl 1927 Nr. 92.
Putz Gustav, ,,Tages-Post" – Aufstieg und Schicksal. LTP 1. Oktober 1953.
Putz Gustav, Sechzig Jahre ,,Linzer Volksblatt"; in: Festschrift ,,Linzer Volksblatt" 1928.
Putz Gustav, Die Druckerei und ihre Zeitungen. [,,Tages-Post"]. OÖN 1951 Nr. 238.
Rohleder Edith Sybille, Die oberösterreichischen Tages- und Wochenzeitungen in Linz. Entwicklung vom Ende der Monarchie bis 1965. Ungedr. phil. Diss. Wien 1968.
Ruprecht Nora, Buchdruck- und Zeitungsgeschichte der Stadt Linz. Ein kulturhistorisches Bild vom 17. Jahrhundert bis zur Gegenwart. Ungedr. phil. Diss. Wien 1952.
Schiffmann Konrad, 250 Jahre ,,Linzer Zeitung". Festausgabe der ,,Linzer Zeitung" anläßlich des 250jährigen Bestandes, 1927.
Sechzig Jahre ,,Linzer Volksblatt". Festschrift. Linz 1928.
Sechzig Jahre OÖ. Landesverlag, Betrieb Wels; in: WZ 1948 Nr. 39.
Sechzig Jahre ,,Rieder Volkszeitung". RVZ 1951 Nr. 4; WZ 1950 Nr. 51.
Sechzig Jahre ,,Tages-Post" 1865 bis 1925. Buchdruckbeilage 1925.

Slapnicka Harry, Presse und Rundfunk in Oberösterreich; in: Das oberösterreichische Heimatbuch, Bd. 1, 1966, 307–316.
Slapnicka Harry, Die Presse im Mehrfrontenkampf. Die oberösterreichische Presse in den letzten 90 Jahren; in: 90 Jahre „Linzer Volksblatt" 1869 bis 1959, 1959.
Slapnicka Harry, 120 Jahre Pressewirken in Oberösterreich; in: 100 Jahre „Linzer Volksblatt" 1869 bis 1969.
„Steyrer Zeitung". Die Entwicklung der Vereinsdruckereigebäude, in denen die „Steyrer Zeitung" gedruckt wurde. StZ 1935 Nr. 153.
Thumfart Franziska, Die Geschichte der „Linzer Zeitung". Ungedr. phil. Diss. Wien 1952.
Vieböck Franz, Bischof Rudigier und das „Linzer Volksblatt"; in: 90 Jahre „Linzer Volksblatt" 1869 bis 1959. 1959.
Wagner Hedda, Eine Zeitung vor 100 Jahren. LTbl 1931 Nr. 167.
Winetzhammer Hans, Die Geschichte des Preßvereines der Diözese Linz; in: 90 Jahre „Linzer Volksblatt" 1869 bis 1959. 1959.
Winkler Johann, Die periodische Presse Österreichs. Eine historisch-statistische Studie. 1875.
Wolff Gerda, Die „Neue Warte am Inn" 85 Jahre alt. NWI 1966 Nr. 2.
1701 bis 1951 – 250 Jahre Druckereigerechtsame. OÖN 1951 Nr. 238.
1865 bis 1965. 100 Jahre Tageszeitung. „Oberösterreichische Nachrichten", vereinigt mit der „Tages-Post", gegr. 1865 (Festschrift). OÖN 1964 Nr. 303.

Anmerkungen

[1] Alt-Linzer Zeitungen. Von der „Linzer Zeitung" zum „Intelligenzblatt". LTP 1941 Nr. 284;
Commenda Hans, Neuland, 1964;
Die „Linzer Zeitung" von 1630. Das „Geburtsdokument" der Zeitung aufgefunden. LTP 1940 Nr. 219;
350 Jahre „Amtliche Linzer Zeitung". Festschrift 1980;
Heisig, „Linzer Zeitung" 1940;
Junker, Gründer, 1927;
Pfeffer, Blütezeit, 1927;
Pfeffer, Älteste Zeitung, 1927;
Schiffmann, 250 Jahre, 1927;
Thumfart, „Linzer Zeitung", 1952;
Wagner, Zeitung, 1931;
Zur Wiederkehr der „Linzer Zeitung". LZ 1946 Nr. 1.
[2] *Graf*, Wochenzeitungen, 1971.
[3] *Moserbauer*, Ried, 1980.
Bauböck, Älteste Rieder Zeitungen, 1951;
Bauböck, Die ersten drei, 1966.
[4] OÖLA, Statthaltereiakte 6 C, Sch. 115, 124/pr. Nr. 4588;
6 C 1, Sch. 118, 434 pr.;
6 A, Sch. 95, Z. 446/553/pr. 1871.
[5] OÖLA, Statthaltereiakte 6 C 1, Sch. 116, 5229/5379 pr. vom 18. Oktober 1855;
6 C 4, Sch. 142, 1808, 1860/58/pr. 1861;
6 A, Sch. 95/2. 446/1212 pr. 1871.
[6] OÖLA, Statthaltereiakte 6 C 4, Sch. 142, 0054 pr. vom 27. März 1858;
Sch. 142, 3635/3959 pr. vom 14. Juli 1861.
100 Jahre „Neue Warte am Inn" (1881 bis 1981), Beilage 25. Juni 1981.

[7] OÖLA, Statthaltereiakte 6 C 4, Sch. 147, 152 ex 1894/983 bis 1020 pr. 1896.
[8] OÖLA, Statthaltereiakte 6 C 1, Sch. 124, 19 pr. 1883, Z 35 pr. vom 1. Juli 1883/BH Vöcklabruck.
[9] OÖLA, Statthaltereiakte 6 C 4, Sch. 147, 152 ex 1894/983 bis 1028 pr. 1896.
[10] 60 Jahre ,,Tages-Post"; in: 1865 bis 1925 / 60 Jahre ,,Tages-Post", 1925;
Ins 75. Jahr! LTP 1918 Nr. 305;
Die Linzer ,,Tages-Post" hat 80. Geburtstag. Vom ersten Tag an im Dienst des freiheitlichen und deutschen Gedankens. LTP 1943 Nr. 309.
Putz Gustav, ,,Tages-Post", Aufstieg und Schicksal. LTP 1. Okotber 1953;
Hundert Jahre Tageszeitung. ,,Oberösterreichische Nachrichten" vereinigt mit der ,,Tages-Post", gegr. 1865 (Festschrift), OÖN 1964 Nr. 303.
[11] Sechzig Jahre ,,Linzer Volksblatt", Festschrift, 1928;
90 Jahre ,,Linzer Volksblatt" 1869 bis 1959. 1959, 4–5.
Putz Gustav, Die großen Männer des ,,Linzer Volksblattes"; in: 100 Jahre ,,Linzer Volksblatt 1869 bis 1969.
Vieböck, Rudigier, 1959.
[12] *Commenda*, Preßverein, 1928;
Pfeffer, Anfänge, 1928;
Oberösterreichischer Landesverlag; in: Österreichische Rundschau, Jg. 4, 1949, 35.
Kern, Landesverlag, 1951;
Winetzhammer, Preßverein, 1959;
Landesverlag Rohrbach 75 Jahre alt. MN, Jg. 79 (1968) Nr. 43;
Böhm, 75 Jahre, 1966;
Landa, Konsortium Salzkammergut, 1975;
[13] ,,Steyrer Zeitung". Die Entwicklung der Vereinsdruckereigebäude, in denen die ,,Steyrer Zeitung" gedruckt wurde. StZ 1935 Nr. 153;
Festausgabe zur Feier des 70. Jahrganges der ,,Steyrer Zeitung"; in: StZ 1952 Nr. 40;
80 Jahre ,,Steyrer Zeitung" 1876 bis 1956; in: StZ 1956 Nr. 5 (Sonderbeilage);
Entstehung und Geschichte der ,,Steyrer Zeitung"; in: 100 Jahre ,,Steyrer Zeitung" 1876 bis 1976. Der für die Zeitung spätere zuständige ,,Preßverein für Steyr und Umgebung" wurde erst 1881 gegründet.
[14] *Kern*, Presse im Innviertel, 1928.
[15] 50 Jahre ,,Salzkammergut-Zeitung" 1900 bis 1950, 14. Dezember 1950;
Landa, Konsortium Salzkammergut, 1975;
Frostel Rudolf, 75 Jahre Arbeit für unser Salzkammergut.
[16] Kurzer Rückblick zum 50. Jahrgang; in: MN 1938 Nr. 1;
Zach Rudolf, Vor 80 Jahren erschien in Perg zum erstenmal ein Wochenblatt; in: Mühlv. Heimat, Jg. 86 (1975) Nr. 13 (März/April).
[17] OÖLA, Statthaltereiakte 6 C 1, Sch. 123, 8/795 Pr. 1879, Z. 18/ pr. vom 31. März 1879/BH Steyr.
[18] *Sames* Josef, Aus der Linzer Zeitungsgeschichte, Mgbl. 1933 Nr. 30.
[19] *Salzer*, Arbeiterbewegung, 1963, 246 ff.
[20] *Kern*, Landesverlag, 1951, 134;
Aus eigener Kraft! Vom Weg der oberösterreichischen Arbeiterpresse. LTbl 1950 Nr. 105, 122, 174; 1950 Nr. 51;
75 Jahre ,,Mühlviertler Nachrichten". MN 1964 Nr. 43.
[21] *Slapnicka*, Mehrfrontenkampf, 1959;
Commenda, Neuland, 1964;
Slapnicka, Presse und Rundfunk, 1966.

Analphabeten sterben nur langsam aus

Anmerkungen

[1] Österreichisches Statistisches Handbuch 1913. 1914, 20 f., und farbige Kartenbeilage.
[2] Österreichisches Statistisches Handbuch 1902. 1903, 15 ff.
[3] Österreichisches Statistisches Handbuch 1891. 1892, 9.
[4] Statistisches Jahrbuch für das Jahr 1881. 1884, 53; Österreichisches Statistisches Handbuch 1882. 1883, 7.
[5] Tafeln zur Statistik der Österreichischen Monarchie für die Jahre 1858 und 1859, VIII. Heft, 3 ff.
[6] Tafeln zur Statistik der Österreichischen Monarchie, die Jahre 1860 bis 1865 umfassend, Tafel 14, 2–95.
[7] *Lenzenweger*, Hochschule, 1963 (hier weitere Literatur).
[8] Österreichisches Statistisches Handbuch, 21. Jg. 1902, 54 ff.
[9] Österreichisches Statistisches Handbuch 1914. 1916, 378 ff.

Vom Josephinismus zum politischen Katholizismus

Literatur

Dikany Josef, Geschichte der Stadtpfarre Wels im 20. Jahrhundert. Ungedr. Hausarb. Phil.-Theol. Hochschule Linz 1970.
Feichtlbauer Hubert, Der Dom aus Menschen. LVBl 1962 Nr. 94 (100 Jahre Linzer Dom).
Hiptmair Mathias, Geschichte des Bistums Linz. 1885.
Hofrichter Peter, Die österreichischen Katholikentage des 20. Jahrhunderts (bis 1933). Ungedr. Diss. Univ. Wien 1966.
Hosp Eduard, Kirche Österreichs im Vormärz, 1815 bis 1850. 1971.
Hundert Jahre CV in Oberösterreich. 1981.
Hundertfünfzig Jahre Bistum Linz. Sonderbeilage „Linzer Volksblatt" 1933 Nr. 225.
Klostermann Ferdinand, Vom Vereinskatholizismus zum Katholizismus der Kath. Aktion; in: 90 Jahre „Linzer Volksblatt" 1869 bis 1959. 1959, 31–33.
Lewis Gavin, Kirche und Partei im politischen Katholizismus, Klerus und Christlichsoziale in Niederösterreich 1885 bis 1907. 1977.
Pfeiffer Hermann, 90 Jahre Nächstenliebe; in: 90 Jahre „Linzer Volksblatt" 1869 bis 1959. 1959, 33.
Saurer Edith, Die politischen Aspekte der österreichischen Bischofsernennungen 1867 bis 1903. 1968.
Rudigier F. J., Politische Reden. Herausgegeben von Dr. Doppelbauer (88).
Schaub Agnes, Die Kirche der Diözese Linz in der Krisensituation von 1918. Hausarb. für die Zulassung zur Lehramtsprüfung für Hauptschulen. 1975.
Slapnicka Harry, Bischof Rudigier. 1961.
Till H., Klemens Maria Hofbauer und sein Kreis. 1951.
Weinzierl-Fischer Erika, Die österreichischen Konkordate von 1855 und 1933. 1960.
Wodka Josef, Kirche in Österreich. Wegweiser durch seine Geschichte. 1959.
Zinnhobler Rudolf, Kirche in Oberösterreich. Ein geschichtlicher Überblick. ALZ 1975 Nr. 28.
Zinnhobler Rudolf, Beiträge zur Geschichte des Bistums Linz. 2. Aufl. 1978.

Anmerkungen

1 *Hosp*, Ziegler, 1956.
2 *Hosp*, Hofbauer, 1951;
   Till, Hofbauer, 1951.
3 Max *Hussarek*, Die Krise und die Lösung des Konkordats vom 18. August 1855; in: Archiv für österreichische Geschichte, 112, 1932, 211 ff;
   Weinzierl, Konkordate, 1960;
   Vocelka, Verfassung oder Konkordat, 1978;
   Über die Stellung des Oberösterreichers Anton Hye im Zusammenhang mit der Konkordatskündigung: Helmut Slapnicka, Anton Hye; in: Oberösterreicher, 1981, 48 ff.
4 *Rudigier*, Politische Reden, 1889.
5 *Slapnicka*, Rudigier, 1961, 47 ff;
   Slapnicka, Franz Josef Rudigier. Aus dem in Vorbereitung befindlichen Linzer Bischof-Buch.
6 Österreichisches Statistisches Handbuch 1873. 1876, 20;
   Österreichisches Statistisches Handbuch 1885, 4;
   Österreichisches Statistisches Handbuch 1902. 1903, 14;
   Österreichisches Statistisches Handbuch 1916 bis 1917. 1918, 6.
7 Hiptmair gibt dem letzten Abschnitt seiner 1885 erschienenen Geschichte des Bisthums Linz den bezeichnenden Titel „Die kirchliche Freiheit im Kampfe mit dem knechtenden Liberalismus".
8 *Saurer*, Aspekte, 1968, 32–37. Hier auch die Hinweise auf die Akten des Ministeriums für Kultus und Unterricht im Wiener Allgemeinen Verwaltungsarchiv.
9 Josef *Lenzenweger*, Ernst Maria Müller. Aus dem in Vorbereitung befindlichen Linzer Bischof-Buch.
10 Peter *Gradauer*, Bischof Dr. Franz (von Sales) Maria Doppelbauer. Aus dem in Vorbereitung befindlichen Linzer Bischof-Buch.
11 *Miko*, Vereinigung, 1949, 63–67;
   Rauch, Vereinigung, 1964.
12 *Wodka*, Kirche, 1959, 348 ff.
13 Siehe das Kapitel „Minderheitenprobleme ohne Minderheit".

Protestanten oder evangelische Christen?

Literatur

Auf dein Wort hin. 100 Jahre evangelische Gemeinde – Diakonische Arbeit Gallneukirchen. 1973.
Doblinger Max, Der Protestantismus in Aschach an der Donau und Umgebung. Jahrbuch der Gesellschaft für die Geschichte des Protestantismus in Österreich, Jg. 76 (Wien 1960), 3–35.
Eichmeyer Karl, Das Evangelium in Vöcklabruck. 100 Jahre evangelische Kirche. 1975.
Föhse Alfred, Mattighofen; in: 100 Jahre evangelische Kirche Braunau am Inn. 1966, 33–35.
Friedrich Eva, Unsere [evangelische] Gemeinde Hochburg-Ach; in: 100 Jahre evangelische Kirche Braunau am Inn. 1966, 38–39.
Gamsjäger Helmut, Die evangelische Kirche in Österreich in den Jahren 1933 bis 1938 unter besonderer Berücksichtigung der Auswirkungen der deutschen Kirchenwirren. Ungedr. phil. Diss. Wien 1967.
Gamsjäger Margarethe, Der Gustav-Adolf-Verein. Evangelischer Kirchenbote für die Gemeinden A.B. in Linz und Umgebung, Jg. 16 (Linz 1968), F. 9, 10.

Gurtner Josefine, Reformation und Gegenreformation in der landesfürstlichen Stadt Wels. Ungedr. phil. Diss. Wien 1973.
100 Jahre evangelische Kirche Braunau am Inn 1866 bis 1966. 1966.
100 Jahre „Luise-Wehrenfennig-Stiftung" in Bad Goisern. SKZ 1975 Nr. 28.
Mecenseffy Grete und *Taferner* Hubert, 125 Jahre Martin-Luther-Kirche Linz. 1969.
Mecenseffy Grete, Geschichte des Protestantismus in Österreich. 1956.
Nägler Paul, Die Entstehung der evangelischen Gemeinde Mauerkirchen; in: 100 Jahre evangelische Kirche Braunau am Inn. 1966, 29–32.
Pöschl und die Pöschlianer. SKZ 1955 Nr. 24.
Reingrabner Gustav, Protestanten in Österreich. 1981.
Senoner Ursula, Die Bewegung der Boosianer im Mühlviertel. Phil. Diss. Univ. Salzburg 1973.
Senoner Ursula, Die Bewegung der Boosianer im Mühlviertel. Jg. der Gesellschaft für die Geschichte des Protestantismus in Österreich. Jg. 89 (Wien 1973), 3–160.
Taferner Hubert, Evangelisches Leben in Linz von der Toleranzzeit bis zur Gegenwart; in: Festschrift 125 Jahre Martin-Luther-Kirche in Linz. 1969.
Wermescher Wilhelm, Riedersbach; in: 100 Jahre evangelische Kirche Braunau am Inn. 1966, 36–37.
Zimmermann Harald, Die evangelische Kirche A. und H.B. in Österreich. 1968.

Anmerkungen

[1] *Hiptmair*, Bisthum Linz. 1885, 157 ff;
Georg *Loesche*, Martin Boos' letzter Prozeß in Österreich. 1912;
Reingrabner, Protestanten. 1981, 221;
Johann *Goßner*, Martin Boos, der Prediger der Gerechtigkeit, die vor Gott gilt. 1831;
Senoner, Boosianer. 1973.
[2] Der Oberösterreicher. 1862, 189.
[3] Statistisches Jahrbuch für das Jahr 1873. 1876, 20–21 (nach der Volkszählung vom 31. Dezember 1869).
[4] ALZ 1881 Nr. 719 und 725.
[5] *Reingrabner*, Protestanten. 1981, 304.
[6] B 1889/100, Z. 214 Ldtg. (Bericht des Schulausschusses über den Bericht des Landesausschusses betreffend die Petitionen mehrerer evangelischer Gemeinden um Gewährung einer Subvention aus dem Landesfonde für ihre Privatschulen).
[7] Evangelisches Vereinsblatt aus Oberösterreich, 1898 Nr. 2.
[8] OÖ. Sten. Prot. 1889, 468 f.
[9] *Reingrabner*, Protestanten. 1981, 226;
Krista *Hauser*, Als die Defregger ausziehen mußten. Aus der Geschichte des Protestantismus in Tirol; in: horizont. Kulturpolitische Blätter der Tiroler Tageszeitung, 1981 Nr. 59, 8.
[10] Der Oberösterreicher, 1901, 160 und 176.
[11] Siehe das Kapitel „Minderheitenpolitik ohne Minderheit".
[12] Österreichisches Statistisches Handbuch, 1902, 1903, 14.
[13] *Taferner*, Evangelisches Leben, 1969, 55.
[14] Der Oberösterreicher, 1915, 330 f.
[15] Österreichisches Statistisches Handbuch, 1913, 6.

Im Grenzbereich von Politik und Glauben: die Altkatholiken

Literatur
Altkatholisches Jahrbuch 1951.
Berger Franz, Ried im Innkreis, Geschichte des Marktes und der Stadt, Ried i. I. 1948.
Nichtkath(olische) Christengemeinden in OÖ. LKBl 1970 Nr. 3.
Demmel Hans Josef, Geschichte des Alt-Katholizismus in Österreich, 1914.
Die altkatholische Kirche in Österreich, hg. von der Oberbehörde der altkatholischen Kirche Österreichs, 1965.
Festschrift „60 Jahre Alt-Katholische Kirche Ried", o. J.
100 Jahre altkatholische Gemeinde Ried. RVZ 1972 Nr. 1.
Kern Felix, Der Altkatholizismus (38. Kapitel der Beitragsserie „60 Jahre Katholischer Volksverein für Oberösterreich") und „Die altkatholische Bewegung in Oberösterreich" (39. Kapitel); in: Volksvereinskalender 1930.
Küry Urs, Die altkatholische Kirche, 1966.
Mahl-Schedl Franz Josef, Altkatholiken; in: Österreichisches Staatswörterbuch, 1. Auflage, Band 1, 1895, 39–42.
Mahl-Schedl Franz Josef und *Alpenburg* R. V., Altkatholiken; in: Österreichisches Staatswörterbuch, 2. Auflage, Band 1, 1905, 131–134.
Meindl Konrad, Geschichte der Stadt Ried in Oberösterreich, Band I, 1899.
Meindl Konrad, Leben und Wirken des Bischofs Franz Joseph Rudigier von Linz, Band II, Linz 1892.
Tüchler Robert, Kurze Gedenkschrift zum 50jährigen Bestand der altkatholischen Kirchengemeinde Ried i. I., o. J.
Zierler Franz, Ried im Innkreis und der Altkatholizismus. Ungedr. theol. Diplomarbeit Linz 1972.

Anmerkungen
[1] Die ungedruckte theol. Diplomarbeit von Franz Zierler, „Ried im Innkreis und der Altkatholizismus" (1972) ist auch fast die Geschichte des Altkatholizismus in Oberösterreich.
[2] LTP 1870 Nr. 158; Antwort darauf:
LVBl 1870 Nr. 159.
[3] LTP 1870 Nr. 164.
[4] LTP 1870 Nr. 165.
[5] RWBl 1871 Nr. 17.
[6] RWBl 1871 Nr. 19.
[7] RWBl 1871 Nr. 40.
[8] RWBl 1871 Nr. 45.
[9] Flugblatt. Innviertler Volkskundehaus, Altkatholische Schriften.
[10] RWBl 1871 Nr. 46.
[11] *Kern,* Altkatholische Bewegung; in: Volksvereinskalender, 1929, 179.
[12] RWBl 1871 Nr. 51.
[13] RWBl 1871 Nr. 52.
Demmel, Altkatholizismus, 1914, 21.
[14] RWBl 1872 Nr. 1.
Konrad *Meindl,* Geschichte der Stadt Ried. 1899, 735.

[15] F. J. *Rudigier*, Hirtenschreiben über das Wesen des Glaubens und das unfehlbare Lehramt, 25. Jänner 1872, Rudigier-Archiv der Diözese Linz; „Katholische Antwort", Flugblatt im Innviertler Volkskundehaus in Ried.
[16] Schreiben der k. k. Bezirkshauptmannschaft an das Stadtpfarramt Nr. 43/Pr, Stadtpfarrarchiv Ried; Schreiben des Bischöflichen Ordinariats Z. 2069; Stadtpfarrarchiv Ried.
[17] Ausführlich behandelt die rechtliche Situation Franz Josef Mahl-Schedl und R. V. Alpenburg im Beitrag „Altkatholiken" im Österreichischen Staatslexikon, Band 1 (1895), 39–42; erweitert in der zweiten Auflage (1905), Band 1, 131–134.
[18] Originalniederschrift; Innviertler Volkskundehaus Ried.
[19] Bischöfliche Exkommunikationssentenz Z. Nr. 1793 vom 3. April 1878.
[20] *Tüchler*, Gedenkschrift.
[21] Die altkatholische Kirche in Österreich, 1965, 42 ff.
[22] *Zierler*, Altkatholizismus, 1972, 91.
[23] Österreichisches Statistisches Handbuch, 1912, 13.
[24] Der Oberösterreicher, 1914, 331.

Freiheit und Organisation für die Israeliten

Literatur

Gold Hugo, Geschichte der Juden in Österreich. 1971.
Herrenritt Rudolf Hermann von, Juden; in: Österreichisches Staatswörterbuch, 2. Auflage, 2. Band, 1906.
Rosenbacher Arnold, Juden; in: Österreichisches Staatswörterbuch, 1. Auflage, 2. Band, 1896.
Schwager Karl, Geschichte der Juden in Linz; in: Geschichte der Juden in Österreich. 1971.
Slapnicka Harry, Zum Antisemitismus-Problem in Oberösterreich; in: Zeitgeschichte (Salzburg-Wien), 11/12, 1974.
Slapnicka Harry, Das Ende des Judentums; in: Oberösterreich, als es „Oberdonau" hieß (1938 bis 1945). 1978.
Slapnicka Harry, Das Israelitengesetz von 1890 und seine Auswirkungen für Oberösterreich. OÖHbl 1980 Nr. 34, 53–59.

Anmerkungen

[1] RGBl Nr. 57.
[2] *Rosenbacher*, Juden, 1896, 168–196;
Von *Herrenritt*, Juden, 1906, 946–981.
[3] Für Oberösterreich ist dabei von Interesse, daß gerade der wesentliche Zeitabschnitt der Geschichte der oberösterreichischen Juden ab 1890, also die erste Organisationsform, bei der jeder Jude einer Kultusgemeinde angehören muß, die unerwartete Errichtung einer eigenen israelitischen Kultusgemeinde Steyr und die gleichermaßen Unterstellung der Israeliten des Herzogtumes Salzburg unter die Linzer Kultusgemeinde stiefmütterlich behandelt ist. Die Geschichte der oberösterreichischen Juden von Gold endete in den siebziger Jahren des vergangenen Jahrhunderts; die spärlichen anderen Darstellungen beginnen frühestens nach dem Ende des ersten Weltkrieges.
[4] OÖLA, Statthaltereiakten Nr. 766;
Schreiben des Proponentenkomitees vom 17. Juni 1890 (vermutlich nicht mehr erhalten); darauf basierend die Stellungnahme des Bürgermeisters von Steyr vom 19. August 1890, Z. 9228.

5 Schreiben der Cultus-Gemeinde Linz-Urfahr vom 23. September 1890.
6 „Nachweisung" ad 12.951 und 14.483 ex 1891.
7 Schreiben des Ministeriums für Cultus und Unterricht, Z. 6820 vom 3. Juli 1891.
8 Erlaß vom 3. Juli 1891, Z. 22.718^{90} an die k. k. Landesregierung für Salzburg.
9 Ad 12.951 und 14.483.
10 Schreiben der Statthalterei Salzburg vom 21. Juli 1892 an die Statthalterei Linz.
11 Verordnung des Kultusministeriums vom 11. Juni 1892, Z. 22.656;
Erlaß vom 5. Juli 1892, Z. 8996/IV;
Schreiben der Stadtgemeinde-Vorstehung Steyr vom 26. Juli 1892.
12 Schreiben des Ministers für Cultus und Unterricht, Z. 363 vom 4. Oktober 1893.
13 Schreiben Dr. Winternitz vom 23. Jänner 1894.
14 Schreiben Z. 3002 vom 25. Februar 1894;
Gedruckte „Statuten der israelischen Cultusgemeinde Linz", Linz 1894.
15 Schreiben der Vorstehung der israelitischen Kultusgemeinde Linz-Urfahr, Nr. 95.
16 Schreiben des Vorstandes der israelitischen Kultusgemeinde Steyr vom 15. April 1894 (Weigner, Wurmfeld, Reis).
17 Schreiben des Gemeinderates der königl. Stadt Ungarisch-Hradisch (als politische Behörde), Z. 4738 pol. vom 24. September 1894.
18 Schreiben des Cultusministeriums Z. 25.489 vom 23. Dezember 1896. Verordnung des k. k. Ministers für Cultus und Unterricht Z. 25.489 vom 23. Dezember 1896.
19 Schreiben der Vorstehung der israelitischen Kultusgemeinde Linz, Z. 88 vom 25. Februar 1897 (Hahn).
20 Note des k. k. Statthalters in Salzburg Z. 7069 vom 15. Juni 1897.
21 Schreiben des Cultusministeriums Z. 16.133^{96} vom 21. Jänner 1897.
22 Gedrucktes Verzeichnis der Mitglieder der israelitischen Kultusgemeinde in Linz im Dezember 1905, Linz 1906.
23 Schreiben der k. k. Landesregierung, Z. 8643/1909;
Schreiben des Geschäftsführenden Komitees der israelitischen Kultusgemeinde in Salzburg Nr. 41 vom 24. März 1909 an die Gemeindevorstehung Salzburg.
24 Schreiben der israelitischen Kultusgemeinde Linz vom 10. Oktober 1909.
25 Verordnung des k. k. Ministeriums für Cultus und Unterricht Z. 6266 vom 23. Februar 1911; LG und VBl für das Herzogtum Salzburg, Jg. 1911, Stück X, Nr. 10, 11.
26 LG und VBl für das Erzherzogtum Österreich ob der Enns vom Jahre 1911, Stück X, Nr. 12, 13.
27 Schreiben der Vorstehung der israelitischen Kultusgemeinde Linz, Z. 103 vom 29. Mai 1911.
28 Schreiben der Vorstehung der israelitischen Kultusgemeinde Linz, Z. 56 vom 29. Jänner 1912 an die k. k. Statthalterei.
Gedruckte „Statuten der israelitischen Kultusgemeinde Linz", Linz 1912.

Was kostet die Bauernbefreiung Oberösterreich?

Literatur

Bauernland Oberösterreich. 1974.
Foltz Karl, Die Grundlagen der Bodenproduktion von Oberösterreich. 1878.
Gerlich Gustav, Die Grundentlastung in Oberösterreich in den Jahren 1848 bis 1856 unter besonderer Berücksichtigung der Herrschaft Greinburg. Ungedr. phil. Diss. Graz, o. J.
Die Grundentlastung in Österreich. 1857.

Grüll Georg, Die Robot in Oberösterreich. Forschungen zur Geschichte Oberösterreichs, Band 1, 1952.
Marchet Gustav, Grundentlastung; in: Österreichisches Staatswörterbuch, Erste Auflage, 1. Band, 1895, 957–965.
Marchet Gustav, Grundentlastung; in: Österreichisches Staatswörterbuch, Zweite Auflage, 1. Band, 1905, 58–65.
Platte Karl, Die Freiheit des Bauernstandes durch Ablösung aller wie immer Namen habenden Grund-, Lehens-, vogt- und zehentherrlichen Rechte. 1848.
Schiff Walter, Ablösung und Vikulierung von Servituten; in: Österreichisches Staatswörterbuch, Zweite Auflage, 1. Band, 1905, 65–73.
Schiff Walter, Österreichische Agrarpolitik seit der Grundentlastung. 1897.
Schiff Walter, Grundriß des österreichischen Agrarrechts. 1903.

Anmerkungen

[1] Plastisch schildert etwa Gräfin Lulu Thürheim („Mein Leben", 1913) Erntezeit und Erntefeste in der ersten Hälfte des 19. Jahrhunderts im Mühlviertel (Schloß Schwertberg): größere Bauern schickten einen Knecht zur Erntearbeit auf entlegene Felder des „Frohnherrn"; erst an der Erntearbeit in der Nähe des Schlosses, dem dann umfangreiche Erntefeste folgten, beteiligte sich der Bauer selbst.
[2] Georg *Grüll*, Robot in Oberösterreich, 1952, 222 ff.
[3] Karl *Platte*, Die Freiheit des Bauernstandes, 1848.
[4] Patent vom 7. September 1848 und 4. März 1849, RGBl. Nr. 152; Verordnung vom 4. Oktober 1849, LGBl. Nr. 4.
OÖLA, Landesregierungsakten, Grundentlastung 1–144.
[5] Spätere Statistiken sprechen von 84.853 (1875) und 116.623 (1902) „Betriebsinhabern". Karl *Foltz*, Die Grundlagen der Bodenproduktion in Oberösterreich, 1878; Landwirtschaftliche Betriebszählung 1902; Bauernland Oberösterreich (1974), 736.
[6] Die Grundentlastung in Österreich, 1857, 72 f.
[7] *Foltz*, Grundlagen, 1878.
[8] *Marchet*, Grundentlastung (Staatswörterbuch), 1905, 64 f.
[9] Grundentlastung, 1857, 82 f.
[10] *Bruckmüller*, Grundentlastung; in: Bauernland Oberösterreich, 1974, 122.
[11] *Gerlich*, Grundentlastung, o. J.
[12] *Marchet*, Grundentlastung, 1905, 64 f.
[13] Grundentlastung, 1857, 87.
[14] Grundentlastung, 1857, 89.
[15] OÖ. Sten. Prot. 1864, 194.
[16] B 1864/229, 650.
[17] B 1869/232.
[18] B 1881/31, 38.
[19] OÖ. Sten. Prot. 1883/23, 59.
[20] OÖ Sten. Prot. 1873.
[21] Landesanlehen vom 25. Mai 1887; B 49 zum OÖ. Sten. Prot. 1887; Übereinkommen zwischen Land und Finanzministerium vom 19. Juni 1887; OÖ. Sten. Prot. 1887/57 f.
[22] Landesgesetz vom 15. August 1874 betreffend die Ablösung der auf Grund und Boden haftenden Geldgiebigkeiten und Naturalleistungen für Kirchen, Pfarren und deren Organe, LGBl. Nr. 26.
[23] *Kern*, Bauernbund 1, 1953, 379 ff.;
Schiff, Agrarpolitik, 1898, 35–162.

Anmerkungen zu Seite 308 477

Die ersten Fabriken für das Bauernland

Literatur

Berger Leopold, Oberösterreichs Industrie vor und nach dem Krieg; in: LTP 1925, Nr. 1.
Bericht der oberösterreichsichen Handels- und Gewerbekammer zu Linz an das hohe k. k. Handelsministerium über die Enquete zur Erhebung der Lage und Bedürfnisse des Kleingewerbes in Oberösterreich. 1872.
Statistischer Bericht der Handels- und Gewerbekammer Oberösterreichs zu Linz über die gesamten wirtschaftlichen Verhältnisse Oberösterreichs in den Jahren 1870 bis 1875 unter vorwiegender Bedachtnahme auf Industrie, Handel und Verkehr. 1876.
Bericht über die Tätigkeit des Gewerbeförderungsinstitutes für Oberösterreich in Linz. Jg. 1909ff. Linz 1910ff.
Summarischer Bericht betreffend die Verhältnisse der Industrie, des Handels und Verkehrs Oberösterreichs in den Jahren 1868 und 1869ff. 1870.
Statistischer Bericht über die gesamten wirtschaftlichen Verhältnisse Oberösterreichs in den Jahren 1876 bis 1880. 33 Bände und 1881 bis 1885, 1882.
Statistischer Bericht über die volkswirtschaftlichen Verhältnisse Oberösterreichs in den Jahren 1886 bis 1890. 1892.
Blumauer Paul, Die Sensenindustrie in Oberösterreich; in: Österreichs Industrie, Bd. 1, 1925.
Brachmann Gustav, Die oberösterreichischen Sensen-Schmieden im Kampf um ihre Marken und Märkte. 1964.
Danzer Elsa, Oberösterreichs Sensenschmiede. 1934.
Doppler Hanns, 75 Jahre Steyrwerke. 1939.
Ducke Heinrich, Erdgas-, Erdöl- und Jodquellen in Oberösterreich; in: Bericht über die wirtschaftlichen Verhältnisse in Oberösterreich im Jahr 1926. 1927.
Effenberg Ingeborg, Die Wirtschaftslandschaft des Mühlviertels. Diss. Wien 1958.
Effenberger Anton, Die Handelsakademie in Linz seit ihrer Gründung im Jahr 1882; in: XXVI. Jahresbericht der öffentlichen Handelsakademie und IX. der damit provisorisch verbundenen Eisenbahnfachschule in Linz a. d. Donau. 1908.
Fein Wilhelm, Die Klein- und Mittelbrauereien Oberösterreichs. Diss. Wien 1947.
Fendt Josef, Die Papierindustrie Oberösterreichs in den letzten 100 Jahren unter besonderer Berücksichtigung der Nettingsdorfer Papierfabrik. Diplomarbeit Linz 1973.
Fendt Josef, Die Textilindustrie Oberösterreichs. Untersuchung über die Entwicklung, Bedeutung und strukturelle Verhältnisse eines Industriezweiges. Diss. Linz 1975.
Ferihumer Heinrich, Die Brauereien Schärdings. 11. Jahresbericht des Bundesgymnasiums Schärding 1969/70.
Festschrift 80 Jahre Bundeshandelsakademie Linz. 1962.
Fischer Franz, Die blauen Sensen. Sozial- und Wirtschaftsgeschichte der Sensenschmiedezunft zu Kirchdorf-Micheldorf bis zur Mitte des 18. Jahrhunderts. 1966.
Freh Wilhelm, Der Eisenbergbau im Land ob der Enns. Beiträge zur Geschichte des Eisenwesens in Oberösterreich. Bd. 1, 1949.
Götting William, Der oberösterreichische Gewerbeverein von 1842 bis 1892. 1893.
Goldbacher Gregor, Aus der Entwicklungsgeschichte der Messerindustrie in Oberösterreich; in: Österreichs Industrie, Bd. 1, 1925.
Györgyfalvay Werner, Geschichte der Gas- und Elektrizitätsversorgung der Stadt Linz. Diss. Linz 1979.
Hack Viktor, Die oberösterreichische Messerindustrie. Vom Handwerk zur Industrie. Diss. Innsbruck 1958.

Haslinger Max, Die Bildungstätigkeit der Handelskammer für Oberösterreich unter besonderer Berücksichtigung des Gewerbe- und Wirtschaftsförderungsinstitutes. Diplomarbeit Linz 1976.
Heißler Franz, Kohlenbergbau in Oberösterreich; in: Das Wirtschaftsjahr 1927 in Oberösterreich. 1928.
Hoffmann Alfred, Oberösterreichs Wirtschaft und Gesellschaft um 1890; in: 75 Jahre oberösterreichische Landeshypothekenanstalt 1891 bis 1966.
Hoffmann Alfred, Wirtschaftsgeschichte des Landes Oberösterreich. Bd. 1: Wachsen, Werden, Reifen. 1952.
Hofmann Viktor, Die Wollenzeugfabrik zu Linz an der Donau; in: Archiv für österreichische Geschichte, Bd. 108, 2. Hälfte, 1919.
75 Jahre Franck und Kathreiner Ges. m. b. H. 1879 bis 1954. 1954.
75 Jahre oberösterreichische Landeshypothekenanstalt 1891 bis 1966.
100 Jahre Mayreder. 1970.
30 Jahre industrielle Organisation in Oberösterreich. 1929.
100 Jahre Linzer Schiffswerft 1840 bis 1940. 1940.
50 Jahre Allgemeine Sparkasse und Leihanstalt in Linz 1849 bis 1899. 1899.
100 Jahre Tabakfabrik Linz 1850 bis 1950. 1950.
250 Jahre Lederer Wurm in Neumarkt 1724 bis 1974. 1974.
Seit 100 Jahren Allgemeine Sparkasse in Linz 1849 bis 1949. 1949.
Javidnia Ali, Die Papierfabrik Steyrermühl und ihre Investitionstätigkeit von der Gründung des Unternehmens bis zur Gegenwart. Diplomarbeit Linz 1976.
Jungwirth Eduard, Wirtschaft und Verkehr des Hausruckviertels. Diss. Wien 1964.
Knoblehar Karl, Die oberösterreichische Industrie. Standort, Entwicklung und Leistung. 1957.
Kropf Rudolf, Die Entwicklung von Bergbau und Industrie in Oberösterreich (III). Oberösterreichs Industrie während der großen Depression (1873 bis 1895); in: OÖHBl Jg. 27 (1973).
Kropf Rudolf, Oberösterreichs Industrie (1873 bis 1938), ökonomisch, strukturelle Aspekte einer regionalen Industrieentwicklung, Habilitationsschrift. 1981.
Kunz Robert, Die Ziegelindustrie Oberösterreichs; in: Österreichs Industrie. Bd. 1, 1925.
Lenzenweger Josef, Der Kampf um eine Hochschule für Linz. Linz 1963.
Lettner Franz, Die Industriestandorte in Oberösterreich. Ein Beitrag zur Darstellung der Industrialisierung Oberösterreichs. Diss. Wien 1958.
Mathie Hermann, Handel und Hausindustrie im oberen Mühlviertel; in: Heimatgaue, Jg. 13, 1932.
Maurer Herbert, Entwicklung der Bevölkerung 1869 bis 1951; in: Atlas von Oberösterreich. Erläuterungsband zur zweiten Lieferung. Kartenblätter 21–40. 1960.
Maurer Herbert, Oberösterreich in der Bevölkerungsentwicklung 1869 bis 1951; in: Oberösterreichische Heimatblätter, Jg. 7, 1963.
Meissl Hubert, Der Braunkohlenbergbau im Hausruck. Zum 175jährigen Gedenken an den ersten Kohlenfund. Heimatland, 12. Jg., 1935.
Meixner Erich Maria, 1838 bis 1950. Actien-Gesellschaft der Kleinmünchner Baumwoll-Spinnereien und mechanischen Weberei Linz-Donau.
Meixner Erich Maria, Wirtschaftsgeschichte des Landes Oberösterreich. Bd. 2: Männer, Mächte, Betriebe. 1952.
Miko Norbert, Entwicklung der Leinenindustrie im Mühlviertel; in: 47. Jahresbericht des Gymnasiums Kollegium Petrinum, Urfahr 1951.
Neubauer Helga, Österreichische Waffenfabriksgesellschaft bzw. Steyr-Werke AG. 1914 bis 1934. Diss. Wien 1974.
Neweklowsky Max, Die Geschichte unserer Schule; in: Festschrift 80 Jahre Bundeshandelsakademie Linz. 1962.

Neweklowsky Max, Die Linzer Handelsakademie in den ersten 80 Jahren ihres Bestehens; in: Historisches Jahrbuch der Stadt Linz 1962. 1963.
OKA. 30 Jahre Oberösterreichische Kraftwerke AG. 1950.
Otruba Gustav, *Kropf* Rudolf, Die Entwicklung von Bergbau und Industrie in Oberösterreich. Von der Manufakturepoche bis zur Frühindustrialisierung; in: OÖHBl Jg. 23, 1969.
Otruba Gustav, *Kropf* Rudolf, Die Entwicklung von Bergbau und Industrie in Oberösterreich. Die Gründungsepoche bis zum Börsenkrach von 1873; in: OÖHBl Jg. 25, 1971.
Pichler Wilhelm, Entwicklung und Ausbaumöglichkeiten der Oberösterreichischen Kraftwerke Aktiengesellschaft. Diplomarbeit Innsbruck 1954.
Pirklbauer Siegfried, Entwicklungsgeschichte der Salzach-Kohlenbergbau Ges. m. b. H. in Trimmelkam; in: Österreichischer Berg- und Hüttenkalender, Jg. 1969.
Pisecky Franz, Die größte Binnenreederei der Welt. Hundertvierzig Jahre Erste-Donau-Dampfschiffahrts-Gesellschaft – Größe und europäische Bedeutung der österreichischen Donauschiffahrt; in: Tradition, Jg. 1970.
Pisecky Franz, 100 Jahre Oberösterreichsiche Handelskammer. 1951.
Pisecky Franz, 100 Jahre Kaufmännischer Verein. 1968.
Pisecky Franz, Wirtschaft, Land und Kammer in Oberösterreich 1851 bis 1976. Bd. 1: Das 19. Jahrhundert – die Zeit des Liberalismus. 1976.
Pröschl Siegfried, Entwicklungsgeschichte und Bedeutung einer Kommerzbank als Beitrag zur Wirtschafts- und Finanzgeschichte. Dargestellt am Beispiel der Oberbank. Diss. Linz 1972.
Rosenauer Franz, Die Entwicklung der Wasserkraftnutzung in Oberösterreich; in: Österreichs Industrie, Bd. 1, 1925.
Rumpl Ludwig, Der Linzer Fabrikant Johann Jax; in: Historisches Jahrbuch der Stadt Linz 1971. 1971.
Sallmann Adolf, Der Hallstätter Salzberg. Diss. Innsbruck 1953.
Salomon G., *Mayer* Ignaz, Der Gründer der Linzer Schiffswerft; in: Heimatgaue, Jg. 12, 1931.
Schausberger Nikolaus, Die Entwicklung des graphischen Gewerbes in Oberösterreich und dessen technische Entwicklung seit 1850. Diplomarbeit Linz 1972.
Schroffner Kurt, Die Entwicklung der Steyrer Eisenindustrie. Diss. Innsbruck 1948.
Schütz Albert, Die Entwicklung der Oberösterreichischen Volkskreditbank im Spiegel ihrer Bilanzen. Diplomarbeit Linz 1973.
Schützenhofer Viktor, Josef Werndl, der Mann und sein Werk; in: Blätter für Geschichte der Technik. Heft 5, Wien 1938.
Seidenspinner Carl, Ein Stück Linzer Geschichte. Eine Erinnerung an die stillgelegte Lokomotivfabrik Krauß & Co. Linz (1800 bis 1930). Heimatland 1932 Nr. 14.
Seper Hans, 100 Jahre Steyr-Daimler-Puch AG. Der Werdegang eines österreichischen Industrieunternehmens; in: Blätter für Technikgeschichte, 26. Heft, Wien 1964.
Tischer Constantin Hanns, Die Brauindustrie in Oberösterreich; in: Österreichs Industrie, 1. Bd. 1925.
Trathnigg Gilbert, Welser Fabriken und Fabrikationsbetriebe; in: 13. Jahrbuch des Musealvereines Wels 1966/67.
Trathnigg Gilbert, Die Welser Papiermühle, ihre Geschichte vom 16. bis zur Mitte des 19. Jahrhunderts und ihre Wasserzeichen; in: 11. Jahrbuch des Musealvereines Wels 1964/65.
Weiser Armand, Zum 200jährigen Jubiläum der Ersten Linzer Tonöfenfabrik Karl Schadler; in: Die Kunst-Keramik, Jg. 4 (1925).
Weiß Leo, Die chemische Industrie in Oberösterreich; in: Österreichs Industrie, 1. Bd. 1925.
Weißengruber Johann, Schneegattern. Das Schicksal des oberösterreichischen Glasmacherdorfes am Kobernaußerwald; in: Heimatland, Jg. 12 (1935).

Weixelbaumer Ignaz, Die Hausindustrie Oberösterreichs; in: Wirtschaftliche Nachrichten, Jg. 1937.
Werneck Ludwig Heinrich, Brauwesen und Hopfenbau in Oberösterreich von 1110 bis 1930. Jahrbuch der Gesellschaft für die Geschichte und Bibliographie des Brauwesens 1937 ff.
Wurzinger Hans, Die Gärungsindustrie Oberösterreichs; in: Kartographische Zeitschrift, JG. 6, 1917.
Wyhlidal Ferdinand, Grundlagen, Organisation und Technik des österreichischen Sensenexportes. Diss. Wien 1936.
Zaininger Franz, Geschichte der Wolfsegg-Traunthaler Kohlenwerks-Aktiengesellschaft; in: Österreichischer Berg- und Hüttenkalender, Jg. 1969.
Zauner Hans-Jürgen, Bedeutende oberösterreichische Unternehmen von der industriellen Revolution bis zum ersten Weltkrieg. Diss. Linz 1978.

Anmerkungen

[1] *Kropf*, Industrie, 1981.
[2] *Hoffmann*, Wirtschaftsgeschichte, 1952.
[3] *Pisecky*, Kaufmännischer Verein, 1968.
[4] *Ehrenreich*, Figuly, 1942.
[5] Harald *Hansluwka*, Bevölkerungsbilanzen für die österreichischen Bundesländer 1869 bis 1951; in: Statistische Nachrichten, 1959, 194;
Maurer, Bevölkerungsentwicklung, 1953, 119 ff.
[6] *Neubauer*, Waffenfabriksgesellschaft, 1974;
Schützenhofer, Werndl, 1938.
[7] *Kropf*, Industrie, 1981, 189 ff.
[8] Bauernland Oberösterreich, 1974, 736.
[9] B 1896/78. Bericht des Gemeinde- und Verfassungsausschusses über den Antrag des Abgeordneten Dr. Bahr und Genossen betreffend Abänderung der Landesordnung und Landtagswahlordnung.
[10] Österreichisches Statistisches Handbuch, 1903, 26 ff.;
Österreichisches Statistisches Handbuch, 1918, 14 ff.
[11] *Heißler*, Kohlenbergbau, 1928;
Kropf, Entwicklung, 1973, 3–19.
Pirklbauer, Salzach-Kohlenbergbau, 1969;
Zaininger, Wolfsegg-Traunthaler, 1969.
[12] Heinrich *Ducke*, Erdgas, 1927.
[13] 30 Jahre Oberösterreichische Kraftwerke AG, 1950;
Rosenauer, Wasserkraftnutzung, 1925.
[14] *Haslinger*, Bildungstätigkeit, 1976.
[15] Protokolle der Sitzung der OÖ. Handelskammer, 1913, 26 ff.
[16] ALZ 1881 Nr. 676.
[17] *Hack*, Messerindustrie, 1958;
B 1907/156.
[18] Bericht der Gewerbeinspektoren, 1900, 47.
[19] Protokolle der Sitzungen der Oberösterreichsichen Handelskammer, 1899, 26.
[20] *Effenberger*, Handelsakademie, 1908.
[21] *Lenzenweger*, Hochschule, 1963.

Bahnen verbinden die Menschen

Literatur

Aschauer Franz, Österreichs Eisenbahnen. Geschichte des Schienenverkehrs im ältesten Eisenbahnland Österreichs. 1964.
Aschauer Franz, Die erste Eisenbahnbrücke über die österreichische Donau; in: OÖHBl 1961, 163-164.
Czauczer Fritz, Die oberösterreichischen Eisenbahnen 1832 bis 1882 unter besonderer Berücksichtigung ihres Wirtschaftszweckes und ihrer Wirtschaftsleistung. Phil. Diss. Wien 1951.
Czibulka Anton, Weltkrieg und Eisenbahn 1914 bis 1918. 1918.
Enders Bruno, Die Holz- und Eisenbahn Budweis-Linz. 1926.
Feiler Karl, Die alte Schienenstraße Budweis-Linz-Gmunden. 1950.
Feiler Karl, Geschichtliches über die Linz-Budweis-Bahn, die älteste deutsche Schienenstraße; in: Blätter für Geschichte der Technik, Heft 8, Jg. 1942.
Festschrift zur Eröffnung des Hauptbahnhofes [Linz], 1949.
Linz 120 Jahre Sitz einer Eisenbahnverwaltung: F. A. R. v. Gerstner zum Gedenken; 10 Jahre Wiederaufbau der Bundesbahndirektion Linz. 1955.
Geschichte der Eisenbahnen der österreichisch-ungarischen Monarchie, Band I/1, I/2, III, IV, V und VI, 1898 bis 1908.
Haberer Theodor, Geschichte des Eisenbahnwesens. 1884.
Pfeffer Franz, Oberösterreichs erste Eisenbahnen; in: OÖHBl, 5. Jg., Heft 2, 1951.
Pfeffer Franz (Hsg), Zur Geschichte des Motorverkehrs in Oberösterreich. 1965.
Preissmann Rudolf, Der Heimfall der Kohlenbahn Wolfsegg-Thomasroith an den Staat im Jahre 1903, Manuskript im OÖ. Landesarchiv. 1904.
Sames Josef, Budweis-Linz-Gmunden. 1924.
Sames Josef, Die Ingenieure der Pferdebahn; in: Heimatland, 1933, Heft 12.
Sames Josef, Die Geschichte der Mühlkreisbahn Linz-Urfahr-Aigen-Schlägl. 1939.
Schäffer Karl, Oberösterreich in der Geschichte des ersten Eisenbahnjahrhunderts; in: Zeitschrift der Deutschen-Verkehrs-Gesellschaft, Dezember 1925.
Scheidl Josef, Die Linz-Budweis-Bahn; in: 5. Jahresbericht der Handelsakademie, Linz 1887.
Türk Paul, Geschichte der Kremstalbahn von der Gründung bis zur Verstaatlichung (1880 bis 1906). 1906.
Vogel Wolfgang, 150 Jahre Eisenbahn. Mit Volldampf durchs Jahrhundert; in: OÖN/Magazin 27. September 1980, 4. Oktober 1980, 11. Oktober 1980, 31. Oktober 1980.
Weidlinger Rudolf, Leitfaden der Organisation der österreichischen Eisenbahnen. 1911.

Anmerkungen

[1] *Pfeffer*, Erste Eisenbahnen, 1951, Heft 2;
Aschauer, Eisenbahnen, 1964.
[2] Karl *Sedlmeyer*, Adalbert Lanna; in: Lebensbilder zur Geschichte der böhmischen Länder, Band 4, 1981, 165-190.
[3] Kurt *Benedikt*, Radaubrüder oder Pioniere des Fortschritts? Legenden, Überlieferungen, Dokumente. Beiträge zur Geschichte der wirtschaftlichen Lage der sozialen und politischen Kämpfe der Salzschiffer, Flößer und Spinnereiarbeiter von Stadl-Paura. 1975.
[4] Ernst *Neweklowsky*, Die Schiffahrt und Flößerei im Raume der oberen Donau, 3. Band (1964), 201 ff.
[5] OÖ. Sten. Prot. 1868, 382 (Petition von Weyer) und 1878/79, 162 (Petition Weyer).

⁶ OÖ. Sten. Prot. 1868, 415, 479f., 781; 1871, 29, 130, 148, 290; 1873/74, 380; B 1871/76, 624.
⁷ OÖ. Sten. Prot. 1868, 227, 389, 390; 1868, 197, 715f.
⁸ OÖ. Sten. Prot. 1871, 364, 810 (Bad Hall); 1871, 156, 231; 1871, 59 (Petition Kirchdorf); 1880, 12, 65, 79ff., 90.
⁹ OÖ. Sten. Prot. 1882, 258ff., 264ff.
¹⁰ OÖ. Sten. Prot. 1871, 222; 1871, 59, 231 (Petition Neufelden); OÖ. Sten. Prot. 1873/74, 576; 1882, 227ff., 234.
¹¹ OÖ. Sten. Prot. 1873/74, 451, 465; 1874, 343.
¹² *Vogel*, Volldampf, 1980.
¹³ Richard *Kutschera*, Der Motorverkehr in Oberösterreich 1898 bis 1938; in: Zur Geschichte des Motorverkehrs in Oberösterreich. 1965, 35.
¹⁴ OÖ. Sten. Prot. 1871, 63.
¹⁵ OÖ. Sten. Prot. 1869, 636, 1038.

Wie leben die Menschen?

Literatur

Bericht der k. k. Gewerbeinspektoren über ihre Amtstätigkeit im Jahre 1884 ff.
Bericht über die Thätigkeit des k. k. Arbeitsstatistischen Amtes im Handelsministerium 1898 ff.
Sandgruber Roman, Lebensstandard und Ernährung in Oberösterreich im 18. und 19. Jahrhundert; in: Österreich in Geschichte und Literatur, Jg. 21, 1977.
Statistischer Bericht der Handels- und Gewerbekammer Oberösterreichs zu Linz über die gesamten wirtschaftlichen Verhältnisse Oberösterreichs in den Jahren 1870 bis 1875 unter vorwiegender Bedachtnahme auf die Industrie, Handel und Verkehr (einschließlich der folgenden statistischen Quinquennal-Berichte).

Anmerkungen

¹ Else *Beurle*, Beurle, 1960, 18.
² Bericht der k. k. Gewerbeinspektoren über ihre Amtstätigkeit im Jahre 1884 (und die folgenden Jahre), 1885ff.;
Salzer, Arbeiterbewegung, 1963, 9ff.;
Konrad, Anfänge, 1981, 39ff.
Siehe auch die Jahresberichte des k. k. Arbeitstatistischen Amtes, insbesondere über die „Aussperrungen", „Arbeitszeit" und „Kinderarbeit".
³ LVBl 1900 Nr. 4.
⁴ OÖ. Sten. Prot. 1903, Landesvoranschlag.
⁵ LTP 1875 Nr. 96.
⁶ Der Oberösterreicher, 1914, 102.
Zuletzt folgende Zusammenstellung: Helga Bleckwenn, Künstlertum als soziale Rolle/II. Stifters Berufslaufbahn in den vierziger Jahren; in: „Vierteljahresschrift des Adalbert-Stifter-Institutes des Landes Oberösterreich", Jg. 20, 1981, Folge 1/2.
⁷ OÖ. Sten. Prot. 1890, 151; Dankschreiben Bruckners vom 3. November 1890; OÖLA, Autographensammlung.
⁸ Siehe das Kapitel „Kunstszene zwischen München und Wien".
⁹ Siehe das Kapitel „Zwischen gemütlichem Jugendrealismus und Jugendstil".
¹⁰ LTP 1876 Nr. 37.

[11] *Salzer*, Arbeiterbewegung, 1863, 19.
[12] Statistischer Quinquennal-Bericht über die volkswirtschaftlichen Zustände Oberösterreichs. Erstattet von der oberösterreichischen Handels- und Gewerbekammer Linz, 1898.
[13] ALZ 1881 Nr. 2 und 4.
[14] *Konrad*, Anfänge, 1981, 45;
OÖLA, Statthaltereiakten, Präsidium, Sch. 156, Schreiben des Bezirkshauptmannes von Vöcklabruck vom 15. Mai 1852.
[15] LTP 1875 Nr. 172.
[16] *Salzer*, Arbeiterbewegung, 1866, 21.
[17] LTP 1875 Nr. 153.
[18] LTP 1878 Nr. 247.
[19] ORF, OÖ. Wochenchronik, 20. April 1980 (Slapnicka).
[20] ALZ 1878 Nr. 222.
[21] LTP 1878 Nr. 249, 290.
[22] ALZ 1879 Nr. 292 und 296.

Kunstszene zwischen München und Wien

Literatur

Bauböck Max, 50 Jahre Innviertler Künstlergilde. 1973.
Bauböck Max, Die Osternberger Künstlerkolonie. Aus den Aufzeichnungen Hugo von Preens (1854 bis 1941). Innviertler Künstlergilde. Jb. 1967/68.
Bauböck Max, Rieder Maler von einst und jetzt. Innviertler Künstlergilde. Jb. 1968/69.
Engelhardt J. G., Oberösterreichs Künstler formen Stahl und Silber. Hmtl. 1958.
Engl Franz, Der Schärdinger Künstlerkreis. Innviertler Künstlergilde. Jb. 1966/67.
Feuchtmüller Rupert, Die Landschaft des Salzkammergutes in der Romantik und im Biedermeier. Chr. Kbl. Jg. 103, 1965.
Fischer-Colbrie Arthur, Vom achtzigsten zum hundertzehnten Jahr. Eine Chronik des Oberösterreichischen Kunstvereines von 1931 bis 1961; in: 110 Jahre Oberösterreichischer Kunstverein, 1961.
Fuchs Heinrich, Die österreichischen Maler des 19. Jahrhunderts. Bd. 1: A–F (1972). – 2: G–K (1973). – 3: L–R (1973). – 4: S–Z (1974).
Grote Ludwig, Joseph Sutter und der nazarenische Gedanke. 1972.
Hainisch Erwin, Oberösterreich (Dehio-Handbuch), 5. Aufl. 1971.
Holter Kurt, Vom Historismus zum Jugendstil. Beiträge zur baulichen Entwicklung von Wels im späten 19. und im frühen 20. Jahrhundert. Jb. Wels. 1974.
Huemer Eduard, Franz Stelzhamer. Ein Gedenkblatt zur Enthüllung seines Standbildes. 1909.
Kunstdenkmäler in Österreich. Ein Bildhandbuch, Bd. 3 Oberösterreich, Niederösterreich, Burgenland. 2. Auflage 1978.
Reclams Kunstführer Österreichs. Bd. 1: Wien, Niederösterreich, Oberösterreich, Burgenland. 1974.
Leisner Otto, Bilder von Franz Stecher (1818 bis 1853). Freinberger Stimmen. Jg. 43 (Linz 1972), H. 1.
List Rudolf, Kunst und Künstler in der Steiermark. Ein Nachschlagewerk 1967 bis 1975.
Lugmayer Franz, Erinnerungen an Michael Blümelhuber. StZ 1973 Nr. 4.
Lugmayer Franz, Eisen- und Stahlschnitt. Der Eisenschnitt von der Antike bis zum Verfall Ende

des 18. Jahrhunderts und die Wiederbelebung der Stahlschnittkunst in unserer Zeit. 1959.
(*Plank* Hans), Johann Baptist Wengler. Ein Maler des Biedermeier. 1966.
Schmidt Justus, Der Maler Matthias May und seine Linzer Schule. 1954.
Schmidt Justus, Linzer Kunstleben 1830 bis 1870; in: Anton Bruckner und Linz. Ausstellung 1964.
Schmidt Rudolf, Österreichisches Künstler-Lexikon von den Anfängen bis zur Gegenwart. Lfg. 1 – (Wien 1974).
Schmidt Justus, Linzer Kunstchronik. 1951.
Schmied Wieland. Der Zeichner Alfred Kubin. Unter Mitwirkung der Graphischen Sammlung Albertina und des OÖ. Landesmuseums. Katalogbearb.: Alfred Marks. 1967.
Schöny Heinz, Anton Bruckner im zeitgenössischen Bildnis. Kunstjb. Linz 1968.
Übell Hermann, Bildhauer Adolf Wagner von der Mühl. 1926.
Übell Hermann, Alte und neue Denkmäler in Linz. Oberdonau 4, 1942/43.
Ulm Benno, Johann und Josef Rint, die Bildschnitzer Adalbert Stifters. 1968.
Watzinger Carl Hans, Die Innviertler Künstlergilde. Zu ihrem 50jährigen Bestand. MHBl. Jg. 13, 1973.
Widder Erich, Das 19. und 20. Jahrhundert in der Kirchenkunst Oberösterreichs. Jb. 1969 für die Katholiken des Bistums Linz. 1968.
Wutzel Otto, Ein fruchtbarer Dualismus in der bildenden Kunst; in: 90 Jahre „Linzer Volksblatt" 1869 bis 1959. 1959.

Anmerkungen

[1] *Nicoladoni*, Die Gründung des Oberösterreichischen Kunstvereins im Jahre 1851 (1911, 22), vermutet eine direkte Beeinflussung Anton von Spauns durch seinen Freund, den weitblickenden Baron Kübeck in Wien.
[2] Justus Schmidt zitiert in seiner „Linzer Kunstchronik" (Erster Teil, 1951, 151 ff.) vor allem Adalbert Stifters Kritiken oberösterreichischer Künstler.
[3] Martha *Reinhardt*, Franz Stecher, 1957.
[4] Heinrich *Teutschmann*, Der Maler Carl von Binzer und Linz in seiner Selbstbiographie. Jb. Stadt Linz 1965 (1966), 85–116.
[5] Justus *Schmidt*, Künstlerleben. Jb. Stadt Linz 1949 (1950), 128–135.
[6] Wilhelm *Jenny*, Bilder von Johann Baptist Reiter im OÖ. Landesmuseum; in: Kunst in Österreich 1851 bis 1951 / 100 Jahre Oberösterreichischer Kunstverein, 1951, 37–50.
[7] Hans *Commenda*, Alois Greil, ein Maler des Volkslebens. 1961.
[8] Der große Maler kleiner Szenen. Vor 125 Jahren: Karl Kronberger in Freistadt geboren. MB, Jg. 21, 1966, 9.
[9] Hans *Plank*, Johann Baptist Wengler, Oberösterreich 1–2/Sommer 1966.
[10] In dem im OÖ. Landesarchiv enthaltenen Sammelband mit den Werken (und Preisen) der Kunstausstellungen zwischen 1851 und 1894 sind in den Ausstellungskatalogen auch die für die Landesgalerie und die Verlosungen angekauften Bilder enthalten.
Als 1873 infolge der Wiener Weltausstellung die meisten Wiener Künstler nicht in Linz ausstellen können, stellt man eine Bilderausstellung aus Privatbesitz zusammen, die eher ein höheres Niveau zeigt, als die meisten Ausstellungen mit Ölgemälden, Aquarellen und Stichen von Tinutoretto, Merian, Maulbertsch, Dürer, Füger, Rafael Donner u. a.
[11] Die Künstlervereinigung MAERZ 1913 bis 1973.
[12] *Bauböck*, Künstlerkolonie, 1967, 19–35.
[13] Aus der Fülle der Kubin-Literatur: Alfred *Kubin*, Aus meinem Leben, 1977; Aus meiner Werkstatt, 1976.

Anmerkungen zu den Seiten 347–354

Denkmäler – zwischen „gemütlichem Realismus" und Jugendstil

Anmerkungen

1. Diese Phase wurde bisher nie zusammenfassend behandelt. Einige Hinweise gibt der Beitrag von Hermann Übell, Alte und neue Denkmäler in Linz; in: Oberdonau, Folge 4/Dezember 1942 bis Februar 1943.
2. Carl *Almenroth*, Wie die Bruckner-Büste entstand (Zum Bruckner-Denkmal). Nachdruck, herausgegeben und mit Anmerkungen versehen von Leopold Nowak, Wien 1979.
3. StZ 1894 Nr. 89, 90;
   LTP 1894 Nr. 259, 260.
4. LTP, Unterhaltungsbeilage 48/24. November 1901.
5. Anton *Rolleder*, Heimatkunde von Steyr. Historisch-topographische Schilderung der politischen Bezirke Steyr Stadt und Land. 1894, 189.
6. *Rolleder*, Steyr (1894), 173.
7. OÖLA, Landesausschußakte, Fasz. 133 und 145 (Stifter-Denkmal).
8. OÖLA, Landesausschußakte, Fasz. 133 und 145 (Stifter-Denkmal).
   LTB 1902 Nr. 118, 119, 120;
   LVBl 1902 Nr. 118, 119.
9. *Pötzl-Malikowa*, Die Plastik der Ringstraße. Wiener Bauindustrie-Zeitung, Jg. 18, Nr. 28 vom 11. April 1901.
10. Vinzenz *Lychdorff*, Das Adalbert-Stifter-Denkmal. LTP 1900 Nr. 69;
    Josef *Sames*, Adalbert Stifters Gedächtnisstätten in Linz. OÖT-Ztg. 1928 Nr. 22;
    Johann *Dolezal*, Adalbert Stifter und Johannes Rint, eine Dichterfreundschaft; in: LVBl 1938 Nr. 31;
    Jiří *Zágola*, Das Stifterdenkmal am Plöckensteinersee; in: OÖHBl, Jg. 33/1979, Heft 1–2. Hier weitere ausführliche Literaturhinweise;
    LTP, Unterhaltungsbeilage 1902 Nr. 22;
    LTP, 1902 Nr. 118, 119, 120.
11. OÖ. Sten Prot. Beilage Nr. 208/1901;
    OÖ. Sten. Prot. 1901, 508 und 509;
    Vinzenz *Lydorff*, Das Kaiserin-Elisabeth-Denkmal in Linz. LTP 1902 Nr. 15.
    LTP, Unterhaltungsbeilage 1903 Nr. 10;
    LTP, Unterhaltungsbeilage 1903 Nr. 18 / Enthüllung des Elisabeth-Denkmals;
    LTP 1903 Nr. 91;
    LVBl 1903 Nr. 90, 91, 92;
    ALZ 1903 Nr. 91.
12. LVBl 1903 Nr. 90, 91, 92;
    LTP 1903 Nr. 91.
13. Landesausschußakten, Fasz. 191.
14. LVBl 1937 Nr. 121, 122;
    LTP 1937 Nr. 121, 122;
    Kunstschaffen. Jahrbuch der Stadt Linz 1937, 34–37;
    Kaiser Franz Joseph und Linz. LVBl 1937 Nr. 228.
15. Metzner-Dokumentation des Adalbert-Stifter-Vereins in München.
16. OÖLA, Archiv der k. k. Statthalterei 1894 bis 1906, Fasz. 253.
17. LTP, Unterhaltungsbeilage 1912 Nr. 25.
18. LTP, Unterhaltungsbeilage 1906 Nr. 13;
    Eduard *Huemer*, Franz Stelzhamer. Ein Gedenkblatt zur Enthüllung seines Standbildes. Linz 1909;

LTP, Unterhaltungsbeilage 1909 Nr. 42.
[19] Hermann *Übell,* Alte und neue Denkmäler in Linz; in: Oberdonau, 2. Jg. Folge 4 (Dezember 1942 bis Februar 1943).
[20] LTP, Unterhaltungsbeilage 1911 Nr. 23.
[21] LTP, Unterhaltungsbeilage 1902 Nr. 48 und 49.
[22] Justus *Schmidt,* Linzer Kunstchronik I/133.
[23] *Übell,* Wagner, o. J., 1926?
[24] OÖLA, Starhembergakte.
[25] LVBl 1966 Nr. 240;
Prager Nachrichten, 1/XXXI, Februar 1980.

Mehr als nur Fassaden

Literatur

Achleitner Friedrich, Österreichische Architektur im 20. Jahrhundert. Band I, Oberösterreich, Salzburg, Tirol, Vorarlberg. 1980.
Constantini Otto, Großstadt Linz, Ein baulicher Überblick. 1962.
Doblhamer, Die Stadtplanung in Oberösterreich von 1850 bis 1938.
Doberer Erika, Ein Dom des neunzehnten Jahrhunderts; in: Kunst in Österreich 1851 bis 1951. Beiträge zur österreichischen Kunstgeschichte des 19. und 20. Jahrhunderts. Zum 100jährigen Bestehen des Oberösterreichischen Kunstvereins. 1951.
Koepf Hans, Stadtbaukunst in Oberösterreich. 1972.
Balzarek M., o. J.
Oberneder Alexander, Die neue Kirche in Bad Hall. 1888.
Oberösterreichische Bauten, 1900 – heute, Bautenkatalog. Hrsg. Karl Schwanzer, 1973.
Pfeffer Franz, Linz – Baugesinnung im Werden einer Stadt. 1942.
Pozzetto Marco, Die Schule Otto Wagners 1894 bis 1912. 1979.
Schmidt Justus, Linzer Kunstchronik. Erster Teil: Die Baumeister, Bildhauer und Maler. 1951.
Schönauer Heinrich, Die Maximilians-Thürme in Linz. 1850.
Schulte J. und seine Schüler. 1933.
Straßmayr Eduard, Das Linzer Stadtbild in seiner geschichtlichen Entwicklung. 1922.
Wied Alexander, Der Architekt Mauriz Balzarek 1872 bis 1945. Jugendstil und Sachlichkeit in Linz (Ausstellungskatalog), 1972.

Anmerkungen

[1] Georg *Heilingsetzer,* Fürst Georg Adam Starhemberg und die Neugestaltung des Schlosses Eferding durch Andreas Zach; in: Mitteilungen des OÖLA, Band 13 (1981).
[2] Lars Olaf *Larsson,* Klassizismus in der Architektur des 20. Jahrhunderts; in: Albert Speer, Architektur, 1978, 151–175;
Insbesondere auch: „Strömungen des Historismus in Oberösterreich" von Benno Ulm als Einleitung zum Band „Johann und Josef Rint, die Bildschnitzer Adalbert Stifters", 1868 (gleichzeitig Ausstellungskatalog);
Slapnicka, Oberdonau, 1978, 66–79 (Hitlers Traum von „seinem Linz").
[3] Franz Xaver *Bohdanovicz,* Die maximilianischen Festungstürme um Linz; in: LVBl 1932 Nr. 226–229;
Schönauer, Maximilians-Thürme, 1850;
Julius *Wimmer,* Die Linzer Maximilianischen Türme; in: LTP 1895 Nr. 297 (Weihnachtsbeilage).

Anmerkungen zu den Seiten 362–367

[4] *Doberer,* Dom, 1951, 8–29; hier weitere Literaturhinweise;
Schmidt, Linzer Kunstchronik, Erster Teil, 1951, 124;
Slapnicka, Neuer Dom; in: Linz aktiv 50/1974, 66–68.
[5] Alexander *Oberneder,* Die neue Kirche in Bad Hall. 1888.
[6] *Slapnicka,* 1880: Eine Privatgalerie in Linz. ORF, Landesstudio Oberösterreich: Oberösterreichische Wochenchronik vom 30. März 1980.
[7] *Pozzetto,* Die Schule Otto Wagners 1894 bis 1912. 1979, 211 ff.
[8] *Wied,* Balzarak, 1972.
[9] Friedrich Achleitner geht in seinem ersten Band ,,Österreichische Architektur im 20. Jahrhundert" (1980) gerade auch auf diese Siedlungen liebevoll und ausführlich ein.

Dichter, aber auch Denker?

Literatur

Fischer-Colbrie Arthur, Zeitgenössisches Schrifttum in Oberösterreich. 1957.
Fischer-Colbrie Arthur, Seit Stifters Tod. Hochdeutsche Literatur in Oberösterreich; in: 90 Jahre ,,Linzer Volksblatt" 1869 bis 1959. 1959.
Ganglmair Gustav, Innviertler Mundartdichter nach Franz Stelzhamer. 1975.
Grosschopf Alois, Lob der oberösterreichischen Landschaft im 19. Jahrhundert. Kulturzeitschrift Oberösterreich 1967, Heft 1–2.
Grosschopf Alois, Die Schönheit unseres Landes im dichterischen Wort. ALZ 1975, 33–34.
Hauer Johannes, Heimische Mundarten. Das oberösterreichische Heimatbuch, Bd. 1, 1966.
Hauer Johannes, Oberösterreich, das klassische Land der Mundartdichtung. Ein literarischer Versuch. Kulturzeitschrift Oberösterreich, 1963, 3/4.
Lassl Josef, Literarisches Oberösterreich. Versuch einer Überschau und Wertung. Vierteljahresschrift des Stifter-Instituts, 1971, 3/4.
Lassl Josef, Literarisches Oberösterreich. Notizen zu Studien und Porträts. Vierteljahresschrift des Stifter-Instituts, 1972, 1/2.
Nadler Josef, Das Salzkammergut in der deutschen Dichtung. Vierteljahresschrift des Stifter-Instituts, 1954, 34–44.
Nadler Josef, Literaturgeschichte Österreichs. 1951.
Oberösterreichische Dichtung. Eine Lese. Gesammelt und eingeleitet von Dr. Franz Pfeffer. 1927.
Patzelt Ulrika, Die oberösterreichischen Mundartdichter des 20. Jahrhunderts. Ungedr. phil. Diss. Wien 1967.
Pömer Karl, Das Bäuerliche in der oberösterreichischen Dichtung. Kulturzeitschrift Oberösterreich 1972, 1.
Ratzinger Hubert, Alles gute Neue wächst aus dem guten Alten. Das oberösterreichische Heimatbuch, Bd. 1, 1966.
Ratzinger Hubert, Landschaft und Tradition in der neuen obderennsischen Dichtung. Kulturzeitschrift Oberösterreich 1963, 3/4.
Schedl Herbert (Hrsg.), Oberösterreich im Spiegel seiner modernen Dichtung. Die Kultur (Wien), 1926, Doppelheft 21/22.
Schiffmann Konrad, Drama und Theater in Österreich ob der Enns bis zum Jahre 1803. 1905.
Weiermair Helmut, Literarische Zeitschriften Österreichs von 1890 bis 1900. Ungedr. phil. Diss. Graz 1967.

Anmerkungen
1. OÖLA, Statthalterei-Präsidialakten, 1849, 28/3.
2. *Nadler*, Literaturgeschichte, 1951, 288;
Selbstverständlich kann in diesem Beitrag nur andeutungsweise auf das einschlägige Schrifttum eingegangen werden.
3. *Nadler*, 1951, 273.
4. LG vom 28. November 1952, LGBl. Nr. 36/1953.
5. *Lassl*, Literarisches Oberösterreich, 1971.
6. *Ganglmair*, Mundartdichter, 1975.
7. *Schiffmann*, Drama und Theater, 1905.
8. *Nadler*, 1951, 372.
9. Leo Hans *Mikoletzky*, Der Dichter und Archivar Otto Prechtler (1813 bis 1881). Zur Problematik der Doppelbegabung; in: Der Archivar (Düsseldorf 1973), 531–542.
10. Fritz *Huemer*, Die Ahnen Franz Grillparzers; in: 100 Jahre Gemeinde Feldkirchen an der Donau. 1975, 133–136.
11. Herbert *Lange*, Marianne, die Linzerin in Frankfurt. Anläßlich einer neuen Auflage des Briefwechsels zwischen Goethe und dem Ehepaar von Willemer; in: Linz aktiv, 1966, Heft 20.
Max *Neweklowsky*, Marianne Willemer und Linz, ihre Ahnentafel und die oberösterreichische Familie Pirngruber.
Georg *Wacha*, Marianne van Gangelt, verehelichte Willemer. Beide in: Historisches Jahrbuch der Stadt Linz 1980. 1981, 57–108.
12. Erika *Weinzierl*, Antisemitismus in der österreichischen Literatur 1900 bis 1938; in: Mitteilungen des österreichischen Staatsarchivs, 20 (1967), 362.

Komponisten im langen Schatten Bruckners

Literatur

Commenda Hans, Die Geschichte des Oberösterreichischen Sängerbundes. 1935.
Etzmannsdorfer L., Josef Reiter. Lebensbild des Tondichters. 1923.
Gruber Gernot, Nachmärz und Ringstraßenzeit; in: Musikgeschichte Österreichs. 1979.
Hartl A., Johannes Evangelist Habert. Ein Lebensbild. 1900.
Hagleitner Heinrich, Friedrich Arnleitner; in: Oberösterreichische Männergestalten. 1926.
Häupl Josef, Linzer Diözesan-Kirchenmusik-Verein. Musica divina (Wien), 1935, 11.
Jerger Wilhelm, Vom Musikverein zum Brucknerkonservatorium 1823 bis 1963. 1963.
Kienzl Wilhelm, Meine Lebenserinnerungen. 1926.
Kinzl Franz, 800 Jahre Musik in Oberdonau. Oberdonau 1941/42, 30–32.
Mahler Alma, Gustav Mahler – Erinnerungen und Briefe. 1949.
Mayr-Kern Josef, Franz Xaver Müller, Oberösterreicher, Bd. 1, 1981, 156–184.
Moser Josef Norbert, Johann Evangelist Habert 1833 bis 1896. Ein oberösterreichischer Komponist und Musiktheoretiker. 1976.
Nowak Leopold, Anton Bruckner, Musik und Leben. 1977.
Preiß Cornelius, Karl Waldeck; in: Oberösterreichische Männergestalten. 1926.
Unfried Johannes, 150 Jahre Bruckner-Konservatorium. OÖ. Kult.-Ber. 1951, Nr. 18.
Unfried Johannes, Musikland Oberösterreich. Oberösterreich 1958, 3/4, 27–33.
Wessely Othmar, Musik in Oberösterreich. 1951. (Hier weitere Literaturhinweise.)

Wessely Othmar, Oberösterreich. Die Musik in Geschichte und Gegenwart, Bd. 9, 1961, Sp. 1871–1874.

Anmerkungen

[1] *Wessely*, Musik, 1951, 32 ff. Hier weitere wertvolle Literaturhinweise.
[2] Theodor *Haas*, Die Wiener Musikzeitschriften. Eine kurzgefaßte Geschichte des Wiener musikalischen Journalismus von seinen Anfängen bis zur Gegenwart; in: Der Merker. Österreichische Zeitschrift für Musik und Theater 10 (1919), 671 ff.
[3] Alma *Mahler*, Gustav Mahler, 1949, 138 f.
[4] *Wurzbach*, Biographisches Lexikon, 29. Band, 268 ff.
[5] LTP 1912, Beilage 37.
[6] MB 1966 Nr. 3 (In Oberneukirchen wirkte ein Freund Bruckners).
[7] F. *Gräflinger*, Karl Waldeck. Kirchenmusikalische Streiflichter, 1911;
Preiß, Waldeck, 1926, 96–100;
Anton *Lang*, Domkapellmeister Karl Waldeck zum Gedenken; in: OÖN 39/Beilage
[8] *Gruber*, Nachmärz, 1979, 355 ff;
Hartl, Habert, 1900;
Othmar *Wessely*, Johann Evangelist Habert und die „Denkmäler der Tonkunst in Österreich; in: Oberösterreichischer Kulturbericht, 1948, Nr. 48;
Moser, Habert, 1976.
[9] Vor allem Leopold *Nowak*, Anton Bruckner, Musik und Leben. 1977. Hier weitere Literaturhinweise. Dazu: Josef *Laßl*, Anton Bruckner in seiner Heimat und in der Welt; in: Oberösterreich 1/Sommer 1970.
[10] *Jungwirth* und J. *Kränzl*, Robert Führer in seinem Leben und Wirken. RVZ 1925, Nr. 44, 45, 46, 47;
Kronmüller, Lexikon der kirchlichen Tonkunst, 1870, 153;
Riemann, Musik-Lexikon, 1894, 324.
[11] Gernot *Gruber* (siehe Anmerkung 7, Seite 356) meint, sicher nicht ganz zutreffend, daß „in den sechziger Jahren nicht Bruckner, sondern Habert und Ludwig Paupie die in der Kirchenmusik hochgeschätzten Musiker waren".
[12] *Slapnicka*, Rudigier, Bruckner und Stifter; in: Bischof Rudigier, 1961, 101 ff.
[13] LVBl 1908 Nr. 132.
[14] LVBl 1925 Nr. 17.
[15] *Mayr-Kern*, Müller, 1981, 156–184.
[16] LTP 1924 Nr. 48.
[17] Heinrich *Hagleitner*, Friedrich Arnleitner; in: Oberösterreichische Männergestalten 1926, 101–104.
[18] Otto *Jungmair*, Der Komponist unserer Landeshymne. Zum 110. Geburtstag von Hans Schnopfhagen; in: OÖN 1955 Nr. 11.
Otto *Jungmair*, Hans Schnopfhagen – Leben und Wirken; in: MHBl 1965, 118–121.
[19] Gesetz vom 28. November 1952 über die oberösterreichische Landeshymne. LGBl. 1953, Nr. 36.
[20] *Kienzl*, Lebenserinnerungen, 1926;
Othmar *Wessely*, Wilhelm Kienzl und Adolf Jensen; in: Oberösterreichischer Kulturbericht, 1948, Nr. 37.
[21] Max *Gerhardinger*, Der Komponist Franz Neuhofer und Ried; in: RVZ 1970 Nr. 38;
Max *Hilpert*, Meinem Lehrer Franz Neuhofer zum Gedenken; in: MB 1969 Nr. 40;
Martha *Khil*, Franz Neuhofer zum 100. Geburtstag; in: MHBl 1970 Nr. 3;
Otto *Stradal*, Schön ist die Welt . . .; in: Oberösterreich 1/Sommer 1970.

²² L. *Etzmannsdorfer*, Josef Reiter. Lebensbild des Tondichters, 1923;
LTP 1892 Nr. 38; 1912 Nr. 6;
Hans *Janeik*, Josef Reiter; in: Festschrift 125 Jahre Liedertafel Braunau;
Rudolf Walter *Litschel*, Aus den Anfängen der Linzer Theaterkritik; in: Oberösterreich, 1969, Heft 2, 20–21.

Wissenschaft: Schwerpunkte Geschichte, Naturwissenschaften, Medizin

Literatur

Guggenberger Edmund, Oberösterreichische Ärztechronik. 1962.
Lhotsky Alphons, Österreichische Historiographie. Österreich-Archiv. 1962.
Pömer Karl, Wissenschaft aus Oberösterreich. Kulturzeitschrift Oberösterreich 1/1970.
Rehberger Karl, Die St. Florianer Historikerschule. Hundert Jahre Geschichtsschreibung. Ostbairische Grenzmarken. 1979.
Schmidt Justus, Linzer Kunstchronik. Zweiter Teil. Die Dichter, Schriftsteller und Gelehrten. 1951.
Wyklicky Helmut, Von Oberösterreichs großen Ärzten. Kulturzeitschrift Oberösterreich 2/1970.

Anmerkungen

¹ *Rehberger*, Florianer Historikerschule, 1979, 144–154;
  E. *Mühlbacher*, Die literarischen Leistungen des Stiftes St. Florian. 1905;
  O. *Cernik*, Die Schriftsteller der Augustiner-Chorherrenstifte Österreichs. 1905.
² Ignaz *Ziebermayr*, Die Gründung des OÖ. Musealvereins im Bilde der Geschichte des landeskundlichen Sammelwesens; in: Jahrbuch des OÖ. Musealvereins 85 (1933).
³ Allgemeine deutsche Biographie. XVII. Bd., 419.
⁴ Alphons *Lhotsky*, Joseph Chmel zum 100. Todestag; in: Aufsätze und Vorträge, Bd. 4 (1974), 244–269;
  Walter *Goldinger*, Österreichische Archivare der Vergangenheit; in: Scrinium 1/1969, 23–28.
⁵ Hans *Sturmberger*, Jodok Stülz und die katholische Bewegung des Jahres 1848. MOÖLA 3 (1954), 233–255.
⁶ Allgemeine Deutsche Biographie, 26. Bd., 611;
  E. *Trinks*, Franz Pritz; in: Oberösterreichische Männergestalten (1926), 201 ff.;
  Christof *Klitsch*, Der Landesgeschichtsschreiber von Oberösterreich Franz Xaver Pritz; in: Bundesstaatliche Arbeitermittelschule Linz, Zehnjahresbericht, 1963, 209–247.
⁷ M. *Gitlbauer*, Erinnerungen an Josef Gaisberger; in: Museal-Jahres-Bericht, Linz 1871.
⁸ Robert *Steininger*, Zur Geschichte der Familie Arneth; in: OÖ. Hmbl. 1962, 65–74.
⁹ F. *Kenner*, Josef Ritter von Arneth, 1864;
  Allgemeine deutsche Biographie, 1, 545;
  Österr. Biogr. Lexikon 1815 bis 1950, Bd. 1 (1957), 29.
¹⁰ Österr. Biogr. Lexikon 1815 bis 1950, Bd. 1 (1957), 29 (hier weitere Literaturhinweise).
¹¹ Museal-Bericht Linz 1901, 1–20 (Nicoladoni);
  Elisabeth *Thumayr*, Albin Czerny (ungedr. phil. Diss. Innsbruck 1951).
¹² Hans *Sturmberger*, Ferdinand Krackowizer als Archivar; in: Mitteilungen des Österreichischen Staatsarchivs 28 (1975), 262–281.
¹³ Alois *Zauner*, Julius Strnadt (1833 bis 1917) – Pionier der historischen Landeskunde; in: Oberösterreich 1 (1981), 83–105 (hier alle bisher erschienene Literatur).

Anmerkungen zu den Seiten 386–391

14 Österr. Biogr. Lexikon 1815 bis 1950, VI. Band 1975, 195 (Rehberger), hier weitere Literaturhinweise.
15 LTP 1924 Nr. 69.
16 Österr. Biogr. Lexikon 1815 bis 1950, II. Bd. (1959), 327f. Hier weitere Literaturhinweise.
17 Klaus *Rumpler*, Johann Ev. Lamprecht (1816 bis 1895), Topograph, Ortsnamenforscher, Historiker; in: Oberösterreicher, Band 1 (1981), 73–82. Hier alle über ihn erschienene Literatur.
18 Rudolf *Altmüller*, Konrad Schiffmann; in: OÖ. Kult.-Bericht 1971, 18.
19 *Wurzbach*, Biograph. Lexikon, 22. Bd., 304 ff.; Allgemeine deutsche Biographie, 26. Bd., 137.
20 Mitteilungen des Institutes für österreichsiche Geschichtsforschung, 1905, 207 (J. Zibermayr);
Österr. Biogr. Lexikon 1815 bis 1950, I. Bd. (1957), 218.
21 *Slapnicka*, Führungsschicht, 1976, 62 ff.
22 Allgemeine deutsche Biographie, 27. Bd., 540.
23 Josef *Messenböck*, Karl Wurmb; in: Oberösterreichische Männergestalten, 1927, 253 ff.
24 Allgemeine deutsche Biographie, 1. Bd., 637;
F. *Wiesinger*, Festschrift zum hundertjährigen Geburtstage Auers, 1913.
25 Allgemeine deutsche Biographie, V. Bd., 452.
26 Allgemeine deutsche Biographie, XVI. Bd., 279.
27 *Wurzbach*, Biographisches Wörterbuch, 20. Bd., 274 ff.
28 Rudolf *Lehr*; Friedrich Simony (1813 bis 1896). – Ein Leben für den Dachstein; in: Oberösterreicher 1, 1981, 56–72. Hier die bisher erschienene Literatur.
29 Österr. Biogr. Lexikon 1815 bis 1850, IV. Bd. (1969), 15f.
30 Helmut *Wyklicky*, Von Oberösterreichs großen Ärzten; in: Oberösterreich 2/1970.
31 Anton Freiherr von *Eiselsberg*, Lebensweg eines Chirurgen. 1938.
32 Julius *Wagner-Jauregg*, Lebenserinnerungen. Herausgegeben von L. Schönbauer und M. Jantsch, 1950.

Am weitesten von allen Fronten entfernt

Literatur

Brunswik, Ludwig von Korompa, Militärischer Führer durch das Donautal von Passau bis zur Marchmündung. 1906.
Ehnl Maximilian, Das X. Bataillon. 1932.
Engel Friedrich, Geschichte der oberösterreichischen Landwehr. 1910.
Exner Franz, Krieg und Kriminalität in Österreich. 1927.
Fey Emil, Die Helden von Tlumacz, Festschrift zum Kameradschaftstreffen der Linzer Zweierschützen und Denkmalenthüllungsfeier am Landwehrplatz in Linz an der Donau. 1935.
Geschichte des oberösterreichischen k. k. Landwehrinfanterieregimentes Linz Nr. 2, später genannt k. k. Schützenregiment Nr. 2, 1929 bis 1931.
Hoen Max Ritter von, I.R. 59 Weltkrieg 1914 bis 1918. 1931.
Der Heldenweg des Zweierlandsturmes 1914 bis 1918. 1937.
Kandelsdorfer Karl, Auf immerwährende Zeiten. Geographien und Porträts kaiserl. und königl. Regimentsinhaber. 1894.
Kurz Franz, Geschichte der Landwehr in Österreich ob der Enns. Linz 1911.
Litschel Rudolf Walter, Lanze, Schwert und Helm, Beiträge zu einer oberösterreichischen Wehrgeschichte. 1968.

Loewenfeld-Russ, Die Regelung der Volksernährung und Landwirtschaft im Kriege. 1926.
Österreich-Ungarns letzter Krieg 1914 bis 1918, I.–VII., 1930 bis 1938.
Redlich Joseph, Österreichische Regierung und Verwaltung im Weltkriege. 1925.
Riedl Richard, Die Industrie Österreichs während des Krieges. 1932.
Sauer Heinrich, Linzer Hessen, Geschichte des k. u. k. Infanterieregimentes Ernst Ludwig Großherzog von Hessen und bei Rhein Nr. 14, des k. u. k. Infanterieregimentes Nr. 114 und der Traditionsträger, Hessen-Offiziersbund. 1937.
Spitzl Bruno, Die Rainer. 1938.
Straßmayr Eduard, Das Hessenregiment. 1933.
Vogt Walter, *Sauer* Heinrich, Das Regiment im Weltkrieg in I.R. 14, Ein Buch der Erinnerung an große Zeiten. 1919.

Anmerkungen

[1] LTP 1914 Nr. 130 und 134.
[2] OÖLA, Starhemberg-Akte; frdl. Mitt. Dr. Heilingsetzer.
[3] OÖLA, Weltkrieg 1914 bis 1918, Sch. 25–26;
LTP 1914 Nr. 130.
[4] LTP 1914 Nr. 159, 185.
[5] LTP 1914 Nr. 165.
[6] OÖLA, Weltkrieg 1914 bis 1918, Sch. 2–16.
[7] LTP 1914 Nr. 165 und 170.
[8] LTP 1914 Nr. 270;
OÖLA, Weltkrieg 1914 bis 1918, Sch. 8–18 (Musterungen).
[9] *Vogt,* I.R. 14. 1919, 15;
Geschichte des oberösterreichischen k. k. Landwehrinfanterieregiments Nr. 2, 1929 bis 1931, 47;
Hoen, I.R. 59, 1931, 5.
[10] Genaue Tabelle bei Mateja, Erster Weltkrieg, 1948, 58.
[11] Kalender des oberösterreichischen „Schwarzen Kreuzes" (1929), 104; OÖLA, Weltkrieg 1914 bis 1918, Sch. 2 (Verluste).
[12] *Hoen,* I.R. 59, 1931;
Spitzl, Rainer, 1938;
Sauer, Hessen, 1937;
Straßmayr, Hessenregiment, 1933;
Vogt, I.R. 14, 1919.
Ehnl, Das X. Bataillon, 1932.
[13] Kurze Übersicht über Geschichte Dragoner 4; in: Vor 20 Jahren, Kalender des Kath. Volksvereins für Oberösterreich, 1934, 149–151.
[14] *Fey,* Die Helden, 1935;
Der Heldenweg des Zweierlandsturms 1914 bis 1918, 1937;
OÖ. Landwehr-Infanterie-Regiment Nr. 2; in: Vor 20 Jahren, Kalender des Katholischen Volksvereins für Oberösterreich, 1934, 146–149.
[15] Geschichte des Feldkanonenregiments Nr. 40; in: Vor 20 Jahren, Kalender des Katholischen Volksvereins für Oberösterreich, 1934, 151–154.
[16] Antwort auf das Schreiben von Innenminister Graf Toggenburg, 2. und 3. August 1917. OÖLA, Geheime Präsidialakte, Sch. 189.
[17] OÖLA, Weltkrieg 1914 bis 1918, Sch. 82–100;
OÖLA, Landeswirtschaftsamt 1916 bis 1922, Sch. 1–234;
LVBl 1915 Nr. 82.

[18] LVBl 1915 Nr. 88.
[19] *Löwenfeld*, Volksernährung, 1926;
Weitere ausführliche Hinweise bei Mateja, Oberösterreich im ersten Weltkrieg (1948), 98–153.
[20] LVBl 1917 Nr. 153.
[21] LVBl 1917 Nr. 50.
[22] LVBl 1917 Nr. 139.
[23] LVBl 1917 Nr. 252.
[24] LVBl 1917 Nr. 256.
[25] LVBl 1917 Nr. 169.
[26] LVBl 1917 Nr. 17.
[27] LVBl 1918 Nr. 17, 19.
[28] Information von Prof. Georg Grüll an den Autor 1973.
[29] LVBl 1914 Nr. 186.
[30] OÖLA, Weltkrieg 1914 bis 1918, Sch. 47–65 (Kriegsgefangene); LTP 1914 Nr. 236.
[31] LTP 1914 Nr. 284.
[32] LVBl 1915 Nr. 29.
[33] LVBl 1915 Nr. 4, 290; 1916 Nr. 16, 45, 103, 110; 1917 Nr. 69.
[34] LTP 1914 Nr. 170, 184, 219, 220, 221; 1915 Nr. 3.
[35] LVBl 1915 Nr. 141, 158, 293, 294.
[36] Neues Archiv für Geschichte der Diözese Linz, 1981/82, 108–110.
[37] LVBl 1917 Nr. 34.
[38] *Mateja*, Erster Weltkrieg, 1946, 224.
[39] LVBl 1918 Nr. 272.
[40] Information Gustav Putz, 1975;
Über „Kriegsflüchtlinge" insgesamt: OÖLA, Weltkrieg 1914 bis 1918, Sch. 40–46.

Oberösterreich und Kaiser Franz Joseph I.

Literatur

Caesar Conte Corti Egon, Elisabeth, die seltsame Frau. 2. Auflage 1934.
Caesar Conte Corti Egon, Vom Kind zum Kaiser. Kindheit und Jugend Kaiser Franz Josephs I. und seiner Geschwister. 1950.
Caesar Conte Corti Egon, Mensch und Herrscher. Wege und Schicksale Kaiser Franz Josephs I. zwischen Thronbesteigung und Berliner Kongreß. 1952.
Caesar Conte Corti Egon, Der alte Kaiser. Franz Joseph I. vom Berliner Kongreß bis zu seinem Tode. 1955.
Hamann Brigitte, Rudolf, Kronprinz und Rebell. 1978.
Heller Eduard, Kaiser Franz Joseph I. Ein Charakterbild. 1934.
Kaiser Franz Joseph, Ausstellung Schönbrunn. 1935.
Katalog „Österreich unter Kaiser Franz Joseph I.", historische Sonderschau Pottenbrunn. 1978.
Lipp Franz C., Ischler Albumblätter. 1980.
Margutti Albert Freiherr von, Vom alten Kaiser. Persönliche Erinnerungen an Franz Joseph I. 1921.
Mitis Oskar Freiherr von, Das Leben des Kronprinzen Rudolf. 1928.

Prochaska Heinrich, Geschichte des Badeortes Ischl 1823 bis 1923. 1924.
Redlich Joseph, Kaiser Franz Joseph von Österreich. Eine Biographie. 1928.
Spitzmüller Alexander Freiherr von, Kaiser Franz Joseph als Staatsmann. 1935.
Steinitz Eduard Ritter von (Hrsg.), Erinnerungen an Franz Joseph I. 1931.
Zellweker Edwin, Bad Ischl. Werden, Wesen, Wandlung. 1961.

Anmerkungen
[1] *Hafner–Turecek–Wytrzenz,* Slawische Geisteswelt, Band II, West- und Südslawen. 1958, 253 ff. Siehe auch: Gedächtnisfeier der Universität Wien für weiland Se. Majestät Kaiser Franz Joseph I. am 2. Dezember 1916 (Reden Reisch und Dopsch). 1917.
[2] LTP 1916 Nr. 283.
[3] Siehe das Kapitel „Minderheitenprobleme ohne Minderheit".
[4] Edith *Saurer,* Die politischen Aspekte der österreichischen Bischofsernennungen 1867 bis 1903 (1968).
[5] LTP 1878 Nr. 60, 62.
[6] OÖLA, Bibliothek, Sammelband „Enthüllung der Gedenktafel für Kaiserin Elisabeth in Linz, 21. April 1903".
[7] OÖLA, Bibliothek, Sammelband „Kaiserin Elisabeth" mit Ausschnitten aus den meisten österreichischen Zeitungen über die Ermordung der Kaiserin 1898.
[8] Siehe das Kapitel „Denkmäler – zwischen ‚gemütlichen Realismus und Jugendstil'".
[9] LTP 1876 Nr. 194.
[10] ALZ 1897 Nr. 81.
[11] OÖ. Sten. Prot. Beilage 345/1908.
[12] Zeittafel Kaiser Franz Joseph und Bad Ischl; in: Mitteilungen des Ischler Heimatvereines, Folge 16, 1980, 11.
[13] Der Oberösterreicher, 1885, 78.
[14] Die Gmundner Johann-Orth-Erinnerungen; in: LVBl 1933 Nr. 160; Franz *Gräflinger,* Johann Orth in Linz. Mit erstmals veröffentlichten Briefen aus dem Besitz eines Linzer Arztes; in: LVBl 1933 Nr. 280;
Franz *Gräflinger,* Johann Orth in Linz; in: OÖN 1953 Nr. 269, Beilage „Heimat und Welt"; O. F., Erzherzog Johann (Johann Orth) – Ehrenbürger von Linz; in: LTP 1936 Nr. 121; Juliane von *Stockhausen,* Im Schatten der Hofburg. Gestalten, Puppen und Gespenster. 1952.
[15] LVBl 1916 Nr. 283.
[16] Siehe das Kapitel „Denkmäler – zwischen ‚gemütlichen Realismus zum Jugendstil'".
[17] ALZ 1879 Nr. 152, 179, 193.
[18] ALZ 1880 Nr. 196.
[19] LTP 1914 Nr. 132.
[20] LTP 1914 Nr. 139.
[21] Siehe das Kapitel „Von allen Fronten am weitesten entfernt".
[22] LTP 1914 Nr. 164.

Abkürzungen

ALZ	Amtliche Linzer Zeitung
	1 1857 bis 1925 Linzer Zeitung und Amtsblatt zur Linzer Zeitung
	2 1926 bis 1940 Amtliche Linzer Zeitung;
	1946 bis Amtsblatt für Oberösterreich
B	Beilage zu den stenographischen Protokollen der Sitzungen des Plenums des oberösterreichischen Landtages
BGBl	Bundesgesetzblatt
BVG	Bundesverfassungsgesetz
Chr. Kbl.	Christliche Kunstblätter
DM	Deutscher Michl, Linz
LDBl	Linzer Diözesanblatt
LG	Landesgesetz
LGBlOÖ	Landesgesetzblatt =
	1 Allgemeines Landesgesetz- und Regierungsblatt für das Kronland Österreich ob der Enns, 1849 bis 1852
	2 Landes-Regierungsblatt für das Erzherzogtum ob der Enns, 1853 bis 1859
	3 Verordnungen der Landesbehörden für die Kronländer Österreich ob der Enns und Salzburg, 1860 bis Juli 1861
	4 Verordnungen der Landesbehörden für das Erzherzogtum ob der Enns, August 1861 bis 1862
	5 Gesetz- und Verordnungsblatt für das Erzherzogtum ob der Enns, 1863 bis 1890
	6 Landesgesetz- und Verordnungsblatt für das Erzherzogtum ob der Enns, 1891 bis 23. November 1918
	7 Landesgesetz- und Verordnungsblatt für Oberösterreich, 11. Dezember 1918 bis 1928
LKBl	Linzer Kirchenblatt
LMgbl	Montagsblatt, Linz
LMP	Linzer Morgenpost
LR	Landesregierung
LRS	Landesregierungssitzung
	1 Sitzung des Landesausschusses im Erzherzogtum Österreich ob der Enns (bis 9. November 1918)
	2 Sitzung des Landesausschusses in Oberösterreich 30. November 1918 bis 10. März 1919
	3 Sitzung des Landesrates in Oberösterreich 11. April 1919 bis 21. Februar 1920 (anschließend nicht mehr gedruckt)
LSBl	Linzer Sonntagsblatt
LTbl	Tagblatt, Linz
LTP	Tages-Post, Linz
LVBl	Linzer Volksblatt
LVG	Landesverfassungsgesetz
LW	Wahrheit, Linz
MB	Mühlviertler Bote

MN	Mühlviertler Nachrichten
MOÖLA	Mitteilungen des Oberösterreichischen Landesarchivs
NWI	Neue Warte am Inn
OÖ	Oberösterreich
OÖHbl	Oberösterreichische Heimatblätter
OÖLA	Oberösterreichisches Landesarchiv
OÖ. Sten. Prot.	Stenographische Protokolle der Sitzungen des Plenums des oberösterreichischen Landtages
RG	Reichsgesetz
RGBl	Reichsgesetzblatt
RVZ	Rieder Volkszeitung
RW	Rieder Wochenblatt
SKZ	Salzkammergutzeitung
StZ	Steyrer Zeitung
WZ	Welser Zeitung

Personenregister

Abel Joseph 342
Achleitner Friedrich 365
Achleuthner Leonhard 145, 146, 149, 165, 198, 426
Adamberger Toni 385
Adler Dr. Viktor 165, 214, 225, 231, 236, 425
Aichinger Hermann 364
Aichinger Ludwig 382
Aigner Dr. Josef 156
Almeroth Carl 347
Alexander, von Bulgarien 408
Alexander I., König von Serbien 409
Alice, Prinzessin v. Bourbon-Parma, 2. Gattin Ferdinands IV. 409
Alt Franz 345
Alt Jakob 339, 345
Angeli Heinrich 343
Anton Alois 285
Anzengruber Ludwig 372
Anzengruber Ludwig sen. 371
Arco Maximilian, Graf 56
Arming Friedrich Wilhelm 372
Arneth Alfred, Ritter von 267, 385
Arneth Joseph, Ritter von 385, 414
Arneth Michael, Ritter von 385
Arnleitner Friedrich 381
Attems Hermann, Graf 108, 247, 248, 251
Auer Alois, Ritter v. Welsbach 388
Auer Carl, Freiherr v. Welsbach 388
Auer Max 382
Auersperg Adolf, Fürst 145, 181, 182, 203, 243
Auersperg Anton Alexander, Graf (Anastasius Grün) 266
Auersperg Carlos, Fürst 243
Auffenberg Moritz 394
Bach Alexander, Freiherr von 21, 30, 34
Bach Dr. Eduard, Freiherr von 11, 20, 21, 22, 23, 28, 43, 142, 414
Bach Moritz 295
Badeni Kasimir, Graf 46, 169, 173
Bärenreither Franziska 344

Baerenreither Josef Maria, Dr. 219
Bahr Dr. Alois 122, 170, 183, 208, 216, 267, 414
Bahr Hermann 367, 375, 379, 382, 414, 432, 435
Bahr Otto 382
Balzarek Mauriz 364, 365, 366
Bancalari Gustav 183, 187, 217
Baron Gerhard 227
Bartheim Ludwig, Graf 299
Baum Ignaz 293
Baumgartner Cölestin 108
Bayer Josef 356
Bebel August 231
Beethoven Ludwig van 377
Belcredi Egbert, Graf 36
Belcredi Richard, Graf 36
Benak Dr. Franz, Edler von 183
Benatzky Ralph 382
Beneš Dr. Eduard 404
Berchthold Leopold, Graf 411
Berger Franz 387
Beurle Dr. Carl 42, 43, 45, 48, 49, 53, 54, 57, 99, 106, 115, 168, 169, 172, 173, 183, 185, 186, 187, 191, 194, 198, 209, 214, 215, 216, 217, 218, 219, 220, 249, 259, 427, 429
Bilinsky Leon, Ritter von 411
Billau Karl von 37, 72
Billroth Theodor 389
Binzer Carl von 341, 342, 346
Binzer Emilie von 341
Bismarck Otto, Fürst 217, 408
Bitterlich Hans 349, 351
Blanck v. Wiesenfeld-Blanckburg 204
Bleibtreu Hedwig 416
Blümlhuber Michael 365
Blumauer Carl 344, 345
Bobleter Franz Xaver 342
Boček Alois 233
Böheim Josef 48, 54, 218
Böheim Wilhelm 355
Boos Martin 277
Brader Dr. Josef 285, 287

Brahms Johannes 356
Brandis Heinrich, Graf 160, 189, 190, 198, 242, 245, 246, 268, 417, 432
Brandl 352
Brandl Alois sen. 114
Brandstetter Hans 356
Brenner Alexander 390
Brenner-Felsach Dr. Josef, Ritter von 422
Breughel Jan 363
Breughel Pieter 363
Brosch Clemens 346
Bruckner Anton 334, 349, 358, 367, 377, 378, 379, 380, 381, 382, 407, 415, 418, 430
Bsteh Dr. Rudolf 48, 50, 51
Bürkel Heinrich 345
Burgstaller Johann 380
Burian Stephan, Freiherr von 411
Bylandt-Rheidt Artur d. J., Graf 29, 434
Canaletto Bernardo (eigentlich Bellotto) 363
Canciani Alfonso 354
Carl, Erzherzog 67
Carnot 235
Carol, König von Rumänien 408, 409
Chambord, Gräfin (Erzherzogin Maria Theresia von Österreich) 153
Charlemont Theodor 354
Chlumecky Johann, Graf 421
Chmel Josef 384
Chotek Wolfgang, Graf 391
Christian IV., König von Dänemark 408
Christine, Königin von Spanien 408
Commenda Johann 353, 354, 370, 388
Conrad-Eybesfeld Dr. Siegfried, Freiherr von 26, 27, 272, 273, 418
Coreth Botho, Graf 108, 114, 211, 247, 248, 249, 250
Cornelius Peter 341
Coudenhove Franz, Graf 246
Crippa Dr. Angelo 216
Czech Amand 287
Czerny Albin 385
Dachauer Wilhelm 346, 425, 433
Daffiner Moritz Michael 344
Dametz Josef 220
Danzer Robert 381
David Johann Nepomuk 382, 418, 430
Dehne August 99

Denis Johann Nepomuk Cosmas Michael 382
Denk Wolfgang 390, 425
Depiny Dr. Adalbert 388
Derschatta Dr. Julius, Ritter von 219
Deubler Konrad 22, 226, 376, 426
Dierzer Joseph, Ritter v. Traunthal 33, 122, 183, 187
Dietl Adolf 227, 228
Dill-Auegg Eleonore 344
Dinghofer Dr. Franz 221, 222, 224, 358, 436
Doblhamer Gregor 209
Döllinger Dr. Ignaz von 283, 284
Dörr Michael 189, 257
Dopf Carl 232
Doppelbauer Dr. Franz Maria 41, 43, 45, 107, 148, 162, 272, 273, 274, 275, 276, 334, 427, 433
Dürckheim-Montmartin Eckbrecht, Graf 241
Dürckheim-Montmartin Georg Friedrich, Graf 99, 246, 250
Dürrnberger Adolf 162, 183, 216
Dürrnberger Johann August 378
Duftschmied Johann 388
Ebenhoch Dr. Alfred 26, 47, 107, 129, 146, 147, 148, 149, 170, 171, 191, 197, 198, 218, 220, 223, 235, 258, 274, 281, 349, 352, 372, 428, 431
Ebner-Eschenbach Marie von 373, 374
Eder Gustav 216, 218, 343
Edlbacher Joseph 339, 340
Edlbacher Ludwig 388, 419
Edlbacher Max 183
Eduard VII., König von England 408
Egger von Möllwald 355
Eigner Dr. Moritz, Ritter 142, 143, 144, 145, 147, 149, 154, 155, 164, 170, 183, 198, 242, 411, 416, 419, 422, 432
Einfalt Martin 380
Eiselsberg Anton von 389, 390
Elisabeth, Königin von Rumänien (Carmen Sylvia) 408
Elisabeth Eugenia, Prinzessin von Bayern, Kaiserin von Österreich 351, 359, 406, 407, 408, 409, 410
Ellenbogen Dr. Wilhelm 235
Eltz Dr. 406

Erb Prof. Leopold 48, 106, 109, 114, 172, 186, 198, 218, 219, 223, 224
Erb Viktor 287
Erhard Albert 275
Esser Dr. Hermann 45, 54, 170, 191
Esterhazy Daniel, Graf 251
Ezdorf Josef, Graf 51
Fadinger Stefan 163, 209, 358, 371, 372
Fall Leo 382
Falkenhausen Fanny 372
Falkenhayn Julius, Graf 25, 99, 144, 145, 146, 149, 153, 154, 155, 158, 194, 198, 241, 243, 273, 418, 424
Fellerer Max 365
Ferdinand I., Kaiser 73, 406
Ferdinand I., König von Bulgarien 409
Ferdinand, Prinz von Coburg-Gotha, Fürst d. Bulgaren 409
Ferdinand IV., Großherzog d. Toscana 409
Ferdinand Max, Erzherzog, später Kaiser Maximilian v. Mexiko 406
Ferstel Heinrich, Ritter von 334, 351, 362
Fessler Joseph 271
Festl Adolf 378
Figuly Dr. Ignaz von Szep 116, 143, 170, 183, 241, 242, 342, 418, 421
Fink Vinzenz 33
Finsterer Hans 390
Fischer Dr. Alois 11, 23, 333
Floderer Wilhelm 382
Forstner Karl 371
Fossel Viktor 390
Franke Anton 72
Franz I., Kaiser 65, 317
Franz II., König von Neapel 408
Franz Ferdinand, Erzherzog, Thronfolger 358, 391, 409, 411
Franz Joseph II., Kaiser 22, 26, 62, 65, 66, 73, 145, 147, 162, 181, 266, 268, 273, 278, 289, 352, 356, 357, 404, 405, 406, 407, 408, 409, 410, 411, 412, 424, 435, 437
Franz Karl, Erzherzog 405
Franz Salvator, Erzherzog 352
Freudenthaler Josef 232
Freund Sebastian 284
Friedjung Dr. Heinrich 165, 214, 425
Friedmann Moritz 295

Friedrich, Erzherzog 411
Friedrich August v. Sachsen 409
Friedrich Wilhelm, deutscher Kaiser 408
Frind Dr. Wenzel 43
Frisch Dr. Franz 72
Fuchs Franz 248
Führer Robert 379
Führich Josef von 341
Gablenz Ludwig Freiherr von 27
Gaisberger Joseph 385
Ganglbauer Cölestin 272, 422
Gauermann Friedrich 339
Gautsch-Frankenthurn Paul, Freiherr 29, 273, 289
Georg, König von Griechenland 408
Gerhard Anton 355, 436
Gerstner Franz Anton, Ritter von 317
Gerzer Oskar 371
Gessmann Dr. Albert 274
Gföllner Dr. Johannes Maria 270, 276, 437
Giessl v. Gieslingen 411
Gilm Hermann von 22, 341, 374
Giovanelli Dr. Karl, Freiherr 331
Girardi Alexander 407, 427
Girowitz 424
Glaise-Horstenau Edmund 387
Glöggl Anton 377
Glöggl Franz 377
Glöggl Joseph 377
Göllerich August 182, 183, 215, 344
Görres Joseph von 188
Görner Karl, Ritter von 183, 349, 350
Goldbacher Gregor 370, 381
Gräfinger Franz 382
Grahamer Ferdinand 209
Grasböck Theobald 48
Greil Alois 343, 344, 357, 406
Greil Hans 357, 406
Grillparzer Franz 369, 372, 381
Grogger Paula 381
Groß Dr. Franz 99, 109, 116, 125, 126, 127, 225
Gruber Ignaz 381
Gruber Josef 151, 238, 311, 380
Grünwald Dr. M. 293
Günzl 42
Gürlich A. 356
Gyri Adolf 288

Gyri Josef   287, 288
Habert Johann   378, 379, 380
Haerdtl Guido, Ritter von   59, 350
Hafferl Anton   356
Hafferl Franz   315
Hafner Josef   57, 150, 239
Hagn Theodor   356
Hahn Ignaz   293, 296
Hals Franz   363
Halter Josef   157
Handel-Mazzetti Enrica von   373, 381, 432
Handel Erasmus, Freiherr von   21, 28, 29, 30, 31, 58, 99, 124, 150, 251, 373, 412, 434
Handel Sigmund, Freiherr von   241, 250
Handel Max, Freiherr von   99
Handel Rudolf, Freiherr von   246
Hanrieder Norbert   370, 380, 436
Hansen Theophil von   361, 364
Hanslick Eduard   381
Harding Charles   409
Hartung Hermann   227
Haslinger Josef   185, 215
Haslinglehner Johann   243
Hasner Leopold von   267
Hatschek Ludwig   358, 365
Hauschka   220
Hauser Johann Nepomuk   58, 112, 114, 115, 149, 150, 170, 198, 201, 211, 248, 249, 401, 404, 410, 435
Hayden Eduard Freiherr von Dorff   70, 99, 116, 241, 246, 306
Hebbel Friedrich   381
Hebenstreit Hugo von   251
Heckel Jakob   389
Hegenbarth Ernst   356
Hejda Wilhelm   354
Hellmesberger Josef jun.   426
Hepper Dr. Franz   356
Herberstein Ernst von   273
Heu Joseph   354
Heuberger Richard   382
Hillischer Hermann   374
Hiptmair Mathias   387
Hitler Adolf   360, 363
Hittmair Dr. Rudolf   276, 402, 436
Hochenegger Friedrich   417
Hofbauer Klemens Maria   188, 266
Hofmann Dr. Egon   346

Hoffmann Josef   364, 365
Hohenwarth-Gerlachstein Karl, Graf   21, 24, 25, 26, 98, 117, 141, 148, 155, 193, 244, 245, 251, 416, 418
Hoke Dr. Emmerich   185, 215, 216
Holenia Edmund   323
Holter Franz   220
Holub Karl   415
Holzmeister Klemens   365
Hospodsky Johann   231
Huber Ignaz   48
Huster Rudolf   350
Hye Anton   267, 429
Ilg Dr. Albert   349
Indra Anton   233
Itzinger Karl   213
Jäger Abraham   292
Jäger Dr. Ernst   45, 47, 48, 49, 53, 55, 144, 170, 172, 183, 186, 187, 221
Jäger Karl von   161
Johann, Erzherzog   29
Johann Salvator, Erzherzog (Johann Orth)   342, 409
Joseph II., Kaiser   11, 190, 206, 278, 353
Josef Ferdinand, Erzherzog   391, 392, 409, 412
Jungwirth Josef   33
Jurašek Kašpar   43
Kaar Josef   216
Kaiser Josef   121
Kaiser Joseph Maria   344
Kálmán Emmerich   407
Kaltenbrunner Karl Adam   356, 369, 370, 414
Kaltenhauser Fanny   374
Karl Ludwig, Erzherzog   406
Karl von Portugal   408
Karl Kaiser   151, 412
Karlsberger Josef   126
Karolina Augusta, Kaiserin   317
Kast von Ebelsberg Michael, Freiherr   47, 146, 149, 165, 198, 431
Katzer Dr. Karl   216
Kaulbach Friedrich   341
Kautsky Karl   229
Kein Franz   371
Kematmüller Heinrich   387
Kern Felix   97, 152, 246
Ketteler Wilhelm   188

Kielmannsegg Erich, Graf 15
Kienzl Wilhelm 356, 379, 381, 429, 436
Kinsky Rudolf, Graf 241
Kirchmayr Hans 202, 203, 204, 206, 207, 209, 232
Kirchmayr Hans sen. 205
Kirchsteiger Hans 373
Kitzler Otto 379
Kletzmayr Hermann sen. 109, 186
Klinkosch Heinrich 288
Kneer Rudolf 389
Koch Gustav Adolf 389
Koch Dr. Friedrich 402
Koch Ludwig 405
Körber Ernst von 173
Körner Reinhold 342
Kolbe Friedrich 357
Koller Marian 389
Kollinger Rupert 106
Konrad Helmut 227
Konrad Karl 381
Kornseis Bernhard 156
Kossuth Ludwig von 22
Krackowizer Ferdinand 386, 387
Krackowizer Hermann 363
Kränzl Josef 67, 72
Kraus Alfred 395
Kreil Franz Salesius, Ritter von 302
Kremer Raphael, Ritter von 116, 126, 241
Krennmayr Leopold 205, 206, 207, 213, 214
Kreuzer Konradin 382
Kriechbaum Eduard 388
Kriegs-Au Adolf, Freiherr von 30
Kriehuber Josef 345
Krobatin Alexander von 411
Krötzl Josef 211, 213
Kronawetter Dr. Ferdinand 204
Kronberger Karl 344
Kubin Alfred 346, 367, 434
Kudlich Dr. Hans 163, 182, 190, 299
Kuenburg Gandolf, Graf 102, 183
Kürzinger 287
Kundmann Carl 350, 358
Kunschak Leopold 169
Kuppelwieser Leopold 341
Kurz Franz Seraph 384
Kurzwernhart Robert 380
Kutschera Josef 126

Kyrle Eduard 64, 65, 69, 72, 170
Lamberg Hugo, Graf 421
Lamprecht Johann Ev. 387
Langoth Franz 151, 221, 222, 224
Lanna (Lahner) Adalbert 318
Lanz Engelbert 381
Lassalle Ferdinand 226, 228
Lassl Dr. Josef 370, 374
Laube Heinrich 372
Laurenz Paul 387
Lebschy Dominik 23, 77, 116, 142, 143, 144, 146, 149, 153, 155, 179, 198, 413
Lehar Franz 382, 407
Leisek Georg 410, 435
Leithgeb Franz 287
Leo XIII. 270, 274
Leopold II., Großherzog der Toscana, Kaiser 409
Liebert Franz 357
Liebknecht Karl 231
Liechtenstein Aloys, Prinz 274
Lienbacher Dr. Georg 209
Ljubibratic 422
Löcker Dr. Julius 111
Löffler Carl 344
Loidol Oddo 380
Loidolt Eduard 355
Löwenfeld Wilhelm 363, 421, 423
Löwensohn Bernhard 296
Ludwig Viktor, Erzherzog 406
Lueger Dr. Karl 148, 199, 349, 427
Makart Hanns 345
Mallinger Andreas 206, 213
Maresch P. Joh. Nep. 43
Marie, Königin von Neapel 408
Maria Anna, Kaiserin 406
Maria Theresia, Kaiserin 11, 385
Maria Vallerie, Erzherzogin 352
Marie Louise, Erzherzogin, Gattin Napoleons, Kaiserin 406
Marks Dr. Alfred 388
Marx Karl 231
Masaryk Thomas G. 404
Mathes Carl von 349
Matosch Dr. Anton 353, 354, 370
Matzura Thomas 43
Max Emmanuel 358
Max Josef 358
Maximilian d'Este, Erzherzog 43, 341, 360

Maximilian Josef v. Bayern   64, 378
May Mathias   346
Mayer Emil   382
Mayer Wilhelm Sebastian   380
Mayfeld Moriz von   250
Mayr Ferdinand   360
Mayr Ignaz   26, 158, 418
Mayr, Dr. Max   150, 151, 170, 198, 201, 223, 432
Mayr Michael   387
Mayrhofer Johann Nepomuk   343
Mayrzedt Josef   205
Medelsky Josef   371, 434
Meindl Konrad   274, 387, 433
Melichar Franz   107, 183, 220
Melichar Sepp   107
Meran Dr. jur. Rudolf, Graf   29, 150, 398, 437
Merveldt Franz, Graf   28, 30, 428
Mestrovic Ivan   356
Metternich Lothar, Forst   65
Metternich-Winneburg Lothar, Prinz   252
Metzner Franz   352, 353, 354, 355, 356, 358, 363, 435
Mevius Heinrich   340
Milan v. Serbien   408
Millöcker Karl   382
Mitterberger   107
Montecucolli-Laderchin Friedrich, Graf von   251
Moser Ferdinand   99
Moser Philipp   170
Most Johann   227, 231
Mozart Wolfgang Amadeus   377
Mücke Joseph Franz   342
Müller Dr. Theol. Ernst Maria   208, 273, 342, 426
Müller Franz Xaver   380, 418
Munsch Joseph   343
Muthesius Hermann   366
Myslbek Josef Vaclav   356
Nadler Ernst   381
Nadler Josef   368, 369, 372
Naschberger Dr. Andreas   147, 306
Neander Johann   232
Netwald Dr. med. Josef   415, 416
Neuhofer Franz   382
Nicoladoni Alexander   215, 216
Niedermayr Franz   48

Oberhuber Franz   357
Obermüller Adolph   343
Odelga Josef, Freiherr von   251
Oehn Hermann   209, 213
Ohmann Friedrich   365
Olbrich Josef Maria   356, 364
Overbeck Johann Friedrich   341
Paderewsky Ignacy   342
Palladio Andrea   363
Palm Philipp   372
Pasic Nikola   409
Pattai Robert   214
Paupie Ludwig   379
Pausinger Franz   341
Payer Julius Ritter von   343
Pedro II., Kaiser von Brasilien   408
Pekař Josef   404
Pereira-Arnstein Viktor, Freiherr von   246
Pernerstorfer Engelbert   165, 214, 225, 237, 425
Pessler Dr. Gustav, Ritter von   38, 127, 183, 216, 219, 241, 242
Peteani Maria   374
Pfaffinger Michaela   344
Pflügel Albert Edler von   161, 241
Pforr Franz   341
Phillippot Charles Louis   342
Pichler Leo, Ritter von Tenneberg   251
Pillwein Benedikt   388
Pilz Dr. Anton   273
Pino Felix, Freiherr v. Friedenthal   27, 102, 423, 425
Pinzger Anton   72
Pius IX.   283
Pius X.   274
Platte Karl   299, 341
Plener Dr. Ignaz, Edler von   268
Poche Franz   343, 349, 350
Pocksteiner Freiherr von   63
Pollinger Felix   343
Poeschl Thomas   277
Poeschl Rudolf   277
Pollatschek Dr. Pulyi   293
Pölleritzer Leopold   357
Polzer-Hoditz Ludwig, Ritter von   114, 115, 211, 212, 249, 250
Popper Otto Reinhard   374
Pranghofer Wenzel   379
Prechtl Josef   69, 72

Prechtler Otto 372
Preen Hugo von 346
Pritz Franz 385, 419
Purschka Norbert 370
Puthon Viktor, Freiherr von 28, 29, 146, 251, 428
Putz Josef 212
Rabl Carl Borromäus 390
Radetzky Joseph, Graf 356, 358
Raimund Ferdinand 427
Ranke Leopold von 385
Rathausky Hans 334, 349, 350, 351, 352, 434
Rauscher Othmar von 266
Redl Johann 106
Redlich Josef 266
Redtenbacher Jakob Ferdinand 309, 388
Reinhardt Max 375
Reininger Karl 216, 350
Reininger Robert 376, 417
Reischek Andreas sen. 431
Reiter Johann Baptist 342, 428
Reiter Josef 382
Reiter Franz Salesius 370
Rembrandt van Rijn 363
Renner Mathias 355, 357
Reslhuber Augustin, Abt v. Kremsmünster 153, 422
Reumann Jakob 235
Rhodin Auguste 354
Richter Engelbert 356
Richter Friedrich 216
Rint Johann 356, 357
Rint Josef 345, 346, 357
Ritzberger Albert 343
Rodler Alfred 365
Römer Bruno 431
Rosegger Peter 433
Rosenauer Josef 30
Rossi August 382
Roth Josef, Ritter v. Limanowa-Lapanov 392
Ruckensteiner Dr. Friedrich 216
Rudigier Bischof 23, 126, 142, 152, 156, 157, 158, 177, 179, 188, 189, 205, 208, 227, 257, 266, 267, 268, 269, 270, 271, 272, 273, 274, 285, 286, 287, 355, 362, 368, 380, 387, 405, 415, 416, 417, 418, 420, 426, 429

Rudolf, Erzherzog, Kardinal 406
Rudolf, Kronprinz 341, 407, 419
Rumpelmayr 211
Salburg Julius Graf 251
Salburg-Falkenstein Edith Gräfin (verehel. Freifrau Krieg-Hochfelden) 374
Salzmann Dr. Aubert 191
Sames Josef 216, 350
Samhaber Dr. Edward 370, 375, 380, 381
St. Julien Franz, Graf 241
Sattler Joseph Ignaz 352, 357
Sattler Karl 363
Sattler Leonhard 357
Schachinger Karl 108, 247
Schamberger Georg 213
Schamberger 285
Schaup Dr. Wilhelm 183
Scheck Ferdinand 345
Scheck Ignaz 363
Scheibelberger Friedrich 240
Scheiblhuber Ferdinand 189, 269
Scheicher Josef 275
Scheu Andreas 227
Schiedermayr Baptist 377
Schiedermayr Karl 389
Schiffmann Konrad 387
Schiller Karl von 342
Schimkowitz Othmar 349, 350
Schindler Franz Martin 275
Schlager Matthäus 362
Schlager Dr. Michael 37, 119
Schlegel Dr. Josef 48, 54, 56, 57, 58, 151, 170, 191, 201, 281
Schmerling Dr. Anton, Ritter von 21, 34, 143, 385
Schmid Heinrich 364, 365
Schmid Hermann Theodor von 373
Schmidinger 107
Schmidt L. Ph. 426
Schmitz Bruno 353, 363
Schneider Franz 357
Schnopfhagen Dr. Hans 370, 381
Schober Dr. Johannes 420
Schönemark 360
Schönerer Georg, Ritter von 168, 172, 205, 206, 209, 214, 215, 216, 281, 425
Schöppl Hugo 373
Schopper Franz 417
Schopper Heinrich 365

Schosser Anton   370
Schott Anton   370
Schratt Katharina   407, 427
Schreyvogel Friedrich   372
Schrödel Philipp   230, 231
Schubert Franz   377
Schulhof Ignaz   294
Schuhmeier Franz   235
Schulte Josef   365, 366
Schulze-Delitzsch Hermann   226
Schurda Ignaz, Freiherr von   24, 415
Schwager Benedikt   296
Schwarz Isidor   296
Schwarz Karl   37
Schweitzer Eduard   412
Schwind Moritz von   339, 342, 345
Schwinner Dr. Josef   191
Seau Otto, Graf   251
Sechter Simon   378, 379, 380
Seipel Ignaz   43
Seyrl Franz   21, 127, 246
Sieghartner Friedrich   360
Simony Friedrich   389, 430
Smutny Joseph   342
Sonnleitner Rudolf, Edler von   250
Sophie, Erzherzogin   391
Sophie Hohenberg, Herzogin   406
Soukup Alois   287
Spaun Anton, Ritter von   386
Spiegelfeld Franz, Freiherr von   23, 414
Spielmann Julius   238
Sprenger Paul   361
Stadion Franz, Graf   12, 32
Stanzl Adolf   357
Starhemberg Ernst Rüdiger, Fürst   243
Starhemberg Guido, Graf   385
Starhemberg Kamillo Heinrich, Graf   193, 242, 243, 246
Starkenfels Viktor Weiß von   156, 189, 190, 196, 245, 246
Statz Vinzenz   345, 361, 362
Stecher Franz Anton   341   342
Steffek Wenzel   231
Seliger Josef   237
Smrczka Dr. Adalbert   214
Spitzweg Carl   339, 340, 344, 345
Steinbach Dr. Emil   103
Steinwender Dr. Otto   216, 219
Stelzhamer Franz   22, 333, 342, 344, 353,
355, 358, 359, 363, 367, 369, 370, 371, 375, 379, 380, 414, 421, 425, 432
Sterrer Franz   342
Sterrer Josef d. Ä.   107, 256
Sterrer Karl   349, 356
Stifter Adalbert   22, 339, 340, 341, 343, 344, 347, 349, 350, 351, 353, 356, 357, 359, 362, 367, 373, 375, 379, 389, 415, 416
Stirnbrand Franz   342
Stourzh Dr. Alois, Edler von   216
Straberger Josef   349, 350
Strachwitz Zdenko, Graf   56
Straßen Melichar zur   363
Straßer Arthur   349
Straßmayr Eduard   388
Strauß Johann   382
Strauss Oskar   407
Streicher Gustav   371
Strejc Josef   226
Strnadt Julius   72, 280, 386, 387
Ströbel August   354
Stülz Jodok   384
Stürgkh Karl, Graf   297
Suppé Franz von   382
Sutter Joseph   341, 342
Sybel Dr. Heinrich   385
Sylvester Dr. Julius   214
Synaczek Gamaliel   44
Taaffe Eduard, Graf   21, 23, 24, 25, 26, 27, 102, 103, 141, 143, 165, 202, 204, 298, 411, 416, 424, 425
Tarnoczy Berta von   344
Tassilo   356
Tausch Leopold von Glöckelsthurm   250
Tautschinsky Hippolyt   227
Tegetthoff Wilhelm von   358
Thienemann Otto   363
Thomas Franz   342
Thun-Hohenstein Sigmund, Graf   146, 421
Tilgner Viktor Oskar   347, 348, 349, 356, 429
Tittoni Tomaso   409
Trauner Johann B.   193, 243
Übell Dr. Hermann   354
Udynski Heinold, Freiherr von   411
Uhl Friedrich   363
Unger Dr. J. J.   293
Vergeiner Anton   370

Vergeiner Pius 370
Vierthaler Franz Michael 355
Virchow Rudolf von 390
Vogel Johann Konrad 281
Vogelsang Karl, Freiherr von 197
Vornehm Karl 365
Wagner 108
Wagner Adolf (Wagner v. d. Mühl) 358
Wagner Otto 364, 365
Wagner Richard 379, 381
Wagner-Jauregg Prof. Julius 390
Wahl Mathias 37
Waldeck Dr. Franz 378
Waldeck Karl 378, 381
Walderdorff Eduard, Graf 251
Waldmüller Ferdinand Georg 339, 345
Wallhamer Josef 342, 345
Wallner Susi 374
Wallner Wolfgang 357
Weber-Ebenhof Phillipp, Freiherr von 27, 28, 120, 252, 272, 273, 425, 433
Weichs Friedrich, Freiherr von 181, 182, 183, 196, 241, 243, 254, 257
Weichs Karl, Freiherr von 196, 241, 243, 245, 268
Weiguny Anton 109, 112, 203, 204, 220, 227, 228, 229, 232, 233, 236, 238, 239, 423, 431
Weiß Johann Baptist 379
Weiß Ludwig 426
Wellner Dr. Max 204
Wenger Franz 357
Wengler Johann Baptist 344
Werndl Franz 414
Werndl Josef 154, 309, 311, 347, 348, 366, 388, 413, 414, 415, 428, 429
Werndl Leopold 309, 347
Wertheim Ferdinand 242

Wessenberg Johann, Freiherr von 385
Westreicher Engelbert 357
Weyer Prof. Rudolf v. 354, 356
Widemann Bohuslav, Ritter von 27, 423
Wiedenfeld Otto, Freiherr v. 27, 418, 420
Wilhelm, Kurfürst 65
Wilhelm I., Kaiser 278, 408
Wilhelm Anton 352
Willemer Marianne (geb. Jung) 373, 374, 414
Wimmer Julius 216, 256
Windischgrätz Ernst, Fürst 249
Winter Dr. Hans 54, 55, 223
Winternitz Dr. 291
Winternitz Joachim 292, 294
Wiser Dr. Karl 38, 158, 161, 170, 182, 183, 295, 417, 420
Wohlmann Ferdinand 287
Wolkenstein Oswald Graf 251
Wrede Ignazia 355
Wunschheim Johannes 388
Wurmb Anton 413
Wurmb Karl 388
Wyklicky Helmut 389
Zach Andreas 360
Zaunegger Josef 109, 114
Zauner Alois 386
Zedlitz Joseph Christian 341
Zellinger 107
Zenetti Leopold von 379
Zerritsch Fritz sen. 349
Zibermayr Ignaz 386
Zichy August, Graf 411
Ziegler Gregor Thomas 266, 357
Zimmermann Albert 340
Zinögger Leopold 343, 345
Zöhrer Eduard 370
Zötl Hans 370

Ortsregister

Abstorf 207
Abtenau (Salzburg) 328
Adlwang 387
Aigen i. M. 235, 322, 326, 427
Alberndorf 153
Altaussee (Steiermark) 341, 363
Altenberg 327
Altheim 328
Ambras, Schloß (Tirol) 356
Ampflwang 207, 314
Amstetten (Niederösterreich) 320, 419
Ansfelden 378, 430
Antiesenhofen 328
Antwerpen (Belgien) 339
Arco (Italien) 287
Asch (Böhmen) 223
Aschach 168, 322, 326, 327, 342, 402, 427
Asiero (Italien) 396
Athen (Griechenland) 390
Attersee 277, 278, 323
Attnang-Puchheim 320, 321, 328, 421, 423
Atzbach 119
Bachmanning 207
Bad Aussee (Steiermark) 291, 320, 363, 422
Bad Hall 22, 254, 321, 361, 362, 364, 365, 377, 408
Bad Ischl 20, 56, 212, 235, 237, 255, 258, 278, 296, 320, 321, 347, 349, 357, 359, 360, 363, 364, 401, 406, 407, 408, 409, 410, 411, 412, 420, 421, 422, 423, 426, 435, 436
Bad Leonfelden 326, 327, 414
Baumgartenberg 207, 408
Belluno (Italien) 395
Bergheim 38
Bergreichenstein (Böhmen) 54
Berlin (Deutschland) 352, 353, 366, 375, 384, 390
Bern (Schweiz) 231
Bischofswarth (NÖ., später CSR) 55, 59
Bozen (Südtirol, Italien) 17, 396

Braunau 11, 15, 17, 62, 68, 97, 232, 255, 258, 280, 291, 298, 321, 323, 327, 328, 382, 387, 392, 402, 414, 418, 419, 422, 423, 426, 431
Breitbrunn 205
Breslau 61
Bruck an der Mur (Steiermark) 321
Brünn (Mähren) 229, 316, 327, 382
Bruneck (Südtirol, Italien) 397
Budapest (Ungarn) 231, 356, 390
Budweis (Böhmen) 48, 55, 317, 318, 319, 320, 327, 419, 430
Burghausen (Bayern) 328
Bürmoos (Salzburg) 328
Calais (Frankreich) 354
Conegliano (Italien) 396
Dachau (Bayern) 344
Dessau (Deutschland) 382
Desselbrunn 232
Dimbach 380, 418
Distlbach (bei St. Wolfgang) 315
Dresden (Deutschland) 342
Düsseldorf (Deutschland) 339, 340
Ebelsberg 121, 146, 322, 323, 328
Ebensee 179, 235, 321, 357, 361, 401, 407, 408, 421
Eberschwang 207
Edinburgh (England) 390
Eferding 18, 97, 171, 192, 211, 218, 249, 251, 277, 298, 314, 322, 326, 327, 329, 360, 382, 435
Eilmannsberg bei Pfarrkirchen 326
Engelhartszell 180, 327
Enns 18, 68, 97, 164, 169, 171, 192, 218, 226, 228, 235, 255, 260, 356, 358, 369, 379, 391, 396, 409, 415
Ernsthofen (NÖ.) 55
Fiume 392
Flitsch 396
Florenz (Italien) 361
Fraham 207
Frankenburg 121, 328
Frankenmarkt 327
Frankfurt (Deutschland) 384, 385, 414

Franzensfeste (Südtirol, Italien) 396
Freistadt 11, 15, 17, 18, 68, 97, 98, 114, 115, 171, 192, 212, 218, 232, 249, 251, 260, 291, 298, 320, 322, 326, 344, 370, 387, 402, 419, 420
Fürth (Bayern) 294
Gablonz (Böhmen) 223, 353
Gaflenz 235
Gaisbach bei Wartberg o. d. A. 320, 327, 419
Gallneukirchen 277, 280, 281, 326, 327, 382, 408
Gallspach 327
Garsten 235, 385
Gaspoltshofen 235, 327
Genf (Schweiz) 390
Gleink bei Steyr 55, 153, 156, 385
Gmünd (NÖ.) 262, 326
Gmunden 11, 15, 17, 68, 97, 98, 145, 164, 169, 174, 180, 192, 212, 233, 235, 237, 243, 251, 254, 258, 278, 280, 282, 288, 291, 298, 314, 317, 318, 319, 320, 321, 322, 327, 356, 361, 364, 378, 387, 413, 423, 429, 435
Goisern 22, 207, 208, 212, 226, 277, 278, 422, 426
Gorlice (Polen) 394, 396
Görz (Italien) 396
Gosau 207, 208, 277, 278, 328
Grado (Italien) 321
Gramastetten 357, 415
Graz (Steiermark) 26, 168, 232, 249, 265, 293, 320, 321, 356, 358, 370, 381, 390, 437
Grein 11, 15, 18, 57, 93, 97, 259, 291, 322, 327, 431
Grieskirchen 18, 251, 298, 314, 327, 436
Groß-Gerungs (NÖ.) 327
Großpiesenham 369, 421
Grünau 207, 322, 433
Grünburg an der Steyr 115, 421
Gunskirchen 207
Gurten 153
Haag am Hausruck 18, 108, 115, 322, 327
Haiding 319
Hainfeld (NÖ.) 165, 233
Hallstatt 207, 208, 277, 278, 316, 345, 357, 385, 405, 415, 416, 419

Hamburg (Deutschland) 372, 381
Hartheim bei Alkoven 408, 433
Hartkirchen 153
Haslach 226, 235, 237, 326, 344, 425
Heidelberg (Deutschland) 285
Hellmonsödt 391
Henndorf (Salzburg) 421
Hieflau (Steiermark) 320
Hinterstoder 327
Hochburg-Ach 43, 328
Hofkirchen im Mühlkreis 326
Hofkirchen im Traunkreis 381
Hohenfurth (Böhmen) 326, 414
Hohenzell 153
Hörsching 205, 379
Iglau (Mähren) 293
Innsbruck (Tirol) 17, 265, 280, 319, 341, 345, 372, 391, 392, 412, 421
Jung-Bunzlau (Böhmen) 293
Kammer (Schörfling) 327, 329, 425
Kaplitz (Böhmen) 262, 291
Karlsbad (Böhmen) 414
Karlsruhe (Deutschland) 388
Katsbach 415
Kaufing 42
Kefermarkt 22, 61, 357
Kematen a. d. Krems 207
Kerschbaum 318
Kirchberg 338
Kirchdorf a. d. Krems 11, 15, 17, 97, 115, 158, 168, 172, 183, 192, 193, 211, 218, 232, 251, 290, 291, 293, 298
Kirchschlag bei Linz 360, 391
Klaus 321
Kleinreifling 320, 419, 423
Kolin (Böhmen) 295
Kollerschlag 326, 370
Köln (Deutschland) 345, 358
Komarow 394
Königgrätz (Böhmen) 181, 408
Königsberg 390
Königswiesen 327
Konstantinopel (Türkei) 342
Koschetitz (Böhmen) 293
Krain (Jugoslawien) 26, 27, 349, 389, 396
Krakau (Polen) 265, 394
Krems (NÖ.) 431
Kremsmünster 18, 115, 321, 338, 356, 367, 386, 389, 422, 425

Kreuzen 327
Kronstorf 379
Krumau (Böhmen) 326, 327, 342
Kukus (Böhmen) 356
Laakirchen 207
Lacken 326
Laibach (Jugoslawien) 54
Lambach 108, 115, 207, 235, 320, 327, 356, 366, 421, 435
Lambrechten 207
Lamprechtshausen (Salzburg) 328
Langenschlag (NÖ.) 327
Lauffen (Bad Ischl) 410
Leipzig (Deutschland) 231, 353, 363, 372, 381, 390
Leitmeritz (Böhmen) 346
Lembach 326
Lemberg 265, 389, 394, 396
Leonding 415
Leonfelden 18, 115, 247
Leopoldschlag 385
Leyden 390
Lichtenbuch 38
Limanowa-Lapanov 394
Linz 11, 12, 15, 17, 18, 20, 21, 22, 23, 25, 28, 29, 32, 33, 40, 41, 42, 43, 44, 45, 46, 49, 52, 56, 61, 68, 81, 82, 86, 87, 90, 91, 92, 98, 108, 109, 110, 112, 114, 115, 117, 137, 147, 148, 160, 168, 170, 177, 179, 181, 192, 198, 199, 202, 214, 215, 216, 219, 220, 223, 224, 226, 227, 228, 229, 230, 232, 233, 234, 235, 236, 237, 238, 239, 250, 251, 254, 256, 257, 258, 264, 275, 277, 281, 282, 286, 288, 289, 290, 291, 292, 293, 294, 295, 297, 298, 314, 316, 317, 318, 319, 321, 322, 323, 327, 329, 333, 336, 337, 339, 341, 342, 343, 346, 347, 350, 353, 355, 357, 358, 359, 360, 361, 362, 363, 365, 370, 371, 374, 375, 376, 377, 379, 380, 382, 385, 387, 391, 392, 396, 397, 398, 399, 400, 406, 408, 409, 410, 412, 413, 414, 415, 416, 417, 418, 419, 420, 421, 422, 424, 425, 426, 427, 428, 429, 430, 431, 432, 433, 434, 436
Linz-Katzenau 402, 403
Linz-Kleinmünchen 117, 121, 232, 235, 236, 335, 338, 362, 363, 366, 401, 415, 421, 423
Linz-Lustenau 415
Linz-Pöstlingberg 366, 415, 427
Linz-St. Martin 231
London (England) 22, 231, 379
Lorch 385
Losenstein 338, 421
Lublin (Polen) 394
Lyon (Frankreich) 342
Mailand (Italien) 26, 356
Manning 119
Mannling 56
Marburg (Jugoslawien) 26, 353
Marchtrenk 402
Maria Brunnenthal 385
Mattersburg (Burgenland) 287
Mattighofen 62, 321, 328, 344
Mauerkirchen 180, 328, 355
Mauthausen 18, 57, 93, 226, 227, 235, 237, 291, 317, 322, 347, 402, 421, 431, 437
Meran (Südtirol, Italien) 280, 421
Mettmach 355
Micheldorf 321, 327
Mitterweißenbach 327
Moldaustein (Böhmen) 357
Mondsee 235, 316, 322, 327, 355, 357, 363, 402, 419
München (Bayern) 64, 319, 321, 339, 341, 343, 344, 346, 355, 357, 358, 365, 373, 375, 381, 384, 434
Murau (Steiermark) 262
Nancy (Frankreich) 379
Nepomuk (Böhmen) 295
Neudörfl (Burgenland) 227
Neufelden 326, 427
Neugablonz 353
Neuhofen 18
Neukematen 277
Neukirchen am Walde 327
Neukirchen an der Enknach 380
Neukirchen an der Vöckla 380
Neukirchen bei Lambach 207
Neumarkt im Hausruckkreis 182
Neumarkt-Kallham 321, 322, 327, 328, 418
Neustift 338
Neustraschnitz (Böhmen) 293
Neuzeug 121, 156
Nürnberg (Bayern) 227

Nußbach 55
Oberhofen am Irrsee 327
Oberkappel 326
Oberletten bei Steyr 414
Obermicheldorf 327
Obermühl 326
Obernberg am Inn 346, 387
Oberneukirchen 343
Oberplan (Böhmen) 351, 367, 416
Ober-Themenau (NÖ., später CSR) 54, 59
Oberweis 361, 364
Oepping 326
Olmütz (Mähren) 342, 384, 406
Olten (Schweiz) 287
Ort im Innkreis 207
Ostermiething 328
Ottensheim 18, 115, 247
Padua (Italien) 363
Paris (Frankreich) 233, 359, 379, 390
Partenstein 365
Passau (Bayern) 287, 319, 320, 321, 322, 326, 327
Pennewang 207
Perg 17, 18, 57, 68, 93, 179, 226, 227, 232, 235, 258, 259, 291, 298, 420
Peuerbach 18, 322, 327, 329, 387
Pfaffstätt 343
Pfarrkirchen bei Bad Hall 413
Pichl bei Windischgarsten 207
Pisek (Böhmen) 392
Pola (Jugoslawien) 321, 358
Polna (Böhmen) 293
Prag (Böhmen) 17, 29, 49, 56, 265, 342, 353, 354, 358, 374, 379, 404
Pram 327
Predazzo (Italien) 397
Pregarten 18, 93, 114, 115, 212, 249
Preßburg (Slowakei) 348
Primesberg (Bad Goisern) 376
Přzemysl (Polen) 396
Puchenau 415
Putzleinsdorf 326, 370
Reichenau 391
Reichenberg (Böhmen) 17, 89, 229
Reichersberg, Stift 209, 387, 433
Reichraming 226
Retz (NÖ.) 144
Ried 11, 12, 15, 17, 18, 62, 97, 98, 109, 111, 114, 119, 156, 168, 174, 177, 179, 192, 209, 223, 224, 226, 228, 232, 233, 235, 237, 238, 250, 254, 255, 256, 257, 258, 261, 281, 283, 284, 285, 286, 287, 288, 291, 298, 315, 321, 327, 328, 346, 355, 370, 401, 410, 419, 422, 423, 425, 428, 429, 433
Riedau 121
Riedegg 382
Ritzlhof 331, 422
Rohr 322, 429
Rohrbach 11, 15, 17, 54, 55, 97, 98, 168, 232, 235, 257, 258, 259, 291, 298, 326, 418, 427
Rom (Italien) 274, 281, 283, 341
Rosenberg (Böhmen) 291
Rostock (Deutschland) 382
Rottenegg 326
Rovereto (Italien) 17
Rutzenmoos 277
Sagan (Deutschland) 362
Salnau (Böhmen) 326
Salzburg 11, 15, 56, 157, 209, 216, 275, 280, 282, 288, 290, 291, 292, 293, 295, 296, 297, 298, 318, 319, 320, 321, 323, 326, 371, 373, 375, 382, 391, 392, 396, 398, 414, 427, 436
Sarajewo (Jugoslawien) 391
Sarleinsbach 326
Sattledt 322, 346, 429, 433
St. Florian 18, 57, 257, 321, 322, 323, 328, 342, 357, 379, 380, 381, 383, 384, 385, 387, 419
St. Gallen (Steiermark) 430
St. Georgen im Attergau 161, 327
St. Leonhard bei Freistadt 357
St. Magdalena 317, 427
St. Martin 56, 232
St. Peter 415
St. Pölten (NÖ.) 271, 272
St. Radegund 344
St. Valentin (NÖ.) 320, 321, 322, 357, 390, 416, 417, 419, 423
St. Wolfgang 144, 314, 358
Schardenberg 357
Schärding 11, 15, 17, 19, 62, 63, 64, 65, 68, 97, 98, 156, 232, 235, 237, 250, 259, 298, 321, 328, 382, 387, 401, 402, 426
Scharnstein 243, 327

Scharten 277, 278
Schlägl 23, 153, 258, 387
Schlan (Böhmen) 293
Schlierbach 153
Schlögen 327, 385
Schneegattern 328
Schörfling 117, 121, 425
Schüttenhofen (Böhmen) 295
Schwanenstadt 42, 90, 108, 115, 365
Schwarzenberg 326
Schwerin (Deutschland) 278
Schwertberg 121, 235, 409
Seewalchen am Attersee 323
Selzthal (Steiermark) 320, 321, 423
Sierning 192, 235
Sierninghofen 121, 156, 235
Simbach (Deutschland) 327
Stadl-Paura 318, 366
Stainach-Irdning (Steiermark) 320, 421
Steeg 314, 327, 421
Steinbach am Attersee 427
Steinbach am Ziehberg 327
Steinbach an der Steyr 357
Steinbruck (Pram) 355
Steindorf (Salzburg) 321, 327, 419
Steinerkirchen am Innbach 207
Steinhaus bei Wels 389
Steyr 11, 12, 15, 17, 18, 40, 42, 44, 55, 68, 86, 87, 90, 97, 98, 106, 107, 109, 111, 114, 115, 137, 153, 154, 161, 162, 177, 180, 186, 192, 198, 207, 219, 223, 224, 226, 227, 228, 229, 230, 232, 233, 234, 235, 237, 251, 254, 258, 259, 260, 275, 280, 285, 286, 287, 288, 290, 291, 292, 293, 296, 298, 309, 315, 323, 326, 328, 347, 348, 349, 355, 359, 366, 371, 373, 374, 385, 388, 392, 401, 408, 411, 413, 416, 417, 418, 420, 421, 422, 423, 424, 427, 428, 429, 432, 437
Steyregg 326, 415
Steyrling 321
Straßwalchen 422, 423
Stuben (Böhmen) 326
Stuttgart (Deutschland) 342
Suben 204
Taufkirchen im Innkreis 285, 315
Temesvar (Ungarn) 26
Teplitz (Böhmen) 353
Teschen 63

Tetschen (Böhmen) 223
Thening 277, 282
Theresienthal 235
Thomasroith 314, 336
Timelkam 207, 314, 327
Toblach (Italien) 397
Traun 231, 232, 235, 415
Traunkirchen 361
Trient (Italien) 17, 402
Triest (Italien) 26, 321
Trimmelkam 314
Ungarisch-Hradisch (Mähren) 294
Unterach 322, 327, 338
Unterhimmel 235
Untermoldau (Böhmen) 378
Untermühl 326, 430
Unter-Themenau (NÖ, später CSR) 54, 59
Unterweißenbach 18, 114, 115, 212, 249, 327
Urfahr 18, 20, 97, 108, 114, 115, 192, 216, 230, 237, 238, 247, 251, 255, 257, 259, 260, 290, 291, 292, 295, 298, 317, 322, 326, 327, 365, 401, 407, 410, 415, 424, 426, 427, 430, 431, 434
Utrecht (Niederlande) 390
Uttendorf-Helpfau 121, 285, 350
Venedig (Italien) 26, 363
Villach (Kärnten) 232, 329, 321, 396
Vöcklabruck 11, 15, 17, 97, 164, 169, 171, 192, 218, 220, 232, 235, 237, 250, 256, 280, 291, 298, 329, 344, 364, 425, 429
Vöcklamarkt 322, 323
Völkermarkt (Kärnten) 262
Vorchdorf 322, 327
Waidhofen an der Thaya (NÖ.) 56
Waizenkirchen 18, 247, 322, 329, 356, 381, 387, 435
Walchen 245
Wallern 277, 278, 381, 389
Warnsdorf (Böhmen) 283
Wartberg 119, 320, 419, 420
Wegscheid (Deutschland) 326
Weikersdorf bei Gallneukirchen 277
Weißenbach 235, 327
Weitra (NÖ.) 326
Wels 11, 12, 15, 17, 18, 68, 98, 99, 109, 119, 147, 168, 179, 192, 205, 206, 216,

220, 224, 225, 226, 228, 233, 235, 237, 238, 254, 255, 256, 257, 258, 261, 277, 278, 291, 298, 314, 319, 320, 322, 329, 337, 343, 356, 365, 372, 385, 387, 388, 390, 391, 392, 396, 408, 422, 425, 426, 427, 428, 429
Weng 371
Wesenufer 327
Weyer 18, 68, 115, 119, 235, 237, 417
Weyregg 327, 427
Wien 22, 28, 29, 31, 61, 62, 74, 85, 98, 114, 115, 142, 148, 168, 169, 182, 183, 188, 191, 199, 201, 204, 214, 215, 216, 227, 229, 231, 234, 235, 238, 239, 249, 265, 283, 285, 287, 293, 294, 296, 309, 319, 321, 323, 339, 340, 341, 342, 343, 349, 350, 351, 353, 354, 355, 356, 358, 360, 361, 363, 364, 365, 372, 374, 375, 376, 381, 382, 384, 385, 389, 390, 405, 412, 418, 419, 420, 426, 428, 430, 431, 432, 433
Wilhering 153, 327, 357, 378
Windhaag 379
Windischgarsten 115, 211, 327
Wittingau (Böhmen) 56
Wolfern 55
Wolfsegg 235, 314, 320, 336
Wscherau bei Pilsen (Böhmen) 352
Ybbs (NÖ.) 291
Zell am Moos 357
Zizlau bei Linz 318
Znaim (Mähren) 327, 354
Zürich (Schweiz) 73, 388
Zwickledt 346, 434

Beiträge zur Zeitgeschichte Oberösterreichs, herausgegeben vom Oberösterreichischen Landesarchiv im Oberösterreichischen Landesverlag Linz

Harry Slapnicka:

Oberösterreich von der Monarchie zur Republik

(1918–1927)

224 Seiten Text, 44 Bilder, farbiger Schutzumschlag.

Die „erste Halbzeit" der wechselvollen Geschicke Oberösterreichs zwischen Kriegsende und dem „Anschluß" 1938 wird hier geschildert, wobei das Todesjahr von Landeshauptmann Hauser die entscheidende Zäsur darstellt.

Oberösterreich zwischen Bürgerkrieg und „Anschluß"

(1927–1938)

439 Seiten Text, 32 Bilder, farbiger Schutzumschlag, Leinen.

Nach einer kurzen wirtschaftlichen Erholungspause in den Jahren zwischen 1927 und 1929, die aber keine „goldenen Jahre" für Oberösterreich waren, führen Weltwirtschaftskrise, Arbeitslosigkeit und Demokratiemüdigkeit zum Ende der Demokratie und zum Ende Österreichs.

Oberösterreich — die politische Führungsschicht

(1918–1938)

308 Seiten Text, 32 Bilder, farbiger Schutzumschlag, Leinen.

In diesem Band sind 300 Biographien nachzulesen, Lebensläufe von Männern und vier Frauen, die als „politische Führungsschicht" Oberösterreichs bezeichnet werden können. Der ausgewählte Personenkreis ist klar umrissen: die Landtagsabgeordneten und Mitglieder der Landesregierungen. Dann findet man hier die Lebensläufe der Abgeordneten und Mitglieder zum Nationalrat, der Mitglieder des Bundesrates, der Mitglieder des Bundeskabinetts, also der Staatssekretäre und der Bundesminister. Erfaßt sind ferner die Mitglieder der politischen Gremien der Jahre 1934 bis 1938, des Staatsrates, des Bundeswirtschafts- und des Bundeskulturrates.

OLV-Buchverlag
Oberösterreichischer Landesverlag

Erhältlich in Ihrer Buchhandlung